国家卫生健康委员会"十四五"规划教材

全国高等中医药教育教材

供护理学类专业用

儿科护理学

第 3 版

護理

主　编　段红梅　葛　莉

副主编　潘兰霞　郭小兰　高海霞　沙丽艳

主　审　申昆玲

编　委　（按姓氏笔画排序）

<table>
<tr><td>于红虹（福建中医药大学）</td><td>段红梅（北京中医药大学）</td></tr>
<tr><td>孙晓婷（辽宁中医药大学）</td><td>徐秀瑛（厦门医学院）</td></tr>
<tr><td>杨　静（成都中医药大学）</td><td>高海霞（南京中医药大学）</td></tr>
<tr><td>应立英（浙江中医药大学）</td><td>郭小兰（陕西中医药大学）</td></tr>
<tr><td>沙丽艳（大连医科大学）</td><td>崔　洁（天津中医药大学）</td></tr>
<tr><td>张晓丽（滨州医学院）</td><td>崔　淼（长春中医药大学）</td></tr>
<tr><td>张新宇（上海中医药大学）</td><td>崔杏芳（宁夏医科大学）</td></tr>
<tr><td>陈红涛（湖南中医药大学）</td><td>葛　莉（福建中医药大学）</td></tr>
<tr><td>范琳琳（甘肃中医药大学）</td><td>韩瑜姣（山西中医药大学）</td></tr>
<tr><td>孟　静（北京中医药大学）</td><td>潘兰霞（河南中医药大学）</td></tr>
<tr><td>赵文晓（山东中医药大学）</td><td>霍光研（首都医科大学）</td></tr>
</table>

秘　书　孟　静（兼）　赵文晓（兼）

人民卫生出版社

·北京·

图书在版编目（CIP）数据

儿科护理学 / 段红梅，葛莉主编 . —3 版 . —北京：
人民卫生出版社，2021.12
ISBN 978-7-117-31616-3

Ⅰ.①儿… Ⅱ.①段… ②葛… Ⅲ.①儿科学 – 护理
学 – 医学院校 – 教材 Ⅳ.①R473.72

中国版本图书馆 CIP 数据核字（2021）第 211050 号

人卫智网 www.ipmph.com	医学教育、学术、考试、健康，购书智慧智能综合服务平台	
人卫官网 www.pmph.com	人卫官方资讯发布平台	

儿科护理学
Erke Hulixue
第 3 版

主　　编：段红梅　葛　莉
出版发行：人民卫生出版社（中继线 010-59780011）
地　　址：北京市朝阳区潘家园南里 19 号
邮　　编：100021
E - mail：pmph @ pmph.com
购书热线：010-59787592　010-59787584　010-65264830
印　　刷：人卫印务（北京）有限公司
经　　销：新华书店
开　　本：850×1168　1/16　印张：25
字　　数：655 千字
版　　次：2012 年 6 月第 1 版　　2021 年 12 月第 3 版
印　　次：2021 年 12 月第 1 次印刷
标准书号：ISBN 978-7-117-31616-3
定　　价：78.00 元

◇◇◇ 修 订 说 明 ◇◇◇

为了更好地贯彻落实《中医药发展战略规划纲要(2016—2030年)》《中共中央国务院关于促进中医药传承创新发展的意见》《教育部 国家卫生健康委 国家中医药管理局关于深化医教协同进一步推动中医药教育改革与高质量发展的实施意见》《关于加快中医药特色发展的若干政策措施》和新时代全国高等学校本科教育工作会议精神,做好第四轮全国高等中医药教育教材建设工作,人民卫生出版社在教育部、国家卫生健康委员会、国家中医药管理局的领导下,在上一轮教材建设的基础上,组织和规划了全国高等中医药教育本科国家卫生健康委员会"十四五"规划教材的编写和修订工作。

为做好新一轮教材的出版工作,人民卫生出版社在教育部高等学校中医学类专业教学指导委员会、中药学类专业教学指导委员会和第三届全国高等中医药教育教材建设指导委员会的大力支持下,先后成立了第四届全国高等中医药教育教材建设指导委员会和相应的教材评审委员会,以指导和组织教材的遴选、评审和修订工作,确保教材编写质量。

根据"十四五"期间高等中医药教育教学改革和高等中医药人才培养目标,在上述工作的基础上,人民卫生出版社规划、确定了第一批中医学、针灸推拿学、中医骨伤科学、中药学、护理学5个专业100种国家卫生健康委员会"十四五"规划教材。教材主编、副主编和编委的遴选按照公开、公平、公正的原则进行。在全国50余所高等院校2 400余位专家和学者申报的基础上,2 000余位申报者经教材建设指导委员会、教材评审委员会审定批准,聘任为主编、副主编、编委。

本套教材的主要特色如下:

1. **立德树人,思政教育** 坚持以文化人,以文载道,以德育人,以德为先。将立德树人深化到各学科、各领域,加强学生理想信念教育,厚植爱国主义情怀,把社会主义核心价值观融入教育教学全过程。根据不同专业人才培养特点和专业能力素质要求,科学合理地设计思政教育内容。教材中有机融入中医药文化元素和思想政治教育元素,形成专业课教学与思政理论教育、课程思政与专业思政紧密结合的教材建设格局。

2. **准确定位,联系实际** 教材的深度和广度符合各专业教学大纲的要求和特定学制、特定对象、特定层次的培养目标,紧扣教学活动和知识结构。以解决目前各院校教材使用中的突出问题为出发点和落脚点,对人才培养体系、课程体系、教材体系进行充分调研和论证,使之更加符合教改实际、适应中医药人才培养要求和社会需求。

3. **夯实基础,整体优化** 以科学严谨的治学态度,对教材体系进行科学设计、整体优化,体现中医药基本理论、基本知识、基本思维、基本技能;教材编写综合考虑学科的分化、交叉,既充分体现不同学科自身特点,又注意各学科之间有机衔接;确保理论体系完善,知识点结合完备,内容精练、完整,概念准确,切合教学实际。

4. **注重衔接,合理区分** 严格界定本科教材与职业教育教材、研究生教材、毕业后教育教材的知识范畴,认真总结、详细讨论现阶段中医药本科各课程的知识和理论框架,使其在教材中得以凸显,既要相互联系,又要在编写思路、框架设计、内容取舍等方面有一定的区分度。

5. 体现传承,突出特色　本套教材是培养复合型、创新型中医药人才的重要工具,是中医药文明传承的重要载体。传统的中医药文化是国家软实力的重要体现。因此,教材必须遵循中医药传承发展规律,既要反映原汁原味的中医药知识,培养学生的中医思维,又要使学生中西医学融会贯通,既要传承经典,又要创新发挥,体现新版教材"传承精华、守正创新"的特点。

6. 与时俱进,纸数融合　本套教材新增中医抗疫知识,培养学生的探索精神、创新精神,强化中医药防疫人才培养。同时,教材编写充分体现与时代融合、与现代科技融合、与现代医学融合的特色和理念,将移动互联、网络增值、慕课、翻转课堂等新的教学理念和教学技术、学习方式融入教材建设之中。书中设有随文二维码,通过扫码,学生可对教材的数字增值服务内容进行自主学习。

7. 创新形式,提高效用　教材在形式上仍将传承上版模块化编写的设计思路,图文并茂、版式精美;内容方面注重提高效用,同时应用问题导入、案例教学、探究教学等教材编写理念,以提高学生的学习兴趣和学习效果。

8. 突出实用,注重技能　增设技能教材、实验实训内容及相关栏目,适当增加实践教学学时数,增强学生综合运用所学知识的能力和动手能力,体现医学生早临床、多临床、反复临床的特点,使学生好学、临床好用、教师好教。

9. 立足精品,树立标准　始终坚持具有中国特色的教材建设机制和模式,编委会精心编写,出版社精心审校,全程全员坚持质量控制体系,把打造精品教材作为崇高的历史使命,严把各个环节质量关,力保教材的精品属性,使精品和金课互相促进,通过教材建设推动和深化高等中医药教育教学改革,力争打造国内外高等中医药教育标准化教材。

10. 三点兼顾,有机结合　以基本知识点作为主体内容,适度增加新进展、新技术、新方法,并与相关部门制订的职业技能鉴定规范和国家执业医师(药师)资格考试有效衔接,使知识点、创新点、执业点三点结合;紧密联系临床和科研实际情况,避免理论与实践脱节、教学与临床脱节。

本轮教材的修订编写,教育部、国家卫生健康委员会、国家中医药管理局有关领导和教育部高等学校中医学类专业教学指导委员会、中药学类专业教学指导委员会等相关专家给予了大力支持和指导,得到了全国各医药卫生院校和部分医院、科研机构领导、专家和教师的积极支持和参与,在此,对有关单位和个人表示衷心的感谢!希望各院校在教学使用中,以及在探索课程体系、课程标准和教材建设与改革的进程中,及时提出宝贵意见或建议,以便不断修订和完善,为下一轮教材的修订工作奠定坚实的基础。

人民卫生出版社

2021 年 3 月

◇◇ 前　言 ◇◇

儿科护理学是研究胎儿至青少年时期生长发育、疾病护理和健康促进的临床护理课程,是高等教育护理学专业的主干课程。本教材适用于护理学专业本科及成人教育的学生使用,也适用于培养儿童健康服务综合人才和指导儿童健康服务所需。

本教材是在国家卫生健康委员会"十四五"规划教材修订工作的大背景下由第2版教材修订而成。教材以培养本科护生专业能力和综合素质为出发点,以促进儿童健康为落脚点,以课堂前后、校园内外、医院-社区、线上线下各平台等为应用场景,充分拓展儿科护理的应用广度和服务范围。本版教材以融合教材形式出版,在数字化学习平台上尽可能提供内容全面、资源多样、适用面广的教学资源,以满足学习需求。

教材内容以全生命周期健康为主线,体现"以家庭为中心"的儿科护理模式,全面阐述儿童保健与疾病防治护理,其中儿童保健突出以身心发展规律为主的综合照护,青少年保健则突出以完善自我认同及促进身心健康为主的全面发展,疾病护理则紧密结合儿科学的发展前沿。基于此,本版增加了新生儿宫内发育的评价、青少年发展与健康促进、精神障碍疾病患儿的护理内容。

本版教材在修订中以完成学生知识、技能、素质等全方位培养为目标,服务于一流课程,明确以学生为中心、以问题为导向的思想,增加课程的深度和广度;强化教学案例的设计与延伸,以培养学生"两性一度"的高阶综合分析能力为根本任务,激发学生进行自主学习和主动思考,增强其临床思维判断能力;增加思政元素,提高学生的人文素养。本版教材末的儿科临床护理查房(实景)作为拓展学习内容,可启发探究性学习能力,培养学生在执业过程中的评判性思维能力;也可用于在岗儿科护士临床能力进一步提升。

本教材之第一、七章由段红梅编写,第二章由孙晓婷、韩瑜姣编写,第三、四章由范琳琳编写,第五章由张新宇、张晓丽编写,第六章由高海霞、段红梅编写,第八、九、十章分别由崔杏芳、孟静、郭小兰编写,第十一、十二章分别由潘兰霞、赵文晓编写,第十三章由杨静、霍光研编写,第十四、十六章由沙丽艳编写,第十五、十七章分别由崔淼、崔洁编写,第十八章由应立英、陈红涛编写,第十九章由葛莉、徐秀瑛、于红虹编写。本书学习目标由张晓丽负责全面修订审核。

本教材在编写过程中,得到了编者单位以及视频拍摄单位的大力支持与帮助,在此表示衷心感谢! 感谢申昆玲教授的审定!

限于编者的经验和水平,教材内容尚需接受课堂教学和医院临床工作实践的检验,希望广大师生在使用过程中提出宝贵意见,以便进一步修订完善。

编者

2021 年 3 月

目 录

第一章
绪　　论

PPT 课件

> ### 学习目标
>
> **知识目标**
> 1. 能阐述儿科护理学的概念、服务对象、任务和范围。
> 2. 能描述儿童年龄分期并归纳总结各期特点。
> 3. 能列举儿科护士的角色和素质要求。
>
> **能力目标**
> 1. 能根据儿童特点和患儿临床资料初步判断疾病性质。
> 2. 能初步分析不同疾病和不同年龄患儿的特点并实施个性化护理。
>
> **素质目标**
> 1. 增强职业认同感,养成严谨、科学的工作学习态度。
> 2. 培育良好的职业道德情操,热爱儿科护理工作,对患儿具有高度的责任心、同情心、爱心。

儿科护理学(pediatric nursing)是一门研究儿童生长发育规律及其影响因素、儿童保健、疾病预防和护理,以促进儿童身心健康的学科。儿童时期是人生的重要阶段,该时期身心健康状况对其一生都有着非常重要的影响。儿童的健康和成长与社会、环境、遗传、教育、文化、经济等因素密切相关。因此,儿科护理学的内涵、外延随时代变迁、社会发展不断变化和更新,儿科护理人员必须与时俱进,对儿童人群无论从整体还是个体提供全方位的服务,为不断提高民族素质做出贡献。

第一节　儿科护理学的任务和范围

一、儿科护理学的任务

儿科护理学的任务是从体格、智能、行为和社会等各方面来研究儿童正常生长发育及内外环境因素、疾病对儿童身心发育的影响,对儿童提供综合性、广泛性的护理,以增强儿童体质,降低儿童发病率和病死率,促进和保障儿童身心健康,提高儿童生命质量和民族素质。

二、儿科护理学的范围

一切涉及儿童时期健康和卫生的问题都属于儿科护理学的范畴,包括生长发育、健康维护、疾病预防和临床护理。2001 年在北京召开的第 23 届国际儿科学大会上,中华医学会儿科学分会宣布我国的儿童医疗保健要与世界先进国家接轨,儿科工作范围从过去的0~14岁扩大到孕期至18岁。因此,从年龄范围来讲,儿科护理学的服务对象是从胚胎开始直至18周岁以下的儿童及青少年。随着医学模式的转变,儿科护理学已从单纯疾病的临床护理发展为以人为本、以家庭为中心的身心整体护理,涉及社会学、心理学、教育学等多门学科;由单纯的医疗保健机构承担其任务,逐渐发展为全社会都来承担儿童疾病的防治,促进儿童健康发展。

2011年教育部将护理学由原来隶属于临床医学下的二级学科提升为一级学科,给儿科护理学的发展提供了良好契机,儿科护理人员应立足于儿童健康,依靠全社会的力量,从更加宏观的角度发现问题,应用先进的方法学,与多学科协作,使儿科护理学的发展与时俱进,不断创新。

第二节 儿童特点和儿科护理原则

儿科护理服务对象是体格和智能都处于不断生长发育过程中的儿童,在解剖、生理、病理、免疫、疾病诊疗、心理护理等方面均与成人不同,因此在其护理方面也具有不同于成人的特殊性,绝不可将儿童视为成人的缩影。主要表现在两个方面:其一,儿童和青少年处于不断生长发育的过程中,其解剖生理、心理社会等特点除了与个体差异有关外,还与其年龄阶段密切相关;其二,机体免疫功能、心理发育等各方面尚不完善,故预防医学在儿科护理学中占有更加重要的地位。

一、儿童解剖、生理、临床以及社会心理特点

(一)解剖

儿童处于动态生长发育的过程中,其体重、身长、头围、胸围、身体各部比例、颌面的外形等均随年龄的增长而连续不断地发生变化。不同年龄阶段,各器官系统发育不平衡,如大脑及神经系统的发育主要在婴幼儿期,因而此阶段头颅相对较大,婴儿头长为整个身长的1/4,头部较重,颈部肌肉较软弱,抱婴儿时应注意保护头部。另外,各脏器组织柔嫩,富含血管,呼吸道气管支气管弹力组织发育不成熟,肺泡小,炎症时易出现气道狭窄、堵塞,如急性喉炎时出现喉梗阻是儿科的危重急症。儿童的骨骼柔软而富有弹性,长期受外力影响易变形;关节附近的韧带较松弛,某些关节的臼窝较浅,护理时动作应轻柔,以免导致关节脱臼和损伤。熟悉儿童正常解剖特点和发育规律,才能准确进行护理评估及掌握护理要点。

(二)生理生化

中医认为小儿(儿童)为"纯阳之体","生机蓬勃,发育迅速",犹如"草木之方萌,旭日之东升",处于生长发育中,需要的水分、热量和营养物质多,然小儿脏腑娇嫩,形气未充,脾常不足,易受疾病或外界环境的影响发生水、电解质的紊乱,如新生儿在室温过高,体内水分不足时易发生脱水热;常见、多发的婴幼儿腹泻病又易导致婴幼儿脱水、酸中毒。因此,加强喂养的指导以及供给足够的热量和营养物质,是儿童生长发育的重要保证,疾病中儿童的液体疗法及支持治疗也是疾病恢复的重要环节。另外,不同年龄的儿童有不同的生理生化正常值,如心率、血压、呼吸频率、血液学检查、体液成分等。各系统发育也有不同特点,如2岁内婴幼儿正常情况下肝脏在肋下1~2cm可触及。掌握不同年龄的生理生化特点,对于临床资料的采集及护理评估等有重要意义。这也是儿科护理工作者的基本功之一。

（三）病理

小儿"脏腑柔弱，易虚易实，易寒易热，发病容易，传变迅速"，对致病因素的反应因年龄的不同而有差异。肺炎链球菌所致的肺部感染在婴幼儿常表现为支气管肺炎的病理变化，而年长儿则发生大叶性肺炎；维生素 D 缺乏时，婴幼儿生长发育迅速的骨干骺端或颅骨即出现佝偻病病理改变，而成人则表现为骨软化症；婴幼儿在贫血时可出现胎儿时期的骨髓外造血状态，表现为肝脾淋巴结肿大等；儿童结核病表现以原发复合征为主，而成人结核病则表现为继发性肺结核。

（四）免疫

小儿"脏腑薄，藩篱疏，易于传变；肌肤嫩，神气怯，易于感触"，尤其是婴幼儿皮肤、黏膜娇嫩易破损，淋巴系统发育不成熟，非特异性免疫能力较差，特异性免疫亦不成熟。胎儿时期从母体获得的免疫球蛋白 IgG 持续 3~5 个月后，逐渐消失，母体的 IgM、IgA 不能通过胎盘，而自身合成免疫球蛋白的能力直到 6~7 岁才接近成人水平，所以婴儿易患感染性疾病，如肺炎、腹泻等；其他有流行趋势的感染性疾病亦可发生，为早期识别，避免交叉感染，医院应设置发热门诊与隔离室，在某些特殊病原的感染性疾病流行季节设立专科门诊，如手足口病门诊。住院儿童还应按病种分室安置，在护理中也要特别注意清洁卫生和消毒隔离，避免院内交叉感染的发生。

（五）临床表现

小儿"发病容易，传变迅速"，病情变化快、易反复，且变化多端，上述特点年龄越小，表现越突出，如婴幼儿易患急性感染性疾病，由于免疫功能不完善，感染容易扩散甚至发展成败血症，起病急，来势凶。新生儿败血症时易发生化脓性脑膜炎，往往缺少典型临床表现，仅有反应低下、拒乳和体温不升等非特异性表现，容易造成漏诊。因此作为儿科医护人员必须密切观察病情，随时注意患儿细微变化，不轻易放过任何可疑表现。

（六）诊疗、预后及护理

不同年龄阶段的儿童患病的表现及常见病种各有其特点，在临床诊断中要重视年龄因素，如惊厥，发生于新生儿期多为产伤、窒息；婴儿期多为高热惊厥、维生素 D 缺乏性手足搐搦症或颅内感染；3 岁以上者则以癫痫、中毒性痢疾等多见。

年幼儿常不能自诉病情，大多由家长代诉，存在一定主观性，其可靠程度与家长对疾病的认识、家长与儿童生活的密切程度及重视程度有关；学龄儿童虽能阐述病史，但对时间、空间的知觉不完善，因此儿科病史采集常缺乏准确性、可靠性，这就需要儿科护士密切、细致观察病情变化，掌握第一手资料，及时报告，以便医生早期做出正确的诊断和处理。

儿童由于免疫功能差、代偿能力有限，患病后病情重、发展快、易患并发症，年龄越小，病死率越高，故应强调早期治疗；另一方面儿童生长快，代谢旺盛，各脏器的修复能力强，"脏气清灵，易趋康复"，如诊断治疗正确及时，则"随拨随应"，虽病情危重，大多能够痊愈，且后遗症一般较成人少见，如婴儿肝炎与成人肝炎相比，发生肝硬化的比率较低。

护理工作在儿科疾病的诊疗康复中占有重要地位。儿童缺乏独立生活能力，患病后到医院就诊常无安全感，尤其对注射等治疗多有恐惧，所以医院从环境到医务人员的服装等都要有利于儿童心理健康。儿童缺乏独立生活能力，患病时更加需要精心的护理。对于住院儿童，应开展以儿童及家庭为中心的护理，根据医院硬件条件和医院管理的不同，可安排家庭化病房，对于有自理能力的年长儿，可安排无家长陪床病房，同时对无陪护患儿可合理安排探视时间，鼓励年长儿经常与家人通电话。对于学龄期的慢性病住院患儿，辅导功课及开展音乐、美术方面的活动对患儿身心健康也很重要。另外，家长或监护人的理解与配合对儿科护理的质量也起到关键作用。任何治疗措施均应让家长或监护人了解其必要性，并争取

家长或监护人的配合。喂养、生活上的照料、游戏等为儿科护理所特有的项目,而且患儿住院期间是护理人员进行健康教育的良好机会,儿科护士应针对患儿病情做好宣教。年长儿治疗前需进行宣教和告知,以便其较好配合;幼儿和学龄前儿童在治疗、手术前应针对其认知特点,采用图书、连环画、医疗玩具等方式给予相应的心理准备;对于慢性病患儿及其家长需讲解复诊的必要性及复诊方法,出院后注意事项、饮食起居等相关知识。指导家长科学地照顾儿童,帮助年长儿学会自我保健与照顾。

(七) 预防

预防措施是降低儿童疾病发病率及病死率的根本原因。由于推广计划免疫,麻疹、百日咳、白喉、脊髓灰质炎等严重危害儿童健康的急性传染病预防工作已取得明显效果。儿童时期疾病的预防和治疗是减少成年期健康问题的基础,如哮喘在儿童时期合理治疗及管理可达到"痊愈",避免成为成年时期的健康问题;许多成人疾病或老年性疾病与其儿童期的健康关系也越来越明确,如冠心病、高血压、糖尿病、代谢综合征等与儿童期的饮食有关。另外,新生儿疾病筛查工作,对先天性甲状腺功能减退症、苯丙酮尿症等疾病的早期诊断与干预以及其预后起着决定性作用;医疗技术的提高,尤其是康复医学的发展对脑性瘫痪的预后也有明显改善,这均依赖于对相关疾病的早期发现、诊断与治疗。

目前我国护理学科已成为一级学科,护理学教育的范围也远远超过医学,如能在护理学教育中加强相关内容,在边远地区、农村早期发现相关病例,将会大大降低儿童疾病及残障的发生率。因此,提高护理人员发现及认识难治性疾病的水平,将带来很大的社会效益。另外,成人的心理问题与儿童期生活环境和精神卫生等关系密切。儿童期加强预防可降低相关疾病的发病率、提高全生命周期的质量。

(八) 社会心理

婴幼儿是人生的第一阶段,其生理和心理发展有其特殊性。个体的心理发展是一个复杂的、漫长的过程。这个发展过程既受到遗传因素的影响,又受到自然环境和社会环境的影响。儿童人格的和谐发育,需要在父母的呵护下进行。儿童在玩耍和游戏的过程中同样可达到受教育的目的,应注意避免盲目追求填鸭式的"早教"模式。学龄儿童的心理发育与学校、家庭及其周围环境关系密切。儿科护理人员应充分认识到儿童个体心理发展的社会性,创造有利于儿童健康成长的社会环境。在儿童的成长环境中应充分发挥社区的作用,在社区设立专职护理人员,营造有利于儿童身心发育的良好氛围,加强对儿童监护人的教育和监督,促进儿童的健康成长。对于慢性病长期住院儿童,如白血病患儿,在护理工作过程中,应根据不同年龄阶段儿童的心理发展特征,有针对性地采用相适应的护理措施,从而使护理工作顺利进行。同时应注意营造良好的生活环境和文化氛围,以促进儿童心理的健康发展。

总之,儿科护理学涵盖预防保健、疾病诊断治疗、生长发育监测、儿童教育等各个方面,它的发展关系到民族的整体素质的提升、和谐社会的建设及社会的稳定。

二、儿科护理的一般原则及儿科护士的角色和素质要求

(一) 儿科护理的一般原则

儿童身心未成熟,且处于不断生长发育的阶段,在此过程中,受家庭、社会环境的影响较大。因此,儿科护理工作应以儿童及其家庭为中心,了解儿童的生理、心理发展,了解社会大环境及社区、家庭小环境,顺势而为,实施身心的整体护理。护理过程中应遵循法律和伦理道德规范,主动、熟练地应用护理程序,对患儿进行评估,做出护理诊断,制订并实施护理措施。满足儿童及其家庭成员的心理感受和服务需求,积极为儿童及其家庭提供健康指导、

疾病护理、教养咨询和家庭支持等服务,减少和预防儿童身心伤害,以促进儿童身心的健康成长。

(二)儿科护士的角色

随着社会的进步、人口年龄的改变、人民生活水平的提高及护理学科的发展,儿科护理被赋予了更多的任务,儿科护士也因此承担更多角色。

1. 护理活动的计划者及执行者　儿科护士的主要角色是为儿童和家庭提供直接的健康照顾,护士必须运用专业的知识和技能,以护理程序为框架,全面评估儿童的健康状况及家庭对儿童疾病和伤害的反应,根据儿童生长发育不同阶段的特点,以儿童的身心需求为基础,制订系统全面、切实可行的护理计划,实施护理措施,评价护理效果,帮助儿童恢复健康,适应医院、社区和家庭的生活。

2. 健康的协调与教育者　儿科护理提供的健康照顾不仅包括治疗疾病、矫正残疾,还包括预防疾病和维护健康。护理人员必须评估有关患儿营养、发育、免疫、安全、教育以及社会影响等问题,做好卫生教育指导及咨询工作,必须与患儿及其家人一起执行护理活动。根据各年龄阶段儿童智力发育的水平,向他们有效解释疾病治疗和护理的过程,帮助他们建立自我保健意识;认真向家属传授观察病情、照顾和支持患儿的技巧,指导父母熟悉科学育儿的方法,预防可能遇到或潜在的问题,达到治疗、预防疾病和维护健康的目的。

3. 儿童及其家庭的代言人及保护者　在儿科护理工作中,护士是儿童及其家庭权益的维护者。儿科护士应充分认识到儿童及其家庭的需求,帮助儿童及其家庭享用从医院到社区的卫生保健服务。临床护理中,应与医生协调向儿童和家长提供病情、治疗、预后、护理及其费用等相关信息,协助儿童及其家庭作出治疗及恢复决策。同时,由于护理的对象是尚未独立的儿童,在儿童不会表达或表达不清自己的需求和意愿时,护士有责任解释并维护儿童的权益不受侵犯或损害。

4. 护理研究者　随着高等护理教育的发展,儿科护理队伍的文化层次和专业水平不断提高,因此,儿科护士应该在自己从事的护理实践中开展课题研究,探讨新的领域,解决工作中的难题,不断扩展护理理论及发展护理新技术,促进专业发展,更好地为儿童健康服务。同时,护士还需积极探讨隐藏在儿童症状及表面行为下的问题本质,以便更实际、更深入地帮助他们。

近年来,随着互联网、物联网、人工智能、大数据技术的成熟和发展,应用信息化平台对儿童健康进行综合管理,通过平台采集结构化数据开展多中心"真实世界"的研究,将有利于儿童护理质量提升,促进护理科研水平发展。

(三)儿科护士的素质要求

随着目前儿科护理工作领域从医院向家庭、社区及学校的扩展,儿科护士不仅要掌握儿童各年龄阶段身心发展的规律和特点,还应遵循现代生物 - 心理 - 社会的医学模式,对儿童进行整体的护理,以满足全社会儿童对健康的需求。因此,儿科护士需具备以下多方面的素质。

1. 高尚的道德素质　儿童身体娇嫩,语言表达能力有限,护士必须具有高度的责任感和强烈的尊重和关爱儿童的意识。护士不仅要与儿童进行有效的沟通及照顾他们的生活,还要启发他们的思维,取得他们的信任,建立良好的护患关系。护理人员是儿童学习的对象之一,因此必须以身作则,加强自身修养,做到勤恳敬业、谨慎诚实。

2. 健康的身体心理素质　儿科护理工作有其独有的艰巨性和复杂性,因此,儿科护士必须拥有健康的身体和乐观、开朗、豁达的性格。工作时情绪饱满、精神集中,工作中遇事要沉着冷静、认真思考、善于应变。随着社会的发展及医学的进步、医疗成本的增加、人们维权意识的提高以及生活节奏的加快,医护人员也面临更多困境。由于儿童是家庭的重心所在,同时家长不能完全理解儿科疾病诊治护理过程的复杂性及其风险,造成医患、护患矛盾的发生率持续增加。儿科护理人员除了用精湛的技术服务患儿外,还应该客观认识整体工作环境,积极面对;工作中应该态度真诚,热情对待患儿及其家长,耐心细致地解释患儿的病情及医疗行为,使得患儿及其家长充分理解,及时化解诊治护理过程中的矛盾。

3. 多学科的知识和扎实的专业技术素质 在儿科护理中,不仅包括常见病、多发病、危重病的一般护理及专科护理,还包括优育、保健的知识和技能。因此,护士不但要有医疗、护理、营养、康复、预防保健知识,而且要掌握儿童心理学、教育学及一般自然科学等方面的知识。随着医学及护理学的快速发展,儿科护理学的范畴在不断拓宽,因此,儿科护理人员应具备强烈的求知欲和进取心,要保持终生学习,不断扩大自己的知识领域,不断提高自己的专业技术水平,并在工作、学习中不断探索研究儿科护理的新理论,以推动本学科的发展。

4. 丰富的人文素养和良好的沟通能力 儿科护理人员都要成为不同层次的直接参与护理的工作者,一切语言、行为都要体现出爱的奉献。儿科护士应能识别婴儿的面部表情、哭声,读懂幼儿的形体语言,了解学龄儿童的思想、感受,还能帮助和指导家长满足儿童的生理、心理的需要;尽早发现、干预儿童在生长发育过程中的不利因素,使其均衡全面地发展,提高健康水平。为此,儿科护士要掌握多学科的知识,具备丰富的人文艺术修养及良好的沟通能力。

思政元素

临床实践中患儿安全的最后关口

患儿,50天,出生后因严重先天性心脏病并接受了手术治疗。术后两周左右,患儿病情稳定出院。出院时责任护士小王给患儿家属进行健康教育,并叮嘱按医嘱服用“地高辛酏剂”,用法为“1天2次,每次2.5ml”。当时,小王有点疑惑,结合患儿年龄感觉“地高辛酏剂”的量偏大,但又看了一遍医嘱,确认没错。1个月后患儿因“重度房室传导阻滞”再次入院,发现是洋地黄中毒引起,原因是遵医嘱患儿服用“地高辛酏剂”常规治疗剂量的10倍(医嘱错误,应为每次0.25ml)。住院后医院高度重视,组织全院会诊并给予综合治疗,但半月后终因“多脏器功能衰竭”不治身亡。

此案例中的护士小王对药物剂量虽有疑惑但仍“按医嘱执行”,导致最后一次纠正医疗错误的机会丧失。提示我们作为一名儿科护士,应该具备审慎、求实的科学精神;严谨务实的职业素养;敢于质疑的批判性思维;热爱儿童的职业情感。在日常护理工作中需要细致和谨慎,不轻易放过任何疑问和反常现象,真正成为患儿的“健康卫士”和生命的“守护神”。

(四)儿科护理相关的伦理与法规

在临床儿科护理工作中,儿科护士应能理解患儿和家长的价值观念、家庭状况及可利用的资源,全面掌握患儿的病情及预后等,在医疗护理决策方面应成为联系患儿家庭和医生等其他卫生保健人员之间的最佳桥梁。有时护理人员会面临与儿童护理有关的伦理问题,如对胎龄很小的极低出生体重儿是否应积极治疗和护理,临终患儿是否有权利拒绝治疗等问题。当遇到伦理冲突时,可依据的首要原则是对儿童有益且无害。儿科护士应明确自己的责任,首先是维护儿童的利益,其次是维护家庭的利益。

随着社会主义法制的不断健全,人们的法制观念也在不断增强,用法律武器来维护自身的合法权益,已日益引起人们的普遍关注和重视,而医院工作直接关系到人们的身心健康,其中涉及的法律问题日益普遍。首先,儿科护士应认识到儿童与成人患者一样具有生命权、身体权、健康权、医疗权、疾病认知权、知情同意权、保护隐私权,儿童具有受法律保护的权益,儿科护士也有义务维护儿童的权益。儿科护理是一项高风险、高技术性的服务,护士的行为每时每刻都受到法律法规的制约,各项护理活动中存在着潜在的法律问题。因此,在做各项护理操作时,除规范操作外,还应向儿童和家长解释操作的目的和意义,取得家长和患儿的同意与合作,必要时让儿童家长签署知情同意书。护士还应在临床工作中以严谨求实的态度写好护理文书,遇紧急情况应及时通知医生并配合抢救,医生不在场时,护士应当采取力所能及的急救措施。总之,作为一名儿科护士就必须将法律意识始终贯穿于各项护理活动中,使患儿和护士的合法权益都得到保障。

第三节 儿童年龄分期

儿童时期总的特点是全身器官和组织逐步生长,体格和神经心理均在不断发育成熟。其生长发育是一个连续渐进的动态过程,在不同的阶段表现出与年龄相关的规律性。了解各年龄段的特点,将有助于掌握儿童的健康、疾病特点,从而采取相应的护理措施。

(一)胚胎发育期及胎儿期

胚胎发育期(period of embryo development)指妊娠前8周,从受精卵分化至大体成形。胎儿期(fetal stage)指从妊娠8周直至出生为止。胚胎发育期和胎儿期是新生命的开始,此期在母体子宫内约经过40周,其周龄称胎龄或妊娠龄。

胚胎发育期及胎儿早期是组织细胞形成和分化的关键时期,孕母若受到各种生物及理化因素的影响则会导致胎儿发育异常。因此,在孕期的前3~4个月应避免接触病毒、药物、放射线等不良因素。

(二)新生儿期

从胎儿娩出结扎脐带至生后28天内称为新生儿期(neonatal period)。此期新生儿为适应宫外新环境,全身各系统需进一步调整以完善功能,由于其生理调节和适应能力不够成熟,易发生体温不升、体重下降、窒息、感染等各种疾病,故应加强保健。新生儿期的保健特别强调护理,如保暖、清洁卫生、消毒隔离、合理喂养,最好选用母乳喂养,定期进行访视,做好疾病的预防和治疗,以降低新生儿的发病率和病死率。

胎龄满28周至出生后7足天为围生期(perinatal period),又称围产期。此期包括了胎儿晚期、分娩过程和新生儿早期三个过程,是儿童经历巨大变化的时期。应重视优生优育,做好围生期保健。

(三)婴儿期

出生后至满1周岁前称为婴儿期(babyhood)。此期特点是生长发育特别快,所需蛋白质、热能均比成人相对要高,由于其消化功能不足,免疫功能不成熟,易发生消化功能紊乱、营养不良及感染性疾病。此期保健重点是提倡母乳喂养,合理添加辅食,及时做好计划免疫接种,定期进行体格监测。

(四)幼儿期

1周岁到满3周岁前称为幼儿期(infancy)。该期生长发育速度减慢,智能发育加快,语言、思维、动作、社交能力发育较快,但缺乏对危险的识别能力,易发生意外创伤和中毒,自身免疫力尚不够健全,故感染性疾病及传染病多见。应有计划、有目的地进行早期教育,并在正确教养下培养良好的饮食和卫生习惯,注意安全护理及预防传染病。

(五)学龄前期

3 周岁到 6~7 岁入小学前为学龄前期(preschool stage)。此期儿童的体格发育处于稳步增长阶段,智力发育更趋完善,求知欲强,好奇心强,能做较复杂的动作,语言和思维进一步发展,可塑性很强,所以应加强品德教育。与外界环境的接触日益增加,仍可发生传染病及各种意外事故;免疫性疾病,如急性肾炎、风湿热也可发生。应根据上述特点,做好保健工作。

(六)学龄期

从 6~7 岁入学起到 11~12 岁前为学龄期(school stage)。此期体格发育平稳增长,除生殖系统以外的大部分器官都已发育成熟,大脑皮质功能更加发达,理解、分析、综合能力逐步增强,是学习科学文化知识、增加自身修养、培养早期世界观的关键时期。此期保健应注意劳逸结合,做好保护视力、防止龋齿等指导;端正坐、立、行姿势,防止脊柱侧弯等畸形;重视思想及心理疏导,防止课业负担过重及过度竞争造成的心理损害。

(七)青春期

青春期(adolescence)年龄范围一般为 10~19 岁,*The Lancet Child & Adolescent Health* 将青春期进一步划分为青春期早期(10~14 岁)、青春期晚期(15~19 岁)。女孩的青春期开始年龄和结束年龄一般比男孩早 2 年左右。此期体重、身高大幅增长,生殖器官迅速发育并趋向成熟,第二性征逐渐明显,女孩出现月经,男孩出现遗精现象。此期患病率和病死率相对较低,但神经内分泌调节不够稳定,女孩可出现月经不规则、痛经、贫血、良性甲状腺肿等疾病,也可引起心理、行为、精神方面的不稳定。此期保健重点除了供给足够营养以满足生长发育加速所需,加强体格锻炼和注意充分休息之外,应根据其心理、精神上的特点加强教育和引导,使之树立正确的人生观和培养优良的道德品质,正确面对学业负担及社会竞争压力,保证青少年的身心健康。

第四节 儿科护理学的发展与展望

中医儿科学是中医学的重要组成部分,众多名家思想及医典古籍中常可见到有关儿童保健、疾病防治方面的记载。公元前 14 世纪的甲骨文中就有很多占卜小儿病的卜辞。根据我国古代文献记载,远在春秋战国时期就有了小儿医,如《史记·扁鹊仓公列传》:"扁鹊……闻秦人爱小儿,即为小儿医。"这是最早关于儿科医生的记载。汉代司马迁《史记·扁鹊仓公列传》还记载以"下气汤"治婴儿"气膈病",这就是最早的儿科医案。

《黄帝内经》中提出了有关儿科的许多论证,如有关婴儿疾病的诊断以及预后判断,《灵枢·论疾诊尺》和《素问·通评虚实论》均有婴儿病。唐代孙思邈《备急千金要方》有小儿护养观及疾病诊治的重要内容。

被后世誉为"儿科之圣"的北宋钱乙,积累 40 年儿科临床经验,撰写《小儿药证直诀》一书,创立"五脏证治"作为辨证的依据,提出心主惊、肝主风、脾主困、肺主喘、肾主虚,成为中医儿科辨证学中最重要的方法;该书总结了小儿面部望诊的实践经验,提出"脏腑柔弱,易虚易实,易寒易热"的小儿生理病理特点,指出"肝常有余,有泻无补;肾常不足,有补无泻",并据此制定儿科治则治法。

明代儿科在预防医学上的成就更值得一提,除用烧灼脐带法预防脐风、较完善的小儿护养学说得以形成外,应用人痘接种法预防天花也已得到广泛传播和应用,较西欧琴纳发明牛痘至少早 150~200 年,开创了世界免疫发展的先河,为人类消灭天花做出了重要贡献。

19 世纪下半叶西方医学传入我国后,由各国传教士开办的教会医院及护士学校在我国兴起,医院中设立了产科、儿科病房和门诊,护理工作主要是放在住院患儿的照顾和护理上,逐渐形成我国儿科护理学的雏形。1943 年,著名儿科专家诸福棠教授总结了儿科工作者的临床实践经验,编著了我国第一部系统、完整的《实用儿科学》。

新中国成立以后,党和政府对儿童的健康问题极为关注,从推广新法接生、实施计划免疫、建立各级保健医疗机构、发展托幼机构以及对儿童生长发育的监测等,到逐步形成和发展儿科重症监护中心等专科护理,使儿科护理学的范围、水平都有了很大的拓展和提高。儿童感染性疾病、营养障碍性疾病的发病率大幅度下降,重症患儿的病死率明显降低。随着医学模式的改变、经济的发展及现代医学技术水平的不断提高,儿科护理模式也由传统的单纯临床疾病护理逐渐转向儿童身体、心理、社会等方面的整体护理。儿科护理学已逐渐发展成为具有独立功能的专业学科,已形成从中专至博士研究生的完整的人才培养体系,研究范围涉及影响儿童健康和卫生的所有问题。儿科护士成为临床护理和儿童保健的主要力量。

2001 年,国务院颁布了《中国儿童发展纲要(2001—2010 年)》,从儿童健康、教育、法律保护和环境四个领域提出了儿童发展的主要目标和策略措施,我国儿童生存、保护、发展的环境和条件得到明显改善,儿童权利得到进一步保护,儿童护理学发展取得了巨大成就。截至 2010 年,《中国儿童发展纲要(2001—2010 年)》确定的主要目标基本实现。儿童健康、营养状况持续改善,婴儿、5 岁以下儿童死亡率分别从 2000 年的 32.2‰、39.7‰下降到 2015 年的 8.9‰、11.7‰,纳入国家免疫规划的疫苗接种率达到了 90% 以上。2011 年,在此基础上制定了《中国儿童发展纲要(2011—2020 年)》,其总目标在儿童医疗卫生保健方面提出了更高要求,具体如进一步减少出生缺陷所致的残疾;降低流动人口中婴儿和 5 岁以下儿童死亡率;控制中小学生视力不良、龋齿、超重/肥胖、营养不良发生率;降低儿童心理行为问题发生率和儿童精神疾病患病率;提高适龄儿童性与生殖健康知识普及率;减少环境污染对儿童的伤害。为达到新的儿童发展纲要的目标,我们应从以下方面加强和改进。

(一)重视儿童心理发育及健康,营造儿童健康成长的医疗及社会环境

根据 2002 年世界卫生报告传达的精神,卫生保健资源应从疾病治疗适当向疾病预防方面倾斜,而对健康风险的注重是疾病预防的关键。随着我国国民生产总值的不断提高,疾病谱发生了很大转变,很多成人期疾病的发生与儿童时期的健康问题或隐患密切相关,如哮喘、心血管系统疾病;一些心理、精神方面的疾病如人格障碍、交流方面的健康问题等,亦与儿童成长的社会、家庭环境密切相关。随着电子产品的高速发展、独生子女成长为家长这一人群的特殊性以及贫富差距、城乡差距的增大,儿童成长的社会环境发生了巨大的变化,这就需要广大妇幼保健、儿科护理人员以及教育人士调动全社会的力量,政府也应发挥法律法规的作用,最大限度地为儿童营造一个健康发展的家庭环境以及尊重和爱护儿童的社会氛围。政府还需要提倡正确的养育观念,消除对儿童的歧视和伤害,发挥社会的监督作用,以降低儿童心理行为问题发生率和儿童精神疾病患病率。

儿童健康的促进离不开儿科卫生保健人员的努力工作,由于历史、经济等多方面的原因,目前我国儿童相关卫生保健人员存在巨大缺口,国家三孩政策的放开,使这一问题变得更为突出。政府应该从政策层面营造儿科卫生保健人员发展的良好环境,全社会应树立尊重儿科医护人员的良好风尚,使之逐渐走向良性化发展。

(二)以循证为依据,加强儿科临床护理内容,提供优质护理

首先,儿科护士应以循证医学及循证护理思想为指导,运用最新的、有事实根据的知识和信息来指导护理实践。其次,儿科护士应在医疗服务及用药安全方面起到良好的协调及

监督作用。由于儿科疾病复杂、病情变化快的特点，再加上儿科医生工作繁忙，存在与家长沟通时间少、缺乏对疾病以外的患儿家庭情况的了解的问题，儿科护士对疾病的解释常常应用医学术语，造成家长对患儿病情及预后阶段缺乏清晰的了解。因此，在护理实践中，护士应站在患儿及其家长的角度，细心地体察他们的心情，给予他们同情和关爱。本着一切为患儿着想的原则，以循证医学／护理为依据，客观准确地介绍患儿病情、分析目前具体疾病的治疗现状及预后；结合患儿家庭实际情况，向家长提供切实可行的诊治护理备选方案。在儿童用药方面，护理人员应关注用药安全及药物与食物相互作用引起的药物安全性问题，如西柚汁具有较强的药酶抑制剂作用(可抑制肝脏 P450 酶的活性，该酶与多种药物的代谢有关)，且作用时间持久，服用后可增加血药浓度及药物的不良反应，尤其是服用抗过敏药物时应引起高度重视。

(三) 积极整合社区资源，强化城乡社区儿童健康服务功能

实践和科学研究表明，改善儿童健康应该依靠可使大多数儿童能够获得的有效的策略而非费用昂贵的先进技术，社区是实施儿童初级医疗保健服务的主要区域。目前我国儿童社区卫生保健服务以针对常见性疾病的治疗性干预、计划免疫及生长发育监测等内容为主。但是这种服务尚未涵盖所有儿童健康促进的内容，亦缺乏成熟的工作模式，未来应将疾病预防和儿童教养结合起来，以社区为载体，建立儿童保健中心及家庭健康教育指导服务体系。通过健康教育和健康促进，大力推广科学育儿，普及常见病的防治和其他儿童保健知识。加大社区儿童活动设施建设，创造有益于儿童身心健康的社区文化环境。鼓励并支持儿童参与家庭、文化和社会生活，畅通儿童意见表达渠道，重视、吸收儿童意见。社区工作人员应定期家访与监督，最大限度地保护儿童权益及健康，尤其应该关注特殊儿童的身心健康，如孤残儿童、父母离异及重组家庭的儿童、父母心智不健全以及监护不利的儿童。另外，随着国家三孩政策的全面放开，家庭功能、儿童生活的社会环境也会发生相应改变，目前家庭中独生子女一代成长为家长的特殊性，作为家庭成员的儿童对二胎、三胎弟妹的接受程度等，都可能会使家庭成员之间产生分歧甚至由此引发矛盾，从而影响家庭功能。社区卫生保健部门应给予家庭尤其儿童相应的社会支持，营造和谐的家庭氛围。对于确实因二胎、三胎产生心理问题的儿童，儿童医疗保健机构应提供相应特定的服务，以确保儿童的健康发展。

社区还应加强儿童慢性病的管理，消除各种可能对儿童身心造成伤害的因素。同时，还应与医院实现零缝隙对接，积极开展转诊服务及慢性病的延续护理，制订慢性病患儿的康复计划等。社区尤其需要充分利用其资源，实施基于现实的、低成本、高效益的管理，如：①利用老年人与儿童不同的生理、心理特点，将社区老人托管服务与社区幼儿托管服务有机连接，减少儿童护理的人力成本，解决儿童安全隐患，促进儿童与老人(特别是抑郁症、阿尔茨海默病患者)的身心健康发展；②利用社区退休医护人员及教育人员资源，开展健康促进、儿童综合发展的服务工作；③利用院校资源，将学生社区实践与社区服务紧密结合，根据最新循证研究成果，开展儿童健康服务，如根据加拿大安大略省注册护士协会 2014 年制订的关于《儿童肥胖的一级预防指南》，开展相关健康教育。该指南提供了从家庭、社区、学校、政府等多个层面，从营养、体育锻炼、软硬环境改变等多个维度来控制儿童肥胖的相关干预措施，提示我们儿童健康促进应调动全社会的力量，多学科协作是未来发展趋势。

(四) 加强偏远地区、贫困地区儿童医疗及保健工作

世界卫生组织(WHO)强调初级保健的重点是服务覆盖范围，而我国幅员辽阔，城乡区域间儿童医疗及保健水平发展极不平衡，贫困地区儿童整体发展水平(包括健康、教育)较低，很多地区不具备儿童医疗保健条件。因此，国家需要出台相关政策，各地政府也应制定一系

列地方性措施,完善县级以下单位儿童医疗保健工作的内容,鼓励和支持全社会积极参与志愿活动来加强儿童医疗和保健工作,为贫困和大病儿童提供医疗救助,如:①充分重视婴幼儿营养,尤其是如铁、锌、维生素 A 等营养素的补充,这是目前全球公认对促进儿童健康比较重要的措施;②建立并完善残疾儿童康复救助制度和服务体系,提高 0~6 岁残疾儿童抢救性康复率;③关注城市务工人员子女以及留守儿童生理心理健康问题。

—●（段红梅）

复习思考题

1. 假如你是社区卫生保健人员,负责管辖本社区儿童疾病预防和健康促进工作,你觉得如何开展工作?

2. 根据儿科护理学的任务和服务范围,讨论目前新医科、新文科背景下,如何开展儿科护理学相关研究?

◆◆◆ 第二章 ◆◆◆

生 长 发 育

学习目标

知识目标
1. 能解释儿童生长发育的规律。
2. 能阐述儿童生长发育的各项具体指标测量方法、计算方法、正常值等。
3. 能初步分析儿童心理行为的发育过程。

能力目标
1. 能准确测量儿童生长发育常用指标并对其结果进行初步分析评价,根据评价结果对患儿及家属开展健康教育。
2. 提升评判性思维能力、临床思维能力等综合能力。

素质目标
1. 实践操作中动作轻柔,尊重、理解、关心、爱护患儿。
2. 树立社会主义核心价值观引领下的职业情操。

儿童生长发育是从受精卵到成人的成熟过程,是儿童特有的生理现象。生长(growth)指儿童各器官、系统的长大和形态变化,可测出其量的改变;发育(development)指细胞、组织、器官的分化完善和功能上的成熟,为质的改变。生长和发育两者紧密相关,不能截然分开,生长是发育的物质基础,而发育成熟状况又反映在生长的量的变化上。生长发育的过程既包括身体的变化也包括心理的变化,呈现出特有的规律性与阶段性。

第一节　生长发育的规律及其影响因素

一、生长发育的规律

(一)生长发育的连续性与阶段性
生长发育是一个连续的过程,但各年龄阶段生长发育的速度不同,具有阶段性。一般年龄越小,体格增长越快。1岁前体重、身长增长速度最快,为生长发育的第1个高峰,尤其是最初3个月增长最快。2岁后的儿童体格稳步增长,至青春期又迅速加快,出现第2个生长高峰。

(二)各系统器官发育的不平衡性
生长发育的顺序遵循一定规律,各系统发育速度不同,有各自特点。神经系统发育较早,生殖系统发育较晚,淋巴系统先快后慢,皮下脂肪在年幼时较发达,而肌肉组织则至学龄期才生长加速,其他如心、肝、肾等系统的增长基本与体格生长平行(图 2-1)。

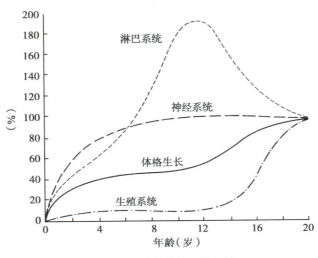

图2-1　各系统发育的不平衡性

（三）生长发育的顺序性

儿童生长发育通常遵循由上到下、由近到远、由粗到细、由低级到高级、由简单到复杂的顺序或规律。如婴儿运动发育的规律是：先抬头，后抬胸，再会坐、立、行（由上到下）；先抬肩、伸臂，再双手握物；先会控制腿到再会控制脚的活动（由近到远）；先会用全手掌握持物品，以后发展到能以手指摘取（从粗到细）；先会画直线，进而能画图、画人（由简单到复杂）；先会看、听和感觉事物、认识事物，再发展到记忆、思维、分析、判断（由低级到高级）。

（四）生长发育的个体差异

儿童生长发育虽按上述一般规律发展，但在一定范围内由于受遗传、营养、环境、教养方式和疾病等各因素的影响而存在着较大的个体差异。体格上的个体差异一般随年龄增长而越来越显著，青春期差异更大。因此所谓正常值不是绝对的，必须考虑各种因素对个体的影响，并做连续动态的观察和记录，才能做出正确的判断。

二、影响生长发育的因素

遗传因素和环境因素是影响儿童生长发育的最基本因素。遗传决定了生长发育的潜力，这种潜力又受诸多外界因素的作用和调节，两方面因素相互作用，决定了每个儿童的生长发育水平。

（一）遗传因素

儿童生长发育受父母双方遗传基因的影响。不仅表现在皮肤和头发的颜色、面部特征、身材高矮等外貌特征方面，而且也表现在心理与性格特征、气质类型等诸多方面。儿童对某些疾病的易感性也多与遗传因素有关；遗传性疾病无论是染色体畸变还是代谢缺陷对生长发育均有显著影响。

（二）环境因素

自然、社会、家庭环境直接或间接地影响着儿童各个阶段的生长发育与健康。在胎儿期更多的受孕母生活环境、营养、情绪、健康状况等各种因素的影响。出生后，不仅受母亲、家庭成员的影响，同时受社会文化等大环境的影响。

1. 孕母情况　胎儿生长发育与孕母的生活环境、营养状况、情绪等关系密切。妊娠期间孕母身体健康、心情愉快、情绪稳定，膳食平衡、营养丰富，环境安静、舒适、空气清新，不抽烟，不酗酒，不滥用药物，避免接触各种有害物质、放射线等对促进胎儿的生长发育至关重要。

2. 营养摄入 合理的营养是儿童生长发育的物质基础,年龄越小受营养的影响越大。当各种营养素供给比例恰当,加上适宜的生活环境,可使儿童的生长潜力得到最好的发展。

3. 生活环境 生活环境包括社会大环境和家庭小环境。随着年龄增长,儿童越来越多地受到社会大环境的影响。一方面,外界的刺激能够开阔视野,活跃思维,丰富知识;另一方面,由于儿童缺乏辨别、分析能力,社会环境中的某些不健康因素可能会带来一些消极的影响。对于某些不健康因素,首先应该是物理性的隔离,大力发展社区健康文化事业,为儿童提供安全的游戏场所及健康的精神食粮。另外,家庭生活环境的作用也是不容忽视的。舒适的居住环境、充足的阳光、新鲜的空气、清洁的水源、温馨和睦的家庭气氛等都能促进儿童的生理与心理生长发育。

4. 文化与教养方式 家庭是儿童健康成长的摇篮,儿童自出生起即受家庭文化的熏陶与父母的直接影响。良好的家庭文化与家庭教育是儿童身心健康成长的前提与保障。艾瑞克森认为"信与不信"的形成是在人生第一年,是人际关系发展的起源;弗洛伊德认为人格是在生命的前五年形成的,提示家庭文化与家庭教育的重要性。

5. 疾病与药物影响 疾病对儿童生长发育的影响十分明显。急性感染常使体重减轻;长期慢性疾病则同时影响体重和身高的增长;内分泌疾病常引起骨骼生长减慢和神经系统发育迟缓;先天性疾病如先天性心脏病、唐氏综合征等,对体格和神经心理发育的影响更为明显。通常2岁以内的儿童疾病痊愈后,如营养充足,会出现"追赶生长(catch up growth)"现象,即儿童身高、体重等短期内加快增长,以弥补患病期间造成的损失,但持续的生长延迟或发生在敏感期的不良事件所造成的影响有时是无法弥补的。药物也可影响儿童的生长发育,如较大剂量或较长时期给予链霉素、庆大霉素可致听力减退,甚至耳聋;肾病、血液病患儿长期使用糖皮质激素,会出现体脂向心性分布,甚至可致身高增长的速度减慢,骨质疏松等改变。

了解儿童生长发育规律及内、外因素的影响,可使医护人员根据不同年龄儿童的发育特点,协助家长创建有利于儿童生长发育的环境,防止不利因素的影响,促进儿童正常生长发育;同时又可正确判断和评估儿童生长发育状况,及时发现偏离和不足,追查原因予以纠正。

第二节 体格生长发育及评价

一、体格生长常用指标

体格生长指标应选择易于测量、有较好人群代表性的变量。常用的指标有体重、身高(长)、坐高(顶臀长)、头围、胸围等。

(一)体重

体重测量视频

体重(weight)为各器官、组织及体液的总重量,是反映儿童体格生长,尤其是评价营养状况最易获得的敏感指标,也是儿科临床计算药量、输液量等的重要依据。根据"2015年中国九市7岁以下儿童体格发育调查"和儿童正常体重、身高主要参数及估算公式",我国新生儿出生平均体重男婴为(3.33±0.39)kg、女婴为(3.24±0.39)kg,其发育平均水平已经超过了WHO颁布的儿童生长标准。其中城区儿童体重超出0.1~1.2kg,农村儿童体重超出0.3~0.9kg。出生后第1周内由于摄入不足、水分丧失及排出胎粪,体重可暂时性下降3%~9%,约在生后3~4日达到最低点,以后逐渐回升,常于7~10日恢复到出生时的水平,这一过程称为生理性体重下降(physiological weight loss)。对于下降幅度超过10%,或者10日后体重继续下降者应及时寻找原因。生后如及时、合理喂哺可减轻或避免生理性体重下降的发生。儿童年龄越小,体重增长越快:出生后前 3 个月每月增长 1~1.2kg,4~6 个月每月平均增长 0.5~0.6kg,7~12 个月每月增长 0.25~0.3kg。生后第 1 年是体重增长速度最快的时期,称为第 1 个生长高峰,3 个月时达出生时的 2 倍,1 岁时体重约为出生时的 3 倍(10kg),2 岁时平均体重约为 12kg,2 岁后到青春前期体重每年稳步增长约 2kg(表 2-1)。进入青春期后体格生长再次加快,每年增长 4~5kg,约持续 2~3 年,呈现第 2 个生长高峰。

(二) 身高(长)

身高(body height)指从头顶到足底的全身长度。3 岁以下儿童站立时测量不准确,一般取仰卧位测量,称身长(body length)。3 岁以后立位测量,称身高。身高的增长规律与体重增长相似,年龄越小,增长越快,也呈现婴儿期和青春期两个生长高峰。新生儿出生时身长平均为 50cm,出生后前 3 个月身长增长 11~13cm,满 3 个月时平均身长约为 62cm,6 个月时约为 68cm,12 个月时身长平均约为 75cm,生后第 1 年身长平均增长约 25cm,呈现第 1 个高峰。第 2 年增加速度减慢,平均为 10cm,2 岁时平均身长约为 87cm。2 岁后身长(高)稳步增长,平均每年增加 5~7cm(表 2-1)。进入青春早期出现第 2 个身高增长加速期,其增长速度可达幼儿期的 2 倍,持续 2~3 年。女童进入青春期较男童约早 2 年,故 10~13 岁的女童常较同龄男童高。但男童到达青春期后身高加速增长,且持续时间较长,故最终身高超过女童。

婴儿身长
测量视频

表 2-1 儿童身高、体重增长的关键参数和估算公式

年龄	体重(kg)及变化	年龄	身高(长)(cm)
出生时	3.3	出生时	50
3 个月	6.6(约为出生时 2 倍)	3 个月	62
12 个月	10(约为出生时 3 倍)	12 个月	75
24 个月	12(约为出生时 4 倍)	24 个月	87
1~12 岁:	年龄(岁)×2+8	2~12 岁:	年龄(岁)×7+75

身高(长)包括头、躯干(脊柱)和下肢的长度,这三部分的增长速度并不一致。出生后第 1 年头部生长最快,躯干次之,而青春期身高增长则以下肢为主,故各年龄期头、躯干和下肢所占身高(长)的比例各有不同,出生时上部量(从头顶至耻骨联合上缘)>下部量(从耻骨联合上缘到足底),中点在脐上;随着下肢长骨增长,中点下移,2 岁时在脐下;6 岁时在脐与耻骨联合上缘之间;12 岁时恰位于耻骨联合上缘,此时上部量与下部量相等。年龄越小,上部量所占的比例越大(图 2-2),这也是婴幼儿容易摔跤及发生坠落的原因之一。某些疾病可使身体各部分比例失常,这就需要分别测量上部量及下部量以进行比较,帮助判断。

身高(长)的增长与遗传、种族、内分泌、营养、运动和疾病等因素有关。明显的身材异常往往由甲状腺功能减退、生长激素缺乏、营养不良、佝偻病等引起。短期的疾病与营养波动不会明显影响身高(长)。

(三) 坐高

由头顶至坐骨结节的长度称坐高(sitting height),通常在 3 岁以上由坐位测量取值。3 岁以下取仰卧位测量,称冠 - 臀长(crown-rump length)。坐高代表头颅与脊柱的发育,其增长规律与上部量增长相同。由于下肢增长速度随年龄增加而加快,坐高占身高的百分数则随年龄增加而下降,由出生时的 67% 降至 14 岁时的 53%。此百分数显示了身躯上、下部比例的改变,比坐高绝对值更有意义。

笔记栏

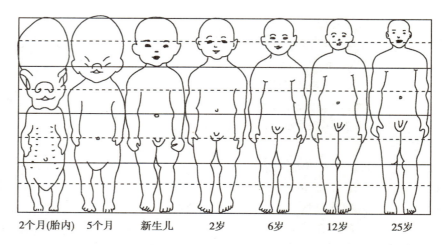

图 2-2　头与身高(长)的比例

2个月(胎内)　5个月　新生儿　2岁　6岁　12岁　25岁

头围测量
视频

(四)头围

经眉弓上缘、枕骨结节左右对称绕头一周的长度为头围(head circumference,HC)。头围反映脑和颅骨的发育,出生时平均33~34cm,在1岁以内增长较快,前3个月和后9个月各增长约6cm,故1岁时约为46cm。1岁以后头围增长明显减慢,2岁时为48cm,5岁时为50cm,15岁时54~58cm(接近成人头围)。头围测量在2岁前最有参考价值。较小的头围($<\bar{x}-2SD$)常提示脑发育不良;头围增长过快往往提示有脑积水。

胸围测量
视频

(五)胸围

平乳头下缘经肩胛角下缘平绕胸一周的长度为胸围(chest circumference,CC)。胸围大小与肺、胸廓的发育密切相关,出生时胸围比头围小1~2cm,约32cm。1岁时头围与胸围几乎相等,以后则胸围超过头围。头围、胸围增长曲线的交叉时间与儿童营养和胸廓发育有关,肥胖儿由于胸部皮下脂肪厚,胸围可于3~4个月时暂时超过头围;营养较差、佝偻病、缺少锻炼的儿童胸围超过头围的时间可推迟到1.5岁以后。1岁至青春前期胸围超过头围的厘米数约等于儿童岁数减1。

二、体格生长发育的评价

充分了解儿童各年龄期生长发育的规律和特点,正确评价其生长发育状况,给予适当的指导和干预,对促进儿童的健康成长十分重要。为客观和正确评价个体或群体儿童生长发育现状及今后发展趋势,必须选择一个合适的正常儿童体格生长标准参照值作为比较,并采用适当的体格生长评价方法。据2015年我国9市儿童的随机抽样调查,我国城市、城郊儿童体重、身长、坐高、头围、胸围5项指标,平均水平已经达到2009年世界卫生组织颁布的儿童生长发育标准。

(一)体格生长评价的常用方法

1. 均值离差法　正常儿童生长发育状况呈正态分布。根据不同年龄、性别分组,通过对某一特定人群大样本横断面调查,计算出均值($\bar{x}$)与标准差(SD)。以该均值($\bar{x}$)为基值、标准差(SD)为离散距,$\bar{x}\pm1SD$包含68.3%的受检总体,$\bar{x}\pm2SD$包含95.4%的受检总体,$\bar{x}\pm3SD$包含的99.7%的受检总体。通常以$\bar{x}\pm2SD$(包含95%的总体)为正常范围。可按离差范围不同将儿童体格发育分成五等级评价标准(表2-2)。也可按年龄画成曲线进行评价。通常用儿童生长指标的实测值与均值比较,根据实测值在均数上下的位置,确定和评价儿童发育等级。

表 2-2 五等级评价标准

等级	均值离差法	百分位法
上	$>\bar{x}+2SD$	$>P_{97}$
中上	$\bar{x}+(1SD\sim2SD)$	$P_{75}\sim P_{97}$
中	$\bar{x}\pm1SD$	$P_{25}\sim P_{75}$
中下	$\bar{x}-(1SD\sim2SD)$	$P_3\sim P_{25}$
下	$<\bar{x}-2SD$	$<P_3$

2. 中位数、百分位法 适用于正态和非正态分布状况。以第 50 百分位（P_{50}）为中位数，其余百分位数为离散距，常用 P_3、P_{10}、P_{25}、P_{50}、P_{75}、P_{90}、P_{97}。当大量数据呈正态分布时，P_{50} 相当于 $\bar{x}$，P_3 相当于 $\bar{x}-2SD$，P_{97} 相当于 $\bar{x}+2SD$。$P_3\sim P_{97}$ 包含总体的近 94%（表 2-2）。不同测量指标数值也可按不同年龄描绘成曲线供比较用。

3. 指数法 用两项指标间相互关系作比较，如考普指数（Kaup 指数），即体重（kg）/身高（m²），其含义为单位面积的体重指数（BMI），主要反映体格发育水平及营养状况，15~18 为正常，<15 为偏瘦，>18 为肥胖倾向。

4. 生长曲线图评价法 将同性别、各年龄组儿童的某项体格生长指标（如身高、体重等）画成曲线（离差法的均值和标准差值或百分位数值），制成生长发育曲线图（图 2-3），将

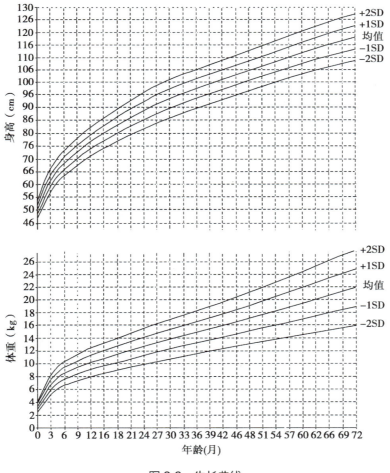

图 2-3 生长曲线

17

笔记栏

定期连续测量的数据每月或每年描绘于图上作比较,可了解该儿童目前所处发育水平,比较前后数次数据,可看出其发育趋势和生长速度为向下(下降)、向上(增长)或平坦(不增),这种连续动态测量儿童生长发育的方法可及时发现偏离,分析原因并予以干预,故临床意义更大。

5. 界值点的选择   通常均值离差法以 $\bar{x}\pm2SD$(包括总体的95%)为正常范围,小于$(\bar{x}-2SD)$,或大于$(\bar{x}+2SD)$为异常;百分位数以 P_3~P_{97}(包括总体的94%)为正常范围,小于P_3或者大于P_{97}为异常。由于儿童生长发育个体差异比较大,判断"异常"要慎重。

6. 标准差的离差法   该方法用偏离该年龄组标准差的程度来反映生长情况,可用来比较不同人群间的数值。

(二) 体格生长发育评价的内容

体格生长评价须包括发育水平、生长速度和匀称程度三个方面。

1. 发育水平   横断面测量某一年龄段的某项体格生长指标值,与同年龄同性别的参考人群值进行横向比较,以此来评价该儿童某项体格生长指标在该年龄段的生长水平,一般以等级表示,但不能预计其生长发育趋势。

2. 生长速度   定期连续测量儿童某项体格生长发育指标,如体重、身长,即可得到儿童该项指标的生长速度。这种动态纵向观察,可以发现该儿童某一指标的"生长轨迹",预示其该项指标的生长趋势,将其与参考人群比较,可以及时发现生长偏离状况。故生长速度的比较较发育水平更能反映儿童的生长情况。

3. 匀称程度   评估儿童体格发育各项指标间的关系,以此了解儿童体型是否匀称、身材是否匀称。例如用坐高(顶臀长)与身高(长)的比值与参考人群值比较评价身材是否匀称,以身高(长)与体重的比值来评价体型。

第三节   与体格生长有关的其他系统发育

一、骨骼的发育

(一) 头颅骨

头颅骨发育   颅骨随脑的发育而增长,故其发育较面部骨骼(包括鼻骨、下颌骨)早。可根据头围大小,骨缝及前、后囟闭合迟早来评价颅骨的发育。颅骨缝出生时尚分离,于3~4个月时闭合。前囟为顶骨和额骨边缘形成的菱形间隙(图2-4),其对边中点连线长度在出生时1.5~2.0cm,后随颅骨发育而增大,6个月后逐渐骨化而变小,一般1~1.5岁闭合,最迟不超过2岁。

前囟早闭或过小见于小头畸形;前囟迟闭、过大见于佝偻病、先天性甲状腺功能减退症等;前囟饱满常提示颅内压增高,见于脑积水、脑炎、脑膜炎、脑肿瘤等疾病;前囟凹陷则见于极度消瘦或脱水者。

后囟为顶骨与枕骨边缘形成的三角形间隙,出生时即已很小或已闭合,最迟于生后

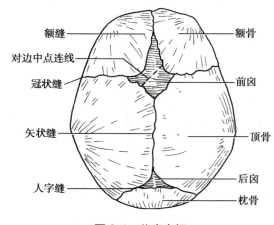

图 2-4   儿童囟门

6~8周闭合。

(二)脊柱

脊柱的增长反映脊椎骨的发育。出生后第1年脊柱增长较下肢快,1岁后其增长速度则落后于下肢。新生儿时脊柱仅轻微后凸,3个月左右随抬头动作的发育出现颈椎前凸,此为脊柱的第1个弯曲;6个月左右会坐时出现胸椎后凸,为脊柱的第2个弯曲;1岁左右开始行走时出现腰椎前凸,为脊柱的第3个弯曲。至6~7岁时随着韧带发育,上述3个脊柱弯曲为韧带所固定,形成S型生理弯曲。生理弯曲的形成,有利于身体保持平衡和直立行走。坐、立、行姿势不正确及骨骼病变可引起脊柱发育异常或造成畸形。

(三)长骨

长骨的生长和成熟与体格生长有密切关系,长骨生长主要依靠干骺端软骨骨化和骨膜下成骨作用使之增长、增粗。当干骺端与骨干融合时,标志长骨生长结束。随着年龄的增长,长骨干骺端的骨化中心按一定的顺序和部位有规律地出现,通过X线检查长骨干骺端骨化中心的出现时间、数目、形态变化,并将其标准化即为骨龄(bone age)。将特定儿童每个骨化中心的出现时间、大小、形态、密度等与标准化图谱加以比较,当骨骼成熟度相当于某一年龄标准图谱时,即为该儿童的骨龄。一般通过X线检查,了解其腕骨、掌骨、指骨的骨龄情况,测定骨龄。出生时腕部无骨化中心,出生后腕部骨化中心的出现次序为:头状骨、钩骨(3个月左右)、下桡骨骺(约1岁)、三角骨(2~2.5岁)、月骨(3岁左右)、大、小多角骨(3.5~5岁)、舟骨(5~6岁)、下尺骨骺(6~7岁)、豆状骨(9~10岁)。10岁时出全,共10个,故1~9岁腕部骨化中心的数目约为其岁数加1。婴儿早期可摄膝部及踝部片,以了解小腿骨骼骨化中心情况。新生儿期已出现股骨远端及胫骨近端的骨化中心。临床上判断骨龄常用Glueich-Pyle图谱或TW2评分法,骨龄测定有助于诊断某些疾病,如生长激素缺乏症、甲状腺功能减退症、肾小管酸中毒等骨龄明显落后;中枢性性早熟、先天性肾上腺皮质增生症时骨龄则常超前。出生后不久怀疑甲状腺功能不足者,可选择股骨远端作X线摄片,因为此处骨化中心在出生时已形成。

二、牙齿的发育

牙齿的发育与骨骼发育有一定的关系。人一生有两副牙齿,即乳牙(共20个)和恒牙(共32个)。出生时在颌骨中已有骨化的乳牙芽孢,但未萌出,生后4~10个月乳牙开始萌出,乳牙萌出的顺序一般是下牙先于上牙,自前往后,2岁半左右出齐。2岁以内乳牙的数目约为月龄减4~6,但乳牙的萌出时间也存在较大的个体差异,12个月尚未出牙可视为异常。

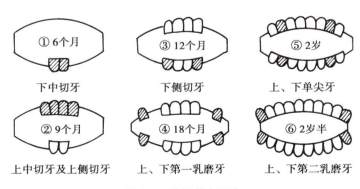

图2-5 乳牙萌出顺序

6岁左右第1颗恒牙萌出,即第1磨牙,长于第2乳磨牙之后;7~8岁开始乳牙按萌出先后逐个脱落代之以恒牙,其中第1、2前磨牙代替第1、2乳磨牙;12岁左右出第2磨牙;18岁以后出第3磨牙(迟牙),但也有终生不萌出者。出牙为生理现象,但个别儿童可有低热、流涎、睡眠不安、烦躁等反应。较严重的营养不良、佝偻病、甲状腺功能减退症、唐氏综合征等患儿可有牙齿萌出迟缓、牙釉发育不良等。食物的咀嚼有利于牙齿生长,另外蛋白质、微量元素、维生素A、维生素D等营养素和甲状腺激素也与牙齿的生长有关。

三、肌肉与脂肪组织的发育

(一)肌肉系统发育

新生儿肌肉张力较高,1~2个月后逐渐减退,3~4个月肌张力恢复正常,肢体可以自由伸屈运动。儿童肌肉的生长与营养、生活方式、运动量有关,除合理营养外,俯卧、翻身、爬行、行走、体操、游戏等可促进肌纤维增粗,增加肌肉活动能力与耐力强度。因此,主动运动对促进儿童肌肉生长非常重要。肌肉生长异常可见于重度营养不良、进行性肌萎缩等疾病。

(二)脂肪组织发育

脂肪组织的生长主要表现为脂肪细胞数目的增加和体积增大。脂肪细胞数目增加从胎儿中期开始到1岁末达高峰,以后呈减速增加。2~15岁时脂肪细胞数目增加约5倍。脂肪细胞体积从胎儿后期至出生时增加1倍,以后逐渐减慢,学龄前期至青春前期脂肪细胞大小变化不大。青春期生长加速时,脂肪细胞体积又增加。脂肪组织不仅是机体储存能力的主要场所,而且还是活跃的内分泌器官,儿童时期过多的脂肪储存将增加成人期罹患肥胖、高血压、糖尿病的风险。

四、生殖系统的发育

生殖系统发育较迟,进入青春期前才开始发育,女童9~11岁、男童11~13岁进入青春期,持续约7~10年。此阶段不仅在身高、体重等体格生长方面出现第二个高峰,而且性器官开始发育、生长加速,出现第二性征。女童第二性征发育的顺序依次是:乳房、阴毛、腋毛,乳房发育是女童青春期始动的标志,月经初潮来临,标志着女性生殖功能发育成熟。男童第二性征发育的顺序依次是:睾丸、阴囊、阴毛、腋毛、喉结、变声,睾丸增大是男童青春期始动的标志,排精标志着男性性功能发育成熟。青春期的开始、持续时间及第二性征出现的顺序等个体差异较大,一般认为女童8岁前、男童9岁前出现第二性征为性早熟(precocious puberty);女童14岁、男童16岁后尚未出现第二性征为青春期延迟(delayed puberty)。

第四节　儿童神经心理发育及评价

一、神经系统的发育

在儿童生长发育过程中,神经心理的发育与体格生长具有同等重要的意义。儿童日常行为可反映出神经心理的发育,故此期的发育也称为行为发育。儿童神经心理发育的基础是神经系统的发育,尤其是脑的发育。除先天遗传因素外,神经心理的发育与环境密切相关。

胎儿时期神经系统的发育最早,尤其是脑的发育最为迅速。出生时大脑重量已达成人大脑重量的25%,7岁时接近成人脑的重量。从形态学方面来说,出生时大脑的外观已与成人相似,有主要的沟回,但大脑皮质较薄,沟回较浅。出生时神经细胞数目已与成人相同,但其树突与轴突少而短。出生后脑重的增加主要与神经细胞体积增大和树突的增多、加长,以及神经髓鞘的形成和发育有关。神经髓鞘的形成与发育约在 4 岁左右完成,故婴儿时期由于神经髓鞘形成不完善,刺激引起的神经冲动传导速度缓慢,而且易于泛化,不易形成明显的兴奋灶,易疲劳而进入睡眠状态。

出生后脊髓的发育相对较成熟,胎儿时期,脊髓位于第 2 腰椎下缘,4 岁时上移至第 1 腰椎,因此,在行腰椎穿刺时应注意穿刺部位。

出生时儿童具有觅食、吸吮、吞咽、拥抱、握持等先天性反射和对强光、寒冷、疼痛的反应。其中某些先天条件反射会随年龄增长而消失,如握持反射应于 3~4 个月时消失,如继续存在将妨碍手指精细动作的发育。新生儿和婴儿肌腱反射不如成人灵敏,腹壁反射和提睾反射也不易引出,到 1 岁时才稳定。3~4 个月前婴儿肌张力较高,Kernig 征为阳性,2 岁以内幼儿 Babinski 征阳性亦可为生理现象。

出生后 2 周左右即可形成第一个条件反射,即抱起喂奶时出现吸吮动作;2 个月后逐渐形成与视觉、听觉、味觉、嗅觉、触觉等相关活动的条件反射;3~4 个月开始出现兴奋性和抑制性条件反射;2~3 岁时皮质抑制功能逐渐发育完善,到 7~14 岁时皮质抑制调节功能达到较成熟水平。

二、感知觉的发育

感知(perception)是通过各种感觉器官从环境中选择性地获取信息的功能,感知的发育对儿童运动、语言、社会适应能力的发育起着重要的促进作用。

(一)视感知发育

新生儿已有视觉感应功能、瞳孔对光反应,但因视网膜黄斑区发育不全和眼外肌协调较差,视觉不敏锐,只有在 15~20cm 范围内视觉才最清晰,在清醒和安静状态下可短暂注视和追随近处缓慢移动的物体。不少新生儿可出现一时性斜视和眼球震颤,3~4 周内自行消失。新生儿后期视感知发育迅速,第 2 个月起可协调注视物体,头可跟随移动的物体在水平方向转动 90°,有初步头眼协调的动作。3~4 个月时喜欢看自己的手,头眼协调较好,头可随物体在水平移动 180°。5~7 个月目光可随上下移动的物体垂直方向转动,出现眼手协调动作,追随跌落的物体,开始认识母亲及常见物品如奶瓶,喜欢红色等鲜艳明亮的颜色。8~9 个月时开始出现视深度的感觉,能看到小物体。18 个月时能区别各种形状,喜欢看图画。2 岁时两眼协调较好,可区别垂直线和横线。5 岁时能区别颜色,6 岁时视深度充分发育。

(二)听感知发育

出生时因中耳鼓室无空气并有羊水潴留,听力较差,但对强声可有瞬目反射、震颤等反应。出生 3~7 天后听力已相当好,声音可引起呼吸节律改变。1 个月时能分辨"吧"和"啪"的声音;3~4 个月时头可转向声源(定向反应)。听到悦耳声时会微笑;6 个月时能区别父母声音,唤其名字会有所反应。7~9 个月时能确定声源,区别语言的意义;1 岁听懂自己的名字;2 岁时能区别不同高低的声音,听懂简单吩咐;4 岁时听觉发育完善,听感知发育与儿童的语言发育直接相关,听力障碍如不能在语言发育的关键期内或之前得到确诊和干预,则可因聋致哑。因此,出生后要进行听力筛查。初筛于出生后 72 小时进行,未通过者在出院前、42 天时分别再做复查。以后分别在 8 个月、1 岁、2 岁、3 岁、4 岁……每年进行一次听力检查。以便及时发现由于某些后天因素而导致的听力缺失。

(三)味觉和嗅觉发育

出生时味觉和嗅觉已发育完善。新生儿对酸、甜、苦等不同味道可产生不同的反应,闻到乳香会寻找乳头;3~4 个月时能区别好闻和难闻的气味;4~5 个月的婴儿对食物味道的轻微改变已很敏感,故应适时转换食物,使之习惯不同味道的食物。

(四)皮肤感觉的发育

皮肤感觉包括触觉、痛觉、温度觉和深感觉。触觉是引起某些反射的基础,新生儿感觉已很灵敏,尤以眼、口周、手掌、足底等部位最为敏感,触之即有瞬目、张口、缩回手足等反应,而前臂、大腿、躯干部触觉则较迟钝。新生儿已有痛觉,但较迟钝,疼痛刺激后出现泛化的现象,出生后2个月才逐渐改善。新生儿温觉很灵敏,冷的刺激比热的刺激更能引起明显的反应,如出生时离开母体环境,温度骤降就啼哭。3个月的婴儿已能感知不同温度的水温。2~3岁幼儿通过触觉能区分物体的软硬冷热等属性。5岁时开始辨别体积相同而重量不同的物体。

(五)知觉发育

知觉为人对事物各种属性的综合反映,知觉的发育与视、听、触等感觉的发育密切相关。生后5~6个月婴儿已有手眼协调动作,通过看、摸、咬、抓、敲、击等逐步感知、体会物体各方面的属性,其后随着语言的发展,儿童的知觉开始在语言的调节下进行。1岁以后开始有时间和空间知觉的萌芽。3岁能辨别上下;4岁辨别前后;5岁开始辨别以自身为中心的左右;4~5岁已有时间概念,能区别早上、晚上、今天、明天和昨天;5~6岁时能区别前天、后天、大后天。

三、运动的发育

运动的发育可分为大运动(gross motor)及精细运动(fine motor)两大类。妊娠后期出现的胎动为儿童运动的最初形式。新生儿因大脑皮质发育尚不成熟,传导神经纤维尚未完成髓鞘化,故运动多属无意识和不协调。此后,尤其第1年内随着大脑的迅速发育,儿童运动功能日臻完善。

(一)平衡和大运动

1. 抬头　因为颈后肌发育先于颈前肌,所以新生儿俯卧位时能抬头1~2秒;3个月时抬头较稳;4个月时抬头很稳并能自由转动。

2. 翻身　出现翻身动作的先决条件是不对称颈紧张反射的消失。婴儿大约5个月时能从仰卧位翻至俯卧位,6个月时能从俯卧位翻至仰卧位。

3. 坐　新生儿腰肌无力,至3个月扶坐时腰仍呈弧形;5个月时靠着坐腰能伸直;6个月时能双手向前撑住独坐;8个月时能坐稳并能左右转身。

4. 匍匐、爬　新生儿仰卧位时已有反射性的匍匐动作;2个月时俯卧能交替踢腿;3~4个月时可用手撑起上身数分钟;7~8个月时已能用手支撑胸腹,使上身离开床面或桌面,有时能在原地转动身体;8~9个月时可用上肢向前爬;12个月左右爬时手膝并用;18个月时可爬上台阶。学习爬的动作有助于胸部及智力发育,并能提早接触周围环境,促进神经系统的发育。

5. 站、走、跳　新生儿直立时双下肢稍能负重,出现踏步反射和立足反射。5~6个月扶立时双下肢可负重,并能上下跳动;8个月时可扶站片刻,腰、背、臀部能伸直;10个月左右能扶走;11个月左右能独站片刻;15个月左右可独自走稳;18个月左右能跑及倒退走;2岁左右能并足跳;2岁半左右能独足跳1~2次;3岁左右双足交替走下楼梯;5岁左右能跳绳。

(二)精细动作

新生儿两手握拳很紧,2个月时握拳姿势逐渐松开。3~4个月握持反射消失,开始有意识地取物。6~7个月时能独自摇摆或玩弄小物体,将物体从一手转换至另一手,并出现捏、敲等探索性动作。9~10个月时可用拇、示指捏取小物件。12~15个月时学会用匙,会乱涂画,能几页几页地翻书。18个月时能垒2~3块积木。2岁时可垒6~7块积木,一页一页翻书,能握杯喝水。3岁时在别人的帮助下会穿衣服,临摹简单图形。4岁时基本上能自己穿、脱简单衣服。5岁时能学习写字。

四、语言的发育

语言(language)为人类特有的高级神经活动,用以表达思维,观念等心理活动,与智能关系密切。儿童天生具备发展语言技能的机制和潜能,但是必须提供适当的环境与条件,与周围人群进行语言交流才能使语言潜能得以发展。通过语言符号,儿童获得更丰富的语言概念,提高解决问题的能力,同时吸收社会文化中的信念、习俗及价值观。语言发育必须经过发音、理解和表达三个阶段。

1. 发音阶段　新生儿已会哭叫,对饥饿、大小便、疼痛刺激等的哭叫声在音响度、音调上有所不同。1~2个月开始发喉音,2个月开始发"啊""伊""呜"等元音,6个月时出现辅音,7~8个月能发"爸爸""妈妈"等语音,8~9个月时喜欢模仿成年人的口唇动作练习发音。

2. 理解语言阶段　婴儿在发音的过程中逐渐理解语言,通过视觉、触觉、味觉等与听觉的练习,逐步理解一些日常用品,如奶瓶、电灯等的名称。9个月左右的婴儿已能听懂简单的词义,如"再见""把手给我"等。亲人对婴儿自发的"爸爸""妈妈"等语言的及时应答,可促进儿童逐渐理解这些音的特定含义。10个月左右的婴儿已能有意识地叫"爸爸""妈妈"。

3. 表达语言阶段　在理解的基础上,婴儿学会表达语言,一般一岁开始会说单词,后可组成句子;先会用名词,然后才会用代名词、动词、形容词、介词等;从讲简单句发展为复杂句。儿童说话的早晚与父母的教育、关注是分不开的。当婴儿说出第一个有意义的字时,意味着他真正开始用语言与人交流。语言发育过程中,须注意下列现象:①乱语:又称隐语,1~2岁的幼儿很想用语言表达自己的需求,由于词汇有限,常常说出一些成年人听不懂的话语即乱语。遇到这种情况要耐心分析,不要训斥,否则会影响说话及表达思维的积极性。②口吃:3~4岁的幼儿词汇增多,但常常发音不准或句法不正确,越是急于纠正越容易出现口吃,不必急于纠正,一般情况下会逐渐转为正常。③自言自语:自言自语是儿童从出声的外部语言向不出声的内部语言转化过程中的一种过渡形式,是幼儿语言发育过程中的必经阶段,为学龄儿童发展内部语言打下基础。一般7岁以后,不会再出现自言自语,如继续存在,则应引起注意。

五、心理活动的发展

新生儿出生时不具有心理现象,待条件反射形成即标志着心理活动发育的开始,随年龄增长,心理活动不断发展。了解不同年龄儿童的心理特征,对保证儿童心理活动的健康发展十分重要。

(一)注意的发展

注意(attention)是人对某一部分或某一方面环境的选择性警觉,或对某一刺激的选择性反应。注意可分无意注意和有意注意,前者为自然发生,不需要任何努力;后者为自觉的、有目的的行为。婴儿时期以无意注意为主,3个月开始能短暂地集中注意人脸和声音,鲜艳的色彩、较大的声音都能成为儿童无意注意的对象。随着年龄的增长,活动范围的扩大,生活内容的丰富,动作语言的发育,儿童逐渐出现有意注意,但幼儿时期注意的稳定性差,易分散、转移;5~6岁后儿童才能较好地控制注意力。注意是一切认知过程的开始,应早期加强有意注意的训练,培养婴幼儿的注意力。

(二) 记忆的发展

记忆(memory)是将所获得的信息储备和"读出"的神经活动过程,包括识记、保持和回忆。回忆又可分为再认和重现。再认是对以前感知的事物在眼前重现时的辨识;重现是对以前感知的事物虽不在眼前出现,但可在脑中重现,即被想起。5~6 个月婴儿虽能再认父母,但直到 1 岁后才有重现。婴幼儿时期的记忆特点是时间短,内容少,易记忆带有欢乐、愤怒、恐惧等情绪的事情,且以机械记忆为主,精确性差。随着年龄的增长,思维、理解、分析能力逐步加强,儿童逐渐学会有意识地逻辑记忆,记忆内容也越来越广泛、复杂,记忆的时间也越来越长。

(三) 思维的发展

思维(thinking)是个体应用理解、记忆和综合分析能力来认识事物的本质和掌握其发展规律的一种精神活动,是心理活动的最高形式。1 岁以后开始产生思维。婴幼儿的思维为直觉活动思维,即思维离不开客体及行为,不能脱离实物和行为进行主动思考。学龄前儿童以具体形象思维为主,尚不能理解事物间的逻辑关系,也不会进行演绎推理;在计算活动中,对实物相加较易理解,对数字相加的算术运算常感到困难,因此需反复进行实物或图形的计算训练以后才能掌握抽象程度高的算术运算。随着年龄增长,儿童逐渐学会综合、分析、分类、比较等抽象思维方法。

(四) 想象的发展

想象(imagination)是一种思维活动,是在客观事物影响下,在大脑中创造出以往未遇到过的或将来可能实现的事物形象的思维活动,常常通过讲述、画图、写作、唱歌等表达出来。新生儿无想象力;1~2 岁时由于生活经验少,语言尚未充分发育,幼儿仅有想象的萌芽,局限于成人生活中的某些个别动作,如模拟妈妈的动作给布娃娃喂饭;3 岁后幼儿想象内容稍多,但仍为片段、零星的;学龄前期儿童想象力有所发展,但以无意想象和再造想象为主,想象的主题易变;学龄期儿童有意想象和创造性想象迅速发展。

(五) 情绪、情感的发展

情绪(emotion)是活动时的兴奋心理状态,是人们对事物情景或观念所产生的主观体验与表达。情感则是在情绪的基础上产生的对人、物的关系体验,属较高级复杂的情绪。外界环境对情绪的影响甚大。新生儿因不适应宫外环境,常表现不安、啼哭等消极情绪,而哺乳、抚摸、抱、摇等则可使其情绪愉快。6 个月后小婴儿能辨认陌生人时,逐渐产生对母亲的依恋及分离性焦虑,9~12 个月时依恋达高峰,以后随着和别人交往的增多,逐渐产生比较复杂的情绪,如喜、怒、初步的爱、憎等,也会产生一些不良的情绪,如见人怕羞、怕黑、嫉妒、爱发脾气等。婴幼儿情绪表现特点为时间短暂,反应强烈,容易变化,外显而真实,易冲动,但反应不一致。随着年龄和与周围人交往的增多,儿童对客观事物的认识逐渐深化,情感也日益分化,对不愉快因素的耐受性逐渐增强,逐渐能有意识地控制自己的情绪,情绪反应渐趋稳定,情感也日益分化,产生信任感、安全感、荣誉感、责任感、道德感等。有规律的生活,融洽的家庭气氛,适度的社交活动和避免精神紧张与创伤,能使儿童维持良好、稳定的情绪和情感,有益于智能发展与品德的培养。

(六) 意志的发展

意志(will)为自觉的、主动的调节自己的行为,克服困难以达到预期目标或完成任务的心理过程。新生儿无意志,随着语言、思维的发展,婴幼儿开始有意行动或抑制自己某些活动时即表示有意志的萌芽。随着年龄增长,语言思维不断发展,社会交往的增多,加上成人教育的影响,儿童意志逐步形成和发展。积极的意志主要表现为自觉、坚持、果断和自制;消极的意志则表现为依赖、顽固和易冲动等。成人可通过日常生活、游戏和学习来培养孩子的积极意志,增强其自制力、独立性和责任感。

(七) 个性和性格的发展

个性(personality)是个人处理环境关系的心理活动的综合形式,包括思维方式、情绪反应、行为风格等。艾瑞克森心理社会发展理论认为,性格是在人的内在动力和外在环境产生矛盾并解决矛盾的过程中发展起来的,具有阶段性。在婴儿时期,由于自理能力有限,所有的生理需要完全依赖照顾者(父母),人生第一年很容易与父母建立信赖关系和产生安全感。如果父母没有给予很好地照顾,将会使婴儿产生不信任、不安感。幼儿期开始有自理能力,但仍需依赖父母,故违拗性与依赖性行为交替出现。儿童在学龄前期,自理能力提高,有主动行为,但常因为失败而产生失望和内疚。学龄期开始学校生活,儿童因学习能力的提高和得到认可而满足,同时又会因为成绩不佳、能力不足而产生自卑。青春期接近成人,认知能力提高,心理适应能力增强但易波动,在情感问题、交友问题、择业问题、价值观问题上处理不当易影响性格的形成。性格与遗传有关,其形成主要受生活环境和教育的影响,一旦形成则相对稳定。父母的教育态度对儿童性格的发展有很大影响(表2-3)。

表2-3 父母的教育态度与儿童性格特征的关系

母亲的教育态度	儿童的性格特征
支配	服从、无主动性,消极、依赖、温和
照顾过甚	幼稚、依赖、神经质、被动、胆怯
保护	不善于交际、亲切、情绪安定
溺爱	任性、反抗、幼稚、神经质
迁就	无责任心、不服从、爱攻击、粗暴
忽视	冷酷、爱攻击、情绪不安定、创造力强
拒绝	粗暴、冷淡、企图引起注意
残酷	执拗、冷酷、逃避、独立
民主	独立、直爽、协作、亲切、善于社交、创造
专制	依赖、反抗、情绪不安、以我为中心、大胆

六、社会行为的发展

儿童社会行为(social behavior)是个体年龄阶段心理行为发展的综合表现,此期发展受外界环境的影响,也与家庭、学校、社会对儿童的教育有密切关系,并受神经系统发育程度的制约。新生儿觉醒时间短,对周围环境反应少,但不舒服时会哭叫,抱起来即安静。2个月时注意母亲脸,逗引会笑。4个月认出母亲及熟悉的东西,能发现和玩弄自己的手、脚等,开始与别人玩,高兴时就笑出声。6个月能辨出陌生人,玩具被拿走时会表示反对。8个月时注意周围人的行动,寻找落下或被表面遮挡的东西。9~12个月时认生达高峰,对熟悉和不熟悉的人和物有喜欢、不喜欢的表现,会模仿别人的动作,唤其名字会转头。1岁后独立性增强,喜欢玩变戏法和"躲猫猫"游戏,能较正确地表示喜怒、爱憎、害怕、同情、嫉妒等情绪。2岁左右不再认生,爱表现自己,吸引别人的注意,喜欢听故事、看画片,能执行简单命令。3岁时人际交往更熟练,与人同玩游戏,能遵守游戏规则。此后,随着接触面的不断扩大,对周围人和环境的反应能力更完善(表2-4)。

表 2-4　儿童神经精神发育进程

年龄	粗细动作	语言	适应周围人物的能力、行为
新生儿	无规律,不协调动作,紧握掌	能哭叫	铃声使全身活动减少
2 月	直立位及俯卧位时能抬头	发出和谐的喉音	能微笑,有面部表情,眼随物转动
3 月	仰卧位变为侧卧位,用手摸东西	咿呀发音	头可随着看到的物品或听到的声音转动180°,注意自己的手
4 月	扶着髋部时能坐,或在俯卧位时用两手支持抬起胸部,手能握持玩具	笑出声	抓面前物体,自己玩手,见食物表示喜悦,较有意识地哭笑
5 月	扶腋下能站直,两手各握玩具	能喃喃发出单调音节	伸手取物,能辨别人声音,望镜中人笑
6 月	能独坐一会儿,用手摇玩具	唤其名字时会有所反应	能认识熟人和陌生人,自拉衣服,自握足玩
7 月	会翻身,自己独坐很久,将玩具从一手换另一手	能发"爸爸""妈妈"等复音,但无意识	能听懂自己的名字,自握饼干吃
8 月	会爬,会自己坐起来,躺下去会扶着栏杆站起来,会拍手	重复大人所发简单音节	注意观察成人的行动,开始认识物体,两手会传递玩具
9 月	试独站,会从抽屉中取出玩具	能懂几个较复杂的词句,如"再见"等	看见熟人会手伸出来要抱,或与人合作游戏
10~11 月	能独站片刻,扶椅或推车能走几步,拇、示指对指拿东西	开始用单词,一个单词表示很多意义	能模仿成人的动作,招手"再见",抱奶瓶自食
12 月	独走,弯腰拾东西,会将圆圈套在木棍上	能叫出物品名字,如灯、碗,指出自己的手、眼	对人和事物有喜憎之分,穿衣能合作,用杯喝水
15 月	走得好,能蹲着玩,能叠一块方木	能说出几个词和自己的名字	能表示同意、不同意
18 月	能爬台阶,有目标地扔皮球	能认识和指出身体各部分	会表示大小便,懂命令,会自己进食
2 岁	能双脚跳,手的动作更准确,会用勺子吃饭	会说2~3字构成的句子	能完成简单的动作,如拾起地上的物品,能表达喜、怒、怕
3 岁	能跑,会骑三轮车,会洗手、洗脸,会脱、穿简单衣服	能说短歌谣,数几个数	能认识画上的东西,认识男女,自称"我",表现自尊心、同情心,怕羞
4 岁	能爬梯子,会穿鞋	能唱歌	能画人像,初步思考问题,记忆力强,好发问
5 岁	能单腿跳,会系鞋带	开始识字	能分辨颜色,数10个数,知物品用途及性能
6~7 岁	参加简单劳动,如扫地、擦桌子、剪纸、泥塑、结绳等	能讲故事、开始写字	能数几十个数,可简单加减,喜独立自主,形成性格

七、神经心理发育的评价

儿童神经心理发育的水平表现在感知、运动、语言和心理过程等各种能力及性格方面,对这些能力和特征的检查称为心理测验(psychometry)。根据测试内容的不同,分为能力测验和适应性测验。能力测验包括筛查和诊断测验,其中,丹佛发育筛查测验(denver development screen test, DDST)是测量儿童心理发育最常用的方法,主要用于 6 岁以下儿童发育筛查,该量表共 104 个项目(原著有 105 项)。诊断测验常用的量表有贝利婴儿发展量表(bayley scales of infant development, BSID)、格塞尔发育量表(Gesell developmental schedule)等。而适应性测验多采用日本S-M社会生活能力检查,即"婴儿-初中生社会生活能力量表"。此量表适用于 6 个月 ~15 岁儿童社会生活能力的测定,共 132 项。

> ### 知识链接
>
> #### 儿童发育延迟
>
> 儿童发育延迟(developmental delay)是发育性残疾(developmental disability)的一种,特指 5 岁以下儿童在大运动 / 精细运动、语言 / 言语、认知、社会 / 个人、日常活动能力等发育领域中存在两个或两个以上的明显落后。以遗传、生物及社会环境影响为主,在此期间大脑发育的特点也会影响病因的明确诊断。病因分析有助于判断儿童发育潜能及同胞发病的可能性,对于特殊病例可以进行针对性的治疗及干预。美国逐渐将病因诊断概念化,认为从为家庭提供有价值的临床信息来看,进行病因学的检查是非常有价值的。病因诊断包括病史及体格检查、发育量表的评估诊断、分析病因、相应的实验室及影像学检查。在上述病因诊断基础上,提供相对应治疗及康复的干预训练方案,并进行预后分析。近年来,美国儿科学会强烈推荐的ASQ发育筛查系统,使用方便、简单,而且具有良好的心理测量学特性,可用于 0~5 岁儿童发育迟缓的早期识别,目前我国部分机构已开展了初步的应用研究,证明该系统适合应用于中国儿童的发育评估。

ASQ 发育筛查系统简介视频

第五节 儿童社会心理发展

按照儿童在一段时期内所具有的共同的、典型的心理特点,将儿童社会心理发展划分为若干个发展阶段(developmental stage)。各心理学家关注的焦点不同,心理发展阶段的划分也不同。

一、弗洛伊德的心理发展阶段划分及其特点

西格蒙德·弗洛伊德(Sigmund Freud),精神分析学派的创始人。弗洛伊德认为,儿童人格的发展主要是本能的发展,本能的根源在于身体的紧张状态,多集中在身体的某些部位,称为动欲区。每个儿童都要经历几个先后有序的发展阶段,儿童在这些阶段中获得的经验决定其人格特征。每一阶段的划分均以动欲区的转移为依据,将人格发展分为口唇期、肛门期、生殖器期、潜伏期和生殖期。每个时期都存在与性有关的特殊矛盾冲突,人格差异与个人早期发展中性冲突解决的方式有关。如果某一时期的矛盾没有顺利解决,需求没有满足

笔记栏

或过度满足,就会在以后保持这个时期的某些行为,即"停滞现象"。

(一)口唇期

口唇期(oral stage,0~1岁):这个时期的动欲区在口腔。婴儿通过吮吸、吞咽、咀嚼、撕咬等活动获得快感。口腔欲望得到满足有利于儿童情绪与人格的正常发展,否则易出现咬指甲、抽烟、吸毒、酗酒等不良行为,或产生自恋、悲观、退缩、嫉妒、猜疑等人格变化。

(二)肛门期

肛门期(anal stage,1~3岁):动欲区在肛门区域。此期幼儿必须学会控制生理排泄,使之符合社会要求。快感主要来自对粪便的排泄与控制,如果这一时期出现停滞现象,则可能出现放纵、生活秩序混乱、不拘小节或循规蹈矩、谨小慎微、吝啬等人格特征。

(三)生殖器期

生殖器期(phallic stage,3~6岁):动欲区在生殖器区域。儿童表现出对性器官的关心和对性别差异的觉察。出现"恋母情结""恋父情结"。对父母亲的认同不但是超我发展的启端,同时也是两性行为方式的基本学习历程。如果此期发展不利,则可能产生性别认同困难或成为异常性行为的导因。

(四)潜伏期

潜伏期(latent stage,6~12岁):此期儿童的兴趣不再局限于自己的身体,对外界环境也逐渐有了探索倾向。由于这个时期的行为与身体某一部位快感的满足少有直接关系,于是乃有"潜伏"的说法。如果此期发展不顺利,则可能出现强迫人格。

(五)生殖期

生殖期(genital stage,12岁以后):随着青春期生理发育的成熟,儿童的兴趣逐渐从自己的身体刺激满足转变为异性关系的建立与满足。该阶段儿童已从一个自私的、追求快感的孩子,成长为具有对异性有爱的权利的、社会化的个体。此期如果不能顺利发展,儿童则可能产生性犯罪、性倒错,甚至精神异常。

二、艾瑞克森的心理发展阶段划分及其特点

艾瑞克森(Erikson E),美籍丹麦裔心理学家,将弗洛伊德的理论拓展到社会学领域,形成了心理社会发展理论(theory of psychosocial development)。艾瑞克森的心理社会理论强调文化社会环境对人格发展的影响,认为生命的历程就是不断达到心理社会平衡的过程,将人的一生分为8个心理社会发展阶段,其中,前5个阶段与儿童的心理社会发展有关,不同的阶段有不同的特点,表现为某方面的行为特征比较明显。并认为每个阶段均有一个特定的发展课题(development task),这些课题是儿童健康人格的形成和发展过程中所必然遇到的挑战或危机。成功地解决每一阶段的发展课题,就可以健康地步入下一阶段,反之,将导致不健康的结果而影响后一阶段的发展。

(一)婴儿期

婴儿期(0~1岁):主要心理社会发展课题是信任对不信任(trust vs mistrust)。信任感是发展健全人格的基础,人生第一年的发展任务是与照顾者(通常是父母)建立起信任感、克服不信任感。婴儿呱呱坠地后的最初阶段必须依赖父母来满足自己的需要,婴儿通过哭声、表情等向父母发出各种需求的信息,父母如果及时给予正确的读解、提供合适的满足,则儿童情绪愉悦。在"婴儿发出信息,父母读解信息、给予满足"的反复应答过程中,和父母的信任感得以建立,疑惑得以克服。这一信任感是儿童与他人建立信赖关系的根源与出发点。相反,如果父母无视婴儿发出的信息、不能给予生理与精神的满足,婴儿便会对父母产生不信任感,而且对他人亦难以产生信赖,对日后人际关系的发展产生不利的影响。

（二）幼儿期

幼儿期（1~3 岁）：主要心理社会发展课题是自主对怀疑（autonomy vs shame or doubt）。此阶段幼儿能够主动地探索外部世界，已经开始觉察到自己的行为对周围环境与人的影响，从而形成独立自主感，喜欢以"不"来满足自己独立自主的需要。如果得不到父母的许可，或对其独立行为缺乏耐心、嘲笑、斥责等将会使幼儿产生羞愧和疑虑，幼儿将怀疑自己的能力，并停止各种尝试和努力。因此，父母对幼儿合理的自主行为必须给予支持和鼓励，避免过分干涉；同时，应以温和、适当的方式教育幼儿，使其学会适应社会规则。此期顺利发展的结果是自我控制和自信。

（三）学龄前期

学龄前期（3~6 岁）：主要心理社会发展课题是主动对内疚（initiative vs guilt）。随着身体活动能力和语言的发展，儿童探究范围扩大，他们开始主动探索周围的世界，敢于有目的地去影响和改变环境，并能以现实的态度去评价个人行为。如果对他们的好奇与探索给予积极鼓励和正确引导，则有助于他们主动性的发展。反之，如果总是指责儿童的行动是不好的，禁止他们有一些离奇的想法或游戏活动，或要求他们完成其力所不能及的任务，都会使儿童产生内疚感、缺乏自信、态度消极、怕出错等心理。

（四）学龄期

学龄期（6~12 岁）：主要心理社会发展课题是勤奋对自卑（industry vs inferiority）。此期是成长过程中的一个决定性阶段，儿童迫切学习文化知识和各种技能，学会遵守规则，从完成任务中获得乐趣。如果在这个时期儿童能出色地完成任务并受到鼓励，则可发展为勤奋感；如果无法胜任父母或老师所指定的任务，遭受挫折和指责，儿童就会产生自卑感。此期顺利发展的结果是学会竞争，力求创新和自我发展。

（五）青春期

青春期（12~18 岁）：主要心理社会发展课题是角色认同对角色混淆（identity vs role confusion）。此期儿童关注自我，探究自我，经常思考我是怎样一个人，适合怎样的社会角色等问题。他们极为关注别人对自己的看法，并与自我概念相比较，一方面要适应他们必须承担的社会角色，同时又想扮演自己喜欢的新潮形象，因此，他们为追求个人价值观与社会观念的统一而困惑和奋斗。正常心理社会发展主要来自建立其独立自主的人生观，并完善自己的社会能力和发展自身的潜能。如无法解决上述冲突，则会导致角色混淆，没有自控力，没有安全感。

三、皮亚杰的心理发展阶段划分及其特点

让·皮亚杰（Jean Piaget），瑞士心理学家，儿童心理学、发生认识论的开创者，被誉为心理学史上除了弗洛伊德以外的一位"巨人"。皮亚杰理论的核心概念是"运思"，运思是一种特别的心智活动，它能够根据特定的目的转换信息，并且具有可逆性，这个历程是心智发展的核心。

（一）感知运动阶段

感知运动阶段（sensorimotor stage，0~2 岁）：该阶段相当于婴、幼儿期，尚未很好地掌握语言表达，主要通过感觉运动来和外界接触并相互作用，通过抓、握、摸、拉、推、看等动作获得感知与运动的体验，通过嘴的吸吮与手的抓取认识世界，认知形式是图式结构，尚不能用语言和抽象符号来命名事物。

（二）前运思阶段

前运思阶段（preoperational stage，2~7 岁）：此期儿童各种感知运动开始内化为语言表象，

能用语言符号、象征性游戏等手段表达内、外部事物。言语和非言语表达能力迅速发展,思维开始从表象思维向运算思维过渡,并依赖直觉活动的帮助,表现出思维的直觉性。该阶段思维特征是:①以自我为中心:深信自己想的也是别人想的,自己想的永远是对的;②思维的片面化:儿童在观察事物时,往往将注意力集中在最感兴趣的一面,忽视其全貌;③思维的非可逆性:儿童不能沿原来思想的相反思路回到原来思考的出发点。这个时期的儿童只具备了一些日常生活中的"概念",还没有形成真正的逻辑概念。

(三)具体运思阶段

具体运思阶段(concrete operational stage,7~11岁):此时儿童已克服了前一阶段的局限性,出现了具体运算的图式,能够进行初步的逻辑思维,并能运用逻辑思维解决遇到的具体问题。该阶段儿童思维开始具有可逆性,获得了各种守恒概念、分类概念、序列概念、关系概念等。儿童思维特征是多维性、可逆性、去自我中心性、可进行具体逻辑推理。但此时还不能在假设的基础上进行思考,并且也无法解决具有多重逻辑关系的问题。

(四)形式运思阶段

形式运思阶段(formal operational stage,11~15岁):此阶段儿童思维是以命题形式进行的,能够根据逻辑推理、归纳或演绎的方式来解决问题,能够通过假设推理来解答问题,或从前提出发,得出结论。儿童已经能够运用逻辑思维来解决各种复杂问题,也能通过假设来解决各种问题,思维发展接近成人水平。

总的来说,儿童思维(智力)的萌芽出现在感知运动阶段,在前运思阶段则主要是表象思维和直觉思维,在具体运思阶段出现初步的逻辑思维,比较复杂的逻辑思维直到形式运思阶段才出现——这就是儿童智力、心理发展的一个过程。在儿童智慧发展的不同阶段,思考、解决问题方式、能力不同,智力也不同。前一阶段是后一阶段发展的前提条件,而后一阶段又是前一阶段发展的结果。由于环境、教育、文化及个体动机等各种因素的影响,各阶段的出现可以推迟或提前,但每个个体的智力发展都要依次经过上述不同发展阶段。

四、科尔伯格的心理发育阶段划分及其特点

劳伦斯·科尔伯格(Lawrence Kohlberg),美国心理学家,提出著名的"道德发展阶段"理论,通过对10多个不同国家的儿童进行研究,发现道德发展趋势的一致性,大致可分为3个层次、6个阶段。

(一)前习俗期

前习俗期(preconventional stage,1~6岁):此期儿童以家长和权威人物的教导为道德判断标准,表现为对权威的服从和惧怕惩罚。此期又分为2个阶段:①惩罚顺从导向阶段:该阶段的儿童,对成人或规则采取服从的态度,以免受到惩罚,即:"我"因害怕惩罚或"不想惹麻烦"而服从。②快乐主义导向阶段:处于该阶段的儿童在进行道德判断时,开始比较行为和个人的关系,认为每个人都有自己的意图和需要,因为对"我"有好处而服从。在这个道德认知层次上,儿童对对错的认知是依据权威者的说教和该行为结果会带来奖罚而建立起来的。任何一位父母都可以证明这一点。问一个四五岁的孩子,为什么偷窃是不对的? 绝大多数的回应都是"因为爸爸妈妈说这是不对的"或"偷东西会挨打"。有些人终其一生都停留在这个阶段,持续地以听威权者的话、害怕惩罚、如何避免痛苦后果或取得奖赏来定位是非对错。

(二)习俗期

习俗期(conventional stage,6~12岁):此期儿童道德规范观念开始形成,对事物的道德判断能够以社会习俗和规范为准则去思考,行为动机主要为符合父母、家庭、社会的需求,能够

遵守社会道德规范。此期也包括2个阶段:①好孩子导向阶段:处于该阶段的儿童认识到必须尊重他人的看法和想法,考虑到他人和社会对一个"好孩子"的期望和要求,并尽量按这种要求去做。该阶段的儿童已经开始从关心自己的需求发展到较全面地关心别人的需求,从而为自己塑造一个社会赞同的形象。②社会秩序导向阶段:该阶段的儿童开始从维护社会秩序的角度来思考什么行为是正确的,认识到每个社会成员都应当遵守全社会共同约定的某些行为准则,即强调对法律和权威的服从。

(三) 后习俗期

后习俗期(postconventional stage,12岁以上):此期儿童道德观念已经内化,个人道德理想和良心开始形成,能够全面自我约束,凭借良心及个人观念进行是非善恶的判断。其中也包括2个阶段:①社会契约导向阶段:尊重法规,认为个人目标要对社会负责,保证大多数人的利益。②普遍道德原则导向阶段:该阶段个体认识超越了法律,认为除了法律以外,还有诸如生命的价值、全人类的正义、个人的尊严等更高的道德原则,把这些普遍伦理原则看得比任何法律更为优先。不是所有人都能达到这个道德阶段。

第六节 儿童心理行为问题与早期综合发展

一、常见心理行为问题

心理行为问题对儿童身心健康影响较大,近年来的调查显示我国儿童行为异常的发生率为12.6%~15.5%,而且有逐年上升趋势。儿童行为异常常表现在日常生活中,容易被家长忽视或过重评价。因此,区分正常和异常的儿童行为非常重要,目前有多种衡量儿童行为的量表可以帮助区分儿童异常行为问题。儿童行为问题的发生与父母的教养方式、文化水平、过高期望、学习环境等显著相关。多数儿童的行为问题在生长发育过程中可自行消失。

(一) 生物功能性行为问题

1. 遗尿症 正常儿童在2~3岁时已能控制排尿,若5岁后仍发生不随意排尿即为遗尿症。大多数遗尿发生在夜间熟睡时称夜间遗尿症。遗尿症可分为原发性和继发性两类。原发性遗尿多因控制排尿的能力迟滞所致,无器质性病变。健康欠佳、劳累、过度兴奋、紧张、情绪波动时可使症状加重,有时症状可自动减轻或消失,亦可复发。部分患儿持续遗尿至青春期,往往造成严重心理负担,影响正常生活和学习。继发性遗尿症大多由于全身性疾病或泌尿系统疾病引起,处理原发疾病后症状即可消失。因此,应帮助儿童树立信心,避免过重的心理负担,合理安排儿童的生活并坚持排尿训练,晚餐后适当控制饮水量,避免过度兴奋等。

2. 夜惊(睡惊症)(sleep terrors) 夜惊指睡眠中突然出现的一种短暂的惊惧和惊扰发作,伴有强烈的语言、运动形式及自主神经系统的兴奋现象。该症多发生于4~12岁儿童,发病的高峰年龄为4~7岁,据调查1~14岁儿童中大约3%发生过夜惊,青春期以后极少见,男童略多于女童。学习压力、生活中的负性事件、人际关系问题、家庭矛盾、恐怖电视镜头等是夜惊的诱发因素,部分儿童有家族史。处理方式主要是消除诱因,一般不需特殊处理,个别发作频繁者,可短期使用安定。

除上述遗尿、夜惊外,此类行为异常中还有遗便、多梦、睡眠不安、食欲不佳、过分挑剔等。

(二) 运动行为问题

1. 屏气发作 屏气发作为呼吸运动暂停的一种异常行为,多见于6~18个月的婴幼儿,5岁前会自然消失。屏气发作常在发怒、恐惧、悲伤、剧痛、剧烈叫喊等情绪急剧变化时出现。

笔记栏

表现为过度换气,哭喊时屏气;因脑血管扩张、缺氧,出现昏厥、意识丧失、口唇发绀、躯干及四肢挺直,甚至四肢抽动,持续 0.5~1 分钟后呼吸恢复,症状缓解,口唇发红,全身肌肉松弛而入睡。一日可发作数次。这种婴幼儿性格多暴躁、任性、易发脾气。对此类儿童家庭应加强教养,遇矛盾冲突时,耐心说服解释,避免粗暴打骂。

2. 吮拇指、咬指甲癖 3~4 个月后的婴儿生理上有吮吸要求,尤其是吸吮拇指,以安定自己。这种行为多在寂寞、饥饿,疲乏和睡前出现,多随年龄增长而消失。有时在儿童心理得不到满足如精神紧张、恐惧、焦虑,或未获得父母充分的爱,又缺少玩具、音乐、图片等视听觉刺激时,便吮指或咬指甲自娱,渐成习惯,直到年长时尚不能戒除。长期吮手指可影响牙齿、牙龈及下颌发育,致下颌前突、齿列不齐,妨碍咀嚼。学龄前期和学龄期儿童还有咬指甲癖。因此,要多关心和爱护这些孩子,消除其抑郁、孤单心理,鼓励儿童建立改正坏习惯的信心,大多数儿童入学后受同学的影响会自然放弃此不良习惯。

3. 儿童擦腿综合征(习惯性会阴部摩擦动作) 是指儿童通过摩擦动作引起兴奋的一种运动行为障碍。发作时儿童两腿伸直交叉加紧,手握拳或抓住东西使劲,有时依床脚、墙角或骑跨栏杆进行,多在睡前、睡醒后或在独自玩耍时发生,多因外阴局部受刺激反复发作渐成习惯。因此,要注意会阴部清洁;尽早穿封裆裤,衣裤、被褥不可太厚、太紧;合理安排儿童睡前与醒后的活动。鼓励儿童参加各种游戏,使其生活轻松愉快,随年龄增长此习惯动作逐渐自行缓解。

4. 注意缺陷多动障碍(attention deficit hyperactivity disorder,ADHD) 又称儿童多动症,是学龄期儿童中常见的一种行为障碍,主要表现为注意力不集中、多动、冲动行为,多伴有学习困难,但智力正常或接近正常。在学龄期儿童的发病率为 3%~5%,男童的发生率明显高于女童。ADHD 缺乏特异性的病因学或病理学改变,也没有可以辅助诊断的特殊体征或实验室检查,因此诊断的主要依据是病史和对特殊行为症状的观察、描述和追踪,结合相关量表测量结果综合判断。临床常用的行为量表有父母问卷及教师评定表,儿童行为评定量表及教师报告表等。ADHD 治疗和管理原则包括药物治疗和心理与行为治疗。常用的药物包括短效盐酸哌甲酯片和长效的盐酸哌甲酯控释片。心理行为治疗包括强化、塑造、消退等。另外还有脑生物反馈训练、中药、针灸等治疗方式。同时,家庭、学校应共同训练儿童的自我控制能力,如自我行为管理、时间管理等。

(三)学习障碍

学习障碍亦称学习困难,是指在获得和运用听、说、读、写、计算、推理等特殊技能上有明显困难,并表现出相应的多重障碍综合征。小学 2~3 年级为发病高峰,男童多于女童。可表现为学习功能的偏异,如操作、理解和语言表达能力差;听觉辨别能力弱,分不清近似音,交流困难,眼手协调能力障碍,知觉转换和视觉 - 空间知觉障碍,辨别形状能力不够。其原因有先天遗传因素、产伤、窒息、大脑发育不全和周围环境缺乏有利刺激或心理问题等,但儿童不一定智力低下。因此,应详细了解情况,分析其原因,加强教育训练,根据个体情况有针对性地进行矫治,同时须取得家长的理解和密切配合。

(四)社会适应问题

1. 攻击性行为 有些儿童在游戏时会表现出攻击性行为,屡次咬、抓或打伤别人。出现攻击性行为的原因较复杂,如遭受挫折、生病住院、通过伤害兄弟姐妹或其他小朋友以获得父母或老师的关注等。因此,应引导并教育儿童学会自我控制,要尊重、理解孩子,帮助孩子使用适当的、社会能接受的方式表达情绪、表达需求,同时帮助他们获得团体的认同。

2. 破坏性行为 儿童因好奇、取乐、显示自己的能力或精力旺盛,无意中破坏东西;有的儿童则由于无法控制自己的愤怒、嫉妒或无助的情绪而采取破坏行为。对此类孩子要仔细分析原因,给予正确引导,避免斥责和体罚。

3. 不登校　不登校(school non-attendance)一般是指学龄期儿童因心理、情绪、身体等原因不去上学,且实际上超过 1 周以上没有去学校的行为,而其主诉的身心疾病或症状的严重程度与临床检查并不相符,多见于小学和初中阶段。目前尚无公认的定义,有学者翻译成"逃学",考虑到"逃学"字面的负面影响,这里译成"不登校"。根据不登校的原因,大致可以分为以下三个类型。

情绪不安定型:该型的特点是上学的前一天晚上答应去上学,也会整理书包、准备文具,但上学当日迟迟不起床或者起来得很晚,不是说头痛、发热,就是说恶心、腹痛,医疗检查,并没有发现器质性病变。家长催促上学,会以不高兴、发脾气抵抗。上午情绪不安定,宛若患者一般,下午和休息日情绪稳定。对于这种情绪不安定的学生,首先家长要保持冷静,家庭生活环境要安定,家庭和学校共同努力恢复儿童重返学校的信心。

无兴趣型:对学校、学习提不起精神来,没有兴趣,对于不去上学行为没有不安与内疚感,反复催促会去上学,但是,坚持不了几天再次不去上学,反复发生,使不登校呈现慢性过程。对于这种缺乏上学动力的学生,家长督促、同学和老师早晨迎接会有一定的帮助,有时采取强制上学的方式也会有效。

学校生活问题型:该类不登校的原因多与学习成绩差、同学关系及师生关系不融洽,转学、升级不适应等问题有关,应针对原因给予早期针对性的干预。

二、儿童早期综合发展

儿童早期综合发展(integrated early childhood development,IECD)是实现联合国千年目标和《中国儿童发展纲要(2010~2020 年)》关于儿童权益的重要策略。"综合发展"的内容包括:儿童健康、营养、教育、环境和水、生存与保护等。国际上"儿童早期发展"的界定是指 0~6 岁的儿童,尤其是 0~3 岁的关键期,可归纳为生理、心理行为和社会能力的发展。IECD 涉及多学科和多部门的合作,保障和促进其实施有三个基本策略:以儿童为中心的策略,以父母为中心的策略及以社会和机构为中心的策略。

🔖 思政元素

儿童发展观与家庭教育

历史上儿童发展观一直是中外学者普遍关注的问题,包括涉及儿童发展的概念、儿童人性特点、儿童发展的性质、儿童发展的价值及其相关影响因素等重要内容。相关理论有遗传决定论、环境决定论、辐合论即二因素论以及多因素论。目前认为,在儿童发展的进程中,遗传因素、环境因素都在发挥着重要作用。环境因素包括自然环境和社会环境因素,而后者包含社会文化、家庭和学校教育等若干因素。

家庭教育质量的优劣、家长素质水平的高低直接关系着个体一生的发展,进而影响着国家、民族的和谐稳定、兴旺发达。家长学校是以未成年人的家长及其抚养人为主要对象,为提高家长素质和家庭教育水平而组织的成人教育机构,其必要性和有效性已得到国内外学者的广泛认可。

(一) 儿童早期综合发展的内容

1. 胎儿期保健　通过孕产期保健,特别是孕期营养和心理保健,改善胎儿的母体环境,

笔记栏

促进胎儿生长发育。

2. 儿童生长发育监测　从婴儿出生开始建立健康档案,定期健康检查和生长发育监测,动态观察生长发育水平,及时发现和干预生长发育偏离的儿童。

3. 营养及喂养指导　定期进行营养和喂养评估,提供咨询指导,对常见的营养性疾病早期干预。

4. 心理行为指导　对儿童心理行为发育及社会能力等方面的发展进行评估,开展心理行为发育咨询指导及早期发展的促进活动。

5. 高危儿管理　开展高危儿筛查,及时发现高危儿,进行定期监测和早期干预,并建立转诊机制。

6. 家庭养育及家庭规划咨询指导　重视和发挥家庭养育在儿童早期发展中的重要作用,为父母和家庭提供育儿技能评估和家庭育儿环境评估,以及家庭规划指导和家庭养育咨询服务。

7. 育儿技能培训　通过孕妇学校、父母课堂等进行育儿技能示范培训,改善和提高父母育儿技能。

8. 亲子活动　开展不同形式的亲子活动,通过交流、玩耍、互动、阅读等达到促进儿童早期发展的目的。

(二)儿童早期综合发展活动的效果

目前国内外尚缺乏科学有力的大样本随机对照研究结果,据各地区医疗机构、儿童保健机构的小样本研究活动显示,儿童早期综合发展干预6个月、12个月、24个月、36个月时间点上的体格指标、智力指数、运动指数优于对照组,在36个月时间点上,社会适应能力也高于对照组。国内的研究大都以0~3岁为对象,尚缺乏长期的跟踪研究结果,也缺乏全面、科学的评价工具。

(三)护士在儿童早期综合发展活动中的作用

IECD活动不仅对于儿童一生健康和幸福有着深远的影响,而且对促进国家经济和生产力的发展、提升人口素质具有重要作用。实施IECD的对象儿童大都生活在家庭与社区,而早产/高危儿优化发展管理的对象分布在医疗机构,因此以家庭、社区、医疗机构为中心的综合干预势在必行,护士在活动具有干预的专业性、提供连续性服务的便利性、多专业间沟通协调的可能性等优势,在IECD活动中发挥着举足轻重和不可替代的作用。

(四)敏感期在儿童早期综合发展活动中的体现

在0~6岁的成长过程中,儿童受内在生命力的驱使,在某个时间段内,专心吸收环境中某一事物的特质,并不断重复实践,引起愉快和快乐的时期称作敏感期。儿童越好的完成敏感期,儿童的人格状态和心智状态也就能越好地形成,其未来就越容易成为一个完善、自我实现的人。这有助于研究儿童早期综合发展的心理行为,从而做出更好的指导。意大利幼儿教育家蒙台梭利提出了5个敏感期概念:秩序的敏感期、口手的敏感期、行走的敏感期、社会性的敏感期、细小事物的敏感期。

1. 秩序的敏感期

秩序感是蒙台梭利揭示出儿童重要敏感期之一。儿童从出生几个月一直到6岁,秩序的敏感期是呈螺旋状发展的。儿童需要一个有秩序的环境,按照一定的规则和习惯整理环境、把环境秩序化。儿童秩序的敏感期分为三个阶段:第一阶段,为了秩序的破坏而哭闹,秩序一旦恢复就会安静下来;第二阶段,为了维护秩序而说"不",自我意识开始萌芽;第三阶段,为了维护秩序而执拗,一切要重新来。

2. 口手的敏感期

儿童口腔敏感期在半岁左右。最初儿童仅仅是用口认识手,发展到后面,儿童会用口认识周围的一切,什么东西都放到嘴里。这个过程也完成和健全了口的功能。直到手被完全唤醒,手的敏感期到来,又帮助和加快了口的敏感期发展。直到儿童无处不在地到处触摸,口的敏感期就这样逐渐过去。手的敏感期到来时,儿童有一个抓的过程——一把抓,三指抓,两指抓。儿童用手来思考,手的自由使用不仅表达了儿童的思维,也表达了儿童思考的过程。

3. 行走的敏感期

行走的敏感期从 7 个月开始出现。起先孩子拒绝坐,不断需要别人拉着双手跳,一段时间后,他开始走,看上去像是在跑。蒙台梭利说,这个时期是孩子的第二次诞生。孩子从出生开始,经历了抬头、坐起、爬的全部过程。在孩子第一次尝试通过自己努力而迈出第一步时,他的身体开始走向独立。此时,行走是他全部的目标。值得注意的是,到 2 岁左右,孩子一旦学会了走路,他就再也不想自己走路了,因为此时"行走的敏感期"过去了。

4. 细小事物的敏感期

儿童在 1 岁半到 2 岁时会有一个对细微事物感兴趣的敏感期。此期间的儿童,能够将手的活动和整个身体的平衡联系起来,他们的活动开始灵活起来。皮亚杰认为,儿童首先是通过简单图式发展认知和认识外在世界的。因此,儿童起初对世界的认识一定是从微观开始的,并且外在世界在他们眼里也是微观的。进入细小事物敏感期的儿童,通过观察、抓和捏小东西,发展他们手的肌肉和眼的协调,这为以后发展他们的精细动作打下了基础。

5. 社会性的敏感期

社会性的敏感期大概是从 2 岁半开始,处于该时期的儿童开始积极了解自己和他人的基本权利,喜欢遵守和共同建立规则,形成合作意识。首先表现出密切观察别人的活动,逐渐转变为主动要求与别人有更多接触。在与他人的不断接触中,儿童会慢慢意识到自己的行为是群体行为的一部分,他们的行为不再是毫无目的的,而是会把群体利益摆在第一位。

知识链接

玛利亚·蒙台梭利(1970—1952)

意大利幼儿教育家,意大利第一位女医生,意大利第一位女医学博士,女权主义者,蒙台梭利教育法的创始人。

她的教育方法源自其在于儿童工作过程中,所观察到的儿童自发性学习行为总结而成。学校应为儿童设计量身定做的专属环境,并提出了"吸收性心智""敏感期"等概念。她所创立的、独特的幼儿教育法,风靡了整个西方世界,深刻地影响着世界各国,特别是欧美先进国家的教育水平和社会发展。《西方教育史》称她是 20 世纪赢得欧洲和世界承认的最伟大的科学与进步的教育家。

(孙晓婷　韩瑜姣)

复习思考题

患儿,女,由家长带来医院体检,具体指标:体重 10kg,身长 78cm,头围略小于胸围,出牙 12 颗,且前囟已经闭合。该女童会自己进食,能指出身体的部位,但不会双脚跳。医生体检结论:正常。

ER-2-6

学习内容与
学习方法

笔记栏

请思考：

1. 该女童的月龄最可能是多少？
2. 请说出该女童可能完成的动作有哪些？
3. 请为此患儿设计几款可以促进大运动的亲子游戏。

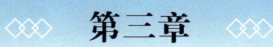

第三章
儿 童 保 健

PPT 课件

学习目标

知识目标

1. 能归纳各年龄期儿童特点及保健的重点内容。

2. 能辨别主动免疫及被动免疫并能列举我国儿童计划免疫程序的具体内容、接种禁忌证和注意事项。

3. 能分析儿童常见意外伤害发生的原因并列出相应的预防措施。

能力目标

1. 能正确运用儿童保健知识对儿童及家庭进行健康指导。

2. 能初步完成免疫接种并指导家长观察和处理预防接种的不良反应。

素质目标

1. 爱护儿童,尊重儿童成长规律,保障儿童健康发展。

2. 树立科学严谨的医学态度,积极参与儿童保健工作。

儿童保健(child health care)是以保护和促进儿童身心健康,提高儿童社会适应能力,保障儿童权利为目的,研究儿童的生长发育规律及其影响因素、营养健康、疾病防治、保健管理和生命监测等的一门综合性学科。它既是儿科学与预防医学的交叉学科,又融专业技术、科学研究及行政管理于一体,涉及儿童身心保健、社会行为和家庭、社区保健等领域,以预防为主、防治交融、群体干预和个体服务相结合,包括Ⅰ级、Ⅱ级和部分Ⅲ级预防内容。目前我国已建立较为完善的妇幼保健机构和监测网络(图 3-1),完善了儿童相关的预防保健制度,通过各级儿童保健组织进行不同年龄阶段儿童的预防保健指导、生长发育监测、计划免疫及儿童疾病的管理等,以增强儿童体质、促进儿童身心健康、降低儿童发病率和病死率。

世界卫生组织(WHO)及国家卫健委大力推进儿童疾病综合管理(integrated management of childhood illness,IMCI)和儿童早期综合发展项目(integrated early childhood development,IECD),使儿童早期生理、心理和社会能力等发育潜力得到充分开发和全面发展,为人类全生命周期的健康和发展奠定物质基础。随着儿童保健研究的进一步深入,更加重视家庭环境、家庭文化、教养方式和成长过程中的社会支持等对儿童早期生长发育的影响。因此,为适应新时期儿科护理学的发展,儿科护理人员应具备前瞻性视角,多学科理论知识,丰富的人文修养,以及多角度、广视野、全覆盖地针对儿童群体及个案的综合管理能力,儿科护理的服务范围亦应涵盖家庭、社区、医院、学校以及幼儿园。

笔记栏

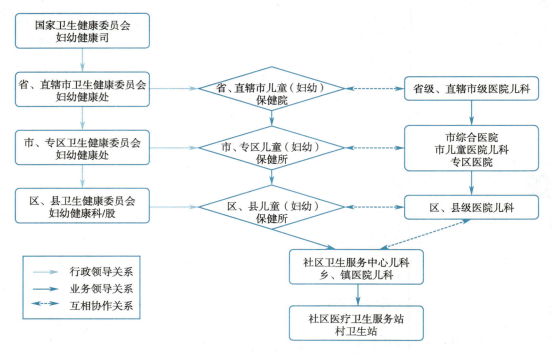

图 3-1　我国儿童保健网络体系

知识链接

儿童疾病综合管理

儿童疾病综合管理(IMCI)是 WHO、联合国儿童基金会(UNICEF)及世界银行等为保护和促进儿童健康,制定的旨在全球范围内推行的宏观战略策略。目前已在全球110 多个国家实施,我国于 1998 年引进,2015 年根据 WHO 新规程和我国实际情况,修订了中国 IMCI 指南。IMCI 主要通过采取简便有效的干预措施对儿童常见病、多发病实行综合管理,改善发展中国家儿童的生存状况,降低婴儿及 5 岁以下儿童的死亡率。IMCI 包括三个方面:①提高卫生工作者的技术:通过标准化培训和随访提高初级卫生保健机构人员诊治儿童常见病(腹泻、肺炎、疟疾、麻疹、耳部疾病和营养不良)的能力。该技术基于循证医学,建立以症状为基础的儿童疾病管理规程,包括规范的评估、分类、治疗、指导母亲和复诊。②改进卫生体制:初级卫生机构需要具备开展综合病例管理必需的物品和药品,包括儿童体重秤、体温计、数呼吸次数的计时器以及推荐的基本药物等。交通不便的地区还需建立转诊绿色通道。③改善家庭和社区的行为:通过患儿就诊时医生对父母面对面指导及社区健康教育、健康促进等措施,有效提高家长在识别疾病危险体征、家庭保健护理、喂养和营养等方面的健康知识水平,进一步改善其健康行为。

第一节　各年龄期儿童特点与保健

儿童保健是在明确儿童各年龄期生长发育特点的基础上,采取有效措施以促进儿童健康成长。由于处于不同生长发育阶段的儿童在解剖、生理、心理、社会等方面各具特点,所以不同年龄阶段的保健内容、保健措施也有所不同。

一、胎儿期特点及保健

(一)胎儿期特点

1. 致畸敏感　妊娠早期(前 3 个月)是致畸敏感期,此阶段胚胎细胞高度分化、器官初步形成,如受遗传、化学物质、药物、射线、营养障碍、感染等环境不良因素的干扰与影响,可能导致发育缺陷与畸形。

2. 生长发育迅速　胎儿期组织、器官生长迅速,生理功能逐渐成熟。

(二)胎儿期保健

胎儿的发育与孕母的身心健康、营养状况和生活环境等密切相关,胎儿期保健主要通过孕母的保健来实现,规律全程的产前保健可促进胎儿健康成长。

1. 预防遗传性疾病和先天畸形　婚前应常规进行遗传咨询,禁止近亲结婚。遗传咨询的重点对象包括:确诊或疑诊遗传性疾病患者,家族中发生多例原因不明疾病患者,家族中有遗传相关先天畸形或智能低下者。

2. 预防感染　弓形体、风疹病毒、巨细胞病毒、单纯疱疹病毒、乙型肝炎病毒是引起宫内感染的常见病原体,直接损害胎儿细胞,使细胞分化受到影响,发生畸形。风疹病毒的致畸危险主要发生在妊娠早期,易致白内障、失聪、智能低下、先天性心脏畸形;弓形体感染可发生视网膜病、脑钙化、脑积水。此外,孕母应控制性生活,节欲保胎,尤其是妊娠早期 3 个月和后期 1.5 个月,尽量避免各种原因引起的感染。

3. 避免接触放射性及化学性毒物　孕妇应避免接触各类放射线,特别是妊娠早期。尽量避免接触化学毒物,如烟、酒、毒品、重金属、环境激素等,以免损害胎儿发育。

📖 知识链接

环 境 激 素

环境激素(endocrine disruptor)是一类干扰人体与生殖发育的外源性有毒化学物质。它可通过植物、动物等食物链进行生物浓缩后进入人体,在母体脂肪组织中残留,可通过胎盘传递给胎儿,干扰胎儿体内激素产生、释放、代谢、结合、反应和消除,导致胎儿畸形,儿童期接触环境激素可引起儿童性早熟等问题。孕妇远离环境激素的方法:①不吃易被工业污染的近海鱼类;②少用塑料食具、一次性包装用品;③远离农药、室内杀虫剂、新装修住房;④少食肉类,多进谷类、黄绿色蔬菜及海藻等膳食纤维素丰富的食物。已检测出体内积蓄较高浓度环境激素的哺乳期妇女应避免哺乳,以防环境激素通过脂溶性高的乳汁传递给婴儿。

4. 慎用药物　注意孕期用药安全,避免药物致畸。药物对胚胎、胎儿的影响与用药时的孕周及药物种类有关。受精卵着床阶段对药物非常敏感,轻微的损伤即可导致胚胎早期死亡或流产;药物还可能使器官形成期的胚胎发生畸形、早产。孕 3 个月后除性激素类药物外,一般药物不产生致畸作用,但可影响胎儿的生长与器官功能。

5. 治疗孕母慢性疾病　孕母应避免妊娠期合并症,预防流产或早产。患有严重心、肝、肾疾病及糖尿病、结核病、甲状腺功能亢进或减退等慢性疾病者,应在医生指导下确定能否

思政元素 -
反思反应停
事件

继续孕育及治疗用药,减少胎儿宫内发育异常的发生。高危产妇应定期产前检查,加强监测,出现异常时及时就诊,必要时终止妊娠。

6. 保证充足的营养　胎儿生长发育所需的营养物质完全依赖于孕母的供给,不同阶段所需要的营养素比例也不同。妊娠早期要注意补充叶酸和碘,后期要增加能量及营养素的摄入,保证胎儿加速生长和产后泌乳所需能量。同时,注意加强铁、锌、钙和维生素 D 等营养素的补充。孕母营养不良、微量元素不足均可导致胎儿流产、早产和宫内发育异常。因此,孕母应合理膳食,加强营养,也要防止营养摄入过多而导致胎儿体重过重,影响分娩和出生后的健康。

7. 给予良好的生活环境　孕期环境应安全、清洁,尽量避开污染的环境。孕母应注意生活规律,保持心情愉悦,休息充足,注意劳逸结合,减少精神负担和心理压力,适度活动,并具备良好的家庭支持。

8. 监测胎儿宫内发育状况　利用产前保健门诊,定期监测胎儿心率、胎动、生长发育情况及成熟度等,做好各期筛查与监测,如对某些遗传性疾病和先天畸形做好产前诊断,对新生儿溶血病做好产前检测等。

9. 注意胎儿期精神卫生　胎儿期精神卫生主要通过胎教实现。家庭各成员应做好优生优育准备和适宜的胎教。通过调节孕妇身体的内外部环境,采用一定的方法和手段,给胎儿以积极的言语、音乐和动作刺激,激发胎儿大脑神经细胞增殖,同时使胎儿从生理上和心理上得到发展。胎教可分为:音乐胎教、抚摸胎教、言语胎教和光照胎教等。

(三)围生期保健指导

1. 妊娠后期　孕母每周应在产前保健门诊进行 1 次产前检查,社区保健工作者应进行至少 1 次的家庭访视,了解胎儿基本情况、孕母的身心准备和分娩物品准备情况,并有针对性地进行分娩过程、新生儿喂养、保暖和预防疾病等方面的健康宣教。一般建议孕母分娩前 2 周应停止工作。

2. 分娩过程　重点预防新生儿产伤及产时感染。做好保暖工作,产房温度应保持在 25~28℃,并提前预热辐射台。分娩过程中严密观察新生儿生命体征,判断羊水和胎盘附着物等情况,合理使用器械助产,及时处理异常情况,预防感染的发生。

二、新生儿期特点及保健

(一)新生儿期特点

新生儿脱离母体后将经历解剖、生理上的极大变化,也面临着适应宫外新环境的巨大挑战。由于新生儿各组织和器官的功能发育尚不成熟,对外界环境变化的适应性和调节能力差,抵抗力弱,易患各种疾病,且病情变化快,故新生儿发病率和病死率较高,占婴儿期病死率的 2/3,尤其是生后 1 周内的新生儿病死率占新生儿期病死率的 70% 左右。因此新生儿期保健是儿童保健的重点,尤其是生后一周内的新生儿保健是重中之重。

(二)新生儿期保健

1. 新生儿早期护理　新生儿娩出后应迅速清理口腔、鼻腔内黏液,保持呼吸道通畅;拭去眼、耳的污物;1~2 分钟后严格消毒并进行脐带结扎;尽快置于辐射台保暖并记录出生时阿普加评分(Apgar score)、体温、呼吸、心率、体重与身长等基本情况。适时进行皮肤清洁,胎脂对皮肤有保护作用,不必立即拭去。重点进行喂养、预防感染、保暖等护理,预防并及时处理新生儿缺氧、窒息、低体温、低血糖、低血钙、颅内出血等并发症。高危儿送入新生儿重症监护治疗病房(NICU),予以特殊监护和积极处理。

2. 母婴同室　出生后,情况允许时即可母婴同室进行观察。母婴同室不仅有利于尽早开奶,还可使母体的非致病性微生物在新生儿皮肤及胃肠道内生长繁殖,母亲的乳汁中有对应的抗体,婴儿在接触这些微生物的同时又获得了对这些微生物的主动免疫,可以避免细菌的威胁。

3. 居家护理

(1) 合理保暖:新生儿居室环境的温湿度应随季节调整,以室温 20~22℃左右为宜,湿度保持在 55%~65%,洗澡或更衣时,可适当调高室温。房间应阳光充足,每日开窗通风换气,避免空气对流。宜选择柔软、吸水、宽松、透气、色浅、便于穿脱的棉质衣服,首次使用前应先清洗,防止过敏。禁止"蜡烛绑",应保持双下肢屈曲姿势,有利于髋关节发育。必要时指导家长正确使用热水袋及相关代用品进行保暖,防止烫伤。同时注意避免衣被过厚或包裹过严,以免引起"捂热综合征"。衣物处不宜放置樟脑丸,防止发生新生儿溶血病。

(2) 喂养指导:母乳是新生儿的最佳食物,不仅可以提高免疫力,而且有助于胎粪排出和黄疸消退,应积极宣教母乳喂养的优点,鼓励和支持母乳喂养,指导哺喂的方法和技巧。新生儿生后应尽早吸吮母乳,促进乳汁分泌,提高母乳喂养率,哺乳后竖起拍背排气,半小时后取右侧卧位,防止呕吐及乳液误吸。早产儿或低出生体重儿吸吮能力较弱者可将母乳挤出,滴管哺喂,少量多次,避免吸入气管。乳母应在医生指导下用药,避免部分药物如异烟肼、氯霉素等通过哺喂影响新生儿健康。因各种原因不能母乳喂养者应在医生指导下选择和配制配方奶。此外,应指导家长早期给新生儿补充维生素 D 和维生素 K。

(3) 日常生活照护

1) 日常观察:指导家长学会观察新生儿的精神状态、面色、体温、呼吸、大小便、哭声和吸吮等情况。

2) 保证睡眠:保证每天至少 20 小时的睡眠,不主张用枕头,注意更换体位,侧卧为好。

3) 皮肤护理:每日洗澡;脐带未脱落前,每日用碘伏棉签进行清洁,勿使水、尿液浸渍脐部,以防因不洁而导致脐炎;每次大便后用温水清洗臀部;保持臀部、皮肤褶皱处、会阴部和脐部皮肤的清洁干燥,防止感染。选择透气性好、吸水性强的尿布,做到勤换、勤洗、勤观察,以防尿布性皮炎的发生。指导家长辨别新生儿特殊生理状态,不要挤压新生儿乳房硬结,禁止擦、挑"马牙"。

4. 预防疾病和意外 出生 24 小时内接种卡介苗与乙肝疫苗,并尽早对新生儿进行先天性遗传代谢疾病筛查和听力筛查。新生儿用具应专用,注意消毒,接触新生儿前后应洗手,避免交叉感染。尽量减少探视和亲吻,患病者不应进入新生儿或早产儿的居室。入睡时,被褥、毛巾等不要遮盖新生儿头面部,周围不要放置绵软的杂物,以免引起窒息。

5. 发展性照顾(内容详见第七章第三节知识链接)

6. 家庭访视 家庭访视(home visit)的目的在于早期及时发现各种问题,从而有针对性地进行早期干预,减少疾病发生或减轻疾病的严重程度,同时为家长提供哺喂和护理指导。其主要由社区卫生服务中心的妇幼保健人员进行家庭访视并建立新生儿的健康管理卡与预防接种证。家庭访视一般进行 3~4 次,高危儿和检查有异常者应适当增加访视次数。

7. 早期教养 为了促进新生儿的身心健康发展,建立和培养父母与新生儿之间的感情,应指导家长正确进行抚触、沐浴及"袋鼠式护理",促进眼与眼交流、皮肤与皮肤接触。鼓励家长经常对新生儿说话、唱歌并用彩色玩具逗引,以促进视觉、听觉、触觉的发展和智能的发育,建立各种条件反射,以培养新生儿对周围环境的定向力和反应能力。

8. 新生儿精神卫生 新生儿期建议母婴同室,持续的皮肤、目光接触和交流,增进了母婴联系,有利于新生儿心理发育,增强安全感,便于观察新生儿的异常表现。同时,应注意产妇的心理状态,疏导其不良情绪,以免影响儿童早期综合发展。

ER-3-2

知识链接 - 高危儿管理

笔记栏

> **知识链接**
>
> ### 产后抑郁症对儿童综合发展的影响
>
> 产后抑郁症(postpartum depression,PPD)不仅影响产妇自身,也对婴儿及其兄弟姐妹生理、心理、认知及气质等方面的发展产生消极影响,严重危害儿童健康成长。产后抑郁症对儿童综合发展的影响主要表现在:①对婴儿体格发育产生不良影响。PPD母亲所生婴儿的体重、身长、BMI和头围均有所减少,还会造成儿童胃肠功能紊乱、疼痛与不适等,与儿童营养不良呈正相关。②影响儿童行为发育。PPD与儿童行为问题,如睡眠障碍、进食困难、活动亢进、发脾气等显著相关。③对儿童的认知发展产生持续的负面影响。PPD母亲为儿童提供有利于学习环境的概率小,稳定性、预见性日常活动较少,同时增加了儿童对电视等屏幕的接触机会,不利于儿童的早期发展,还会影响儿童的语言功能和情商水平。④影响儿童气质发育。⑤其他。PPD母亲的婴儿及其他子女更有可能经历非故意性伤害,如跌倒、淹溺、吞入异物等,而且产妇由于焦虑易怒、情绪不稳定,在更严重的情况下,可能会产生伤害婴儿的想法和行为。

三、婴儿期特点及保健

(一)婴儿期的特点

婴儿期生长发育最为迅速,身长、体重日益增加,对能量、营养素尤其是蛋白质的需要量相对较多,而消化和吸收功能尚未发育完善,故易出现消化功能紊乱和营养不良等疾病。且随着月龄的增加,婴儿通过胎盘从母体获得的免疫物质逐渐减少,自身免疫功能尚未成熟,故易患肠炎、肺炎等感染性疾病。

(二)婴儿期的保健

1. 合理喂养　合理喂养是婴儿期的保健重点。提倡母乳喂养,WHO目前推荐纯母乳喂养至6个月,部分母乳喂养或人工喂养儿首选配方奶粉。2个月内婴儿按需哺乳,之后按时哺喂,6个月以后开始添加辅食,补充乳类的营养不足,促进味觉发展,适应多种食物,减少后期挑食、偏食的发生,并为断奶做准备。护士应向家长介绍换乳期食物的引入原则、实施步骤与方法,教会家长通过观察婴儿的粪便,判断引入食物是否合适。婴儿出生数天后,即可补充维生素D 400IU/d(10μg/d)。

2. 日常生活照护

(1)清洁卫生:婴儿应每日早、晚洗脸、洗脚和清洗臀部,勤换衣裤,保持会阴部及皮肤清洁。根据季节,每日或隔日沐浴,注意皮肤皱褶处,如颈部、腋窝、腹股沟等部位的清洁,并拭干水分。婴儿的头部前囟处容易形成鳞状污垢或痂皮,可涂抹植物油,待痂皮软化后用婴儿洗发液和温水洗净,不可强行剥落,以免引起破损或出血。注意饮食卫生,哺乳或进食后可喂少量温开水以清洁口腔,并加强食具和用具的消毒。

(2)牙齿保护:4~10个月乳牙开始萌出,此期婴儿可出现吸吮手指、咬东西,烦躁不安、拒食等情况。可用指套牙刷或湿润纱布擦洗牙龈和萌出的乳牙,不要含乳头或奶嘴入睡,以免发生龋齿。7~8个月后提供较硬的饼干、烤面包片或馒头片等食物咀嚼,以增加口腔舒适感。

(3)衣着选择:婴儿衣着应简单、宽松、少缝,避免摩擦皮肤,便于穿脱及四肢活动。衣服应用带子代替纽扣,以免婴儿误食或误吸,造成意外伤害,最好穿连体裤或背带裤,不用松紧裤腰,有利于胸廓发育。根据外界环境温度增减衣被,衣着以婴儿两足温暖为宜。此外,《备急千金要方·少小婴孺方》建议"不可令衣厚……儿衣锦帛特忌厚热,慎之慎之"。经临床验证,该方法对增强婴儿体质较为有效。因此,应适当锻炼和训练婴儿少穿一些,使其更好地适应外界气温变化,增强对寒冷的耐受力。

(4)睡眠指导:婴儿期的睡眠时间个体差异较大,平均 15~20 小时。随着年龄增长,睡眠时间逐渐减少,两次睡眠的间隔时间延长。当睡眠不足时,会引起婴儿烦躁、食欲减退、体重不增。因此,应保证充足的睡眠,有固定的睡眠场所和时间,睡前避免过度兴奋,用固定的舒缓音乐催眠,不拍、不抱、不摇、不可用喂哺催眠,在早期就培养良好的昼夜作息习惯。睡眠时各种卧位均可,最好是侧卧位,注意两侧更换,防止头部或面部变形,也要避免仰卧位时吐奶引起窒息。

(5)主动和被动活动:1~6 个月的婴儿可在家长的帮助下做被动操,7~12 个月可做主动操,主要是在家长指导下进行大运动(坐、爬、站、走)和精细动作(抓、握、取)的训练。

3. 发展性照顾

(1)皮肤锻炼:

1)婴儿抚触:婴儿抚触(touch)是通过对婴儿皮肤进行科学的温和抚触,达到刺激机体表面感受器,调整大脑皮质和各器官的功能,促进婴儿健康发育的护理方法。抚触可促进婴儿血液及淋巴系统的循环,增强机体免疫力,改善消化功能,增加体重;改善睡眠质量,稳定情绪,减少哭闹;促进母婴情感交流,促进大脑发育等。参见第六章第九节婴儿抚触视频。

婴儿肢体操
视频

2)婴儿水浴:水浴可促进血液循环、新陈代谢和体温调节,使皮肤血管舒张或收缩,以提高皮肤适应冷热变化的能力。根据儿童需求可选择温水浴、擦浴、淋浴和游泳。婴儿游泳是在专用安全保护措施下,由专业人员操作和看护对 12 个月内婴儿进行的一项特定的、阶段性的人类水中早期保健运动,可分为被动游泳和自主游泳。其目的是以最自然的治疗手法,达到促进消化、呼吸、循环、骨骼及中枢神经各系统生长发育的目的,激发婴儿的早期潜能,为早期智能、体能开发打好基础。出生后的新生儿,经儿科和神经科医生检查身心情况良好,即可游泳。

婴儿游泳
视频

3)空气浴和日光浴:阳光和空气对婴儿必不可少。健康新生儿出生后即可进行空气浴,即接触新鲜空气,每日开窗通风半小时,可促进机体新陈代谢、增强心脏活动、健壮呼吸器官。满月后有条件者可进行日光浴。日光中的红外线可促进血液循环,增强心肺功能;紫外线可使皮肤中 7- 脱氢胆固醇转化为维生素 D,从而预防佝偻病。1 岁以上儿童餐后 1~1.5 小时即可进行日光浴,每日 1~2 次,应保护眼睛,避免阳光直晒,每次不超过 20~30 分钟。通过阳光、空气和风的刺激,还可增强机体调节体温和对外界环境突然变化的适应能力。

(2)视、听觉发展训练:通过看、指、找、摸等促进感知觉发展,并进行追视与寻声的练习,培养其观察力。对于 3 个月内的婴儿,可在床上悬吊颜色鲜艳、有声及转动的玩具,逗引婴儿注意。家人应经常对婴儿说话、唱歌,可以定时放悦耳的音乐。3~6 个月婴儿需进一步促进视、听觉发展,可选择各种颜色、不同形状、有声发光的玩具,逗引婴儿看、摸、听,逐渐培养婴儿分辨声调和好坏的能力,温柔的声音代表赞许、鼓励,严厉的声音代表禁止和批评。对 6~12 个月婴儿应引导其观察周围事物,认识和熟悉物品,培养其稍长时间的注意力。逗引婴儿发出可爱的声音,录下后再放给婴儿听,一边放,一边说:"这是宝宝的声音",使视觉、听觉与心理活动紧密联系起来。尽量不要让眼睛长时间眼看向一个方向或将婴儿置于光线较暗或过强的地方,避免形成斜视和弱视。婴儿需有专用毛巾、手帕,避免交叉感染。减少婴儿过多地看电视、平板、手机,多带其到大自然中去,为婴儿提供接触外界刺激与学习的机会,外出时将婴儿脸向外抱起,配合所见所闻、自然、人文景观等,以绘声绘色的解释与说明,使其辨识物体,开发智力,促进视觉发育。

笔记栏

（3）语言发展训练：儿童语言发育的关键期是生后9~24个月。婴儿出生后，家长要利用一切机会和婴儿说话或逗引婴儿"咿呀"学语，利用日常接触的人和事物，引导婴儿进行语言关联。婴儿5~6个月时可以培养其对简单语言作出动作反应，如寻找物品、用动作回答问题等，促进对语言的理解，9个月时可培养婴儿模仿发音，如"爸爸""妈妈"等。

（4）动作发展训练：家长应该为婴儿提供运动的空间和机会，不要长期怀抱婴儿。婴儿2个月时，可开始练习空腹俯卧，并逐渐延长俯卧的时间，培养俯卧抬头以扩大婴儿的视野。3~6个月的婴儿喜欢注视和玩弄自己的小手，能够抓握细小的玩具，应用玩具练习婴儿的抓握能力，并训练翻身。7~9个月，用能滚动的、颜色鲜艳的软球等玩具逗引，鼓励婴儿爬行，同时练习婴儿站立、坐下和迈步，以增强婴儿的活动能力。10~12个月时，婴儿会玩"躲猫猫"的游戏，逐渐培养婴儿学走路，维生素D缺乏或缺钙者应避免过早过久的站立和行走。

（5）早期情感培养：人类情感体验和情感态度形成的较早，在婴幼儿时期就有所表露，如认生、妈妈抱别的小宝宝时会哭等。婴幼儿通过与父母及身边人的接触与交流，逐步形成自己的情感意识和认知，而这些又使其逐渐形成对国家、社会乃至人生的各种态度。这种情感上的"定势"，将会影响他们长大后生活的各个方面。如果家长忽略这种情感上的需求，可能导致孩子长大后出现性格缺陷。婴幼儿情感培养应从生活中的点点滴滴做起，如在觉醒状态下与婴幼儿进行目光对视，最佳距离为20~30cm；不失时机地与其交谈，传递亲人的声音；肌肤相亲，温柔抚触；用丰富的表情刺激，让婴儿进行模仿；外出时培养对大自然、小动物的情感态度等。此外，父母及家人的情感状态、家庭支持等都极大地影响婴儿早期情感发展。

（6）摄食技能训练：视婴儿动作发展情况，4~6个月时允许婴儿抓食，鼓励用勺进食，7~9个月训练用杯子喝水、喝奶，让婴儿选择自己喜欢的食物，促进婴儿独立性、自主性的发展。同时培养定时、定位、自己用餐等良好的进餐习惯。

（7）大小便训练：婴儿会坐后可练习大小便坐盆，每次训练时间为3~5分钟。婴儿坐盆时不要分散其注意力，训练过程中应给予鼓励与表扬。

4. 定期进行体格检查　婴儿定期进行体检，应使用生长发育监测图观察生长发育及营养状况，记录完整的生长发育的数据。6个月以内婴儿建议每月体检一次，6个月以上每2~3个月体检一次，以便早期发现发育异常，及时进行干预和治疗。

5. 预防接种和防止意外　婴儿期对传染病有较高的易感性，必须严格按照计划免疫程序，为1岁以内的婴儿完成基础免疫疫苗接种。防止异物吸入、窒息、跌落、触电、烧伤和烫伤等意外的发生。

6. 婴儿精神卫生　建立安全的依恋关系，可促进体格生长和心理发育，对婴儿远期人际关系的发展、社会适应能力乃至健全人格的培养影响深远，需引起儿童医学、心理、社会领域专业人员的高度关注。母乳喂养、皮肤接触、母亲抚摸、温柔话语等可建立良好的母子关系，以促进婴儿身心健康发展。

ER-3-5

亲子课堂
视频

四、幼儿特点及保健

（一）幼儿的特点

幼儿神经心理发育迅速，感知能力和自我意识发展较快，自主性与独立性不断增强，容易对周围环境产生好奇且乐于模仿，是社会心理发育最为迅速的时期。虽然生长发育速度较前减慢，但行走与语言能力增强，活动范围增加，与外界环境接触机会增多，因其免疫功能尚不健全，又对危险事物的识别能力差，故感染性疾病和意外伤害的发生率仍较高。

（二）幼儿的保健

1. 合理喂养　幼儿处在断乳之后、生长发育仍较快的时期，饮食由乳制品为主转变为以普通饮食为主,应供给充足的能量和优质蛋白,保证各种营养素丰富且均衡,鼓励幼儿多饮水。每日进餐 5~6 次,乳类供应不应低于总能量的 1/3,有条件者可遵循 WHO 推荐,坚持母乳喂养至 2 岁。在 2 岁半之前,幼儿乳牙尚未出齐,咀嚼和胃肠消化能力较弱,食物应细、软、烂、新鲜,食物的种类和制作方法应多样化,注意色香味美,以增进幼儿食欲,并注意培养独自进食的技能。部分幼儿在 18 个月左右可出现生理性厌食,明显表现出对食物缺乏兴趣和偏食,应指导家长培养幼儿良好的进食行为和饮食习惯。

2. 日常生活照护

(1) 卫生习惯:培养幼儿养成定时洗澡、勤换衣裤、勤剪指甲、饭前便后洗手、不喝生水、不吃未洗净的瓜果、不吃掉在地上的食物、不随地吐痰和大小便、不乱扔瓜果纸屑等习惯。同时,成人应纠正自己的不良习惯,给幼儿树立良好榜样。

(2) 口腔保健:幼儿不能自理时,家长可协助幼儿用软布或软毛牙刷轻轻清洁牙齿表面。视幼儿动作发育情况,尽早训练幼儿自己刷牙,早晚各一次,并做到饭后漱口。幼儿应少食糖果、甜点,杜绝含奶嘴入睡,减少龋齿发生率,应定期进行口腔检查。

(3) 睡眠:幼儿睡眠时间随年龄和活动量的增加而减少。一般每晚可睡 10~12 小时,白天小睡 1~2 次。睡前常需有人陪伴,或抱着喜欢的玩具上床,以增强安全感。就寝前不要给幼儿阅读紧张的故事或做剧烈的游戏,可用柔和的声音重复讲故事帮助其入眠。建议尽早培养幼儿按时入睡和独立睡眠的习惯。

(4) 活动:幼儿学走路时需由成人陪护,2 岁以后喜欢跑、跳、爬高等活动,应防止跌伤,也可配合音乐做简单的模仿操。每天进行 2~3 小时的户外活动,进行日光浴和空气浴,增强幼儿对环境的适应能力。

3. 发展性照顾

(1) 语言发育的促进:幼儿期是语言发展和心理行为发育的关键期。幼儿有强烈的好奇心、求知欲和表现欲,喜欢问问题、唱简单的歌谣、翻看故事书等,家长应满足其需求,经常与幼儿交谈,鼓励其多说话。通过游戏、讲故事、唱歌等促进幼儿语言发育,并注意发音和用词,及时纠正发音错误。

(2) 动作发展的促进:根据年龄选择合适的游戏和玩具,促进大运动和精细动作的发育和发展动作协调性。引导幼儿通过摸、抓、推、拉、蹦、跳等动作感知外界事物,促进想象、思维等认知能力的发展。

(3) 大小便训练:18~24 个月时,幼儿开始能够自主控制肛门和尿道括约肌,而且认知的发展使他们能够表示便意,理解应在什么时候和地方排泄,已具备大小便训练的生理和心理条件。通常大便训练较小便训练先完成,2~3 岁幼儿多能控制排尿。在训练过程中,幼儿应穿易于穿脱的裤子,家长注意多采用赞赏和鼓励的方式,训练失败时不要表示失望或责备。在环境突然变化或有精神压力时,幼儿已经形成的排泄习惯可能会改变,但当情绪平稳后,排泄习惯会恢复。

(4) 穿衣技能的训练:3 岁左右应学习穿、脱衣服,衣服颜色应鲜艳,便于识别,选择不用系鞋带的鞋子,以便于穿脱。家长应为幼儿创造自理条件,在力所能及的范围内,学习整理自己的玩具和衣物。

(5) 良好品德的培养:此期应重视品德教育,幼儿应学习与他人分享快乐与成功,互助友爱,尊敬长辈,使用礼貌用语等。由于幼儿模仿能力极强,成人要给其树立榜样。成人对幼儿教育的态度和要求应一致,要平等对待每个幼儿,以免引起心理紊乱、缺乏信心或固执任性。当幼儿破坏了家长一再强调的某些规则时,可以给予适当的惩罚。

4. 预防疾病和意外　幼儿定期预防接种,每 3~6 个月体检一次,监测生长发育及营养状况,筛查肥胖、营养不良和缺铁性贫血等营养性疾病。预防异物吸入、跌伤、烫伤、溺水、电击伤等意外的发生。

5. 幼儿精神卫生　幼儿由于自由活动能力迅速增强,各方面知识不断增加,常表现出独立的愿望。虽然能力有限,也会强烈要求自己动手,会说"不",会用第一人称"我",常常表现为:要求自己倒水、要求到水坑里玩等,有的幼儿在睡觉的时候要求选择特定的被子,要求特定的人讲故事,这些都属于反抗期的表现,是一种自我意识的萌发,心理学上称此期为第一反抗期。幼儿内心需要家长的情感支持和适时鼓励,在没有危险的前提下,放手让幼儿独立去做,如果存在安全隐患,父母必须果断制止,并用其他安全的活动转移注意力。让幼儿在满足成就感的同时享受到父母的关爱,缓解反抗、发脾气和破坏性行为等心理行为问题。鼓励幼儿交朋友,培养与人交往的能力。

五、学龄前儿童特点及保健

(一)学龄前儿童的特点

学龄前儿童体格发育较前减慢,语言、思维、动作、神经、精神发育仍较快,具有好奇、发问的特点,有一定的自理能力,喜欢联合性、合作性游戏。情绪、情感发育开始符合社会规范,呈现理性意识,性别意识萌发。此期是儿童性格形成的关键时期,具有较大的可塑性,早期教育可培养其良好的学习习惯,发展思维与想象能力,提高心理素质和生活自理能力。

(二)学龄前儿童的保健

1. 合理营养　学龄前儿童饮食接近成人,食品制作要多样化,并做到粗、细、荤、素合理搭配,保证各种营养素的摄入。每日 4~5 餐,优质蛋白摄入占总蛋白的 1/2。学龄前儿童喜欢参与食品制作和餐桌的布置,家长可借此机会进行营养知识、食品卫生和防烫伤等健康教育,纠正挑食、偏食等不良饮食习惯,培养良好的进餐礼仪。

2. 日常生活照护

(1)自理能力:学龄前儿童已有部分自理能力,如进食、洗脸、刷牙、穿衣等,但其动作缓慢、不协调,常需成人协助,应鼓励儿童自理,不能包办代替。培养儿童形成良好的生活习惯,起居规律,通过日常生活锻炼独立生活的能力。

(2)睡眠:学龄前儿童思维发展快,想象力丰富,加之对故事、动画片的理解和记忆增强,可出现怕黑、做噩梦等,往往表现为不敢独自入睡,常需成人陪伴。可在儿童入睡前进行一些轻松、愉快的活动以缓解其紧张情绪。

(3)活动:学龄前儿童一般已进入幼儿园。园内要有室内外活动场所,安排适合该年龄特点的活动项目。保证每天进行至少 60 分钟的体育活动,最好是户外游戏或运动,如广播体操、健美操,以促进动作协调性,有益于肌肉骨骼的发育。鼓励儿童参与集体活动,加强体格锻炼,以增强儿童体质。

3. 预防疾病和意外　按时免疫接种,每 6~12 个月进行一次体检,继续绘制生长发育监测图,筛查视力、龋齿、缺铁性贫血和寄生虫等疾病,做好口腔、眼部保健。积极开展安全教育,预防外伤、食物中毒、溺水、误服或交通事故等意外的发生。托幼机构工作人员应每年进行健康检查,持证上岗,并有专业人员每日进行晨、午、晚间检查。

4. 学龄前儿童精神卫生

(1)意志品质的培养:此期应培养儿童的任务意识和规则意识,提高儿童克服困难的意志和自制、坚持、自觉的能力。言行举止公正且有礼貌,生活勤俭朴素,对人热情友爱。

(2)智能发展的促进:学龄前儿童智能发育更趋完善,应根据年龄大小和智力水平,采用多种形式教授各种常识,在游戏或活动中增长学识,因势利导,培养儿童的思维能力、想象力、创造力和良好的学习习惯。不可强迫儿童过早地接受正规文化学习,违背早期教育规律。

（3）伙伴关系的发展与促进：游戏与儿童的智力发育和性格形成密切相关,不同年龄阶段的游戏结构各不相同。学龄前儿童多以集团性、伙伴性游戏为主,5 岁时游戏伙伴为 2~5 人,6 岁时为 5~6 人,此期要培养儿童关心集体、遵守规则、团结协作、互相谦让、热爱劳动等品格。

（4）性别意识的萌发与健康教育：4 岁左右儿童开始意识到自己是男孩或是女孩,并且在情绪和行为方面开始模仿同一性别的成人,即自我性别认同。如从妈妈、爸爸或老师中,寻找自己的模仿对象。不仅是外部模仿,还表现在态度和价值取向上的认同。正确认同自己的性别非常重要,它将影响到儿童能否顺利度过青春期,能否最终形成健全人格。家长要为此期儿童选择与性别相适应的服饰与装扮,以利于儿童逐步形成良好的性别意识。

（5）常见心理行为问题的防治：学龄前儿童常出现咬指甲、吸吮拇指、攻击性或破坏性行为、害怕、遗尿、手淫等心理行为问题,应及时观察,发现原因并采取有效措施。

六、学龄儿童特点及保健

（一）学龄儿童的特点

学龄儿童已进入小学阶段,认知和心理发展迅速,智能发育更加成熟,求知欲强,对事物的分析、理解能力增强,是儿童接受科学文化教育的重要时期,伙伴、学校和社会环境对其影响较大。此期儿童机体抵抗能力增强,发病率较低,但也要注意用眼卫生和口腔卫生,端正坐、立、行姿势,防治心理、精神、情绪和行为等方面的疾病。

（二）学龄儿童的保健

1. 合理营养　营养充分而均衡,满足儿童体格生长、心理发育、智力发育和紧张学习等需求,以保证身体快速生长需要。重视早餐和课间加餐的质量,杜绝校内外不健康食品,及时补充钙、铁丰富的食物,预防贫血、营养不良等疾病,但也要防止摄入过多而导致儿童单纯性肥胖。学校应开设营养相关课程,进行营养卫生宣教,纠正挑食、偏食、暴饮暴食和喜吃零食等不良饮食习惯。

2. 日常生活照护

（1）合理安排作息时间：随着学业压力的增加,应合理安排生活作息。培养早睡、早起等良好的睡眠习惯,尽量安排午睡,每天保证 10 小时以上睡眠可以使儿童精力充沛,身体健康。

（2）注意口腔卫生：此期正处于换牙的关键期,应加强口腔卫生,定期进行检查。培养儿童每天早晚刷牙、饭后漱口的习惯,预防和治疗龋齿、牙痛、口腔感染、牙齿错位咬合等疾病。

（3）预防近视：学龄儿童应特别注意保护视力,关注用眼卫生。教育儿童在写字、读书时书本和眼睛保持 30cm 左右的距离,保持正确姿势。桌、椅要配套,并定期更换座位。学习时光线充足,避免在太弱或太强的光线下看书和写字。此外,课间开展眼保健操,户外进行远眺等,每天屏幕时间限制在 2 小时以内,积极预防近视、斜视等疾病。

（4）端正坐、立、行姿势：学龄期是骨骼生长发育的重要时期,骨骼可塑性大,不良姿势易造成骨骼畸形,如歪肩、驼背等,影响胸廓发育,造成骨骼畸形,应及时发现,尽早纠正。

3. 加强体育锻炼　积极引导体育锻炼。此期儿童动作的速度和控制能力增强,应加强动作协调性、时间控制和专注力的训练。每天进行户外运动,并保证 60 分钟以上的中高强度身体活动,如体操、田径、球类、舞蹈、跳绳等,可以增加机体抵抗力,培养毅力、意志力和奋斗精神。安排活动时要注意活动的安全性、适合性、兴趣性和娱乐性,教会适当的安全和防护技巧,逐渐建立和培养儿童自尊意识和团体意识。

4. 预防疾病和意外　每年进行 1 次体检,检查生长发育情况,预防缺铁性贫血、营养不良、肥胖症、近视、龋齿、脊柱畸形和肠道寄生虫病等疾病。学龄儿童常发生擦伤、扭伤、割伤、骨折、溺水和车祸等意外,应教会儿童正确使用活动器具,学习交通规则和事故的防范知识,减少意外和伤残的发生。

5. 学龄儿童精神卫生

(1) 培养良好的学习习惯:此期儿童的主要活动是学习,学习成功与否、被人肯定与批评成为儿童获得自信、勤奋或自卑的重要影响因素,不同的教育与教养环境将培养不同性格的儿童。因此,家长应多与老师沟通,提供适宜的学习条件,以鼓励、激励为主,培养良好的学习兴趣和习惯,提高学习的积极性和主动性,并安排自主学习的空间和必要的活动时间,以保障身心健康。

(2) 社会适应性的培养:儿童的社会适应性行为是指各年龄段相应神经心理发展的综合表现,与社会及家庭环境、育儿方式、儿童性别、年龄和性格等密切相关,包括独立能力、控制情绪、意志品质、社交能力和创造能力等。学龄儿童的社会交往进一步增强,主要交往对象是学校的老师和同学,应教会儿童听懂老师的要求,能向老师表述自己的请求,帮助建立良好的同伴关系,使儿童尽快适应学校生活,以获得安全感和归属感,提高参与活动的主动性。加强素质教育,促进德、智、体、美、劳全面综合发展,同时注意适时地培养儿童控制情绪、独自完成学习任务和独立生活的能力。要充分利用各种机会和宣传工具,帮助儿童抵制社会上各种不良风气。此外,父母的教养方式、态度与儿童的亲密程度等,与儿童的个性形成及社会适应能力发展密切相关。采用民主方式教育的儿童活泼开朗,机灵大胆,善于与人交往,分析思考能力较好。而被父母经常打骂的儿童,则缺乏自信心、自尊心,戒备心理重,往往容易误解他人的行为和意图,产生过激或退化行为。被过于溺爱的儿童则遇事任性且情绪不稳定,缺乏独立性。父母是孩子的第一任老师,应提高自身素质,言行一致,以身作则,潜移默化地影响和教育儿童。

(3) 保护自尊心:培养儿童的自我管理能力,保护儿童自尊心。学龄儿童对各种事物会有自己的看法,尤其是小学高年级儿童,父母应学会尊重孩子,不要事事包办,遇事多与儿童沟通、商量,倾听儿童的内心想法,帮助其分析主要问题,判断对错,促进儿童自信心和自尊心的发展。

(4) 防治常见的心理行为问题:此期较为常见的问题是对学校的不适应,常表现为焦虑、恐惧或拒绝上学。其原因较多,例如不愿意与家人分开,上学时出现分离焦虑;对陌生的学校环境产生恐惧;害怕某位老师;与同伴关系紧张或害怕考试等。家长应先查明原因,与学校和老师积极沟通,三方相互配合,采取相应措施,培养儿童上学的积极态度,帮助儿童尽快适应学校生活。对于学习困难的儿童应观察有无注意缺陷多动障碍、情绪行为问题及特殊发育障碍等问题,合理选择应对措施。

七、青少年特点及保健

(一) 青少年的特点

青春期是生长发育的第二个高峰期,从第二性征出现到体格发育完全及性成熟,是儿童向成人的过渡阶段,也是人一生中决定体格、体质、心理、智力发育和发展的关键时期。由于生理上快速成熟,体重、身高明显增加,性别差异逐渐明显,但心理、行为和社会等方面发育相对滞后,出现体格 - 精神发育间的裂隙,情绪发展表现出半幼稚、半成熟,反抗心理普遍存在,自我意识高涨等,从而引发一些青春期特有的问题。

（二）青少年的保健

1. 加强营养　青春期对各种营养素的需要远高于生命周期的其他阶段。充足的营养对于生长发育和实现生长潜力至关重要。如果不能实现最佳营养，可能会导致延迟和阻碍生长发育和器官重塑受损。因此必须保证青少年营养全面而均衡，每日摄入优质蛋白占总蛋白的1/2，多食富含钙的食物，如牛奶、豆制品。青少年应保持良好的食欲，食物烹调制作合理，有较好的营养氛围。此外，青春期女孩注重形体外貌，应避免营养不良和厌食症的发生，也要避免不良饮食习惯，如大量喝饮料和喜欢吃煎炸食物而出现的过度肥胖等疾病。

2. 保证充足睡眠　青少年应保证充足的睡眠和休息，以满足其迅速生长的需要，养成早睡早起的睡眠习惯，每天睡眠时间不少于9小时，成人应起到榜样和监督作用。

3. 加强体育锻炼　可按照学校规定的锻炼项目进行体育锻炼，增强体质，锻炼意志。每天保证60分钟以上的中高强度身体活动，能减少青春期高血压、高血脂和肥胖的发生。

4. 培养良好的卫生习惯　重点进行少女的经期卫生指导，如保持生活规律、避免受凉、剧烈运动和重体力劳动、辛辣生冷饮食等，注意会阴部卫生，避免坐浴。教会男孩正确处理遗精等生理问题。

5. 预防疾病和意外　定期体检，重点预防结核病、风湿病、缺铁性贫血、营养不良、肥胖症、性早熟、沙眼、龋齿、神经性厌食和脊柱弯曲等疾病。由于神经内分泌调节不够稳定，青春期还可出现痤疮、甲状腺肿、高血压、月经紊乱、痛经等。此外，青春期男孩常出现意外创伤和事故，如打架斗殴所致外伤、运动创伤、交通事故、溺水、自杀等，应继续加强安全教育，进行不良情绪和行为的筛查与咨询。

6. 青少年精神卫生

（1）培养自觉性和自制性：青少年思想尚不稳定，易受社会不良因素的影响，容易染上吸烟、酗酒、吸毒及滥用药物的不良习惯。应加强正面引导，重视法制和品德教育，通过多种途径宣传吸烟、吸毒等危害，强调青少年应对自己的生活方式和健康负责，帮助其养成良好的生活习惯。同时培养助人为乐、勇于进取的道德风尚，自觉抵制腐化堕落思想的影响。

（2）性知识教育：家长、学校和保健人员可通过交谈、使用宣传手册、开设生理卫生课程等方式对青少年进行性教育，使之认识自我，正确对待和处理青春期生理变化，以去除青少年对性的困惑，防止早恋及过早发生性行为。提倡正常的男女同学之间的交往，并自觉抵制黄色书刊、录像等不良影响。对于自慰行为应给予正确引导，避免夸大这些行为对健康的危害，以减少恐惧、苦恼和追悔的心理冲突和压力。

（3）自我同一性的发展与心理护理：艾瑞克森认为，青少年的心理发展是"自我同一性确立对同一性扩散"。自我同一性是自我在内外因素的共同影响和作用下，通过区分、校正、组织和监控个体与环境的关系，调整和平衡自身内外矛盾，使自身达到完整、一致、和谐状态的一种自我特性。儿童进入青春期后，身心经历着疾风暴雨般的变化，他们开始特别关注自己的身体形象，对自身形象重新进行认同。同时也认识到社会对自己提出了新要求，这使得青少年处于心理冲突之中，体验着各种困扰和混乱。这个时期容易出现"逆反"心理，进入第二反抗期。第二反抗期的反抗对象主要是父母。青少年注重自己在同龄人群中、在朋友中的地位，力求找到知心朋友，渴望得到别人的接纳与尊重，开始思考"我是谁""我能干什么"等问题，在反复思考和种种尝试性选择中，获得同一性，克服同一性扩散。此期心理护理要点如下：

1）告知青少年这一时期的思想特点，说明困惑、迷茫、烦闷等思想和情绪的变化是成长的表现，是思想成熟的必经之路，表示个体在探索、追求一个更加理想、高大的自我出现。

2）在家庭和学校生活中，要善于理解和信任青少年，避免粗暴教育，加强交流，引导青

笔记栏

少年独立探索和研究问题,培养独立思考和解决问题的能力。从自我教育、自我服务、自我管理三个方面增强青少年的独立能力,帮助和提高青少年承受压力和应对挫折的能力。

3)正确引导青少年认识和适应社会,增强与人团结协作的能力,使他们能够在角色转换过程中比较客观全面地认识、分析和对待自我,并提供具有影响力的榜样和励志图书。提高他们明辨是非的能力,自觉抵御社会不良风气,使其在学好科学文化知识的同时,正确应用网络工具和资源,并顺利融入社会,发展成对国家和社会有用的人。

4)防治常见的心理行为问题,如抑郁症、出走、自杀及对自我形象不满等,积极采取解决措施并预防此类问题。(内容详见第四章第二节)

第二节 儿 童 游 戏

游戏是身体和心灵共同参与的学习,是儿童的主要活动,贯穿于整个生长和发育过程,它也是儿童在成长阶段与他人沟通的重要方式。其特征主要是儿童进行的自主、自愿、愉快、假想、充满创造性的活动。通过游戏,儿童能识别自我及外界环境,促进智力发展及动作协调性,初步建立社会交往模式,尝试解决简单的人际关系问题等。

一、游戏的作用

(一)游戏对儿童生理发展的影响

1. 促进身体的生长和发育 几乎所有的游戏都需要儿童身体运动的参与。游戏中各器官得到活动,加快新陈代谢,促进骨骼和肌肉的成熟,使内脏和神经系统得到良好发展。因此,游戏增加了儿童的活动量,促进了体格生长和发育,锻炼了身体素质。

2. 促进动作技能的发展 游戏发展了儿童的基本动作和基本技能。通过捉迷藏、溜滑梯、骑车,踢足球等游戏,使儿童视、听、触、走、跑、跳等感觉功能及运动功能得到较好的发展,动作的协调性越来越好,复杂性越来越高。

(二)游戏对儿童认知发展的影响

1. 促进智力发展 游戏活动刺激儿童大脑的运动中枢,使脑内神经细胞功能得到快速发展,为儿童智力发展奠定了生理基础。游戏丰富儿童知识,通过学习识别物品的颜色、形状、大小、质地及用途,便于理解数字的含义,了解空间及时间等抽象概念,儿童在游戏中广泛运用已有的知识经验,巩固加深他们的知识,提高了认知能力和认知水平,增强了语言表达能力及技巧,获得了解决简单问题的能力,并有利于注意力、观察力和判断力的培养。

2. 促进语言发展 游戏能激发儿童的表达欲望,帮助儿童理解语言,为儿童自由表达创造适宜的语言环境,特别是语言游戏,本身就是儿童学习语言的一种有效方法,可以提高语言的交际功能和调节功能。

3. 促进创造力发展 游戏为儿童的创造性和思考力提供了机会。在游戏中,儿童可以充分发挥自己的想象,发明新的游戏方法,塑造新的模型,绘制新的图案等。成人应对他们的想法或试验经常给予鼓励,挖掘儿童的创造潜能,将有助于其创造力的发展。

(三)促进儿童的社会化及自我认同

通过一些集体游戏的分工与合作,让儿童学会与他人分享,关心集体,认识自己在集体中所处的地位,并能适应自己的社会角色。同时,儿童在游戏中能够测试自己的能力并逐渐调整自己的行为举止,建立并遵守社会所接受的各种行为准则,如公平、诚实、自制、关心他人等,形成一定的社会关系,并学习解决相应的人际关系问题。此外,游戏中,儿童敢于表达和表现自我,自信心得以锻炼。"儿童职业体验""过家家"等游戏的角色扮演有助于儿童从他人角度去思考问题,消除"以自我为中心"的倾向,把自己融入周围环境之中,有利于情感发展和良好性格的形成。

(四)治疗性价值

游戏还具有一定的辅助治疗作用。可以帮助患儿发泄不良情绪,缓解紧张或压力,也可以帮助护理人员观察患儿病情变化,了解患儿对疾病、住院、治疗及护理等经历的认识程度和感受,便于护理人员向患儿解释治疗和护理过程,有助于治疗配合和疾病康复。

二、各年龄阶段游戏特点

1. 婴儿期　多为单独性游戏,即一个人玩玩具。婴儿主要是对自己的身体动作表现出极大的兴趣,如玩手脚、翻身、爬行和学步等,各种声响也使他们无比兴奋,喜欢用眼、口、手来探索所有事物,对颜色鲜艳、能发出声响的玩具较感兴趣。

2. 幼儿期　多为平行性游戏,即与同伴一起游戏,玩具材料相似,但很少交谈或交换玩具,甚至有一些旁观者行为。此期主要是幼儿独自玩耍,如看书、搭积木、奔跑等。

3. 学龄前期　多为联合性游戏。与同伴一起游戏,彼此能够交换意见并相互影响,出现相互追随模仿行为。但游戏团体缺乏严谨的组织、没有明确的领袖和共同目标,每个儿童可以按照个人意愿去游戏。此期儿童想象力极为丰富,模仿性较强,搭积木、剪贴、绘画和做模型的复杂性和技巧性显著增加。

4. 学龄期　多为竞赛性协作游戏。儿童在游戏中围绕一个共同的主题制定一些规则,彼此分工、合作、遵守,以完成某个目标,如制成某个东西、完成某项比赛或表演等。

5. 青春期　性别极大地影响着青少年游戏方式。男孩喜欢运动中产生的竞争及胜利感,对机械和电器装置较感兴趣。女孩则对社交性活动较感兴趣,爱看爱情小说、电影及电视节目,喜欢参加聚会并与朋友讨论自己的感受。此期青少年对父母的依赖性进一步减小,喜欢花更多的时间与朋友在一起,从朋友处获得自我认同感。

第三节　意外伤害的预防

意外伤害是 5 岁以下儿童死亡的首位原因。由于认知能力有限,儿童对危险缺乏足够的认识。当身边存在危险物品时,儿童会在好奇心的驱使下,接近或接触危险物品,从而造成意外伤害的发生。儿童常见的意外伤害有窒息、气管异物、中毒、外伤、溺水等。儿童任何意外伤害的发生,大都具备 3 种危险因素:①危险物品的存在,如:热源、电源、药品、锐器等,由于儿童生长发育的特殊性,某些对成人并无危险性的物品,对儿童来说也是危险物品,如花生米、瓜子等;②儿童自身因素,如:认知水平、运动能力(交通事故多出现在独立行走后)、特殊的解剖结构(磨牙尚未萌出、会厌软骨发育不全)等;③成人的认知与行为因素,成人看护不力或没有预测到儿童有可能接触到危险物品,因而没有及时采取预防措施。

由于儿童生长发育阶段认知和运动能力的不同,所以意外伤害发生的种类与儿童的年龄阶段有着密切的关系,预防的原则是:①提高家长对儿童生长发育特点与意外伤害发生关系的认识;②检查儿童周围存在的潜在危险物品,使儿童远离危险物品;③对于年长儿直接进行安全教育、特殊情况下的逃生演习训练等。

一、窒息与气管异物

(一) 窒息

窒息是 1~3 个月婴儿较常见的意外伤害,多发生于寒冷地区的严冬季节。婴儿窒息常见的原因有:①危险物品:有可能盖住口鼻的被褥、毛巾、可能阻塞气道的乳液等。②儿童因素:1~3 个月婴儿双手能够本能地抓住头附近的毛巾、小毛毯;胃的位置呈水平位,贲门括约肌较松弛,易发生溢奶。③家长因素:被褥盖过婴儿的头部;婴儿包裹过多、过紧;母亲与婴儿同床,熟睡后误将手臂、乳头或被子捂在婴儿的口鼻上;将毛巾或小毛毯放置在婴儿周围;溢乳时家长未及时发现,乳液或乳块呛入气管等。

(二) 气管异物

常见原因有:①危险物品:儿童身边有豆类、硬币、纽扣、果核、果冻、瓜子、花生等危险物品的存在。②儿童因素:多见于 9 个月 ~5 岁的儿童,由于好奇心重、拇指和示指能够捏住小物件、磨牙尚未萌出及会厌软骨发育不完善等。③家长因素:没有认识到危险物品的危险性;未安全放置相关物品;未能在餐前稳定儿童情绪,儿童进食时哭闹、嬉笑、强迫喂药等。

预防原则与措施:①提高家长对儿童生长发育特点与窒息、气管异物等意外伤害发生关系的认识。②检查儿童周围存在的潜在危险物,使儿童远离危险物品,如:母婴分床睡,婴儿床上无杂物;哺乳后要竖起拍背排气,防止呕吐;5 岁前不进食整粒的瓜子、花生、豆子等坚果类及带核、带刺、带骨的食品;婴儿周围不放置体积小、锐利、带毒的玩具及物品等。③减少家长的危险行为:进餐时不惊吓、逗乐和责骂儿童等,避免儿童惊叫、大笑、哭闹。看护儿童时,家长应对儿童容易发生的危险状况有一定的预见性,做到放手不放眼、放眼不放心,尽量不玩手机、游戏或聊天。

二、中毒

引起儿童中毒的原因有:①危险物品:不洁食物、有毒动植物、药物、化学物品等;②儿童因素:对危险物品缺乏认识、好奇等;③家长因素:缺乏食品安全知识,没有预测到儿童身边危险物的存在。

预防原则与措施:①提高家长对儿童生长发育特点与中毒发生关系的认识;②检查儿童周围存在的潜在危险物品,使儿童远离有毒动植物(毒蘑菇、苦杏仁等)、药物、化学物品等危险物品;WHO 建议药品和有毒物质应有独立的儿童防护式包装,且包装内容物不得达到致死剂量;③减少家长的危险行为:保证儿童食物的清洁卫生,以免引起细菌性食物中毒;家庭常用药物、农药等应放置在儿童不能触及的地方,常检查煤气是否漏气等。

三、外伤

引起儿童外伤的原因有:①危险物品:锐器、未加栏杆的阳台或窗户、热源、电源等;②儿童因素:因认知能力有限,而运动系统的发育又能接触到危险物品;③家长因素:对危险物品认识不足,有某些危险行为。

预防原则与措施:①提高家长对儿童生长发育特点与外伤发生关系的认识;②检查儿童周围存在的潜在危险物品,使儿童远离危险物品,如:裸露的电源、温度超过 60° 的热源(沸水、高温油和汤)、未加栏杆的阳台、锐利的危险品等,儿童活动场地应安全平整,玩耍时应有成人看护;应加强儿童安全教育;③减少家长的危险行为:如拽拉儿童上肢导致关节脱位等。

笔记栏

四、溺水与交通事故

溺水与交通事故的危险因素有：①危险物：水源和车道；②儿童因素：对水源和车道缺乏足够的认识，运动系统的发育能够接触水源和车道；③家长因素：没有预测到危险因素的存在，缺乏对儿童安全教育的指导。

预防原则与措施：①提高家长对儿童生长发育特点与溺水、交通事故发生关系的认识。②检查儿童周围存在的潜在危险物，使儿童远离危险物品，如：未加护栏的河塘、沟渠、公路等。③对于年长儿直接进行安全教育：教育儿童识别红绿灯，遵守交通规则；过马路时家长要握好儿童手腕，勿在马路上玩耍；在乘车和骑车时做好各种防护；不可将儿童单独留在澡盆中、水缸边、水桶边、浴池边；不可独自或结伴去无安全措施的池塘、江河玩水或游泳；校园内外应强制车辆减速。

五、儿童自救与施救

对儿童进行居家、校园、公共场所、自然环境、户外运动、交通等安全教育，教会儿童遇到紧急情况如家中发生火灾时应拨打 119，意外伤害急救应拨打 120，遭受陌生人骚扰应拨打 110 等。让儿童了解各种意外事故的防范措施，掌握一些基本的自救互救技能，但不应盲目施救，以免引起更大的伤害。

课堂互动

2020 年 7 月 30 日下午，6 岁的安安（化名）与 3 个小朋友在某小区附近玩捉迷藏，玩耍之际，安安发现小区内人工湖边的芦苇茂盛，湖水较浅，且护栏破损，于是由此钻入藏匿。过了几分钟，其他小朋友都没有找到安安，着急地大喊起来，忽然听到安安的哭喊声："救救我！救救我！"他们循着声音找到安安后，发现安安腰部以下被水淹没，而且安安说脚好痛，满脸泪花。

问题：

（1）如何正确帮助安安脱离危险？

（2）分析预测安安有可能发生何种意外伤害？依据是什么？

（3）家长或学校应该怎样对安安进行教育？

课堂互动
答案要点

第四节　计 划 免 疫

儿童计划免疫（planned immunity for children）是根据免疫学原理、儿童免疫特点和传染病疫情的监测情况制定的免疫程序，是有计划、有目的地将生物制品接种到儿童体内，以确保获得可靠的免疫力，达到预防、控制和消灭传染病的目的。预防接种是计划免疫的核心内容，其中主动免疫为主，被动免疫为辅。

一、免疫方式及常用制剂

（一）主动免疫接种及常用制剂

主动免疫接种（active immunization）是指给易感者接种特异性抗原，刺激机体产生特异

计划免疫
视频

性抗体,从而获得相应的免疫力。这是预防接种的主要内容。但主动免疫制剂在接种后需经过一定期限才产生抗体,持续1~5年后会逐渐减少,故要适时地安排加强免疫,巩固免疫效果。主动免疫制剂统称为疫苗(vaccine)。按其生物特性可分为:灭活疫苗、减毒活疫苗、类毒素疫苗、基因工程疫苗和组分疫苗等。

(二)被动免疫接种及常用制剂

被动免疫接种(passive immunization)是指未接受主动免疫的易感者在接触传染源后,给予相应的抗体而立即获得免疫力。由于抗体在机体内的维持时间一般为3周左右,故主要用于应急预防和治疗,如给未注射麻疹疫苗的麻疹易感儿注射丙种球蛋白以预防麻疹;受伤时注射破伤风抗毒素以预防破伤风等。常用的被动免疫制剂包括抗毒素、抗血清和特异性免疫球蛋白等。此类制剂来自动物血清,对人体是一种异性蛋白,注射后易引起过敏反应,特别是重复使用时更应慎重。

二、免疫程序

免疫程序是指儿童计划免疫过程中,接种疫苗的先后顺序及要求,分为基础免疫和加强免疫。我国长期坚持"预防为主"的卫生工作方针,在1978年开始实施计划免疫,并强调儿童应在规定的月龄完成基础免疫。2016年更新并修订《国家免疫规划儿童免疫程序及说明》,扩大了国家免疫规划疫苗种类,要求严格按照《预防接种工作规范(2016年版)》规划疫苗,2019年国家卫生健康委员会疾病预防控制局又对脊髓灰质炎疫苗和含麻疹成分疫苗的免疫程序进行了调整,积极预防儿童传染病,提供生命周期第一道防病屏障和最系统的健康保护。另外,根据流行地区和季节、儿童健康状况及家长的意愿也可进行流行性感冒疫苗、肺炎疫苗、手足口疫苗、水痘疫苗等二类疫苗的接种。新生儿出生后应立即建立儿童预防接种证,保证和督促接种对象能够及时、准确地进行不同疫苗的接种,避免发生漏种、错种和重种。儿童计划免疫程序见表3-1。

表3-1 儿童计划免疫程序

疫苗	接种对象年(月)龄	接种剂次	接种部位	接种途径	接种剂量/剂次	备注
乙肝疫苗	0、1、6月龄	3	上臂三角肌中部或大腿前外侧中部	肌内注射	酵母苗10μg;CHO苗10μg或20μg	生后24小时内尽早接种,第1、2剂次间隔≥28天,第2、3剂间隔≥60天
卡介苗	出生时	1	上臂三角肌中部略下处	皮内注射	0.1ml	
脊髓灰质炎灭活疫苗(三价)	2、3月龄	2	上臂三角肌中部或大腿前外侧中部	肌内注射	0.5ml	第1、2剂次间隔≥28天
脊髓灰质炎减毒活疫苗(二价)	4月龄,4周岁	2		口服	液体剂型2滴或糖丸剂1粒	
百日咳-白喉-破伤风(百白破)疫苗	3、4、5、18月龄	4	上臂外侧三角肌或臀部	肌内注射	0.5ml	第1、2、3剂次间隔均≥28天,第4剂与第3剂间隔≥6个月

疫苗	接种对象年(月)龄	接种剂次	接种部位	接种途径	接种剂量/剂次	备注
白喉-破伤风(白破)疫苗	6周岁	1	上臂外侧三角肌	肌内注射	0.5ml	
麻腮风联合减毒活疫苗	8、18月龄	2	上臂外侧三角肌下缘	皮下注射	0.5ml	
乙型脑炎减毒活疫苗	8月龄,2周岁	2	上臂外侧三角肌下缘	皮下注射	0.5ml	
(或)乙型脑炎灭活疫苗	8月龄(2剂次),2周岁,6周岁	4	上臂外侧三角肌下缘	皮下注射	0.5ml	第1、2剂次间隔7~10天,第2、3剂次接种间隔为1~12个月,第3、4剂次接种间隔≥3年
A群流脑多糖疫苗	6、9月龄	2	上臂外侧三角肌下缘	皮下注射	0.5ml	第1、2剂次间隔≥3个月
A+C群流脑多糖疫苗	3周岁,6周岁	2	上臂外侧三角肌下缘	皮下注射	0.5ml	第1、2剂次间隔≥3年,第1剂次与A群流脑疫苗第2剂次间隔≥12个月
甲型肝炎减毒活疫苗	18月龄	1	上臂外侧三角肌下缘	皮下注射	0.5ml或1ml	
(或)甲型肝炎灭活疫苗	18月龄,24月龄	2	上臂外侧三角肌	肌内注射	0.5ml	2剂次间隔≥6个月

1. 乙肝疫苗　属于基因工程疫苗。即利用现代基因工程技术,将有效的特异性抗原基因插入易于增殖的载体,产生具有表达特异性抗原的制剂。其接种的禁忌对象有:①乙肝病毒携带者;②对疫苗任何成分过敏者;③神经系统疾病者;④重度营养不良者;⑤先天性免疫功能缺陷者及正在应用免疫抑制剂治疗者。对于发热、急慢性严重疾病者(如活动性肝炎、活动性肺结核、严重心、肾疾病等)及其痊愈不足2周者,建议推迟接种。乙肝疫苗很少引起不良反应,个别婴儿可有低热或局部轻度红肿和疼痛,一般无需处理。

2. 卡介苗　为减毒活疫苗,即用人工定向变异或从自然界中筛选所获得的毒力高度减弱的病原微生物。其接种禁忌对象为:结核病、急性感染性疾病、肾炎、心脏病、湿疹、免疫缺陷症或其他皮肤疾病患者。卡介苗接种2周左右可出现局部红肿,6~8周显现结核菌素试验阳性,8~12周后结痂。如出现化脓,形成小溃疡,腋下淋巴结肿大,可局部处理以防感染扩散。

3. 脊髓灰质炎疫苗　包括灭活疫苗和减毒活疫苗。其接种禁忌对象有:①患有免疫缺陷性疾病或正在接受免疫抑制剂治疗者;②对牛奶及其他乳制品过敏者;③凡有发热、腹泻及急性传染病者暂缓接种。脊髓灰质炎疫苗接种后,极少数婴儿可出现低热、腹泻,但能自愈。

4. 百白破疫苗及白破疫苗　为无细胞百白破疫苗,由无细胞百日咳疫苗(系灭活疫苗)、精制白喉类毒素和精制破伤风类毒素组成。灭活疫苗是利用物理或化学的方法将细菌、病

笔记栏

毒的培养物灭活而成,而类毒素就是将细菌的外毒素脱毒提纯而成。其接种禁忌对象有:①患有神经系统疾病或癫痫有抽搐史者;②有明确过敏者;③急性传染病(包括恢复期)、发热者应暂缓接种。接种百白破疫苗后,局部可出现红肿、疼痛,伴或不伴有低热、疲倦等,偶见过敏性皮疹、血管性水肿。若全身反应严重,应及时就诊。白破联合疫苗禁忌证及不良反应参见百白破联合疫苗。

5. 麻腮风联合疫苗　均为减毒活疫苗。其接种禁忌对象为:①先天性免疫功能缺陷及免疫力低下者,如接受大剂量皮质激素治疗者;②有过敏史者,特别是鸡蛋过敏者慎用;③患有严重疾病、发热、感染性疾病(包括恢复期)暂缓接种。疫苗接种后,局部一般无反应,少数儿童可在 6~11 天内出现一过性发热,产生轻微麻疹,或伴有耳后及枕后淋巴结肿大,2~3 天内自行消退,必要时对症处理。

6. 乙型脑炎疫苗　有减毒活疫苗和灭活疫苗两种剂型。其接种禁忌对象为:发热及中耳炎、急性传染病、严重慢性疾病、脑及神经系统疾病、免疫系统功能缺陷或正在使用免疫抑制剂治疗和过敏性疾病者。疫苗接种后,一般无不良反应。少数儿童会出现局部红肿、疼痛,偶见低热和过敏性皮疹。

7. A 群流脑疫苗及 A+C 群流脑疫苗　属于组分疫苗。所谓的组分疫苗,就是利用生物化学的方法将细菌或病毒培养物中有害成分去除而成。其接种禁忌对象有:①神经系统疾病及精神病者,如癫痫、癔症、脑炎后遗症、抽搐者或有上述病史者;②有过敏史者;③有严重心、肾疾病者;④急性感染性疾病及发热者。疫苗接种后,一般无严重的局部和全身反应。个别儿童局部出现红晕、轻微疼痛、低热,偶有过敏反应。一般可自行恢复,必要时对症处理。

8. 甲型肝炎疫苗　有减毒活疫苗和灭活疫苗两种剂型。其接种禁忌对象有:发热、急性感染性疾病(包括恢复期)、严重疾病、免疫缺陷或正在接受免疫抑制剂治疗及过敏体质者。接种疫苗后,大多数儿童无不良反应。少数儿童可能出现局部疼痛、红肿、头痛、疲劳、发热、恶心和食欲下降,偶见皮疹。一般可自行缓解,不需特殊处理,必要时可对症处理。

三、预防接种的准备及注意事项

1. 环境准备　接种场所温湿度适宜,空气清新,光线充足;接种及抢救物品摆放有序。

2. 儿童及家长准备　提前告知家长接种不宜空腹,宜在饭后进行,以防儿童晕针;做好解释说明工作,以解除家长和儿童的紧张、恐惧等负性情绪,取得家长和儿童的配合。

3. 严格掌握禁忌证　经问诊及查体评估儿童,了解有无该种疫苗预防接种的禁忌证。合理安排常规或推迟接种方案。每种疫苗都有其特殊的禁忌证,应严格按照儿童身体情况和使用说明进行。

4. 严格执行免疫程序　严格按照接种程序的时间、次数、剂量和不同疫苗的联合免疫方案执行,及时记录及预约,交代接种后注意事项及处理措施。

5. 严格执行查对制度及无菌操作原则　认真核查儿童姓名、年龄、疫苗的名称及剂量、有效期、用药途径、疫苗出处及瓶体情况,以及疫苗储存、运输是否符合相应疫苗的冷链要求。按照规定方法稀释、溶解、摇匀后使用。常规消毒皮肤,待干后才可注射(疫苗启封后不能与消毒剂接触)。接种活疫苗时,只用 75% 乙醇消毒,开封后剩余疫苗应在 2 小时内用完,接种后剩余活菌苗应烧毁。

6. 其他　①3 个月以上的婴儿接种卡介苗前应做结核菌素纯蛋白衍生物(PPD)试验,阴性者才能补种卡介苗,4 岁以上不予补种;②脊髓灰质炎糖丸要冷开水送服,服后1 小时内禁热饮;③接种麻风腮疫苗前 3 个月及接种后 2 周避免使用胎盘球蛋白和丙种球蛋白制剂。

四、预防接种的反应及处理

作为异物的免疫制剂进入人体后可能会引起不同程度的不适,可分为一般反应和异常反应。

(一) 一般反应

1. 局部反应　接种后数小时至 24 小时左右,注射部位会出现红、肿、热、痛,可伴有局部淋巴结肿大、食欲减退、乏力和全身不适等症状,有个体差异,多为一过性,持续 2~3 天后自行消退。

2. 全身反应　一般于接种后 24 小时内出现不同程度的体温升高,多为中、低度发热,持续 1~2 天。常伴有头晕、恶心、呕吐、腹泻和全身不适等反应。

多数儿童的局部和/或全身反应是轻微的,无需特殊处理,注意适当休息、多饮水即可;局部反应较重时,可给予热敷;全身反应者可对症处理。若局部红肿继续扩大,高热持续不退,应到医院诊治。

(二) 异常反应

发生于少数儿童,临床症状较重。

1. 过敏性休克　一般于注射免疫制剂后数秒钟或数分钟内发生。表现为烦躁不安、面色苍白、口周青紫、四肢湿冷、呼吸困难、脉细速、恶心呕吐、惊厥、大小便失禁以至昏迷。如不及时抢救,可在短期内危及生命。因此,一旦发生,应立即置休克体位,保暖,氧气吸入,并立即皮下或静脉注射 1∶1 000 肾上腺素 0.5~1ml,必要时可重复注射,尽快转至医院继续进行治疗。

2. 晕厥　是由于各种刺激引起反射性周围血管扩张所致的一过性脑缺血。儿童在空腹、疲劳、室内闷热、紧张或恐惧等情况下,在接种时或几分钟内,出现头晕、心慌、面色苍白、出冷汗、手足冰凉、心跳加快等症状,重者心跳、呼吸减慢,血压下降,丧失知觉。此时应立即使患儿平卧,头稍低,保持安静,饮少量热开水或糖水,必要时可针刺人中、合谷、十宣穴,一般即可恢复正常。数分钟后未恢复正常者,皮下注射 1∶1 000 肾上腺素,每次 0.01~0.03ml/kg。

3. 过敏性皮疹　荨麻疹最为多见,一般于接种后数小时至数天内出现,服用抗组胺类药物可痊愈。

4. 偶合症　是指儿童正处于某种疾病的潜伏期,或者存在尚未发现的某些疾病,接种后巧合发病,如冬季偶合流行性感冒(简称:流感),夏季偶合腹泻等。因此,偶合症的发生与疫苗接种无关,仅是时间上的巧合。

案例分析

朵朵,女,出生时体重 3.1kg,身长 48cm。目前抬头较稳,手能握持玩具,能笑出声,未出牙,体重 5.9kg,身长 62cm,纯母乳喂养,未添加辅食,既往无药物及食物过敏史。今日朵朵妈妈接到社区卫生服务中心的通知,提醒她该带朵朵进行预防接种。

问题:

(1) 请判断朵朵的月龄? 按照预防接种程序,此月龄应接种哪些疫苗?

(2) 给朵朵进行疫苗接种时应注意哪些问题? 假设你是疫苗接种护士,如何确保注射用疫苗的安全性?

(3) 假如你是社区护士,评估时发现朵朵体温偏高,T 38.5℃,并伴有腹泻,请判断

笔记栏

案例分析
答案要点

学习内容与
学习方法

扫一扫，
测一测

朵朵现在能否进行预防接种？请说明原因并指导疫苗接种。

（4）朵朵是否存在其他问题？该进行哪些方面的保健指导？

（范琳琳）

复习思考题

1. 苗苗，女，3岁，体检时妈妈向护士抱怨孩子近来变得不听话，凡事非要自己一个人做，连盛饭、倒开水也非要自己做，对此妈妈不知如何是好。

（1）苗苗为什么会出现这种情况？这种情况正常吗？

（2）该如何对苗苗妈妈进行健康教育？

（3）遇到这种情况时，该如何与苗苗进行沟通？

2. 昊昊，男，4岁，妈妈对昊昊非常疼爱，喜欢打扮他，经常给他梳小辫、穿裙子，打扮成女孩模样。目前没有让昊昊上幼儿园，也不愿昊昊离开她，总想让昊昊待在自己身边。

（1）昊昊妈妈的做法对吗？为什么？

（2）如果你是社区护士，应该如何对昊昊的妈妈进行健康教育？

（3）昊昊在该阶段应该完成计划免疫中的何种疫苗接种？

 第四章

青少年发展与健康促进

学习目标

知识目标

1. 能描述青少年的生理、心理及社会性发展特点并阐明青少年健康促进计划和具体措施。

2. 能描述青少年心理发展的常见问题及表现并分析其原因。

3. 能列举青少年常见伤害发生的原因及其相应的预防措施。

能力目标

1. 能初步评估青少年发展的常见问题并进行健康指导。

2. 能应用科学方法对社区青少年开展健康促进宣教。

素质目标

1. 回忆和分享青春期经历,正视青少年问题,接纳不同时期的自我状态。

2. 关注和尊重青少年发展,帮助青少年顺利过渡到成年期。

第一节　青少年发展

　　青春期是决定个体生理、心理、社会能力和道德情感的关键期。当前我国约有 1.7 亿处于 10~19 岁年龄段的青少年,是全球范围内青少年人口数量最为庞大的国家之一。青少年的身心健康水平不仅影响着个人健康成长和发展,还关系到整个民族总体健康素质的提升。2016 年,中共中央、国务院发布《"健康中国 2030"规划纲要》,提出"把健康教育作为所有教育阶段素质教育的重要内容。以中小学为重点,建立学校健康教育推进机制"。《中长期青年发展规划(2016—2025 年)》中,明确将青年健康作为重要领域,并对促进青少年身心健康提出新要求。因此,关注青少年发展,加强青春期医学与多学科合作研究,促进青少年全面健康是当前乃至今后一段时期健康促进工作的重要任务。

知识链接

青春期医学

　　1977 年由美国医学会首先正式确认青春期医学为一门新学科,属于医学的亚专业。青春期医学重点关注的是处于发育期的从 10 岁到 24 岁儿童青少年(年轻人)。不同国家和组织对青春期医学研究对象的界定不同。世界卫生组织(WHO)将青少年定

义为 10~19 岁,青年为 15~24 岁,而年轻人则包括 10~24 岁的整个年龄组。Lancet 青少年健康和福利委员会将青春期进一步划分为三个 5 岁年龄组:即青春期早期(10~14 岁),以青春期和性发育为主;青春期晚期(15~19 岁),有青春期成熟的特征,但不像青春早期那么明显;青年成年期(20~24 岁),相当于成年人的角色和责任,占全球人口的 1/4,是最健康、最有能力提高国家经济生产力的年龄组。我国则主要以 10~20 岁的青少年为研究对象。青春期医学主要研究的内容是青少年生长发育、新陈代谢、营养需求、性教育、心理健康、社会融入、角色责任等,应重点从生理卫生知识、营养与锻炼、教育与引导、精神卫生知识教育、健康生活方式、伤害预防、社会责任教育等方面开展青少年健康促进工作。

一、青少年生理发展的特点

生理发展主要包括体格生长及器官系统功能的发育,两者在青少年生理发展过程中密不可分。青少年生理发展从体格生长突增,至骨骺完全融合、躯体停止生长及性发育成熟,经历着青春期人体的形态功能、第二性征、神经内分泌调节、生理和行为等各个方面的巨大变化。

(一)青少年体貌形态和器官功能的变化

1. 体貌形态的变化　青春期是第二个生长发育高峰期,一般划分为三个阶段:①起始期:主要表现为身高和体重的突增。身高的快速增长是青少年身体外形变化最明显的特征。由于骨骼快速生长,身高和四肢长度迅速增加,颅骨发育不明显,最后形成头部较小、躯干适中、四肢较长的成人体型。其体重增加除了与骨骼增长有关外,还与内脏器官体积及重量增加,肌肉和脂肪增长有关,此期持续约 2 年。②快速增长期:性器官和第二性征迅速发育,男孩出现首次遗精,女孩出现月经初潮,男性和女性特征逐渐分明,一般持续约 2~3 年。③减慢增长期:体格生长速度明显减慢,但仍有增长,一直到骨骺完全融合;性器官和第二性征持续发育至成人水平;社会心理发展迅速,此期持续约 2 年左右。

不同性别的青少年生长发育速度不同,且个体差异较大,女性比男性平均提早约两年。青少年身高增长的空间取决于种族、遗传、青春期启动年龄的大小、生长突增高峰的高低以及生长的时间跨度等。而体重与身高的突增、肩宽、胸围增加等躯体形态改变可导致青少年短时间身体重心快速改变,但其肌肉力量尚未协调增长,可能会出现脊柱侧凸、驼背、扁平足、X 型腿、O 型腿等不良体态。此外,随着年龄的增加,面部特征出现明显变化,颧骨突出、脂肪减少、五官立体,通过一系列变化,青少年的体貌特征开始接近成人。

2. 器官功能的完善　青春期各系统逐渐发育成熟,神经系统的发育也基本完成。脑重量增长虽然有限,但大脑皮质内部结构和功能却更加复杂和完善,如大脑皮质的沟回增多并加深,神经联络纤维数量大大增加,兴奋性传递能力提高。青少年分析、判断和理解问题的能力增强,反应的灵敏性和准确性也明显提高。此外,循环系统发育较好,由于心肌增厚,心脏重量增加,心脏收缩力增强,导致每搏输出量、血压、肺活量、基础代谢率等增高。

(二)青少年的性生理发育

青春期前,生殖系统发育非常缓慢,进入青春期后,生殖系统发育加速并趋于成熟。青少年性生理发育包括性器官、第二性征的发育和性腺、性功能的成熟。

1. 性器官与第二性征的发育　男女生殖器官在胚胎时期就已经形成,这是生来就有的两性特征,称为第一性征,又称主性征。第二性征是指身体形态上的性别特征,也称副性征。

进入青春期,男女外生殖器和第二性征发育,使少年男女外部形态特征产生明显差异。男孩喉结突起,声音变相,上唇出现胡须,体毛明显;睾丸体积增大,并分泌雄激素,开始产生精子和精液,在生殖器官受到内外刺激后,可出现遗精。女孩声音变高变细,皮肤细腻,乳房隆起,骨盆变宽,臀部变大,体毛出现,胸部、肩部及臀部的皮下脂肪更加丰富,呈现女性特有的体型外表;卵巢质量增加,分泌雌激素,开始产生卵细胞和出现月经现象。月经初潮的时间早晚与遗传、环境、营养和经济状况等因素有关。青春期开始、持续的时间和第二性征出现的顺序有较大个体差异。

2. 性腺及性功能的成熟 男孩首次遗精与女孩月经初潮来临是生殖功能发育基本成熟的标志。女孩月经初潮后建立生殖周期,但通常是无排卵性月经周期,且易发生紊乱,至青春期晚期,逐渐形成规律、可排卵的月经周期,意味着女性已具备繁衍后代的能力。性腺主要是指睾丸和卵巢。青春期男孩的雄激素水平增高,其主要来自睾丸,以睾酮作用最强,不仅促进蛋白质合成,使骨骼肌肉发育,还促使男性生殖器官发育,维持男性第二性征和性欲,促进精子生长。青春期女孩体内雌激素水平增高,其主要来自卵巢,以雌二醇生物活性最强,能促使月经初潮来临及女性内外生殖器和乳房的发育,也具有促进体格生长和骨骺愈合的作用。

(三)青少年神经内分泌的变化

青少年神经内分泌功能活跃,体内各种与生长发育相关的激素分泌明显增加,如生长激素、促甲状腺素、促肾上腺皮质激素、促性腺激素等都达到新的水平。这些激素诱导身体和心理发生标志性的改变,不仅能促进机体各器官与组织的生长、发育及成熟,尤其是促使生殖器官功能发育与成熟,还能调节中枢神经系统和自主神经系统,影响青少年学习、记忆与行为等。以上激素水平的高低既受下丘脑-垂体系统调节,也与青春期改变有关,可能会出现青少年常见的生理或病理变化。

二、青少年心理发展的特点

青春期是青少年身体素质发展和心理健康发展的敏感关键期,是人类身心发展逐渐走向成熟的重要阶段。青少年身体加速发育,使各种疾病的患病率和病死率降低,但心理发展相对缓慢。

(一)智力及思维的发展

青少年智力及思维发展较好,抽象概括能力增强,开始形成辩证思维,独立性、批判性也有了显著发展,具有一定的创造力和创造性思维,但是看待事物容易表面化和片面化,兴趣爱好较广泛,容易见异思迁。

(二)自我意识及情感心理的变化

自主意识迅速发展,自尊心变强,情感也日益丰富,渴望交流和友谊,但情绪多变且不稳定,缺乏承受能力,易冲动并富于幻想。因此,情感情绪易出现两极性,如在意志品质、外部情绪、内心表现、人际关系等方面,易出现心理冲突、心理矛盾和逆反心理,心态从不平衡逐渐向平衡过渡。

1. 独立和依赖 体重和身高的突增使青少年产生了强烈的成人感和独立意识。他们非常渴望社会、学校和家长能给予其成人式的信任和尊重,但心理水平还处于从幼稚向成熟发展的过渡阶段,常处于一种与成人相抵触的情绪状态中,往往故意表现出反抗情绪和疏远意图,不愿听取父母、老师及其他人的意见。但其实他们内心未能完全摆脱对成人的依赖,只是依赖方式有所变化,希望从成人处得到更多精神上的理解支持和保护。

2. 闭锁与开放 青少年的内心活动逐渐丰富,但表露于外的东西却越来越少。因此,

笔记栏

随着成长,自我闭锁的程度增加,表现为对外界事物的不信任和不满意,常感到孤独和寂寞。而与此同时,希望有人来关心和理解而不断地寻找知心朋友,一旦找到就会推心置腹,毫无保留。青少年有同龄人集群的倾向,常常超出班级界限,形成独立的生活圈,他们与成人的关系越不协调,这一生活圈中的交往和相互影响也就越大。

3. 自满和自卑　青少年对人和事有时感到很美好,有时又感到很糟糕。偶然的成功如考试取得好成绩,可使他们认为自己很优秀而沾沾自喜;偶然的失败又容易悲观、沮丧从而失去信心,认为自己很无能而自卑。

(三) 性心理的变化

青少年性意识萌动,表现为初期识别性别差异,产生不安和害羞,从而出现与异性暂时性疏远;后期对异性产生好奇,逐渐愿意与异性接近,或对异性产生朦胧的依恋、幻想等心理变化。

由上可知,青少年常处于各种心理矛盾、压力和冲突的包围中,如果这些不能得以顺利解决,就可能在其情感、情绪、性格及行为等方面出现不平衡,少数人甚至出现严重的心理、行为偏差和精神疾病。所以,青少年心理情绪和行为问题应及早发现,尽早调整,使其身心正常健康发展。

三、青少年社会性发展的特点

社会性发展是人类为积极适应和参与社会生活所形成和表现的行为特征,主要从社会认知、社会性情感、社会性行为等方面体现人的社会属性,从而促进个体全人发展。青少年朝气蓬勃,生理心理、社会能力及道德情感得到极大地发展,但又处于社会危险行为相对高发、社会性适应能力相对缓慢的阶段。

(一) 社会认知的发展

社会认知发展主要包括对自我认知和对他人的认知。①对自我认知:青少年自我意识发展到了新的阶段,能确定自我,回答“我是谁”这个问题。自我认识和自我评价能力也初步发展,但是由于尚不能确切地认识自己的能力,青少年很难对自己做出一个全面而恰当的评价,对他人对自己的评价也极为敏感;②对他人认知:青少年通过对他人的言谈、举止、仪表、风度、性格、人际关系等进行观察和评价,但尚不能完全正确辨别和理解他人表情和行为意图。青少年认知各方面的发展是非同步、不等速的,虽具有认知发展的普遍规律,但不完全受认知发展影响,与社会交往密切相关。

(二) 社会性情感的发展

青少年富有激情,容易发脾气,渴望发展同伴关系。他们能敏感地识别自己和他人的情感状态及细微变化,及时主动或被动地进行调节,也会对国家、社会、自然和各种人、事、物等产生消极或积极的情感情绪。但如果青少年自我情绪调节能力不足,容易钻牛角尖,从而引起矛盾、冲突,甚至心理疾病。近年来,国内外开始关注青少年社会性情感能力的培养,以便解决当今人类社会发展中面临的物质极大丰富与精神提升失衡所导致的人与自然的冲突、人与社会的冲突、人与人的冲突、人与心灵的冲突问题。

(三) 社会性行为的发展

青少年社会性行为是社会认知与社会性情感的外在综合表现,包括亲社会性行为和攻击性行为,受青少年社会适应能力、家庭环境、教育方式、性别、年龄、性格、心理发展等因素影响。同时,青少年逐渐认同自己的性别角色,根据社会文化对男性和女性的期望而形成相应的动机、态度、价值观和行为,并发展为性格方面的男女特征,即所谓的“男子气”(或男性气质)和“女子气”(或女性特征),形成性格定型。随着年龄增加,社会性交往进一步发展,会学习和模仿成人,尝试适应成人社会,形成较好的社会适应能力。

(四)道德品质的发展

正确的价值观通过教育形成,而其形成关键期则在学生时代。青少年品德处于由动荡型向成熟型过渡的阶段,其发展和世界观、价值观的形成基本一致。此时伦理观也初步形成,他们能用道德信念和理想指导自己行动,独立、自觉地按照道德准则和规范来调节自己的行为,使道德行为习惯逐步巩固,保持积极的人生态度。可通过各种志愿服务、学雷锋活动,关爱他人,扶贫济困和扶弱助残,促使青少年主动承担社会责任,促进自我与社会进步。因此,应加强青少年思想道德修养,积极培养其树立正确的理想信念、价值取向和科学的成才修养观,形成具有爱国奉献、诚实守信、爱岗敬业、文明礼貌、乐于助人、律己宽人、吃苦耐劳、不畏困难,坚韧不拔、网络慎独,自觉抵制黄毒假黑诈等良好的品德素养。使他们能勇敢肩负起时代赋予的重任,胸怀理想、志存高远,努力成为可堪大用、能担重任的栋梁之材,成为有理想、有学问、有才干的实干家。

思政元素

开展大学生家长素质教育

家庭教育是一切教育的基础,父母是孩子的第一任老师,而家长素质则是其家庭教育素质形成和发展的前提条件,是最基础的素质要求。家长素质包含:①家长作为社会成员所应具备的基本素质,包括品德素质、文化素质、心理素质和身体素质等;②家长在教育子女的过程中应当具备的特殊品质,即教育素质,包括教育知识、教育观念、教育方式和教育能力等;③个人成熟的婚恋观、强烈的责任感、基本的生活技能等。

开展大学生家长素质教育应从文化传承、品德教育、育幼理念、儿童早期综合发展等多纬度展开,结合"国-校-家"进行全方位育人。教育中应注重大学生家长知识、技能、情感的培养;重点培养大学生树立正确的世界观、人生观、价值观,尤其是婚恋价值观的引导,以传播中华传统文化,弘扬社会主义核心价值观。

第二节　常见青少年发育与发展问题

知识链接

青少年体质现状

体质是展现人一生中劳动能力的物质基础,其在形成发展和衰退中具有明显的阶段性。青少年正处于体质发展过程的关键阶段,这一阶段的体质发展水平将决定他今后的生活质量和工作质量,对其一生具有深远的影响和重大意义。

2016年《中国儿童青少年营养与健康报告》蓝皮书指出,青少年体质健康状况虽有所改善,但总体仍不容乐观。青少年视力不良率已经超过了2/3,大学生视力不良率极高,大多数高中毕业生因体检不合格而被征兵淘汰。因此,近视群体低龄化,儿童肥胖率不断上升,力量素质趋于停滞,耐力素质处于低谷,血压调节功能不良等较为普遍。这些数据给我们以强烈警示,青少年体质健康问题已经威胁到国家安全和民族发展。目前,影响青少年体质健康的主要原因包括:体力活动明显减少、考试和升学压力巨大、生活环境和饮食方式改变、网络普及、中小学体育教师数量和体育场地及器材不足等,阻碍了青少年获得持久的、足量的运动,使其未能养成经常性体育锻炼的行为习惯,导致并加速了青少年身体机能的退化,青少年体质健康水平也随之下降。性早熟、体力活动不足、超重、肥胖、近视、心理承受力差等非健康体质在青少年群体中较为突出。

2018 年国家体育总局、教育部等七部门联合印发《青少年体育活动促进计划》,2021 年国务院印发《全民健身计划(2021—2025 年)》,均强调宣传和落实全民健身国家战略,实施青少年体育活动促进计划,推进青少年体育"健康包"工程,开展针对青少年近视、肥胖等问题的体育干预。广泛开展青少年体育运动,培养青少年体育锻炼习惯,吸引更广泛的青少年参与体育活动,从而促进青少年身体健康和体质强健。

一、青少年常见发育问题

青少年体格发育迅猛,而各系统发育速度却不均衡,神经内分泌功能活跃却尚不稳定,又极易受到外环境的影响,因此,青少年容易发生与发育相关的疾病。

(一)痤疮(acne)

痤疮俗称"青春痘",中医学称为"粉刺",是一种多因素疾病,好发于青春期并主要累及面部毛囊皮脂腺的慢性炎症性皮肤病。目前认为多吃动物脂肪和糖类食物、消化不良或便秘等胃肠功能障碍、矿物油类的接触、锌缺乏,精神紧张,湿热气候等因素会对痤疮产生不利影响或加剧痤疮恶化。痤疮可发生在身体皮肤的各个部位,多有黑头粉刺(或白头粉刺)及油性皮脂的溢出、丘疹结节、脓疱、脓肿、窦道或瘢痕,多无自觉症状,炎症明显时会引起疼痛和触痛。青春期后,大多数患者能自然痊愈或症状减轻。《中国痤疮治疗指南(2019 修订版)》指出,健康教育、科学护肤及定期随访等有助于防治痤疮。因此,限制高糖、油腻饮食及奶制品,尤其是脱脂牛奶的摄入,适当控制体重、规律作息、避免熬夜及过度日晒、经常保持皮肤清洁等均有助于防治和减轻痤疮。此外,痤疮患者尤其是重度痤疮患者易出现焦虑和抑郁,必要时需配合心理疏导和治疗。

(二)青春期高血压

青春期高血压是收缩压在 140~150mmHg(18.7~20.0kPa),舒张压不高或升高不明显,平时无不良感觉,仅在过度疲劳或剧烈运动时会感到头晕、胸闷等不适。主要病因是:①青春期心脏继续发育,心肌收缩力极大提高,但血管的发育却往往落后于心脏;②青春期激素分泌增多,神经系统兴奋性升高,自主神经调节功能不稳定;③特定环境如参加集训、迎考复习、熬夜、睡眠不足等情况,易导致精神高度紧张,引起小动脉紧张性增强,外周循环阻力增加亦使血压增高。一般青少年 13 岁左右血压可接近成人水平,青春期高血压属于暂时性升高,且大多数轻度增高,青春期后,心血管系统发育迅速趋于平衡就会恢复正常,是正常的生理现象。随着心血管疾病的低龄化发展,应预防和控制青春期高血压。青春期高血压只要不是家族性根源,一般不建议过早应用降压药物,最好通过建立健康的生活方式使血压逐步恢复正常。同时,鼓励青少年养成良好的饮食习惯,少吃咸食、甜食及含脂肪高的食物,多吃新鲜蔬菜和水果,适量运动,不吸烟、不酗酒,避免不良情绪,生活规律,减少心理紧张和心理压力。

(三)青春期甲状腺疾病

青春期甲状腺疾病包括甲状腺肿、甲状腺功能减退、甲状腺功能亢进等。甲状腺是人体最大的内分泌器官,合成并分泌甲状腺激素,具有兴奋神经、调节新陈代谢、促进生长发育的功能。甲状腺激素以碘和酪氨酸为主要合成材料,合成和调节不足则可发生甲状腺相关疾病。青春期甲状腺发育达到高峰,旺盛的代谢导致碘相对不足,可发生甲状腺代偿的生理性肥大,表现为两侧的甲状腺腺体弥漫性肿大,质地柔软,一般无结节。甲状腺肿大多数于青春期结束可自行消退。防治青春期甲状腺肿的主要措施是补碘。根据 2018 年中华医学会地方病学分会、中国营养学会、中华医学会内分泌分会共同制定的《中国居民补碘指南》,青春期应使用加碘盐,碘的推荐摄入量为 120μg/d,可以有效预防青春期甲状腺肿的发生。此外,甲状腺功能亢进是青少年情绪障碍的一个重要危险因素,明显影响生长发育和精神状态,易发生睡眠障碍、焦虑症和抑郁症,应予以重视。

(四)青春期肥胖

青春期肥胖是指青少年体内脂肪蓄积过多而造成体重超过标准体重。我国青春期肥胖的发病率随年龄增长而逐年上升,男性高于女性。青春期肥胖的原因除遗传与内分泌因素外,主要与现代社会青少年生活环境和生活方式改变有关,如不吃早餐、多吃少动、常吃西式快餐、爱喝含糖饮料;学习压力大、静态活动时间长而户外动态活动少;心理负担重等。主要表现为体型巨大,行动迟缓,活动后心慌气短,甚至出现头晕、头痛和血压增高等现象。青少年超重和肥胖使心血管疾病发生率呈现快速低龄化的趋势,同时还引起一系列健康问题如贪食症、睡眠呼吸障碍、抑郁症、社交障碍等;持续肥胖还可导致成年后高血压、糖尿病、肥胖或代谢综合征(metabolic syndrome,MS)的风险激增,更易出现心理问题。因此,应严格控制和监测青少年体重,对肥胖青少年进行健康教育,避免饥饿疗法等不良减肥方法;合理安排饮食与休息,少吃主食、甜食和动物脂肪,避免贪睡;积极参加体育活动和体力劳动;适当扩大人际交往圈,避免出现自卑及抑郁。

(五)不良体态

体态即身体的姿态,既是人类身体在日常和运动中的姿势和动作,又是心理、情绪和精神状态的体现。良好的体态不仅能让人有气质、增加自信,而且能够让人拥有更健康的身体,反过来情绪及健康状态也影响着体态。此外,体态受诸多因素影响,如遗传、年龄、性别、运动锻炼、饮食营养、生活和工作习惯(如低头族)、情绪状态和病理改变等。青少年正处于学习阶段,长期久坐、运动过少及不良生活习惯导致体形发生改变,易出现不良体态如:脊柱侧弯、胸椎后凸(驼背)、颈椎过度前曲(探肩)、含胸塌背(圆肩)、腰椎过度前曲、高低肩、骨盆侧倾或后倾、O 型腿、X 型腿、膝关节过伸、扁平足、八字步、蜷伏坐姿、单腿承重、疼痛步态等,进而诱发慢性骨关节疾病。不良体态会压迫神经和血管,导致关节僵硬、损伤或酸痛、韧带拉伤、肌肉萎缩、腕管综合征、疲惫和消化不良等生理问题,也可因形象不良导致不自信、学习成绩下降、自卑、抑郁、自闭等心理社会问题,对学生的日常生活和学习造成极大困扰。我国大学生不良体态率较高,大多是由于青春期不良习惯与体态发展而来。因此,应加强青少年体育锻炼及体态指导,引导学生注重自己的基本体态,改正其在日常生活中的不良姿态,做到行如风,坐如钟,站如松,卧如弓,必要时参与功能性训练进行纠正。

(六)青少年性发育问题

多元文化的传播、学习及社会压力的增大、心身发育的不平衡、饮食结构的不合理、环境及生活方式的改变等,严重影响着青少年的性发育健康,由此产生一系列性发育相关问题应予以重视。

1. 性早熟(precocious puberty)　又称青春期提前,是指女孩 8 岁以前、男孩 9 岁以前出现第二性征,或者女孩 10 岁前出现初潮(早初潮),甚至具有生育功能,女孩多见。在整个人类发展进程中,青春期都在不断提前,原因有很多,比如雌激素污染的肉品、环境的荷尔蒙污染、不当的药物使用、中枢神经系统异常和肥胖等。临床表现差异较大,主要表现为:较早出现第二性征,身高和体重过快增长和骨骼成熟加速,使身体短期内增高明显,成年后却矮于一般群体。性早熟会引发一系列生理、心理和社会等问题,使青少年更易成为性攻击的牺牲品,甚至发生妊娠、性传播疾病,产生自卑、焦虑、抑郁等心理问题,而有些早熟还可能由肿瘤引起,如不及时处理,则会危及生命。因此,应治理环境污染,应关注和观察青少年身体发育,减少环境雌激素影响,避免女孩过早接触化妆品,防止超重、肥胖和过多的光暴露,避免盲目进补和过早接触影视、书籍中的成人信息。

2. 性发育延迟(delayed puberty)　青少年到了发育年龄,第二性征和生殖器官仍停留在青春期前状态,女孩 14 岁以后、男孩 16 岁以后仍无第二性征出现,称为性发育延迟,男孩多见。主要由遗传、环境、特发性原因或因各种病理因素所致,临床表现为:第二性征延迟,身高偏矮,骨龄落后,生长激素不缺乏,当自然青春期发动后,身高增长加速,性发育也逐渐完成,成年最终身高正常,有正常第二性征及生育能力。青少年排除器质性疾病之后,一般不需要治疗或根据心理需要进行治疗,应定期随访生长速度和第二性征发育及骨龄情况,疏解家长心理压力,供给充足的蛋白质、能量和各种营养素,尤其是钙、铁、锌及奶类等。

3. 乳房发育问题　乳房发育是女性第二性征中最早出现的征象。女性发育过程中,诸如雌激素分泌不足、乳腺腺叶和腺泡发育不良、营养不良、遗传、缺乏体育锻炼、束胸等因素均有可能出现乳房不发育、乳房过小或过大、乳房发育不对称、乳头内陷、乳房畸形、乳房包块以及乳房早衰等问题。而近年来,男性乳房发育的问题也引起关注。男孩青春期也可出现一过性的生理性乳房增大,多数能够在 1 年内恢复到正常状态。大多数男孩两侧乳腺增生的程度不对称,出现时间也不一致,可伴疼痛,但无红肿。另外一种病理性发育则称为男性乳房发育症(gynecomastia)。因此,青春期要注重乳房保健。女孩乳房发育后,要保持乳房清洁,及时戴乳罩,以防乳房下垂,定期自检,不要束胸;科学引导,保持正确的站、卧、坐、走等姿势;避免外伤;加强体育锻炼;保证充足的营养;必要时在医师指导下进行适当治疗。

4. 经期疾病　主要包括以下几种:①月经不调:是月经的周期、经期、经量异常的一类疾病的统称,青春期女孩常见。主要包括月经过多、月经过少、月经先期、月经后期、月经先后无定期、经期延长等六个方面,功能失调性异常子宫出血、多囊卵巢综合征也属于月经不调范畴。引起月经不调的原因有卵巢功能失调、全身性疾病、其他内分泌腺体疾病、心理因素、饮食因素等。月经不调若长期失治、误治则会引发严重后果,如发生崩漏、闭经、不孕、子宫内膜病变等,极大地影响青春期女孩的身心健康和学习生活。月经初潮后出现短暂的月经紊乱表现多属于生理现象,不必过度紧张。②经前期综合征(premenstrual syndrome,PMS):是由于神经 - 内分泌功能失调导致女性出现周期性的精神、行为及体质等方面的症状,月经来潮后症状减弱或消失。主要表现为月经前 7~14 天(黄体期)出现乳房胀痛、腰背疼痛,下腹部坠胀不适、水肿、易疲劳、易失眠等多种多样的器质性或功能性症状。经前期综合征个体反应差异较大,严重程度也有所不同,同时还会引起易怒、好攻击、对周围人苛求、易与人发生口角等心理变化。因此,保持乐观而稳定的情绪有助于减少和消除经前期综合征。③原发性痛经(primary dysmenorrhea,PD):即生殖器官无器质性病变而引起的痛经,主要由于月经时子宫内膜前列腺素含量增高,引起子宫平滑肌过度收缩,血管痉挛,造成子宫缺血、乏氧状态而出现痛经,多发于青春期女孩初潮后 1~2 年。主要表现为经期或其前后,出现规律性、周期性下腹部疼痛或腰部酸痛不适,严重者可伴有恶心呕吐、腹泻、食欲缺乏、冷汗不止、手足逆冷,甚至有休克的征象。精神压力过大者,常引起情绪上的忧思、焦虑,甚至导致闭经。因此,青春期女孩经期应注意保暖,避免受寒及感冒,禁食冷饮及寒凉食物,禁止游泳、盆浴、冷水浴,保持经期卫生和精神舒畅,消除恐惧心理。如出现剧烈痛经,甚至晕厥,应及时就医。

5. 遗精(spermatorrhoea)　是青春期男孩常见的特殊生理现象,指在没有性交或手淫情况下的射精,有生理性与病理性之分。精液在饱和状态时,可通过遗精的方式排出体外。一般将入睡后做梦时遗精称为梦遗,不在做梦时遗精称为无梦遗精,清醒状态下遗精则称为滑精。男孩第一次遗精多发生于 14~15 岁,极个别在 11 岁或推迟到 18 岁左右发生。受性刺激环境影响、对性问题思想过度集中、过度疲劳、手淫频繁、被褥温暖且沉重或穿紧身衣裤等都可诱发遗精。1 个月遗精在 7~8 次内属于正常,但如果次数过于频繁,尤其是梦遗,则会扰乱睡眠,引起失眠、心理紧张、头晕、头痛、疲乏无力等症状。学校和家长要积极开展性健康教育,合理对待遗精青少年,引导和帮助其形成正确的性心理,养成良好的生活起居习惯及卫生习惯,如睡眠时侧卧,被子不要太厚太暖,及时换洗内衣裤并清洗外生殖器,不穿紧身内裤,戒除频繁手淫,积极参加课外活动以排除杂念,把精力放在学习上等都可避免病理性遗精的发生。

(七) 青少年性行为问题

1. 自慰(masturbation)　又称手淫,指通过自我抚弄或刺激性器官而产生性兴奋或性高潮,以达到解决性胀满、宣泄性能量、获得性满足,并从性方面获得快感和慰藉的一种行为,可以缓解压力,缓解性心理和性生理紧张。它是青少年最典型的性行为,可通过手或某种物体进行直接或间接刺激,甚至两腿夹挤生殖器产生,男、女均可发生,以男性多见。青少年首次自慰平均年龄约为 14 岁,而 50% 以上的青春期男孩存在自慰行为。适度的自慰不会对身体造成任何伤害,但过度自慰则称为“性瘾”,属于病态自慰,不仅存在一定的安全及卫生隐患,导致感染或损伤生殖器官,还可能引起精力不集中、疲乏无力、记忆力下降等,对青少年身心都可产生严重影响。自慰是正常生理现象,应科学客观地看待青少年自慰行为,不宜指责,更不能采用夸大、恐吓的办法,应以心理疏导以及性教育为主,减轻其自慰后出现的内疚、自责、恐惧等情绪。同时,养成良好的卫生习惯,避免穿紧身衣裤,保持心情舒畅,积极培养广泛的兴趣爱好,避免早恋及对性的痴迷,使其注意力从自慰转移到健康的学习、日常生活和社会活动中。还应避免接触色情书刊影片,防止过度疲劳及精神紧张,少食刺激性食物(如烟、酒、咖啡、辛辣食物等),必要时应接受医学咨询和辅助治疗。

2. 早期性行为　近十年来,青少年性行为低龄化已经是一种全球普遍趋势,且与地区发达程度成正比。由于青少年从性成熟到能合法(登记结婚)地宣泄性能量、满足性要求,一般要等待数年或更久,而这段时间的性需求往往最高,加之性观念趋于开放,早期性行为的现象越来越普遍。引起早期性行为的原因较多,包括内在因素如生理需求和心理发展,外在因素如家庭影响、社会环境及观念改变等,甚至与父母的遗传基因有一定的关系。约 1/3 的 15~17 岁青少年是因为压力而发生性行为,单亲家庭及城乡留守青少年的性行为发生率均高于完整家庭和非留守青少年,其中城镇留守青少年的性行为发生率最高。目前青少年对性行为的态度日渐宽容而自我保护意识不足,普遍存在“知行分离”现象,即性教育知晓率高而保护性行为较低,导致意外妊娠以及人工流产、性传播疾病发生率逐年上升。早期性行为不仅会增加成年后持续地不安全性行为、多个性伴侣、不良的性与生殖健康等风险,还可能增加吸烟、酗酒和吸毒等不健康行为和撒谎、暴力、偷窃等反社会行为,甚至可能出现更严重的心理障碍与出卖身体等越轨行为。此外,早期性行为还可能会发生因性问题而引起的道德问题、社会问题及性心理障碍等问题。青春期是建立正确爱情观及性观念的关键时间点,家庭、学校、社会应相互配合进行性健康教育,促使青少年身心健康发展。

二、青少年常见心理行为问题

青少年体内激素分泌增加但调节功能不够成熟,常导致心理、行为、精神等方面不稳定,而生理方面的不断变化也会引起情绪不安或易于冲动。同时,环境变化也会引起社会适应的相关心理问题,使青少年易发生自卑、冒险、自杀等行为。因此,青少年极易形成复杂的青春期心理行为问题,如焦虑、抑郁、不良习惯等。这些问题大多数属于应激性暂时现象,只要得到恰当的引导和帮助便能解决;如持续时间长,未能及时解决,可能会变得更为复杂和严重,甚至造成心理缺陷,影响其一生的健康、学习和工作,还可能危及家庭和社会。

(一)青春期综合征

青春期综合征是由于青少年特有的生理与心理发育不同步,适应能力和心理防卫机制尚不成熟而出现心理失衡的病症,又称青春挫折综合征。心理发育相对滞后、过度用脑和不良习惯是形成青春期综合征的主要原因。其临床表现常因人而异,主要表现为:①脑神经功能失衡:思维迟钝、大脑昏沉、注意力分散导致上课听不进,记忆力下降、学习成绩下降;白天精神萎靡、容易瞌睡,夜晚大脑兴奋、浮想联翩、难以入眠,醒后困乏,提不起精神;②性神经功能失衡:性冲动频繁,频繁滑精遗精,易形成不良性习惯,导致过度手淫,并且难以用毅力克服,女孩白带增多,卫生不洁时易致生殖器炎症,甚至发育不良;③心理功能失衡:由于苛求体貌、对异性敏感、情感危机、心灵空虚等原因,可表现为自卑自责、烦躁消极、忧虑抑郁、冷漠无情、恐惧多梦、敏感多疑、学习兴趣降低等,甚至出现厌学、自暴自弃、社交障碍、离家出走等情况,严重者可有自虐、轻生现象。青春期综合征虽然不属于严重心理异常的范畴,但极大地影响着青少年的身心健康和人格健全。若长期不及时调理和治疗,还会引起机体免疫功能下降,出现手足发凉、多汗、便秘、消瘦等,甚至发展为严重心理障碍。因此,社区、学校和家庭应高度重视,积极引导和教育青少年迅速走出心理误区,使之正确认识自我和接纳自我,恰当处理性问题,控制消极情绪,用理智战胜情感,用顽强的意志力克服不良行为,逐步提高抗挫折能力,并有意识地扩大人际交往范围,健康平稳地度过青春期。

(二)青春期焦虑症

焦虑症(anxiety disorder)即焦虑性神经症,是一组以焦虑、紧张不安、恐惧等感受为主的情绪反应综合征。青春期是焦虑症的易发期,主要原因是青少年情绪易受内外环境影响而出现两极分化,开始注重自身形象,对体态、生理和心理等变化产生神秘感,甚至胡思乱想、不知所措等。如男孩出现性冲动、遗精、手淫后的追悔自责,女孩由于乳房发育增大而不敢挺胸、月经初潮来临而紧张不安等。此外,由于冲动、好奇和不理解,还会出现忧虑、紧张、羞涩、孤独、害怕、自卑和烦恼,甚至情绪不稳、失眠多梦、眩晕乏力、口干厌食、心慌气短、头痛头晕、惶恐不定、神经过敏和体重下降等,对青少年心理、情绪及行为带来极大影响,危害身心健康。因此,应避免过度疲劳,适当锻炼身体,劳逸结合,必要时予以心理疏导,并配合药物治疗。

(三)青春期抑郁症

青少年的情绪改变是对其身形变化、社会角色和各种关系变化的一种适应,容易出现狂喜、愤怒或伤悲和恐惧,特别是遭遇挫折和烦恼时,极易出现神经系统功能失调而发生抑郁症(depression)。全球约有3.5亿抑郁症患者,近年来更是趋于低龄化,是危害青少年身心健康的首要疾病。青春期抑郁症病程长,复发率高,发生风险接近成人抑郁发生水平,临床表现与诊断特点也与成人相似,但最核心的症状不是情绪低落,而是烦躁不安,因此,易造成忽视和漏诊。其临床表现多种多样,主要有:①自暴自弃:自责、自怨、自艾;认为自己笨拙、愚蠢、丑陋和无价值,害怕上学,甚至逃学,表达能力下降。②多动:男性多见,表面淡漠,但内心孤独和空虚。有的则用多动、挑衅斗殴、逃学、破坏公物等方式发泄情感郁闷。③冷漠：整天心情不畅、郁郁寡欢，感觉周围一切都是灰暗的，不愿与同学、朋友、家人交流，故意回避熟人。各种类型的抑郁症轻重程度不同，青春期抑郁症轻者占大多数，重症患者若未进行积极治疗，常导致严重后果。所以，应重点防治青春期抑郁症，以药物治疗和心理治疗为主，社区、家庭、学校应创造宽松、和谐的治疗和生活环境。

（四）饮食障碍

1. 神经性厌食症（anorexia nervosa，AN） 是一种严重的精神疾病，指个体通过节食等手段限制能量摄入，有意造成并维持体重明显偏低的一种饮食障碍。常发生于青少年及成年早期，13~20 岁女孩多见，且由于"瘦文化"的大众审美新潮流，AN 发病率逐年升高。其主要特征是对体重和体型极度关注，盲目追求苗条，强烈害怕体重增加和发胖，导致体重显著减轻，常伴营养不良。常表现为早期主动性节食、厌食，伴随体重明显下降，进而出现极端限制饮食行为、消瘦、身体虚弱、心率变缓、血压下降、皮肤粗糙和闭经等，还可出现精神症状和行为失常，导致能量稳态和代谢失衡，严重者可因极度营养不良而出现恶病质状态、机体衰竭、多器官严重并发症从而危及生命，是世界上病死率最高的精神疾病之一。抑郁症伴饮食紊乱者、家庭氛围不良、教养方法不当及神经内分泌异常等会增加 AN 发生的风险。目前本病以心理治疗为主，多学科合作，结合家庭开展行为调节、营养康复，必要时采用强制性治疗。

2. 神经性贪食症（bulimia nervosa，BN） 又名贪食障碍，是以暴食为主导行为的精神性进食障碍。其发生原因主要与遗传、生理、家庭、社会文化及心理等因素有关。BN 发病年龄较 AN 晚，平均起病年龄在 16~18 岁，一般女孩多见，近年来我国 BN 发病率有增高的趋势。其主要特征为暴食 - 清除循环，即周期性强迫进食，一次可吃大量食物，且无法控制进食欲望，缺乏饱食感，伴有失控感；而进食后因害怕体重增加，常有催吐、导泻、过度运动、禁食、服用食欲抑制剂及代谢加速药物等极端措施，这也是与暴食症（binge eating disorder，BED）不同之处。患儿暴食后常有罪恶感，在极度痛苦或躯体不适如腹胀、腹痛、恶心时终止暴食，进而出现胃扩张、胃痛、胃破裂等胃肠道疾病，甚至产生情绪抑郁。反复的呕吐和导泻也可能导致食管以及胃部撕裂伤、低钾血症以及低氯性碱中毒等。目前治疗方法主要有药物干预、心理干预、社会干预和中医药干预等，以心理治疗（认知 - 行为或人际治疗）和应用抗抑郁药物的综合治疗为主。

（五）睡眠障碍

睡眠是维持人类正常生活最重要的生理功能。充足、高质量的睡眠对促进青少年生长发育、消除疲劳、提高学习和记忆能力、恢复机体活力、促进代谢等生理活动具有重要意义。青少年由于学业繁重、压力增大、电子资源依赖性强和人际关系复杂等问题，普遍存在由睡眠障碍引起的睡眠时间不足、失眠及嗜睡症状，已成为全球性的公共健康问题。睡眠障碍是由多种因素引起的睡眠和觉醒正常节律性交替紊乱。青少年睡眠障碍常见原因为长期思想矛盾、精神负担过重、过度脑力劳动、长期劳逸结合不当、不良生活习惯、作息不规律、病后体弱及负性情绪等。一般起病缓慢，病程较长且反复发作，但预后较好，女性多于男性。睡眠障碍主要分为两类：①睡眠量的不正常，包括两种：一种是各种原因引起的睡眠量过度增多而引起嗜睡或昏睡，另一种是睡眠量不足引起的失眠，使整夜睡眠时间少于 5 小时，主要表现为入睡困难、不能维持睡眠状态、浅睡、易醒或早醒等。一些青春期疾病也常伴有失眠，如焦虑、神经衰弱、抑郁症等。②睡眠中出现异常行为如梦游症、梦呓（说梦话）和夜惊等。长时间睡眠不足或睡眠质量下降，不仅会引起机体免疫功能下降、记忆力减退、注意力涣散、思维迟钝，还会引发抑郁、焦虑、紧张、害怕、担心、怀疑、偏执、愤怒和憎恨等心理问题，严重影响青少年的身心健康。因此，需高度关注青少年睡眠问题，正确引导，重新调整学习和生活作息,进一步提升睡眠质量。

(六) 青少年伤害

伤害(injury)是指由各种物理性、化学性、生物性、社会性事件或心理行为因素等导致个体发生生理或心理的暂时性或永久性损伤、残疾甚至死亡的一大类疾病的总称。伤害是青少年人群的主要死亡原因,全世界每年死于伤害的青少年近百万,我国青少年伤害发生率约为10%~50%,甚至大部分一年内伤害发生超过一次以上。导致青少年残疾或死亡最多的伤害类型有:车祸、跌落或坠落、溺水、自杀、意外中毒和窒息等,其中城市以车祸为主,农村以溺水为主。

1. 自杀(suicide)　是个体在复杂心理活动作用下,蓄意或自愿以伤害方式结束自己生命的危险行为。由于社会环境的复杂化,学习压力增大化和竞争的激烈化,青少年自杀比例呈上升趋势,美国、日本、中国等不少国家和地区有20%左右的青少年曾有过自杀意念。自杀已成为我国15~24岁人群的首位死因,也是青少年最严重的心理危机。自杀是一种自我惩罚与毁灭性的行为而导致的复杂社会现象,其分类包括自杀意念、自杀未遂和自杀死亡。发生自杀的主要原因包括:①遗传因素:有自杀家族史或父母有精神健康问题者;②心理障碍:有个人精神障碍史,如厌世情绪、抑郁症、精神分裂症、双相情感障碍、焦虑障碍、物质使用障碍、边缘人格、病理性网络使用、攻击性行为等有既往自杀意念或企图以及非自杀性自伤行为者,是青少年自杀的高危人群;③环境因素:情感问题如被收养、失恋、父母不和、亲子或子女之间关系紧张;外界因素如学校课程负担重,考试失败,校园内外受欺凌、性行为问题、物质滥用等,是近年来青少年自杀的重要原因。因此,青少年遇到挫折容易走向极端,应防患于未然,对青少年适时地进行相应的心理疏导,采取综合干预措施,指导其如何排解孤独、缓解压力及进行健康的饮食和运动,从而提高青少年的整体健康水平。

2. 车祸(行车伤亡事故)　是指汽车、摩托车、电动车、自行车等交通工具在行驶中因违章或过失行为而发生碰撞、颠覆等造成人员伤亡或经济损失的事故。其原因包括:①内源性因素:如紧张情绪、疲劳驾驶、酒精或药物使用等;②环境因素:如道路设计和质量等问题;③车辆安全因素,如刹车的制动性不好,超速、未保持安全车距、没有防护设施(戴头盔或系安全带);④气候因素,如雨、雪、雾、冰雹等不利条件下车祸发生增加。交通事故是全球青少年首位死因,应加强交通安全宣传和教育,提高青少年的道路交通安全意识,改变不良交通行为是有效预防交通伤害的重要措施。

3. 暴力　是指蓄意运用身体的力量或权力对自身、他人、群体或社会进行短期或长期的威胁或伤害,造成或极有可能造成身体损伤、精神伤害、发育障碍、权益的剥夺或死亡。暴力行为具有攻击性,一般重复或偶发在两人及以上人群间。根据施暴者的特点,将暴力分为:自身暴力,人际间的暴力和集团暴力。暴力每年造成140多万人死亡,我国校园暴力、家庭暴力也屡屡发生且屡禁不止,严重影响青少年身心健康。目前将青少年人际间暴力按发生地点分为校园暴力和家庭暴力;按表现形式分为身体暴力、情感暴力和性暴力;按受害者类型分为儿童暴力和性别暴力。校园暴力又分为四种形式:即身体暴力(包括体罚)、心理暴力(包括言语暴力)、性暴力(包括强奸和骚扰)以及欺凌(包括网络欺凌)。早期受虐待和被忽视、目击暴力、体罚、遭受暴力和攻击及青少年乱性等,可增加青少年今后发生暴力行为和犯罪的风险。常见的青少年暴力行为表现为肆意乱发脾气、易发生身体冲突、威胁或试图攻击和伤害他人、虐待动物、滥用武器、放火、企图损坏财产等,甚至有想杀死他人的想法。暴力受害者可能造成身体损伤、抑郁症、精神失常、神经敏感、慢性疼痛综合征、自杀未遂、意外怀孕、心脏病、癌症、获得性免疫缺陷综合征(艾滋病)以及其他性传播疾病等长期影响;还易发生高危性行为如饮酒、药物滥用、吸烟等。

因此,应早期识别和干预有暴力行为的青少年,积极预防暴力,改变个人行为,改善家庭环境,构建和谐校园,提高社区和全社会整体环境的共同作用。具体措施如下:①加强法制教育和正确引导,使其树立正确的世界观、人生观、价值观,知法懂法,学会保护自己,远离犯罪。②家庭与学校教育不容忽视。父母尤其是单亲家庭的父母应主动营造美好的家庭氛围,提供温馨愉悦的家庭环境,采取合理的教养方式,让青少年习得阳光、积极的处事方式;学校应构建和谐、温馨、健康的校园环境,健全相关的管理制度,从青少年日常教学管理方面敦促其健康成长。③我国出台《中华人民共和国民法典》(2020)、《中华人民共和国未成年人保护法》(2020 修正)及《中华人民共和国预防未成年人犯罪法》(2012 修正)等多条法律保护青少年健康,并开展扫黑除恶、共建平安校园等专项活动;国际方面也对针对儿童、妇女等弱势群体的暴力行为做出相关应对措施。此外,政府还应加强对大众传媒、娱乐场所的监管,避免青少年受到不良文化的侵害。在青少年遭遇暴力时应积极应对,合理给予帮助与心理辅导,必要时及时报案寻求法律解决。

(七) 其他

1. 网络成瘾　根据《中国青少年健康教育核心信息及释义(2018 版)》,网络成瘾是指在无成瘾物质作用下互联网使用冲动的失控行为,表现为过度使用互联网后(相关行为需至少持续 12 个月)导致明显的学业、职业和社会功能损伤。包括对手机、电脑、电视机等各种电子产品成瘾。主要表现为:①行为和心理上的依赖感,觉得网络比现实生活更快乐或更能实现自我,很多青少年用手机看视频、聊天、玩游戏,碎片化地阅读使手机使用时间很难得到控制;②行为的自我约束和自我控制能力基本丧失,沉迷于电子游戏或网络不可自拔,一上网就不能控制时间,不能上网时会感到情绪低落、烦躁不安或无所适从;③学习和生活的正常秩序被打乱,长时间上网导致现实生活中注意力不集中、情绪不稳定、思维迟钝、情绪低落、焦虑、孤独、自主神经功能紊乱和睡眠障碍等;④身心健康受到较严重的损害,甚至因交友不慎走向诈骗、吸毒、偷窃等违法犯罪之路。

2020 年全球暴发的新型冠状病毒肺炎疫情推进了我国各类学校的在线教育发展,"互联网 + 教育"、人工智能技术、虚拟现实仿真技术、各类线上教学与辅导平台进一步渗入青少年教育教学。这些新技术为青少年提供学习和交流的平台的同时,因网络沉迷引发的众多问题也给社会和家庭带来极大的影响。对青少年网络行为教育要立足于青少年心理健康指导、网络宣传教育及"社会 - 学校 - 家庭"的整体教育。通过改善社区、学校和家庭的网络环境,进行多方位交流沟通,塑造青少年的健康人格,引起其正确认识网络并合理上网,使青少年学会利用网上的丰富资源促进自我发展。

2. 物质滥用(substance abuse)　是指反复、大量地使用能改变自己精神状态,而与医疗目的无关并具有依赖性的一类有害物质,包括烟、酒及某些药物,如镇痛药、镇静药、鸦片类、大麻、可卡因、致幻剂和有同化作用的激素类药物等,一旦出现依赖性,则很难戒断。由于青春期的心理特点、现代社会的复杂性及各种药物的广泛可得,使越来越多的青少年出现物质滥用,其造成的青少年身心损害已经成为全世界一大公害。我国毒品滥用低龄化趋势仍较明显,青少年吸毒问题仍较突出,最小的瘾君子年龄不到 10 岁,且复吸率居高不下。许多15~24 岁的青少年有不同程度的物质依赖,其程度因滥用的物质类别不同而不同,而且不易被发现,大多数也未接受治疗。滥用物质的种类会随着年龄、性别、种族、地区以及地理因素不同而不同。青少年群体常见的滥用物质有:

(1) 酒精:主要对中枢神经系统造成危害,产生欣快感、头晕眼花、多语和短期记忆障碍等。长期大量酗酒,会使大脑及其他重要器官产生损伤,出现呼吸抑制、记忆力下降、智力障碍、急性腐蚀性胃炎、肝损害(如酒精性肝炎、肝硬化)等。

（2）烟草：我国青少年现在吸烟者约有 1 500 万，尝试吸烟者和遭受二手烟雾危害的人数还在逐年上升，其中大城市中女孩尝试吸烟率和现在吸烟率较往年均有所增加。烟草中的主要成分尼古丁能刺激神经兴奋，成瘾性极强。吸烟是导致心血管疾病、动脉硬化、慢性支气管炎、肺气肿、肺癌、咽癌、喉癌、口腔癌等多种病症及胃溃疡的主要危险因素。

（3）致幻剂：又称拟精神病药，包括麦角酰二乙胺、大麻、毒蕈碱等。使用此类药物后会出现感觉和情绪上的变化，对时间和空间产生错觉、幻觉、自我歪曲、妄想及相应的情绪和行为改变。可出现相应生理效应，如瞳孔扩大、颜面发红、结膜充血、视力模糊、流泪流涎、头晕乏力、脉快出汗、体温上升、肢体震颤、运动失调、反射增强等。

（4）镇静催眠药：主要药理作用是中枢抑制，包括巴比妥类和苯二氮䓬类。临床上主要用于镇静催眠和抗焦虑，应用范围甚广，容易滥用。

（5）兴奋剂：包括可卡因、咖啡因、麻黄素、苯丙胺等。临床上主要用于振奋精神，可致欣快感。反复使用易形成心理依赖，出现性格变化，情绪高涨、警觉性增高，免疫力损害，也可出现精神运动性兴奋、判断力下降等一系列中毒症状，停用后会出现戒断综合征。

（6）阿片类：是从罂粟中提取的生物碱及体内外的衍生物。包括阿片、吗啡、海洛因、氢化吗啡、美沙酮、哌替啶等。海洛因是目前所有毒品中成瘾性最强，复吸率最高，滥用人数最多，戒断症状最重，对社会、家庭危害最大的毒品。吸食后，初致欣快感、疼痛缓解、困倦、言语不清、无法集中精神、出现梦幻现象，导致高度心理及生理依赖性，末次用药后 8~10 小时则会出现渴求药物、打呵欠、焦虑不安、流泪流涕、易怒、发抖，厌食、失眠、便秘、腹泻、身体挛缩等戒断症状；过量使用可造成急性中毒，出现木僵、昏迷、呼吸抑制、瞳孔缩小、低血压等，严重时可导致死亡。

引起青少年物质滥用的主要原因是无知好奇、上当受骗、盲目追求享乐、来自同伴的不良影响、生活学习受挫、逃避现实和逆反心理等。预防青少年物质滥用的有效方法是深刻认识毒品的危害，提高思想认识，不要有好奇心理，警惕他人诱惑，构筑坚固的心理防线，谨慎交友，严格控制可获得药物的途径，建立相关药物的使用规范，制定与药物有关的法律，并借助大众传媒加强青少年抵制滥用物质的宣传和教育。教育青少年学会辨认毒品并积极参与禁毒志愿者活动，对于已经发生物质滥用的青少年，应在生理解毒后进行连续医学随访和提供适宜的社会和心理支持。

青少年正处于学知识、长才干、塑造美好心灵、树立远大理想的黄金时期。因此，应集中精力，努力学习，强健体魄，快乐地度过这人生的金色年华。

第三节　青少年健康促进

随着社会、经济和文化的发展，生存不再是人类生活的基本诉求，而健康将逐渐成为人类生活的更高追求。青少年是社会劳动生产力的储备军，其健康状况关系着国家和社会的未来。因此，保障青少年健康，提高其发展潜能是促进我国社会发展的重要保证。

一、健康促进概述

近年来，健康促进已经成为各个国家应对健康问题的首选策略和核心策略。健康促进（health promotion）一词最早见于 20 世纪 20 年代的公共卫生文献中。1986 年 WHO 在加拿大渥太华召开了第一届全球健康促进大会，在《渥太华宣言》中第一次正式提出"健康促进"的概念，即"健康促进是促使人们提高、维护和改善他们自身健康的过程"。随着健康促进的迅速发展,其内涵不断增多并逐渐完善,包括三个方面即健康教育、健康环境(社会、文化、政治、经济和自然环境)和健康支持(政策、立法、组织、财政、社会开发等各个系统)。从国家和社会层面来讲,健康促进则是通过行政或组织手段来实现全民健康的社会行为和社会战略,不仅融合自然科学、健康科学和行为科学等知识,还广泛协调社会各相关部门和社区、家庭及个人,使其履行各自对健康的责任,共同维护和促进健康。

健康促进通过健康促进行为来实现。健康促进行为是个体或群体为维持或提高自身和他人健康水平所表现出来的一种自发性的、多层面的行为。包括:①日常健康行为:如生活规律、充足睡眠、适量运动、合理营养(低脂、低糖、高纤维)、体重指数(BMI)<24、饭前便后洗手等;②避开环境危害行为:如离开污染环境、不接触疫水等;③戒除不良嗜好:如戒酒、戒烟、戒除药物滥用、戒除长时间玩手机或网络游戏等;④预警行为:如驾车使用安全带,预防火灾、溺水、车祸等意外事故,以及事后的自救与他救行为等;⑤合理利用卫生服务:如预防接种,定期体检,患病后及时就诊,遵从医嘱,积极配合医疗护理和康复等;⑥心理健康行为:如保持乐观向上的情绪,有健康责任心,能进行压力管理,积极地适应各种紧张生活事件,改善人际关系、心理状态和自我实现等。

二、青少年健康促进

1995 年,世界卫生组织(WHO)就制定了针对中国的《健康促进学校发展纲要》,由中国疾病预防与控制中心健康教育研究所负责,在上海首先建立多所"健康促进学校实验基地"。之后我国陆续开展了"健康第一""快乐 10 分钟""全国亿万青少年学生阳光体育运动"等活动,倡导青少年积极参加锻炼,强调健康对青少年思想品德、智力发育和审美情趣等形成的重要作用。2020 年 7 月我国设立了儿童青少年健康促进工作委员会,贯彻并落实《健康中国行动(2019—2030 年)》等文件要求,积极地推进儿童青少年健康促进体系建设,完善并覆盖全国儿童青少年健康促进服务体系,建立了儿童青少年健康促进平台。

青少年健康促进是研究青少年生长发育规律及影响因素,采取有效措施促进有利因素,避免不利因素,达到预防疾病和保障青少年身心健康及社会能力发展的一门学科。最佳健康是指身体、情绪、社会适应性、精神和智力等方面的健康。青少年要达到最佳健康状态则需要综合多学科、跨领域的知识和人员共同参与,以保证青少年体格生长、心理健康、智能发育和社会适应性得到全面均衡地发展。青少年健康促进可使其认识和适应社会,正确处理人际关系,增强是非辨别和危险识别能力,自觉抵御社会不良风气的侵害,从而积极学习科学文化知识,培养良好的思想素质,让青少年能够顺利融入社会,成为对国家有用的人才。

三、青少年健康促进措施

《中长期青年发展规划(2016—2025 年)》中明确指出青年发展目标:持续提升青年营养和体质健康水平,使青年体质达标率不低于 90%;有效控制心理问题的发生率,提升心理健康辅导和服务水平;维护青少年合法权益,预防青少年违法犯罪;引领青年积极投身健康中国建设。因此,做好青少年健康促进,可帮助其顺利完成向青年过渡,身心健康地走向社会。

(一)促进青少年体质健康

目前,我国青少年的体质健康状况令人担忧。体质促进措施包括:①严格执行国家相关政策:根据《国家体育锻炼标准》和《国家学生体质健康标准》,坚持"健康第一"的教育理念,以"享受乐趣、增强体质、锤炼意志、健全人格"为目标,着力提升青少年学生体质健康水平。

②加强学校教体融合：把体质健康水平作为青少年综合素质评价的重要指标，保证体质锻炼时间，加强体质课余训练和课外锻炼，完善青少年体质健康测试和评价制度。③大力培养和提高体育师资素养，掌握专业的运动技能，积极投身于青少年体质健康事业。④广泛参与全民健身运动，配备充足的体育器材：在学校或城乡社区设置更多适应青少年特点的体育设施和场所，从而方便青少年就近开展健身运动。积极培养体育运动爱好，提升身体素质，养成终身锻炼的习惯。⑤鼓励父母与同伴协同锻炼：父母协同锻炼，形成健康的生活和学习习惯，培养良好的体态与仪态；同时鼓励和支持青少年体育类社会组织的发展，以带动更多青少年培养体育兴趣和爱好。⑥减轻课业负担：青少年的体质状况与家庭人均收入、年龄、静坐时间、写作业时间与睡眠时间等有关，应减轻青少年课业负担，保障充足睡眠，增加体质锻炼时间。

（二）促进青少年营养健康

均衡膳食和充足营养是保证青少年正常生长发育和成熟的物质基础，我国青少年膳食营养不均衡现象比较突出，面临营养过剩和营养不足的双重挑战。主要改善措施包括：①通过国家制定相关政策进行指导：《中国食物与营养发展纲要》明确指出，学校要开设营养课程，使青少年学习自身在生长发育过程中所需的营养成分知识，从而帮助其形成健康的饮食习惯；②通过各种途径开展营养健康教育：普及青少年食品安全知识，强调食品的安全意识和自我保护意识；传输均衡营养的相关理论和概念，提高青少年对饮食平衡的认识；加强学校和家长的营养教育，帮助引导和督促青少年形成科学饮食习惯，为其创造一个良好健康的饮食环境；③强化营养健康干预：倡导青少年健康的饮食方式，增加蛋类、奶类和蔬菜类食物的供给，减少小吃、零食类食物的摄入等；④制定营养相关制度：建立学校供餐计划和制度，指导青少年建立合理的膳食结构，形成健康的饮食行为；⑤创造良好的社会环境：社会相关部门配合，取缔学校周围贩卖垃圾食品的摊位，防止青少年购买及食用垃圾食品。

（三）提升青少年心理服务

青少年心理健康也不容忽视。应由政府主导，协调各方力量，齐抓共管，将学校教育、家庭教育和社会教育等进行有机整合，形成长效机制，为青少年心理健康教育提供有力保障。主要措施包括：①通过学校、社区、家庭以及媒体等各种途径加强青少年心理健康知识的正面普及，提高精神卫生知晓率；②在各级学校普遍设置心理健康辅导室或咨询中心，逐步完善心理普查、筛查、报告、转介制度；③积极培养青少年心理辅导专业人才，指导青少年正确处理个人与他人、个人与集体、个人与社会的关系，并注重对青少年的人文关怀和心理疏导，引导其积极向上、自尊自信、理性平和，培养良好的心理素质和意志品质；④加强对不同青少年群体的社会心态和群体情绪研究、管控和疏导，引导青少年形成合理预期，能主动防范和化解群体性社会风险；⑤支持各级各类青少年专业心理辅导的机构和社会组织的建设；⑥构建和完善青少年心理问题高危人群的预警及干预机制。加强源头预防，注重对青少年心理健康问题成因的研究分析，能及时识别青少年心理问题的高危人群，从而采取有效措施解决或缓解青少年在学业、生活和情感等方面的压力。

（四）做好青少年健康教育

青少年健康教育是促进和保护青少年健康成长的必要环节，不仅关系青少年身心健康，还影响其家庭和谐及社会伦理秩序的稳定。主要措施包括：①积极开展科学的青春期生理健康及性健康教育，帮助青少年了解青春期身心的各种发展变化，引导他们以正确的态度和科学的方法解决成长过程中诸多健康问题的困惑；②增强心理健康及品德教育，提高青少年健康意识和自我保护意识，培养自尊、自信、自爱的品格和社会责任感，掌握缓解青春期身心变化带来的各种压力的技能,健全青少年人格,促进家庭关系和谐;③加强法治宣传教育。广泛开展法制宣传教育,使青少年明确基本的法律底线和行为边界,自觉遵法、学法、守法、用法,发展壮大青少年普法工作队伍和志愿者队伍。

(五) 提高青少年健康素养

青少年应具备良好的健康素养,预防疾病,防止意外。具体措施包括:①应积极编撰和出版有关生命教育的儿童健康读物,引导青少年尊重生命、热爱生活;②大力开展生命安全教育的宣传活动,定期组织青少年参与公共场所安全演练。开展如灾害逃生、防恐自救、伤害自护、互助互救等体验式教育,增强青少年在应对突发事件中的应变灵敏度、自我保护意识和防灾避险能力;③倡导健康的生活方式,加强引导、督促与健康宣教,提升青少年健康素养水平;④通过各种渠道广泛开展禁烟宣传,让青少年成为支持禁烟、自觉禁烟的主体人群;⑤预防各种疾病,完善艾滋病、梅毒等性传播疾病的防治工作机制,针对重点群体加强宣传教育,积极推广有效的干预措施,切实降低艾滋病和性病发生率;⑥做好禁毒宣传教育工作,提高青少年群体对毒品及其危害性的认识。加强对娱乐场所的监管,严厉打击吸毒贩毒等违法犯罪行为。

(六) 提高青少年网络素养

引导青少年依法上网、文明上网、理性上网,"走下网络、走出宿舍、走向操场",养成健康文明的网络习惯。具体措施包括:①学校应开设网络安全教育课程,定期开展网络安全教育宣传活动和讲座,增强青少年安全防范意识和能力;②帮助青少年树立健康的网络观念,引导其正确对待网络;③建立校园网络安全措施,加强对青少年上网场所的管理,防止某些暴力、色情等不健康的内容危害青少年;④政府应加对青少年网站建设,根据需求开设丰富多彩的栏目,如实时点评、学业辅导、聊天交友、娱乐信息、心理咨询等,及时更新栏目和信息,并派专人负责管理;⑤联合相关部门加强对学校周边的网上服务营业场所进行监控和管理,防止青少年沉迷于网络;⑥国家应加强网络安全方面的法律法规建设,出台相关政策,共同为青少年营造一个文明健康的网络空间。

(七) 构建良好的社会环境

营造良好社会环境,优化青少年成长环境。青少年社会环境主要包括父母婚姻状况、亲子关系、父母育儿方式、家庭类型、家庭经济条件、家庭功能、学校环境、学校教育、电子媒介、儿童医疗保健与意外伤害等。促进措施包括:①清理和整治社会文化环境,加大"扫黑除恶"专项活动力度,加强对影视节目的审查,强化以未成年人为题材和主要销售对象的出版物市场监管;②加强校园周边环境治理和安全防范工作,严格落实禁止在中小学校园周边开办网络服务场所、娱乐场所、彩票专营场所等相关规定;③依法采取必要惩戒措施,有效遏制校园欺凌、校园暴力等案(事)件发生。宣传及组织平安校园及健康关爱等活动,营造健康环境,加强儿童青少年健康促进指导服务;④宣传和落实党和国家关于青少年工作的重大战略思想和方针政策,形成全社会关心、支持青少年发展的良好社会氛围。

(八) 完善青少年社会工作

依法成立青少年事务社会工作领域的社会组织,大力培养青少年事务社会工作专业人才队伍,全面参与基层社区的社会工作,重点在青少年成长发展、权益维护、预防犯罪等领域发挥作用,完善青少年事务社会工作专业人才培养、评价、使用、激励等相关政策配套体系。

青少年身心健康、体魄强健是家庭和睦幸福、国家繁荣、民族昌盛、社会文明进步的重要标志,是实现中华民族伟大复兴的重要基础。因此,要做好青少年健康促进工作,增强其健康意识,提高其健康素养,促进青少年身心和谐发展。

(范琳琳)

笔记栏

ER-4-1

学习内容与
学习方法

扫一扫，
测一测

复习思考题

1. 请叙述青少年健康促进的具体措施。
2. 如何正确指导青少年对待性发育及性行为问题？

第五章

儿童营养与营养障碍性
疾病患儿的护理

营养(nutrition)是指人体获得和利用食物维持生命活动的整个过程。合理的营养是保证儿童健康成长的重要物质基础。食物中经过消化、吸收和代谢能够维持生命活动的物质称为营养素(nutrients)。膳食营养素推荐摄入量(recommended nutrient intake,RNI)是指可以满足某一特定性别、年龄及生理状况群体中绝大多数(97%~98%)个体需要的量。儿童生长发育迅速,新陈代谢旺盛,无论喂奶阶段、食物过渡阶段,还是成人饮食阶段,膳食安排均应达到能量及各种营养素的均衡,以满足机体的需求,避免发生营养障碍性疾病。

第一节　能量及营养素的需要

一、能量的需要

儿童处于不断生长发育中,能量的合理供给非常重要。能量缺乏和过剩均对身体产生不良影响。供给能量的三大营养素为蛋白质、脂肪、碳水化合物。在体内的产能分别为:蛋白质 16.8kJ/g(4kcal/g),脂肪 37.8kJ/g(9kcal/g),碳水化合物 16.8kJ/g(4kcal/g)。儿童能量的需求,共分五个方面:

1. **基础代谢率**（basal metabolic rate，BMR） 儿童基础代谢的能量需要较成人高，随着年龄的增长逐渐减少。婴幼儿期基础代谢所需能量占总能量的50%~60%。1岁以内婴儿的基础代谢约为每日230.12kJ/kg（55kcal/kg）；7岁时约为184.10kJ/kg（44kcal/kg）；12岁时与成人相仿，每日约需125.52kJ/kg（30kcal/kg）。

2. **体力活动**（physical activity） 体力活动能量消耗是指用于肌肉活动的能量，随年龄增长而增加，个体差异较大。当能量摄入不足时，儿童首先表现为活动减少。婴儿需63~84kJ/kg（15~20kcal/kg），到12~13岁时需126kJ/kg（30kcal/kg）。一般多动爱哭的儿童比同龄安静的儿童多3~4倍。

3. **生长所需**（growth） 此项能量的消耗为儿童时期所特有，与儿童的生长速度成正比，婴儿期生长速度最快，需要量相对较多，占总能量的25%~30%。以后随年龄增长其需要量逐渐减少，至青春期又增高。

4. **食物热力作用**（thermic effect of feeding，TEF） 指进食后胃肠道消化吸收及食物代谢时产生的超过基础代谢的能量消耗。与食物成分有关，三大宏量营养素中以蛋白质的食物热力作用最大，可使代谢增加30%，而脂肪和碳水化合物分别为4%和6%。婴儿食物含蛋白质较多，故此项能量消耗占总能量的7%~8%，较大儿童膳食为混合食物，约占5%。

5. **排泄消耗**（excreta） 每日摄入的食物中，一部分未被消化吸收而排出体外，这部分损失通常不超过总能量的10%。当腹泻或其他消化功能紊乱时，能量丢失可成倍增加。

上述五个方面所需能量的总和即为儿童总需能量。中国营养学会规定，1岁以内婴儿平均每日所需总能量为418kJ/kg（100kcal/kg），1岁以后以每岁计算，儿童总能量的需求存在个体差异，与肥胖儿童比较，瘦长体型儿童对能量的需求量更大。

二、营养素的需要

（一）产能营养素

1. **蛋白质** 主要作用是构成组织和器官的重要成分，次要作用是供能，占总能量的8%~15%。儿童处于不断生长发育的阶段，蛋白质的需要量相对较多，尤其需要与人体蛋白质氨基酸模式接近的优质蛋白质，应保证优质蛋白质供给占50%以上。除需要有与成人相同的8种必需氨基酸（赖氨酸、色氨酸、苯丙氨酸、蛋氨酸、苏氨酸、异亮氨酸、亮氨酸、缬氨酸）外，组氨酸也是婴儿所需要的必需氨基酸。胱氨酸、酪氨酸、精氨酸、牛磺酸为早产儿所必需。1岁以内婴儿蛋白质的推荐摄入量（RNI）为1.5~3g/（kg·d）。母乳喂养儿，每日约需蛋白质2g/kg，牛乳中蛋白质的利用率略低于母乳，故牛乳喂养儿每日约需3.5g/kg，1岁以后供给量逐渐减少，至青春期又增加。

2. **脂类** 包括脂肪（甘油三酯）和类脂。其主要功能包括供能、促进脂溶性维生素的吸收、参与人体细胞的构成、提供必需氨基酸、保护脏器、维持正常体温及促进神经系统发育等。婴幼儿每日需脂肪4~6g/kg。婴儿期脂肪所提供的能量占每日总能量的35%~50%。随着年龄的增长，脂肪占总能量的比例逐渐下降，年长儿占25%~30%。

脂肪来源于乳类、肉类、鱼类及各种动植物油。其中人体不可缺少、不能自身合成、必须从食物中获得的脂肪酸称为必需脂肪酸，主要来源于植物，如亚油酸主要来源于植物油、坚果类，亚麻酸主要来源于绿色蔬菜、鱼类脂肪及坚果类。亚油酸在体内可转变成亚麻酸和花生四烯酸，后者是儿童大脑和视神经发育的重要物质，故亚油酸是最重要的必需脂肪酸。总而言之，必需脂肪酸在维持细胞膜正常功能、基因表达、脑和视网膜的发育、保持皮肤正常代谢、防治心血管疾病和正常生长发育方面都起到重要作用。

3. **碳水化合物类** 是机体供能的主要营养素，主要来源于粮谷类和薯类。碳水化合物无 RNI,常以可提供能量的百分比表示适宜摄入量。碳水化合物类所供的能量应占总能量的 50%~65%,如其供能 >80% 或 <40% 都不利于儿童健康。

(二) 非产能营养素

1. 维生素　维生素是维持人体正常生理功能所必需的一类有机物质,常参与酶系统活动或为其辅酶成分,调节体内各种代谢过程。多数维生素在体内不能合成或合成的数量不足,须由食物供给。分为脂溶性(维生素 A、D、E、K)与水溶性(B 族维生素和维生素 C)两大类。脂溶性维生素可储存于体内,不需每日供应,但排泄慢,缺乏时症状出现缓慢,过量摄入易导致中毒。水溶性维生素易排出体外,仅少量储存于体内,故不易中毒,但需每日供应,缺乏时症状出现较早。儿童时期容易缺乏的维生素为维生素 A、维生素 D、维生素 C、维生素 B_1。

2. 矿物质　矿物质主要参与人体组织的构成及调节各种生理功能。

(1) 常量元素:矿物质中,元素的含量超过体重的 0.01% 为常量元素,如碳、氢、氧、氮、钙、磷、镁、钠等,在体内发挥重要的作用,如钙、磷是构成骨骼和牙齿的主要成分;钠、钾参与维持水、电解质、酸碱平衡等。

(2) 微量元素:体内含量很少,绝大多数小于体重的 0.01%,需由食物供给,具有非常重要的生理功能。其中,碘、锌、硒、铜、钼、铬、钴、铁为人体必需的微量元素,是酶、维生素所必需的活性因子,并参与激素的作用及核酸代谢。儿童时期常见的微量元素缺乏症主要为铁、碘、锌的缺乏。

3. 水　是维持生命的重要物质,参与体内所有的新陈代谢及体温调节活动。儿童新陈代谢旺盛,需水量相对较多;其需要量与能量摄入、食物种类、肾功能成熟度、年龄等因素有关。婴儿需水量为 150ml/(kg·d),以后每增加 3 岁约减少 25ml/(kg·d),至成人每日需 40~45ml/(kg·d)。

4. 膳食纤维　主要来自植物细胞壁的非淀粉多糖类,不被小肠酶消化。膳食纤维可吸收大肠水分,软化大便,增加粪便体积,促进肠蠕动。膳食纤维在大肠被细菌分解,产生短链脂肪酸,起到降低血清胆固醇,改善肝代谢,预防肠萎缩的功能。膳食纤维一般可从谷类、新鲜蔬菜、水果中获取。

第二节　儿童喂养、膳食安排及营养评估

儿童喂养包含 3 个阶段:喂奶阶段、过渡阶段及成人饮食阶段。

一、婴儿喂养

婴儿时期生长发育迅速,能量及营养素的需求量大,但其消化功能尚未成熟,食物品种单一,故合理喂养非常重要。婴儿喂养的方式有母乳喂养、部分母乳喂养及人工喂养三种。

(一) 母乳喂养(breast feeding)

母乳喂养无论从营养、经济、喂哺方式及促进婴幼儿身心发育来说,均是最理想的选择。尤其对于早产儿来说,母乳对于降低败血症、坏死性小肠结肠炎、慢性肺疾病等严重疾病的发生至关重要。健康母亲可提供足月儿正常生长到 4~6 个月所需要的营养素、能量、液体量。因而,4~6 个月以内婴儿大力提倡纯母乳喂养,早产儿可通过医院建立母乳库获得母乳。

1. 母乳成分的变化

(1) 各期母乳成分的变化:母乳成分随产后不同时期有所改变。初乳(colostrums)是指孕后期与产后 4~5 天以内的乳汁,泌乳量少,深柠檬色,呈碱性,每日 15~45ml,含脂肪较少

而蛋白质较多(以免疫球蛋白为主),维生素 A、牛磺酸和矿物质含量丰富。过渡乳是指产后5~14 天的乳汁,脂肪量高,蛋白质及矿物质含量逐渐减少。成熟乳是指 14 天~9 个月的乳汁,蛋白质含量更少。晚乳是指 10 个月以后的乳汁,泌乳量和乳汁的营养成分均明显减少。

(2) 哺乳过程中的乳汁成分变化:每次哺乳时,乳房最初分泌的乳汁和最后分泌的乳汁成分有差异,哺乳开始时分泌的乳汁(前奶),其中蛋白质含量高于脂肪,以后脂肪含量逐渐增加,蛋白质含量逐渐减少,至哺乳结束前的乳汁(后奶)中脂肪的含量最高。

(3) 泌乳量:正常乳母产后 6 个月内每天平均的泌乳量随产后时间的推移逐渐增加。初乳量少,过渡乳的总量有所增加,成熟乳的总量达到高峰,可达 700~1 000ml,一般 6 个月后平均每天的泌乳量和乳汁的营养成分逐渐开始下降。哺乳期内适当增加喂哺次数尤其夜间哺乳有利于促进乳汁分泌。

2. 母乳喂养的优点

(1) 营养丰富,易于消化吸收:①母乳蛋白主要为乳清蛋白,酪蛋白较少(乳清蛋白与酪蛋白比值为 4 : 1),且以 β- 酪蛋白为主,遇胃酸形成的凝块小,易消化;含较多的必需氨基酸,如由半脱氨酸转化的牛磺酸,能促进婴儿神经系统和视网膜的发育;②不饱和脂肪酸多,有利于大脑发育;脂肪颗粒小,并含较多脂肪酶,易于消化吸收;③乙型乳糖多,可促进大脑发育,有利于双歧杆菌和乳酸杆菌的生长,并产生 B 族维生素;利于促进肠蠕动;④矿物质含量较低,适应婴儿不成熟的肾发育水平,且易吸收,如钙、磷比例适宜(2 : 1),钙吸收好;锌主要与小分子多肽结合,吸收率高;铁含量与牛乳接近,但其吸收率(50%)却远高于牛乳(10%)。

(2) 增进婴儿免疫力:母乳中含有较多的免疫因子:①初乳中丰富的分泌型 IgA(SIgA)可保护呼吸道及消化道,阻止病原微生物的侵入;②初乳中的乳铁蛋白是重要的非特异性防御因子,对铁有强大的螯合作用,能夺走大肠埃希菌和白念珠菌赖以生长的铁,有抗感染作用;③母乳中的溶菌酶能水解、破坏革兰氏阳性菌胞壁中的乙酰基多糖,增强抗体的杀菌效能;④母乳中的双歧因子能促进乳酸杆菌的生长,使肠道 pH 值达 4~5,抑制大肠埃希菌的生长;⑤母乳含有较多的免疫活性细胞,如巨噬细胞等,能释放多种细胞因子而发挥免疫调节作用;⑥母乳特有的双聚糖可阻止细菌黏附于肠黏膜,促进乳酸杆菌生长。

(3) 喂哺简便、经济:母乳温度及吸吮速度适宜,不易污染,经济方便。

(4) 促进母婴情感交流:喂哺过程中,母亲的抚摸、拥抱、与婴儿的对视,可增进母婴感情,使婴儿获得安全感和情感满足感,有利于婴儿心智及社会适应性的发育。

(5) 有利于母体健康:母亲哺乳可加快产后子宫复原,增加乳母脂肪的消耗,促进体型的恢复;哺乳期月经推迟,可起到一定的避孕效果;哺乳母亲也较少发生乳腺癌和卵巢癌。

(6) 降低成年期代谢性疾病发生的风险:早期母乳喂养可减少成年期肥胖、高血压、高血脂、糖尿病、冠心病的发生率,而且有利于预防儿童肥胖的发生。

3. 母乳喂养的护理

(1) 产前准备:宣传母乳喂养的优点,使孕妇树立母乳喂养的信心;做好乳头保健,每日用温开水清洗乳头。每次哺乳后可以挤出少量乳汁涂在乳头上,乳汁对乳头表皮有保护作用,可以预防乳头皮肤皲裂。少数母亲的乳头是内陷型或扁平型。乳头内陷或扁平不影响哺乳,不推荐孕期进行乳头牵拉或矫正。若哺乳方法正确,大部分婴儿可以从内陷或扁平乳头吸吮乳汁。

(2) 哺乳方法指导

1) 时间和次数:产后 2 周是建立母乳喂养的关键时期,吸吮是主要的条件刺激。提倡"三早",即早接触、早吸吮、早开奶,最早的接触应在母亲产后 15 分钟~2 小时以内。出生后婴儿能本能地实现"乳房爬行(breast crawl)"并开始第一次吸吮。尽早吸吮可以减轻婴儿生理性黄疸、生理性体重下降以及低血糖的发生。出生后 2 个月内,提倡按需哺乳。随婴儿成长,吸奶量增多,可采取相对定时的喂养方法。3 月龄后,一般每 3 小时哺喂一次,每日约 6 次。4~5 月龄后,应逐渐减少夜间哺乳。6 月龄后,随过渡期食物的引入以及每次奶量的增加逐渐减少哺喂的次数(每日 4 次),夜间哺乳逐渐停止。

2) 方法:①哺喂前先湿热敷乳房,2~3 分钟后,从外侧边缘向乳晕方向轻拍或按摩乳房以刺激泌乳反射;②喂哺时母亲可采取舒适的姿势,一般宜采取坐位,母亲抱婴儿于斜坐位,让婴儿的头、肩置于母亲哺乳侧肘弯部,用另一手的拇指和其余四指分别放在乳房上、下方,托起整个乳房,将整个乳头和大部分乳晕置入婴儿口中;③两侧乳房应先后交替进行哺乳,每次尽量使一侧乳房排空后再换另一侧;④哺乳后应将婴儿竖抱,头部靠在母亲肩上,轻拍其背部,使空气排出,然后保持右侧卧位,以防呕吐;⑤乳头皲裂者,应在哺喂前湿热敷乳房和乳头,同时按摩乳房,挤出少量乳汁使乳晕变软,方便婴儿含吮。哺喂后再挤出少许乳汁涂在乳头上,利用乳汁富含的蛋白质和抑菌物质使表皮修复。

3) 合理的营养,促进乳汁分泌:乳母乳汁的质和量直接与膳食营养有关,应选用高热量、高蛋白、富含维生素和矿物质的食材,合理调配,平衡营养;乳母要进汤汁多、易消化、富含各种营养素的食物。必要时,在中医师指导下,选择合适的中医食疗方,促进乳汁的分泌。

4) 乳母保持良好的心理状态:与泌乳相关的多种激素都直接或间接受下丘脑的调节,而下丘脑的功能与情绪活动有关。心情压抑可刺激肾上腺素分泌,降低乳腺血流量,阻碍营养物质和相关激素进入乳房,使乳汁分泌减少。因此,乳母保持心情愉快、保证充足的休息和适量的运动,家庭生活稳定及良好的社会、家庭支持,均有利于乳汁的分泌。

5) 母乳充足的表现:每次哺乳时能听到吞咽声,喂后婴儿能安静入睡,每天有 2~4 次质软的大便,6 次左右的小便,身高、体重发育正常。

(3) 注意事项:①乳母感染人类免疫缺陷病毒(HIV)或患有严重疾病如重症心脏病、肾脏病、糖尿病、癫痫等应停止哺乳;②乳母患急性传染病时,可将乳汁挤出,消毒后哺喂;乳母患肺结核,但无临床症状时可继续哺喂;乙型肝炎病毒携带者并非哺乳的禁忌证。

(4) 断奶:随着婴儿年龄增长,母乳的量和质已不能满足婴儿营养与生长发育的需求,同时婴儿各项生理功能也逐步适应非流质食物,可逐渐改变食物品种而断奶。婴儿自生后 4~6 个月开始引入过渡期食物,逐渐减少哺乳次数,一般于生后 2 岁断奶,最好选择春、秋气温适宜的季节,在婴儿身体状况良好的时机断奶。目前世界卫生组织不主张强行断奶,因为婴儿后期母乳虽然不再是主要的营养来源,但仍是婴儿健康生长与发育所需要的最安全、营养最均衡的食品,为满足婴儿不断发展的营养需要,可继续母乳喂养至 2 岁。

(二)部分母乳喂养

部分母乳喂养(partial breast feeding)是指母乳与配方乳或其他乳品混合使用的一种喂养方法,有以下两种方法。

1. 补授法　当母乳量不能满足婴儿需要时,母乳喂哺次数一般不变,每次先喂哺母乳,将两侧乳房吸空后再补充配方奶或其他乳品。补授法有利于刺激母乳分泌,尽量使婴儿多获得母乳,防止母乳的进一步减少。

2. 代授法　用配方奶或其他乳品替代一次或数次母乳的方法。此法多用于 6 个月龄儿为断离母乳、开始引入配方奶或其他乳品时所采用。

另外,由于各种原因母亲不能按时哺乳时可将母乳用吸奶器吸出存放至特备的"乳袋"中,然后妥善保存至冰箱或冰包中。一般将乳汁短期(<3 天)冷藏在冰箱内(≤4℃),使用前隔水温热至 40℃左右直接喂哺,避免用微波炉加热或煮沸,以防造成母乳免疫活性成分的破坏。

笔记栏

（三）人工喂养

6个月以内的婴儿由于各种原因不能进行母乳喂养时,完全采用配方奶粉或其他兽乳,如牛乳、羊乳等喂哺婴儿,称为人工喂养。

1. 配方奶粉　配方奶粉是以母乳的营养素含量及其组成模式为生产依据,参照母乳组成成分对牛乳进行加工和改进后的奶制品。加工的目的主要是降低牛奶的酪蛋白含量,加入脱盐乳清蛋白,使两者比例接近母乳;去除部分饱和脂肪酸;添加不饱和脂肪酸如亚油酸及亚麻酸;添加必需氨基酸如牛磺酸及胱氨酸;添加乳糖。在此基础上,强化婴儿生长所需的维生素和微量元素。经上述方案改良加工的配方奶粉成分接近母乳。因此,在无法母乳喂养时应首选配方奶粉。一般婴儿配方奶粉每100g提供能量约2 092kJ(500kcal),而婴儿能量需要量为 100kcal/(kg·d),所以婴儿需要配方奶粉量约为20g/(kg·d)可满足需求。正确的奶粉调配是保证婴儿营养摄入的关键。

2. 牛乳

(1) 牛乳的特点:牛乳是最常用的代乳品,但成分不适合婴儿:①蛋白质含量高,且以酪蛋白为主,胃凝块较大,不易消化吸收;②脂肪球大,缺乏溶脂酶,难以消化,不饱和脂肪酸尤其亚麻酸低于母乳;③乳糖含量较少,且以甲型乳糖为主,有利于大肠埃希菌生长;④矿物质含量比母乳多3~3.5倍,增加肾溶质负荷;⑤加热处理后以免疫球蛋白为主的免疫活性物质被灭活,以此喂养婴儿不能提高其抗感染能力。

(2) 全牛乳的改造:由于牛乳成分不适合婴儿,使用时应对牛奶进行稀释、加糖、加热处理以使其更适合婴儿。①稀释:加水或米汤以降低酪蛋白、矿物质的含量。生后不满2周者可用2∶1奶(牛奶2份加水1份),逐渐增至3∶1或4∶1,满月后可用全奶。②加糖:可使牛乳中三大供能营养素比例适宜,有利吸收一般在每100ml牛乳中加5~8g糖。③煮沸:煮沸既达到灭菌的目的,又能使奶中的蛋白质变性,从而在胃中形成的凝块变小,有利于消化吸收。但煮沸时间不宜过长,以免破坏奶中的维生素、酶、短链脂肪酸等。

(3) 牛奶量估算:婴儿的能量需要量约为418kJ/(kg·d) [100kcal/(kg·d)],而100ml全牛奶 280.33kJ(67kcal),8%糖牛奶100ml供能约418.4kJ(100kcal),故婴儿需8%糖牛奶100ml/(kg·d)。

全牛奶喂哺时,因蛋白质与矿物质浓度较高,两次喂哺之间应加水。婴儿每日需总液体量150ml/kg,减去牛乳量即为饮水量。全日牛乳量、水量分次哺喂。

3. 羊乳　与牛乳的营养价值大致相同,在胃中形成的乳凝块较细、软,脂肪颗粒大小接近母乳,但羊乳叶酸含量很少,长期喂哺易发生营养性巨幼细胞贫血。

4. 其他　大多以大豆为主,如豆浆、豆浆粉等,其营养成分不适合婴儿。

（四）婴儿食物转换

婴儿的食物以乳汁为主,但随着月龄的增长,乳汁(包括人乳)所供给的能量和营养素渐显不足,同时婴儿乳牙萌出,消化系统也日趋成熟,因此,婴儿自4~6个月起应逐渐有计划地引入乳类之外的食物,为断奶做准备。上述婴儿食物的转换为婴儿食物的过渡期,又称转乳期。不同喂养方式引入的过渡期食物略有不同,母乳喂养儿应逐渐添加配方奶粉或动物乳以替代母乳,同时再逐渐添加谷类或其他食物;部分母乳喂养或人工喂养儿是逐渐添加谷类、蔬菜等食物。过渡期食物的引入最终使婴儿从单纯的乳类流质食物过渡到半固体和固体食物,完成自婴儿期单纯乳类喂养到成人混合膳食的重大转变。在食物的转换过程中应兼顾食物的种类、口味、形状等特征,逐步培养婴儿的进食能力和良好的饮食习惯。

1. 食物转换的原则

(1) 从一种到多种:每次添加一种食物,适应后再试喂另一种。一种新食物一般须经

7~10 天才能适应。添加新食物后应密切观察消化情况,如有呕吐、腹泻等,应暂停喂哺,待恢复正常后,再从小量开始尝试。

(2) 从少到多:使婴儿有一个适应过程,如添加蛋黄,从每天 1/4 个起试喂,3~5 天渐增至 1/3~1/2 个,到 1~2 周增至 1 个。

(3) 从稀到稠:同一种食物,应从流质开始到半流质,到固体,如稻谷类,从米汤到稀粥,到稠粥,再至软饭。

(4) 从细到粗:如添加绿叶菜,可从菜汁到菜泥,乳牙萌出后可试喂碎菜。

(5) 应在婴儿身体健康、消化功能正常时添加新食物。天气炎热或患病期间应减少辅食量或暂不添加辅食,以免造成消化不良。

2. 食物转换的顺序　一般按"淀粉(谷物)→蔬菜→水果→动物食品"的顺序添加(表 5-1)。

表 5-1　过渡期食物的引入

月龄	食物性状	引入食物	主餐	餐数 辅餐	进食技能
4~6 个月	泥状食物	含铁配方米粉、菜泥、水果泥、配方奶、蛋黄泥	6 次奶 (断夜间奶)	渐加至 1 次 1 餐饭	用勺喂
7~9 个月	末状食物	稀(软)饭、烂面、菜末、全蛋、鱼泥、豆腐、肉末、肝泥、水果、饼干、烤面包片	4 次奶	1 次水果	学用杯
10~12 个月	碎食物	软饭、面条、馒头、面包、豆制品、碎肉、碎菜、鱼肉、带馅食品等	3 餐饭	2~3 次奶 1 次水果	抓食 断奶瓶 自用勺

3. 食物转换的步骤与方法

(1) 3 月龄前:不同喂养方式的婴儿,若户外活动少,日光照射不足,自出生 1~2 周起,一般需每日给予维生素 D 10μg(400IU),补充至 2 岁;自满月起需添加果汁和菜水以补充维生素 C。

(2) 4~6 月龄:该阶段婴儿淀粉酶分泌逐渐增多,骨髓中的贮存铁渐消耗殆尽,乳牙开始萌出。故可以添加一些半固体、固体食品,第一种可为含铁配方奶粉,既能补铁,又不致过敏。由于婴儿对转乳期食物有一个适应过程,故应循序渐进,如引入蔬菜,可先每种菜泥每天吃2 次,3~4 天适应后再引入另一种,以刺激味觉的发育;同时注意培养婴儿的进食技能,如用勺、杯进食可帮助协调口腔动作,并将食物做成泥状,训练其咀嚼、吞咽半固体食物的能力。

(3) 7~9 月龄:此阶段婴儿多数乳牙已萌出,食物由泥状向末状转换。为促进牙齿发育及锻炼咀嚼能力可喂食饼干、面包干等食物,逐步引入动物性食物,但需保证每日 600~800ml的奶量。训练用杯子进食乳和水。

(4) 10~12 月龄:食物逐渐向成人固体食物过渡,此期还应注意婴儿神经心理发育对食物转换的作用。训练婴儿用手抓食,学用勺,增加其进食兴趣,有利于眼手动作协调和培养独立进食的习惯。可停止用奶瓶。

4. 婴儿喂养常见问题

(1) 溢乳:15% 的婴儿可出现溢乳,主要原因一是与过度喂养、不稳定的进食时间、喂养方法不当(如奶头过大、吞入气体过多)等有关;二是与婴儿胃呈水平位置,韧带松弛,贲门括约肌松弛,幽门括约肌发育好等消化道的解剖生理特点有关。为减轻溢乳,喂哺后将婴儿竖起拍背,排出胃内空气后向右侧卧位,头部略高,利于胃排空,从而防止反流或误吸造成窒息。

（2）食物引入时间和方法不当：过早引入半固体食物会影响母乳铁吸收，容易导致食物过敏、肠道感染；过晚引入辅食，错过味觉、咀嚼功能发育的关键年龄，容易造成进食行为异常，断离母乳困难，导致婴儿营养不足。引入半固体食物时采用奶瓶喂养，导致孩子不会主动咀嚼、吞咽饭菜。

（3）能量及营养素摄入不足：8~9个月的婴儿已能接受能量密度较高的固体食物。如经常食用能量密度较低的食物，或摄入液量较多，可表现为进食后不满足，体重不增或下降，或在安睡后常在夜间醒来要求进食。婴儿后期消化功能发育较成熟，婴儿6个月后应注意逐渐增加半固体食物能量密度比，满足生长需要。避免给婴儿过多液量影响进食。

（4）进食频繁：胃的排空与消化能力密切相关。婴儿进餐频率（每日超过7~8次），或夜间进食，使胃排空不足，会影响食欲。一般安排婴儿一日6餐，有利于形成饥饿的生物循环。

（5）喂养困难：难以适应环境、过度敏感气质的婴儿常常有不稳定的进食时间，常常出现喂养困难。

二、幼儿膳食安排

1~3岁幼儿的膳食安排，应根据此时期的营养需求及消化功能而定。幼儿生长发育虽不如婴儿时期迅速，但仍比年长儿和成人快，对营养物质的需求仍相对较多，如幼儿的能量需要量为每日5 020kJ（1 200kcal），蛋白质需要量为每日40~50g（动物蛋白仍应占50%），脂肪需要量约为每日35~40g。

幼儿胃肠功能及消化酶的发育虽较婴儿更为成熟，但咀嚼吞咽和消化吸收利用食物的功能仍未十分健全，因此，幼儿的膳食安排应遵循以下原则：①平衡膳食：膳食所供给的各类营养素之间的比例要合适，如蛋白质、脂肪、碳水化合物供给量的比例最好保持1：3：6；②选择合适的食物品种：幼儿胃容量有限，宜选择质优量少易消化的食物；③注意合理烹调：食物烹调要注意色、香、味、形，以刺激幼儿食欲。食物宜细、软、烂、碎，利于消化吸收；④膳食的具体安排：幼儿的进餐次数一般为一日四餐（奶类2，主食2）两点为宜，其中乳类每日应在400~500ml；⑤重视饮食卫生：幼儿尽量少食生冷食物，不食隔夜饭菜，如偶尔进食熟食或半成品食物应煮透蒸熟方可食用，餐具应专用；⑥培养良好的饮食行为习惯：幼儿期形成的饮食习惯可影响其若干年甚至终身。家庭中良好的进餐氛围以及成人对食物的反应至关重要，家庭成员应尽量避免挑食、偏食的不良习惯以免影响幼儿。鼓励幼儿主动参与进食，逐渐学会应用碗匙自食，并使幼儿养成定时定点进食的良好习惯。

三、儿童营养状况评估

儿童营养状况评估一般通过临床询问、营养调查进行，营养调查的内容包括膳食调查、体格检查及体格发育评价、实验室检查。

（一）健康史询问

询问儿童在家或幼托机构的进食情况；哺乳儿要询问母乳喂养次数及哺乳后情况；人工喂养儿应了解乳品的种类、配制浓度、数量等；辅食添加的种类及数量；有无偏食，有无便秘或腹泻等。

（二）营养调查

1. 膳食调查

（1）调查方法：包括称重法、记账法及询问法3种，可根据调查目的的不同分别选用：①称重法：较准确，但方法复杂，即实际称量各餐进餐量，以生、熟比例计算实际摄入量。查

《食物成分表》得出当日主要营养素的量。此法适用于集体儿童膳食调查。②记账法：简单但不够准确，该法需要准确账目，以记录食物出入库的量计算。计算与结果分析同称重法。适用于集体机构的膳食调查。③询问法：通过问答方式，调查儿童刚吃过的或过去一段时间内吃过的食物。计算与结果分析同称重法。方法简单，易于临床应用，但欠准确，常用于散居儿童的膳食调查。

(2) 调查结果评价：将膳食调查的结果与推荐供给量进行比较：①营养素摄入量：全日摄入总能量达到推荐量 85% 以上为正常，低于 70% 为不足；蛋白质、矿物质和维生素应达到各自推荐量的 80% 以上；②营养素供能比例应适当；③膳食能量分配应适当：早餐占 1 日总能量的 25%~30%，中餐占 35%~45%，晚餐占 25%~30%，点心占 10%。

2. 体格检查　除常规体格检查外，应注意营养缺乏症的症状和体征。

3. 体格发育评价　见生长发育章节。

4. 实验室检查　通过实验方法测定儿童体液或排泄物中各种营养素及其代谢产物、相关化学成分等，了解食物中营养素的吸收利用情况。将测得的结果与正常值相比较，并结合膳食调查、体格检查等进行综合分析，以此对营养相关疾病做出早期诊断。

第三节　蛋白质 - 能量营养障碍

一、蛋白质 - 能量营养不良

蛋白质 - 能量营养不良（protein-energy malnutrition，PEM）是因各种原因引起的能量和 / 或蛋白质缺乏所致的一种营养缺乏症，以婴幼儿多见。临床特点为体重不增、体重下降、渐进性消瘦或水肿、皮下脂肪减少或消失，严重者生长发育停滞，常伴有全身各个器官不同程度的功能紊乱及新陈代谢失常。临床常见 3 种类型：以热能供应不足为主的消瘦型；以蛋白质缺乏为主的水肿型；介于两者之间的消瘦 - 水肿型。

【病因】

1. 摄入不足　喂养不当是婴儿营养不良的主要原因，如母乳不足而未及时添加其他乳品；突然断奶而未及时添加辅食；奶粉配制过稀；长期以淀粉类食品喂养为主；年长儿长期偏食、挑食、不吃早餐等情况。

2. 消化吸收障碍　消化系统解剖或功能异常，如唇裂、腭裂、幽门梗阻、迁延性腹泻、过敏性肠炎、肠吸收不良综合征等，均可影响食物的消化吸收。

3. 需要量增加　急、慢性传染病（如麻疹、伤寒、肝炎、结核）的恢复期；双胎或多胎、早产因追赶生长而需要量增加；生长发育快速阶段（婴儿期、青春期）等均可因需要量增多而造成营养相对缺乏。

4. 消耗量过大　糖尿病、大量蛋白尿、发热性疾病、烧伤、甲状腺功能亢进、恶性肿瘤等均可使蛋白质消耗增多而导致营养不良。

【病理生理】

1. 新陈代谢异常

(1) 蛋白质：蛋白质摄入不足或丢失过多，使体内蛋白质代谢处于负平衡。当血清总蛋白浓度 <40g/L、白蛋白浓度 <20g/L 时，便可发生低蛋白性水肿。

(2) 脂肪：能量摄入不足时，体内脂肪大量消耗以维持生命活动的需求，故血清胆固醇浓度下降。由于肝脏是脂肪代谢的主要器官，当体内脂肪消耗过多、超过肝脏代谢能力时，可引起肝脏脂肪浸润及变性。

（3）碳水化合物：由于营养素摄入不足或消耗过多，使糖原储存不足、血糖偏低，轻度时症状并不明显，重者可引起低血糖昏迷甚至猝死。

（4）水、盐代谢：由于脂肪大量消耗，细胞外液容量增加，低蛋白血症进一步加剧，出现水肿；PEM 时 ATP 合成减少，影响细胞膜上钠 - 钾 -ATP 酶的运转，钠在细胞内潴留，细胞外液一般呈低渗性，尤其在胃肠道功能紊乱时，易出现低渗性脱水、酸中毒、低钾血症、低钙血症和低镁血症。

（5）体温调节能力下降：PEM 患儿体温偏低，可能与能量摄入不足、皮下脂肪较薄造成的散热快、血糖降低以及氧耗量低、脉率和周围血循环量减少等有关。

2. 各系统功能低下

（1）消化系统：由于胃肠道消化液和酶的分泌减少，酶活性降低，肠蠕动功能减弱，菌群失调，致消化吸收功能低下，易发生腹泻。

（2）循环系统：心肌收缩力减弱，引起每搏输出量减少、血压偏低和脉搏细弱。

（3）泌尿系统：肾小管重吸收功能减退，可引起尿量增多、比重低等。

（4）神经系统：精神抑郁，时有烦躁不安、表情淡漠、反应迟钝、记忆力下降、条件反射不易建立等症状。

（5）免疫功能：非特异性免疫功能（如皮肤黏膜屏障、白细胞吞噬功能、补体功能）及特异性免疫功能均明显降低，极易并发各种感染。

【临床表现】

营养不良早期表现为体重不增、活动减少、精神较差，随营养不良日久加重，患儿体重逐渐下降，皮下脂肪逐渐减少以至消失，皮肤苍白、干燥无弹性，额部出现皱纹，如老人状，肌张力逐渐降低，肌肉萎缩呈"皮包骨"样。皮下脂肪消减的顺序首先是腹部，其次为躯干、臀部、四肢，最后是面颊。腹部皮下脂肪层厚度是判断营养不良程度的重要指标之一。营养不良初期，身高（长）并无影响，但随着病情进展，骨骼生长减慢，身高（长）也低于正常。轻度营养不良的患儿精神状态正常，但重度者可有精神萎靡、反应差、体温偏低、脉细无力、食欲低下、腹泻和便秘交替出现等症状。部分患儿合并血浆白蛋白明显降低，可出现凹陷性水肿、皮肤发亮，严重时可出现皮肤破溃、感染形成慢性溃疡。重度营养不良者可有重要脏器功能损害，如心脏功能下降等。

根据患儿体重及身高（长）减少情况，5 岁以下营养不良的体格测量指标的分型和分度如下：

1. 体重低下（underweight） 患儿体重低于同年龄、同性别参照人群值的均值减两个标准差（即 2SD）。如在均值减 2SD~3SD 之间为中度，在均值减 3SD 以下为重度。此项指标主要反映急性或慢性营养不良，但仅凭此不能区别是急性还是慢性营养不良。

2. 生长迟缓（growth retardation） 患儿身高（长）低于同年龄、同性别参照人群值的均值减 2SD。如在均值减 2SD~3SD 之间为中度，在均值减 3SD 以下为重度。此项指标主要反映长期慢性营养不良。

3. 消瘦（marasmus） 患儿体重低于同性别、同身高（长）参照人群值的均值减 2SD，如在均值减 2SD~3SD 之间为中度，在均值减 3SD 以下为重度。此项指标主要反映近期、急性营养不良。

【并发症】

1. 营养性贫血 以营养性缺铁性贫血最常见，其次为营养性巨幼细胞贫血。主要与铁、蛋白质、维生素 B_{12}、叶酸等造血原料缺乏有关。

2. 感染 以呼吸道和消化道感染最常见,主要与机体免疫功能低下有关。腹泻婴儿,可迁延不愈,加重营养不良,形成恶性循环。

3. 多种维生素及微量元素缺乏 以维生素 A 缺乏最常见,可伴有 B 族维生素、维生素 C、维生素 D 及钙、锌、镁、铜、硒等缺乏。

4. 自发性低血糖 常出现在清晨或夜间,是重度营养不良患儿死亡的重要原因之一。表现为患儿突然出现面色苍白、神志不清、脉搏细弱、呼吸暂停、四肢湿冷等,若不及时救护可导致死亡。

【辅助检查】

最重要的改变是人血白蛋白浓度降低,但其半衰期较长(19~21 天),故不够灵敏。胰岛素样生长因子 1(IGF-1)水平反应灵敏且受其他因素影响较小,是诊断 PEM 的较好指标。此外,多种血清酶(如脂肪酶、淀粉酶、碱性磷酸酶、胆碱酯酶、转氨酶等)活性均下降,经治疗后可迅速恢复正常;血浆胆固醇、各种电解质及微量元素浓度皆可下降;生长激素水平升高。

【治疗要点】

祛除病因、调整饮食、促进消化和改善代谢功能,积极处理各种并发症。

【护理评估】

1. 健康史 了解患儿的喂养史、疾病史、生长发育史;是否存在母乳不足、奶粉是否调配不当、有无及时添加辅食;有无不良的饮食习惯;有无唇、腭裂等先天畸形或各种急、慢性传染病史;是否为双胎、多胎或早产等。

2. 身体状况 测量体重、身高(长)、皮下脂肪等体格发育指标,并与同年龄、同性别健康儿童正常标准相比较;检查有无肌张力下降;注意评估患儿精神状态。分析人血白蛋白、IGF-1 等指标的改变。

3. 心理社会状况 了解患儿父母的喂养知识及对疾病防治的认识程度;了解家庭的经济状况及家长与患儿的心理状况。

【护理诊断】

1. 营养失调:低于机体需要量 与能量和/或蛋白质摄入不足和/或需要、消耗过多有关。

2. 有感染的危险 与机体免疫力低下有关。

3. 潜在并发症:营养性贫血、维生素 A 缺乏症、低血糖。

4. 有发育迟缓的危险 与营养素缺乏,不能满足儿童生长发育需求有关。

5. 知识缺乏:缺乏营养知识及科学育儿知识。

【护理措施】

1. 饮食护理 营养不良患儿因长期摄入过少,消化道已适应低能量的营养摄入,过快增加摄入量易出现消化不良、腹泻,故饮食调节应根据营养不良的程度、消化功能和对食物的耐受情况来调整,原则为循序渐进,逐渐补充。

(1)能量的供给:①轻度营养不良患儿,可从每日供给热量 250~330kJ/kg(60~80kcal/kg)开始,以后逐渐递增;②中 - 重度营养不良患儿,可参考原来的饮食情况,供给热量从每日 165~230kJ/kg(40~55kcal/kg)开始,逐步少量增加;若消化吸收能力较好,增加能量至能够满足追赶生长需要,一般可达到每日 500~727kJ/kg(120~170kcal/kg),并按实际体重计算所需热能。当体重恢复,体重与身高(长)的比例接近正常儿童后,恢复供给正常能量。

(2)蛋白质的供给:蛋白质摄入量从每日 1.5~2.0g/kg 开始,逐步增加到每日 3.0~4.5g/kg,如过早给予高蛋白质食物,可引起腹胀、肝大。

(3)维生素及矿物质的补充:食物中应含有丰富的维生素及矿物质,每日给予菜汤、果汁或碎菜等富含维生素的食物,由少到多,以免引起腹泻。

（4）喂养方法：婴幼儿发生营养不良应尽量保证母乳喂养，可根据患儿的进食情况按需哺乳；人工喂养儿可给予配方奶或稀释牛奶，少量多次喂哺，若消化吸收好，可逐渐增加牛奶的量及浓度。合理科学做好食物转换计划以及膳食安排。

（5）选择合适的补充途径：胃肠道功能良好者，尽可能选择口服补充；若患儿食欲差、吞咽困难或吸吮力弱，可选择鼻胃管喂养；若肠内营养明显不足或胃肠道功能严重障碍者，则宜选择静脉营养。

（6）培养良好的饮食习惯：帮助患儿纠正偏食、挑食、吃零食的不良习惯。

2. 促进消化、改善食欲　遵医嘱给予 B 族维生素和各种消化酶（如胃蛋白酶、胰酶等）以促进消化；给予蛋白同化类固醇制剂，如苯丙酸诺龙肌内注射，以促进蛋白质的合成和增进食欲；对食欲差的患儿给予胰岛素皮下注射，可降低血糖，增加饥饿感以提高食欲，每日一次 2~3U 皮下注射，注射前先服葡萄糖 20~30g，1~2 周为 1 个疗程；给予锌制剂，可提高味觉敏感度，有增加食欲的作用。中药参苓白术散能调整脾胃功能，针灸、捏脊、推拿等也有一定的疗效。

3. 预防感染　保持皮肤清洁、干燥，防止皮肤破损；患儿抵抗力差，口腔黏膜干燥，易发生口腔炎，应做好口腔护理；必要时做好保护性隔离，预防交叉感染。

4. 观察病情　密切观察患儿尤其是重度营养不良患儿的病情变化，如营养性贫血、自发性低血糖及维生素 A 缺乏所致的眼部伤害等临床表现；观察有无继发感染的征象，尤其腹泻时观察有无严重脱水和电解质紊乱的表现，一旦发现病情变化应及时报告，并做好急救准备。

5. 促进生长发育　加强营养指导；合理安排生活作息制度，保证充足的睡眠；坚持适当的户外活动和体格锻炼；及时纠正先天畸形。

6. 健康教育　向患儿家长介绍科学育儿的知识，特别要强调对重度营养不良患儿饮食调整的方法；纠正儿童的不良饮食习惯；加强儿童体格锻炼，增强体质；预防感染，按时进行预防接种；先天畸形患儿应及时手术治疗；定期测量体重，做好生长发育监测。

二、儿童单纯性肥胖

儿童单纯性肥胖（obesity）是由于长期能量摄入超过人体的消耗，导致体内脂肪过度积聚，体重超过一定范围的一种营养障碍性疾病。肥胖不仅影响儿童的健康，且与成人期代谢性疾病（如冠心病、高血压、糖尿病等）的发生有密切关系，已成为当今大部分公共健康问题的根源。目前不仅是发达国家及大城市儿童超重和肥胖发病率持续上升，一些发展中国家，包括我国农村儿童超重和肥胖发生率也呈增加趋势，在我国部分城市学龄期儿童超重和肥胖高达 10% 以上。

【病因】

单纯性肥胖症占肥胖症的 95%~97%，不伴有明显的内分泌、代谢性疾病。其发病与多种因素有关，常见因素有：

1. 能量摄入过多　长期能量摄入过多，超过机体能量和代谢需要，多余的能量转化为脂肪贮存于体内，导致肥胖。孕母摄入过多，巨大儿出生增加，导致早期超重和肥胖增多。

2. 活动量过少　活动过少和缺乏体育锻炼是发生肥胖症的重要因素，即使摄食不多，也可引起肥胖。肥胖儿大多不喜爱运动，从而形成恶性循环。

3. 遗传因素　肥胖具有高度的遗传性，目前认为肥胖与多基因遗传有关。双亲均肥胖的后代发生肥胖者高达 70%~80%；双亲之一肥胖者，后代肥胖发生率约为 40%~50%；双亲正常的后代发生肥胖者仅 10%~14%。

4. 其他　如进食过快,或饱食中枢和饥饿中枢调节失衡而致多食;精神创伤和心理异常等因素亦可致儿童过食。

【病理生理】

肥胖的主要病理改变是脂肪细胞数量增多或体积增大。人体脂肪细胞数量增多主要在出生前 3 个月、生后第 1 年和 11~13 岁三个阶段,若肥胖发生在这三个阶段,即可引起脂肪细胞数量增多性肥胖,治疗较困难且易复发;而不在此三个阶段发生的肥胖,脂肪细胞体积增大而数量正常,治疗效果较前者好。肥胖患儿可发生下列代谢及内分泌改变。

1. 体温调节和能量代谢　肥胖儿对环境温度的变化较不敏感,用于产热的能量消耗减少,有低体温倾向。

2. 脂类代谢　肥胖儿血浆甘油三酯、胆固醇、极低密度脂蛋白(VLDL)及游离脂肪酸增加,而高密度脂蛋白(HDL)减少,以后易并发动脉硬化、冠心病、高血压、胆石症等疾病。

3. 蛋白质代谢　肥胖儿嘌呤代谢异常,血尿酸水平增高,易发生痛风症。

4. 内分泌变化　内分泌变化在肥胖儿较常见,如男性患儿的雄激素水平可降低,而女性患儿的雌激素水平可增高;血浆生长激素减少,但其 IGF-1 分泌正常,胰岛素分泌增加,对生长激素的减少起到代偿作用;患儿既有高胰岛素血症,又存在胰岛素抵抗,导致糖代谢异常,出现糖耐量减低或糖尿病。

【临床表现】

肥胖可发生于任何年龄,但最常见于婴儿期、5~6 岁和青春期,且男童多于女童。肥胖患儿一般食欲旺盛且喜吃甜食和高脂肪食物。明显肥胖的患儿常易疲劳,用力时气短或腿痛,不爱运动。重度肥胖者可因脂肪的过度堆积而限制了胸廓和膈肌的运动,导致肺通气不足、呼吸浅快,引起低氧血症、气急、红细胞增多、发绀、心脏扩大或出现充血性心力衰竭甚至死亡,称肥胖 - 换氧不良综合征(pickwickian syndrome)。

体格检查可见患儿皮下脂肪丰满,但分布均匀,腹部膨隆下垂。重度肥胖者可因皮下脂肪过多,使胸腹、臀部及大腿皮肤出现皮纹;少数肥胖患儿因体重过重,走路时双下肢负荷过重而出现扁平足和膝外翻;肥胖儿性发育常较早,骨龄常超前,故影响最终身高。患儿常因外形产生自卑、胆怯、孤僻等心理障碍。

儿童肥胖的诊断以同性别、同身高(长)正常儿童体重均值为标准,超过 10%~19% 者为超重;超过 20% 者即为肥胖;超过 20%~29% 者为轻度肥胖;超过 30%~49% 者为中度肥胖;超过 50% 者为重度肥胖。

体重指数(body mass index,BMI)指体重 / 身高(长)的平方(kg/m²),目前被推荐为诊断肥胖最有用的指标。儿童 BMI 因年龄、性别而有差异,评价时可查阅图表,如 BMI 值在 P_{85}~P_{95} 之间为超重,有肥胖风险,超过 P_{95} 为肥胖。

【辅助检查】

甘油三酯、胆固醇大多增高,重度肥胖患儿血清 β 白蛋白也增高;严重的肥胖儿童肝脏超声检查常有脂肪肝。常有高胰岛素血症,血生长激素水平减低,生长激素刺激试验的峰值也较正常儿童为低。

【治疗要点】

饮食疗法和运动疗法是两项最主要的措施,目的是减少产能食物的摄入和增加机体对能量的消耗;药物治疗效果不肯定,临床应慎用;外科手术的并发症严重,不宜用于儿童。

【护理评估】

1. 健康史　详细询问患儿的饮食习惯、每日饮食的量及种类、运动量及时间,肥胖起始时间,有无肥胖家族史。

2. 身体状况 注意测量患儿体重、身高、皮下脂肪厚度、腰围等,分析脂肪分布情况;观察外生殖器及智力发育情况。常规检测血压、糖耐量、血糖、血脂等,相关异常指标可动态监测,以此评估治疗效果。

3. 心理社会状况 注意评估患儿是否存在自卑、胆怯、孤独等不良心理活动而影响其社会交往。

【护理诊断】

1. 肥胖 与摄入能量过多和/或运动过少有关。

2. 体像紊乱 与由肥胖引起的自身形体改变有关。

3. 社会交往障碍 与肥胖引起的心理障碍有关。

4. 潜在并发症:高血压、高血脂、糖尿病。

5. 知识缺乏:缺乏正确的营养知识。

【护理措施】

1. 饮食疗法 由于患儿处于生长发育阶段,加上治疗的长期性,在限制饮食量及种类的同时必须满足儿童的基本营养及生长发育需要:①多采用低脂肪、低碳水化合物和高蛋白食谱;②鼓励患儿选择体积大、能量低,易产生饱腹感的蔬菜水果类食品,如萝卜、青菜、黄瓜、番茄、莴苣、竹笋、苹果、柑橘等;③培养良好的饮食习惯:提倡少量多餐,细嚼慢咽;避免晚餐过饱,不吃夜宵和零食。

2. 运动疗法 适当的运动能促进脂肪分解,减少胰岛素分泌,使脂肪合成减少,蛋白质合成增加,促进肌肉发育。应鼓励患儿选择喜欢、有效且易于坚持的运动项目,如晨间跑步、散步、做操、游泳等,每日坚持运动至少 30 分钟。运动量以运动后轻松愉快、不感到疲劳为原则。

3. 心理支持 家长应注意避免经常指责患儿的进食习惯而引起患儿精神紧张;引导肥胖儿正确认识自身体态的改变,帮助其重塑对自身形象的信心;鼓励患儿多参加集体活动,改变其孤僻、自卑的心理。

4. 健康教育 向患儿家长介绍科学的喂养知识,辅食添加应按先蔬菜后水果的顺序,摒弃不吃早餐,中、晚餐又吃得过饱的不良饮食习惯,避免营养过剩。创造条件和机会增加患儿的活动量。定期监测患儿体重,定期到儿童保健门诊接受系统的营养监测和指导。

第四节 营养性维生素 D 缺乏性疾病

一、营养性维生素 D 缺乏性佝偻病

营养性维生素 D 缺乏性佝偻病(rickets of vitamin D deficiency)是由于儿童体内维生素 D 不足导致钙、磷代谢紊乱,产生的一种以骨骼病变为特征的全身慢性营养性疾病,其典型特征为正在生长的长骨干骺端生长板和骨基质钙化不全。本病常见于 3 个月 ~2 岁的婴幼儿,我国该病患病率北方高于南方,随着社会经济的发展,目前发病率已逐年降低,且多数患儿病情趋于轻度。

【维生素 D 的来源及转化】

1. 维生素 D 的来源 维生素 D 是一组具有生物活性的脂溶性类固醇衍生物,包括维生素 D_2(麦角骨化醇)和维生素 D_3(胆骨化醇)。前者由植物中的麦角固醇经紫外线照射后转变而成,后者则由人类和动物皮肤中的 7- 脱氢胆固醇经日光中紫外线的光化学作用转变而成,

为内源性维生素 D,是人类维生素 D 的主要来源。此外,胎儿可通过胎盘从母体获得维生素 D。

2. 维生素 D 的转化　维生素 D_3 和维生素 D_2 在人体内均无生物活性,被吸收入血循环后与血浆中的维生素 D 结合蛋白(DBP)结合,被转运、贮存于肝脏、脂肪以及其他组织中,经过两次羟化作用后方能发挥生物效应:首先在肝脏经 25- 羟化酶作用生成 25- 羟维生素 D_3〔25-$(OH)D_3$〕,循环中的 25-$(OH)D_3$ 与 α 球蛋白结合被运载到肾脏,在近端肾小管上皮细胞线粒体中的 1-α 羟化酶的作用下再次羟化,生成有很强生物活性的 1,25- 二羟维生素 D_3,即 1,25-$(OH)_2D_3$。1,25-$(OH)_2D_3$ 被认为是一种类固醇激素,通过其核受体发挥调节基因表达的作用。

【维生素 D 的生理功能】

从肝脏释放入血的 25-$(OH)D_3$ 浓度较稳定,可反映体内维生素 D 的营养状况,正常值为 11~60ng/ml,其虽有一定的生物活性,但作用较弱。血循环中的 1,25-$(OH)_2D_3$ 约 85% 与 DBP 结合,15% 左右与白蛋白结合,只有 0.4% 以游离形式存在而对靶器官(肠、肾、骨)发挥其生物效应。其抗佝偻病的主要生理功能包括:①促进小肠黏膜合成一种特殊的钙结合蛋白(CaBP),增加肠道对钙的吸收,磷的吸收也随之增加;②增加肾近曲小管对钙、磷的重吸收,尤其是磷的重吸收,提高血磷浓度,有利于骨的钙化;③促进成骨细胞的增殖和破骨细胞分化,直接作用于骨的矿物质代谢(沉积与重吸收)。

目前研究证实 1,25-$(OH)_2D_3$ 受体存在于肠、肾、骨以外的多种细胞中,包括皮肤、脂肪、心肌、造血细胞等,通过参与包括免疫细胞在内的多种细胞的增殖、分化,发挥调控肌肉骨骼、免疫系统等多种生理作用。此外,许多类型的癌细胞(包括乳腺和前列腺癌细胞)也是维生素 D 的靶细胞。

【病因】

1. 围生期维生素 D 不足　母亲妊娠期,尤其是妊娠后期维生素 D 营养不足与新生儿体内维生素 D 的量有关,如母亲严重营养不良、肝肾疾病、慢性腹泻,以及早产、双胎均可导致婴儿体内贮存不足。

2. 日光照射不足　因普通玻璃窗可明显减弱紫外线的强度,故儿童缺少户外活动可影响内源性维生素 D 的转化;城市的高大建筑阻挡日光照射;雾霾等大气污染吸收了部分紫外线;北方地区冬季长、日照时间短,均可使内源性维生素 D 生成不足。

3. 维生素 D 摄入不足　天然食物,包括乳类含维生素 D 少,即使纯母乳喂养,若户外活动少而未及时添加维生素 D 制剂,亦易患佝偻病。

4. 生长速度快,需要量增加　早产或双胎婴儿出生后生长发育快,体内贮存的维生素 D 不足,若无接受充足阳光照射或维生素 D 制剂,极易发生佝偻病;而慢性疾病恢复后的追赶性生长也易导致维生素 D 缺乏,出现佝偻病的症状。

5. 疾病与药物的影响　胃肠道或肝胆、肾疾病影响维生素 D 的吸收;长期服用抗惊厥药物(如苯妥英钠、苯巴比妥)可刺激肝细胞微粒体的氧化酶系统活性增加,使维生素 D 和 25-$(OH)D_3$ 加速分解为无活性的代谢产物;糖皮质激素有对抗维生素 D 对钙转运的作用而导致佝偻病。

【发病机制】

维生素 D 缺乏性佝偻病可被认为是机体为维持正常血钙水平而对骨骼造成的损害。维生素 D 缺乏时,肠道吸收钙磷减少,血清钙、磷水平降低,刺激甲状旁腺(PTH)分泌增加,以动员骨钙释出,使血钙维持在正常的水平。但 PTH 分泌增加同时也抑制肾小管重吸收磷而使尿磷排出增加,导致血磷降低,钙磷乘积降低,最终使骨样组织钙化过程发生障碍,成骨细胞代偿性增生,在局部形成骨样组织堆积,产生一系列的骨骼和血生化改变(图 5-1)。

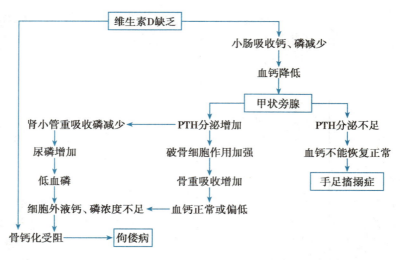

图 5-1 维生素 D 缺乏性佝偻病和手足搐搦症的发病机制

【临床表现】

本病多见于 3 个月 ~2 岁的婴幼儿,主要表现为生长最快部位的骨骼改变、肌肉松弛和神经兴奋性改变。重症佝偻病患儿可有消化和心肺功能障碍,并可影响智力发育及免疫功能等。临床分期如下:

1. 初期(早期) 多见于 6 个月以内,尤其是 3 个月以内的婴儿,主要表现为神经兴奋性增高,如易激惹、烦闹、睡眠不安、夜间啼哭、汗多刺激头皮而摇头,出现枕秃。但这些并非佝偻病的特异性症状,仅作为临床早期诊断的参考依据。

2. 激期(活动期) 初期患儿若未经适当治疗,早期症状进一步加重,发展为激期。主要表现为骨骼改变、运动功能发育迟缓。

(1) 骨骼改变

1) 头部:①颅骨软化,多见于 3~6 个月患儿,检查者用双手固定患儿头部,手指稍用力压迫枕骨或顶骨后部,可有乒乓球样的感觉,故称"乒乓头";②方颅,多见于 7~8 个月患儿,主要为额骨和顶骨双侧骨样组织堆积形成,呈"方盒样"头型(从上向下看),严重时呈马鞍状或十字状头型;③前囟晚闭,重者可延迟至 2~3 岁才闭合;④出牙延迟,牙釉质缺乏,易患龋齿。

2) 胸部:胸廓畸形多见于 1 岁左右婴儿。①肋骨与肋软骨交界处,骨骺端因骨样组织堆积而膨大呈圆形隆起,上下排列成串珠状,可触及或看到,以两侧第 7~10 肋最明显,称为佝偻病串珠(rachitic rosary);②严重佝偻病患儿的胸廓下缘由于膈肌附着部位的肋骨长期受牵拉而内陷,形成一条沿肋骨走向的横沟,称为肋膈沟或哈里森沟(Harrison groove);③第 7、8、9 肋骨与胸骨相连处软化内陷,致胸骨柄向前突出,形成鸡胸;胸骨剑突部向内凹陷,可形成漏斗胸。

3) 四肢:①6 个月以后患儿腕和踝部肥厚的骨骺形成钝圆形环状隆起,称手镯或脚镯;②由于骨质软化,儿童开始站立和行走后,因负重可出现下肢弯曲,形成严重膝内翻("O"形腿)或膝外翻("X"形腿)畸形,或"K"形样下肢畸形。

4) 脊柱与骨盆:患儿会坐与站立后,因韧带松弛可致脊柱后凸或侧弯畸形;严重者可出现扁平骨盆,成年后女性可导致难产。

(2) 运动功能发育迟缓:患儿全身肌肉松弛,肌张力低下,肌力减弱,表现为头颈软弱,坐、立、行等运动功能落后;腹肌张力下降,腹部膨隆如蛙腹。

（3）神经、精神发育迟缓：重症患儿神经系统发育落后，条件反射形成缓慢，患儿表情淡漠，语言发育迟缓；免疫功能低下，常伴发感染及贫血。

3. 恢复期 经适当治疗后，患儿临床症状和体征逐渐减轻或接近消失。

4. 后遗症期 多见于 2 岁以后儿童，临床症状消失，血生化正常。仅遗留不同程度的骨骼畸形。

佝偻病患儿
典型图片

【辅助检查】

初期常无明显骨骼改变，X 线检查可正常或钙化带稍模糊；血清 25-$(OH)D_3$ 下降，PTH 升高，血钙下降，血磷降低，碱性磷酸酶正常或稍高。

激期血生化除血清钙稍降低，其余指标改变更显著。X 线检查显示长骨钙化带消失，干骺端呈毛刷样、杯口状改变；骨骺软骨盘增宽（>2mm），骨质稀疏，骨皮质变薄；可有骨干弯曲畸形或青枝骨折。

恢复期血钙、磷逐渐恢复正常，碱性磷酸酶约 1~2 个月降至正常。治疗 2~3 周后骨骼 X 线改变有所改善，出现不规则的钙化线，以后钙化带致密增厚，骨骺软骨盘 <2mm，逐渐恢复正常。

后遗症期血生化正常，X 线检查骨骼干骺端病变消失。

【治疗要点】

目的在于控制活动期，防止骨骼畸形。治疗应以口服维生素 D 为主，剂量为每日 50~100μg（2 000~4 000IU）或 1,25-$(OH)_2D_3$ 0.5~2.0μg，持续 4~6 周，之后 1 岁婴儿改为 400IU/d，大于 1 岁改为 600IU/d。若患儿存在口服困难或腹泻时可采用突击疗法，大剂量肌内注射维生素 D15 万 ~30 万 IU（3.75~7.5mg）一次，3 个月后再以维生素 D400~800IU/d。同时给予多种维生素，并门诊复查治疗效果。如膳食中钙不足，可酌情补充钙剂；严重骨骼畸形者需外科手术矫治。

【护理评估】

1. 健康史 了解患儿是否早产、双胎或多胎，喂养方式，出生季节、户外活动情况，冬季是否补充维生素 D 制剂；有无严重的肝、肾疾病。

2. 身体状况 根据患儿月龄的不同，检查相应的佝偻病体征。分析血生化指标和 X 线检查的动态变化，评估患儿的治疗效果。

3. 心理社会状况 评估家长对婴幼儿喂养知识、户外活动的认识程度。

【护理诊断】

1. 营养失调：低于机体需要量 与日光照射不足和维生素 D 摄入不足有关。

2. 有感染的危险 与免疫功能低下有关。

3. 潜在并发症：维生素 D 过量中毒、骨骼畸形。

4. 知识缺乏：缺乏佝偻病相关知识。

【护理措施】

1. 户外活动指导 婴儿自生后 2~3 周起应尽早接受日光照射，活动时间可由短到长，从每日数分钟至每日 1~2 小时。夏季气候炎热，应避免阳光直射，活动时尽量多暴露皮肤。冬季在室内时应尽量开窗晒太阳，以尽可能接受较多的紫外线照射。

2. 补充维生素 D 提倡母乳喂养，及时引入换乳期食物，食用富含维生素 D、钙、磷和其他营养素的食物。冬季日光照射不足时遵医嘱给予维生素 D 制剂。

3. 预防感染 保持室内空气清新，温、湿度适宜，避免交叉感染。

4. 预防并发症

（1）观察有无维生素 D 中毒的症状：如食欲减退、烦躁、精神不振、大便异常（腹泻或便秘）等；如应用大剂量维生素 AD 制剂时，还应注意有无维生素 A 中毒的表现。一旦出现，应及时与医生联系,立即停药。

（2）预防骨骼畸形与骨折:指导佝偻病活动期的患儿不要过早学习坐、立或行走,尤其不宜久坐、久站及行走过多,以免加重骨骼畸形;对已有骨骼畸形的患儿应指导按摩肌肉、矫正畸形的方法。

5. 健康教育

（1）孕母食用富含维生素D、钙、磷和蛋白质的食物,妊娠后3个月补充维生素D800~1 000IU/d。

（2）宣传母乳喂养,及时添加辅食,尽早接触日光照射,日光照射不足时应每日补充维生素D制剂。强调"预防要早,夏天晒太阳,冬天服鱼肝油"的原则。

（3）指导维生素D的使用:维生素D的补充应因时因地因人而异,一般来说:早产儿、低出生体重儿、双胎儿生后1周开始补充维生素D800IU/d,3个月后改为预防量;足月儿生后2周开始补充维生素D400IU/d;夏季可暂停或减量服用维生素D,均补充至2岁。在预防维生素D缺乏的同时,注意确保钙元素摄入量至少500mg/d。

二、维生素 D 缺乏性手足搐搦症

维生素D缺乏性手足搐搦症(tetany of vitamin D deficiency)是维生素D缺乏性佝偻病的伴发症状之一,临床主要表现为惊厥、手足搐搦和喉痉挛,多见于6个月以内的小婴儿。由于预防工作的普遍开展,本病发病率较低。

【病因和发病机制】

血清离子钙降低是本病的直接原因。维生素D缺乏时,血钙降低而甲状旁腺代偿不足,血钙继续下降,当总血钙浓度低于1.75~1.88mmol/L(7~7.5mg/dl)或离子钙低于1.0mmol/L(4mg/dl)时,可因神经肌肉兴奋性增高,引起局部或全身痉挛。

维生素D缺乏时,机体出现甲状旁腺功能低下的原因尚不清楚,推测可能的原因为:维生素D缺乏早期,对于体内钙营养状况较差的婴儿,甲状旁腺代偿性分泌急剧增加,可以维持血钙正常水平;若维生素D继续缺乏,甲状旁腺因反应过度而疲惫,导致血钙下降。因此手足搐搦症患儿同时存在因甲状旁腺亢进所产生的佝偻病的表现和甲状旁腺功能低下导致的低血钙的表现。

【临床表现】

主要为惊厥、手足搐搦、喉痉挛,并伴有不同程度的活动期佝偻病的表现。

1. 隐匿型 无典型发作的症状,但可通过刺激神经肌肉引出下列体征:①Chvostek征:以手指尖或叩诊锤骤击患儿颧弓与口角间的面颊部,引起眼睑和口角抽动为阳性,新生儿可呈假阳性;②Trousseau征:以血压计袖带包裹上臂,使血压维持在收缩压与舒张压之间,5分钟之内该手出现痉挛症状为阳性;③腓反射(peroneal reflex):以叩诊锤骤击膝下外侧腓骨小头上腓神经处,引起足向外侧收缩者为阳性。

2. 典型发作 ①惊厥:多见于小婴儿,突然发生四肢抽动,两眼上翻,面肌颤动,神志不清,发作时间持续数秒至数分钟,发作时间持续久者可有口周发绀。发作停止后意识恢复,因精神萎靡而入睡,醒后活泼如常,发作频率可数日一次或一日数次甚至数十次。一般不发热,发作轻时仅有短暂的眼球上窜和面肌抽动,神志清楚。②手足搐搦:多见于较大的婴幼儿,突发手足痉挛呈弓状,双手呈腕部屈曲状,手指僵直,拇指内收掌心,踝关节僵直,足趾弯曲向下。③喉痉挛:主要见于2岁以下的儿童,喉部肌肉及声门突发痉挛,呼吸困难,吸气时喉鸣,严重时可突然发生窒息而猝死。三种症状中以无热惊厥最为常见。

【辅助检查】

血钙降低,注意应在补钙前采集血标本,总血钙可低于1.75mmol/L,离子钙低于

1.0mmol/L,而血磷正常或升高,尿钙定性阴性。

【治疗要点】

1. 急救处理

(1) 惊厥时应立即吸氧,保持呼吸道通畅,必要时进行气管插管。

(2) 迅速控制惊厥或喉痉挛:给予 10% 水合氯醛,每次 40~50mg/kg 保留灌肠;或地西泮每次 0.1~0.3mg/kg 肌内或稀释后缓慢静脉注射。

2. 钙剂治疗　尽快给予 10% 葡萄糖酸钙 5~10ml 加入 10% 葡萄糖溶液 5~20ml 中,缓慢静脉注射或滴注,以迅速提高血钙浓度,惊厥停止后改用口服钙剂。

3. 维生素 D 治疗　急诊症状控制后,应在补充钙剂基础上给予维生素 D 治疗(可参照维生素 D 缺乏性佝偻病治疗方案)。

【护理诊断】

1. 有窒息的危险　与惊厥、喉痉挛发作有关。

2. 有受伤的危险　与惊厥、抽搐和喉痉挛发作有关。

3. 营养失调:低于机体需要量　与维生素 D 缺乏有关。

4. 潜在并发症:惊厥发作。

【护理措施】

1. 预防窒息

(1) 保持呼吸道通畅:惊厥或抽搐时,在确保呼吸道通畅的情况下,立即吸氧,喉痉挛者须立即将舌头拉出口外,并进行人工呼吸或加压给氧,必要时行气管插管或气管切开;同时将患儿头偏向一侧,及时清除口鼻分泌物。

(2) 用药护理:迅速建立静脉通道,遵医嘱使用镇静剂、钙剂。①静脉注射镇静药时需缓慢推注,密切观察呼吸,防止因注射量过大或速度过快抑制呼吸,引起呼吸骤停;②补充钙剂时需注意缓慢推注(10 分钟以上)或静脉滴注,谨防因血钙骤升而发生呕吐甚至引起心搏骤停;③避免药液外渗,不可皮下或肌内注射,以免造成局部组织坏死。

2. 预防外伤　惊厥或抽搐发作时,对已有牙齿萌出的儿童,应在上、下门齿间放置牙垫,以免舌被咬伤;床边放置床挡,防止坠床;剪短指、趾甲。

3. 定期户外活动,补充维生素 D。

4. 健康教育　指导家长合理喂养,坚持户外活动,遵医嘱补充维生素 D 和钙剂;教会家长惊厥、喉痉挛发作时的急救处理方法。

课堂互动

小宝 11 月初出生于松花江畔,次年春暖花开的季节,连着几个大晴天,妈妈抱着在家里几乎 5 个月没出门的小宝到小区晒太阳。这天刚出来没几分钟,小宝突然四肢抽动,双眼上翻,面肌抽动,意识不清,持续约 1 分钟。妈妈急忙抱着小宝去附近的儿童医院。病史:小宝胎龄 35 周,出生体重 2.4kg,母乳喂养,尚未添加辅食,未补充过鱼肝油。入院时体温 36.8℃,可见枕秃,心肺腹未见异常。颈软,脑膜刺激征(−)。

问题:

(1) 小宝抽动可能的原因是什么? 有何诊断依据?

(2) 假设你在现场,如何在院外开展现场急救?

(3) 如果你是上述儿童医院的护士,如何在院内对小宝进行急救处理?

(4) 如何对小宝妈妈进行健康教育?

ER-5-2

课堂互动
答案要点

笔记栏

第五节　锌 缺 乏 症

锌是人体必需微量元素之一,与胎儿发育、儿童智力、生长发育、新陈代谢、组织修复均密切相关。锌缺乏(zinc deficiency)是由于患儿体内长期缺乏微量元素锌引起食欲减退、生长发育迟缓、皮炎和异食癖等临床表现的营养素缺乏性疾病。

【病因】

1. 摄入不足　是引起儿童锌缺乏的主要原因。动物性食物不仅含锌丰富且易于吸收,坚果类含锌亦可,其他植物性食物中含锌量少,故长期单纯谷类喂养的婴儿易发生锌缺乏。年长儿多因偏食、挑食导致锌摄入不足。

2. 吸收障碍　各种原因所致的腹泻均可妨碍锌的吸收;牛乳含锌量与母乳相似,但吸收率不如母乳,故长期纯牛乳喂养也可缺锌。

3. 需要量增加　处于生长发育迅速阶段的婴儿或营养不良恢复期的儿童均对锌的需要量增多。

4. 丢失过多　如大面积烧伤、溶血、慢性失血、慢性肾脏疾病、长期透析及应用金属螯合剂(如青霉胺)等均可使锌丢失过多而导致锌缺乏。

【临床表现】

锌缺乏可致机体多种生理功能紊乱。患儿常表现为食欲减退、厌食、异食癖、反复口腔溃疡、脱发、夜盲、精神倦息等。缺锌可使脑脱氧核糖核酸(DNA)及蛋白质的合成障碍,并妨碍生长激素轴功能和性腺轴的成熟,引起儿童智能发育迟缓、生长发育落后。锌缺乏时,免疫功能减低,易发生各种感染,尤其是呼吸道感染。

【辅助检查】

空腹血清锌 <11.47μmol/L(75μg/dl);餐后血清锌浓度反应试验(PICR)>15% 提示缺锌;发锌测量值一般不作为评估缺锌的可靠指标,仅作为慢性缺锌的参考资料。

【治疗要点】

针对病因、治疗原发病;给予富含锌的动物性食物;每日口服葡萄糖酸锌 3.5~7mg/kg,相当于元素锌 0.5~1.0mg/kg,连服 2~3 个月。

【护理诊断】

1. 营养失调:低于机体需要量　与摄入不足、丢失过多有关。

2. 有感染的危险　与锌缺乏导致免疫功能低下有关。

3. 有生长迟缓的危险　与缺锌妨碍生长激素轴功能和性腺轴的成熟有关。

4. 知识缺乏:缺乏营养及婴幼儿喂养相关知识。

【护理措施】

1. 饮食护理　提倡母乳喂养,特别是初乳中含锌丰富,是新生儿体内锌的主要来源;婴幼儿合理添加辅食,鼓励儿童进食富含锌的食物,纠正偏食习惯。

2. 预防感染　保持室内空气清新,注意口腔护理,防止交叉感染。

3. 健康教育　向家长宣教母乳喂养对预防锌缺乏症的意义,同时告知家长随着月龄的增加要及时添加转乳期食物,如蛋黄、瘦肉、动物内脏及坚果类含锌丰富的食物。

（张新宇　张晓丽）

学习内容与
学习方法

扫一扫，
测一测

复习思考题

患儿，男，7个月，因反复惊厥来院诊治。患儿10月份出生于北方城市，生后人工喂养，至今未添加辅食和鱼肝油。就诊当日清晨突然发生惊厥，表现为两眼上翻，四肢抽搐，意识不清，小便失禁，发作持续2min左右而自然缓解，抽搐停止后一切活动如常。检查：T36.3℃，头部可见方颅，枕秃。请回答问题：

(1) 患儿发生惊厥的原因是什么？

(2) 要想确诊，需要做哪些检查？

(3) 写出该患儿惊厥时的救护顺序。

(4) 写出该患儿现存的主要护理诊断及相关因素。

(5) 写出维生素D缺乏性佝偻病健康教育的具体内容。

◆◆◆ **第六章** ◆◆◆

患病儿童护理及其家庭支持

📄 学习目标

知识目标

1. 能区别儿童不同医疗机构的设施要求及护理管理要点。

2. 能列举儿童用药特点、儿童健康评估的内容、儿童疼痛的评估方法以及不同疾病患儿的膳食种类。

能力目标

1. 能为不同年龄期住院患儿提供心理护理,为临终患儿及其家庭提供临床关怀与情感支持,能为疼痛患儿、体液平衡紊乱患儿制定整体护理措施。

2. 能准确操作儿科常用护理技术。

素质目标

1. 实践操作中动作轻柔,尊重、理解、关心、爱护患儿,养成严谨、科学的工作态度,不断提升操作能力、评判性思维能力、创新能力等护士核心能力。

2. 提升为患病儿童及其家庭提供护理的责任感与价值观。

儿童对疾病或住院的理解、反应和应对方式,因其生长环境、性格、教养及年龄的不同而有所差异。医院通常被儿童认为是恐惧的地方,住院尤其是无家属陪护会使他们的安全感受到严重威胁。因此,儿童医疗机构不仅要进行科学合理的布局,更需努力营造促进儿童健康的人文氛围。儿科护理人员需要掌握不同年龄儿童的生理、心理特点,根据患儿病情、成长环境、年龄及性格特点进行全方位的综合护理。

第一节 儿童医疗机构的设施要求及护理管理

我国儿童医疗机构基本分为三类:儿童医院、妇幼保健院、综合医院的儿科。由于儿童抵抗力低下,独立性及社会适应能力均较差,安全意识薄弱,易发生感染与意外伤害,因此,儿童医疗机构的设置和设施的布局应根据上述特点合理安排,以促进患儿早日康复。一般的儿童医疗机构应包括儿科门诊、儿科急诊和儿科病房。

一、儿科门诊的设施要求及护理管理

(一)儿科门诊的设施要求

1. 预诊处 预诊的目的是及早检出传染病,避免交叉感染;协助患儿家长选择就诊科室,并根据病情的轻、重、缓、急给予恰当安排,为危重患儿的抢救赢得时机。预诊处一般设

置在医院大门附近或儿科门诊的入口处。室内应备有检查台、压舌板、手电筒及洗手设施等。预诊处应设两个出口,一个通向普通门诊候诊室,另一个通向传染病隔离室。

预诊时主要采取简单扼要的问诊、望诊及护理体检,力求根据患儿的病史、症状及体征,迅速作出判断。如遇危重患儿应立即护送至急诊室抢救;如遇严重的传染病患儿,应收入传染病房或转至传染病医院。因此,要求预诊工作人员动作迅速,处事果断,经验丰富,责任心强。

2. 隔离门诊 儿童医疗机构应在医院设置发热门诊、肠道门诊和传染病隔离门诊以防发生医院内感染或交叉感染。隔离室内必须备有隔离衣、消毒设施和洗手设备。经过预检,发现确定或疑似病例的患儿及其家属应在指定的区域内办理挂号、交费、取药等手续,或由护理人员代为办理。

3. 挂号处 经过预检后,凭预诊卡片挂号,并按号存放病历,以便查找。

4. 候诊室 应设有候诊椅及 1~2 张小床,为患儿及家长休息、更换尿布、包裹之用,室内应宽敞、明亮,空气流通,温、湿度适宜。

5. 诊查室 应设有诊查床、诊查桌椅及洗手、消毒设备。

6. 化验室 应设在诊查室附近,便于患儿就近化验检查。

7. 治疗室 应备有常用治疗器械及药品,如注射、穿刺、导尿、灌肠等。

(二) 儿科门诊的护理管理

1. 保证就诊秩序 儿科门诊的特点之一是患儿及陪伴的家属较多,流动量大,护士应有计划地组织、安排、管理患儿就诊,提高就诊质量。此外,护理人员应做好就诊前的准备、诊查中的配合及诊后的解释工作。

2. 密切观察病情变化 患儿病情变化快,在预诊及门诊整个诊治进程中,护士应经常巡视患儿,一旦发生异常情况,及时进行处理。

3. 预防院内交叉感染 有消毒隔离的必要设施和健全的卫生消毒隔离制度,专人管理。定期做细菌培养检查及清洁消毒工作。工作人员要衣帽整齐,接触呼吸道感染的患儿时必须戴口罩,检查、治疗后应洗手。

4. 杜绝差错事故 在执行各项护理操作及给药护理时,必须严格执行操作规程和药品管理及查对制度,防止忙中出错。

5. 做好健康宣教工作 护士应利用候诊时间向患儿家长宣传育儿法、疾病的常规护理及常见病的预防和早期发现等知识。宣传形式可以采用宣传栏、集体指导、个别讲解或咨询等。有条件者可设立儿童保健咨询处。

二、儿科急诊的设施要求及护理管理

(一) 儿科急诊的特点

1. 儿童发病急,病情变化快,意外事故多,应及时发现,随时做好抢救准备。

2. 儿童疾病表现常不典型,或在出现典型症状前已危及生命,医护人员应通过询问、体检尽快明确诊断,及时处理。

3. 儿童疾病的种类和特点有一定的季节性,应根据规律提前做好充分准备。

4. 危重患儿的就诊应先抢救后挂号,先用药后交费,保证及时、准确地进行诊治。

(二) 儿科急诊的设施要求

1. 抢救室 应设病床 2~3 张,以及用于小婴儿抢救的远红外辐射床。室内配备急救车、多功能监护仪、供氧设备、吸引装置、气管插管用具、人工呼吸机、洗胃用具等必要的设备,以及各类穿刺包、切开包、导尿包等,以满足抢救危重患儿的需要。此外,还应配置应急灯、简易呼吸器等以备停电时使用。

2. 观察室　设有病床及常规抢救设备,有条件者可配置多功能监护仪,并应按病房要求备有各类医疗文件。

3. 治疗室　内设治疗床、药品柜、治疗柜,备有各种治疗设备、注射用具、穿刺用物及各种导管等。

4. 小手术室　如有条件,还可设置小手术室。除基本的手术室设备外,应备有清创缝合术、骨折固定、大面积烧伤的初步处理等所需的器械及抢救用品。

(三) 儿科急诊的护理管理

1. 做好急诊抢救的组织工作　急诊抢救的五要素为人、医疗技术、药品、设备、时间,其中人是最重要的因素。急诊护士应熟练掌握儿科各种抢救理论与技术,具有高度的责任心、敏锐的观察力、较强的组织能力,要临危不乱,保证抢救工作有条不紊地进行。此外,备用药品种类齐全、仪器设备先进、急救时的争分夺秒都是确保抢救成功的重要环节。

2. 执行急诊岗位责任制度　护士应坚守岗位,随时做好抢救的准备。主动巡视,密切观察病情变化并及时处理。抢救药品和设备的使用、保管、补充、维护等应有明确分工及交接班制度,以保证高质量、高效率地配合完成抢救任务。

3. 建立和完善常见急症的抢救护理常规　制订儿童常见疾病的抢救流程、护理要点,并组织护理人员进行学习与模拟演练,不断提高抢救成功率。

4. 加强急诊文件系统管理　急诊应有完整的病历材料,记录患儿就诊时间、一般资料、诊治经过以及转诊时间、地点等。抢救时口头医嘱要复述,并在执行后及时补记于病历上。经急诊及观察室诊治的患儿,均应予以登记,便于追踪分析,不断提高抢救质量。

三、儿科病房的设施要求及护理管理

(一) 儿科病房的设施要求

儿科病房应根据儿童年龄特点及病种合理安排床位。每个病区以收治 30~40 名患儿为宜。

1. 病室　可根据不同医疗机构条件设置儿科普通病房(一般无陪护)或家庭化病房。病房每张床单位所占面积至少 $2m^2$,每床间距应为 1m,床头配备呼叫器,床两侧应有床栏,可上下拉动。床应与窗台相距 1m,窗外应设护栏,以防意外。病室墙壁可粉刷柔和的颜色,并饰以儿童喜爱的卡通图案,减少患儿的恐惧和陌生感。每间病室应有洗手设备及夜间照明装置,方便照顾患儿。

2. 重症监护室　收治危重患儿的病室。室内应备有各种抢救设备,如抢救车、供氧设备、吸引装置及各种监护仪器。待患儿病情稳定后可转入一般病室。

3. 护士站及医护人员办公室　设在病房中央,靠近抢救室,以利于观察和抢救危重患儿。护士站内应设置信号灯、电话、电子音控对讲设备、电脑和告示栏等。

4. 治疗室　室内设治疗桌、治疗车、器械柜、药柜、冰箱等,并备有各种注射、输液、穿刺所需用物及常用药品等。治疗室可分为内、外两小间,中间相通,一间作为各种注射及输液的准备,另一间则进行各种穿刺,以利于严格无菌操作,也可减少其他患儿的恐惧。

5. 配膳(奶)室　分发营养室按医嘱备好的膳食。宜设在病房的入口处,内设配膳台、配膳车、消毒锅、冰箱、自动电开水炉、微波炉等,如为营养室集中配奶,应另备加热奶的用具。

6. 活动室　可设在病房一端,室内应宽敞,阳光充足,布局适合儿童特点,应备有小桌椅、电视及各种玩具。

7. 卫生设施 浴室、卫生间内的设施应适合患儿年龄特点，充分排除安全隐患。浴室要宽敞，便于护理人员协助沐浴。应尽量在每间病室配置卫生设施。

此外，病房应设库房、值班室、仪器室等，规模较大的病房可增设家属接待室、足月新生儿室、早产儿室、隔离室及 1~2 间备用房（供临时隔离使用）等。

（二）儿科病房的护理管理

1. 环境管理 病室的墙壁、窗帘、卧具、患儿衣物及工作人员服装等应采用明快的颜色，并以色彩鲜明的图画、玩具等装饰病房，如以不同的水果、动物卡通画作为病室号的标志，使气氛欢快、活泼。病房设施尽可能家庭化、儿童化，以适合儿童的心理特点。儿童病室夜间灯光宜较暗，以免影响睡眠；新生儿重症监护治疗病房（neonatal intensive care unit，NICU）应控制光线和噪声，以免影响新生儿的听力和情感发展，美国儿科学院（American Academy of Pediatrics，AAP）环境健康委员会建议 NICU 的音量控制在 45dB 以下。病室内温、湿度应根据患儿年龄大小而定，早产儿适宜的室温为 24~26℃，足月新生儿为 22~24℃，婴幼儿 20~22℃，相对湿度为 55%~65%；年长儿病室的温度为 18~20℃，相对湿度为 50%~60%。病室应定时通风，一般在做治疗、护理、诊查后进行，通风时避免空气对流，注意遮挡患儿。

2. 生活管理 患儿的饮食、衣着皆由医院提供。饮食供给既要考虑对疾病的治疗作用，也要满足患儿生长发育的需要。食具应选择易清洗、消毒方便及不易破碎类。衣裤应式样简单，图案花色适合儿童，以浅色为主，经常换洗，保持整洁。根据患儿的疾病种类及病情安排其活动与休息的时间，对长期住院的学龄期儿童可适当安排学习时间，建立规律的作息制度，减轻或消除患儿因住院而出现的心理问题。

3. 安全管理 儿童生性好动、好奇心强且无防范意识。因此，儿科病房安全管理的范围广泛，内容繁杂。病室内一切设施均应考虑患儿的安全。病房阳台护栏要高过儿童肩部，凡能下地活动的患儿，不可单独到阳台或楼梯外玩耍。电器、电插座、暖气装置、热水瓶等均应远离患儿，并加防护措施。病室内不应放置尖锐物品，如刀、剪、各种针类、玻璃制品等。消毒剂应放置于安全处妥善保管，药柜要上锁。不可让患儿随便进入杂物间、配膳室，以免沾染污物或烫伤。避免让幼儿玩纽扣、玻璃球、硬币等小物件和细小的拼装玩具，以及进食瓜子、花生米等颗粒状食物，以防发生气管异物。每个病室门后张贴紧急疏散图，并应经常检查消防装置及安全通道，确保应急可用状态。严格执行查对制度，遵守操作规范，患儿应佩戴腕带，防止医疗护理差错。

4. 预防感染 严格执行消毒隔离制度，不同病种患儿应分室收治，按时进行空气、地面的消毒，接触患儿前后应洗手。做好陪护及探视的管理工作。加强健康宣教，提高患儿及家长的自我保护意识。

第二节 儿童健康评估

儿童时期正处于生长发育的动态变化中，身心均未成熟，易受外界环境的影响，导致自身功能发生改变。因此，在进行健康评估时，应掌握不同年龄儿童的生理及心理特点，运用多学科知识，以获得全面、准确的主客观资料，为护理计划的制订和实施打下良好的基础。

一、儿童健康评估的特点

年幼儿童多不能自述病史，须由家长等主要照顾者代述。收集健康资料时应先耐心听取病情经过、以往健康状况,不要轻易打断对方讲话。再按需要给予必要的提示和引导,以获得详尽、确切的资料。

与患儿沟通时,护士应采取与患儿视线平行的位置,语速要慢,语气和蔼,注意避免突然接近患儿、目光持续接触患儿使其感到有威胁感。

二、儿童健康评估的内容

(一)健康史的采集

1. 一般资料　包括姓名、性别、年龄(新生儿记录日龄,婴儿记录到月龄,1岁以上儿童记录到几岁几个月)、出生年月、民族、入院日期及诊断,父母或抚养人姓名、年龄、文化程度、职业、通信地址、联系电话,代述病史者与患儿的关系等。

2. 主诉　用患儿或其父母的语言,简要概述主要症状或体征及其持续时间。如"咳喘3天"。

3. 现病史　此次患病的详细情况,包括发病时间、主要症状、病情发展、严重程度及接受过何种处理等。还应了解有无伴随症状以及合并其他疾病等。

4. 个人史

(1) 出生史:胎龄、胎次,孕期情况及分娩时情况;出生体重、有无窒息、Apgar评分等。

(2) 喂养史:喂哺的种类和方法、辅食添加情况、断奶时间、儿童进食情况等。

(3) 生长发育史:体格、动作、语言、认知及心理等方面的发育情况。

5. 既往史

(1) 既往患病史:患过的疾病、患病时间和治疗效果。应认真了解有无传染病史、药物或食物过敏史等。

(2) 预防接种史:预防接种的时间、剂次、接种反应等。

6. 家族史　家族成员的健康状况、有无遗传性疾病、过敏性疾病或急、慢性传染病等。

7. 传染病接触史　对疑有传染性疾病的患儿,应认真了解其接触史以及父母对传染病的认识和基本知识。

(二)身体评估

1. 一般状况　在采集健康史的过程中,需认真观察儿童的营养与发育状况、神志、表情、对周围事物的反应、体位、姿势、孩子的语言能力、亲子关系等。

2. 一般测量　包括体温、呼吸、脉搏、心率、体重、身高(长)、头围、胸围、前囟等。

(1) 体温:根据患儿的年龄、病情选择测量体温的方法。测温方法包括:腋下测温法(36~37℃为正常)、口腔测温法(37℃为正常)、肛门内测温法(36.5~37.5℃为正常)、耳内测温法。其中,腋下测温法是最常用、最方便且安全的方法,但是,测温所需的时间较长。耳内测温法准确、快速,较少造成交叉感染,目前在临床或家庭较常使用。

体温测量视频

(2) 呼吸、脉搏:需在儿童处于安静状态时进行。儿童呼吸频率可以通过听诊、观察腹部起伏、将少许棉花置于儿童鼻孔边缘观察棉花纤维的摆动等方法评估。除呼吸频率外,还应评估呼吸的节律与深浅。年幼儿腕部脉搏不易扪及,一般通过计数颈动脉、股动脉搏动或通过心脏听诊的方法评估脉搏的速率、节律、强弱及紧张度。各年龄组儿童呼吸、脉搏频率见第八章第一节"儿童呼吸系统解剖生理特点"。

(3) 血压:测量儿童血压时应根据不同年龄选择不同宽度的袖带,袖带的宽度一般应为上臂长度的1/2~2/3。新生儿血压测量多采用心电监护仪或简易潮红法。年龄越小,血压越低。不同年龄儿童血压的正常值计算公式为:收缩压(mmHg)=80+(年龄×2),舒张压为收缩压的2/3。

3. 皮肤和皮下组织　应在自然光线下、在保暖的前提下检查皮肤的颜色、湿度、温度、弹性、有无水肿、皮肤损害等。

4. 淋巴结　淋巴结分布于全身,一般检查只能发现身体各部浅表淋巴结的变化。检查方法包括视诊和触诊,以触诊为主。颌下、颈部、耳后、枕部、腹股沟等部位尤其要认真检查。触及肿大的淋巴结时,应注意其大小、部位、数目、质地、有无粘连和 / 或压痛等。

5. 头部　观察头颅大小、性状,必要时测量头围;检查前囟大小、紧张度、有无凹陷或膨隆;观察有无特殊面容;观察有无眼睑水肿、下垂、眼球突出、结膜充血、眼分泌物;检查双外耳道有无分泌物、红肿;注意有无鼻翼煽动;观察口唇色泽、口腔内有无异常分泌物、疱疹、斑疹等;检查咽部有无充血、扁桃体是否肿大等。

淋巴结
检查视频

6. 颈部　观察有无斜颈等畸形,甲状腺是否肿大,气管是否居中,有无颈抵抗等。

7. 胸部　检查胸廓是否对称、有无畸形;观察呼吸频率、节律、深浅,听诊呼吸音是否正常;观察心前区有无隆起,触诊有无震颤,听诊心率、节律,注意有无杂音。

8. 腹部　观察有无肠型,新生儿脐部有无分泌物、出血、脐疝等;听诊肠鸣音;叩诊有无移动性浊音;触诊腹壁紧张度,检查有无压痛、反跳痛等。正常婴幼儿肝脏可以在肋缘下 1~2cm 触及,6~7 岁后应不能触及。

9. 脊柱和四肢　观察脊柱、四肢有无畸形,例如脊柱侧弯、"O"型腿、"X"型腿、手镯征、足镯征、杵状指等。

10. 会阴、肛门及外生殖器　观察有无畸形、肛裂等;注意女孩有无阴道分泌物、畸形;男孩有无隐睾、包皮过长等。

11. 神经系统　观察儿童的神志、精神状态、面部表情、反应灵敏度、动作与语言能力、行为等;检查新生儿是否存在觅食反射、吸吮反射、拥抱反射、握持反射;检查患儿是否有脑膜刺激征等。

为患儿进行身体评估时,评估者应态度和蔼,语言轻柔,以取得患儿配合。婴幼儿可让家长抱坐检查,或者竖抱婴幼儿伏在家长肩上,从其背后进行检查。评估者的手和用具要温暖,手法轻柔,技术娴熟动作迅捷。对较大儿童要注意保护隐私,不要过多地暴露身体。根据儿童的年龄特点及病情,可适当调整身体评估的顺序,如检查小婴儿时,在安静状态下行心肺听诊、腹部触诊、数呼吸脉搏等,而不受哭闹影响的项目放在后面,如检查皮肤、骨骼、口腔、咽部和眼结膜、角膜等。在急诊抢救时,先重点检查生命体征及与疾病相关的部位,边检查,边抢救,待病情稳定后再详细体检。此外,儿童身体评估还应包括实验室以及影像学检查的结果,具体可见各系统疾病患儿护理的相关章节。

（三）家庭评估

家庭是儿童生活的中心,家庭直接影响着儿童的成长和健康。因此,儿科护理工作者在对患病儿童进行评估的同时,应评估其家庭的结构与功能,包括:家庭组成、家庭成员的职业及教育情况、文化及宗教特色、家庭及社区环境、家庭成员的关系、角色、沟通交流以及家庭卫生保健功能等,同时应意识到家庭在孩子生活中的重要功能与作用,在照护患儿的过程中需要考虑患儿家庭成员的生理、心理、社会各方面的状况及其相互关系以提高其家庭功能,从而为患儿实施"以家庭为中心"的护理。

🔍 知识链接

以家庭为中心的护理

在"生理 - 心理 - 社会"医学模式的指导下,医学已由强调"治愈"转变为强调"关怀照顾",护理工作的范畴不再是单纯的疾病护理,而是扩展到了生理、心理、社会以及家庭的全方位护理,由此,"以家庭为中心的护理"的护理模式逐渐受到关注。

"以家庭为中心的护理"强调了家庭在健康促进过程中发挥的积极作用,其通过家庭成员与专业医护人员共同合作,进而促进家庭的整体健康。"以家庭为中心的护理"模式已逐渐应用于早产儿、急诊患儿、儿科重症监护患儿、慢性病患儿的护理中。临床实践证实,"以家庭为中心的护理"可以改善患儿的健康结局和医疗体验,可以减少医护人员的劳动力资源,增加患儿及家长的医学知识,增强患儿及家庭的信心与满意度。

第三节　住院患儿的心理反应及心理护理

住院无论对儿童还是对其家庭而言都是一项应激事件,对儿童身体和心理都会造成影响。除病痛之外,陌生的人群与环境、被扰乱的日常作息,以及侵入性检查、服药、注射等诊疗过程,都会导致住院患儿产生心理危机。因此,护理人员应充分了解每位住院患儿的心理特点及心理反应,针对性地提供护理,促使患儿尽快适应医院生活,减少住院对其身心的伤害。

一、不同年龄期儿童对患病与住院的理解及认识

由于认知水平与以往经历的不同,各年龄阶段儿童对患病与住院的认识有所差异。

1. 婴儿　6个月后的婴儿可以辨认其主要的照顾者,与父母分离、接触陌生人时会感到焦虑。因此,住院对婴儿是创伤性事件,尤其是父母不能在旁陪护时,会产生分离性焦虑。

2. 幼儿与学龄前期儿童　此期儿童能认识身体各个部位,但不知其功能。对疾病开始有所了解,但不知患病的原因,常将疾病与惩罚相联系,对疾病的发展及预后缺乏认识。此期儿童一般惧怕疾病或担心治疗破坏身体的完整性,怀疑被父母遗弃等。

3. 学龄期儿童　此期儿童已具备一定的抽象思维能力,对身体各部分功能的了解开始成熟,对疾病的真实病因有一定的认识,但尚不能用专门的术语表达。学龄儿童已具备较好的时间概念,理解父母会定期探望他们,因此,分离性焦虑程度相对较轻。

4. 青少年　青少年儿童的抽象思维能力进一步发展,知道疾病的发生与某些器官功能不良有关,能够用语言表达身体的不适,能理解疾病的治疗过程,并具有一定的自控能力,但患儿常常夸大疾病的严重程度,产生对死亡的恐惧。此外,青少年担心患病会影响其身体形象,以及隐私被侵犯等问题。

二、住院患儿的心理反应

(一)分离性焦虑(separation anxiety)

分离性焦虑是指儿童在与家人,尤其是母亲分离时,出现的极度焦虑反应。多见于婴儿中期至学龄前期的儿童,尤其是6个月~2.5岁的婴幼儿,分离性焦虑可分为三个阶段。

1. 反抗阶段（phase of protest） 患儿对与父母的分离表现出侵略性和攻击性的反应,此阶段可持续几小时至几天。较大婴儿的反应包括:哭闹不止,连续呼喊妈妈,抓住父母不放,避开和拒绝陌生人;幼儿的反应有:口头攻击,对陌生人的身体攻击,如踢、打、咬等,寻找父母,拒绝他人的劝阻、照顾。

2. 失望阶段（phase of despair） 患儿因找不到父母而悲伤、沮丧,停止哭泣,对周围事物失去兴趣。部分患儿出现退化行为,如吸吮手指或咬指甲、尿床等。这是患儿逃避压力常采用的一种行为方式。此阶段的持续时间因人而异。

3. 否认阶段（phase of denial） 长期与父母分离者可通过压抑对父母的感情,建立新的、浅显的关系来应对失落和痛苦情绪。患儿对周围的一切开始有较大的兴趣,以满不在乎的态度对待父母的探望或离去。一旦进入否认阶段,将对儿童产生难以扭转的不利影响。

（二）失控感（loss of control）

住院常导致患儿身体被束缚、日常生活规律被打乱、被强迫地依赖于他人等,从而使儿童感到失去了对身体的控制感,如强迫性的上床休息、使用轮椅或拐杖、按食谱进食等。同时,各种积极的感官刺激减少,而医院的各种声音、颜色、气味、身体侵入性刺激等过多,使患儿产生压抑、抑郁、敌意以及挫败感。

（三）身体伤害与疼痛反应

几乎所有的患儿对身体的损伤会产生恐惧,如害怕被截肢、身体被侵入、躯体外形被改变、无行动能力以及死亡等。不同年龄段的患儿对疼痛的反应有所不同,护理人员应能评估这些反应,并采取相应措施避免和减轻疼痛,减少对患儿的伤害。

三、不同年龄期住院患儿的心理护理

（一）婴儿

尽量让母亲护理患儿,减少彼此分离。护理人员要多与患儿接触,呼其乳名,多抚摸、搂抱、亲近患儿,满足患儿的生理需求。提供适宜的颜色、声音等感知觉刺激,减少不良环境刺激,协助患儿进行全身或局部的动作训练,维持其正常的发育。鼓励家长把患儿喜爱的玩具或物品放在床旁,以转移患儿的压抑及孤独感。

（二）幼儿与学龄前儿童

幼儿应尽可能设固定护士对其进行连续、全面的护理。了解患儿表达需求的特殊方式,尽量保持患儿住院前的爱好及生活习惯。允许患儿表达其反抗情绪,接受其退化行为,切不可当众指责。多与患儿交谈,创造与患儿能力相适宜的活动机会,促进其语言及各方面能力的发展。学龄前儿童则可通过帮助他们尽快熟悉周围环境和相关人员,减轻陌生感。根据患儿病情组织适当的游戏,使其有机会表达情感,克服恐惧和焦虑情绪,同时,以患儿容易理解的语言,介绍所患的疾病及治疗的必要性,使患儿确信住院不是惩罚,也不会对自己的身体构成威胁。鼓励患儿适当参与自我照顾,以增加自信心。

（三）学龄儿童

根据患儿的理解能力和需要,提供有关疾病及住院的知识,以取得患儿的信任。让患儿参与制订护理计划,给予选择机会。鼓励患儿每日坚持学习,并保持与同学的联系,共同交流学校及学习情况。进行体格检查及各项操作时,应注意保护患儿的隐私和自尊心。培养患儿的独立性,支持他们进行自我护理和个人卫生处理,促进其控制感发展。

（四）青少年

尊重患儿,以成人的方式对待他们,与其讨论健康状况及住院的感受,保护他们的隐私,建立良好的护患关系,注重健康教育。在进行治疗护理措施前,给予充分的解释,提供部分的选择权。与患儿及其家长共同制订作息表,合理安排治疗、学习及娱乐时间。鼓励青少年与同伴、老师保持联系,维持正常的社交活动,减轻其自卑感和退缩行为。

思政元素

"护士妈妈"大爱无疆,守护儿童健康成长

2020 年伊始,一场突如其来的新型冠状病毒肺炎疫情使年仅 2 岁的颖欣(化名)小朋友住进了隔离病房,爸爸与妈妈因为没有被感染不能进入隔离病房陪护颖欣。刚入病房的第一天,颖欣向护士哭喊着要妈妈,静脉穿刺时哭闹更厉害甚至出现踢护士现象,夜间睡觉时因为想妈妈在梦中哭醒了数次。病房的护士"妈妈"们深知颖欣在承受疾病带来的痛苦同时,还经历着与妈妈分离的焦虑。于是,护士"妈妈"们不惧感染,勇于投入到与颖欣一起抗击病魔的战斗中。护士"妈妈"们每个班次都需要在重重的防护服的包裹下连续工作 6 小时,上班期间克服不能喝水、不能吃饭、不能上厕所等困难,全身经常被防护服里的汗水浸湿。然而,这些困难都没有阻挡她们对颖欣的精心照护,不仅对颖欣进行全面的疾病护理,还主动照护她的日常起居与情绪,白天忙完工作后轮流来到病床前与她说话,陪她玩游戏,给她读绘本,鼓励她按时吃饭,夜间睡觉时护士"妈妈"经常拍着她的小肩膀说:"妈妈来了,妈妈就在宝宝身边,宝贝睡吧",颖欣渐渐地进入梦乡。

护士"妈妈"们的爱心、耐心、无私与奉献,持续温暖、滋润着颖欣的幼小心灵,使她感受到了妈妈般的爱与关怀,她哭闹逐渐少了,开心的笑容逐渐多了。经过 2 周的精准治疗与护理,颖欣的呼吸道感染症状消失了,新型冠状病毒核酸检测呈阴性,达到了出院标准。当看到妈妈来医院迎接颖欣回家时,护士们露出了欣慰的笑容。护士"妈妈"们虽然不是颖欣的母亲,却胜似母亲,她们有着阳光般的温暖与璀璨,她们就是颖欣宝贝最亲的护士"妈妈"。

第四节　住院患儿的临终关怀及家庭情感支持

临终关怀(hospice care)是指当患儿处于疾病终末期、无法治愈的状态时,针对患儿临终全过程以及家长开展的积极性、整体性的护理,其工作的重点为缓解临终患儿的痛苦、提高生命最后阶段的生活质量,使患儿有尊严地死亡。临终关怀是舒缓治疗的特殊形式,临终关怀的目标人群是临终期的患者。在临终患儿的照护过程中,父母、祖父母、外祖父母、兄弟姐妹的作用无人可替代。他们看着患儿一步步走向临终,自己也承受着巨大的痛苦,随着患儿病情逐渐加重,常常陷入极度悲伤,甚至感到失去生活的意义。因此,护理人员在精心照护患儿的同时,更要理解患儿家庭成员的心理感受,及时给予情感支持,帮助他们安全度过心理障碍期。

📖 **知识链接**

儿童舒缓治疗

世界卫生组织（World Health Organization，WHO）将儿童舒缓治疗定义如下：自确立患儿疾病诊断起，儿童舒缓治疗便开始实施并持续于患儿的整个病程。舒缓治疗提供者需要给予患儿身体、心理、社交与精神各方面的积极照护，同时包含对患儿家庭的支持；舒缓治疗需要多学科间的合作，可以在医院、社区卫生服务中心或者患儿的家中实施。与成人安宁疗护相比，儿童舒缓治疗服务的疾病谱较广泛，还可针对非恶性的限制患儿生命的情况，具体如下：①患有危及生命、可以治疗但是可能会失败的疾病，例如癌症、器官衰竭等。②需要长期强化治疗以延长生命，但是仍可能过早死亡的疾病，例如肌营养不良等。③只能进行舒缓治疗、可存活数年的进展性疾病，例如：黏多糖病等。④严重神经系统缺陷性疾病，例如脑性瘫痪等。研究证实，儿童舒缓治疗可以改善患儿生存质量，节省医疗支出，提高医疗资源利用率。

一、住院患儿的临终关怀

（一）临终患儿的心理反应

临终患儿的心理反应与其对死亡的认识和理解有关，不同年龄段的患儿对死亡的理解不同。婴幼儿尚不能理解死亡的含义，至学龄前期仍不清楚死亡的概念，把死亡看作是暂时的、可逆的，或是一种惩罚，甚至可与睡眠相混淆。学龄期儿童才开始认识死亡，能理解死亡是不可逆的、无法改变的，而且是十分可怕的，对自己及亲友的死亡感到无法理解。因此，患儿难以忍受的往往是疾病和治疗的痛苦及与亲人的分离，而不是死亡的威胁。随着心理的发展，青春期少年逐渐懂得死亡是生命的终结，是不可逆的、普遍的、必然要发生的，对死亡有了和成人相似的概念，在面临死亡时会有恐惧死亡和死亡前痛苦的表现。

（二）临终患儿的护理要点

1. 为临终患儿营造一个安静、舒适的家庭式环境氛围。病室内的家具和设备尽量贴近日常生活，允许患儿将自己喜爱的玩具带到病室内摆放、玩耍，同时给父母和其他家庭成员更多的时间和空间陪伴患儿，允许并鼓励父母参与患儿的照顾与日常护理。

2. 为临终患儿采取缓解躯体痛苦的措施，满足其生理需要。协助患儿取舒适体位，进行各项护理操作时注意动作轻柔、时间集中。遵循家长意愿，为患儿停用所有的有创操作，包括穿刺、插管等，去除患儿面部粘贴的胶布和身体上的导管、导线，保持患儿皮肤清洁、干燥。当临终患儿出现疼痛时，可以给予音乐、按摩、拥抱、讲故事、游戏的护理方法，必要时遵医嘱给予对乙酰氨基酚、布洛芬或者阿片类药物。若临终患儿因呼吸道分泌物积聚出现呼吸困难，应及时清除，或者遵医嘱给予抗胆碱能药物，增加患儿的舒适度。

3. 为临终患儿采取减轻心理痛苦的各项措施，满足其心理需要。根据情况，可鼓励父母循序渐进地、与年龄相适应地告知患儿实情，父母和护士应经常询问和聆听患儿的需求和想法，尽量满足患儿要求，帮助患儿在最后的生命阶段建立较佳的心理状态。当临终患儿出现不安、易怒、哭泣、言语混乱等焦虑心理时，护士应确保患儿安全，同时积极寻找患儿焦虑的原因，采取减轻焦虑的护理措施，例如，平静地聊天、身体按摩、精神支持，必要时遵医嘱给予苯二氮䓬类或抗神经病类药物。

二、对临终患儿家庭的情感支持

医生在私密环境下向家庭成员介绍临终患儿的现状、生存的可能性、目前接受的治疗和护理,说明即将实施的临终治疗与护理的利弊,征求家庭成员尤其是父母的需求与疑问。鼓励家庭成员叙述自己内心的感受,主动为家长提供宣泄自责、悲伤等不良情绪的场所,适时给予安慰、支持。对于家长因情绪不良而出现的一些过激言行,应给予理解和包容。针对家长提出的合理要求,可尽量予以满足,例如,抱抱患儿,抚摸患儿,保留患儿的遗物,在临别时光照顾患儿,给患儿穿上富有特殊含义的衣服等。

患儿死亡后,向家庭成员征求患儿尸体的处理方式,尊重其家庭的宗教文化习俗;陪同并给予家长恰当的劝慰和同情;鼓励父母哭泣,宣泄内心的痛苦;允许并不打扰父母对已故患儿进行最后照料;提供充足的时间和空间给家庭成员与孩子进行告别;向家庭赠送孩子住院相关的纪念品、照片等。条件允许的情况下,提供点对点的情感支持,例如同伴支持项目,指导死亡患儿家庭渡过难关。

第五节　儿童疼痛评估与管理

疼痛是儿科常见的症状之一,由于中枢神经系统缺乏对疼痛的有效抑制,造成儿童所经历的疼痛较成人更为剧烈,此外,既往的疼痛经历也会产生长期不良影响。因此,医护人员应积极进行儿童疼痛的评估与管理。

> **知识链接**
>
> ### 早产儿经历新生儿期操作性疼痛对后期神经行为发育的影响
>
> 世界卫生组织(World Health Organization,WHO)报道,全球每年约有1 500万早产儿出生。其中,中国早产儿发生率为7.8%,位居全球第二。由于医学的进步和科学技术的发展,使得早产儿在新生儿期得以存活下来。然而,对于这些早产儿的医学和护理的诊疗措施也包含了频繁、反复的致痛性操作。我国的调查数据显示,足月儿在NICU住院期间经历了50余次致痛性操作,而早产儿由于先天性不成熟和疾病影响,经历的致痛性操作次数高达100次。这些致痛性操作会对早产儿日后神经行为发育造成不良影响。国内外研究发现,新生儿期操作性疼痛可引发婴儿期认知功能、运动功能下降以及内向性行为增加,甚至可以造成学龄期脑功能区微结构异常、智力水平低下、学习障碍、注意力不集中和社会心理问题等。因此,新生儿期疼痛管理对早产儿后期神经行为发育至关重要。

一、儿童疼痛的评估内容

1. 疼痛的原因　包括内在因素(如疾病、创伤或手术等)和外在因素(如环境、体位、约束等)。

2. 目前疼痛情况　包括疼痛的部位、持续时间、性质及程度,患儿对疼痛的表达方式、疼痛伴随症状、影响疼痛的因素及疼痛对患儿的影响等。

3. 以往疼痛经历　既往疼痛发生情况、对疼痛的反应及缓解方法等。

4. 家长对患儿疼痛的反应　患儿父母对疼痛的评价及应对方式等。

二、儿童疼痛的评估方法

主要有三方面的评估：自我描述、生物学评估和行为学评估。疼痛是一种主观感受，自我描述是其最佳评估方式，但由于儿童的认知功能、语言表达技能尚未发育完善，因此，临床上常需进行生物学及行为学评估。同时，评估应持续规律进行，定时记录镇痛效果。

（一）自我描述法

目前公认评估疼痛的"金标准"是儿童对自己所经历痛苦的表达（即自我描述）。患儿在1.5 岁左右即可用语言描述疼痛，但不能描述疼痛的强度及类型；3~6 岁儿童可对疼痛程度进行较为细致地描述，能确认疼痛部位及强度，但有时会否认疼痛，或认为疼痛较他人明显；7~9 岁学龄儿童能陈述疼痛的生理特点；10~12 岁儿童能更有特点地描述疼痛，并能表达其内心痛苦；13~18 岁青少年因既往经验而对疼痛描述得更准确，但由于特定情况下不同的需要，儿童的自我描述会带有一定的倾向性。

（二）生物学评估法

对于不能用语言表达的患儿，可以通过测定生理参数（心率、呼吸、血压）来评估疼痛。疼痛时主要表现为交感神经系统和肾上腺系统的兴奋，可引起心率加快、血压升高、呼吸频率加快、体温升高、表情痛苦、肌肉紧张、掌心出汗、肤色改变、脉搏及血氧饱和度下降等变化。但是，这些生理指标易受感染、发热、血容量等影响，需进行综合、多方位的评估。

（三）行为学评估法

通过面部表情、肢体运动和自主反应进行综合评价，适用于任何年龄，是新生儿、4 岁以下婴幼儿、智力残疾儿童主要的疼痛评估方法。如 6 个月以下的婴儿疼痛时表现为身体扭动、下颌抖动、表情痛苦、喂养困难；6~12 个月婴儿则表现为对外界刺激反应减退、表情痛苦、易激惹、睡眠间断；幼儿疼痛时出现局部退缩、全身抵抗、有攻击行为、睡眠间断；学龄前儿童表现为用身体和语言进行攻击，有挫折感；7~9 岁学龄儿童则出现消极抵抗、握拳、感情退化、乞求；10~12 岁儿童可表现为紧张及焦虑，或为显示其勇敢而假装舒适；青少年则以社会所接纳的方式来表达疼痛，行为有控制。行为学评估是自我描述的重要补充，它适合于短期锐痛的评估，但对长时间持续性疼痛的评估并不成熟。

三、儿童疼痛的评估工具

使用疼痛评估工具可以对患儿是否存在疼痛和疼痛的程度做出评估，目前主要使用的评估工具可通过三种方式进行，即自我描述、观察法和生理学参数测定。常用的评估工具种类较多（表 6-1），在选用评估工具时应注意患儿的年龄和疾病状况，也可联合多种工具以提高评估的准确性。

表 6-1　疼痛评估工具

评估工具	适用年龄	评估项目	适用范围
CRIES 术后疼痛评分	32 孕周以上的新生儿	哭泣，SPO_2 达 95% 以上时对氧浓度的需求，心率和血压，表情，入睡情况	评估术后疼痛
FLACC 量表	2 个月 ~7 岁	表情、哭闹、腿部动作、活动度、可安慰性	评估术后疼痛
新生儿面部编码系统（NFCS）	早产儿和足月新生儿	皱眉、挤眼、鼻唇沟加深、张口、嘴垂直和水平伸展、舌呈杯状、下颌颤动、嘴呈 O 形、伸舌（仅用于评估早产儿）	评估急性短期疼痛，如静脉穿刺

续表

评估工具	适用年龄	评估项目	适用范围
儿童疼痛观察评分标准（POCIS）	1~4 岁	表情，哭泣，呼吸，身体、手臂、手指、腿和脚趾的紧张程度，觉醒程度	评估急性和慢性疼痛
面部表情法修订版（FPS-R）	4~16 岁	评估者向患儿描述疼痛程度与图片中面部表情的关系，患儿从中选择能代表自己疼痛程度的脸（图 6-1）	评估急性和慢性疼痛，特别适合急性疼痛
新生儿疼痛评估量表（NIPS）	早产儿和足月新生儿	面部表情、哭闹、呼吸类型、上肢动作、腿部活动和觉醒状态	评估操作性疼痛
东安大略儿童医院疼痛评分表（CHEOPS）	1~7 岁	哭闹情况、面部表情、疼痛的语言表达、躯体的紧张程度、对于疼痛点的反应、腿部活动	评估手术及致痛性操作疼痛
早产儿疼痛评分表修订版（PIPP-R）	早产儿和足月新生儿	胎龄、心率、血氧饱和度、行为状态、面部怪相（皱眉、挤眼和鼻唇沟）	评估新生儿急性疼痛

图 6-1　疼痛评估脸谱

使用时应先向患儿解释每张脸谱所代表的含义：①0 分：很高兴，因为一点不痛；②1 分：有一丁点儿痛；③2 分：有多一点儿痛；④3 分：疼痛更多；⑤4 分：整个都痛；⑥5 分：要多痛有多痛。解释后要求患儿选择最能满足他的感觉的脸谱，描述疼痛的性质和时间等。

四、儿童疼痛的护理

儿童理想的疼痛控制主要集中于两点：①适当地选择和使用镇痛药；②改善所有加重疼痛的因素，即药物性干预和非药物性干预。因此，在疼痛的管理中，护理人员不仅要评估患儿疼痛的性质和程度，还应协助医生为儿童缓解疼痛。

（一）药物干预疼痛的护理

1. 根据医嘱给予患儿止痛药　可以用于儿童疼痛控制的药物包括非阿片类药物和阿片类药物。非阿片类药物，例如对乙酰氨基酚和非甾体类抗炎药物如布洛芬，是世界卫生组织疼痛处理的一线药物，作用于周围神经系统，适用于轻度至中度的疼痛，可采用口服法或经肛用药；12 岁以下的患儿不能用阿司匹林，以防发生瑞氏综合征（Reye syndrome，RS）。阿片类药物如吗啡、可待因、芬太尼等，作用于中枢神经系统，适用于中度至重度的疼痛，可采用口服法、经肛法、肌内注射法或静脉注射法给药。

2. 密切观察止痛药的不良反应　儿童肝脏功能不成熟，易产生药物的副作用，如呼吸抑制、镇静、恶心、呕吐、口干、便秘等。此外，临床研究发现，新生儿时期使用大剂量的阿片类药物会影响儿童认知与运动的发育。因此，在给予患儿使用止痛药时，应严格核对药物的剂量、用药途径及滴速，备好止痛药的拮抗剂，观察药物的副反应，减少药物对中枢神经系统的毒副作用。

3. 动态评估患儿的疼痛程度，观察止痛药的疗效。

4. 向其他医务人员（如医生、麻醉师等）提供患儿疼痛方面的信息，及时调整药物剂量或种类。

（二）非药物干预疼痛的护理

非药物干预疼痛的方法主要包括认知行为疗法（包括放松疗法、分散注意力、正向鼓励法等）与生物物理疗法（冷热疗法、按摩疗法等）。下面介绍其中的几种方法：

1. **家长参与**　在疼痛的管理中，应取得家长的配合，指导和鼓励他们参与疼痛的评估，给予患儿充分的关心和解释，多抚摸、搂抱患儿。

2. **转移注意力**　不同年龄期儿童神经心理发育具有不同的特点，因此，对各年龄期儿童采用转移注意力的方法有差异。

（1）新生儿和婴儿：可以采用袋鼠式护理、非营养性吸吮、拥抱、摇晃、轻拍或用柔软的毯子包裹的方法转移注意力减轻疼痛。

（2）幼儿和学龄前期儿童：可以采用吹肥皂泡、玩新奇的玩具、唱歌、听音乐、讲故事、观看动画片等方法减轻疼痛。

（3）学龄期儿童和青少年：可以采用玩掌上型电动玩具、玩电子游戏、观看儿童影剧等方法减轻疼痛。

3. **放松疗法**　肌肉紧张可加剧疼痛。在疼痛出现时，尽量让患儿放松全身肌肉和松开拳头，进行有规律的深呼吸或活动腿部，从而自然地放松身体其他区域，以减轻疼痛刺激。

4. **冷热疗法**　热敷可扩张血管，促进血液循环，以解除肿胀压迫神经末梢引起的疼痛。在急性损伤 24 小时内用冷敷法，以减轻局部出血，并降低疼痛的传导速度。

5. **糖溶液或母乳**　18%~24% 的蔗糖溶液、5%~10% 的葡萄糖溶液或者母乳可以减轻新生儿疼痛。但是，超低出生体重儿及血糖水平不稳定的婴儿须谨慎使用蔗糖溶液或葡萄糖溶液。

第六节　儿童用药特点和护理

药物是治疗疾病的一个重要手段，但药物的过敏反应、副作用和毒性作用常对机体产生不良影响。生长发育中的儿童因器官功能发育尚不够成熟，对药物的不良反应较成年人更为敏感。所以，护士要掌握儿童用药的特点，保证药物治疗的合理性与安全性。

一、儿童用药特点

（一）药物在组织内的分布及儿童对药物的反应因年龄而异

如巴比妥类、吗啡、四环素在幼儿脑组织中浓度明显高于年长儿。吗啡对新生儿呼吸中枢的抑制作用明显高于年长儿，未成熟儿对麻黄碱的升压作用反应迟钝等。

（二）肝脏解毒功能不足

儿童肝脏功能尚未发育成熟，特别是新生儿和早产儿，肝脏酶系统发育欠佳，影响药物的代谢，药物的半衰期延长，增加了药物的血药浓度和毒性作用。

（三）肾脏排泄功能不足

新生儿，特别是未成熟儿的肾功能尚不成熟，药物及其分解产物在体内滞留的时间延长，会增加药物的不良反应。

（四）先天遗传因素

要考虑家族中有遗传病史的患儿对某些药物的先天性异常反应；对家族中有药物过敏史者要慎用某些药物。

二、儿童药物选择与护理

选择用药的主要依据是儿童年龄、病种和病情,同时要考虑儿童对药物的特殊反应和药物的远期影响。

(一) 抗生素

既要掌握抗生素的药理作用和用药指征,更要重视其不良反应。儿童慎用抗生素。

(二) 肾上腺皮质激素

短疗程常用于过敏性疾病、重症感染性疾病等,长疗程则用于治疗肾病综合征、血液病、自身免疫性疾病等,哮喘、某些皮肤病则提倡局部用药。在使用中必须重视肾上腺皮质激素的不良反应。病毒感染性疾病,如水痘患儿一般禁用肾上腺皮质激素,以防病情加重。

(三) 退热药

发热为儿童疾病的常见症状,一般不用阿司匹林类药物,以防发生瑞氏综合征。发热患儿大多使用对乙酰氨基酚(扑热息痛)或布洛芬退热,可反复使用,但剂量不可过大,一般间隔至少4~6小时。使用退热药后,护士需注意观察患儿体温和出汗情况,必要时遵医嘱给予补充液体。婴儿发热多采用物理降温,不宜过早、过多使用退热药。

(四) 镇静止惊药

在患儿高热、烦躁不安、剧咳不止等情况下可给予镇静药。发生惊厥时可用苯巴比妥、地西泮、水合氯醛等止惊,使用时应注意观察患儿呼吸情况,以免发生呼吸抑制。

(五) 镇咳平喘药

婴幼儿一般不用镇咳药,多用祛痰药口服或雾化吸入,使分泌物稀释、易于咳出。哮喘患儿提倡局部吸入 β_2 受体激动剂类药物,必要时也可用茶碱类,但新生儿、小婴儿慎用。

(六) 止泻药与泻药

对腹泻患儿不主张用止泻药,除用补液疗法防治脱水和电解质紊乱外,可用保护肠黏膜药物,或辅以含双歧杆菌或乳酸杆菌的制剂以调节肠道微生态。便秘一般不用泻药,可调整饮食或采用松软大便的通便法。

(七) 乳母用药

阿托品、苯巴比妥、水杨酸盐等药物可经母乳影响哺乳婴儿,应慎用。

(八) 新生儿、早产儿用药

幼小婴儿的肝、肾等代谢功能均不成熟,不少药物易引起不良反应,如磺胺类药、维生素 K_3 可引起高胆红素血症,氯霉素可引起"灰婴综合征"等,故应慎用。

三、儿童用药剂量计算

儿童用药剂量较成人更须准确,可按以下方法计算。

(一) 按体重计算

按体重计算是最常用、最基本的用药剂量计算方法。

$$每日(次)剂量 = 患儿体重(kg) \times 每日(次)每千克体重所需药量$$

患儿体重以实测值为准,年长儿按体重计算,超过成人量则以成人量为上限。

(二) 按体表面积计算

因体表面积与基础代谢、肾小球滤过率等生理过程关系更为密切,所以按体表面积计算剂量更准确,但方法较按体重计算复杂。

≤30kg,儿童体表面积(m^2)=体重$(kg)\times0.035+0.1$;

>30kg,儿童体表面积(m^2)=[体重$(kg)-30$]$\times0.02+1.05$。

（三）按年龄计算

按年龄计算用于剂量幅度大、不需十分精确的药物,如营养类药物等。

（四）按成人剂量折算

儿童剂量 = 成人剂量 × 儿童体重(kg)/50,此法仅用于未提供儿童剂量的药物,所得剂量偏小。

采用上述任何方法计算的剂量,须与患儿具体情况相结合,才能得出比较确切的药物用量,如新生儿或小婴儿肾功能较差,一般药物剂量宜偏小,但对新生儿耐受较强的药物,如苯巴比妥,则可适当增大用量;重症患儿用药剂量宜比轻症患儿大;须通过血-脑屏障发挥作用的药物,如治疗化脓性脑膜炎的磺胺类药或青霉素类药物剂量也应相对增大。用药目的不同,剂量也不同,如阿托品用于抢救中毒性休克时的剂量要比常规剂量大几倍到几十倍。

四、给药方法

根据年龄、疾病及病情选择给药途径、药物剂型和用药次数,以保证药效和尽量减少对患儿的不良影响。

（一）口服法

口服法是最常用的给药方法。神志不清、昏迷患儿可用鼻饲法给药。婴幼儿用糖浆、水剂、冲剂较好,或将药片捣碎后加糖水吞服。年长儿童可用片剂或丸剂。

（二）注射法

注射法比口服法奏效快,但对儿童刺激大,肌内注射次数过多可造成臀肌挛缩、影响下肢功能,应尽量减少不必要的注射给药。肌内注射部位多选择臀大肌外上方。静脉推注多在抢救时应用,推注时速度要慢,并密切观察,避免药液外渗。静脉滴注在临床应用较广泛,需根据年龄、病情调节滴速,必要时使用静脉输液泵。

（三）外用药

以软膏居多,也可用水剂、混悬剂、粉剂等。要避免儿童用手抓摸药物,误入眼、口以致引起意外。

（四）其他方法

雾化吸入常用;灌肠法儿童采用不多,可用缓释栓剂;含剂、漱剂多用于能合作的年长儿。

第七节　儿童疾病的饮食护理

儿童患病期间合理的膳食安排,既能满足患儿的生长发育需求,又有助于疾病的治疗和康复,而不当的饮食可加剧病情,甚至危及生命。因此,医务人员应根据患儿的年龄、疾病、病情及饮食习惯合理安排儿童的饮食。

一、医院膳食的种类

（一）一般膳食

1. 普通饮食　饮食性质、形状与正常儿童的饮食基本相同,为易消化、营养丰富、热能充足的食物。适用于一般情况良好、恢复期的患儿。

2. 软食　为细、软、烂的食物,如软饭、稠粥、馒头等,适合消化功能未完全恢复或咀嚼能力弱的患儿。

笔记栏

3. 半流质饮食　食物细软、呈半流质状态,如粥、面条、馄饨、蒸蛋羹等。适合于消化功能弱、不能咀嚼吞咽固体食物的患儿。

4. 流质饮食　食物呈液体状,如牛奶、豆浆、米汤、果汁、菜汁等。适合高热、消化系统疾病、急性感染、胃肠道手术后患儿,亦可用于鼻饲,但不宜长期使用。

5. 乳品　属流质饮食,除纯牛乳外还包括:①稀释乳:供新生儿、早产儿食用;②脱脂奶:供腹泻时或消化功能差者短期食用;③酸奶:供腹泻及消化力弱的患儿食用;④豆奶:适用于乳糖吸收不良和牛乳过敏的儿童;⑤无乳糖奶粉(不含乳糖,含蔗糖、葡萄糖聚合体、麦芽糖糊精、玉米糖浆):长期腹泻、有乳糖不耐受的婴儿;⑥低苯丙氨酸奶粉:用于确诊为苯丙酮尿症的婴儿。

(二) 治疗饮食(特殊膳食)

因疾病需要选择的膳食,包括:高蛋白饮食、低蛋白饮食、低盐或无盐饮食、少渣饮食等。

1. 高蛋白饮食　适用于营养不良、严重贫血、消耗性疾病(如结核病)等患儿。可在正常饭菜中增加优质蛋白质供给,如每餐加荤菜 1 份,或两餐间加牛奶、鸡蛋等。

2. 低蛋白饮食　一般用于急性肾炎早期、肾功能不全甚至衰竭的患儿。在限量范围内要求适当选用优质蛋白。

3. 低盐或无盐饮食　适用于肾炎、肾病综合征、心力衰竭等疾病出现水肿的患儿。低盐饮食者,每日供给盐小于 1g,忌食含盐量高的腌制食品,如咸菜、皮蛋、腐乳等。无盐饮食者,除无盐外,每日食物中自然存在的钠盐含量限制在 0.5g 以下。

4. 少渣饮食　适用于急慢性肠炎、肠道手术前后、伤寒等患儿。饮食中限制膳食纤维的量,且少油,如粥、蛋类、乳类等。

(三) 试验饮食

指在特定的时间内,通过对饮食内容的调整,协助疾病的诊断和提高检查结果的准确性的一种饮食。

1. 隐血试验饮食　连续 3 天禁食肉类、动物血、绿色蔬菜等食物以及含铁药物,用于大便隐血试验的准备,以协助诊断有无消化道出血。

2. 胆囊造影饮食　造影前 1 天中午进高脂肪餐,晚餐进低脂肪餐,次晨早餐禁食、禁水,第一次摄片如胆囊显影良好,可进高脂肪餐。适用于检查胆囊和胆管的功能。

3. 干膳食　指摄入含水分少的食物,如馒头、米饭、肉等,用于尿浓缩功能检查和 Addis 计数等。

二、膳食护理

护理人员应按医嘱定时、保质、保量地发放饮食,及时记录患儿用餐情况。协助母乳喂养母亲继续喂哺婴儿;人工喂养者应按浓度比例准确配制乳品,督促家长做好奶具的消毒工作;年龄稍大的患儿可围坐圆桌集体进餐,以减轻焦虑增进食欲。餐前、餐后应避免进行治疗操作。同时,护士应保持与营养师的联系,及时反馈儿童进食情况,以便营养师及时调整食谱。

第八节　儿童体液平衡特点和液体疗法

体液是人体的重要组成部分,体液平衡包括维持水、电解质、酸碱度和渗透压的正常,主要依赖于神经、内分泌系统和肺、肾脏等器官的调节。维持液体平衡非常重要。疾病、外界环境的剧烈变化可引起体液紊乱。由于儿童体表面积相对较大,体液代谢又较旺盛,而肾脏、呼吸和缓冲系统的调节功能较差,故易发生水、电解质紊乱,严重者可危及生命,临床需及时给予液体疗法纠正,护理实践中应根据患儿症状、体征、实验室检查及出入量等综合判断患儿体液紊乱的程度和性质及液体疗法的效果。

一、儿童体液平衡的特点

(一)体液的分布和组成

体液分布在血浆区、间质区和细胞内区。在血浆区、间质区的为细胞外液,在细胞内区的为细胞内液。按体液占体重的百分比计算,体液总量及分布与年龄有关。年龄越小,体液总量相对越多,这主要是间质液比例较高,而血浆与细胞内液量的比例与成人接近(表6-2)。细胞内液和细胞外液的电解质组成有显著的差别,细胞内液的电解质成分依组织类型不同而异,而细胞外液的电解质成分能通过血浆精确地测定。儿童体液的电解质组成除出生数天的新生儿(血钾偏高)外基本与成人相似。正常血浆阳离子主要为 Na^+、K^+、Ca^{2+} 和 Mg^{2+},其中 Na^+ 含量占该区阳离子总量的 90% 以上,对维持细胞外液的渗透压起主导作用,因而,Na^+ 含量是脱水性质估计和液体疗法中补液张力重点考虑的指标。

表6-2 不同年龄的体液分布(占体重的)%

年龄	细胞内液	细胞外液		体液总量
		间质液	血浆	
足月新生儿	35	37	6	78
1岁	40	25	5	70
2~14岁	40	20	5	65
成人	40~45	10~15	5	55~60

(二)儿童水代谢的特点

1. 水的需要量大,交换率高 水的需要与新陈代谢、摄入热量、食物性质、经肾排出的溶质量、不显性失水、活动量等有关。由于儿童生长发育快、新陈代谢旺盛;摄入热量、蛋白质和经肾排出的溶质量均高;体表面积大、呼吸频率快,故不显性失水多;细胞、组织增长需蓄积水分也可增加水的摄入。因此,按体重计算,年龄越小,每日出入水量相对越多,婴儿每天排出量为细胞外液量的 1/2,而成人每天约为 1/7,故儿童较成人易发生体液紊乱。

2. 体液平衡调节功能不成熟 正常情况下水的排出量主要依赖肾脏的浓缩和稀释功能来调节,上述调节作用对于细胞外液的容量与成分的稳定有重要作用。儿童年龄愈小,肾脏的浓缩功能越不成熟,新生儿及小婴儿只能使尿液浓缩到 700mOsm/L(比重 1.020),而成人可达 1 400mOsm/L(比重 1.035)。因此,儿童在排泄同等量溶质时所需水量较成人多,因而尿量相对较多。儿童肾脏的稀释功能不成熟,肾小球滤过率低,水的排泄速度慢,若摄入水量过多,易致水肿和低钠血症;儿童年龄越小,肾脏排钠、排酸、产氨能力越差,易发生高钠血症和酸中毒。

二、儿童常见的体液紊乱类型

(一)脱水

脱水是指水分摄入不足或丢失过多所造成的体液总量尤其是细胞外液量的减少,脱水时除水分丢失外,还伴有钠、钾和其他电解质的丢失。体液减少的多少可用脱水程度来表示,丢失水分与电解质的比例可用脱水性质来表示。

1. 脱水程度　指患病以来累积的体液丢失量,以丢失液体量占体重的百分比表示。一般可通过询问病史及根据对生命体征、前囟的凹陷程度、皮肤黏膜的干燥程度、皮肤灌注与弹性、尿量等临床情况综合分析判断,将脱水分为轻度、中度、重度(表6-3)。脱水性质对脱水程度的估计有影响,相对而言,同样失水程度下,低渗性脱水其脱水程度更重。另外,营养不良患儿脱水程度易估计过高(因皮下脂肪少,皮肤弹性差),而肥胖儿同等情况下脱水程度易估计过低,临床实践中应予注意。

表6-3　脱水的临床表现与分度

	轻度	中度	重度
心率增快	无	有	有
脉搏	可触及	可触及(减弱)	明显减弱
血压	正常	直立性低血压	低血压
前囟凹陷	无	轻度	明显
黏膜干燥	无	轻度	明显
皮肤弹性降低	无	轻度	明显
皮肤灌注减少	无	无	有,出现花纹
眼泪	有	有或无	无
尿量	正常	少尿	严重少尿或无尿
呼吸	正常	深,也可以快	深和快
失水占体重百分比(ml/kg)	5%以下(30~50)	5%~10%(50~100)	10%以上(100~120)

2. 脱水性质　指现存体液渗透压的改变。不同原因引起的脱水,水与电解质(主要是钠)丢失的比例不同,导致体液渗透压发生相应改变。临床上将脱水性质分为等渗性脱水、低渗性脱水和高渗性脱水三种类型,其中以等渗性脱水最多见。腹泻引起的脱水多为低渗性或等渗性脱水,高热、严重哮喘的患儿有可能发生高渗性脱水。由于钠离子是决定细胞外液渗透压的主要成分,脱水性质可按血清钠离子浓度而定,也可依据病史、临床表现的特点来综合判断。相对而言,低渗性脱水细胞外液丢失更多,更容易发生休克;而高渗性脱水细胞内液丢失多,口渴、尿量减少、皮肤黏膜干燥更明显。

(1)等渗性脱水(isotonic dehydration):水和电解质成比例地丢失,血清钠130~150mmol/L,脱水后仍呈等渗状态,丢失的体液主要是细胞外液。多见于急性腹泻、呕吐、胃肠液引流等所致的脱水。

(2)低渗性脱水(hypotonic dehydration):血清钠<130mmol/L,电解质的丢失多于水分的丢失,脱水后体液呈低渗状态,导致水分由细胞外向细胞内转移,造成细胞内水肿。多见于营养不良患儿伴慢性腹泻或摄入钠盐极少时。临床表现为脱水症状重,较早发生休克;严重低钠者可有脑细胞水肿,出现嗜睡、惊厥或昏迷等神经系统症状。

(3)高渗性脱水(hypertonic dehydration):血清钠>150mmol/L,水分的丢失多于电解质的丢失,脱水后细胞外液呈高渗状态,致细胞内的水分向细胞外转移,造成细胞内脱水。多见于高热等造成不显性失水增多而补充水分不足的情况。临床特点为患儿口渴明显、尿量锐减、机体产生脱水热及神经系统兴奋征象(烦躁不安、惊厥),但脱水体征往往不明显。

(二)酸碱和电解质平衡紊乱

1. 酸中毒和碱中毒　正常情况下血液的pH维持在7.35~7.45,若pH<7.30称为酸中毒;

pH>7.45 称为碱中毒。临床可根据发病原因、临床表现结合血气分析综合判断。

（1）代谢性酸中毒：最多见。主要病因有腹泻、严重感染尤其伴发休克、缺氧、肾功能不全、糖尿病酸中毒等。根据测定血液 HCO_3^- 临床将其分为轻度酸中毒（13~18mmol/L）、中度酸中毒（9~13mmol/L）、重度酸中毒（<9mmol/L）。轻度酸中毒症状一般不明显，典型代谢性酸中毒多为中 - 重度酸中毒，临床表现为呼吸深、快，口唇呈樱桃红色，患儿精神萎靡，昏睡、昏迷，有时伴有腹痛、呕吐等。新生儿、小婴儿往往临床表现不典型，多表现为精神萎靡、面色发灰等。

（2）代谢性碱中毒：多见于严重呕吐，如先天性肥大性幽门狭窄，严重的低血钾等，表现为呼吸浅慢、烦躁、头痛、手足麻木，有时伴手足抽搐、低钾血症等。

（3）呼吸性酸中毒：儿童亦较常见，主要见于严重的呼吸系统疾患或中枢神经系统疾患引起的呼吸障碍，进一步导致体内二氧化碳潴留和高碳酸血症，患儿表现为精神萎靡甚至昏迷，缺氧为突出症状。

（4）呼吸性碱中毒：可因剧烈哭吵、高热、水杨酸盐中毒或其他病因引起通气过度，造成血液 CO_2 过度减少、血 H_2CO_3 降低所致。除原发病外，主要表现为呼吸深快。

2. 钾及钙代谢异常

（1）低钾血症：低钾血症在儿科很常见，是指血清钾浓度 <3.5mmol/L，主要病因为钾的丢失过多，如腹泻、呕吐；钾的摄入不足（长期进食不足或静脉补液量多且未补充钾），肾小管酸中毒、先天性肾上腺皮质增生症等。另外，长期应用肾上腺皮质激素或排钾利尿剂也可导致低血钾的发生。临床表现为患儿肌肉无力、腹胀、肠鸣音减弱、心音低钝、心律不齐、血压下降、心电图示 T 波降低或倒置、S-T 段下降、Q-T 间期延长、出现 U 波等。

（2）高钾血症：相对较少见，是指血清钾浓度≥5.5mmol/L，主要见于肾衰竭、肾上腺皮质增生症、重度酸中毒等，临床表现为患儿精神萎靡，心率减慢，甚至停搏。心电图示 T 波高尖、QRS 波变宽、房室传导阻滞、室性自主节律等。

（3）低钙血症：儿科较常见，主要因维生素 D 缺乏、甲状腺功能减退、慢性肾衰竭等引起。液体疗法中补充大量碱性液体使血清游离钙减少也是常见原因。临床表现为神经肌肉兴奋性增高，手足搐搦和 / 或喉痉挛。心电图示 S-T 段平坦延长、Q-T 间期延长。

三、液体疗法及其护理

（一）液体疗法的目的

纠正体内已经存在的水、电解质紊乱，恢复和维持血容量、渗透压、酸碱度和电解质成分，恢复机体正常的生理功能。

（二）液体疗法的常用溶液

溶液的张力（tonicity）是指溶液进入到体内后能够维持血浆渗透压的能力，是指溶液中电解质产生的渗透压与血浆渗透压正常值的比值，是一个没有单位的数值。葡萄糖液虽也有渗透压，但输入体内后葡萄糖逐渐被氧化成水及二氧化碳或转化为糖原储存，液体的渗透压也随之消失。故在液体疗法中一般将各种浓度的葡萄糖液视为无张力溶液，而溶液张力特指溶液中电解质所产生的渗透压。一般来说，与血浆渗透压相等的溶液视为等张液体，低于血浆渗透压的溶液视为低张液体，高于血浆渗透压的溶液视为高张液体，如 1.4% 的碳酸氢钠为等张溶液，10% 的氯化钠溶液为高张溶液。液体张力可采用电解质渗透压 / 血浆渗透压的方式计算，或采用混合液中等张液占总液量的比例数计算，如 2∶3∶1 溶液中，等张液占混合溶液的 3/6，即该溶液的张力为 1/2。

1. 非电解质溶液　主要用于补充水分和提供能量，不能起到维持血浆渗透压的作用，为无张力溶液。临床常用的 5% 葡萄糖为等渗溶液,常用的 10% 葡萄糖为高渗溶液。

2. 电解质溶液　主要用于补充体液,纠正体液的渗透压和酸碱平衡。

(1) 生理盐水(0.9% 的氯化钠溶液)和复方氯化钠溶液(林格液):为等渗等张液体,用于纠正休克等。

(2) 碱性溶液:1.4% 的碳酸氢钠为等渗等张溶液,市售 5% 的碳酸氢钠为高渗高张溶液,用 5% 葡萄糖液或 10% 葡萄糖液稀释 3.5 倍,即为等渗等张溶液。

3. 混合溶液　为适用于不同情况的补液需要,常把各种不同渗透压的溶液按不同比例配制混合溶液应用。儿科常用的混合溶液组成及其配制方法见表 6-4。

表 6-4　儿科常用的混合溶液的组成和配制

混合溶液	组成			混合液的配制(ml)			张力
	生理盐水	葡萄糖	1.4%碳酸氢钠	5% 或 10%葡萄糖	10%氯化钠	5% 的碳酸氢钠	
2:1 含钠液	2 份	–	1 份	500	30	47	1
1:1 含钠液	1 份	1 份	–	500	20	–	1/2
1:2 含钠液	1 份	2 份	–	500	15	–	1/3
1:4 含钠液	1 份	4 份	–	500	10	–	1/5
2:3:1 含钠液	2 份	3 份	1 份	500	15	24	1/2
4:3:2 含钠液	4 份	3 份	2 份	500	20	33	2/3

(1) 2:1 等张含钠液:等张液体,常用于休克时的快速扩容。

(2) 1:1 溶液:1/2 张液体,常用于轻、中度等渗性脱水补充累积丢失量,尤其适合于呕吐引起的脱水。

(3) 1:2 溶液:1/3 张液体,常用于轻度等渗性脱水,或重度脱水补充继续丢失量。

(4) 1:3 溶液:1/4 张液体,常用于脱水纠正后补充生理需要量。

(5) 2:3:1 溶液:1/2 张液体,常用于轻、中度等渗性脱水补充累积丢失量。

(6) 4:3:2 溶液:2/3 张液体,常用于重度脱水,尤其是低渗性脱水补充累积丢失量。

4. 口服补液盐溶液(oral rehydration salts,ORS)　口服补液盐是世界卫生组织推荐用来治疗急性腹泻合并脱水的一种溶液,经临床应用取得了良好效果。其理论基础是基于小肠的 Na^+- 葡萄糖偶联转运吸收机制,小肠上皮细胞刷状缘的膜上存在着 Na^+- 葡萄糖共同载体,此载体上有 Na^+- 葡萄糖两个结合位点,当 Na^+- 葡萄糖同时与结合位点相结合时能显著增加钠和水的吸收。目前有多种 ORS 配方,2002 年世界卫生组织推荐使用"低渗透压 ORS",与传统配方相比,通过减少氯化钠及葡萄糖浓度而降低了渗透压,因而更为安全。配方:氯化钠 2.6g,枸橼酸钠 2.9g,氯化钾 1.5g,葡萄糖 13.5g,加温开水 1 000ml 溶解。

(三) 液体疗法的实施

液体疗法需遵循"三定"(定输液量、定输液性质、定输液速度)的原则,按照"三先"(先盐后糖、先浓后淡、先快后慢)、"三见"(见尿补钾、见惊补钙、见酸补碱)的步骤实施。制订补液计划前要全面评估患儿的疾病情况,根据病史、临床表现和化验检查综合分析,判断水和电解质紊乱的程度和性质,以确定补液的量、液体的组成及补液的速度。液体疗法包括补充累积损失量、继续丢失量和生理需要量三部分。评估时可独立计算每部分的量,根据患儿情况灵活掌握,实施过程中需密切观察患儿血压、尿量和脱水程度纠正情况,随时调整液体的组成、输液量及输液速度。一般来说,脱水患儿第一天的补液量应包括累积损失量、继续丢失量和生理需要量三部分,第二天若脱水纠正,则只需补继续丢失量,生理需要量参考患儿饮食情况酌情补充,同时继续补钾。

1. 静脉补液 适用于严重呕吐、腹泻,伴中重度脱水的患儿,或经口服补液不见好转或呕吐、腹胀严重的患儿。

(1)补充累积损失量:指发病后水和电解质总的损失量,可根据患儿脱水程度及性质补充。

1)定补液量:根据脱水程度而定,即轻度脱水按 30~50ml/kg 补充;中度脱水按 50~100ml/kg 补充;重度脱水按 100~120ml/kg 补充。

2)定液体种类:根据患儿脱水性质来定,通常对低渗性脱水的患儿补 2/3 张含钠液;对等渗性脱水的患儿补 1/2 张含钠液;对高渗性脱水的患儿补 1/3~1/5 张的含钠液。如果临床上判断脱水性质有困难,可先按等渗性脱水处理。

3)定输液速度:输液速度取决于脱水程度,原则上应先快后慢。对伴有循环不良和休克的重度脱水患儿,开始应快速输入等张含钠液(生理盐水或 2:1 含钠液),按 20ml/kg 于30~60 分钟内快速输入。其余累积损失量常在 8~12 小时内输入。当患儿循环改善并出现排尿后应及时给予补钾。对于高渗性脱水,需缓慢纠正高钠血症(每 24 小时血钠下降<10mmol/L),以防血钠迅速下降出现脑水肿。

(2)补充继续丢失量:在开始补充累积损失量后,腹泻、呕吐、胃肠引流等引起的体液丢失继续存在,如不及时补充其丢失液量,则又将转为新的累积损失量。此种丢失量依患儿病情而定,原则上是丢多少补多少,依丢失液体的性质补充类似溶液。一般按每天 10~40ml/kg计算,用 1/3~1/2 张含钠液,能口服者可将此液体量分次口服补给。同时注意钾的补充。

(3)补充生理需要量:生理需要量涉及热能、水和电解质,取决于尿量、大便丢失及不显性失水。通常儿童年龄越小,需水相对越多。在极低体重儿,不显性失水可多达每天 100ml/kg以上。发热、呼吸加快或过度通气,如哮喘、酮症酸中毒时不显性失水增加,而在应用有湿化功能的人工呼吸机时肺不显性失水降低。一般情况下,婴幼儿每天生理需要量按 60~80ml/kg补充,尽量口服,不足者可用 1/5~1/4 张含钠液(含 0.15% 氯化钾)补充。

继续丢失量和生理需要量通常以 5ml/(kg·h)的速度,在 12~16 小时内补完。

制订补液计划可根据以上三部分的量分别计算,然后再累加作为入院第一天的补液总量;也可根据脱水情况粗略计算 24 小时补液量,一般轻度脱水按 90~120ml/kg,中度脱水120~150ml/kg,重度脱水 150~180ml/kg。由于通常机体在水电解质紊乱后有自稳机制,因而在实际实施时,可在上述计算的基础上酌情减量,即给予安全补液量,学龄前期及学龄期儿童补液量应酌减 1/4~1/3。

(4)纠正酸中毒:因儿科液体疗法中输入的混合溶液如 2:3:1 含钠液、4:3:2 含钠液中均含有一定量的碱性液,同时由于输液后循环血量和肾功能得到改善,酸中毒同时也得到纠正。所以,轻、中度酸中毒一般无需另行处理。重度酸中毒可根据临床症状和血气分析结果来决定是否另给碱性液。

(5)纠正低钾血症:见尿补钾或补液前 6 小时内有尿者应及时补钾,常用 10% 氯化钾溶液 1~3ml/(kg·d)静脉滴注。静脉滴注时需稀释成 0.2%~0.3% 浓度,禁忌静脉推注,以免发生心肌抑制而死亡。

(6)纠正低钙、低镁血症:婴幼儿补液过程中尤其有佝偻病体征患儿如出现惊厥,多考虑低钙血症,可用 10% 葡萄糖酸钙 5~10ml,以等量的葡萄糖液稀释后静脉滴注,如病情无好转,则要考虑低镁血症,酌情给予 25% 硫酸镁治疗。

2. 口服补液 适用于:①中度以下脱水,呕吐不严重,无腹胀的患儿;②补充累积损失量、继续损失量；③预防腹泻引起的脱水。液体选择 ORS 液，累积丢失量轻度脱水按 50ml/kg，中度按 100ml/kg，4 小时内补足，少量多次。此期间禁食，但不禁水。继续丢失量的补充按丢失量的多少评估，一般每次大便后补充 10ml/kg。需注意的是，ORS 液张力较高(2/3 张)，新生儿、心肾功能不全者不宜选用。另外，用于预防脱水或继续损失量的补充需加等量水稀释后方能使用。

(四) 液体疗法的护理

1. 补液前的准备阶段　儿科护理人员要全面评估患儿的病史、病情、补液目的及其临床意义，向患儿家长解释补液的目的和意义，针对患儿病情迅速认真地做好补液的各项准备工作。

2. 补液阶段

(1) 按补液目的，分阶段制订补液计划：按医嘱要求全面安排 24 小时的液体总量，静脉液体疗法一般分两个阶段进行。第 1 阶段针对脱水，即补充累积丢失量，属急救阶段。第 2 阶段为维持治疗，即补充继续丢失量和生理需要量。患儿开始有尿，为血容量恢复的重要指征，眼窝凹陷的恢复，也是补液后最早改善的体征之一。临床只有脱水纠正后方能进入第二阶段的补液。

(2) 严格掌握补液速度：根据补液计划确定输液速度，明确每小时应输入量，计算出每分钟输液滴数，并随时检查，防止输液速度过速或过缓。有条件者最好使用输液泵，以更精确地控制输液速度。

(3) 严格遵循补液原则：输液中应遵循先快后慢、先浓后淡、先盐后糖、先晶后胶(先输晶体液，后输胶体液)的原则，一旦有尿注意钾的补充。

(4) 注意观察脱水纠正情况，随时调整补液计划：输液计划仅是医护人员根据患儿入院病情初步制订的，执行中必须按照患者实际情况进行调整。若输液合理，一般于补液后 3~4 小时应排尿，表明血容量恢复；补液后 8~12 小时眼窝凹陷消失，口舌湿润、饮水正常，无口渴，则表明脱水已被纠正。若补液后尿量多而脱水未纠正，说明输入的液体中葡萄糖液比例过高，若输液后出现眼睑水肿，说明电解质溶液比例过高或输液量偏多。

(5) 密切观察生命体征，注意输液反应的发生：患儿输液过程中出现烦躁不安、脉率加快、呼吸加快时，应警惕输液过量、速度过快、张力过高以及引起的心力衰竭和肺水肿等。但亦需与入院时重度脱水、酸中毒引起的循环不足相鉴别，后者除脉率加快外，尚有呼吸深大、皮肤发花、口唇樱红；更重要的鉴别点是补液后上述症状逐渐好转，脉率逐渐减慢，心音渐有力。若在输液过程中出现寒战、发热、恶心、呕吐等症状，应减慢或停止输液，并及时报告医生，以及时发现和处理输液反应。

(6) 准确记录液体出入量：24 小时液体入量，包括静脉输液量、口服液体量及食物中含水量；液体出量，包括尿量、呕吐量、大便丢失的水分和不显性失水。

案例分析

患儿，女，10 个月，因腹泻 3 天，呕吐 2 天入院。患儿入院前 4 天受凉后出现喷嚏、流涕，继之呕吐、腹泻，每日大便 10 余次，大便呈蛋花汤样，每次量多，不含黏液、脓血，无里急后重。于入院前 2 天出现呕吐，伴恶心，非喷射性，每日 3~4 次，入院前 12 小时内无尿。入院查体：体温 38.5℃，体重 7.8kg，神志模糊，呼吸快，口唇樱红，前囟 1.5cm×1.5cm；前囟及眼窝明显凹陷，皮肤弹性极差，心率 125 次 /min，心音低钝，四肢厥冷，皮肤发花，哭无泪。

问题：

1. 该患儿的医疗诊断可能是什么？作为护理人员,入院后最先应采取哪些措施？

2. 患儿首批输液应选择何种液体,张力如何？输液量及输液时间？接下来的累积损失量应如何补充？写出具体输液量及输液时间。

3. 假设患儿入院后给予 2∶3∶1 液体 800ml,输液过程中患儿尿量多,但上述液体输完后患儿前囟及眼窝仍凹陷,皮肤弹性仍差,考虑什么原因？

4. 在补液过程中,患儿出现精神萎靡、心音低钝、四肢无力、腹胀、肠鸣音弱,该患儿可能发生了什么临床情况？对该患儿应采取的用药护理要点有哪些？

5. 该患儿经补液治疗,入院 6 小时后脱水症状明显减轻,但突然出现四肢抽动,两眼上翻,请分析原因并提出护士为该患儿用药时的护理要点。

案例分析
答案要点

第九节　儿科常用护理技术

一、口服给药

【操作目的】

口服给药(oral administration)是指药物经患儿口服后,被胃肠道吸收、利用,以达到防治和诊断疾病目的的方法。

【操作前评估与准备】

1. 评估患儿病情、用药史、过敏史、是否留置鼻饲管、有无呕吐等不良反应史;患儿是否处于喂奶前或两次喂奶之间;患儿意识状态、对服药心理反应及合作程度;观察患儿口咽部是否有溃疡、糜烂等情况;评估药物是否有特殊要求,例如服用地高辛前需要测量患儿心率。

2. 准备

(1) 用物准备:发药车、药盘、服药卡、药杯、药匙、药物、量杯、滴管、研钵、搅拌棒、温开水、治疗巾、小毛巾、免洗手消毒液等用物。

(2) 护士准备:衣帽整洁、修剪指甲、洗手、戴口罩。

(3) 环境准备:病室整洁、舒适、安静、光线充足。

(4) 患儿准备:患儿取舒适体位。

【操作步骤】

1. 核对患儿姓名、床号,向家长解释药物的名称、作用以及操作过程中可能出现的情况。

2. 核对医嘱、服药本、药名、浓度、剂量、时间、用药方法。

3. 检查药物。

4. 取药与配药。

(1) 片剂:用药匙取。若患儿不能服用片剂,可将片剂放于研钵内捣成粉状,然后倒入杯中并用温开水稀释搅匀。

(2) 水剂:用量杯取。手握标签,药液摇匀,注意量杯刻度与视线相平,倒毕,用湿纱布擦净瓶口。两种以上药液应分装药杯,量杯应洗净晾干后再用。药液不足 1ml 用滴管吸取,每 1ml 以 15 滴计算。

(3) 油剂:用注射器抽取。配药时应先配固体药,后配水剂药。

笔记栏

5. 推服药车至患儿床旁,给药前再次核对医嘱、服药本、药名、浓度、剂量、时间、用药方法。

6. 协助患儿服药。服药方式根据患儿的年龄、药物性状而定。

(1) 患儿年龄:①新生儿:将药物倒入消毒奶瓶喂服,或者用注射器抽吸药液从口角注入。②婴幼儿:将小毛巾围于患儿颈部或前胸,抬高患儿头部,左手固定、轻捏患儿双侧面颊,右手拿小勺从患儿嘴角处顺口颊方向慢倒,不合作时将小匙留在口中片刻,待咽下再取出。③年长儿:训练其自愿服药,耐心说服,不可强迫,协助患儿将全部药物服下后方可离去。

(2) 药物性状:①片剂:将药片置于患儿舌中后部,指导患儿用温开水送服。②水剂或油剂:协助患儿取半卧位,用钥匙、滴管或注射器将药液喂服后,再喂服少许温开水,然后竖抱患儿,轻拍背部。

7. 再次核对患儿姓名、床号。

8. 告知患儿家长用药注意事项。

9. 观察患儿服药效果、不良反应。

10. 整理用物,洗手,记录服药情况。

【注意事项】

1. 严格执行查对制度,按照医嘱正确为患儿实施口服给药。

2. 喂药过程中患儿发生恶心、哭闹严重时,应暂停喂药。

3. 严禁捏鼻强行喂服患儿,避免患儿发生呛咳、误吸。

4. 避免用食物、果汁或奶类为孩子送服药物,以免影响药物疗效。

5. 掌握患儿所服药物的作用、不良反应以及某些药物服用的特殊要求。

6. 患儿因故不能服药,应及时取回并作交班记录。

二、更换尿布

【操作目的】

更换尿布(diaper changing)的目的是保持臀部皮肤的清洁、干燥、舒适,预防尿布皮炎发生或使原有的尿布皮炎逐步痊愈。

【操作前评估与准备】

1. 评估婴儿喂养情况、每日排便排尿是否规律、使用尿布的种类、排泄后的卫生习惯;评估婴儿臀部皮肤的颜色及完整性,局部皮肤有无疱疹、潮湿、压痕等。

2. 准备

(1) 用物准备:尿布、污物桶、小盆、温水、湿纸巾、小毛巾,按臀部皮肤情况准备治疗护臀药品(如氧化锌油、鱼肝油、鞣酸软膏等)、护臀霜、棉签、烤灯、免洗手消毒液。

(2) 护士准备:衣帽整洁、修剪指甲、洗手、戴口罩。

(3) 环境准备:清洁、温暖,调节病室温度至 26~28℃,关闭门窗,避免对流风。

(4) 婴儿准备:空腹或进食前。

【操作步骤】

1. 携带用物至床旁,放下床栏,解开下半身包被,拉高婴儿上衣。

2. 解开污染潮湿的尿布,露出臀部,注意保暖。

3. 一手轻轻提起双足,使臀部略抬高,另一手以尿布前端的清洁处从前向后轻拭婴儿的会阴部及臀部,并以此覆盖污湿部分后垫于臀下。

4. 用蘸温水的小毛巾或湿纸巾从前向后擦净婴儿的会阴部及臀部,注意擦净皮肤皱褶部分。如有大便,观察大便性质,并用温水洗净臀部,再用小毛巾轻轻吸干。

5. 待婴儿会阴部及臀部皮肤晾干后,涂抹护臀霜(预防尿布皮炎)或药膏(治疗尿布皮炎)于臀部,尤其是易于接触排泄物或皮肤发红的部位。

6. 一手轻轻提起婴儿双脚使臀部抬高,另一手抽出污染潮湿的尿布,放于污物桶内。

7. 将清洁尿布垫于腰下,放下双足,拉平尿布两端,将尿布的底边两角折到腹部,松紧适宜,系好尿布。

8. 拉平衣服,盖好被子,整理床单位,拉上床栏。观察排泄物性状,根据需要称尿布重量。

9. 清理用物,洗手并做好记录。

【注意事项】

1. 动作宜轻柔敏捷,不可过度暴露婴儿。

2. 尿布应选择质地柔软、透气性好、吸水性强的一次性尿布或棉质尿布,并及时更换。

3. 尿布包裹松紧适宜,预防过松造成大便外溢,防止过紧影响患儿活动。

4. 保证男婴阴茎指向下方,防止尿液从尿布上方漏出。

三、婴儿沐浴

【操作目的】

婴儿沐浴(bathing the infant)的目的是使婴儿皮肤清洁,帮助皮肤排泄和散热,预防皮肤感染,促进血液循环,活动婴儿肢体,使之感到舒适,并可观察全身皮肤情况。

【操作前评估与准备】

1. 评估婴儿意识状态、体温、全身皮肤状况以及喂奶时间。

2. 准备

(1) 用物准备:①婴儿尿布及衣服、大浴巾、小浴巾被及包布、湿纸巾、面巾;②护理盘内备:梳子、指甲剪、棉签、棉球、液状石蜡、75% 乙醇或复合碘消毒剂、护臀霜或护臀药品(鞣酸软膏等)、婴儿爽身粉、婴儿沐浴洗发液、弯盘;③温热水、水温计、体重秤、指甲剪、浴盆(内备温热水 2/3 或 1/2 满)等。

(2) 护士准备:衣帽整洁、修剪指甲、摘手表、衣服口袋内避免有尖锐物品、洗手、戴口罩。

(3) 环境准备:关闭门窗,调节室温在 26~28℃。

(4) 婴儿准备:进食前或进食后 1 小时。

【操作步骤】

1. 按使用顺序将大浴巾、包布、衣服、尿布等摆放于操作台上。

2. 抱婴儿至沐浴处(浴池或浴盆),脱衣服及尿裤,用湿纸巾擦净臀部,用大毛巾包裹婴儿全身,测体重并记录。

3. 用水温计测试水温。冬季水温为 38~39℃,夏季水温为 37~38℃,备水时水温稍高 2~3℃。

4. 擦洗面部 将面巾蘸水、拧干,从内眦向外眦擦拭眼部,然后擦洗鼻部、口唇四周、面颊部、前额以及耳部。注意用棉签清洁鼻孔。

5. 清洗头部 抱起婴儿,用左手托住头颈部,拇指与中指分别将婴儿双耳廓折向前方,轻轻按住,堵住外耳道口;左臂及腋下夹住婴儿臀部及下肢,将头移至浴盆边或浴池边;右手取水淋湿婴儿头部,涂抹婴儿沐浴洗发液,然后用清水冲洗干净,用小浴巾擦干头部。

6. 左手握住婴儿左肩及腋窝处,使其头颈部枕于操作者左前臂;用右手握住婴儿左腿靠近腹股沟处,使其臀部位于操作者手掌上,轻放婴儿于水中。脐带未脱落者,注意入水前用脐贴保护好脐带残端。

7. 保持左手握持,右手用浴巾淋湿婴儿全身,涂抹浴液,按顺序依次洗颈下、胸、腹、腋下、臂、手、会阴、臀部、腿、足,边洗边冲净。

8. 用右手从婴儿前方握住其左肩及腋窝处,使其头颈部俯于操作者右前臂,左手用水淋湿婴儿后颈、背部、臀部,涂抹浴液,最后用清水冲净。

9. 洗毕,迅速将婴儿依照入水方法抱出,用大毛巾包裹全身并将水分吸干(必要时用棉签蘸水擦净女婴大阴唇及男婴包皮处污垢)。

10. 脐带未脱落者,用无菌棉签蘸取 75% 的乙醇或复合碘消毒剂消毒脐窝和脐轮,即:从脐根部按顺时针方向缓慢向外擦拭,重复 2 遍。若脐部发红、有分泌物或渗血情况,应及时向医生汇报并遵医嘱给予相应处理。擦干臀部,根据臀部皮肤情况涂擦护臀霜或护臀药品。

11. 为婴儿穿衣、包好尿布,必要时修剪指甲。

12. 整理用物,洗手。

【注意事项】

1. 为婴儿洗面部时不用沐浴液。

2. 观察婴儿皮肤、肢体活动等全身情况,操作中注意婴儿面色、呼吸有无异常。

3. 沐浴时抱法正确、牢靠,动作轻快,暴露适宜。

4. 水及浴液不可进入婴儿眼或耳内。

5. 不可强行去除婴儿头部皮脂结痂,可用油剂(液状石蜡、植物油等)浸润,待痂皮软化后清洗。

6. 为特殊感染的患儿沐浴时,护士应穿隔离衣、戴手套,同时注意选用盆浴。

ER-6-4

新生儿
沐浴视频

四、婴儿抚触

【操作目的】

婴儿抚触(infant touch)的目的是促进婴儿与父母的情感交流,有利于食物的消化、吸收,减少婴儿哭闹,增加睡眠,促进婴儿神经系统发育,提高免疫力。

【操作前评估与准备】

1. 评估婴儿身体状况。

2. 准备

(1) 用物准备:平整的操作台、婴儿衣服、尿布及包被、润肤油、温度计。

(2) 护士准备:操作前洗手。

(3) 环境准备:关闭门窗,调节室温 26~28℃。

(4) 患儿准备:患儿进食后 1 小时以上、无饥饿。

【操作步骤】

1. 解开婴儿包被、衣服。

2. 将润肤油倒于双手中,揉搓双手温暖后进行抚触。

3. 依次抚触头面部、胸部、腹部、上肢、下肢、背部。具体步骤如下:

(1) 头面部抚触:双手拇指从前额中心往外推压,划出“微笑状”。然后,以同样的方法依次抚触眉头、眼窝、人中、下颌。

(2) 胸部抚触:双手分别从胸部的外下方(两侧肋下缘)向对侧上方抚触至肩部,在胸部画一个大的交叉,注意避开乳头。

(3) 腹部抚触:用手指腹在婴儿腹部按顺时针方向按摩(从操作者的左边向右边按摩),注意避开脐部。也可以做“I LOVE YOU”亲情体验,即:右手在婴儿的左腹由上往下画一个英文字母"I",再由婴儿的右下腹抚触至上腹(画倒置的"L"),最后由右下腹经过上腹抚触至左下腹(画倒置的"U")。

(4) 上肢:双手交替,轻轻挤捏婴儿的上臂至腕部。然后,两手挟着手臂,上下轻轻搓滚上臂肌肉群至腕部。最后,从近端至远端抚触手掌,逐指抚触、捏提婴儿手指。同样方法抚触另一上肢。

(5) 下肢:双手交替握住婴儿一侧下肢,由近端至远端轻轻挤捏。然后,两手挟着下肢,上下轻轻搓滚大腿肌肉群至脚踝。最后,从近端至远端抚触脚掌,逐趾抚触、捏提婴儿脚趾。同样方法抚触另一下肢。

(6) 背部:两手与婴儿脊柱平行,抚触方向与脊柱垂直,从背部上端开始移向臀部;然后,用示指和中指从尾骨处沿脊椎向上抚触至颈椎;最后,双手在两侧臀部做环形抚触。

4. 包好尿布、穿衣。

5. 清理用物、洗手。

【注意事项】

1. 根据婴儿状态决定抚触时间,最好在婴儿沐浴后进行,时间一般为 10 分钟。

2. 抚触过程中注意观察婴儿的反应。若是出现剧烈哭闹、肌张力增高、肤色改变等,应暂停抚触。反应持续 1 分钟以上的婴儿,应停止抚触。

3. 抚触过程中注意与婴儿语言和目光的交流,也可以播放音乐。

五、约束保护

ER-6-5

婴儿抚触
视频

【操作目的】

约束(restraint)的目的是防止因患儿不合作而导致碰伤、抓伤或坠床等意外,以保证患儿的安全及治疗护理操作的顺利进行。

【操作前评估与准备】

1. 评估患儿病情、约束适应证,与家长沟通后取得配合。

2. 准备

(1) 用物准备:①全身约束:凡能包裹患儿全身的物品皆可使用,如大单、大毛巾、童毯等;②手或足约束:手足约束带、棉垫或绷带。

(2) 护士准备:洗手、戴口罩。

(3) 环境准备:室内安静,避免噪声。

(4) 患儿准备:做好解释,取得合作。

【操作步骤】

1. 全身约束(适用于较小患儿)

(1) 折叠大毛巾(床单)达到能盖住儿童由肩至脚跟部的宽度。

(2) 放患儿于大毛巾中间,将大毛巾一边紧裹患儿一侧上肢、躯干和下肢,经胸、腹部至对侧腋窝处,再将大毛巾整齐地压于患儿身下。

(3) 大毛巾另一边紧裹患儿另一侧手臂,经胸压于背下,如患儿活动剧烈,可用布带围绕双臂打活结系好。

2. 手或足约束

(1) 手足约束带法:置患儿手或足于约束带甲端中间,将乙、丙两端绕手腕或踝部对折后系好,最后将约束带丁端系于床缘上(图 6-2)。松紧度以手或足不易脱出且不影响血液循环为宜。

(2) 绷带与棉垫法:将手足用棉垫包裹,用绷带打成双套结后套在棉垫外拉紧,然后系在床缘上。松紧度以肢体不易脱出且不影响血液循环为宜。

【注意事项】

1. 约束前向家长解释说明其必要性。

2. 结扎包裹松紧适宜(以能伸入 1~2 手指为宜)。

3. 确保患儿体位舒适,并能适时给予改变,减少患儿疲劳。

4. 每 2 小时解开、放松 1 次,随时注意约束部位皮肤颜色、温度、血液循环情况。必要时给予按摩。

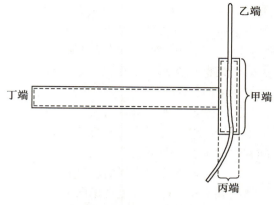

图 6-2　手足约束带

六、婴幼儿灌肠

【操作目的】

婴幼儿灌肠(enema for infants and toddlers)的目的是刺激肠壁、促进肠蠕动,使患儿排出粪便;清洁肠道,为检查或手术做准备;使用镇静剂;为高热或中暑患儿降温。

【操作前评估与准备】

1. 评估患儿病情、意识状态、生命体征及合作程度。

2. 准备

(1) 用物准备:①治疗盘内:一次性灌肠器、止血钳、治疗巾、弯盘、棉签、液状石蜡、量杯、水温计,无菌手套(左手用,单只);②灌肠液:根据医嘱备灌肠液,例如生理盐水,温度39~41℃,用于降温时 28~32℃;③其他:输液架、便器、尿布、卫生纸等。

(2) 护士准备:衣帽整洁、修剪指甲、洗手、戴口罩。

(3) 环境准备:关闭门窗,屏风遮挡,调节室温。

(4) 患儿准备:灌肠前排尿。

【操作步骤】

1. 备齐用物携至床旁,将便器放于床旁椅上,输液架放于合适位置。

2. 协助患儿取左侧卧位,如病情所限,可取仰卧位。双腿屈曲,脱裤至膝。

3. 将治疗巾铺于臀下,弯盘置于臀边。

4. 核对一次性灌肠器有效期,检查外包装是否完好,剪开袋口并取出灌肠器,夹闭灌肠管。

5. 将配制好的灌肠液倒入袋中,挂于输液架上。

6. 左手戴手套。

7. 取棉签蘸液状石蜡润滑肛管前端。

8. 打开管夹,排气(水)于便器内,再次夹闭灌肠管。

9. 用左手分开患儿臀裂,露出肛门,将肛管轻轻插入,婴儿 2.5~4cm,儿童 5~7.5cm,扶持肛管。

10. 打开管夹,使液体缓缓流入。

11. 观察患儿反应及灌肠液下降速度。

12. 灌毕夹紧肛管,用卫生纸包裹轻轻拔除肛管,并轻轻夹紧患儿两侧臀部数分钟。

13. 协助排便,擦净臀部,穿好裤子,包好包被。

14. 整理用物,洗手,记录用液量及排便情况。

【注意事项】

1. 根据患儿年龄和病情选择合适的肛管和适量的灌肠液。

2. 灌肠中注意保暖。

3. 正确处理灌肠中出现的问题(患儿疲劳时可暂停片刻后再继续,如患儿突然腹痛、腹胀或异常哭闹应立即停止灌肠并及时与医生联系处理)。

4. 降温灌肠,液体应保留 30 分钟后排出,排出 30 分钟后再测量体温并记录。

七、头皮静脉输液

【操作目的】

静脉输液(intravenous infusion)的目的是纠正水和电解质失调,维持酸碱平衡;补充营养,维持热量;输入药物,治疗疾病。婴幼儿头皮静脉丰富、表浅,输液时方便患儿活动,但是头皮静脉输液一旦发生药液外渗,局部容易形成瘢痕,因此,目前临床上不建议头皮静脉作为儿童静脉输液的首选部位,而是建议上肢静脉为首选,下肢静脉和其他静脉为次选。

【操作前评估与准备】

1. 评估患儿的病情、年龄、营养状态、心理状态;患儿及家长对输液的认知程度;穿刺部位皮肤及血管状况。

2. 准备

(1)用物准备:输液器、液体及药物、消毒液、棉签、弯盘、胶贴、头皮针等。根据需要准备剃刀、污物杯、肥皂、纱布、治疗巾,必要时备沙袋或约束带。

(2)护士准备:衣帽整洁、修剪指甲、洗手、戴口罩。了解所输药液的使用方法及作用,掌握输液中常见问题的处理方法。

(3)环境准备:清洁、安静,操作前半小时停止扫地及更换床单。

(4)患儿准备:排尿和 / 或更换尿布。

【操作步骤】

1. 在治疗室内核对、检查药液、输液器,按医嘱加入药物。

2. 携用物至患儿床旁,核对患儿,再次核对药液。

3. 将输液瓶挂于输液架上,将输液器针头插入输液瓶中并排尽空气,关闭调节器,备好胶布。

4. 将枕头放于床沿,使患儿横卧于床中央,必要时约束患儿。

5. 如两人操作,则一人固定患儿头部,另一人穿刺。

6. 选择静脉,常选用额上静脉、颞浅静脉。根据需要顺头发方向剃净穿刺部位的毛发。

7. 常规消毒皮肤,再次核对。

8. 穿刺者立于患儿头端,消毒皮肤后,一手紧绷血管两端皮肤,另一手持头皮针柄,在距静脉最清晰点向后移 0.3cm 处,针头与皮肤呈 15~20° 刺入皮肤,然后将针头稍挑起,沿静脉走向徐徐刺入,见回血后推液少许,如无异常,用胶布固定。

9. 调节滴速,将输液管妥善固定,再次核对后签字,向患儿家长交代注意事项。

10. 整理用物,记录输液时间、输液量及药物。

【注意事项】

1. 认真查对,遵守无菌技术操作原则,注意药物配伍禁忌。

2. 穿刺中观察患儿的面色及一般情况。

3. 合理调节输液速度。

4. 正确处理输液中的各种异常情况。

ER-6-6

头皮静脉
输液视频

八、股静脉穿刺

【操作目的】

股静脉穿刺（femoral vein puncture）主要用于婴儿静脉采血。

【操作前评估与准备】

1. 评估患儿病情、意识状态、心理状态；患儿检查项目、配合程度、腹股沟局部皮肤及血管情况。

2. 准备

（1）用物准备：治疗盘、5ml 注射器、采血管、复合碘消毒剂、棉签、棉球、弯盘等。

（2）护士准备：衣帽整洁、修剪指甲、洗手、戴口罩；根据患儿年龄做好解释工作。

（3）环境准备：环境清洁、温度适宜（26~28℃）、操作前 30 分钟停止扫地及更换床单等。

（4）患儿准备：患儿取仰卧位。

【操作步骤】

1. 携用物至患儿床旁，核对患儿姓名、床号。

2. 助手站在患儿头端，协助患儿取仰卧位，垫高患儿臀部，使患儿大腿外展、膝关节屈曲呈"蛙形"，暴露腹股沟区，用脱下的尿布或裤腿遮盖会阴部。

3. 操作者站在患儿足端，用复合碘消毒剂消毒患儿穿刺部位及操作者左手示指。

4. 在患儿腹股沟中、内 1/3 交界处，以左手示指触及股动脉搏动处。

5. 右手持注射器在股动脉搏动点内侧 0.3~0.5cm 处垂直穿刺，或者在腹股沟内侧 1~3cm 处以 30~45° 斜刺，进针深度依据患儿腹股沟皮下脂肪厚度而定。然后边退针边抽回血。

6. 见回血后固定针头，抽取所需血量。

7. 拔针，用棉签或棉球压迫穿刺点 5min 左右至不出血为止，胶布固定。

8. 将所采血液缓慢注入采血管。

9. 再次核对，整理用物，洗手，记录。

【注意事项】

1. 有出血倾向或凝血功能障碍的患儿，禁用该穿刺。

2. 若穿刺误入股动脉，应延长加压时间，避免揉搓。

九、静脉留置导管术

【操作目的】

静脉留置导管术（peripheral venous catheter）的目的是减少穿刺次数，减轻患儿痛苦；保持静脉通道顺畅，便于抢救、给药等。

【操作前评估与准备】

1. 评估患儿年龄、病情及用药情况，观察穿刺部位皮肤和静脉适合程度。

2. 准备

（1）用物准备：液体及药物、治疗盘、弯盘、输液器、头皮针、留置针、肝素帽、透明敷贴、消毒液、棉签、胶布、治疗巾，根据需要备剃刀、肥皂、纱布、固定物。

（2）护士准备：衣帽整洁、洗手、戴口罩。

（3）环境准备：病室清洁、明亮，温湿度适宜，减少人员走动。

（4）患儿准备：排空大小便。

【操作步骤】

1. 操作者携用物至患儿床旁，核对患儿信息，查对药液。

2. 备输液架、留置针,将输液瓶挂于输液架上,将输液器针头插入输液瓶中并排尽空气,备好胶布。

3. 取合适卧位,垫治疗巾、小枕,选择静脉,扎止血带,确认穿刺点后松开止血带,消毒皮肤,待干。

4. 再次核对患儿信息,扎止血带后反方向消毒穿刺部位。

5. 将输液器连接于留置针的肝素帽上,排尽套管针内的空气,取下针头保护套,旋转松动针芯,检查针尖及套管尖端是否完好。

6. 嘱患儿握拳,操作者左手绷紧皮肤,右手持针以 15°~30° 角刺入静脉,见回血后降低穿刺角度继续进针 0.2cm 左右,将针尖退入套管内,将套管针送入血管内,撤出针芯放入利器盒内。

7. 嘱患儿松拳,松开止血带,打开调节器。用无菌透明敷贴做密闭式固定,在敷贴上注明留置日期和时间。

8. 调节滴速,再次查对、填写输液卡,挂输液架上。

9. 整理用物,协助患儿取舒适体位,洗手,记录。

【注意事项】

1. 留置针所选静脉应相对粗直、有弹性、血流丰富、易于固定,避开关节和静脉瓣,必要时剃净局部毛发。

2. 在不影响输液速度的前提下,尽量选用小号的留置针,而对颈外静脉,需快速输入大量液体时,可选择型号相对较大的留置针。

3. 密切观察患儿生命体征的变化及局部情况,如有异常,及时拔除留置针并作相应处理。

4. 对使用静脉留置针的肢体应妥善固定,减少肢体活动,不在该侧肢体使用血压袖带和止血带。

5. 用药后正确封管,按时更换留置针和透明敷贴。

十、温箱使用

【操作目的】

温箱(incubator)的使用目的是创造一个温度和湿度相适宜的环境,使新生儿体温保持稳定,用以提高未成熟儿的成活率。

【操作前评估与准备】

1. 评估患儿胎龄、出生体重、日龄、生命体征、病情及并发症。

2. 准备

(1)用物准备:婴儿温箱(检查其性能、用前清洁消毒)、蒸馏水。

(2)护士准备:衣帽整洁、修剪指甲、洗手、戴口罩。熟悉温箱的性能及使用参数。

(3)环境准备:调节室温(22~26℃),将温箱放置在无阳光直射、无对流风,与取暖设备有一定距离处。

(4)患儿准备:穿单衣、裹尿布。

【操作步骤】

1. 打开温箱水槽,加入蒸馏水至水位标示线。

2. 接通电源,打开电源开关,根据患儿出生体重、日龄设定箱内温度,预热。如果患儿体温不升,设定的箱温应高于患儿体温 1℃。湿度维持在 55%~65% 之间。

3. 温箱达到预定温度后,核对患儿腕带,协助患儿入箱。若使用温箱肤控模式调节箱温,通常用胶布将温度探头固定于患儿上腹部。

4. 患儿入箱后定时测量体温,根据体温情况调节箱温。在体温未升至正常之前每小时测温 1 次,体温正常后每 1~4 小时测温 1 次。保持体温在 36~37℃。

5. 护士尽量集中在温箱内为患儿进行喂奶、换尿布、清洁皮肤、检查等操作,尽可能减少打开箱门的时间和次数,以免箱内温度波动。

6. 根据医嘱及患儿情况,协助患儿出箱。出箱条件如下:患儿体重≥2 000g,体温正常;在室温 24~26℃情况下,患儿穿衣在不加热的温箱内能维持正常体温;部分患儿在温箱内生活了 1 个月以上,体重虽不到 2 000g,但一般情况良好。

7. 患儿出箱后,应对温箱进行终末清洁消毒处理。

【注意事项】

1. 掌握温箱性能,严格执行操作规程,避免安全隐患。

2. 使用时严禁骤然升温,密切观察患儿情况与温箱状态,妥善处理各种状况。

3. 入箱操作、检查、接触患儿前均须洗手。

4. 每天用消毒液及清水擦拭温箱内外,若有奶渍等污渍随时擦去;每周更换温箱 1 次,定期细菌培养;空气净化垫每月清洗 1 次,必要时更换。

十一、光照疗法

【操作目的】

光照疗法(phototherapy)是一种通过荧光灯照射治疗新生儿高胆红素血症的辅助疗法。主要作用是使 4Z,15Z- 胆红素转变成 4Z,15E- 胆红素异构体和光红素异构体,从而易于从胆汁和尿液中排出体外。

【操作前评估与准备】

1. 评估患儿日龄、体重、生命体征、精神状态、黄疸的范围及程度、胆红素检查结果。

2. 准备

(1) 用物准备:光疗箱、遮光罩、温度计、湿度计。

(2) 护士准备:衣帽整洁、修剪指甲、洗手、戴口罩、戴墨镜。

(3) 环境准备:调节室内温度,光疗箱放在干净、温湿度变化小、无阳光直射处。

(4) 患儿准备:清洁皮肤、剪指甲、戴眼罩、脱衣裤,全身裸露,长条尿布遮盖会阴、肛门、男婴阴囊处,双足外踝处贴透明保护膜。

【操作步骤】

1. 清洁光疗箱及灯管,接通电源,检查线路及灯管亮度,温湿度适中。

2. 协助患儿入住已预热好的光疗箱中,灯管与患儿皮肤距离 33~50cm。光疗箱附近若有其他患儿,应当将遮光罩置于蓝光箱上,以避免对其他患儿造成影响。

3. 记录开始照射的时间。

4. 光疗时需协助患儿每 2 小时更换体位 1 次,以使患儿皮肤均匀受光。

5. 每 2~4 小时测体温、脉搏、呼吸 1 次,根据患儿体温调节箱温,保持体温在 36~37℃。

6. 符合出箱条件(血清胆红素 <171μmol/L(10mg/dl)时停止光疗。出箱前将患儿衣被预热,穿好衣服,切断电源,除去眼罩,抱回病床。

7. 患儿出箱后,应对光疗设备进行清洁消毒处理,记录患儿出箱时间、蓝光灯管使用时间。

【注意事项】

1. 入箱前禁忌在患儿皮肤上涂粉剂和油类。

2. 掌握光疗箱的性能及出入箱条件。

3. 掌握光疗期间需重点观察的内容(患儿的胆红素变化、精神反应、生命体征、黄疸部位、程度及变化、大小便颜色与性状,皮肤有无发红、干燥、皮疹,有无呼吸暂停、烦躁、嗜睡、发热、腹胀、呕吐及惊厥等;吸吮能力、哭声变化等)。

4. 保持灯管及反射板清洁,每日清洁灯管及反射板。禁用乙醇擦洗光疗箱的有机玻璃。

十二、捏脊法

【操作目的】

捏脊法(chiropractic therapy)是一种中医治病的方法。用双手拇指指腹和示指中节靠拇指的侧面在小儿背部皮肤表面循序捏拿捻动。本法有调整阴阳、通理经络、促进气血运行、改善脏腑功能等作用。常用于食欲缺乏、消化不良、腹泻、失眠及小儿疳积、感冒、发热等症状。还可有预防保健的作用。

【操作前评估与准备】

1. 评估儿童年龄及疾病情况,观察背部皮肤有无破损,患有疖肿、皮肤病者禁止操作。

2. 准备

(1)用物准备:凡士林、清洁纱布。

(2)护士准备:衣帽整洁、洗手、指甲修剪圆滑。

(3)环境准备:室内温湿度适宜。

【操作步骤】

1. 让儿童俯卧于床上,背部保持平直、放松。注意观察儿童面部情况,勿压迫。

2. 操作者可涂抹润滑液,站在儿童后方,两手的中指、无名指和小指握成半拳状。

3. 示指半屈,用双手示指中节靠拇指的侧面,抵在孩子的尾骨处;大拇指与示指相对,向上捏起皮肤,同时向上捻动。两手交替,沿脊柱两侧自长强穴(肛门后上 3~5cm 处)向上边推边捏边放,一直推到大椎穴(颈后平肩的骨突部位),算作捏脊 1 遍。

4. 第 2、3、4 遍仍按前法捏脊,但每捏 3 下需将背部皮肤向上提 1 次。再重复第 1 遍的动作,共 5 遍。

5. 最后用两拇指分别自上而下揉按脊柱两侧 3~5 次。

6. 一般每天捏 1 次、连续 7~10 天为 1 个疗程。疗效出现较晚的儿童可连续做 2 个疗程。

7. 整理用物,协助患儿取舒适体位,洗手,记录。

【注意事项】

1. 捏脊最好在儿童早上起床后或晚上临睡前进行,疗效较好,其配合度也较高。

2. 捏脊的手法宜轻柔、敏捷,用力及速度要均等,捏脊中途最好不要停止。

3. 每次捏脊的时间不宜太长,以 3~5min 为宜,以免儿童身体裸露时间过长,着凉导致感冒。

4. 开始做时手法宜轻巧,以后逐渐加重,使儿童慢慢适应。要捏捻,不可拧转。捻动推进时,要直线向前,不可歪斜。

(高海霞)

复习思考题

芳芳,6 岁,被确诊为白血病,父母始终在医院陪伴治疗,现芳芳病情加重,需进入层流病房隔离治疗,父母不能一直在身边陪伴,但芳芳坚决不让父母离开。请问芳芳的表现是正常的吗?针对这一问题护士该如何实施护理?

ER-6-7
学习内容与学习方法

扫一扫,测一测

第七章

新生儿及新生儿疾病患儿的护理

学习目标

知识目标

1. 能阐述新生儿分类方法及特点。
2. 能比较早产儿与足月儿的外观特点和生理特点。
3. 能列举新生儿常见疾病的病因、临床表现、护理诊断及护理措施并分析其发病机制。

能力目标

1. 能根据新生儿外观特点初步判断新生儿宫内发育状况并作出分类。
2. 能运用护理程序对健康或疾病新生儿开展整体护理和健康教育。

素质目标

1. 培养关爱生命、敬畏生命、感恩父母的道德情操。
2. 坚守慎独精神,对工作一丝不苟,养成细心、耐心、爱心、严谨的工作态度。
3. 培养应用科学发展观开展健康促进工作的素养。

新生儿(neonate)是指从脐带结扎到生后 28 天内的婴儿。从生命周期(life cycle)来看,新生儿期是人生中从胎儿到婴儿过渡中最关键的时期,需要完成从宫内环境到自然界生存的转换;新生儿期的疾病和营养不但直接影响其病死率,也影响以后乃至成年后的疾病发生和生活质量。新生儿期尤其是新生儿期早期,发病率、病死率均较高,国际上常以新生儿病死率和围生儿病死率作为衡量一个国家卫生保健水平的标准。

围生医学是研究胎儿出生前后影响胎儿和新生儿健康的一门学科,涉及产科、新生儿科和相关的遗传、生化、免疫、生物医学工程等领域,与提高人口素质、降低围生儿病死率密切相关。

新生儿科护理人员应熟悉相关理论知识,以围生期为一整体,动态评估婴儿的健康状态,针对不同个体,精准实施治疗和护理,使儿童顺利度过这一特殊时期,为其一生的健康和发展奠定基础。

第一节　新生儿分类及新生儿病房分级

一、新生儿分类

新生儿分类有不同的方法,临床上常用的有根据胎龄、出生体重、出生体重和胎龄的关系及出生后周龄等分类方法。

(一) 根据出生时胎龄分类

胎龄(gestational age,GA)是指从最后一次正常月经第一天起至分娩时止,通常以周表示,分为足月儿、早产儿和过期产儿。

1. 足月儿(full-term infant)　指 37 周≤GA<42 周(260~293 日)的新生儿。

2. 早产儿(preterm infant)　GA<37 周(<259 日)的新生儿。其中,GA<28 周者为极早早产儿或超未成熟儿;34 周≤GA<37 周(239~259 日)的早产儿称为晚期早产儿(late preterm infant)。

3. 过期产儿(post-term infant)　GA≥42 周(≥294 日)的新生儿。

(二) 根据出生体重分类

出生体重(birth weight,BW)指出生后 1 小时内的体重。根据出生体重,新生儿分类如下:

1. 正常出生体重儿(normal birth weight neonate)　指出生体重为 2 500~4 000g 的新生儿。

2. 低出生体重儿(low birth weight neonate)　指出生体重 <2 500g 的新生儿。

3. 极低出生体重儿(very low birth weight neonate)　指出生体重 <1 500g 的新生儿。

4. 超低出生体重儿(extremely low birth weight neonate)　指出生体重 <1 000g 的新生儿。

5. 巨大儿(giant weight neonate)　指出生体重 >4 000g 的新生儿。

(三) 根据出生体重和胎龄关系分类

1. 小于胎龄儿(small for gestational age infant,SGA)　指出生体重在同胎龄儿平均体重的第 10 百分位以下的新生儿。我国将胎龄已足月而体重 <2 500g 的新生儿称为足月小样儿,是小于胎龄儿中最常见的一种,多由于宫内发育迟缓引起.

2. 适于胎龄儿(appropriate for gestational age infant,AGA)　指出生体重在同胎龄儿平均体重第 10~90 百分位的新生儿。

3. 大于胎龄儿(large for gestational age infant,LGA)　指出生体重在同胎龄儿平均体重第 90 百分位以上的新生儿(图 7-1)。

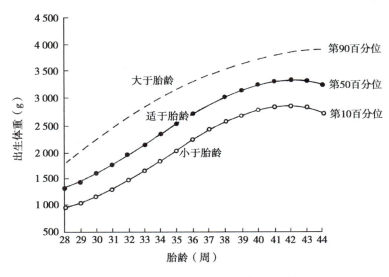

图 7-1　新生儿命名与胎龄及出生体重的关系

(四) 根据出生后周龄分类

1. 早期新生儿(early newborn)　指出生后 1 周以内的新生儿。就整个新生儿期而言,其发病率和病死率最高。

2. 晚期新生儿(late newborn)　指出生后第 2~4 周末的新生儿。

（五）高危新生儿

高危新生儿（high risk neonate） 指已发生或可能发生危重情况而需要密切观察的新生儿。常见以下情况：

1. 母亲疾病史或异常妊娠史的新生儿 如母亲有糖尿病、感染、慢性心肺疾病、吸烟、吸毒或酗酒史，母亲既往有习惯性流产、死胎、死产史、性传播疾病及母亲为 Rh 阴性血型（配偶为 Rh 阳性血型）。母亲妊娠年龄 >40 岁或 <16 岁，孕期有阴道流血、妊娠高血压综合征、先兆子痫、子痫、羊膜早破、胎盘早剥、前置胎盘等。

2. 分娩异常出生的新生儿 如手术产儿、难产、急产、产程延长及母亲分娩过程中使用镇静或止痛药物史等。

3. 出生时有异常的新生儿 窒息、早产儿、脐带绕颈、多胎产儿、小于胎龄儿、低出生体重儿、巨大儿、遗传代谢性疾病或先天性畸形及有已明确或尚未明确疾病的新生儿。

二、新生儿病房分级

新生儿病房分级

根据医生护士专业水平及设备条件分为四级。

1. Ⅰ级新生儿病房（level Ⅰ nursery） 该病房为普通婴儿室，适于健康新生儿，一般要求母婴同室，以利于母乳喂养及建立健康的母婴情感，促进婴儿的身心健康。护理工作的重点是即时评估母婴健康状况、教会父母护理新生儿的方法和技能以及对常见遗传代谢性疾病进行筛查。

2. Ⅱ级新生儿病房（level Ⅱ nursery） 即普通新生儿病房，适合于胎龄 >32 周、出生体重 ≥1 500g 的早产儿及有疾病但无需呼吸、循环支持及监护的新生儿。

3. Ⅲ级新生儿病房（level Ⅲ nursery） 通常是指新生儿重症监护治疗病房（neonatal intensive care unit，NICU），该病房主要接受危重症新生儿，通常是Ⅰ、Ⅱ级新生儿病房转来的患儿，该病室应具备高水平的新生儿急救医护人员团队及完善的新生儿转运系统。

4. Ⅳ级新生儿病房（level Ⅳ nursery） 也称为三级 +（Level Ⅲ plus），一般指有承担复杂先天性心脏病等外科治疗能力的医疗机构。通常是教学医院，要求儿内科、儿外科、儿童麻醉科等亚专业齐全，能承担新生儿转运及有继续教育能力的单位。

第二节 新生儿宫内生长发育评价

一、新生儿宫内生长发育评价方法

新生儿宫内生长发育评价主要是对胎儿在宫内生长发育状况的评估，一方面是对出生新生儿的胎龄评估，针对其胎龄与同胎龄儿比较，评估其在宫内生长发育的状况；另一方面是评估其在宫内生长发育异常的原因，包括有没有畸形等先天疾病的发生。

（一）胎龄评估

可根据出生新生儿的体格特征和神经发育成熟度来评定其胎龄，一般要求在出生 24 小时内进行评分（表 7-1）。

（二）宫内生长发育状况评估

依据上述胎龄评估结果，根据出生新生儿的体重和胎龄的关系分为小于胎龄儿、适于胎龄儿和大于胎龄儿（见新生儿命名部分）；也可根据胎儿期 B 超的测量分析综合评估。

表 7-1　简易胎龄评估表

体征	0	1	2	3	4
足底纹理	无	前半部红痕褶痕不明显	红痕 > 前半部褶痕 < 前 1/3	褶痕 > 前 2/3	明显的深褶痕 > 前 2/3
乳头形成	难认无乳晕	明显可见,乳晕淡、平,直径 <0.75cm	乳晕呈点状,边缘不突起直径 <0.75cm	乳晕呈点状边缘突起直径 >0.75cm	……
指甲	……	未达指尖	已达指尖	超过指尖	……
皮肤组织	很薄胶冻状	薄而光滑	光滑,中等厚度皮疹或表皮翘起	稍厚,表皮皱裂翘起以手足为最明显	厚,羊皮纸样皱裂深浅不一

注:胎龄周数 = 总分 +27

(三) 新生儿宫内生长发育异常的常见原因分析

见下文相关内容。

二、新生儿宫内生长发育评估的分类

(一) 适于胎龄儿

出生后体重位于同胎龄儿平均体重第 10~90 百分位的新生儿,分为足月适于胎龄儿与早产适于胎龄儿。

(二) 宫内发育迟缓与小于胎龄儿

1. 定义及其流行病学　宫内发育迟缓 (intrauterine growth retardation,IUGR) 是指由于胎儿、母亲或胎盘等各种不利因素导致胎儿在宫内生长模式偏离或低于其生长预期,即偏离了其生长潜能,在所有妊娠发生率中占 5%~8%,在低出生体重儿中占 38%~80%。

小于胎龄儿是指新生儿出生体重小于同胎龄儿平均出生体重的第 10 百分位,有早产、足月、过期产 SGA 之分。其原因可能是病理因素,如 IUGR 所致;也可能是非病理性,如性别、种族、胎次、母亲体格差异等。

2. 病因　IUGR 和 SGA 常由母亲、胎儿、胎盘等因素所致。

(1) 母亲因素:①个体特征、病史及生育史:体重别身高 (一定体重相应的身高范围) 低、身材矮小、严重贫血、肺部或肾脏疾病、营养不良 (尤其发生在孕晚期时对出生体重影响最明显)、微量元素缺乏、有过生产低出生体重儿的生育史、子宫或宫颈发育异常、产次 >5 等多种因素与 IUGR 及 SGA 有关;②妊娠期:多胎、多产、贫血、血红蛋白浓度增加、胎儿疾病、产前子痫及高血压、感染、胎盘问题、辅助生殖技术等多种因素与 IUGR 及 SGA 有关;③其他:教育程度低、吸烟、滥用酒精及药物、接触不良理化因素、妊娠间隔期短 (<6 个月)、年龄 (<16 岁或 >35 岁)、心理压力等多种因素与 IUGR 及 SGA 有关。

(2) 胎儿因素:①慢性宫内感染或缺氧,尤其是发生在孕早期胎儿器官形成阶段可引起细胞破坏或数目减少,是导致 IUGR 的重要原因;②双胎或多胎;③染色体畸变及染色体疾病,如唐氏综合征、猫叫综合征等;④遗传代谢病等因素均与胎儿在宫内的生长发育有关。

(3) 胎盘及脐带因素:胎儿通过胎盘从母体摄取营养,母亲子宫异常 (解剖异常、子宫肌瘤),胎盘功能不全及脐带因素如脐动脉或脐带附着部位异常等均影响胎盘的转运功能;同时胎儿对于胎盘营养物质的转运和吸收也受到其本身基因的调控。

(4) 内分泌因素:任何一种先天性激素缺陷均可致胎儿生长迟缓。胰岛素样生长因子 (insulin-like growth factor,IGF) 以及葡萄糖 - 胰岛素 - 胰岛素样生长因子代谢轴等,均是调节胎儿生长的中心环节。如 IGF-1 主要调节孕后期胎儿及新生儿生后早期的生长,IGF-2 主要调节胚胎的生长。

3. 临床表现与并发症　出生后与同胎龄儿相比,往往"偏小",根据重量指数(ponderal index,PI)和身长头围之比分为匀称型和非匀称型,PI=[出生体重(g)×100/出生身长(cm)³]。

匀称型常见于染色体异常、遗传性疾病、先天性因素等原因,损伤往往发生在孕早期。患儿出生时头围、身长、体重成比例下降,体型匀称。由于各种有害因素影响了细胞增殖,阻碍了胎儿生长所致。足月儿 PI>2.20,早产儿 PI>2.00,损伤发生于晚期。

非匀称型常见于孕母营养因素、血管性疾病、先兆子痫、慢性妊娠期高血压、子宫异常等原因,损伤发生于孕晚期。胎儿体重降低与身长、头围降低不成比例,即体重小于预期的胎龄,而头围接近于同胎龄儿,大脑发育常不受影响。足月儿 PI<2.20,早产儿 PI<2.00。

IUGR 儿在宫内常处于慢性缺氧环境中,故常并发围生期窒息以及胎粪吸入综合征等,由于胎儿时期有害因素的伤害及其缺氧的损伤,患儿可出现神经系统后遗症。染色体畸变或慢性宫内感染可引起各种先天性畸形。由于肝糖原贮存减少、胰岛素水平相对较高等发生低血糖的比例偏高,非匀称型由于脑重相对较高而消耗糖原多更易发生低血糖。由于胎儿宫内慢性缺氧,引起红细胞生成素水平增多,还可发生红细胞增多症 - 高黏滞度综合征,表现为呼吸窘迫、青紫、心脏扩大、肝大、黄疸、坏死性小肠结肠炎等。

4. 治疗与护理

(1)复苏与呼吸观察:由于宫内缺氧,多数患儿有围生期窒息,且由于呼吸中枢发育不成熟,不能维持有效呼吸,故出生后应立即进行有效复苏,密切观察生命体征变化。

(2)维持体温稳定:出生后注意调节环境温度,积极保暖。有条件者置入暖箱或远红外辐射抢救台以减少能量消耗、维持体温在正常范围。

(3)监测并维持血糖稳定:出生后注意监测血糖,尽早开奶,预防并及时发现和纠正低血糖。

(4)部分换血疗法:当静脉血的血细胞比容(HCT)过高时影响组织灌注可考虑换血治疗。

(5)营养支持:在保证每日需要热卡的基础上,注意营养素与微量元素的补充,尤其是促进神经系统发育的物质如牛磺酸、锌制剂等。

(6)加强保健,注意长期随访:应按高危儿在儿童保健门诊定期随诊,及时发现生长发育迟缓相关问题,采用科学方法促进婴幼儿体格发育与神经心理行为的发展。

5. 预后与预防　从整体上来看,SGA 和 IUGR 婴儿围生期病死率及远期发病率均明显高于适于胎龄儿;患儿成年后胰岛素抵抗性糖尿病、脂质代谢病及心血管疾病等发病率较普通人群增高。长期预后与病因、宫内受损发生的时间、持续时间、严重程度及出生后营养状况和环境有关,围生期窒息和合并致命性先天性畸形是引起死亡的主要因素。宫内感染、染色体疾病等所致严重宫内发育迟缓者可能会出现终身生长发育迟缓、认知能力低下、学习困难、运动功能障碍,甚至脑性瘫痪等。

大部分小于胎龄儿出生后体重增长呈追赶趋势,随后身长也出现快速增长阶段,生后第 2 年末达到正常水平,体格、智力发育正常。约 8% 出生体重或身长小于第 3 个百分位者出现终身生长落后。

加强孕妇保健、积极预防母亲的妊娠并发症及加强胎儿宫内监护;围生期及时发现危险因素并实施有效干预是预防的根本措施。

案例分析

小美,15 岁,家住农村,小学毕业,目前在 B 城市某餐馆工作,与某男相遇并恋爱,不久小美发现自己怀孕了,男方承诺生下孩子后与其结婚。怀孕前小美患有生殖器疱疹。怀孕后小美不敢告知父母亲,独自在 B 市生活,未建立档案进行产检。妊娠 35 周,小美腹痛难忍,其男友送其去医院,经阴道分娩诞下一男婴,出生体重 1 400g,出生时青紫窒息,经抢救病情平稳在 NICU 观察。

1. 如何对该患儿在宫内的发育情况进行综合评估,如何命名?
2. 出生第 1 天,护理该患儿的重点是什么?
3. 患儿在 NICU 住院 1 月后出院,请制定出院后的护理方案。

ER-7-1

案例分析
答案要点

(三) 大于胎龄儿

1. 定义　大于胎龄儿是指出生体重大于同胎龄平均出生体重第 90 百分位的新生儿,出生体重 >4 000g 者称为巨大儿。

2. 病因

(1) 父母因素:孕母患糖尿病;父母体格高大,母孕期食量较大尤其摄入大量蛋白质等。

(2) 新生儿病理因素:①胰岛细胞增生症;②Rh 血型不合溶血症;③先天性心脏病(大血管错位);④Beckwith 综合征等。

3. 临床表现与并发症

(1) 出生时由于体格较大,易发生难产而引起窒息、颅内出血或各种产伤。

(2) 可因原发疾病出现各种临床表现:①糖尿病母亲的婴儿常伴有早产、低血糖、肺透明膜病等;②胰岛细胞增生症患儿有持续性高胰岛素血症及顽固性低血糖;③Rh 血型不合者有重度黄疸、贫血、水肿、肝脾肿大;④大血管错位者常有气促、发绀及低氧血症;⑤Beckwith综合征患儿有特殊面容,如突眼、大舌、面部扩张的血管痣、脐疝等。

4. 治疗与护理

(1) 预防难产和窒息:由于头部较大难以娩出,出生时容易出现产伤,应尽早做好评估,减少损伤;剖宫产儿肺液积滞会影响气体交换,应密切观察呼吸情况,必要时吸氧。

(2) 治疗各种原发疾病及其并发症。

(3) 合理喂养:及早开奶,防止低血糖的发生;监测血糖,必要时补液以维持血糖浓度大于 45mg/dl。

5. 预后与预防　预后与原发疾病有关,Beckwith 综合征病死率高,Rh 血型不合者与溶血严重程度有关。总体来说,大于胎龄儿肥胖、2 型糖尿病发生率远高于适于胎龄儿。预防措施主要为:①加强孕妇保健,注重孕期合理营养,避免过度的高能量、高蛋白摄入;②积极预防母亲的妊娠并发症,如糖尿病等;③加强胎儿宫内监护,及时发现危险因素、及时干预。

第三节　正常足月儿、早产儿的特点及护理

一、正常足月儿和早产儿的特点

正常足月儿(normal full-term infant)是指胎龄满 37~42 周出生,出生体重在 2 500~4 000g,

无任何畸形和疾病的活产婴儿。早产儿,又称未成熟儿,是指胎龄未满37周、出生体重在2 500g以下的活产新生儿。

(一) 外观特点

正常足月儿体重在2 500g以上(约3 000g),身长在47cm以上(约50cm),全身胎毛少,哭声响亮,肌肉有一定张力,四肢屈曲,皮肤红润,皮下脂肪丰满。头和身长之比为1:4(成人为1:8),前额大且突出。头发分条清楚;耳廓软骨发育好,耳舟成形、直挺;乳晕清楚,乳头突起,乳房可触摸到结节;男婴睾丸降入阴囊,女婴大阴唇覆盖小阴唇;指(趾)甲达到或超过指(趾)尖;双足足底有较多的足纹。

早产儿体重大多<2 500g,身长<47cm,哭声低,颈肌软弱,四肢肌张力低下,皮肤薄,红嫩,皮下脂肪少,胎毛多。头发短而软,部分胎龄偏小的早产儿头发呈短绒状,分条不清。耳廓软、耳舟不清楚,乳晕不清,乳腺结节不明显,女婴大阴唇不能遮盖小阴唇,男婴睾丸未降或未全降,指(趾)甲软,未达到指(趾)尖,足底纹理少。

(二) 生理特点

1. **体温**　正常足月儿体温中枢发育不完善,体温调节能力差;皮下脂肪薄,体表面积相对较大,容易散热。新生儿产热主要依靠棕色脂肪的代谢。新生儿出生时的体温与母亲相同或稍高,出生后1小时内体温可降至35℃以下,若环境温度适中,体温逐渐可升到36~37℃之间。新生儿在环境温度过低时,易造成体温低下或寒冷损伤综合征;而环境温度过高时,通过皮肤蒸发和出汗散热,如果体内水分不足,造成血液浓缩,可使体温增高,出现新生儿"脱水热"。

与正常足月儿比较,早产儿体温调节功能更不完善,棕色脂肪含量少,体表面积相对较大,皮下脂肪少,易散热,易发生低体温。同时,汗腺发育不成熟,缺乏寒战反应。因此,早产儿的体温易随环境温度的改变而变化,常因寒冷发生新生儿寒冷损伤综合征。

适中温度(neutral environment temperature,NET),是指能维持正常体核温度和皮肤温度的最适宜的环境温度。在此温度下,人体耗氧量最小,新陈代谢率最低,蒸发散热最少。不同胎龄、日龄、出生体重的新生儿,其中性温度不同。一般来说,胎龄、出生体重和日龄越小,所需适中温度越高。

2. **呼吸系统**　胎儿在子宫内依靠母体通过胎盘得到氧气和排出二氧化碳,虽有微弱的呼吸运动,但不需要肺的呼吸,胎儿肺内充满液体。分娩后新生儿在第一次吸气后紧接着啼哭,肺泡张开,肺内液体快速吸收。由于呼吸中枢发育不成熟,呼吸节律常不规则,频率较快,安静时为40次/min左右。由于新生儿胸腔较小,肋间肌较软弱,胸廓运动较浅,主要靠膈肌运动,以腹式呼吸为主。在一些病理情况下,如发生代谢性酸中毒、新生儿肺炎时,新生儿可出现胸式呼吸增强。剖宫产儿由于缺乏产道挤压,肺液吸收延迟,可引起新生儿暂时性呼吸困难。

与正常足月儿比较,早产儿呼吸中枢更不成熟,表现为呼吸浅快而不规则,在呼吸过程中,易发生呼吸暂停。如呼吸停止时间达15~20秒,或虽不到15秒,但伴有心率减慢(<100次/min)并出现发绀及四肢肌张力的下降称为呼吸暂停(apnea)。由于早产儿肺发育不成熟和缺少表面活性物质,容易发生肺透明膜病,尤其是35周以下的早产儿。

3. **循环系统**　胎儿出生后血液循环发生巨大变化:①脐带结扎,胎盘-脐血循环终止;②出生后呼吸建立、肺膨胀,肺血管阻力降低,肺血流增加;③回流到左心房的血量增加,体循环压力增高;④卵圆孔和动脉导管出现功能性关闭。当严重肺炎或酸中毒时,部分新生儿出生后前几日心前区可闻及生理性杂音。新生儿心率快,100~150次/min,平均120~140次/min,波动范围大。活动或吃奶后心率可加快。血压平均为70/50mmHg(9.3/6.7kPa)。

早产儿心率快,血压较足月儿低,动脉导管闭合延迟。在某些病理情况下,易出现血容量不足、低血压,又因为毛细血管脆弱,缺氧时易发生出血。如缺氧缺血性脑病时常发生颅内出血。

4. 消化系统 新生儿消化道面积相对较大,有利于吸收,肠管壁较薄,通透性高,有利于吸收母乳中的免疫球蛋白,但也可使肠腔内的毒素及消化不全的产物通过肠壁进入血液循环,引起中毒和过敏现象。新生儿的胃呈水平位,贲门括约肌发育较差,幽门括约肌发育较好,易发生溢乳和呕吐。除胰淀粉酶外,足月儿其余消化酶已足够消化蛋白质及脂肪。新生儿出生后 10~12 小时开始排出墨绿色胎粪(由胎儿肠道分泌物、胆汁和吞下的羊水组成),约 2~3 日排完,如超过 24 小时还未见胎粪排出,应检查有无消化道畸形,如肛门闭锁。新生儿肝中的尿苷二磷酸葡萄糖醛酸基转移酶的活力较低,这是新生儿出现黄疸及对某些药物解毒能力低下的主要原因。

早产儿吸吮能力弱,吞咽功能不完善,贲门括约肌松弛,胃容量小,易出现溢乳、呛奶及乳汁吸入气管等。早产儿各种消化酶不足,胆酸分泌较少,对脂肪的消化吸收能力不足,在缺氧、缺血、高渗透压奶方喂养情况下易发生坏死性小肠结肠炎。另外,早产儿的胎粪形成较少,肠蠕动乏力,易出现胎粪延迟排出。早产儿肝脏不成熟,葡糖醛酸基转移酶活性不足,黄疸持续时间长且易发生高胆红素血症,又由于血 - 脑脊液屏障不完善,高胆红素血症时容易出现胆红素脑病损伤脑组织。此外,早产儿肝内糖原储存量少,蛋白质合成不足,易发生低血糖和低蛋白血症。由于肝功能不完善,肝内维生素 K 依赖凝血因子的合成少,易发生出血症。

5. 泌尿系统 新生儿一般在生后 24 小时内排尿,如超过 48 小时仍未排尿,应查找原因。正常足月新生儿生后头几天内,尿色深,稍混浊,放置后有红褐色沉淀,为尿酸盐结晶,不属于异常。新生儿肾小球滤过率低,浓缩功能较差,排出等量的溶质需要比成人多 2~3 倍的水,易出现脱水或水肿。同时新生儿对钠的耐受限度较窄,易发生水钠潴留和水肿;肾脏处理酸碱负荷的能力不足,易产生代谢性酸中毒;肾稀释功能尚可,而排磷功能较差,人工喂养儿,如奶配方不当可造成血磷偏高,使血钙下降,易产生低钙血症。

早产儿肾脏功能不成熟,易发生水、电解质紊乱。肾小管对醛固酮反应低下,排钠分数高,易发生低钠血症。因抗利尿激素缺乏,故尿的浓缩功能较差。另外,由于早产儿肾葡萄糖阈值低,静脉输葡萄糖速度过快时易发生糖尿。同时,肾小管排酸能力较差,在用普通牛奶喂养时,因酪蛋白含量高,可发生晚期代谢性酸中毒。

6. 血液系统 由于胎儿期处于相对缺氧状态,故红细胞数和血红蛋白量较高,新生儿出生时红细胞数约 $(5.0~7.0)\times10^{12}$/L,血红蛋白量 150~210g/L,以后逐渐下降。新生儿出生时血红蛋白中的胎儿血红蛋白约占 70%,5 周内减少到 55%,以后被成人型血红蛋白所取代。新生儿刚出生时白细胞数较高,第一日平均为 18×10^9/L,第三日开始下降。新生儿早期外周血象中可见少量中幼粒细胞。血小板计数与成人相似。胎儿肝脏维生素 K 储存量少,凝血因子活性低,因此,足月新生儿出生 1 周内常规给予维生素 K_1 注射一次以预防出血症。

早产儿出生几日后外周血红细胞数和血红蛋白下降快,易出现贫血,白细胞计数较低,为 $(6~8)\times10^9$/L,血小板量较足月儿略低,加之维生素 K 储存不足,致凝血因子缺乏,故易引起出血,常见危及生命的为肺出血和颅内出血。

7. 神经系统 新生儿脑部相对较大,占体重 10%~20%。脊髓相对较长,大脑皮质兴奋性低,睡眠时间长。正常足月儿出生时已具有原始的神经反射,如觅食反射、吸吮反射、拥抱反射、握持反射和交叉伸腿反射。

早产儿神经系统的功能和胎龄有关,胎龄越小,功能越差,如:觉醒程度低,嗜睡,肌张力低下,吞咽、吸吮、眨眼、觅食、对光等反射均不敏感,拥抱反射不完全。

8. 免疫系统 新生儿皮肤黏膜屏障功能差,脐部残端未完全闭合,呼吸道纤毛运动差,胃酸、胆酸少,杀菌力弱;胎儿以及新生儿早期 T 细胞接触抗原少而多处于初始状态,功能不成熟,可致新生儿免疫应答无能;网状内皮系统和白细胞的吞噬作用较弱,血清补体水平比成人低;胎儿可通过胎盘从母体获得免疫球蛋白 IgG,而免疫球蛋白 IgA 和 IgM 则不能通过胎盘传给新生儿。因此,新生儿易患呼吸道、消化道感染性疾病,尤其是革兰氏染色阴性细菌的感染,也易患真菌感染,且感染后炎症不易局限而易扩散。另外,早产儿皮肤娇嫩,屏障功能弱,体液及细胞免疫均很不完善,从母体获得的免疫球蛋白 IgG 相对较足月儿少,各种补体水平较足月儿更低,故易发生各种感染。

9. 能量及体液代谢　新生儿体液总量占体重的比例大于成人,占体重的 65%~75%(成人占体重的 55%~60%),热能需要量在适中温度下平均每日 418~502kJ/(kg·d)(100~120kcal/kg)。新生儿每日液体维持量为:第一日为 60~100ml/kg,以后每日增加 30ml/kg,直至每日 150~180ml/kg。足月儿每日钠需要量为 1~2mmol/kg,<32 周的早产儿为 3~4mmol/kg;出生婴儿 10 日内一般不需要补钾,以后钾的需要量为每日 1~2mmol/kg。

(三)常见几种特殊生理状态

1. 生理性体重下降　新生儿出生后 1 周内,由于摄入不足、胎粪及水分排出,可致体重暂时性下降 3%~9%,一般生后 10 天左右恢复到出生体重。

2. 生理性黄疸　见本章第十节。

3. 乳腺肿大　无论男婴或女婴,在生后 3~5 日内可出现乳腺肿大,呈蚕豆大小,可有少量乳汁分泌,主要由于母体孕期分泌孕酮和催乳素经胎盘传至胎儿体内所致。一般生后 2~3 周内消退,无需特殊处理。

4. 口腔内改变　新生儿上腭中线两侧及牙龈切缘上常有微凸的淡黄色点状物,常被俗称为"上皮珠"和"马牙",这是正常上皮细胞堆积或黏液腺分泌物积聚所致,数周后可自行消失。新生儿面颊部有脂肪垫,俗称"螳螂嘴",有利于吸乳,不应挑割,以免发生感染。

5. 假月经　有些女婴生后 5~7 日可见阴道少量流血,持续 2~3 日,是由于妊娠后期母体雌激素进入胎儿体内,生后雌激素作用突然中断,形成类似月经的出血。一般量不大,无需特殊处理,但在新生儿自然出血症等疾病状态下可出现阴道流血量增加,需给予相应治疗。

6. 新生儿红斑及粟粒疹　新生儿出生后 1~2 天,其面部、躯干及四肢常出现大小不等的多形性斑丘疹,称为"新生儿红斑"。新生儿出生后 3 周内,在鼻尖、鼻翼、面颊部长出小米粒大小的、白色或黑色的皮疹,这是由于皮脂腺堆积而致。

二、正常足月儿的护理

【护理评估】

1. 健康史　评估患儿出生史、母孕期营养及健康状况;评估新生儿所在环境、照顾者健康状况;评估新生儿保暖、喂养方式及消毒隔离情况。

2. 身体状况　除表现出正常新生儿特点外,可出现一些特殊生理状态,如生理性体重下降、生理性黄疸、乳腺肿大、假月经及"上皮珠"和"马牙"等。

3. 心理社会状况　评估家长是否缺乏对新生儿特点及护理相关知识的了解,是否能做好相关护理;是否存在母亲产后身体虚弱,精神焦虑,对护理新生儿缺乏自信等情况。

【护理诊断】

1. 有体温失调的危险　与体温调节中枢发育不完善,不能适应外界环境温度的变化,或与生后保暖、喂养和护理不当等有关。

2. 有窒息的危险　与呛奶、呕吐有关。

3. 有感染的危险　与免疫功能不足及皮肤黏膜屏障功能不完善有关。

【护理措施】

1. 维持体温稳定

（1）环境：新生儿应安置在阳光充足、空气流通的地方，但应避免空气直接对流。适宜的环境温、湿度对维持正常体温非常重要，应将新生儿置于适中温度（又称中性温度）下。室温一般为 22~24℃、相对湿度为 55%~65%。

（2）保暖：新生儿娩出后应立即置于远红外辐射床擦干全身皮肤，用温热干毛巾包裹，以减少体热散失及对流。同时，采取合理的保暖措施，例如，"袋鼠"式怀抱、婴儿暖箱、包被、热水袋、绒布帽等。此外，接触新生儿的手、仪器、物品等均应预热。进行治疗和护理操作时注意保暖，不要过分暴露新生儿。

2. 保持呼吸道通畅

（1）新生儿娩出后建立呼吸前，应立即清除口、鼻腔的黏液及羊水，保持呼吸道通畅，以免引起吸入性肺炎或窒息。

（2）保持合适体位。仰卧时避免颈部前屈或过度后仰，俯卧时，头偏向一侧。

（3）避免物品遮盖新生儿口、鼻部或压迫其胸部。经常检查鼻腔是否通畅，及时清理鼻腔的分泌物。做好专人看护。

3. 预防感染

（1）环境清洁卫生：建立消毒隔离制度和完善清洗设施，室内采用湿式清洁，早、晚各开窗通风 1 次，最好给予空气净化。每月对室内空气、物品进行监测。

（2）工作人员：注意个人卫生，严格无菌操作，患病或带菌者应暂时调离新生儿室。接触新生儿前后要洗手或涂抹消毒液，避免交叉感染。每月对工作人员的手进行细菌监测。

（3）个人卫生：新生儿衣服应柔软，棉布制作，宽松舒适，避免纽扣、装饰品等硬物。尿布可用清洁、吸水性强的软棉布或纸尿裤。注意眼睛、鼻腔、外耳道、口腔的清洁护理。新生儿体温稳定后，可给予沐浴，同时检查脐带、皮肤等。每次大便后及时更换尿布，用温开水清洗臀部并拭干，必要时涂抹消毒植物油或鞣酸软膏，以防尿布皮炎。

（4）脐带护理：一般新生儿娩出后 1~2 分钟内无菌结扎脐带；脐带脱落前应注意脐部纱布有无渗血，保持敷料干燥，避免被尿液污染；脐带脱落后涂 75% 乙醇保持干燥。若脐窝有脓性分泌物时，可先用 3% 过氧化氢溶液清洗，然后再用 0.2%~0.5% 的碘伏棉签擦拭，并保持干燥。若有肉芽组织形成，可用 5%~10% 硝酸银溶液点灼。

（5）氧气装置的消毒：采用一次性吸氧管、湿化瓶。吸氧面罩使用后浸泡在含氯消毒剂中 30 分钟，冲洗干净并晾干后方可使用。

4. 合理喂养　正常足月新生儿生后 30 分钟就可以吸乳，尽早吸乳可预防新生儿低血糖，有利于维持体温及早期建立肠道正常菌群。鼓励按需哺乳，喂奶前可试喂糖水，排除消化道畸形。喂奶后应竖抱新生儿并轻拍背部，然后取侧卧位，防止溢乳和呕吐引起窒息。人工喂养者，奶具需专用并消毒。奶量以喂奶后安静、不吐、无腹胀和理想的体重增长为标准。定时、定磅秤、定地点测量体重，每次测定前均要调好磅秤零位点，确保测得体重的精确性。

5. 日常观察和记录　观察新生儿面色、哭声、精神、皮肤、体温、呼吸、脉搏、奶量、睡眠及大小便等，及时发现异常情况并给予相应处理。

6. 健康教育

（1）提倡母婴同室和母乳喂养。母婴同室对促进乳母乳汁分泌及母子感情交流有利。强调"三早"（早接触、早吸吮、早开奶）及按需哺乳，使新生儿得到良好的身心照顾。

（2）指导家长对患儿进行正确喂养及护理，介绍预防接种等相关知识。

（3）护理人员应熟知并向患儿家长介绍遗传代谢病、先天性内分泌异常以及某些严重的遗传性疾病在新生儿时期筛查的意义,通常在新生儿出生后3天采其足跟血保留至纸片进行。常规筛查先天性甲状腺功能减退症、苯丙酮尿症和半乳糖症等项目。

三、早产儿的护理

【护理评估】

1. 健康史　了解患儿的胎次、胎龄、母亲孕期健康状况、胎儿发育情况及家族史等。

2. 身体状况　评估患儿的体重、外观特征是否符合胎龄,生命体征有无异常,神经系统反应及各系统的功能状况。早产儿生后24小时内应及时进行胎龄评估并准确命名,以便制订合理的护理方案。

3. 心理社会状况　住院期间应评估家长对患儿目前状况的心理承受能力、对预后的了解程度、治疗的态度、经济状况等。出院后应评估家长对早产儿特点及护理相关知识的了解,护理操作的熟悉程度,喂养情况及母乳喂养的成功率。

【护理诊断】

1. 体温过低　与体温调节中枢发育不成熟及产热储备力不足有关。

2. 自主呼吸障碍　与呼吸中枢和肺发育不成熟有关。

3. 营养失调:低于机体需要量　与吸吮、吞咽、消化吸收功能差有关。

4. 有感染的危险　与皮肤黏膜屏障功能较差及免疫功能发育不成熟有关。

5. 潜在并发症:寒冷损伤综合征、出血、感染等。

【护理措施】

1. 维持体温稳定　早产儿室温一般为24~26℃,相对湿度为55%~65%。出生体重<2 000g者,一般需要置于暖箱或远红外辐射床保暖。暖箱温度应根据患儿出生体重、胎龄和日龄进行调节。出生体重越低、胎龄、日龄越小的早产儿所需要的暖箱温度越高。体温低或不稳定的早产儿不宜沐浴。

新生儿暖箱
护理视频

2. 维持有效呼吸　早产儿咳嗽反射较弱,黏液在气管内不易咳出,易引起呼吸道阻塞,应及时清除呼吸道分泌物。同时,早产儿仰卧时肩下应放置小软枕,避免颈部弯曲,保持呼吸道通畅。护理过程中注意观察患儿的呼吸节律和频率、皮肤颜色。出现呼吸暂停者,应立即给予弹足底、托起背部让肺被动扩张等措施刺激呼吸,必要时吸氧。一般主张间断、低流量吸氧,吸氧浓度以维持经皮血氧饱和度90%~95%为宜。反之,氧气浓度过高,吸氧时间过长,可引起支气管、肺发育不良和/或早产儿视网膜病,进而导致严重后果。反复出现呼吸暂停者,可遵医嘱给予氨茶碱静脉输注,必要时给予人工气囊或气管插管辅助呼吸。

3. 合理喂养

(1) 乳类的选择:首选母乳喂养。如确无母乳者,可给予人乳库的他人母乳喂养或早产儿专用配方奶喂养。待早产儿体重达到2 000g时,改用早产儿出院后专用配方奶,逐渐过渡到足月儿配方奶。切忌使用渗透压过高的奶方,以免引起坏死性小肠结肠炎。

(2) 乳量选择:乳量应因人而异,原则上是胎龄越小、出生体重越低,每次哺乳量越少,哺乳间隔时间越短。哺乳量应根据早产儿耐受情况而定,随日龄增加逐渐增加奶量,以喂养后无腹胀、呕吐、胃潴留为原则。

(3) 喂养方式:尽早开奶,以防止低血糖发生。根据早产儿的吸吮及吞咽能力,选择不同的喂养方式以保证营养及水分的供给。有吸吮、吞咽能力者直接喂哺母乳或奶瓶喂养,吸吮能力不足而吞咽能力尚可的早产儿可用滴管或小勺喂养,吞咽、吸吮能力均不足者可给予鼻饲喂养。胃管间歇喂养时应在每次喂奶前检测上一次残余的奶量和性质。持续胃管喂养可用输液泵将一定量奶在一定时间内缓慢注入,每3~4小时检测一次残余奶量,残余奶量不应

笔记栏

超过 1 小时给予的喂养量,这种喂养方法比较适用于那些特别小的、不能耐受一次较大量注入的早产儿。<1 000g 的早产儿及重症患儿尤其是呼吸功能不全或伴有坏死性小肠结肠炎等疾病者,可按医嘱采用静脉营养。

(4) 监测早产儿营养状况:每天详细记录早产儿出入量,准确测量体重,以便分析、调整喂养方案,满足能量需求。

4. 预防感染 严格执行消毒隔离制度,严禁非专室人员的进入,强化医护人员的洗手制度及暖箱等器具的清洁消毒,防止交叉感染。

5. 集中护理与观察病情 护理人员应营造安静、幽暗的环境,给予舒适体位,各种护理操作尽可能集中进行,以利于早产儿神经行为发展。早产儿潜在并发症多,病情变化快,会出现呼吸暂停等危及生命的情况,临床护理中除应用监护仪监测体温、脉搏、呼吸等生命体征外,还应观察患儿面色、哭声、精神反应、吃奶情况、四肢末梢温度、大小便等,注意监测血糖以早期发现低血糖及高血糖情况。严格记录出入量、体重增长情况。静脉输液的早产儿一定注意输液量及液体速度,强调用输液泵,一般每日的液体应在 24 小时之内均匀滴入。

6. 补充维生素及铁剂 出生 3 天内应及时补充维生素 K_1,每日 0.5~1mg 肌内注射,连用 3 天以预防新生儿出血症;出生 2~4 周给予维生素 D,每日 400~800U,以预防佝偻病;早产儿宜在出生后 2 个月左右补充铁剂预防缺铁性贫血。

7. 健康教育 母亲因为婴儿早产往往会产生忧郁、焦虑甚至罪恶感等心理反应,应给予心理辅导,树立其照顾婴儿的信心。向家长介绍护理早产儿的知识,指导家长学会日常护理技能,如沐浴、喂奶、更换尿布等。指导家长做好新生儿疾病筛查及预防接种。向家长说明出院后定期随访的重要性,定期检查眼底、智力、生长发育等;指导家长按时补充维生素 D 制剂及铁剂以预防佝偻病和贫血。

知识链接

发展性照顾

发展性照顾是 20 世纪 80 年代后在美国、日本等地区发展起来的、有利于提高早产儿生存能力及促进其生长发育的护理新理念。它要求根据每个婴儿的不同情况,制订具体的、个性化的护理方案,包括:对不能进食的早产儿实施非营养性吸吮;为极低出生体重儿经外周静脉导入中心静脉置管、使用静脉留置针等减少疼痛刺激;采用口服蔗糖水、"蜷曲体位"、聆听柔和音乐等方法减轻疼痛反应;调暗灯光或者用布罩遮盖暖箱,模拟子宫环境制作"鸟巢",为早产儿创造适合其生长发育的环境;患儿体重达到 1 500g、生命体征平稳时实施袋鼠式护理等。

案例分析

患儿,男,生后 1 小时。胎龄 31 周,出生体重 1 300g,出生时轻度窒息,阿普加评分:1 分钟 6 分,5 分钟 7 分。目前呼吸尚平稳,转入儿科新生儿室。查体:早产儿外貌,心肺未见异常,未见皮肤硬肿、水肿,腹软,肝脾不大,肠鸣音正常。吸吮反射弱,觅食反射可引出,拥抱反射不完全。

问题:

(1) 早产儿入院后,假设母亲月经不准或末次月经记不清等原因无法确定准确的

案例分析答案要点

预产期,患儿的胎龄和命名该如何确定。该患儿的命名是什么?

（2）入院后如何确定该患儿的喂养方式,如何保暖?

（3）患儿入院 8 小时,频繁出现呼吸暂停,暂停时间大于 15 秒,伴皮肤发绀。应如何用药和护理?

（4）入院第 2 天,患儿出现呕吐咖啡色样物,黑便,阴道流血(量较多),考虑患儿发生了什么情况?

（5）入院第 3 天,患儿出现轻度腹胀,少量果酱样大便,考虑患儿发生了什么情况?应如何处理?

第四节　新生儿重症监护及气道护理

一、新生儿重症监护

新生儿重症监护治疗病房(neonatal intensive care unit,NICU)是治疗、护理危重新生儿的集中病室。其目的是降低新生儿病死率和远期发病率,促进新生儿的生长发育。

（一）监护对象

主要包括:①应用辅助通气及气管插管后拔管 24 小时内的新生儿;②重度围生期窒息儿;③急慢性脏器衰竭;④外科大手术术后(尤其是术后 24 小时内);⑤极低出生体重儿和超低出生体重儿;⑥反复惊厥发作者;⑦严重的呼吸暂停;⑧接受全胃肠外营养或换血者。

（二）监护内容

1. 心电监护　监测患儿的心率、心律和心电波形的变化。

2. 呼吸监护　监测患儿的呼吸频率、呼吸节律的变化和呼吸暂停。

3. 血压监护　可应用直接测压法(创伤性测压法)、间接测压法(无创性测压法)两种方法测压。后者是目前国内 NICU 最常用的方法。

4. 体温监测　置新生儿于已预热的远红外辐射台上或暖箱内,将体温监测仪传感器分别置于腹壁皮肤和肛门内,其体表温度、核心温度和环境温度则自动连续显示。

5. 血气监护　包括经皮氧分压($TcPO_2$)、二氧化碳分压($TcPCO_2$)及脉搏血氧饱和度监护仪($TcSO_2$)。$TcSO_2$ 相对较准确,是目前 NICU 中血氧动态监测的常用手段。

6. 微量血液生化检测　包括电解质、胆红素、血糖、肌酐等;危重症患儿注意动态监测以及时发现肝肾功能变化、心肌等重要脏器受损情况及其内环境紊乱等病情变化。

7. 感染指标监测　及时发现感染灶并留取标本进行病原学检测与培养;注意动态观察炎症指标的变化趋势。

8. 影像学检查　有发绀、呼吸困难等症状时,需要及时床头摄片了解心肺情况;头颅 B 超可为新生儿颅内出血提供特异性诊断依据。

二、新生儿气道护理

对新生儿加强气道护理的目的在于改善机体供氧,保证通气量,减少交叉感染,促进患儿康复。

（一）环境和体位

保持室内空气新鲜,温湿度适宜。患儿仰卧位时,头部应轻微后仰,避免过度后仰或前倾;操作时,切忌随意将物品遮盖于患儿头部或置于其胸部,以免造成患儿通气不良。

(二)胸部物理治疗

1. 翻身 一般要求每 2 小时翻身一次。

2. 叩击胸背 可使用半握空拳法或使用拍击器,从外周向肺门轮流反复叩击,叩击的速度与强度视患儿具体情况而定。

(三)吸痰术

吸痰时注意记录分泌物的量、色泽、黏稠度,必要时留取分泌物标本做细菌培养。

第五节 新生儿窒息

新生儿窒息(asphyxia of newborn)指胎儿因宫内缺氧或娩出过程中缺氧引起的呼吸、循环障碍,以致新生儿出生后无自主呼吸或呼吸不规律而导致低氧血症、高碳酸血症及全身多脏器受损,是新生儿死亡和儿童伤残的重要原因之一。

【病因】

窒息的本质是缺氧,凡能使血氧浓度下降的任何因素均可引起窒息。

1. 孕母因素 ①母亲患严重贫血、心脏病、高血压等;②母亲吸烟或被动吸烟、吸毒等;③母亲年龄≥35 岁或 <16 岁以及多胎妊娠等。

2. 分娩因素 ①如胎头过大或母亲骨盆过小、胎位不正等;②高位产钳助产、胎头吸引不顺利等;③产程中麻醉药、镇痛剂和催产药使用不当等。

3. 胎儿因素 ①早产儿或巨大儿;②宫内感染;③羊水或胎粪吸入致使呼吸道阻塞;④先天性畸形,如呼吸道梗阻畸形、先天性心脏病等。

4. 胎盘和脐带因素 胎盘因素如前置胎盘、胎盘早剥或胎盘老化等;脐带因素主要包括脱垂、绕颈、打结以及过短或牵拉等。

【病理生理】

1. 窒息时胎儿向新生儿呼吸、循环转变受阻 窒息时新生儿未能建立正常的呼吸,致使肺泡不能扩张,肺液不能有效清除;缺氧、酸中毒引起肺表面活性物质产生减少、活性降低,以及肺血管阻力增加,胎儿血液循环重新开放,同时出现持续性肺动脉高压。后者进一步加重组织严重缺氧、缺血、酸中毒,最终导致不可逆器官损伤。

2. 窒息时各器官缺血缺氧改变 窒息开始时,缺氧和酸中毒引起体内血液重新分布,即:肺、肠、肾、肌肉和皮肤等非生命器官血管收缩,血流量减少,以保证脑、心和肾上腺等生命器官的血流量。同时血浆中促肾上腺皮质激素、糖皮质激素、儿茶酚胺等分泌增加,使心率增快、心肌收缩力增强、心输出量增加以及外周血压轻度上升,以使心、脑血流灌注得以维持。如低氧血症持续存在,无氧代谢进一步加重了代谢性酸中毒,体内储存的糖原消耗殆尽,导致脑、心和肾上腺的血流量减少,心肌功能受损,心率和动脉血压下降,生命器官供血减少,发生脑损伤。非生命器官血流量则进一步减少,导致各脏器受损。

3. 呼吸改变 缺氧初期,呼吸代偿性加深加快,如缺氧未及时纠正,随即转为呼吸停止、心率减慢,即原发性呼吸暂停(primary apnea)。此时患儿肌张力存在,血压稍升高,伴有发绀。若在本阶段缺氧缺血病因解除,经清理呼吸道分泌物和物理刺激即可恢复自主呼吸。若缺氧持续存在,则出现几次深度喘息样呼吸后,随即出现呼吸停止,即继发性呼吸暂停(secondary apnea)。患儿表现为肌张力消失,苍白,心率和血压持续下降,此阶段必须正压通气才能使自主呼吸得以恢复,否则即将死亡。

4. 血液生化和代谢改变　缺氧导致 $PaCO_2$ 升高，PaO_2 及 pH 降低。在窒息早期，儿茶酚胺及高血糖素释放增加，使血糖正常或增高，继之糖原耗竭而出现低血糖。此外，酸中毒抑制胆红素代谢及与白蛋白结合而致高胆红素血症。还可因心钠素、抗利尿激素分泌异常以及钙通道开放、钙泵失灵等造成低钠、低钙血症。

【临床表现】

1. 胎儿宫内窒息　早期有胎动增加，胎心率≥160 次 /min；晚期则胎动减少，甚至消失，胎心率 <100 次 /min；羊水被胎粪污染呈黄绿色或墨绿色。

2. 阿普加评分评估　阿普加评分简捷、实用，是国际上公认的评价新生儿窒息的方法（表 7-2）。内容包括皮肤颜色、心率、对刺激的反应、肌张力和呼吸五项指标，每项 0~2 分，总共 10 分。评分 8~10 分为正常，4~7 分为轻度窒息，0~3 分为重度窒息。分别于生后 1 分钟、5 分钟和 10 分钟进行评分，如婴儿需复苏，15 分钟、20 分钟仍需评分。1 分钟评分反映新生儿窒息严重程度，5 分钟评分有助于判断复苏的效果及有助于判断预后。

表 7-2　新生儿阿普加评分标准

体征	评分标准			评分	
	0	1	2	1 分钟	5 分钟
皮肤颜色	青紫或苍白	躯干红，四肢青紫	全身红		
心率(次 /min)	无	<100	>100		
弹足底或插鼻管反应	无反应	有些动作，如皱眉	哭、喷嚏		
肌张力	松弛	四肢略屈曲	四肢活动		
呼吸	无	慢，不规则	正常，哭声响		

目前认为单独的阿普加评分不应作为评估低氧或产时窒息以及神经系统预后的唯一指标，特别是早产儿、存在其他严重疾病者或母亲分娩前应用镇静剂者。脐动脉血血气分析有助于理解胎儿在宫内是否存在缺氧、酸中毒的状况。

3. 多脏器受损症状　缺氧缺血可造成多器官受损，不同组织对缺氧的易感性不同，因而各器官损伤发生的频率和程度有差异。①中枢神经系统：缺氧缺血性脑病和颅内出血；②呼吸系统：羊水或胎粪吸入综合征，肺透明膜病和肺出血；③心血管系统：持续性肺动脉高压、缺氧缺血性心肌损害、心力衰竭、心源性休克、弥散性血管内凝血（DIC）等；④泌尿系统：肾功能不全、衰竭及肾静脉血栓形成等；⑤消化系统：应激性溃疡、坏死性小肠结肠炎及黄疸加重或时间延长等；⑥代谢方面：高血糖或低血糖、低钙及低钠血症等。

【辅助检查】

出生前可通过羊膜镜了解羊水被胎粪污染程度，或取头皮血进行血气分析，以评估宫内缺氧程度；生后应检测动脉血气、血糖、电解质、血尿素氮和肌酐等生化指标。

【治疗要点】

1. 预防和治疗孕母疾病。若预测胎儿存在宫内缺氧，酌情根据孕母情况辅助分娩，加快产程，分娩前应做好充分复苏准备，包括人员、技术和仪器物品。

2. 生后立即进行复苏及评估。采用国际公认的 ABCDE 复苏方案：A（airway）清理呼吸道；B（breathing）建立呼吸；C（circulation）恢复循环；D（drugs）药物治疗；E（evaluation）评价。其中 A 是根本，B 是关键，E 则贯穿于整个复苏过程中。呼吸、心率和皮肤颜色是窒息复苏评价的三大指标。应遵循评估→决策→措施程序，严格按照 A→B→C→D 步骤进行复苏，其步骤不能颠倒。有时临床上难以区分原发性和继发性呼吸暂停，为不延误抢救，应按继发性呼吸暂停处理。

3. 复苏完成后根据机体代谢紊乱及器官功能损害情况给予相应治疗。

【护理评估】

1. 健康史　了解母亲孕期健康史,有无影响胎盘血流灌注的疾病,分娩过程中用药情况等,评估窒息程度。

2. 身体状况　按阿普加评分评估心率、呼吸、肌张力、皮肤颜色和对刺激的反应情况,复苏完成后根据临床表现及实验室检查结果评估器官损害及代谢紊乱情况。

3. 心理社会状况　评估家长对本病及对患儿病情的了解程度,对治疗和预后的担心及焦虑程度。

【护理诊断】

1. 自主呼吸障碍　与吸入羊水、气道分泌物导致低氧血症和高碳酸血症有关。

2. 体温过低　与缺氧有关。

3. 潜在并发症:肺出血、心力衰竭等。

4. 焦虑 / 恐惧　与病情危重及预后不良有关。

【护理措施】

1. 复苏　必须争分夺秒,由产科医生、儿科医生、护士、助产师及麻醉师共同合作进行。根据 ABCDE 复苏原则,具体复苏步骤和程序如下:

(1) 最初评估:婴儿出生后立即快速评估 4 项指标:①是足月儿吗? ②羊水清吗? ③有呼吸或哭声吗? ④肌张力好吗? 如以上任何一项为"否",则需进行以下初步复苏。

(2) 复苏步骤:

A:清理呼吸道:①保暖:娩出后立即置于预热的辐射抢救台;②减少散热:用温热干毛巾快速擦干全身;③摆好体位:肩垫高,头略后伸;④清理呼吸道:娩出后立即吸净口、鼻、咽黏液,先吸口腔,再吸鼻腔黏液。以上步骤要求在 20 秒内完成。

B:建立呼吸:通过触觉刺激——拍打足底 2 次或摩擦背部以诱发自主呼吸。触觉刺激后无规律呼吸建立或心率 <100 次 /min,应立即给予正压通气。可选用复苏气囊面罩正压通气或 T- 组合复苏器。T- 组合复苏器是一种由气流控制和压力限制的机械装置。对早产儿的复苏更能提高效率和安全性。最初的几次正压人工呼吸需要 30~40cmH$_2$O,以后维持在 20~30cmH$_2$O,频率为 40~60 次 /min,吸呼比 1：2,以可见胸廓起伏、听诊呼吸音均正常为宜。15~30 秒后,如无规律呼吸或心率 <100 次 /min,则需进行气管插管正压通气。

C:恢复循环:气管插管正压通气 30 秒后,心率 <60 次 /min 或心率在 60~80 次 /min 不再增加,应同时进行胸外心脏按压。用双拇指或中、示指按压胸骨体下 1/3 处,频率为 90 次 /min (每按压 3 次,正压通气 1 次),按压深度为胸廓前后径的 1/3。

D:药物治疗:迅速建立静脉通道,遵医嘱给予 1：10 000 肾上腺素、扩容剂、碳酸氢钠、纳洛酮等药物。

2. 复苏后的监护　复苏完成后患儿需绝对安卧、延迟开奶,注意保暖。监测生命体征、神志、肤色、哭声、瞳孔、前囟、肌张力、神经反射、抽搐、尿量等。观察药物反应,认真做好护理记录。

3. 预防感染　复苏过程应严格无菌操作,有羊水、胎粪污染或羊水吸入者应给予抗生素治疗。

4. 心理支持和健康教育　向家长介绍新生儿窒息的相关知识,及时告知家长患儿的病情、抢救情况及可能出现的并发症,对即将出院的患儿,根据患儿病情介绍随诊及康复治疗的情况,指导家长对患儿护理。

ER-7-4

新生儿复苏视频

笔记栏

第六节　新生儿缺氧缺血性脑病

新生儿缺氧缺血性脑病（hypoxic-ischemic encephalopathy，HIE）是指各种围生期因素引起的部分或完全缺氧、脑血流减少或暂停，进而导致胎儿或新生儿的脑损伤。HIE 是引起新生儿急性死亡和慢性神经系统损伤的主要原因之一，发病率约为活产儿的 3/1 000~6/1 000。

【病因】

缺氧是发病的核心。其中，围生期窒息是最主要的病因。此外，出生后心脏病变、肺部疾患及严重贫血也可引起 HIE。

【发病机制】

1. 脑血流改变　窒息早期，体内血液重新分配（全身血液分流），以保证心、脑的血液供应；失代偿后，在大脑的选择性易损区引起脑细胞的损伤。脑组织对损害的高危性称为选择性易损区，足月儿的易损区在大脑矢状旁区；早产儿的易损区位于脑室周围白质区。缺氧和酸中毒还可使脑血管的自主调节功能发生障碍，形成"压力被动性脑血流"，可因血压过低或过高引起缺血性脑损伤或颅内血管破裂出血。

2. 脑组织代谢改变　缺氧时，由于脑组织无氧酵解增加，组织中乳酸堆积，能量急剧减少甚至衰竭，出现一系列使脑组织出现脑细胞死亡的"瀑布样"反应，如细胞膜上钠 - 钾泵及钙泵功能异常、氧自由基生成增多等，最终导致细胞水肿、凋亡和坏死。

3. 神经病理学改变：病变的范围、分布和类型主要取决于损伤时脑成熟度、严重程度及持续时间。足月儿主要病变在脑灰质，后期表现为软化、多囊性变或瘢痕形成；早产儿主要表现为脑室周围白质软化和脑室周围 - 脑室内出血。

【临床表现】

临床症状因新生儿日龄、损伤严重程度及持续时间而异。主要表现为意识障碍、肌张力低下和原始反射的改变，严重者可伴有脑干功能障碍。临床上根据病情分为轻、中、重三度（表 7-3）。

表 7-3　HIE 临床分度

临床表现	分度		
	轻度	中度	重度
意识	过度兴奋	嗜睡、迟钝	昏迷
肌张力	正常	减低	松软
原始反射			
拥抱反射	稍活跃	减弱	消失
吸吮反射	正常	减弱	消失
惊厥	无	常有	多见
中枢性呼吸衰竭	无	有	明显
瞳孔改变	无	缩小	不对称或扩大
前囟张力	正常	稍饱满	饱满、紧张
脑电图	正常	低电压，可有痫样放电	爆发抑制，等电位
病程及预后	症状在 72 小时内消失，预后好	症状在 14 天内消失，可能有后遗症	症状可持续数周，病死率高，存活者多有后遗症

笔记栏

【辅助检查】

1. 影像学检查　对确定病变部位与范围、有无颅内出血和出血类型具有诊断价值,包括头颅 B 超、CT、MRI。

2. 脑电图　应在生后 1 周内检查,有助于确定脑损害程度、判断预后和对惊厥的鉴别诊断。

3. 其他　血清磷酸肌酸激酶脑型同工酶(CPK-BB)、神经元特异性烯醇化酶(NSE)等测定。

【治疗要点】

1. 支持疗法　①维持良好通气功能:是支持治疗的核心,保持 $PaO_2>60\sim80mmHg$,$PaCO_2<40mmHg$;②维持脑和全身脏器的血液灌注:是支持治疗的关键。低血压可用多巴胺,也可加用多巴酚丁胺;③维持血糖在正常高值($4.16\sim5.55mmol/L$)。

2. 控制惊厥　首选苯巴比妥钠,负荷量为 20mg/kg,于 15~30 分钟静脉滴入,若不能控制惊厥,1 小时后可加 10mg/kg。12~24 小时后给予维持量,每日 3~5mg/kg。

3. 治疗脑水肿　避免输液过量,降低颅内压,首选利尿剂,严重者可用 20% 甘露醇,一般不主张使用糖皮质激素。

4. 亚低温治疗　采用人工诱导方法将体温下降 2~4℃,可采用全身性或选择性头部降温。应于发病 6 小时内治疗,持续 48~72 小时。

5. 其他治疗　重组人类红细胞生成素、干细胞等治疗尚处于临床试验阶段。

6. 新生儿期后治疗　病情稳定后尽早给予体能和智能的康复训练,促进脑功能恢复,减少后遗症。

【护理评估】

1. 健康史　包括出生前有无胎动增加、胎心率增快等病史。了解分娩史及产程中用药史、出生时有无产程延长及羊水污染史、阿普加评分等;评估出生后有无心、肺、脑等严重疾病。

2. 身体状况　评估患儿有无意识障碍及肌张力低下,原始反射能否引出,活跃还是减弱;出生后是否有惊厥发作、自主呼吸如何、瞳孔对光反射如何等。

3. 心理社会状况　评估家长对该病的认知程度及心理状态,有无焦虑、恐惧或其他不良情绪反应。

【护理诊断】

1. 自主呼吸受损　与缺氧缺血致呼吸中枢损害有关。

2. 潜在并发症:颅内压升高。

3. 有废用综合征的危险　与缺氧缺血导致的神经系统后遗症有关。

【护理措施】

1. 氧疗　保持呼吸道通畅,根据患儿病情选择合适的给氧方式。

2. 监护　严密监测患儿的呼吸、血压、心率、血氧饱和度等,注意观察患儿的神志、肌张力、瞳孔、前囟张力等的变化。

3. 亚低温治疗的护理　亚低温治疗时采用循环水冷却法进行选择性头部降温,头颅温度下降至 34℃ 时间应控制在 30~90 分钟。由于头部降温,体温也会相应地下降。因此,在亚低温治疗的同时必须注意保暖,例如远红外或热水袋保暖,维持患儿体温在 35.5℃ 左右。亚低温治疗结束后,必须给予复温。复温宜缓慢,以防快速复温引起患儿低血压。

4. 早期康复干预　0~2 岁是大脑正处于快速发育、可塑性极强的时期。因此,及早康复训练可促进 HIE 患儿脑结构和功能代偿,有利于促进其脑功能恢复和减少后遗症发生。

5. 健康教育　耐心细致地解答病情,取得家长的理解和配合,指导家长掌握康复干预的措施,坚持定期随访。

第七节　新生儿颅内出血

新生儿颅内出血(intracranial hemorrhage of newborn,ICH)是新生儿期最严重的脑损伤,主要由缺氧或产伤引起,病死率高,存活者常留有神经系统后遗症。

【病因和发病机制】

1. 早产　尤其是胎龄 32 周以下的早产儿,由于脑室管膜发育不成熟,易引起毛细血管破裂而出血。

2. 缺血缺氧　窒息时由于低氧、高碳酸血症可引起脑血流的自主调节功能障碍,形成压力被动性脑血流以及血管扩张,引起血管内压增加、毛细血管破裂出血;或因静脉淤滞、血栓形成,脑静脉血管破裂出血。

3. 产伤　如胎位不正、胎儿过大等导致胎儿头部过分受压,或使用胎头吸引器、急产等机械性损伤均可使脑表面浅静脉破裂出血。

4. 其他　新生儿肝功能不成熟、凝血因子不足,或患其他出血性疾病如同族免疫性或自身免疫性血小板减少性紫癜;频繁的头部操作、不适当的输入高渗溶液等,使脑血流动力学突然改变和脑血流自主调节受损,引起毛细血管破裂而出血。

【临床表现】

与出血部位和出血量有关,轻者可无症状,大量出血者可在短期内死亡。

1. 常见的症状与体征　①颅内压增高:前囟隆起、血压增高、抽搐、角弓反张、脑性尖叫等;②呼吸改变:增快、减慢、不规则或呼吸暂停;③神志改变:激惹、嗜睡,严重者昏迷;④眼征:凝视、斜视、眼球上转困难、眼球震颤等;⑤瞳孔:不等大和对光反应消失;⑥肌张力:增高、减弱或消失;⑦其他:不明原因的苍白、黄疸和贫血。

2. 出血的临床类型及表现

(1) 脑室周围 - 脑室内出血:是新生儿颅内出血中的常见类型,是引起早产儿死亡和伤残的主要原因之一。多见于胎龄 <32 周、体重 <1 500g 的早产儿。大多发生在出生后 72 小时内,常表现为呼吸暂停、嗜睡和拥抱反射消失。

(2) 硬膜下出血:是产伤性颅内出血中最常见的类型,多见于足月巨大儿。出血量少者可无症状;出血量多者一般在出生 24 小时后出现惊厥、偏瘫和斜视等神经系统症状。大量出血者可在短时间内死亡。

(3) 原发性蛛网膜下腔出血:与缺氧、酸中毒、产伤有关,多见于早产儿。大多数出血量少,无临床症状,预后良好。典型表现是生后第 2 天抽搐,但发作间歇表现正常;极少数大量出血患儿可在短期内死亡。脑脊液呈血性。

(4) 脑实质出血:多因小静脉栓塞后使毛细血管压力增高、破裂而出血。如出血部位在脑干,早期可发生瞳孔变化、呼吸不规则和心动过缓等。主要后遗症为脑性瘫痪、癫痫和精神发育迟缓。

(5) 小脑出血:多见于胎龄 <32 周、体重 <1 500g 的早产儿。神经系统症状主要为脑干压迫症状,如频繁呼吸暂停、心动过缓、角弓反张等,可在短时间内死亡,预后较差。

【辅助检查】

1. 脑脊液检查　脑脊液检查结果可作为本病与其他引起中枢神经系统症状相关疾病

的重要鉴别依据,但病情危重时不宜进行。脑脊液检查镜下可见皱缩红细胞,蛋白含量明显升高。

2. 头颅影像学检查　可提示出血部位和范围,有助于确诊及判断预后。头颅 B 超对颅脑中心部位病变分辨率高,因此成为脑室周围 - 脑室内出血的特异性诊断手段,应为首选,并在生后尽早进行,1 周后动态监测。但蛛网膜下腔、颅后窝和硬膜外等部位出血 B 超不易发现,需行 CT、MRI 确诊。

【治疗要点】

1. 止血　可酌情使用新鲜冰冻血浆、维生素 K_1、凝血酶等。

2. 控制惊厥　选用苯巴比妥、地西泮等。

3. 降低颅内压　有颅内压增高者可用呋塞米静脉注射;有中枢性呼吸衰竭者可用小剂量 20% 甘露醇静脉注射。

4. 脑积水的治疗　乙酰唑胺可减少脑脊液的产生;梗阻性脑积水可行脑室 - 腹腔分流术。

【护理评估】

1. 健康史　评估母亲孕期的健康状况、胎动情况,患儿出生时是否难产、有无窒息等。

2. 身体状况　评估患儿的一般状态,包括体温、神志、精神反应情况等,注意有无呕吐、尖叫、双目凝视、呼吸节律改变、发绀;检查瞳孔改变、肌张力及前囟饱满程度等。了解辅助检查结果及临床意义。

3. 心理社会状况　评估家长对本病严重性及预后的认识、家长是否能接受患儿可能致残的结果、家长是否出现悲伤等心理反应。

【护理诊断】

1. 潜在并发症:颅内压增高。

2. 低效性呼吸型态　与颅内出血致呼吸中枢损害有关。

3. 有窒息的危险　与惊厥、昏迷有关。

4. 体温调节无效　与体温调节中枢受损有关。

【护理措施】

1. 密切观察病情　观察患儿的意识状态、呼吸、肌张力、瞳孔、前囟张力、头围的变化。注意有无易激惹或惊厥发生。

2. 预防颅内出血加重　保持绝对静卧,抬高头部,减少噪声,尽可能避免移动和刺激,将治疗和护理操作集中进行,动作轻柔。

3. 合理用氧　及时清除呼吸道分泌物,保持呼吸道通畅。根据患儿病情选择合适的给氧方式,维持血氧饱和度在 85%~95%,防止氧浓度过高或长期吸氧造成患儿视网膜损伤、肺发育不全等问题。呼吸衰竭或频繁发作呼吸暂停者需采取人工辅助呼吸。

4. 维持体温稳定　体温过高时给予物理降温,体温过低时用远红外辐射床、暖箱或热水袋保暖,注意防止烫伤。

5. 合理喂养　根据病情选择适当的喂养方式。病情较重者延迟喂奶至生后 72 小时,禁食期间遵医嘱静脉补充营养,液体量应控制在每日 60~80ml/kg,输液速度宜慢。

6. 健康教育　向家长解释患儿病情及其预后,给予必要的心理支持及安慰。鼓励家长坚持治疗和定期随访,有吸氧史的早产儿出院后应定期检查眼底,尽早去有条件的医院进行新生儿行为神经测评;对已出现后遗症的患儿,应鼓励并指导其家长尽早对患儿进行肢体功能训练和智力开发,以促进各项功能的恢复。

第八节　新生儿呼吸窘迫综合征

新生儿呼吸窘迫综合征(neonatal respiratory distress syndrome, NRDS),又称为新生儿肺透明膜病(hyaline membrane disease of newborn, HMD)。由于缺乏肺表面活性物质(pulmonary surfactant, PS)引起,表现为生后不久出现进行性加重的呼吸困难和呼吸衰竭,多见于早产儿。胎龄越小,发病率越高。

【病因】

1. 早产　是肺表面活性物质缺乏的最主要因素。肺表面活性物质于孕18~20周开始产生,缓慢增加,35~36周达肺成熟水平。早产儿胎龄愈小,发病率愈高。其中,胎龄36周者为5%,32周者为25%,28周者达70%,24周者>80%。

2. 糖尿病母亲娩出的婴儿　由于血中高胰岛素能拮抗肾上腺皮质激素对肺表面活性物质合成的促进作用,故糖尿病母亲娩出新生儿的肺透明膜病的发生率比正常母亲增加5~6倍。

3. 体液pH、体温和肺血流量的影响　肺表面活性物质的合成受新生儿体液pH、体温和肺血流量的影响。因此,围生期窒息、低体温、前置胎盘、胎盘早剥和母亲低血压等都会诱发新生儿肺透明膜病。

4. 剖宫产婴儿　剖宫产因减除了正常分娩时子宫收缩使肾上腺皮质激素分泌增加而促进肺成熟的作用,所以新生儿肺透明膜病的发生率也较高。

【发病机制】

PS是由Ⅱ型肺泡上皮细胞合成并分泌的一种磷脂蛋白复合物,覆盖在肺泡表面,降低其表面张力,防止呼气末肺泡萎陷,以保持功能残气量(FRC),稳定肺泡内压,减少液体自毛细血管向肺泡渗出。

PS于孕18~20周开始产生,继之缓慢上升,35~36周迅速增加达肺成熟水平。由于各种原因导致PS缺乏,肺泡表面张力增加,呼气末FRC明显减少,肺泡逐渐趋于萎陷,肺顺应性降低,吸气时做功增加也难以使肺泡充分扩张,潮气量和肺泡通气量减少,导致缺氧和CO_2潴留,从而引起代谢性酸中毒和呼吸性酸中毒。缺氧及混合性酸中毒使肺毛细血管通透性增加,液体漏出,肺间质水肿和纤维蛋白沉着于肺泡表面形成嗜伊红透明膜,加重气体弥散障碍,加重缺氧和酸中毒,而缺氧和酸中毒会引起肺血管痉挛,阻力增加,导致动脉导管、卵圆孔开放而发生右向左分流,青紫加重,缺氧更明显,同时缺氧和酸中毒又会进一步抑制肺表面活性物质的合成,形成恶性循环,使病情恶化,进展迅速。

【临床表现】

出生时多正常。生后不久,多在6小时内出现呼吸窘迫,主要表现为:①呼吸急促:为增加肺泡通气量,代偿潮气量的减少,呼吸频率>60次/min;②鼻翼扇动:是为增加气道横截面积,减少气流阻力;③呼气性呻吟:是由于呼气时声门不完全开放,使肺内气体潴留产生正压,防止肺泡萎陷;④吸气性三凹征:是呼吸辅助肌参与的结果,以满足增加的肺扩张压;⑤发绀:反映氧合不足,常提示动脉血中还原血红蛋白>50g/L。呼吸窘迫呈进行性加重是新生儿肺透明膜病的特点。严重时表现为呼吸浅表,呼吸节律不整,呼吸暂停及四肢松弛。由于呼气时肺泡萎陷,体格检查可见胸廓扁平;因潮气量小,听诊呼吸音减低,肺泡有渗出时可闻及细湿啰音。

随着病情的逐渐好转,由于肺的顺应性改善,肺动脉压力降低,易出现动脉导管重新开放。表现为喂养困难、呼吸暂停、水冲脉、心率增快或减慢、心前区搏动增强、胸骨左缘第 2 肋间可听到收缩期或连续性杂音。

新生儿肺透明膜病通常于生后第 24~48 小时病情最重，72 小时后明显好转。并发颅内出血及肺炎者病程较长。

【辅助检查】

1. 血气分析　PaO_2 和 pH 下降、$PaCO_2$ 升高、HCO_3^- 降低是新生儿肺透明膜病的常见改变。

2. 肺表面活性物质测定　肺表面活性物质的主要成分为磷脂。其中，磷脂酰胆碱即卵磷脂（lecithin，L）是起表面活性作用的重要物质。此外还含有鞘磷脂（sphingomyelin，S），其含量较恒定，所以羊水或气管吸引物中的 L/S 值可作为判断胎儿或新生儿肺成熟度的重要指标。L/S 值≥2 提示"肺成熟"，1.5~2 为"可疑"，<1.5 为"肺未成熟"。

3. 泡沫试验　将出生 6 小时以内患儿胃液（代表羊水）1ml 加 95% 乙醇 1ml，振荡 15 秒，静置 15 分钟后，若沿管壁有多层泡沫，则表明肺表面活性物质多，可除外新生儿肺透明膜病；无泡沫表明肺表面活性物质少，可考虑为新生儿肺透明膜病。

4. 胸部 X 线检查　胸片表现较特异，是目前确诊新生儿肺透明膜病的最佳手段。早期两肺野呈普遍透明度降低，可见均匀细小颗粒的斑点状阴影（肺泡萎陷与肺不张）和网状阴影（过度充气的细支气管和肺泡管）。晚期由于肺泡内无空气、萎陷的肺泡互相融合形成实变，气管及支气管仍有空气充盈，故可见清晰透明的"支气管充气征"。重者呈白肺，双肺野均呈白色，肺肝界及肺心界均消失。

5. 彩色 Doppler 超声对动脉导管开放的诊断有确定作用，还有助于 NRDS 与新生儿湿肺的鉴别诊断。

【治疗要点】

治疗目的是改善肺的通气、换气功能，待自身肺表面活性物质产生增加，使 NRDS 得以恢复。机械通气和应用 PS 是治疗的重要手段。

1. 氧疗和辅助通气　根据患儿病情可予头罩吸氧、持续气道正压（continuous positive airway pressure，CPAP）通气、常频机械通气。

2. 支持治疗　包括保温、保证液体和营养的供应、纠正酸中毒等。

3. PS 替代疗法　应用 PS 以迅速提高肺内该物质的含量，一旦确诊，力争生后 24 小时内经气管插管注入肺内（取仰卧位、左侧位、右侧位、仰卧位各 1/4 量）。PS 剂量及重复给药的间隔时间（6 小时或 12 小时）依药物种类及病情轻重而定。

4. 关闭动脉导管　减少液体摄入，静脉应用吲哚美辛、布洛芬有助于动脉导管关闭。

5. 手术治疗　使用药物关闭动脉导管失败后可采用手术结扎，这是关闭动脉导管最确实有效的方法。

【护理评估】

1. 健康史　评估患儿出现呼吸窘迫的时间，生产史及生产方式，出生时有无窒息，是否早产，胎龄评估情况；评估孕母有无糖尿病、胎盘有无异常以及母亲孕期有无低血压等。

2. 身体状况　评估患儿的呼吸，是否有进行性呼吸困难、呼吸不规则、呼吸暂停、发绀等。了解血气分析、X 线检查、羊水 L/S 值及泡沫试验结果。

3. 心理社会状况　评估家长对本病及其预后的认知程度及心理状态等。

【护理诊断】

1. 低效性呼吸型态　与肺表面活性物质缺乏导致的肺不张有关。

2. 气体交换障碍　与肺表面活性物质缺乏导致的肺透明膜形成有关。

3. 有感染的危险 与患儿抵抗力低下有关。

4. 营养失调:低于机体需要量 与摄入量不足有关。

5. 潜在并发症:动脉导管未闭。

6. 焦虑/恐惧 与担心疾病预后不良有关。

【护理措施】

1. 氧疗和辅助通气护理 维持 PaO_2 6.7~9.3kPa(50~70mmHg)和 $TcSO_2$ 85%~93% 为宜。保持呼吸道通畅,及时清除患儿口、鼻、咽部分泌物,根据患儿病情选择合适的给氧方式:①头罩给氧:应选择大小适宜的头罩型号,头罩过小不利于 CO_2 排出,头罩过大,易引起氧气外逸。头罩给氧氧流量必须 >5L/min,以免呼出气体在头罩内被重复吸入,导致 CO_2 蓄积;②CPAP:目的是使有自主呼吸的患儿在整个呼吸周期中都接受高于大气压的气体,能使肺泡在呼气末保持正压。由于呼气末增加了气体存留,因此 FRC 增加,防止了呼气时肺泡萎陷,改善了肺氧合,并能减少肺内分流;CPAP 多适用于轻、中度新生儿肺透明膜病患儿,若其 $TcSO_2$ 或 PaO_2 已符合上呼吸机指征者,应尽早给予机械通气治疗;③气管插管用氧:若使用 CPAP 后病情仍无好转,应采用间歇正压通气(IPPV)及呼气末正压呼吸(PEEP)。

2. 维持体温稳定 将患儿放置在自控式暖箱内或辐射式抢救台上,保持皮肤温度在 36~36.5℃,肛温在 37℃。环境温度维持在 22~24℃,相对湿度在 55%~65%。

3. PS 替代疗法的护理 给药前用布卷垫高患儿肩部以开放气道,吸净呼吸道分泌物。协助医生行气管插管术,并采用正确的体位将 PS 注入患儿气管插管内,使其在患儿肺内均匀分布。PS 注入肺内需一定时间吸收。因此,患儿给药后 6 小时禁止拍背、翻身、从气管内吸痰。

4. 预防并发症 新生儿肺透明膜病的患儿多为早产儿,住院时间较长,抵抗力较差,长时间机械通气可引发呼吸机相关肺炎、肺气漏、支气管肺发育不良等。因此,做好消毒隔离与机械通气护理至关重要。

5. 保证营养供给 吸吮无力、不能吞咽者可用鼻饲法或静脉补充营养。

6. 健康教育 使家长了解该病的发病机制及预后,向家长解释病情的转归,为其提供心理支持,以减轻焦虑情绪并使其理解和配合治疗。

第九节 新生儿感染性疾病

感染性疾病是引起我国新生儿死亡和致残的重要原因,尤其是早产儿、极低出生体重儿。本节重点介绍新生儿感染性肺炎、败血症。

一、新生儿感染性肺炎

新生儿肺炎(neonatal pneumonia)是新生儿时期的常见病,病因主要为羊水和/或胎粪的吸入及感染,上述病因可单独出现,也可先后或同时并存。本节重点讲述感染引起的新生儿肺炎。

感染性肺炎(infectious pneumonia)可发生在宫内、分娩过程中或出生后,称为宫内感染性肺炎、分娩过程中感染性肺炎、出生后感染性肺炎,细菌、病毒、支原体、衣原体、真菌等各种病原微生物均可引起,病死率可达 5%~20%。

【病因和发病机制】

1. 宫内感染性肺炎 常由母亲妊娠期间原发感染或潜伏感染复燃、病原体经血通过胎盘屏障感染胎儿。病原体一般以病毒为主,如风疹病毒、巨细胞病毒、单纯疱疹病毒等。孕母细菌或支原体等感染也可经胎盘感染胎儿。

2. 分娩过程中感染性肺炎　①胎膜早破、产程延长、分娩时消毒不严等情况下,产道内细菌可上行污染羊水后再感染胎儿;②胎儿吸入了产道中污染的血性分泌物而发生肺炎。病原体有细菌、沙眼衣原体、巨细胞病毒、单纯疱疹病毒。早产、滞产、产道检查易诱发感染。

3. 出生后感染性肺炎　①呼吸道感染:病原体经飞沫传播由上呼吸道向下至肺,亦可在抵抗力降低时(如受凉、上呼吸道感染后)鼻腔内原定植的金黄色葡萄球菌下行引起感染;②血行感染:病原体经血循环至肺组织,常为败血症的一部分;③医源性感染:由于医用器械,如吸痰器、雾化器、气管插管、供氧面罩等消毒不严,或呼吸机使用时间过长,或通过医务人员的手传播病原体等引起感染性肺炎。病原体以金黄色葡萄球菌、大肠埃希菌多见。近年来机会致病菌,如克雷伯菌、表皮葡萄球菌、假单胞菌、枸橼酸杆菌等感染增多。病毒则以呼吸道合胞病毒、腺病毒多见,广谱抗生素使用过久易发生念珠菌性肺炎。

【临床表现】

1. 宫内感染性肺炎　发病早,多在生后 24 小时发病,出生时常有窒息史,复苏后可有气促、呻吟、口吐白沫、呼吸困难、体温不稳定,反应差。肺部听诊呼吸音粗糙、减低或可闻及湿啰音;严重者可出现呼吸衰竭、心力衰竭、弥散性血管内凝血(DIC)、休克或持续肺动脉高压,血行感染者多为间质性肺炎,缺乏肺部体征,而表现为黄疸、肝脾大和脑膜炎等多系统受累。

2. 分娩过程中感染性肺炎　发病需经过潜伏期再发病,一般在出生后数日至数周发病,如衣原体感染在生后 3~12 周发病,细菌感染在生后 3~5 天发病,Ⅱ型疱疹病毒感染多在生后 5~10 天发病。表现为体温不稳定、呛奶、发绀、吐沫、三凹征等。

3. 出生后感染性肺炎　表现为发热或体温不升(早产儿或重症者多见)、精神萎靡、呛奶、气促、鼻翼煽动、发绀、吐沫、三凹征等。肺部体征早期常不明显,胸式呼吸增强是新生儿肺炎的体征之一,病程中双肺亦可出现细湿啰音。呼吸道合胞病毒性肺炎可表现为喘息,肺部听诊可闻及哮鸣音。病情严重者可表现为明显的呼吸困难、呼吸暂停;亦可表现为反应低下、面色青灰、呼吸不规则、腹胀等。

【辅助检查】

1. 外周血象　细菌感染者白细胞总数多增高,以中性粒细胞增高为主;病毒感染患儿、早产儿、体弱儿白细胞总数升高不明显。

2. 影像学检查　胸片可显示肺纹理增粗,可见点片状阴影或融合成片。可有肺不张、肺气肿改变。金黄色葡萄球菌肺炎 X 线检查可见肺大疱。

3. 病原学检查　取血液、气管分泌物、鼻咽部分泌物等进行细菌培养、病毒分离和血清特异性抗体检查有助于病原学诊断。

【治疗要点】

1. 呼吸道管理　及时清除口鼻分泌物,保持呼吸道通畅。体位引流、定期翻身、拍背。有低氧血症时给予氧疗。

2. 控制感染　细菌性肺炎者早期合理应用抗生素;衣原体肺炎者首选红霉素;单纯疱疹病毒性肺炎者可选用阿昔洛韦;巨细胞病毒性肺炎者可选用更昔洛韦。

3. 对症和支持治疗　纠正酸中毒,心力衰竭者使用洋地黄类药物。

【护理评估】

1. 健康史　了解母亲孕期有无呼吸、生殖及其他系统感染史,有无胎膜早破,羊水是否浑浊;询问新生儿有无宫内窘迫,出生时有无窒息史,有无吸入胎粪、羊水或乳汁史,生后有无感染史。患儿有无反应差、吃奶减少、呛奶、发热、口吐白沫、发绀、呼吸暂停等情况。

2. **身体状况** 注意评估患儿呼吸频率及节律、心率、体温,观察患儿精神反应情况、有无鼻翼煽动、发绀、呼吸困难等。听诊患儿呼吸音有否改变,肺部可否听到细湿啰音。了解辅助检查结果及临床意义。

3. **心理社会状况** 了解患儿家长心理社会状况,尤其当患儿病情较重甚至出现严重并发症需要住院治疗时,其家长常陷入恐惧和焦虑中,应给予心理支持。此外,还应重点评估患儿家长有无焦虑及其程度,以及对治疗的态度和承受能力。

【护理诊断】

1. **清理呼吸道无效** 与患儿吸入羊水、胎粪,咳嗽反射功能不良及无力排痰有关。
2. **气体交换受损** 与患儿肺部炎症有关。
3. **体温调节无效** 与患儿感染和环境温度变化有关。
4. **潜在并发症**:心力衰竭、呼吸衰竭、DIC、休克等。

知识链接

新生儿胎粪吸入综合征

胎粪吸入综合征(meconium aspiration syndrome,MAS),是由于胎儿在宫内或产时吸入被胎粪污染的羊水,导致呼吸道阻塞和化学性炎症为主要病理特征的临床综合征。吸入被胎粪污染的羊水是诊断的必备条件。患儿病情轻重与吸入羊水的性质和量的多少密切相关。多数患儿出生后数小时出现呼吸急促、青紫、鼻翼煽动和吸气性三凹征等。对症状较重且生后不久的MAS患儿,应尽快给予气管插管后吸引以减轻MAS引起的气道阻塞,并行氧疗、纠正酸中毒等处理,同时积极预防心力衰竭、气胸或纵隔气肿等并发症的发生。

【护理措施】

1. **保持呼吸道通畅** 及时有效清除呼吸道分泌物,分泌物黏稠者应采用雾化吸入,以湿化气道,促进分泌物排出。加强呼吸道管理,定时翻身、叩背、体位引流。

2. **合理用氧,改善呼吸功能** 根据患儿病情和血氧监测情况选择鼻导管、面罩或头罩等不同方式给氧;重症并发呼吸衰竭者,给予正压通气。

3. **维持体温稳定** 体温过高时给予开包散热、温水浴等降温措施;体温过低者给予保暖。

4. **密切观察病情** 当患儿心率突然加快,呼吸急促,肝脏在短期内增大时,提示合并心力衰竭,应及时与医生取得联系,并给予吸氧、控制输液量和速度,遵医嘱给予强心、利尿药等。当患儿突然出现呼吸困难、青紫明显加重时,可能合并气胸或纵隔气肿,应做好胸腔闭式引流的准备,配合医生穿刺及术后护理。

5. **健康教育** 向家长讲解本病的知识及护理要点。宣传孕期保健知识,防止感染。新生儿出生后及时清理呼吸道,避免吸入羊水。出生后加强护理,避免交叉感染。

二、新生儿败血症

新生儿败血症(neonatal septicemia)是指新生儿期病原菌侵入血液循环并在血液中生长繁殖、产生毒素而造成的全身性炎症反应,是新生儿时期常见严重疾病,病死率相对较高。

常见的病原体为细菌,也可为真菌、病毒或原虫等。本部分主要阐述细菌性败血症。

【病因和发病机制】

1. 自身因素

(1) 屏障功能差:主要因为皮肤黏膜柔嫩易损伤;脐残端未完全闭合,细菌易进入血液,引起感染;呼吸道纤毛运动差,胃液酸度低,胆酸少,杀菌力弱,消化道黏膜通透性高,均有利于细菌侵入血循环。同时,新生儿尤其是早产儿血 - 脑屏障不完善,感染后易患细菌性脑膜炎。

(2) 机体免疫能力低:新生儿血清中 IgA、IgM 含量低;血清补体少;备解素、纤维结合蛋白、溶菌酶含量低;单核吞噬细胞系统的吞噬作用弱;中性粒细胞的调理、趋化及吞噬等功能差;T 淋巴细胞处于初始状态,产生细胞因子的能力低下,不能有效辅助 B 淋巴细胞、巨噬细胞、自然杀伤细胞等参与免疫反应。另外,胎儿出生后生活环境发生剧烈变化,机体经常处于应激状态,由此导致免疫功能低下 。

2. 病原菌　引起新生儿败血症的主要病原菌随不同地区和年代而异,我国大部分地区以金黄色葡萄球菌及大肠埃希菌等革兰氏阴性杆菌为主要致病菌。近年来,随着早产儿存活率的提高和各种侵入性医疗技术的广泛应用,表皮葡萄球菌、铜绿假单胞菌、克雷伯菌属、肠杆菌等机会致病菌,产气荚膜梭菌、厌氧菌以及耐药菌株所致的感染有增多趋势。

3. 感染途径

(1) 出生前感染:与孕妇感染有关,母亲孕期有感染灶(如子宫内膜炎),细菌可通过胎盘血行感染胎儿;胎膜早破使羊水污染,细菌可经过血行或直接感染胎儿。

(2) 出生时感染:与胎儿通过产道时被细菌感染有关,常见原因有婴儿吸入或吞咽了产道中被污染的羊水;胎膜早破、产程延长造成细菌上行;产钳助产致皮肤破损时,细菌侵入血液循环引起感染;分娩过程中消毒不严引起的感染。

(3) 出生后感染:是新生儿感染的主要途径。细菌从脐部、呼吸道、破损的皮肤黏膜、消化道侵入血液,其中以脐部最多见。各种导管插入破坏皮肤黏膜后,细菌侵入血液循环而导致医源性感染。

【临床表现】

出生后 7 天内出现症状者称为早发型败血症,感染发生在出生前或出生时,病原菌以大肠埃希菌等革兰氏阴性杆菌为主,常累及多器官,以呼吸系统症状最多见,病死率高;7 天以后出现者称为晚发型败血症,感染发生在出生时或出生后,病原菌以葡萄球菌、机会致病菌为主,常有脐炎、肺炎、脑膜炎等感染性疾病。

多数患儿感染灶不明显,早期症状不典型,易被忽略。早期表现为精神反应低下,食欲不佳,哭声减弱,低热或中等度热,病理性黄疸。重症患儿病情发展较快,可表现为体温不升,迅速出现精神萎靡、嗜睡、面色欠佳及病理性黄疸加重。消化系统表现为腹胀、腹泻、呕吐、肝脾大,严重者表现为中毒性肠麻痹;皮肤黏膜可见出血点,甚至有弥散性血管内凝血。呼吸系统,尤其是原发病为肺炎或其他部位感染波及肺部时,往往表现为呼吸急促或憋气、反应低下、面色苍白、呛奶、口吐白沫;并发化脓性脑膜炎时表现为精神萎靡、嗜睡、烦躁不安、哭声高尖,前囟膨出甚至惊厥发作。早产儿缺乏体征,常表现为"五不",即不吃、不哭、不动、体重不增、体温不升;面色青灰,常伴有硬肿、休克及出血倾向。

少数患儿随病情进展,全身情况急骤恶化,很快发展为循环衰竭或呼吸衰竭,酸碱平衡紊乱,弥散性血管内凝血,抢救不及时危及生命。

【辅助检查】

1. 外周血象　正常新生儿白细胞计数波动范围较大,计数增高诊断意义不大,计数降低往往提示严重感染尤其是革兰氏阴性菌感染。若白细胞计数 $<5.0×10^9/L$,中性粒细胞中杆状核细胞所占比例≥0.2,粒细胞内出现中毒颗粒或空泡,血小板计数 $<100×10^9/L$ 有诊断价值。

2. 病原学检查

(1) 细菌培养:

1) 血培养:应争取在用抗菌药物前做血培养,同时做药敏试验。抽血时必须严格消毒,同时做 L 型细菌和厌氧菌培养可提高阳性率。血培养阳性可确诊败血症,阴性结果不能排除败血症。

2) 感染灶的细菌培养:根据临床可能感染部位选择脑脊液、尿、咽拭子、呼吸道分泌物、脐残端、皮肤感染等部位采集标本行细菌培养。若上述感染灶部位培养出与血培养一致的结果,则临床诊断意义更大。

(2) 病原菌抗原及脱氧核糖核酸检测:采用对流免疫电泳(CIE)、酶联免疫吸附试验(ELISA)、乳胶颗粒凝集(LA)等方法检测血、脑脊液、尿中致病菌抗原;应用基因诊断方法,如质粒分析、核酸杂交、聚合酶链反应等鉴别病原菌的生物型和血清型,有利于寻找感染源。

3. C 反应蛋白　细菌感染时可增高,有助于早期诊断,治疗有效后则迅速下降。

4. 血清前降钙素(PCT)　细菌感染后血清前降钙素较 C 反应蛋白出现早。因此,其特异性和敏感性更高。

5. 其他　疑有脑膜炎时做脑脊液常规检查;疑有泌尿系统感染时可做尿常规检查;疑有肺部感染时做胸部 X 线检查。

【治疗要点】

1. 抗感染　选择合适的抗生素,并早期、足量、全程、静脉、联合给药。未明确病原菌以前,可结合当地菌种流行病学特点和耐药菌株情况选择两种抗生素联合使用;病原菌明确后可根据药敏试验选择用药。药敏试验提示不敏感但临床有效者暂不换药,一般疗程至少10~14 日,有并发症者应治疗 3 周以上。治疗同时注意及时清除局部感染灶,例如,脐炎、鹅口疮、脓疱疮、皮肤破损等,防止感染继续扩散。

2. 支持、对症治疗　保暖、给氧、纠正酸中毒,保持水电解质平衡。

3. 免疫疗法　输新鲜血浆或全血以增强机体抵抗力,重症患儿也可考虑交换输血。交换输血不仅可使血循环内的细菌或内毒素稀释或部分释放,还可输入抗体。中性粒细胞绝对数减少者,可输注粒细胞及应用粒细胞集落刺激因子(G-CSF)。重症患儿也可静脉应用人免疫球蛋白,一方面增加抗体,另一方面封闭抗体的 Fc 受体以减轻免疫反应及其造成的组织损伤。

【护理评估】

1. 健康史　了解孕母有无生殖系统、呼吸系统感染史,有无宫内窒迫、产时窒息、胎膜早破等,新生儿生后有无羊水吸入史,羊水有无胎粪污染,新生儿有无感染接触史,有无少吃、少哭、少动等异常表现。

2. 身体状况　评估患儿生命体征、面色、反应,有无感染灶,特别是脐部和皮肤有无破损或化脓;有无黄疸、肝脾大、腹胀、休克和出血倾向等。早产儿有无皮肤硬肿。了解辅助检查结果及临床意义。

3. 心理社会状况　评估家长对本病的了解程度、护理新生儿知识的掌握程度,评估家长担心、焦虑或恐惧的程度。

【护理诊断】

1. 体温调节无效　与患儿感染有关。

2. 皮肤完整性受损　与患儿脐炎、皮肤感染有关。

3. 营养失调：低于机体需要量　与患儿拒奶、吸吮无力、摄入量不足有关。

4. 潜在并发症：化脓性脑膜炎。

【护理措施】

1. 维持体温稳定

（1）降温：当体温过高时，可降低环境温度，或应用温水浴等物理方法降温。新生儿不宜用退热剂、乙醇擦浴等方式降温。体温波动较大时，每1~2小时测体温一次，物理降温后30分钟复测。

（2）保暖：将体温过低或体温不升的早产儿置入中性温度下的暖箱中。重症患儿宜置入远红外辐射抢救台以便监护和抢救。

2. 备好氧气、吸痰器　新生儿败血症患儿常拒食或呕吐，部分患儿可因肺部感染、电解质紊乱、血液黏滞度增加等原因产生组织缺氧，应及时吸氧，并根据患儿缺氧程度调节氧流量，及时清除口腔或鼻腔分泌物，保持呼吸道通畅。

3. 保证营养供给　因患儿感染，消化吸收能力减弱，加之代谢消耗过多，易发生蛋白质代谢紊乱；同时由于母乳中含有丰富的免疫球蛋白；含有巨噬细胞、淋巴细胞和中性粒细胞等免疫活性细胞及补体等免疫活性物质，对婴儿感染有支持治疗的作用，所以应该坚持母乳喂养，按需哺乳，少量多次喂养。不能进食者用鼻饲喂养（可鼻饲收集的新鲜母乳），也可配合部分静脉高营养。每日称体重，观察喂养及体重增长情况。

4. 有效控制感染　使用抗生素时，一定要新鲜配制，保持静脉输液通畅，确保疗效，同时注意观察药物的不良反应。败血症患儿抗生素应用时间长，故应有计划地选择血管，用静脉留置针以减少穿刺次数，保护血管。

5. 标本采集和病灶护理　根据患儿可能感染部位，在抗生素使用之前做病灶部位及血液细菌培养。血培养标本应在体温上升时采集，以提高阳性率。取血量应>2ml，并严格执行无菌技术操作，尽量避免选择股静脉，因污染的概率较其他部位大。清除局部感染灶，如脐炎、脓疱疮、皮肤破损等，促进病灶早日愈合，防止感染蔓延扩散。脐炎可先用3%过氧化氢清洗，再用75%的乙醇棉签擦拭；皮肤患脓疱疹时先用75%的乙醇消毒，再用无菌针头刺破，拭去脓液后涂抗生素软膏。

6. 预防交叉感染　严格执行无菌操作及消毒隔离制度，患儿均应注意隔离，接触患儿前后要洗手，预防交叉感染。

7. 密切观察病情　注意观察患儿精神、面色、食欲、体温、呼吸、循环、前囟张力、皮肤出血点等，及时发现化脓性脑膜炎、肺炎、中毒性肠麻痹的早期征象。

8. 健康教育　指导家长正确喂养和护理新生儿，保持皮肤、黏膜的清洁卫生。注意保护皮肤、黏膜、脐部免受感染或损伤。嘱咐家长细心观察新生儿吃、睡、动等方面有无异常表现，尽可能及早发现轻微的感染征兆。当患儿有感染灶，如脐炎、口腔炎、皮肤脓肿或呼吸道感染时应及时就诊，妥善处理，以防感染扩散。做好住院患儿家长的心理护理，讲解与新生儿败血症有关的病因、治疗、预后、预防的知识，解释使用抗生素治疗需要较长时间，取得家长的理解。叮嘱出院患儿家长按时复查病情，若患儿出现精神、食欲、体温改变等症状应及时就诊。

第十节　新生儿黄疸

一、概述

新生儿黄疸(neonatal jaundice)是新生儿期由于血中胆红素在体内积聚引起的皮肤、巩膜及其他器官黄染的现象。其原因复杂,可分为生理性黄疸及病理性黄疸两大类。病理性黄疸严重者可导致胆红素脑病,部分患儿留有神经系统后遗症,甚至引起死亡。

【新生儿胆红素代谢特点】

1. 胆红素生成过多　胆红素是血红素的分解产物,新生儿每日生成的胆红素约为成人的 2 倍以上,原因主要为:

(1) 红细胞数量过多:胎儿在宫内处于低氧环境,红细胞代偿性增多,出生后建立了自主呼吸,氧分压提高,过多的红细胞破坏,产生较多胆红素。

(2) 红细胞寿命短:新生儿红细胞寿命短(早产儿低于 70 天,足月儿约 80 天,成人为 120 天),且血红蛋白的分解速度是成人 2 倍,形成胆红素的周期短。

(3) 旁路和其他组织来源的胆红素增加:主要指来源于非衰老红细胞分解产生的胆红素,如骨髓中的无效造血、肌红蛋白、过氧化物酶、细胞色素等的破坏分解。

2. 胆红素代谢不利于清除

(1) 刚娩出的新生儿可有不同程度的酸中毒,导致白蛋白与胆红素联结的数量减少;早产儿血中白蛋白的量偏低,均影响胆红素的转运。加之新生儿肝脏缺乏 Y 和 Z 蛋白,肝细胞对间接胆红素的摄取能力受限制。另外,肝酶系统发育不完善,肝内葡糖醛酸基转移酶等酶的量和活性不足,使胆红素的结合能力受限。

(2) 新生儿出生 2 小时内肠道内无菌,开奶后逐渐建立正常菌群,故不能将胆红素还原成粪胆原、尿胆素原排出体外;同时由于新生儿肠腔内 β- 葡糖醛酸酶活性较高,能很快使进入肠道内的结合胆红素水解成非结合胆红素而被肠黏膜重吸收,经门静脉达肝脏,构成特殊的新生儿肠肝循环。

上述特点决定新生儿摄取、结合、排泄胆红素的能力仅为成人的 1%~2%,因此,很容易出现黄疸。尤其当新生儿处于饥饿、缺氧、脱水、酸中毒、胎粪排出延迟、出血、感染等状态时黄疸加重。

【新生儿黄疸的分类】

1. 生理性黄疸　大部分新生儿在出生后 2~3 日出现黄疸,4~5 日达高峰,足月儿在 2 周内消退,早产儿可延迟到 3~4 周消退。黄疸期间患儿一般情况好,实验室检查,肝功能正常,仅表现为血清非结合胆红素增多。生理性黄疸以排外性诊断为主,尚无统一标准,受个体差异、种族、地区、遗传及喂养方式等影响。通常认为足月儿不超过 $221\mu mol/L$(12.9mg/dl),早产儿不超过 $256\mu mol/L$(15mg/dl)是生理性黄疸。但早产儿血 - 脑屏障不完善,低于此值也可发生胆红素脑病。因此,采用日龄或小时龄胆红素值进行评估,同时结合新生儿的胎龄以及是否存在高危因素综合判断并给予相应治疗的方案目前已被多数学者接受。

2. 病理性黄疸

(1) 病理性黄疸的特点

1) 出现早:出生后 24 小时内出现黄疸。

2) 黄疸程度重:血清总胆红素值已达到相应日龄及相应危险因素下的光疗干预标准,

或每日上升超过 85μmol/L（5mg/dl），或每小时上升超过 0.85μmol/L（0.05mg/dl）。

3）黄疸持续时间长：黄疸消退延迟，足月儿超过 2 周未消退，早产儿超过 4 周未消退。

4）黄疸退而复现：新生儿生理性黄疸消退后在新生儿后期或出生 1 个月后又再次出现，部分呈进行性加重趋势。

5）血清结合胆红素 >34μmol/L（2mg/dl）。

凡具有以上特点之一时，则应考虑病理性黄疸。

（2）病理性黄疸的病因：病因较多，分为感染性和非感染性两大类。

1）感染性：①新生儿肝炎：大多因病原体通过胎盘传给胎儿或通过产道时被感染，以病毒感染为主，巨细胞病毒最常见，其他还有风疹病毒、单纯疱疹病毒、乙型肝炎病毒、弓形虫等。常在生后 1~3 周缓慢起病。表现为生理性黄疸持续不退甚至进行性加重，部分病例表现为黄疸退而复现，同时伴有厌食、呕吐、尿色深黄、体重不增、肝大；②新生儿败血症及其他感染：主要由于细菌毒素加快红细胞破坏及损坏肝细胞所致，除黄疸外临床表现还可见反应低下、体温不升，往往可见感染灶。参阅本章第九节。

2）非感染性：①新生儿溶血病：见本节第二部分内容；②母乳性黄疸：原因尚不明确，目前认为可能与母乳中 β- 葡糖醛酸苷酶活性过高，使胆红素在肠腔内重吸收增加有关。其特点为：血清中非结合胆红素超过生理性黄疸峰值，婴儿一般状况良好，未发现其他引起黄疸的原因。停母乳喂养 3 日，黄疸消退或胆红素下降 50% 以上即可确定诊断；③胆道闭锁：可发生在肝外（胆总管、肝胆管）或肝内胆管闭锁。目前认为与宫内病毒感染有关，部分可能是胎儿肝炎的结果，是引起新生儿期阻塞性黄疸的重要原因。多于生后 2 周出现黄疸且进行性加重，尿色深，粪便呈灰色或淡黄色，逐渐变为白色，肝脏进行性增大，血清中结合胆红素升高；④胎粪排出延迟：使胆红素肠肝循环增加而加重黄疸；⑤代谢性和遗传性疾病：红细胞葡萄糖 -6- 磷酸脱氢酶缺乏症（G-6-PD）、红细胞丙酮酸激酶缺陷症、遗传性球形红细胞增多症、α_1- 抗胰蛋白酶缺乏症、半乳糖血症等；⑥药物性黄疸：例如，磺胺、水杨酸盐、维生素 K 等可影响胆红素代谢，使生理性黄疸加重或延迟消退；⑦其他：如头颅血肿、甲状腺功能减退等。

【治疗要点】

1. 根据黄疸的病因并给予相应的治疗。

2. 给予蓝光治疗，降低血清胆红素。

3. 有胎粪延迟排出的给予通便治疗；尽可能早开奶以促进肠道菌群的建立，刺激肠蠕动以利于排便，亦可给予口服肠道微生态调节剂，减少胆红素的肠肝循环。

4. 保护肝脏，避免使用对肝脏有损害，可能引起溶血及黄疸的药物。

5. 早期应用肝药酶诱导剂如苯巴比妥和尼可刹米，必要时输血浆和白蛋白，防止胆红素脑病的发生。

6. 控制感染，保暖，纠正缺氧、低血糖、脱水，维持水、电解质酸碱平衡。

二、新生儿溶血病

新生儿溶血病（hemolytic disease of newborn）是指母、婴血型不合而引起的新生儿同族免疫性溶血（isoimmune hemolytic disease）。人类的血型系统有 26 种，虽然有多种系统可发生新生儿溶血病，但临床以 Rh、ABO 血型系统的血型不合引起的溶血病常见。

【病因和发病机制】

胎儿从父亲方遗传获得母体所不具有的血型抗原，当胎儿红细胞通过胎盘进入母体循环时，该血型抗原即刺激母体产生相应的血型抗体，此抗体又经胎盘进入胎儿循环，并且与其红细胞上的相应抗原结合(致敏红细胞),上述致敏红细胞在单核吞噬细胞系统内被破坏,引起溶血。

ABO 溶血病主要发生在母亲为 O 型血而胎儿为 A 型或 B 型时,40%~50% 的 ABO 溶血病可发生在第一胎。这是因为自然界中某些食物、革兰氏阴性菌、肠道寄生虫、疫苗等也具有 A 或 B 血型物质,持续的免疫刺激可使机体产生 IgG 抗 A 或抗 B 抗体,因而 O 型血的母亲多数在第一胎妊娠前体内已存在抗 A、抗 B 抗体,故怀孕后这类抗体通过胎盘进入胎儿体内可引起溶血。

Rh 血型系统共有 6 种抗原,即 C、c、D、d、E、e,其中 D 抗原最早被发现且抗原性最强,故临床上把具有 D 抗原者统称为 Rh 阳性,缺乏 D 抗原者统称为 Rh 阴性。迄今为止尚未发现 d 抗原的存在,只是理论上的推测,以 d 表示 D 的缺乏。

Rh 溶血病主要发生在母亲 Rh 阴性、胎儿 Rh 阳性情况下。血型不合时,Rh 阳性胎儿的红细胞进入母体,引起初次的免疫反应,产生 IgG、IgM 抗体,因这种初发的免疫反应发展缓慢,且所产生的抗体较弱并以 IgM 抗体为主,又因胎儿红细胞进入母体较多发生在妊娠末期或临产时,故第一胎胎儿发生 Rh 溶血病的发病率很低。当再次怀孕时,即使经胎盘失血的量很少,亦能很快地发生次发免疫,IgG 抗体迅速上升可通过胎盘进入胎儿体内,使胎儿的红细胞致敏导致溶血。若 Rh 阴性孕妇在受孕前曾接受过 Rh 阳性血型的输血,则第一次怀孕即可使 Rh 阳性的胎儿受累而发病。

【临床表现】

本病的临床表现是由溶血所致,症状的轻重和母亲产生的 IgG 抗体量、抗体与胎儿红细胞结合程度和胎儿代偿能力有关。

1. 胎儿水肿　患儿全身水肿、苍白、皮肤瘀斑、胸腹腔积液、心音低钝、心率快、呼吸困难、肝脾大,严重者为死胎。部分胎儿出现早产,如不及时治疗常于生后不久即死亡。此种类型一般见于 Rh 溶血病。

2. 黄疸　胎儿胆红素主要通过母体代谢,因而出生时常无黄疸,脐血胆红素很少 >119μmol/L(7mg/dl),出生后 24 小时内出现黄疸并迅速加深,黄疸出现早、上升快是 Rh 溶血病的特点。血清胆红素以非结合胆红素为主,于出生后第 3~4 日血清胆红素可超过 20mg/dl。

3. 贫血　贫血程度与红细胞破坏的程度一致,严重者可出现心力衰竭。部分未进行换血治疗的 Rh 溶血患儿在生后 2~6 周时发生明显贫血,称为晚发性贫血。与 Rh 血型抗体在体内持久存在、继续发生溶血有关。

4. 肝脾肿大　与髓外造血有关,增大程度不一,胎儿水肿者较明显。

5. 胆红素脑病　新生儿尤其是早产儿血 - 脑脊液屏障不完善,通透性较大,血清胆红素尤其是非结合胆红素(脂溶性)升高时易通过血 - 脑脊液屏障引起中枢神经系统损伤。临床表现分为 4 期:警告期、痉挛期、恢复期和后遗症期。警告期常表现为嗜睡、吸吮力减弱、肌张力减低、拥抱反射减弱等。如不及时治疗很快出现尖叫、双眼凝视、惊厥、肌张力增高等痉挛期表现。继之,恢复期表现为吃奶及反应好转、抽搐次数减少、肌张力逐渐恢复。严重者可出现死亡,存活者常遗留有手足徐动症、眼球运动障碍、听觉障碍、牙釉质发育不良、智力落后等后遗症。

【辅助检查】

1. 外周血象及血清胆红素测定　红细胞计数、血红蛋白降低,网织红细胞显著增高,有核红细胞增多。血清胆红素增高,以非结合胆红素为主。

2. 血型　检测母婴 ABO 和 Rh 血型,证实存在血型不合,是诊断该病的基础。

3. 血清学检查　在母子体内检测到血型特异性免疫抗体,是确诊本病的依据。目前临床主要采用检测患儿红细胞直接抗人球蛋白试验,红细胞抗体释放试验及血清游离抗体(抗A 或抗 B 的 IgG 抗体)等检测手段。

4. 呼出一氧化碳(exhaled carbon monoxide,ETCO)含量的测定　测定呼出气中 CO 的含量可以反映胆红素生成的速度(因血红素在形成胆红素的过程中会释放出 CO),在溶血症患儿可用于预测重症高胆红素血症发生的可能。

【治疗要点】

极少数重症 Rh 溶血病胎儿需在宫内开始接受治疗,以减轻病情、防止死胎。绝大多数溶血病患儿的治疗在出生后进行。

1. 出生前的治疗　可采用孕妇血浆置换术、宫内输血和提前分娩。

2. 出生后的治疗

(1)光照疗法:若其母既往曾产下溶血病需要换血的患儿、胎儿水肿型或出生前接受过产前溶血病治疗的新生儿,出生后应立即接受光疗。也可作为换血前或换血后降低胆红素的治疗措施。

(2)换血疗法:适用于出生后胆红素上升速度快的严重溶血病患儿。该疗法是用胆红素浓度正常的成人血替换患儿血液,借以除去患儿体内的大量胆红素、致敏的红细胞及溶血相关的抗体成分。

(3)药物治疗:输注血浆、白蛋白,以减少游离胆红素,预防胆红素脑病;静脉输注大剂量人免疫球蛋白以达到免疫封闭减少溶血的作用;纠正酸中毒等。

(4)纠正贫血:早期血清胆红素很高,贫血严重者需交换输血;晚期若患儿贫血严重,伴心率加快、气急或体重不增,应适量输血。

三、新生儿黄疸的护理

【护理评估】

1. 健康史　了解其母孕期有无感染病史,了解母亲血型、有无输血、流产史;询问患儿胎次、血型、黄疸出现时间、进展情况;询问其兄姐有无新生儿期黄疸及胆红素脑病病史,是否接受过换血治疗等。了解患儿出生后有无感染史,喂养情况,胎粪排出时间,有无家族遗传性、代谢性疾病,有无应用磺胺、水杨酸盐、维生素 K 等药物病史。

2. 身体状况　观察患儿有无黄疸、黄疸程度,分析患儿胆红素增高的原因,观察患儿胆红素上升及下降的动态变化过程。检查患儿有无贫血、水肿、肝脾大,评估患儿精神、反应及心功能情况,早期发现心功能衰竭的症状和体征。分析母婴血型、血清抗体、胆红素升高值及血红蛋白下降程度。

3. 心理社会状况　了解患儿家长对黄疸的病因、性质及预后的认识程度。

【护理诊断】

1. 潜在并发症:胆红素脑病、心力衰竭。

2. 知识缺乏:缺乏新生儿溶血病的治疗及护理知识。

【护理措施】

1. 一般护理

(1)保暖及输液:因地制宜应用不同方式保暖,遵照医嘱输注葡萄糖及碱性液体,避免低体温、低血糖、酸中毒、脱水等因素影响胆红素与白蛋白结合度,而使游离状态胆红素浓度增高。

(2)喂养:及早喂养可加快肠蠕动,促进胎粪排出,同时有利于肠道正常菌群建立。黄疸期间患儿常表现为吸吮无力、食欲缺乏,应耐心喂养,按需调整喂养方式,如少量多次、间歇喂养等,以保证奶量摄入。

2. 病情观察

(1)评估黄疸程度:根据患儿经皮胆红素监测、皮肤黄染的部位和范围,判断黄疸程度及进展速度。一般来说,溶血性黄疸为阳黄,色鲜亮,呈杏黄、橙黄色等。根据自然光线下肉眼观察,黄疸程度可分为轻、中、重三度。

1)轻度:患儿只表现为颜面部皮肤黄染,躯干部及四肢皮肤黄染不明显。

2)中度:除颜面部皮肤黄染外,躯干部、四肢皮肤亦黄染,但肘膝关节以下皮肤黄染不明显。

3)重度:全身皮肤黏膜黄染明显,颜面部、躯干部、四肢皮肤均黄染,且患儿肘膝关节以下,包括手、足心皮肤亦出现黄染。

(2)密切观察病情:监测患儿体温、脉搏、呼吸,尤其在蓝光照射时,及时发现心力衰竭表现。观察患儿精神、反应、皮肤黄染范围和程度、神经系统症状和体征,及时发现胆红素脑病。观察患儿胎粪排泄情况,如无胎粪排出或延迟,应予灌肠处理,促进大便及胆红素排出,减少胆红素的肠肝循环。

3. 预防胆红素脑病的护理

(1)加强支持:遵医嘱输入白蛋白。注意调整输液速度,切忌快速输入高渗性药物,以免血-脑脊液屏障暂时开放,使已与白蛋白连接的胆红素进入脑组织。纠正酸中毒,输注5%的碳酸氢钠应予以稀释。

(2)蓝光疗法的护理:非结合胆红素在蓝光、白光等光线照射下可水解为水溶性的结合胆红素排出体外,如果为蓝光单面光疗,应注意翻身、变换体位,以利于不同部位皮肤均得到蓝光照射,并注意新生儿外生殖器及眼睛的保护。蓝光还可分解体内核黄素,故光疗时注意适当补充维生素 B_2;同时,光疗可使机体不显性失水增加,故需注意水分的补充。

(3)换血疗法:该手术危险性大,护士应在换血前协助医生做好物品、环境、药物准备,以及术中操作及换血后的护理。

(4)观察病情:如患儿出现拒食、嗜睡、肌张力减退等胆红素脑病的早期表现,应立即通知医生,并作好抢救准备。

4. 健康教育

(1)指导孕母预防和治疗感染性疾病,减少新生儿肝炎、胆道闭锁、败血症的发生。若可能存在母子血型不合,应做好产前检查及孕妇预防性服药。向患儿家长讲解黄疸的病因、严重性、预后及可能出现的后遗症,并给予心理上的安慰。

(2)若临床考虑母乳性黄疸,嘱停母乳3天,待黄疸消退后继续母乳喂养。若怀疑G-6-PD缺陷者,母亲哺乳期间应注意不吃蚕豆及其制品,也尽量不服用具有氧化作用的药物(如磺胺药、阿司匹林等),以防急性溶血的发生。

(3)住院期间黄疸较重尤其发生胆红素脑病者,建议家长尽早带孩子到有条件的医院进行新生儿行为神经测定。对可能留有后遗症者,建议家长早期对患儿进行康复治疗和训练。

新生儿蓝光治疗的护理视频

🔍 **知识链接**

新生儿 20 项行为神经测定

新生儿行为能力的发现和新生儿行为神经测定方法的建立,是近半个世纪以来儿科领域的新进展。新生儿20项行为神经测定,简称NBNA评分,是我国学者在总结国外新生儿行为神经功能评定方法的基础上,发展的一套适合在我国开展并已得到广泛应用的神经行为评估方法。该测试分为 5 个部分：行为能力、被动肌张力、主动肌张力、原始反射和一般评估共 20 项。每一项评分有 0 分、1 分和 2 分，满分为 40 分，35 分以下为异常，而视、听定向力可分别获得加分。NBNA 评分能较全面地反映大脑的功能状态，对早期发现视听障碍、轻微脑损伤等异常有重要意义。

第十一节　新生儿寒冷损伤综合征

新生儿寒冷损伤综合征（neonatal cold injure syndrome），简称新生儿冷伤，系新生儿期由于寒冷或（和）多种原因引起的皮肤和皮下组织水肿、变硬，同时伴有低体温及多器官功能受损，也称为新生儿硬肿症，严重患儿常并发肺出血而死亡。

【病因和病理生理】

寒冷、早产、感染和窒息为主要原因，某些疾病可造成和加剧硬肿症的发生，低体温及皮肤硬肿可进一步引起多器官功能损害。

1. 新生儿体温调节及皮下脂肪组成特点　新生儿尤其是早产儿的生理特点是发生低体温和皮肤硬肿的重要原因。①体温调节中枢不成熟。环境温度低时，其增加产热和减少散热的调节功能差，使体温降低；②体表面积相对大，皮下脂肪层薄，血管丰富，易于失热；③由于新生儿缺乏寒战反应，寒冷时主要靠棕色脂肪代偿产热，体内储存热量少，代偿能力有限，对失热的耐受能力亦差；④棕色脂肪储存少，尤其是早产儿。主要分布在颈、肩胛部、腋下、中心动脉、肾和肾上腺周围；⑤皮下脂肪中饱和脂肪酸含量高，其熔点高，低体温时易于凝固出现皮肤硬肿。

2. 疾病　肺炎、败血症、新生儿肺透明膜病、先天性心脏病、坏死性小肠结肠炎等使能源物质消耗增加、热量摄入不足，加之缺氧又使能源物质的氧化产能发生障碍，故产热能力不足，即使在正常散热的条件下，也可出现低体温和皮肤硬肿。严重的颅脑疾病也可抑制尚未成熟的体温调节中枢，使其调节功能进一步下降，造成机体散热大于产热，出现低体温，甚至皮肤硬肿。

3. 多器官功能损害　低体温及皮肤硬肿、可使局部血液循环淤滞，引起缺氧和代谢性酸中毒，导致皮肤毛细血管壁通透性增加，出现水肿。如低体温持续存在和 / 或硬肿面积扩大，缺氧和代谢性酸中毒加重，进一步可引起多器官功能损害。

【临床表现】

多发生在寒冷季节，但因严重感染、重度窒息等因素引起者非冬季亦可发生。出生后 1 周内发生的较多，早产儿、低出生体重儿，发病率相对较高。发病早期表现为患儿进食差甚至拒乳，肢体发凉，反应差，哭声低。逐渐出现皮肤硬肿及各器官功能损害的表现。

1. 全身表现　轻症患儿全身表现不明显。重症患儿反应低下，吮乳无力或拒乳，哭声低弱，活动量减少，部分患儿出现呼吸暂停现象。严重者出现"三不"，即不吃、不哭、不动。

2. 低体温　体核温度（肛门内 5cm 处温度）常降至 35℃ 以下，重症 <30℃，低体温时常伴有心率减慢。新生儿腋窝下含有较多棕色脂肪，寒冷时产热使局部温度升高。临床上可以根据腋窝与肛温差值（腋 - 肛温差，T_{A-R}）作为棕色脂肪产热状态的指标。

3. 皮肤硬肿　凡有皮下脂肪积聚的部位均可发生硬肿，其特点是受累部位的皮肤紧贴于皮下组织，不能移动，部分颜色紫红，有水肿者压之有轻度凹陷。硬肿发生的顺序依次为：

小腿→大腿外侧→整个下肢→臀部→面颊→上肢→全身。硬肿范围可按：头颈部20%，双上肢18%，前胸及腹部14%，背及腰骶部14%，臀部8%，双下肢26%计算。严重硬肿可妨碍关节活动，胸部受累可致呼吸困难。

4. 多器官功能损害　呼吸和心率缓慢、心音低钝、少尿。严重时可呈现休克、弥散性血管内凝血（DIC）、急性肾衰竭和肺出血等多器官功能衰竭（MOF）的表现。

5. 病情分度　根据临床表现，病情可分为轻、中、重度（表7-4）。

表7-4　新生儿寒冷损伤综合征的病情分度

分度	肛温	腋-肛温差	硬肿范围	全身情况及器官功能改变
轻度	≥35℃	>0	<20%	一般情况尚好
中度	<35℃	≤0	25%~50%	精神反应差、器官功能低下
重度	<30℃	<0	>50%	休克、DIC、肺出血、急性肾衰竭

【治疗要点】

1. 复温　是低体温患儿治疗的关键，其目的是在体内产热不足的情况下，通过提高环境温度（减少失热或外加热），以恢复和保持正常体温。复温原则是逐步复温、循序渐进。

2. 热量和液体补充　供给充足的热量有助于复温。根据患儿情况选择喂养方式，如吸吮、鼻饲或部分或完全静脉营养，应严格控制输液量及输液速度。

3. 合理用药　合理应用抗生素，预防和治疗感染；及时纠正酸中毒和代谢紊乱，休克时扩容纠酸及应用血管活性药物（多巴胺、酚妥拉明或山莨菪碱）；DIC高凝状态时考虑用肝素。

4. 肺出血的处理　一旦发生肺出血，应及早行气管插管正压通气、应用止血药等。

【护理评估】

1. 健康史　了解患儿胎龄、分娩史及阿普加评分情况、出生体重、感染史、喂养及保暖等情况。

2. 身体状况　观察患儿反应是否低下，监测体温、脉搏、呼吸、心率、尿量变化，观察皮肤颜色，评估硬肿面积及程度，分析血气、血生化、胸部X线检查等结果。根据临床及辅助检查评估各脏器功能有无损害，有无DIC及肺出血发生的可能性。

3. 心理社会状况　了解家长对本病病因、性质、护理、预后知识的了解程度，评估家长对患儿疾病的认识情况，经济承受能力以及焦虑情绪。

【护理诊断】

1. 体温过低　与新生儿体温调节功能低下、寒冷、早产、感染窒息等有关。

2. 营养失调：低于机体需要量　与吸吮无力、热量摄入不足等有关。

3. 有感染的危险　与皮肤黏膜屏障功能减弱及免疫功能低下有关。

4. 皮肤完整性受损　与皮肤硬肿、水肿有关。

5. 潜在并发症：肺出血、DIC。

6. 知识缺乏：缺乏新生儿护理的相关知识。

【护理措施】

1. 积极复温　若肛温>30℃，T_{A-R}≥0℃，提示患儿棕色脂肪产热较好，足月儿一般可用包裹及热水袋保暖，置于25~26℃的室温环境下，使体温升至正常；早产儿置于已预热至中性温度的温箱中，一般在6~12小时内恢复正常体温。对于肛温<30℃，T_{A-R}<0℃的重度患儿，提示棕色脂肪已耗尽，自身产热不足，需依靠外加热来恢复体温。应将患儿置于比体温高1~2℃的温箱中开始复温，监测肛温、腋温，并每小时提高箱温1℃，亦可酌情采用辐射式新

生儿抢救台或恒温水浴法复温,使患儿体温在 12~24 小时内恢复正常。

2. 合理喂养 轻症能吸吮者可经口喂养,吸吮无力者用滴管、鼻饲或静脉营养。

3. 预防感染 严格消毒隔离,做好环境、医疗用品的消毒。加强皮肤护理,定时更换体位,预防体位性水肿和坠积性肺炎。尽量减少肌内注射,预防皮肤破损而致感染。

4. 观察病情 监测体温、呼吸、心率、血压、尿量、血气、硬肿程度及有无出血征象,详细记录护理单,备好抢救药品和设备。对于重症患儿,如面色突然发青、发灰,鼻腔流出或喷出粉红色泡沫样液体,提示患儿可能发生肺出血,应立即将患儿头偏向一侧,及时吸出呼吸道分泌物,保持呼吸道通畅,同时报告医生及时抢救,在抢救过程中避免挤压患儿胸部,以免加重出血。

5. 健康教育 向家长介绍硬肿症相关知识,及时反馈患儿病情变化,教会家长为患儿做好保暖、喂养、预防感染等护理。

第十二节 新生儿代谢紊乱

一、新生儿糖代谢紊乱

糖代谢紊乱(disturbance of glycometabolism)是新生儿常见的代谢紊乱之一,无论低血糖或高血糖,严重时均可造成新生儿脑损伤。

(一)新生儿低血糖

新生儿低血糖(neonatal hypoglycemia)在新生儿期极为常见,多发生于早产儿、足月小样儿、围生期窒息儿及糖尿病母亲所生新生儿。目前的诊断标准是全血血糖 <2.2mmol/L(40mg/dl),而不考虑出生体重、胎龄和生后日龄。

【病因和发病机制】

1. 暂时性低血糖 指低血糖持续时间较短、不超过新生儿期。

(1)糖原储备不足、葡萄糖消耗增加:①早产儿:糖原储备主要发生在妊娠的最后 4~8 周,是新生儿出生后 1 小时内能量的主要来源,早产儿糖原储备不足,且胎龄越小,糖原储存越少;②围生期窒息:低氧、酸中毒时儿茶酚胺分泌增多,刺激肝糖原分解增加,加之无氧酵解使葡萄糖利用增多;③小于胎龄儿:除糖原储存少外,糖异生途径中的酶活力也低;④其他:如低体温、败血症、先天性心脏病等,常由于热量摄入不足,而葡萄糖利用增加所致。

(2)高胰岛素血症:①糖尿病母亲娩出的婴儿:由于胎儿在宫内高胰岛素血症,而出生后母亲血糖供给突然中断所致;② Rh 溶血病:红细胞破坏致谷胱甘肽释放,刺激胰岛素浓度增加。

2. 持续性低血糖 指低血糖持续至婴儿或儿童期。

(1)遗传代谢性疾病:某些糖、脂肪酸、氨基酸代谢异常,如半乳糖血症、糖原贮积病、中链酰基辅酶 A 脱氢酶缺乏、支链氨基酸代谢障碍、亮氨酸代谢缺陷等。

(2)内分泌疾病:如先天性垂体功能不全、皮质醇缺乏、胰高血糖素和/或生长激素缺乏等。

(3)高胰岛素血症:主要见于胰岛细胞增生症、Beckwith 综合征、胰岛细胞腺瘤等。

【临床表现】

大多数低血糖患儿无临床症状;少数可出现喂养困难、嗜睡、青紫、颤抖、震颤、惊厥、呼吸暂停等非特异性症状,经静脉注射葡萄糖后上述症状消失,血糖恢复正常,称"症状性低血糖"。

【辅助检查】

1. 血糖测定　高危儿应用纸片法筛查或动态监测血糖,确诊需依据化学法(如葡萄糖氧化酶)测定血清葡萄糖值。取标本后应及时测定以免红细胞糖酵解增加影响检测结果。

2. 持续性低血糖者　应进一步测定血胰岛素、胰高血糖素、T_4、TSH、生长激素、皮质醇,血、尿氨基酸及有机酸等。

3. 高胰岛素血症　可作胰腺 B 超或 CT 检查;疑有糖原贮积病时可行肝活体组织检查测定肝糖原和酶活力。

【治疗要点】

由于不能确定引起脑损伤的低血糖阈值。因此,不管患儿有无症状,凡有低血糖者均应及时治疗。

对无症状低血糖患儿,可先喂 10% 葡萄糖水,再喂乳汁,如无效可静脉输注葡萄糖;对有症状患儿均应静脉输注葡萄糖,持续时间较长者可加用氢化可的松或泼尼松,诱导糖异生酶活性增高;对持续性低血糖患儿可静脉注射胰高血糖素;胰岛细胞增生症则须作胰腺次全切除,先天性代谢缺陷患儿应给予特殊饮食疗法。

【护理评估】

1. 健康史　询问母孕期是否患有糖尿病、妊娠高血压综合征等。家族中有无内分泌疾病、遗传代谢性疾病患者。评估患儿是否为早产儿,有无窒息、感染、体温不升、摄入不足等情况。了解有无多汗、拒乳、抽搐等情况。

2. 身体状况　注意评估患儿神志、呼吸,有无青紫、颤抖、震颤等。了解血糖及其他辅助检查的结果及临床意义。

3. 心理社会状况　评估家长对本病的认知程度和心理状态。

【护理诊断】

1. 营养失调:低于机体需要量　与摄入不足、消耗增加有关。

2. 潜在并发症:呼吸暂停。

【护理措施】

1. 积极纠正低血糖　生后能进食者宜尽早喂养;对不能经胃肠道喂养者应尽快建立静脉通路,给予 10% 葡萄糖静脉滴注。

2. 病情监测　密切监测血糖,做好病情观察,若出现喂养困难、烦躁不安、多汗、惊厥、呼吸暂停等低血糖症状,应立即通知医生,遵医嘱给药,静脉滴注时应根据血糖控制滴速。

3. 健康教育　向家长介绍本病的基本知识以及紧急处理措施,部分需要门诊随诊。

(二) 新生儿高血糖

新生儿高血糖(neonatal hyperglycemia)指全血血糖 >7.0mmol/L(125mg/dl),或血清葡萄糖 >8.4mmol/L(150mg/dl)。

【病因和发病机制】

1. 血糖调节功能不成熟　是新生儿尤其是极低出生体重儿高血糖的最常见原因。

2. 应激　窒息、寒冷损伤、严重感染等时,血中儿茶酚胺、皮质醇、酸碱状况等发生改变,而使糖异生、胰高血糖素及胰岛素反应改变导致高血糖。

3. 医源性　主要见于早产儿和极低体重儿。由于输注的葡萄糖或脂肪乳浓度过高、过快;应用某些药物如肾上腺素、糖皮质激素等均可引起高血糖。氨茶碱能引起 cAMP 浓度升高,而激活肝葡萄糖输出,引起高血糖。

【临床表现】

轻者可无症状;血糖增高显著者表现为脱水、多尿、体重下降,严重者可因高渗血症致脑室内出血。新生儿糖尿病可出现尿糖阳性,部分尿酮体阳性。

【治疗要点】

控制葡萄糖输注速度[<5~6mg/(kg·min)],并监测血糖水平,据此调节输糖速度。积极治疗原发病,极低体重儿用5%的葡萄糖;纠正脱水及电解质紊乱;高血糖不易控制者可给予胰岛素,但应密切监测血糖,以防低血糖发生,血糖正常后停用。

【护理评估】

1. 健康史 评估有无早产、窒息、感染、寒冷损伤综合征等病史。询问患儿输液史、用药史等。

2. 身体状况 注意患儿意识状态、体重、尿量的变化。动态评估血糖水平。

3. 心理社会状况 评估家长对本病的了解程度、心理状态、对治疗护理的需求等。

【护理诊断】

1. 有体液不足的危险 与多尿有关。

2. 有皮肤完整性受损的危险 与多尿、糖尿有关。

3. 潜在并发症:颅内出血。

【护理措施】

1. 维持血糖稳定 严格控制输注葡萄糖的量及速度,动态监测血糖水平。

2. 密切监测病情变化 注意患儿体重和尿量的变化,注意观察有无脱水体征及神经系统改变。

3. 健康教育 向家长解释患儿的病情并提供心理支持,使其理解和配合治疗。

二、新生儿低钙血症

新生儿低钙血症(neonatal hypocalcemia)是新生儿惊厥的常见原因之一,指血清总钙<1.75mmol/L(7mg/dl),血清游离钙<1mmol/L(4mg/dl)。

【病因和发病机制】

胎儿的钙来自胎盘的主动转运,通常血钙不低。妊娠晚期母血甲状旁腺激素(PTH)水平较高,分娩时脐血总钙和游离钙均高于母血水平(早产儿血钙水平低),使新生儿甲状旁腺功能暂时受到抑制(即PTH水平较低)。出生后源于母亲钙的供应中断,而外源性钙的摄入又不足,加之新生儿PTH水平较低,骨质中的钙不能动员入血,故导致低血钙症。

临床可见以下3种情况:①早期低血钙:发生于生后72小时内,常见于早产儿、小于胎龄儿及患糖尿病、妊娠高血压母亲所生的新生儿;有难产、窒息、感染及产伤史者也易发生;②晚期低血钙:发生于出生72小时后,常见于牛乳喂养的足月儿;③其他:因呼吸机使用不当致过度换气引起呼气性碱中毒;补充碱性药物或换血以及输库存血因应用抗凝剂枸橼酸钠均可使血中游离钙降低;④母亲甲状旁腺功能亢进、患儿甲状旁腺功能不全等可导致低血钙持续时间长或反复发作。

【临床表现】

症状多出现于生后5~10天,主要症状有易激惹、烦躁不安、肌肉抽动及震颤,惊跳甚至惊厥,手足搐搦和喉痉挛少见。惊厥发作时常伴有呼吸暂停和发绀;发作间期一般情况良好,但肌张力稍高,腱反射亢进,踝阵挛可呈阳性。早产儿出生后3天内易出现血钙降低,其降低程度与胎龄成反比。一般早产儿症状、体征不明显,推测与其血浆蛋白低、存在不同程度酸中毒而致血清游离钙相对较高有关。

【辅助检查】

血清总钙 <1.75mmol/L(7mg/dl)，血清游离钙 <1.0mmol/L(4mg/dl)；血清磷 >2.6mmol/L(8mg/dl)；碱性磷酸酶多正常。一般需要同时检测患儿血清镁、PTH 水平，必要时还应检测其母血钙、磷和 PTH 水平。心电图示心律不齐、Q-T 间期延长(早产儿 >0.2 秒，足月儿 >0.19 秒)。

【治疗要点】

1. 抗惊厥　惊厥发作时应立即静脉推注 10% 葡萄糖酸钙 1~2ml/kg(注意缓慢推注以防因血钙迅速升高引起的心动过缓甚至心脏停搏)，必要时间隔 6~8 小时再给药 1 次。症状控制后改为口服葡萄糖酸钙或氯化钙 1~2g/d 维持治疗，以维持血钙在 2~2.3mmol/L(8.0~9.0mg/dl)为宜。若使用钙剂后，症状仍不能控制，应考虑到低镁血症的可能。

2. 调整饮食　因母乳中钙磷比例适宜，利于肠道钙的吸收，故应尽量应用母乳或配方乳喂养，避免使用含磷高的奶方。

3. 补充维生素 D　甲状旁腺功能不全者需长期口服钙剂，同时给予维生素 D_2 10 000~25 000IU/d 或二氢速变固醇 0.05~0.1mg/d 或 1,25-$(OH)_2D_3$ 0.25~0.5μg/d。治疗过程中应定期监测血钙水平，及时调整维生素 D 的剂量。

【护理评估】

1. 健康史　询问患儿母亲有无糖尿病、妊娠高血压综合征等病史。了解患儿是否为早产儿、难产儿，有无败血症、窒息、颅内出血等病史；有无输血史。

2. 身体状况　注意患儿意识状态、肌张力、血清游离钙的变化。

3. 心理社会状况　评估家长对本病的认知程度及心理状态。了解家长是否熟悉科学喂养知识。

【护理诊断】

1. 有窒息的危险　与低血钙造成喉痉挛有关。

2. 有受伤的危险　与低血钙引起的惊厥有关。

3. 婴儿行为紊乱　与神经、肌肉兴奋性增高有关。

4. 知识缺乏：缺乏科学喂养的知识。

【护理措施】

1. 遵医嘱正确补充钙剂　惊厥发作时应立即静脉推注 10% 葡萄糖酸钙。

(1) 使用方法：每次给予 10% 葡萄糖酸钙 2ml/kg，以 5% 葡萄糖液稀释一倍后静脉推注，速度为 1ml/min。必要时可间隔 6~8 小时再给药一次，每日最大剂量为 6ml/kg(每日最大元素钙量 50~60mg/kg；10% 葡萄糖酸钙含元素钙量为 9mg/ml)。

(2) 注意事项：①密切监护心率，当患儿心率 <80 次 /min 时立即停用。因血钙浓度升高可抑制窦房结功能引起心动过缓，甚至心脏停搏；②防止药液外溢，避免组织坏死。一旦发现药液外溢，应立即停药，局部用 25%~50% 硫酸镁湿敷。③口服葡萄糖酸钙时，应在两次喂奶间给药，切忌与牛奶搅拌在一起，以免影响钙的吸收。

2. 调整饮食，科学喂养　鼓励母乳喂养，无法母乳喂养时，应选择配方奶；牛乳喂养者，指导其合理补充钙剂和维生素 D_2。

3. 早期预测紧急情况，做好急救物品准备　备好吸引器、氧气、气管插管及气管切开等急救物品，一旦发生紧急情况如喉痉挛等，应立即组织抢救。

4. 健康教育　介绍新生儿低钙血症的相关知识，对即将出院的患儿，向家长介绍科学喂养的相关知识，对需服用维生素 D 制剂的患儿，强调遵照医嘱剂量服药以及用药注意事项。

(段红梅)

复习思考题

患儿,女,早产,因皮肤硬肿5天入院。

患儿系第一胎,孕33周,因"胎儿宫内窘迫"行剖宫产娩出。阿普加评分:1分钟8分,5分钟9分,出生体重:2.1kg。患儿家长于4天前发现患儿拒乳、面颊硬肿、四肢发凉,为求进一步诊治而入我院。

体格检查:T(肛温)34℃,R 30次/min,P 72次/min。早产儿貌,反应差,哭声低弱,呼吸表浅,双肺听诊呼吸音粗,未闻及干湿性啰音,心音有力,心律齐。双小腿及大腿外侧明显硬肿,四肢末端青紫发凉。

问题:

(1) 该患儿入院后,护士应如何给予保暖?

(2) 该患儿入院后,护士应如何做好其皮肤护理?

(3) 入院后4小时,患儿体温恢复正常后突然出现面色青紫、呕吐血性泡沫样液体,考虑患儿最可能发生的情况是什么?应如何处理?

学习内容与
学习方法

扫一扫,
测一测

第八章

呼吸系统疾病患儿的护理

学习目标

知识目标

1. 能描述儿童呼吸系统的解剖生理特点。

2. 能分析儿童常见呼吸系统疾病的发病机制并列举其病因、临床表现、辅助检查、治疗要点、护理诊断及护理措施。

3. 能比较不同类型肺炎的临床特点。

能力目标

1. 能运用护理程序对呼吸系统疾病患儿实施整体护理和健康教育。

2. 能准确进行雾化吸入操作并对患儿实施叩背排痰。

素质目标

1. 养成良好的文明习惯,不随地吐痰,聚集公共场所佩戴口罩,爱护环境、保护环境。

2. 认识到呼吸系统疾病患儿病情急变的危险性和对患儿具有高度的爱心与责任感的重要性。

儿童呼吸系统疾病包括上、下呼吸道急慢性感染性疾病、呼吸道变态反应性疾病、胸膜疾病、呼吸道异物、呼吸系统先天畸形及肺部肿瘤等,其中以急性呼吸道感染最为常见。在住院患儿中,上、下呼吸道感染占 60% 以上,其中绝大多数为肺炎,且肺炎仍是我国 5 岁以下儿童死亡的首要原因。

第一节　儿童呼吸系统解剖生理特点

儿童时期易患呼吸系统疾病与小儿呼吸系统的解剖、生理、免疫特点密切相关。呼吸系统以环状软骨下缘为界分为上、下呼吸道。上呼吸道包括鼻、鼻窦、咽、咽鼓管、会厌及喉,下呼吸道包括气管、支气管、毛细支气管、呼吸性细支气管、肺泡管及肺泡。

一、解剖特点

(一)上呼吸道

1. 鼻　婴幼儿鼻根扁而宽,鼻腔相对短小,无鼻毛,后鼻道狭窄,鼻黏膜柔嫩、富于血管,易受感染。感染时鼻黏膜充血肿胀使鼻腔更加狭窄,甚至堵塞,从而引起呼吸困难及吮吸困难。黏膜下层缺乏海绵组织,随年龄增长逐渐发育,至青春发育期达高峰。因此婴儿很少发生鼻出血,6~7 岁后鼻出血较为多见。

2. **鼻窦**　由于鼻窦黏膜与鼻腔黏膜相连续,鼻窦口相对大,患急性鼻炎时常累及鼻窦,易发生鼻窦炎,尤其是上颌窦与筛窦最易感染。婴儿因鼻窦发育尚未成熟,所以较少见。

3. **鼻泪管和咽鼓管**　婴幼儿鼻泪管短,开口接近内眦,且瓣膜发育不全,故鼻腔感染常易侵入眼结膜引起炎症。婴儿咽鼓管宽、短、直,呈水平位,故鼻咽炎时易致中耳炎。

4. **咽部**　儿童咽部较狭窄且垂直。扁桃体包括腭扁桃体及咽扁桃体,腭扁桃体 1 岁末才逐渐增大,4~10 岁发育达高峰,10~15 岁时退化,故扁桃体炎常见于年长儿,婴儿则少见。咽扁桃体(腺样体)生后 6 个月已发育,位于鼻咽顶部与后壁交界处,严重的腺样体肥大是儿童阻塞性睡眠呼吸暂停综合征的重要原因。

5. **喉**　以环状软骨下缘为标志。喉部呈漏斗形,喉腔较窄,声门狭小,软骨柔软,黏膜柔嫩而富有血管及淋巴组织,故轻微炎症即可引起声音嘶哑和吸气性呼吸困难。

(二)下呼吸道

1. **气管、支气管**　婴幼儿的气管、支气管较成人短且狭窄,黏膜柔嫩,血管丰富,软骨柔软,缺乏弹力组织,黏液腺分泌不足易致气道干燥,纤毛运动功能差,不能有效清除吸入的异物,易发生感染和呼吸道阻塞。由于右支气管短而粗,为气管的直接延伸,故异物较易进入右主支气管。

2. **肺**　肺泡数量少且面积小,弹力组织发育较差,血管丰富,间质发育旺盛,致肺含血量多而含气量少,故易发生肺部感染。感染时易引起间质性炎症、肺气肿或肺不张等。

(三)胸廓和纵隔

婴幼儿胸廓短小呈桶状,肋骨呈水平位,膈肌位置较高,胸腔小而肺脏相对较大;呼吸肌发育差。呼吸时,肺的扩张受限,不能充分进行气体交换,因此当肺部病变时易出现呼吸困难。儿童纵隔体积相对较大,周围组织松软,在胸腔积液或气胸时易发生纵隔移位。

二、生理特点

1. **呼吸频率及节律**　儿童年龄越小呼吸频率越快。小婴儿由于呼吸中枢发育尚未成熟,呼吸调节功能不完善,易出现呼吸节律不齐,早产儿最为明显。各年龄阶段儿童呼吸和脉搏频率见表 8-1。

表 8-1　各年龄阶段儿童呼吸和脉搏频率(次/min)

年龄	呼吸	脉搏	呼吸∶脉搏
新生儿	40~44	120~140	1∶3
<1 岁	30	110~130	1∶3~1∶4
1~3 岁	24	100~120	1∶3~1∶4
4~7 岁	22	80~100	1∶4
8~14 岁	20	70~90	1∶4

2. **呼吸类型**　婴幼儿呼吸肌发育不全,胸廓活动范围小,膈肌较肋间肌相对发达,且肋骨呈水平位,肋间隙小,故呈腹式呼吸。随年龄增长,膈肌和腹腔脏器下降,肋骨由水平位变为斜位,逐渐转变为胸腹式呼吸。7 岁以后逐渐接近成人。

3. **呼吸功能**　因儿童肺活量、潮气量、每分通气量和气体弥散量均较成人低,而气道阻力大于成人。因此,儿童各项呼吸功能的储备能力均较低,当患呼吸系统疾病时易发生呼吸功能不全。

三、免疫特点

儿童呼吸道的非特异性免疫功能和特异性免疫功能均较差,如新生儿、婴幼儿咳嗽反射及纤毛运动功能差,难以有效清除吸入的尘埃和异物颗粒。婴幼儿肺泡巨噬细胞功能不足,SIgA、IgG,尤其是 IgG 亚类含量低微。此外,乳铁蛋白、溶菌酶、干扰素及补体等含量和活性不足,故婴幼儿时期易患呼吸道感染。

四、辅助检查

1. 肺功能检查　常规的最大呼气流量(maximal expiratory flow,MEF)受儿童年龄限制,需受试者主动配合测试,故 5 岁以上儿童可做此检查。脉冲振荡需要配合较少,可应用于 3 岁以上儿童。人体体积描记法和潮气 - 流速容量曲线技术可对婴幼儿进行肺功能检查。

2. 血气分析　血气分析可反映气体交换和血液酸碱平衡状态。在无心血管及血液疾病的情况下,通过血气分析评判肺功能较为准确。各年龄组儿童血气分析正常值见表 8-2。

表 8-2　儿童动脉血气分析正常值

项目	新生儿	2 岁以内	2 岁以后
pH 值	7.35~7.45	7.35~7.45	7.35~7.45
PaO_2(kPa)	8~12	10.6~13.3	10.6~13.3
$PaCO_2$(kPa)	4.00~4.67	4.00~4.67	4.67~6.00
HCO_3^-(mmol/L)	20~22	20~22	22~24
BE(mmol/L)	-6~+2	-6~+2	-4~+2
SaO_2	0.90~0.97	0.95~0.97	0.96~0.98

3. 胸部影像学　胸部 X 线检查仍是呼吸系统疾病影像学诊断的基础。

4. 儿童支气管镜检查　用纤维支气管镜和电子支气管镜可直视气管及支气管内各种病变,结合黏膜刷检技术、活体组织检查技术和肺泡灌洗技术协助呼吸系统疾病的诊断。

第二节　急性上呼吸道感染

急性上呼吸道感染(acute upper respiratory tract infection,AURI)简称上感,俗称"感冒",系由各种病原体引起的上呼吸道急性感染,是儿科最为常见的疾病。一年四季均可发病,以冬、春季节及气温骤变时多见。该病主要侵犯鼻、鼻咽和咽部,根据主要感染部位的不同,可诊断为急性鼻炎、急性咽炎、急性扁桃体炎等。

【病因】

引起急性上呼吸道感染的病原体包括病毒、细菌、支原体、衣原体等。其中由病毒引起者占 90% 以上,主要包括鼻病毒(rhinovirus,RV)、呼吸道合胞病毒(Respiratory syncytial virus,RSV)、流感病毒(influenza virus)、副流感病毒(parainfluenza virus)、腺病毒(adenovirus,ADV)、柯萨奇病毒(Coxsackievirus,CV)、冠状病毒(coronal virus)、人类偏肺病毒(human metapneumovirus,hMPV)等;病毒感染后可继发细菌感染,最常见的细菌是溶血性链球菌,其次为肺炎链球菌、流感嗜血杆菌。肺炎支原体(mycoplasma pneumoniae)不仅可引起肺炎,也可引起上呼吸道感染。

笔记栏

婴幼儿时期由于呼吸道的解剖、生理和免疫特点,易患呼吸道感染。若患有维生素 D 缺乏性佝偻病、营养不良、贫血、免疫功能低下等疾病,或生活环境不良、居室拥挤、通风不良、日照不足、空气污染、雾霾、被动吸烟、护理不当致冷热失调等容易引起反复感染或使病程迁延。

【临床表现】

临床表现轻重不一,与患儿年龄、病原体、感染部位及机体抵抗力有关。

（一）一般类型急性上呼吸道感染

1. 症状　①局部症状:鼻塞、流涕、喷嚏、咳嗽、咽部不适及咽痛等,多于 3~4 天自愈;②全身症状:畏寒、发热、烦躁不安、头痛、乏力及食欲减退等,可伴呕吐、腹泻、腹痛等消化道症状。腹痛多为脐周阵发性疼痛,无压痛,可能与发热所致肠痉挛有关,若腹痛症状持续存在可能与肠系膜淋巴结炎有关。

婴幼儿一般起病急,以全身症状为主,常有明显消化道症状,局部症状较轻。多有高热,部分患儿可出现高热惊厥。年长儿以局部症状为主,无全身症状或全身症状较轻。

2. 体征　可见咽部充血,扁桃体肿大,有时颌下、颈区淋巴结肿大且有触痛。肺部听诊呼吸音一般正常。肠道病毒感染者可出现不同形态的皮疹。

（二）两种特殊类型的急性上呼吸道感染

1. 疱疹性咽峡炎（herpangina）　由柯萨奇 A 组病毒引起,好发于夏秋季。起病急骤,临床表现为高热、咽痛、流涎、厌食及呕吐等。体检可见咽部充血,在咽腭弓、软腭、悬雍垂等处可见数个直径约 2~4mm 的灰白色疱疹,周围有红晕,疱疹破溃后形成小溃疡,疱疹也可出现在口腔的其他部位。病程 1 周左右。

2. 咽 - 结合膜热（pharyngo-conjunctival fever）　由腺病毒 3、7 型感染引起。好发于春夏季,散发或在集体儿童机构中发生小流行。以发热、咽炎、结膜炎为特征,有时伴消化道症状。体检可见咽部充血及白色点块状分泌物,周边无红晕,易于剥离;一侧或双侧眼结膜炎;颈及耳后淋巴结肿大。病程 1~2 周。

（三）并发症

病变若向邻近器官组织蔓延可引起中耳炎、鼻窦炎、咽后壁脓肿、扁桃体周围脓肿、颈淋巴结炎、喉炎、气管炎、支气管炎及肺炎等,以婴幼儿多见。年长儿感染 A 组 β 溶血性链球菌易引起急性肾小球肾炎、风湿热等。

【辅助检查】

1. 外周血象　病毒感染者白细胞计数正常或偏低,中性粒细胞减少,淋巴细胞计数相对增高。细菌感染者白细胞和中性粒细胞增高。

2. 病毒分离和血清学检查　病毒分离可明确病原。免疫荧光、免疫酶及分子生物学技术有助于病原的早期诊断。

3. 咽拭子培养　在使用抗菌药物前行咽拭子培养可发现致病菌。

4. 其他　C 反应蛋白（CRP）和血清前降钙素（PCT）有助于细菌感染的确定。

【治疗要点】

1. 一般治疗　休息、多饮水;注意呼吸道隔离;预防并发症。

2. 抗感染治疗

（1）抗病毒药物:流感病毒感染可用磷酸奥司他韦口服。亦可选用银翘散、板蓝根冲剂、大青叶等中药联合治疗。合并结膜炎者,可用 0.1% 阿昔洛韦滴眼液滴眼。

（2）抗生素:细菌性上呼吸道感染或病毒性上呼吸道感染继发细菌感染者可选用抗生素治疗,常选用青霉素类、头孢菌素类或大环内酯类抗生素。如链球菌感染或既往有肾炎或风湿热病史者,应用青霉素或红霉素治疗 10~14 天。大多数急性上呼吸道感染为病毒感染所致,抗生素非但无效,还可引起机体菌群失调,造成病毒繁殖,故应避免滥用。

3. 对症治疗　高热者给予物理降温,口服降温药物,如对乙酰氨基酚或布洛芬。高热惊厥者予以镇静、止惊处理。咽痛者可含服咽喉片。

【护理评估】

1. 健康史　询问患儿发病前是否有受凉史,有无类似疾病接触史;评估患儿的身体素质及营养状况,有无佝偻病、营养不良、先天性心脏病、贫血及反复上呼吸道感染史。

2. 身体状况　是否有上呼吸道感染症状及食欲减退、呕吐等全身症状。评估患儿的生命体征,是否有咽部充血、扁桃体肿大、淋巴结肿大、触痛等体征。检查是否有中耳炎、鼻窦炎等并发症发生。检查有无皮疹出现。

3. 心理社会状况　家长在患儿起病初期多不重视,当患儿出现严重表现后,因担心病情恶化而产生焦虑、抱怨等情绪;此外,应注意评估患儿及家长对病因、预防及护理知识的了解程度,了解当地流行病学情况;同时应做好社区及家庭生活环境的评估,了解当地有无空气污染或患儿有无被动吸烟的情况发生。

【护理诊断】

1. 体温过高　与急性上呼吸道感染有关。

2. 舒适度减弱:咽痛、鼻塞等　与急性上呼吸道感染有关。

3. 潜在并发症:热性惊厥、中耳炎等。

【护理措施】

1. 维持体温正常

(1) 居室环境:每日定时通风,保证室内温湿度适宜、空气新鲜,注意避免对流风。

(2) 保证营养和水分:鼓励患儿多饮水,给予富含维生素、易消化的清淡饮食,注意少量多餐。必要时静脉补充营养和水分。

(3) 密切监测体温变化:发热患儿每 4 小时测量体温一次并准确记录,如为超高热或有热性惊厥史者,每 1~2 小时测量一次;及时给予物理降温,或遵医嘱给予退热剂,防止发生高热惊厥,及时更换汗湿的衣被并适度保暖。

(4) 遵医嘱应用抗感染药物。

2. 促进舒适

(1) 注意休息:患儿应减少活动,高热者应卧床休息,勤变换体位;各种治疗和护理操作集中进行。

(2) 保持呼吸道通畅:及时清理呼吸道分泌物。①鼻咽部护理:及时清除鼻腔及咽喉部分泌物,保持鼻孔周围清洁,用凡士林、液状石蜡等涂抹鼻翼部黏膜及鼻下皮肤,减轻分泌物刺激;②鼻塞严重者,清除鼻腔分泌物后,用 0.5% 麻黄碱液滴鼻,每次 1~2 滴,每天 2~3 次;如因鼻塞妨碍吸吮,可在哺乳前 10~15 分钟滴鼻,使鼻腔通畅,保证吸吮;③预防并发症:嘱患儿及家长勿用力擤鼻,以免炎症经咽鼓管蔓延引起中耳炎。

(3) 保持口腔清洁:婴幼儿饭后喂少量温开水以清洗口腔,年长儿可用温盐水漱口,咽部不适时给予润喉含片或行雾化吸入。

3. 病情观察　注意体温变化,警惕高热惊厥的发生。一旦高热患儿出现烦躁不安等惊厥先兆,应立即通知医生,遵医嘱给予镇静剂并同时采取降温措施。如果患儿出现与疾病严重程度不相符的剧烈哭闹、抓耳等表现,应考虑并发中耳炎的可能。观察咳嗽的性质,皮肤有无皮疹及口腔黏膜变化,以便早期发现麻疹、猩红热、百日咳、流行性脑脊髓膜炎等急性传染病。注意观察咽部充血、水肿、化脓等情况,若疑有咽后壁脓肿时,应及时报告医生,防止脓肿破溃,脓液流入气管而引起窒息。

4. 健康教育　指导家长学习预防上感的知识。居室环境经常通风，保持室内空气新鲜，避免室内吸烟；科学喂养，及时引入转换食物，保证营养均衡；加强体育锻炼，多进行户外活动，多晒太阳；呼吸道感染高发季节，避免到人群拥挤的公共场所。季节交替，气温骤变，注意及时增减衣物。积极防治佝偻病、营养不良、贫血等慢性疾病。

第三节　急性感染性喉炎

急性感染性喉炎（acute infectious laryngitis）为喉部黏膜急性弥漫性炎症，以犬吠样咳嗽、声嘶、喉鸣、吸气性呼吸困难为临床特征。冬春季多发，常见于婴幼儿。

【病因和发病机制】

由病毒（副流感病毒、流感病毒等）或细菌（金黄色葡萄球菌、链球菌和肺炎链球菌等）感染引起，或并发于麻疹、流感、百日咳等急性传染病。由于儿童喉部解剖特点，炎症时易充血、水肿导致喉梗阻。

【临床表现】

起病急，症状重，可有发热、犬吠样咳嗽、声音嘶哑、吸气性喉鸣和三凹征。哭闹及烦躁常使喉鸣及气道梗阻加重，出现发绀、面色苍白、心率加快等缺氧症状。一般白天症状轻，夜间入睡后因喉部肌肉松弛，分泌物阻塞而症状加重。喉梗阻者若抢救不及时，可窒息死亡。体检咽部充血，喉镜检查可见喉部、声带有不同程度的充血、水肿。

按吸气性呼吸困难的轻重程度，将喉梗阻分为 4 度。

Ⅰ度：安静时无症状，仅于活动或哭闹后出现吸气性喉鸣和呼吸困难；听诊肺部呼吸音及心率均无改变。

Ⅱ度：安静时出现喉鸣和吸气性呼吸困难；肺部听诊可闻及喉传导音或管状呼吸音，心率加快。

Ⅲ度：除上述喉梗阻症状外，患儿因缺氧而出现烦躁不安、口唇及指（趾）发绀，双眼圆睁，惊恐，头面部出汗；肺部呼吸音明显减弱，心率加快，心音低钝。

Ⅳ度：患儿呈衰竭状态，昏睡或昏迷，面色苍白发灰，由于呼吸无力，三凹征可不明显；肺部听诊呼吸音几乎消失，仅有气管传导音，心律不齐，心音低钝、弱。

【辅助检查】

1. 外周血象　病毒感染者白细胞计数正常或偏低，淋巴细胞计数相对增高。细菌感染者白细胞和中性粒细胞增高。

2. 其他　C 反应蛋白（CRP）和前血清（PCT）有助于细菌感染的确定。病毒分离、血清学以及聚合酶链反应（PCR）等分子生物学方面检查有助于病原学诊断。

【治疗要点】

1. 控制感染　若考虑为细菌感染，应选择敏感抗生素，常用青霉素、大环内酯类或头孢菌素类等。

2. 糖皮质激素治疗　病情较轻者可口服泼尼松，Ⅱ度以上喉梗阻者应静脉应用地塞米松、氢化可的松或甲泼尼龙。

3. 对症治疗　缺氧者予以吸氧；烦躁不安者可给予镇静剂；痰液多者给予祛痰剂，不宜使用氯丙嗪，以免喉头肌松弛，加重呼吸困难。

4. 气管插管　经上述处理仍有严重缺氧或有Ⅲ度以上喉梗阻者，可进行气管插管、呼吸机辅助通气治疗，必要时应及时行气管切开术。

【护理评估】

1. 健康史　询问患儿近期有无上呼吸道感染、传染病接触史、过敏史;有无受凉、劳累等诱因。

2. 身体状况　评估患儿的呼吸、心率、体温,有无犬吠样咳嗽、声嘶、唇周发绀、三凹征、吸气性呼吸困难等。了解外周血象、喉镜等检查结果。

3. 心理社会状况　评估患儿家长对急性感染性喉炎相关知识的了解程度。家长有无因患儿出现声音嘶哑、吸气性呼吸困难等而表现出内疚、悔恨等心理。评估在患儿发生喉梗阻时,患儿及家长是否因担心呼吸困难危及生命而出现焦虑、恐惧情绪。

【护理诊断】

1. 有窒息的危险　与喉梗阻有关。

2. 低效性呼吸型态　与喉头水肿有关。

3. 体温过高　与急性感染性喉炎有关。

4. 舒适的改变　与咳嗽、呼吸困难有关。

5. 知识缺乏:缺乏护理技能。

6. 焦虑/恐惧　担心患儿疾病危害与预后。

【护理措施】

1. 改善呼吸功能,预防窒息　室内空气宜清新,注意通风,温湿度适宜,以减少对喉部的刺激,减轻呼吸困难。雾化吸入布地奈德混悬液可帮助消除喉头水肿,恢复气道通畅。有缺氧症状者给予氧气吸入。遵医嘱给予抗生素、糖皮质激素及镇静剂。若出现急性喉梗阻症状,立即通知医生,必要时协助医生行气管切开术。

2. 维持体温正常　请参考本章第二节急性上呼吸道感染。

3. 促进患儿舒适　置患儿于舒适体位,保持安静,合理安排各项操作,减少对患儿刺激。注意休息,尽量减少活动以减低氧的消耗。补充水分和营养,给予流质或半流质易消化饮食。耐心喂养,避免呛咳。

4. 健康教育　向家长说明病情,解释各项治疗护理措施,减轻其恐惧、焦虑情绪并取得配合。指导家长耐心喂养,避免患儿呛食,给予高蛋白、高维生素、易消化饮食;预防上呼吸道感染和各种呼吸道传染性疾病。

第四节　急性支气管炎

急性支气管炎(acute bronchitis)是指由各种病原体引起的支气管黏膜急性炎症,由于气管常同时受累,故又称为急性气管支气管炎,婴幼儿多见。常继发于上呼吸道感染,或为急性呼吸道传染病(如流感、麻疹、百日咳、猩红热)的一种临床表现。

【病因】

凡能引起上呼吸道感染的病原体皆可引起支气管炎,多为病毒和细菌的混合感染。特应性体质、免疫功能低下、营养不良、佝偻病、慢性鼻窦炎和支气管局部结构异常等患儿常反复发生支气管炎。气候变化、空气污染、化学因素刺激也可成为本病的诱发因素。

【临床表现】

起病可急可缓,大多数患儿先有上呼吸道感染的症状。主要症状为咳嗽,开始为刺激性干咳,以后有痰,一般咳嗽持续7~10天,或反复发作。无发热或低、中度发热。年长儿可诉胸痛,偶有气短,一般无全身症状。婴幼儿全身症状较重,常有发热、食欲缺乏、呕吐及腹泻等。体检可见咽部充血,双肺呼吸音粗糙,可有不固定的散在干、湿啰音。婴幼儿有痰常不易咳出,可在咽喉部或肺部闻及痰鸣音。一般无气促和发绀。婴幼儿期伴有喘息症状的支气管炎,如同时有湿疹或其他过敏史者,少数可发展为哮喘。

【辅助检查】

细菌感染时,外周血白细胞计数升高。胸部 X 线检查无异常改变或可见肺纹理增粗。

【治疗要点】

1. 一般治疗　经常变换体位,多饮水,利于呼吸道分泌物的排出。

2. 控制感染　因病原体多为病毒,一般不需用抗生素。疑有细菌感染者可选用青霉素类抗生素;如为支原体感染,应给予大环内酯类抗生素。

3. 对症治疗　一般不用镇咳剂或镇静剂,以免抑制咳嗽反射,影响痰液咳出。化痰止咳可用急支糖浆等;咳嗽重而痰液黏稠者可给予雾化吸入。喘憋严重时可用支气管扩张剂,喘息严重者可加用泼尼松口服 3~5 天。

【护理评估】

1. 健康史　了解患儿有无上呼吸道感染、营养不良、佝偻病、鼻窦炎、哮喘等病史;有无湿疹,是否为过敏体质。

2. 身体状况　评估患儿有无咳嗽及咳嗽性质,有无咳痰及痰量多少,了解其咳痰能力。评估患儿精神状态和营养状况,评估心率、体温、呼吸频率及节律等情况;注意有无肺部不固定的干、湿啰音。了解外周血象及胸片等检查结果。

3. 心理社会状况　了解家长对疾病相关知识的认识程度,评估周围环境有无烟雾、粉尘等。

【护理诊断】

1. 清理呼吸道无效　与痰液黏稠不易咳出有关。

2. 体温过高　与病毒或细菌感染有关。

【护理措施】

1. 保持呼吸道通畅

(1) 保持室内空气新鲜,温湿度适宜(室温 18~22℃,湿度 50%~60%),以减少对支气管黏膜的刺激,利于排痰。

(2) 及时清理呼吸道分泌物,经常帮助患儿变换体位,拍击背部,指导并鼓励患儿进行有效咳嗽,以利于痰液排出。

(3) 给予超声雾化吸入,以湿化气道,促进排痰。必要时用吸引器吸痰,保持呼吸道通畅。

(4) 遵医嘱给予化痰止咳剂、平喘剂等,密切观察用药后反应。

(5) 对喘息性支气管炎患儿应注意观察有无缺氧症状,必要时给予氧气吸入。

2. 维持正常体温　参考本章第二节急性上呼吸道感染。

3. 健康教育　向家长介绍急性支气管炎的基本知识及护理要点。积极进行体育锻炼,加强营养,提高机体的抗病能力。积极预防贫血、营养不良、佝偻病等。按时预防接种,增强机体免疫力。

ER-8-1

儿童呼吸道感染的饮食预防与调护视频

第五节　肺　炎

肺炎(pneumonia)是指不同病原体或其他因素(如吸入羊水、过敏等)所引起的肺部炎症。以发热、咳嗽、气促、呼吸困难和肺部固定湿啰音为主要临床表现,重症可累及循环、神经及消化等系统而出现相应的临床症状。肺炎是婴幼儿时期的常见病,四季均可发病,以冬春寒冷季节及气温骤变时多见。本病居我国住院儿童死亡原因的第一位,是我国儿童保健重点防治的"四病"之一。

一、肺炎分类

肺炎目前尚无统一的分类方法,常用分类方法如下:

1. 病理分类　支气管肺炎、大叶性肺炎、间质性肺炎等。儿童以支气管肺炎最为多见。

2. 病原体分类　①感染性肺炎:病毒性肺炎、细菌性肺炎、支原体肺炎、衣原体肺炎、原虫性肺炎、真菌性肺炎等;②非感染因素引起的肺炎:吸入性肺炎、坠积性肺炎等。

3. 病程分类　①急性肺炎:病程 <1 个月;②迁延性肺炎:病程在 1~3 个月;③慢性肺炎:病程 >3 个月。

4. 病情分类　①轻症肺炎:主要为呼吸系统表现,其他系统仅轻微受累,无全身中毒症状;②重症肺炎:除呼吸系统严重受累外,其他系统亦受累,全身中毒症状明显。

5. 按临床表现典型与否分类　①典型肺炎:肺炎链球菌、金黄色葡萄球菌、肺炎杆菌、流感嗜血杆菌、大肠埃希菌等引起的肺炎;②非典型肺炎:肺炎支原体、衣原体、军团菌、病毒等引起的肺炎。

6. 肺炎发生的地点分类　①社区获得性肺炎(community acquired pneumonia,CAP)指无明显免疫抑制的患儿在院外或入院 48 小时内发生的肺炎;②院内获得性肺炎(hospital acquired pneumonia,HAP)指入院 48 小时后发生的感染性肺炎。

临床上如果病原体明确,则按病原体分类,有助于指导治疗,否则按病理或其他方法分类。本节重点讨论支气管肺炎。

二、支气管肺炎

支气管肺炎(bronchopneumonia)是累及支气管壁和肺泡的炎症,为儿童时期最常见的肺炎,2 岁以内婴幼儿多发。

【病因】

1. 病原体　最常见为病毒或细菌感染,也可为"混合感染"。肺炎的病原体与发病年龄、地域、发病季节等有关。发达国家儿童肺炎病原体以病毒为主,最常见的是呼吸道合胞病毒,其次为腺病毒、流感和副流感病毒等;发展中国家则以细菌感染为主,以肺炎链球菌较为多见,其次为葡萄球菌、链球菌等。近年来肺炎支原体、衣原体和流感嗜血杆菌肺炎有增多趋势。病原体常由呼吸道入侵,少数经血行入肺。

2. 易感因素　婴幼儿由于其呼吸道解剖、生理和免疫功能特点易患支气管肺炎,人工喂养儿发病率高于母乳喂养儿。室内居住拥挤、通风不良、空气污浊,易发生肺炎。低出生体重儿以及有营养不良、维生素 D 缺乏性佝偻病、先天性心脏病、贫血、免疫缺陷等基础疾病的患儿不仅肺炎易感性增加,且病情较重,往往迁延不愈。

【病理生理】

病原体侵入肺部,引起支气管黏膜充血水肿、炎性细胞浸润、气管狭窄、甚至闭塞;肺泡壁充血、水肿,肺泡内充满炎性渗出物,上述病变影响通气和换气功能,引起缺氧和二氧化碳潴留,出现气促、呼吸困难、肺部固定湿啰音等一系列症状与体征;严重缺氧和二氧化碳潴留,加之病原体毒素和炎性代谢产物的吸收,加重全身组织器官缺氧及中毒症状,引起循环系统、消化系统、神经系统的病理改变,使通气换气功能进一步恶化,加重酸碱失衡和水电解质紊乱,甚至引起呼吸衰竭见图 8-1。

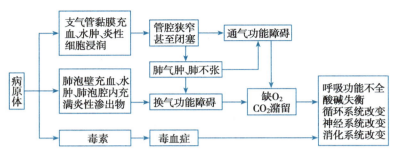

图 8-1　支气管肺炎的病理生理

1. 循环系统　病原体和毒素侵袭心肌,引起中毒性心肌炎。缺氧和 CO_2 潴留导致肺小动脉反射性收缩,肺循环压力增高,形成肺动脉高压,使右心负荷增加。肺动脉高压和中毒性心肌炎可诱发心力衰竭。重症患儿可出现微循环障碍、休克甚至弥散性血管内凝血(DIC)。

2. 神经系统　缺氧和 CO_2 潴留使脑血管扩张、血流减慢,血管壁通透性增加,致使颅内压增高。严重缺氧使脑细胞无氧代谢增加,酸性代谢产物堆积,致 ATP 生成减少和 Na^+-K^+ 离子泵功能障碍,引起细胞内水钠潴留,形成弥漫性脑水肿。病原体毒素作用亦可直接损害脑组织引起脑水肿。

3. 消化系统　缺氧和病原体毒素可引起胃肠黏膜糜烂、出血、上皮细胞坏死脱落,导致黏膜屏障功能破坏,使胃肠功能紊乱,出现厌食、呕吐、腹泻等症状。严重者可引起中毒性肠麻痹和消化道出血。

4. 酸碱平衡失调及电解质紊乱　缺氧时无氧酵解增强致使酸性代谢产物增加,加之高热、进食少、脂肪分解等因素常引起代谢性酸中毒;同时,由于 CO_2 潴留导致呼吸性酸中毒,因此重症肺炎患儿常出现混合性酸中毒。此外,缺氧和 CO_2 潴留导致肾小动脉痉挛而引起水钠潴留,且缺氧致抗利尿激素(ADH)分泌增加,加之缺氧使细胞膜通透性改变、钠泵功能失调,Na^+ 向细胞内转移,引起低钠血症。

【临床表现】

多见于婴幼儿,多为急性起病,发病前数日多有上呼吸道感染史。

1. 轻症肺炎　仅表现为呼吸系统的症状和相应的肺部体征。主要表现为发热、咳嗽、气促和肺部出现中、细湿啰音。①发热:热型不定,多为不规则热,亦可为弛张热和稽留热,但新生儿、重度营养不良患儿可不发热甚至出现体温不升;②咳嗽:初期为刺激性干咳,较频繁,极期咳嗽反而减轻,恢复期咳嗽有痰,新生儿表现为呛奶、口吐白沫;③气促:呼吸可达 40~80 次/min,可有鼻翼煽动、三凹征、点头呼吸,口唇发绀;④肺部啰音:早期不明显,仅呼吸音粗糙和减低,以后可闻及较固定的中、细湿啰音,以背部两侧下方及脊柱两旁较多,深吸气末更为明显;肺部叩诊常正常,病灶融合时可出现实变体征。除上述表现外,患儿常有精神欠佳、食欲减退、烦躁不安、轻度腹泻或呕吐等全身症状。

2. 重症肺炎　除呼吸系统的症状加重外,亦出现全身中毒症状及循环、神经、消化系统的功能障碍。

(1) 循环系统:可出现心肌炎、心包炎、心力衰竭及微循环障碍。肺炎合并心力衰竭者表现为:①安静状态下呼吸突然加快 >60 次/min,不能用肺炎或其他并发症解释;②安静状态下心率突然加快,婴儿 >180 次/min,幼儿 >160 次/min,不能用发热或呼吸困难解释;③突然极度烦躁不安,明显发绀,面色苍白或发灰,指(趾)甲微循环再充盈时间延长;④肝脏迅速增大;⑤心音低钝,出现奔马律,婴幼儿颈短、局部脂肪丰厚,颈静脉怒张往往不明显;⑥尿少或无尿,颜面、眼睑或双下肢水肿。

（2）神经系统：轻者烦躁不安、精神萎靡，重者意识障碍、反复惊厥、前囟膨隆、可有脑膜刺激征、呼吸不规则，瞳孔对光反射迟钝或消失。

（3）消化系统：轻者食欲减退、呕吐和腹泻；重症患儿可出现中毒性肠麻痹，表现为严重腹胀，膈肌升高，呼吸困难加重，肠鸣音消失；有消化道出血时，可呕吐咖啡渣样物，大便潜血试验阳性或排出柏油样便。

（4）弥散性血管内凝血：可表现为血压下降、四肢凉、脉速而弱，皮肤黏膜及胃肠道出血。

【并发症】

肺炎可引起脓胸、脓气胸、肺大疱等并发症，表现为在治疗过程中中毒症状持续存在，呼吸困难无明显改善或突然加重，体温持续不降或退而复升。多见于葡萄球菌肺炎和革兰氏阴性杆菌肺炎。

【辅助检查】

1. 外周血检查

（1）外周血象：细菌性肺炎的白细胞计数升高，中性粒细胞增多，并有核左移现象，胞浆可见中毒颗粒。病毒性肺炎的白细胞计数大多正常或偏低，淋巴细胞增高或出现异型淋巴细胞。

（2）C- 反应蛋白（CRP）：细菌感染时，血清 CRP 值多上升，非细菌感染时上升不明显。

2. 病原学检查

（1）病原体的培养与分离：①细菌培养：取血液、气管吸取物、肺泡灌洗液等进行细菌培养，可明确病原菌，同时进行药物敏感试验以指导治疗；②病毒分离和鉴定：取气管吸取物、肺泡灌洗液、鼻咽分泌物接种于敏感的细胞株，进行病毒分离以明确病毒类型，但耗时长，常作为回顾性诊断。

（2）快速病原学诊断技术：①检测抗原：常用方法有免疫荧光技术、免疫酶法或放射免疫法等。通过检测组织标本中病原体的特异性抗原作为相应病原体感染的证据，简单快速；②检测抗体：经典的方法有免疫荧光试验（IFA）、酶联免疫吸附试验（ELISA）。早期血清中 IgM 特异性病毒抗体阳性则说明为新近感染；若恢复期 IgG 抗体水平较急性期 4 倍以上升高亦提示该病原体的感染；③病毒特异性基因检测：采用核酸分子杂交技术或聚合酶链反应（PCR）、反转录 PCR（RT-PCR）等技术检测呼吸道分泌物中病毒基因片段。

（3）冷凝集试验：可作为肺炎支原体感染的过筛试验。

3. 胸部 X 线检查　早期肺纹理增粗，透光度减低，逐渐出现双肺下野中、内带大小不等的点状或小斑片状阴影，可融合成片。可伴有肺气肿或肺不张。伴发脓胸、脓气胸时肋膈角变钝或可见液平面，并有纵隔、心脏移位。

三、几种不同病原体所致肺炎的特点

（一）呼吸道合胞病毒肺炎（respiratory syncytial virus pneumonia，RSV）

呼吸道合胞病毒肺炎是儿童时期最常见的病毒性肺炎，目前占病毒性肺炎的首位。本病可呈流行性。其主要特点：①好发年龄 <3 岁，尤其 1 岁以内多见，重症患儿多发生于 6 个月以内；②发热以低至中度发热多见，持续 1~4 日；③一般起病急骤，喘憋为突出表现，呼气性呼吸困难，肺部哮鸣音为主伴缺氧症状；④X 线检查可见小点片状阴影、肺气肿。

（二）腺病毒肺炎（adenovirus pneumonia）

为腺病毒（ADV）感染所致。腺病毒共有 49 个血清型，引起儿童肺炎最常见的为Ⅲ、Ⅶ型。腺病毒肺炎曾在 20 世纪 70 年代前是我国儿童患病率和病死率最高的病毒性肺炎，但现在被 RSV 肺炎所取代。临床特点为：①好发年龄 6 个月 ~2 岁；②起病急骤，高热可持续 2~3 周，

呈稽留热或弛张热;③咳嗽频繁,呈阵发性喘憋,轻重不等的呼吸困难和发绀,肺部啰音出现较晚(病程3~5天);④X线改变较肺部体征出现早,可见大小不等的片状阴影或病灶周围性肺气肿,吸收较慢,需数周至数月;⑤中毒症状重:面色苍白或发灰,精神不振,嗜睡与烦躁交替出现,肝脾肿大,易合并心肌炎、脑水肿及多器官功能障碍;⑥部分病例可见麻疹样皮疹。

(三) 金黄色葡萄球菌肺炎(staphylococcal pneumonia)

由呼吸道入侵或经血行播散入肺,新生儿、婴幼儿发病率较高,与免疫功能低下有关。近年来发病率有所增加与滥用抗生素致耐药金黄色葡萄球菌株明显增加有关。病理改变以肺组织出现广泛性坏死和多发性小脓肿为特点。临床特点为:①起病急、病情重、进展快;②全身中毒症状明显,多呈弛张高热,但早产儿和体弱儿可无发热或体温不升,面色苍白、烦躁不安、咳嗽、呻吟、呼吸浅快和发绀,呕吐、腹泻和腹胀,重症者可发生休克;③肺部体征出现较早,双肺可闻及散在中、细湿啰音,脓胸及脓气胸时则有相应体征;④可有各种类型皮疹,如荨麻疹或猩红色样皮疹等;⑤X线检查:胸部X线可有小片状阴影,病变发展迅速,甚至数小时可出现小脓肿、肺大疱等,因此病程中应动态监测胸片改变,病变吸收较一般细菌性肺炎缓慢;⑥外周血白细胞多数明显增高,中性粒细胞增高伴核左移并有中毒颗粒。

(四) 肺炎支原体肺炎(mycoplasma pneumoniae pneumonia)

病原体为肺炎支原体(Mycoplasma pneumonia,MP),以学龄儿童及青年常见,其次为婴幼儿。本病全年均可发生,冬季较多见。临床特点为:①起病缓慢,潜伏期约2~3周,病初有全身不适、乏力、头痛等;②2~3日后以上症状加重并出现发热,为低、中度热,持续1~3周;③咳嗽为本病突出的症状,初期为干咳,后转为顽固性剧咳,有时类似百日咳样咳嗽,无明显呼吸困难,常有黏稠痰液,偶带血丝,可持续1~4周;④肺部体征多不明显,少数可听到干湿啰音。肺部体征与剧咳及发热症状表现不一致,是本病的特点之一;⑤可有肺外表现:溶血性贫血、脑膜炎、心肌炎、肾炎、吉兰-巴雷综合征等;⑥婴幼儿起病急、病程长、病情较重,以呼吸困难、喘憋、喘鸣音较为突出,肺部体征较年长儿多;⑦X线表现多样化,可表现为支气管肺炎、间质性肺炎、肺门阴影增浓、均一实变影。体征轻而X线改变明显是它的又一特点。

四、肺炎的治疗及护理

(一) 肺炎的治疗

采用综合治疗,原则为控制感染、改善通气功能、对症治疗和防治并发症。

1. 抗感染治疗

(1) 抗生素:明确为细菌感染或病毒感染继发细菌感染者应使用抗生素。①原则:有效和安全是选择抗生素的首要原则。敏感、肺组织浓度高、早期、足量、足疗程,重症肺炎宜经静脉途径、联合用药;②根据不同病原体选择抗生素:肺炎链球菌感染首选青霉素或阿莫西林;支原体或衣原体感染选用大环内酯类,如红霉素、阿奇霉素等;金黄色葡萄球菌感染首选苯唑西林钠,耐药者选用万古霉素;③疗程:一般用至体温正常后5~7日,症状和体征消失后3日停药。支原体肺炎至少用药2~3周,以免复发。葡萄球菌肺炎,疗程宜长,体温正常后2~3周方可停药,一般总疗程≥6周。

(2) 抗病毒:目前尚无理想的抗病毒药物,并且抗病毒药物副作用大,使得抗病毒治疗受到限制。

2. 对症治疗 ①有缺氧表现者给予吸氧;②止咳、祛痰、平喘,保持呼吸道通畅;③高热者物理降温或口服对乙酰氨基酚等;④烦躁不安者使用镇静剂;⑤腹胀的治疗:伴有低钾血症者应及时补钾,肛管排气等。

3. 重症肺炎的治疗 ①肺炎合并心力衰竭:给予吸氧、镇静、强心、利尿、血管活性药物;②肺炎合并中毒性脑病:给予镇静、止痉、降颅压、促进脑细胞恢复等药物;③脓胸和脓气胸:及时进行胸腔穿刺和胸腔闭式引流;④中毒型肠麻痹:应禁食和胃肠减压,可使用酚妥拉明;⑤中毒症状明显、严重喘憋、脑水肿、感染性休克、呼吸衰竭者可短期应用糖皮质激素,如地塞米松,每日2~3次,每次2~5mg,疗程3~5天。

4. 其他　纠正水、电解质与酸碱平衡紊乱;输注血浆和静脉注射用人免疫球蛋白(IVIG);恢复期可进行红外线照射等物理疗法,促进肺部炎症吸收;有佝偻病、贫血、营养不良等基础疾病者应积极治疗原发病,予以保护性隔离。

(二)肺炎的护理

1. 护理评估

(1) 健康史　新生儿应询问出生史,是否有缺氧、羊水及胎粪吸入史。婴幼儿应了解病前有无麻疹、百日咳等呼吸道传染病接触史、预防接种史及既往有无反复呼吸道感染史。了解有无营养不良、佝偻病、先天性心脏病及免疫缺陷等病史。询问发病时间、起病急缓、病情轻重及病程长短等,仔细询问有无发热、咳嗽、喘息、气促、呼吸困难、惊厥、食欲减退等,询问咳嗽的性质、痰液颜色。

(2) 身体状况　评估患儿的呼吸、心率、体温、面色、精神状态、前囟张力、肝脏大小、肠鸣音等;注意有无鼻翼煽动、唇周发绀、三凹征等缺氧征;评估肺部有无固定的中、细湿啰音。了解外周血象、胸片及病原学等检查结果。

(3) 心理社会状况　评估患儿及家长对肺炎相关知识的了解程度、家庭环境、经济状况。了解病程中有无呼吸道患者接触史,有无近期社区、托幼机构呼吸道感染流行病史;了解患儿既往有无住院经历,是否有因环境陌生、与家长分离等因素而产生的焦虑和恐惧心理。同时了解家长有无因患儿住院时间长,知识缺乏等而产生焦虑不安、抱怨等心理反应。

2. 护理诊断

(1) 气体交换受损　与肺部炎症致通气、换气功能障碍有关。

(2) 清理呼吸道无效　与呼吸道分泌物黏稠、无力排痰有关。

(3) 体温过高　与肺部感染有关。

(4) 营养失调:低于机体需要量　与摄入不足、消耗增加有关。

(5) 潜在并发症:心力衰竭、中毒性脑病、中毒性肠麻痹、脓胸等。

3. 护理措施

(1) 改善呼吸功能

1) 保持病室安静舒适:定时通风(注意避免对流风),保持室内空气新鲜。室温维持在20℃左右,湿度60%左右。定期空气消毒,做好呼吸道隔离,避免交叉感染,不同病原引起的肺炎应分病室收治。

2) 氧疗:有呼吸困难、烦躁、发绀者应尽早给氧,一般采用鼻导管给氧,氧流量为0.5~1L/min,缺氧明显者可用面罩给氧,氧流量为2~4L/min;有呼吸衰竭者,应用人工呼吸器或机械通气。新生儿尤其早产儿不宜持续吸入高浓度氧,以免引起肺发育不良及视网膜损伤。患儿吸氧过程中应经常巡视病房,保证鼻导管通畅,注意观察氧疗效果,如有异常及时处理。

3) 保证休息:被褥要轻暖、内衣应宽松,宜半卧位,或床头抬高30°~40°,利于呼吸运动及呼吸道分泌物的排出;胸痛的患儿鼓励患侧卧位以减轻疼痛;各项护理操作应集中进行,减少刺激,避免哭闹,以减少氧耗。

4) 遵医嘱使用抗感染药物,治疗肺部炎症、改善呼吸功能,并注意观察药物的疗效及不良反应。

（2）保持呼吸道通畅

1）及时清除鼻腔内分泌物，保证足够的液体摄入量，预防呼吸道黏膜干燥。痰液黏稠者，可给予雾化吸入，稀释痰液，利于咳出；必要时吸痰，注意吸痰不宜在患儿进食后 1 小时内进行，吸痰压力 <40.0kPa。

2）定时翻身拍背，方法为五指并拢，稍向内合掌，呈空心状，由下向上、由外向内的轻拍背部；拍背的同时应指导和鼓励患儿有效咳嗽，促使呼吸道分泌物借助重力和震动排出，防止坠积性肺炎。拍背力量适度，时间为 10 分钟，以不引起患儿疼痛为宜。

3）遵医嘱给予祛痰剂、平喘剂。

（3）维持体温正常　参见本章第二节。

（4）保证营养及水分　宜给予高热量、高蛋白、高维生素、清淡易消化的流质或半流质饮食，少量多餐，避免过饱。喂哺时应耐心、细心，防止呛咳。重症不能进食者，给予静脉营养，严格控制输液量和滴速。鼓励患儿多饮水，保证液体摄入量。

（5）密切观察病情，防止并发症

1）若患儿突然出现烦躁不安、面色苍白、呼吸加快（>60 次 /min）、心率增快（>180 次 /min）、肝脏短期内迅速增大时，提示有肺炎合并心力衰竭的可能，应及时报告医生，立即给予吸氧、半卧位，减慢输液速度；遵医嘱给予强心、利尿剂。

2）密切观察意识、瞳孔等变化，若出现惊厥、昏迷、呼吸不规则等，提示有脑水肿、中毒性脑病的可能，应立即报告医生，遵医嘱给予镇静、止痉、降颅压等治疗。

3）患儿若出现严重腹胀、呕吐，肠鸣音减弱或消失，呕吐咖啡样物或便血等情况，提示有中毒性肠麻痹及胃肠道出血的可能，应禁食、胃肠减压。

4）若患儿咳嗽和呼吸困难突然加重、胸痛、面色青紫，吸氧后不能缓解；体温持续不降或退而复升，应考虑并发脓胸或脓气胸，立即报告医生并配合医生进行胸腔穿刺和胸腔闭式引流等处理。

（6）健康教育　向患儿家长讲解疾病的有关知识和防护知识。介绍患儿病情，解释治疗用药的作用和疗程，教会家长拍背协助排痰的方法。安抚患儿家长焦虑情绪，促使其协助配合治疗及护理。指导家长合理喂养，提倡母乳喂养；多进行户外活动，加强体格锻炼，增强体质；注意气候变化，及时增减衣服，避免着凉；按时预防接种。积极治疗佝偻病、营养不良、贫血等疾病，减少肺炎的发生。教会家长处理呼吸道感染的方法，使患儿在疾病早期能及时得到控制。

第六节　支气管哮喘

支气管哮喘（bronchial asthma）简称哮喘，是儿童时期最常见的慢性呼吸道疾病。哮喘是由多种细胞（嗜酸性粒细胞、肥大细胞、T 淋巴细胞、中性粒细胞、气道上皮细胞等）和细胞组分共同参与的气道慢性炎症性疾病，具有气道高反应性特征，当接触物理、化学、生物等刺激因素时，通常出现广泛多变的可逆性气流受限，引起反复发作性喘息、咳嗽、气促、胸闷等症状，以夜间和 / 或清晨为重，多数患儿可经治疗缓解或自行缓解。

【病因】

尚未完全清楚。目前认为，哮喘病因与遗传和环境因素均有关，其相互关联，极其复杂。

1. 遗传因素　该病具有明显的遗传倾向，遗传过敏体质（特异反应性体质）与其形成关系密切。哮喘患儿及其家庭成员患过敏性疾病明显高于正常人群。目前认为哮喘是一种多基因遗传病,已发现许多与哮喘发病有关的基因,如 IgE、IL4、IL13、T 细胞抗原受体(TCR)等基因多态性。

2. 环境因素　为哮喘诱发因素,主要包括:①食入、接触或吸入变应原(牛奶、鸡蛋、鱼、虾、尘螨、蟑螂、花粉、动物皮毛及排泄物、真菌、被动吸烟等),对气道持续刺激是引起气道慢性炎症的主要原因;②呼吸道感染:多见于病毒和支原体感染,尤其婴幼儿时期 RSV 感染是喘息最重要的感染触发因素,且 RSV 感染使哮喘易感性增高;③药物:如吲哚美辛(消炎痛)、阿司匹林等;④冷空气、运动、强烈情绪变化等也与儿童哮喘发生有一定关系。

【发病机制】

哮喘的发病机制极为复杂,目前尚未完全清楚,已知与免疫、神经、精神、内分泌因素和遗传学背景密切相关。主要为慢性气道炎症、气道高反应性及气流受阻。目前认为气道慢性炎症是哮喘发病的本质,神经、精神和内分泌因素及炎症所致气道上皮损伤后黏膜下神经末梢暴露,均可造成气道高反应性;而哮喘病理生理改变的核心是气流受阻,与支气管痉挛、管壁炎症性肿胀、黏液栓形成及慢性炎症所致的气道重塑有关。

【临床表现】

婴幼儿哮喘起病较缓慢,开始表现为反复发作的呼吸道感染后诱发的喘息;年长儿则多呈急性过程,大多在接触变应原后发作。患儿在发作间歇期可无任何症状和体征。发作前常有流泪、鼻痒、流涕、打喷嚏和刺激性干咳等症状。急性发作期典型表现为:咳嗽、喘息、气促和胸闷,伴呼气性呼吸困难和喘鸣声,常在夜间和 / 或清晨发作或加剧。严重者出现烦躁不安、强迫坐位或端坐呼吸、恐惧不安、大汗淋漓、面色青灰。体检可见桶状胸、三凹征,听诊过清音,两肺满布哮鸣音。

若哮喘发作经合理应用常规缓解药物治疗后仍不能在 24 小时内缓解者,称为哮喘持续状态(哮喘危重状态)。重症患儿呼吸困难加剧时,呼吸音明显减弱,哮鸣音亦消失,称闭锁肺综合征(locked lung syndrome),是哮喘最危险的体征。

【辅助检查】

1. 肺功能检查　主要用于 5 岁以上儿童,是确诊哮喘,亦是评估哮喘病情严重程度和控制水平的重要依据之一。主要检测第一秒用力呼气量(FEV_1)、第一秒用力呼气量占用力肺活量比值($FEV_1/FVC\%$)、最大呼气中期流速(MMEF)、呼气峰值流速(PEF),哮喘患儿以上指标均下降。

2. 过敏状态检测　2008 年修订版《儿童支气管哮喘诊断与防治指南》指出,对于所有反复喘息怀疑哮喘的儿童,尤其是无法配合进行肺功能检测的学龄前儿童,均推荐进行变应原皮肤点刺试验或血清变应原特异性 IgE 测定,以了解患儿的过敏状态,协助哮喘诊断。

3. 胸部 X 线检查　急性发作时双肺透亮度增加,呈过度充气状态;合并感染时,肺纹理增加及小片状阴影。通过 X 线检查还可排除肺结核、支气管异物等。

【诊断】

我国 2016 年修订版《儿童支气管哮喘诊断与防治指南》提出了儿童哮喘、咳嗽变异性哮喘的最新诊断标准及临床分期的新方法。

1. 儿童哮喘诊断标准

(1) 反复发作的喘息、咳嗽、气促、胸闷,多与接触变应原、冷空气、物理或化学性刺激、呼吸道感染以及运动等有关,常在夜间和 / 或清晨发作或加剧。

(2) 发作时双肺可闻及散在或弥漫性、以呼气相为主的哮鸣音,呼气相延长。

(3) 上述症状和体征经抗哮喘治疗有效或自行缓解。

(4) 除外其他疾病所引起的喘息、咳嗽、气促和胸闷。

（5）临床表现不典型者（如无明显喘息或哮鸣音），应至少具备以下 1 项：

1）支气管激发试验或运动激发试验阳性。

2）证实存在可逆性气流受限：①支气管舒张试验阳性：吸入速效 β_2 受体激动剂（如沙丁胺醇）后 15 分钟，第一秒用力呼气量（FEV_1）增加≥12%；②抗哮喘治疗有效：使用支气管舒张剂和口服（或吸入）糖皮质激素治疗 1~2 周后，FEV_1 增加≥12%。

3）最大呼气流量（PEF）每日变异率（连续监测 1~2 周）≥20%。符合第 1~4 条或第 4、5 条者，可以诊断为哮喘。

2. 咳嗽变异性哮喘的诊断标准 咳嗽变异性哮喘（CVA）是儿童慢性咳嗽的最常见原因之一，以咳嗽为唯一或主要表现，不伴有明显喘息。诊断依据：①咳嗽持续 >4 周，常在夜间和 / 或清晨发作或加重，以干咳为主；②临床上无感染征象，或经较长时间抗生素治疗无效；③抗哮喘药物诊断性治疗有效；④排除其他原因引起的慢性咳嗽；⑤支气管激发试验阳性和 / 或 PEF 每日变异率（连续监测 1~2 周）≥20%；⑥个人或一、二级亲属特应性疾病史，或变应原检测阳性。以上 1~4 项为诊断基本条件。

3. 哮喘的分期 哮喘可分为三期：①急性发作期：是指突然发生喘息、咳嗽、气促、胸闷等症状，或原有症状急剧加重；②慢性持续期：是指近 3 个月内不同频度和 / 或不同程度地出现过喘息、咳嗽、气促、胸闷等症状；③临床缓解期：是指经过治疗或未经治疗症状、体征消失，肺功能恢复到急性发作前水平，并维持 3 个月以上。

【治疗要点】

目前尚无法根治哮喘，但通过抑制气道炎症可控制临床症状。以去除诱因、控制发作为原则，根据病情轻重、病程阶段，因人而异选择治疗方案。

1. 治疗目标 ①达到并维持症状的控制；②维持正常活动，包括运动能力；③使肺功能水平尽量接近正常；④预防哮喘急性发作；⑤避免因哮喘药物治疗导致的不良反应；⑥预防哮喘导致的死亡。

2. 防治原则 全球支气管哮喘防治创议（GINA）2009 年最新修订版强调：哮喘需要长期维持治疗，应根据哮喘的严重程度和控制水平采取相应的治疗，并进行适当的调整，即分级或升降级治疗。

治疗具体措施包括：①急性发作期：以快速缓解症状为治疗原则，平喘及抗感染治疗；②慢性持续期和临床缓解期：以长期、规范、个体化治疗为原则，防止症状加重和预防复发，并做好自我管理。注重药物治疗和非药物治疗相结合，不可忽视非药物治疗如哮喘防治教育等诸方面在哮喘长期管理中的作用。

3. 长期（阶梯式）治疗方案 根据年龄分为 5 岁及以上儿童哮喘的长期治疗方案和 5 岁以下儿童哮喘的长期治疗方案。长期治疗方案分为 5 级，从第 2 级到第 5 级的治疗方案中都有不同的药物可供选择以控制哮喘。对以往未经规范治疗的初诊哮喘患儿根据病情严重程度分级，选择第 2 级、第 3 级或第 4 级治疗方案。在各级治疗中，每 1~3 个月审核一次治疗方案，根据病情控制情况适当调整治疗方案（如升级或越级、维持、降级治疗）。

4. 儿童哮喘常用药物可分为控制药物和缓解药物两大类。

（1）控制药物：通过抗炎作用达到控制哮喘的目的，需要每日用药并长期使用，主要包括吸入型糖皮质激素（ICS，如布地奈德等）和全身用糖皮质激素、白三烯调节剂、长效 β_2 受体激动剂（LABA，如沙美特罗）、缓释茶碱及抗 IgE 抗体等。其中 ICS 是哮喘长期控制的首选药物，也是目前最有效的抗炎药物。

（2）缓解药物：按需使用，用于快速解除支气管痉挛、缓解症状，常用的药物有短效 β_2 受体激动剂吸入制剂（目前最有效的缓解药物，是所有年龄儿童急性哮喘的首选治疗药物，如沙丁胺醇）、吸入抗胆碱能药物（如异丙托溴铵）、短效茶碱及短效口服 β_2 受体激动剂等。

（3）用药方法：可吸入、口服或肠道外（静脉、皮下、肌内注射、透皮）给药，其中吸入给药具有用量少、起效快、不良反应小等优点，是治疗哮喘最重要的方法。

5. 哮喘持续状态的处理　吸氧、补液、纠正酸碱平衡紊乱；联合用药：①吸入速效 β_2 受体激动剂（沙丁胺醇）；②早期静脉给予糖皮质激素（全身应用糖皮质激素是治疗儿童危重哮喘的一线药物，如琥珀酸氢化可的松）；③对 β_2 受体激动剂治疗反应不佳的重症者应尽早联合使用抗胆碱药（异丙托溴铵）；④酌情使用镇静剂（对未作气管插管者，禁用镇静剂）、抗生素。经以上治疗后病情继续恶化者，应及时给予辅助机械通气治疗。

6. 中医药治疗：中医学认为哮喘的本证为肺、脾、肾三脏亏虚。肺虚主要表现为营卫不固，御外无力，易感外邪等抵抗力下降；脾虚主要表现在免疫系统功能紊乱、低下；肾虚主要表现为下丘脑 - 垂体 - 肾上腺内分泌功能紊乱或低下；肺、脾、肾三脏俱虚则导致体液理化性质和成分发生改变，产生机体内环境失稳和适应性调节功能失常。因此对哮喘的治疗关键在于理顺气机，而理顺气机的要点可总括为宣、降、纳三法，因为肺气以宣为用，以降为顺，以纳为益（受纳于肾）。方选射干麻黄汤合小青龙汤加减；麻杏石甘汤加减；苏子降气汤合三子养荣汤加减等。另外，根据"急则治其标，缓则治其本"的原则，采用冬病夏治的贴敷疗法，对脾肾阳虚、夏轻冬重的慢性哮喘患者，采取温补脾肾的治法，以扶正固本，提高患者的免疫能力，预防哮喘发作。

7. 其他治疗

（1）抗过敏：对具有明显特应性体质者可口服抗组胺药物，如西替利嗪、氯雷他定、酮替芬等。

（2）变应原特异性免疫治疗（SIT）：SIT 可以预防对其他变应原的致敏，皮下注射或舌下含服尘螨变应原提取物等。

【护理评估】

1. 健康史　急性发作入院者需仔细询问本次哮喘发作的时间、次数、持续时间；咳嗽和咳痰情况；有无喘息、呼吸困难，是否被迫坐起或呈端坐呼吸；是否烦躁不安、大汗淋漓等。评估发病前有无变应原接触史或感染史。家中是否养宠物；家具和玩具的类型；运动后是否有呼吸短促及喘鸣现象。了解过去发作的情形与严重程度及患儿用药情况。慢性门诊随访患儿主要评估用药情况，哮喘控制状况。既往是否有湿疹、过敏史及家族史。

2. 身体状况　评估患儿生命体征和精神状态；观察呼吸频率和脉率的情况；有无发绀、三凹征、桶状胸；听诊肺部有无哮鸣音、呼气相延长等。评估胸部 X 线、肺功能、过敏原检测等检查结果。

3. 心理社会状况　了解患儿及家长对疾病相关知识的认识程度。患儿及家长有无因患儿反复哮喘而产生焦虑、抑郁或恐惧情绪。评估家长文化知识水平、家庭居住环境、经济状况；评估家庭功能及其对哮喘儿童的管理水平。

【护理诊断】

1. 低效性呼吸型态　与支气管痉挛、气道阻力增加有关。

2. 清理呼吸道无效　与呼吸道分泌物多且黏稠有关。

3. 潜在并发症：呼吸衰竭。

4. 焦虑 / 恐惧　与担心疾病预后不良有关。

5. 知识缺乏：缺乏护理技能。

【护理措施】

处于慢性持续期或临床缓解期的哮喘儿童主要以促进患儿家庭功能正常，提高家庭管理水平为主。对急性发作期的哮喘儿童主要以改善通气，缓解症状为主。

1. 改善通气功能、缓解呼吸困难

（1）遵医嘱正确使用糖皮质激素和支气管扩张剂：吸入治疗是首选的药物治疗方法。使用吸入型药物时应注意：①根据患儿年龄选择合适的吸入装置，指导患儿正确掌握吸入技术，确保临床疗效；②使用时嘱家长或患儿充分摇匀药物，在按压喷药于咽喉部的同时深吸气，闭口屏气 10 秒钟，然后用鼻呼气，使药物吸入细小支气管而发挥最佳疗效；③吸入型糖皮质激素（ICS）的局部不良反应包括声音嘶哑、咽部不适及口腔念珠菌感染。嘱患儿吸药后清水漱口，或加用储雾罐、选用干粉吸入剂等方法来降低其发生率；④切忌过分或盲目增加喷吸药物次数，如使用吸入型速效 β_2 受体激动剂，通常情况下一天内不应超过 3~4 次，过量使用，可引起心律失常，甚至猝死；⑤糖皮质激素宜在饭后服用，减少对胃的刺激作用，用药后应注意观察其疗效及不良反应。

（2）氧疗：根据病情给予鼻导管或面罩吸氧，氧浓度以 40% 为宜，根据血气分析调整氧流量，使 PaO_2 保持在 9.3~12.0kPa（70~90mmHg）。

（3）保证休息：发作期应绝对卧床，取坐位或半卧位。教会并鼓励患儿做深而慢的呼吸运动。

2. 维持呼吸道通畅

（1）保持病室空气清新，温湿度适宜，避免有害气体、花草、地毯、皮毛、烟及尘土飞扬等诱因。

（2）评估患儿咳嗽情况、痰液性状和量，对咳痰困难、痰液黏稠者，可遵医嘱用祛痰药及雾化吸入。指导患儿进行有效咳嗽、协助叩背，以促进痰液的排出。对痰液过多而无力咳出者应及时吸痰。

（3）保证能量和水分供给。哮喘急性发作时，患儿常伴有脱水、痰液黏稠，形成痰栓阻塞小支气管而加重呼吸困难。故应鼓励患儿多喝水，以补充丢失的水分，稀释痰液。重症患儿应静脉补液，纠正水、电解质和酸碱平衡紊乱。

3. 密切观察病情　哮喘急性发作时应密切监测患儿的生命体征及呼吸型态改变，同时给予患儿连续的心电监护，做好记录，防止并发症的发生。若出现呼吸困难加剧、呼气性呻吟、脉搏细速、血压下降，并伴有嗜睡、昏睡等意识障碍常提示呼吸衰竭的可能，应立即报告医生并协助抢救。若严重哮喘经有效支气管扩张药物治疗后持续 24 小时（或以上）仍不缓解者，应警惕有发生哮喘持续状态的可能，应做好抢救准备，遵医嘱按时用药，必要时行机械通气。

4. 心理护理　支气管哮喘是一种与心理因素密切相关的疾病。哮喘患儿往往有烦躁不安、焦虑、恐惧等表现。应保证病室安静、舒适、清洁，避免刺激，尽可能集中进行护理操作，以利于患儿休息。哮喘发作时，陪伴并安慰患儿使其保持安静，尽量满足患儿一些合理要求，缓解其紧张、恐惧心理。采取不同的方式与患儿及其家长进行交流、沟通，了解其心理状态，并根据个体情况提供相应的心理护理，消除患儿及家长的焦虑情绪。

5. 健康教育

（1）指导患儿及家长识别并避免诱发哮喘的因素，如花粉、粉尘、鱼虾、寒冷刺激等。

（2）增强体质，预防呼吸道感染。

（3）指导正确用药：如在使用吸入药物时，嘱患儿在按压喷药于咽喉部的同时吸气，然后闭口屏气 10 秒钟再呼气，吸药后清水漱口可减轻局部不良反应。同时，用以药物吸入的喷雾器应保持清洁，减少感染的机会。

（4）指导呼吸功能锻炼

1）腹部呼吸运动法：平躺，双手平放在身体两侧，双膝弯曲，脚平放；用鼻连续吸气，放松上腹部，但胸部不扩张；缩紧双唇，慢慢吐气至吐完；重复以上动作 10 次。

　　2）向前弯曲运动：坐在椅子上，背伸直，头向下向前低至膝部，使腹肌收缩；慢慢上升躯干并由鼻吸气，扩张上腹部；胸部保持直立不动，将气由嘴慢慢吹出。

　　3）胸部扩张运动：坐在椅子上，用手掌下压肋骨，可将肺底部的空气排出；重复以上动作 10 次。

　　（5）提供出院后使用的药物资料，如服药方法、注意事项和不良反应等，强调坚持门诊随访的重要性。

知识链接

儿童哮喘的教育与管理

　　哮喘是儿童时期最常见的气道异质性疾病，其病程迁延不愈、病情反复发作的特点，严重降低了患儿的生命质量，给家庭和社会造成沉重的负担。全球哮喘防治创议（GINA）与我国儿童支气管哮喘诊断与防治指南指出哮喘尚不能治愈，但通过有效地防治、教育与管理，可以实现临床控制的目标。儿童哮喘行动计划是临床医师为患儿定制的个性化方案，主要根据哮喘控制情况采取相应的药物治疗和行动预案，已成为患儿及家长进行自我管理的有效工具。此外，加拿大安大略省注册护士协会（RNAO）促进儿童哮喘控制指南提出，护士通过结构化的框架提供哮喘教育，可提升患儿及家属的哮喘知识和自我管理技能。

　　结构化健康教育是指针对个体的教育和文化背景，进行有计划、分级、灵活多样的教育方法。由于哮喘儿童自我管理意识与能力不足，儿童疾病控制水平受家长健康素养等因素影响较大，结构化教育鼓励以家庭为单位对哮喘儿童及其家长同时进行教育，以实现最优的教育效果。

　　目前，儿童哮喘教育管理的研究正在积极开展，但健康教育的效果如何，疾病管理是否达到理想水平，均需通过哮喘儿童专用工具进行测评。因此，开发科学客观、系统全面的评价工具对于深入开展儿童哮喘的实证研究具有重要意义。

重症肺炎患者的护理查房视频

学习内容与学习方法

扫一扫，测一测

（崔杏芳）

复习思考题

　　患儿，男，6 个月。咳嗽 2 天，发热伴喘憋 1 天，吃奶稍差，二便正常，母乳喂养，按常规引入过渡期食物。查体：T 38.5℃，R 64 次 /min，P 150 次 /min，急性病容，呼吸急促，鼻翼扇动，三凹征明显，口周发绀，两肺底可闻及固定的中、细湿啰音，以吸气末更明显，腹软，肝肋下 2cm 可触及，脊柱四肢无畸形，神经系统正常。化验：Hb 112g/L，WBC $9.2×10^9$/L。

　　1. 患儿可能的医疗诊断是什么？作为护理人员，入院后最先应采取哪些措施？

　　2. 该患儿病情观察的要点有哪些？

　　3. 应采取何种措施保持该患儿呼吸道通畅？

　　4. 简述该患儿健康教育的内容。

第九章

循环系统疾病患儿的护理

学习目标

知识目标

1. 能比较分析出生前后儿童血液循环的主要变化。

2. 能列举先天性心脏病的分类及主要特点;分析儿童常见四种先天性心脏病的血流动力学变化并列举其治疗原则、临床表现、护理。

3. 能描述儿童病毒性心肌炎的临床表现、护理诊断及护理措施。

能力目标

1. 能准确测量儿童血压、心率并分析其结果。

2. 能应用护理程序为先天性心脏病患儿、病毒性心肌炎患儿实施整体护理和健康教育并能对法洛四联症急性缺氧发作患儿提供急救措施。

素质目标

强化专业服务理念,提升同理心及责任心,对先天性心脏病患儿关心、体贴、爱护。

第一节 儿童循环系统解剖生理特点

一、心脏的胚胎发育

人类的胚胎发育,在第 2 周左右形成原始心管。胚胎第 3 周,形成原始心房、心室、动脉干(主动脉和肺动脉)、心球(心室流出道)及静脉窦(上、下腔静脉和冠状窦)等结构。约于第 4 周开始有循环作用。至胚胎第 5、6 周,第二房间隔游离缘形成卵圆孔,第一房间隔与第二房间隔黏合过程中,第一房间隔成为卵圆孔的帘式膜,防止血液从左心房返流向右心房。胚胎第 8 周房室中隔完全形成,形成四腔心脏,主动脉和肺动脉也于此时形成。

心脏胚胎发育的关键时期是胚胎 2~8 周。在胚胎的心脏发育期间容易受到物理、化学及生物因素的影响,引发心血管发育畸形(图 9-1)。

二、胎儿血液循环和出生后的改变

(一)正常胎儿的血液循环

与出生后血液循环相比,胎儿的血液循环系统具有以下特殊结构:左右心房之间存在卵圆孔;肺动脉干与主动脉弓之间连接有动脉导管;从髂总动脉发出一对脐动脉经脐带进入胎盘;脐静脉入肝后分支通过肝脏,并有静脉导管连接于下腔静脉。

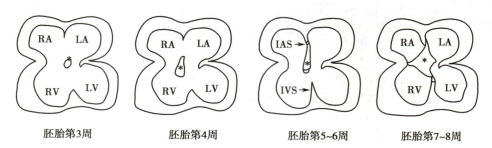

胚胎第3周 　　　胚胎第4周 　　　胚胎第5~6周 　　　胚胎第7~8周

图 9-1　心脏内部的分隔过程

LA:左心房;LV:左心室;RA:右心房;RV:右心室;IAS:房间隔;IVS:室间隔

　　胎儿由胎盘提供气体和代谢产物的交换,肺脏不进行气体交换。由胎盘来的含氧量较多的动脉血通过脐静脉进入胎儿体内,至肝下缘分成两支:一支入肝循环后经肝静脉进入下腔静脉;另一支绕过肝脏经静脉导管进入下腔静脉,与来自下半身的静脉血混合后进入右心房。流入右心房的混合血(以动脉血为主),约 1/3 通过卵圆孔进入左心房,再经左心室进入升主动脉,主要供应心脏、脑及上肢(上半身);其余的部分流入右心室。从上腔静脉回流的、来自上半身的静脉血,入右心房后大部分流入右心室,与来自下腔静脉的血液一起进入肺动脉。由于胎儿肺处于压缩状态,肺血管阻力高,故经肺动脉的血液只有少量流入肺,经肺静脉回到左心房;而约 80% 的血液直接自动脉导管进入降主动脉(以静脉血为主),供应腹腔及下肢,经过脐动脉回至胎盘,重新进行营养和气体交换。故胎儿期供应脑、心、肝及上肢的血氧含量远高于下半身(图 9-2)。

　　综上所述,胎儿血液循环有以下特点:①胎儿的营养和气体代谢是通过脐血管、胎盘进行交换;②胎儿时期左、右心都向全身供血,只有体循环而无有效的肺循环;③静脉导管、卵圆孔、动脉导管是胎儿血液循环的特殊通道;④胎儿时期血氧含量较高的器官为肝、心脏、脑及上肢,腹腔器官及下肢血氧含量则较低;⑤除脐静脉外,胎儿血循环内几乎都是混合血。

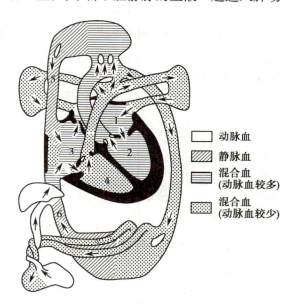

动脉血

静脉血

混合血
(动脉血较多)

混合血
(动脉血较少)

图 9-2　胎儿血液循环示意图

(二)出生后血液循环的改变

　　1. 脐带结扎　出生后脐血管被剪断,胎盘血液循环终止。脐血管在血流停止后约 6~8 周完全闭锁,形成韧带。

　　2. 卵圆孔关闭　随着呼吸建立,肺泡扩张,肺循环阻力下降,右心室血流完全进入肺循环。增加的肺循环血流使肺静脉回流至左心房的血量增多,左心房容量及压力随之增高,由此卵圆孔先出现功能性闭合,到生后 5~7 个月,解剖上大多闭合。

　　3. 动脉导管闭合　由于肺循环压力的降低和体循环压力的升高,流经动脉导管的血量逐渐减少,最后停止,形成功能性关闭。出生后随着自主呼吸的建立,动脉血氧分压提高致使动脉导管收缩、闭合,最终成为动脉韧带。足月儿约 80% 于生后 3 个月、95% 于生后 1 年内在解剖上关闭。若动脉导管持续未闭,可认为有畸形存在。

三、心脏、心率、血压的特点

1. 心脏大小和位置　儿童心脏相对比成人大,青春期后增长至成人水平。2 岁以下婴幼儿的心脏多呈横位,心尖搏动位于左侧第 4 肋间,最远可至锁骨中线外侧 1cm 处。2 岁以后心脏逐渐由横位转为斜位,3~7 岁心尖搏动位于左侧第 5 肋间锁骨中线上,7 岁以后逐渐移到锁骨中线以内。

2. 心率特点　因为儿童的新陈代谢旺盛,且交感神经兴奋性较高,其心率相对于成人较快。随年龄增长心率逐渐下降,新生儿平均 120~140 次 /min,1 岁以内 110~130 次 /min,2~3 岁 100~120 次 /min,4~7 岁 80~100 次 /min,8~14 岁 70~90 次 /min。

在进食、活动、哭闹、发热等情况下儿童心率增快,因此,测量心率和脉搏应在儿童安静时进行。一般体温每升高 1℃,脉搏增加 10~15 次 /min。睡眠时脉搏约减少 10~12 次 /min。测量心率和脉搏时,2 岁以下婴幼儿测量部位在心尖部和颞动脉,2 岁以上儿童测量部位为桡动脉和颈动脉,每次应测量 1 分钟,并正确记录速率、节律、强度及测量时的状态,如安静、精神紧张或哭闹等。同时,应注意心律是否规则,脉搏频率与心率是否一致。

3. 血压　动脉血压的高低主要决定于心搏出量和外周血管的阻力。新生儿、婴幼儿由于心搏出量较少,血管口径较粗,动脉壁柔软,故血压较低,以后随年龄增长而逐渐升高。新生儿收缩压平均为 60~70mmHg,1 岁 70~80mmHg,2 岁以后收缩压可按公式计算,收缩压(mmHg) = 年龄 ×2+80mmHg。舒张压为收缩压的 2/3。收缩压高于以上标准 20mmHg 为高血压,低于以上标准 20mmHg 为低血压。正常情况下,下肢血压比上肢高 20mmHg。注意为儿童测血压时血压计袖带的宽度应为上臂长度的 2/3,过窄则测得的血压值偏高,过宽则测得的血压偏低。儿科需配备合适规格的袖带以适应各种年龄范围及身型的患儿。

第二节　先天性心脏病

一、概述

先天性心脏病(congenital heart disease,CHD)简称先心病,是胎儿时期心脏及大血管发育异常而导致的心血管畸形,是儿童最常见的心脏病。流行病学的调查资料显示先心病的发生率位居儿童出生缺陷首位,其发病率约为活产新生儿的 6‰~10‰,是儿童先天发育异常致死的重要原因。近年来随着医学技术的不断进步,尤其是影像(超声、CT、磁共振等)技术、体外循环技术、围手术期监护技术及儿童先心病的介入治疗的提高及广泛应用,大多数先天性心脏病患儿诊断水平及根治手术的效果大为提高,先心病的预后也大为改观。

【病因】

先天性心脏病的病因尚未完全明确,目前认为是遗传因素、环境因素与母体因素共同作用所致。

1. 遗传因素　包括染色体易位与畸变,单基因突变,多基因突变和先天性代谢紊乱,如唐氏综合征患儿常伴有先天性心脏病。

2. 环境与母体因素　环境因素中最主要的是宫内感染,尤其是孕早期的病毒感染,如孕母在妊娠 2~8 周时感染风疹病毒、流行性感冒病毒、流行性腮腺炎病毒和柯萨奇病毒等是导致胎儿发生心血管畸形的重要因素。其他如孕母接触过量放射线和服用某些药物(抗癌药、降糖药、抗癫痫药物等），还可见于孕母患糖尿病、高钙血症及引起宫内缺氧的慢性疾病，某些营养物质缺乏及妊娠早期吸食毒品、酗酒等。

【分类】

先天性心脏病按血流动力学改变，即在心脏左、右两侧及大血管之间有无异常通道和分流方向、有无青紫等，分为三类：

1. 左向右分流型（潜伏青紫型） 即左、右心或者主动脉和肺动脉之间存在异常的通道，是临床最常见的类型。在正常情况下，由于体循环压力高于肺循环，血液自左向右分流，一般无青紫。当哭闹、屏气或患肺炎等情况使患儿肺动脉压力或右心室压力增高并超过体循环或左心室时，则发生血液自右向左分流，临床出现暂时性青紫，又称潜伏青紫型。随着病程进展，肺小动脉开始痉挛、血管增厚。晚期由于肺血管的变化，发生梗阻性肺动脉高压，血流方向由右至左，临床出现持续性青紫，称为艾森曼格综合征（Eisenmenger syndrome）。如室间隔缺损、房间隔缺损和动脉导管未闭。

2. 右向左分流型（青紫型） 是临床病情重、病死率高的类型。因心脏结构的异常，静脉血流入右心后不能全部流入肺循环起氧合作用，部分自右心或肺动脉流入左心或主动脉，直接进入体循环。由于右心压力增高并超过左心，使血液经常自右向左分流，或由于大动脉起源异常，使大量静脉血流入体循环，患儿临床表现为持续性青紫，其程度决定于肺血流减少的程度。

3. 无分流型（无青紫型） 指左、右心或大血管间无异常通道和血液分流，常见的有肺动脉狭窄、主动脉缩窄等。

【辅助检查】

1. 胸部 X 线检查 为常规检查，常规拍摄正位片，亦可在透视下观察心脏位置、大小、形态、搏动情况及肺血情况。某些先天性心脏病患儿，胸片会有特征性改变。

2. 心电图 为常规检查，观察有无心房、心室肥大和心律失常。

3. 超声心动图 是一种无创检查技术，可提供详细的心脏解剖结构、心脏功能以及部分血流动力学信息，可作为先心病确诊依据。二维心脏彩超和多普勒检查是目前诊断先心病的首要方法。

4. 心脏磁共振成像 可显示心脏和大血管内腔、管壁及邻近软组织的解剖结构，近几年用于心血管畸形，如主动脉弓等心外大血管畸形的诊断，与超声心动图联合应用可提示心血管解剖结构及功能等信息，可替代心导管和心血管造影检查，成为手术前后诊断、评价简单或复杂先心病最安全和最有效的方法。

5. 心导管检查和心血管造影 通过周围血管插入导管至心脏各腔室和大血管的各个部位，进行压力和血氧饱和度测定，并观察导管的走行，必要时注射造影剂进行造影，了解畸形的部位及血流动力学改变。心导管检查及心血管造影是先心病进一步明确诊断的重要检查方法之一。

二、临床常见先天性心脏病

（一）房间隔缺损

房间隔缺损（atrial septal defect，ASD）是房间隔在胚胎发育过程中发育异常所致。该病的发病率约为活产婴儿的 1/1 500，占先天性心脏病发病总数的 5%~10%。女性多于男性，比例为 2：1。根据缺损部位，可分为原发孔型缺损、继发孔型缺损、静脉窦型缺损及冠状静脉窦型缺损，其中以继发孔型房间隔缺损最为常见，约占 75%。

【病理生理】

由于左心房压力高于右心房(左心房压力通常为8~10mmHg,右心房压力为3~5mmHg),血液自左向右分流,分流量与缺损大小、左右心房压力差及心室的顺应性有关。而上述因素又随年龄增长而变化,故分流量大小应动态观察。生后初期左、右心室壁厚度相似,顺应性也相近,故分流量不多。随年龄增长,肺血管阻力及右心室压力降低,体循环压力增大,右心室充盈阻力也比左心室低,故血液从左心房向右心房的分流量增加。由于右心血流量增加,舒张期负荷加重,故右心房、右心室增大。长期的肺循环血量增加,压力增高,可导致肺小动脉肌层及内膜增厚,管腔出现狭窄,当右心房压力大于左心房时,可出现右向左分流,临床出现发绀,即艾森曼格综合征(图9-3)。

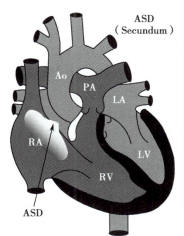

图9-3　房间隔缺损血流动力学改变示意图

【临床表现】

房间隔缺损的症状取决于缺损大小和分流量多少。2岁以前或者缺损小的可无症状,仅在体检听诊时发现心脏杂音。缺损较大时分流量也大,可因体循环血流量不足而影响生长发育,患儿通常体型瘦长,面色苍白,易乏力,多汗,活动后气促,并因肺循环充血而易反复出现呼吸道感染。当剧烈哭闹、肺炎或心力衰竭时,右心房压力可超过左心房,出现暂时性右向左分流,出现青紫。

体检时大多数病例由于右心室增大,血流通过肺动脉瓣时形成相对狭窄,因此在胸骨左缘第2~3肋间可闻及Ⅱ~Ⅲ级喷射性收缩期杂音,常无震颤。肺动脉瓣区第二音亢进和固定分裂(肺动脉瓣关闭延迟所致;分裂明显且固定为重要特征)。左向右分流量较大时,因三尖瓣相对狭窄,可在胸骨左缘第4~5肋间听到舒张期杂音。

房间隔缺损患儿易并发支气管炎、支气管肺炎,重者可并发充血性心力衰竭。

【辅助检查】

1. 胸部X线表现　轻者胸片正常。分流较大的房间隔缺损心脏外形呈轻度至中度增大,右心房、右心室增大,肺动脉段膨隆,肺血增多,主动脉影缩小。

2. 心电图　电轴右偏、不完全或完全性右束支传导阻滞、右心房、右心室肥大。

3. 超声心动图　可以显示右心房、右心室内径增大。二维超声可以显示房间隔缺损的位置及大小,彩色多普勒超声可显示分流的大小及方向。三维超声心动图可以直观显示缺损的形态,能为外科手术提供详尽资料。

4. 心导管检查　仅用于诊断不明确或怀疑有肺血管疾病,如肺动脉高压的患儿。右心导管检查可提示右心房血氧含量高于上、下腔静脉,心房水平由左向右分流。导管可通过缺损由右心房进入左心房。

【治疗要点】

1. 治疗时机　小型继发孔型房间隔缺损在4岁前,尤其在1岁内有15%的自然闭合率,一般不主张手术。若缺损巨大,表现为明显的右心室增大和肺动脉高压时,应在婴儿期进行手术治疗。国内外多数学者认为明确诊断后即可手术治疗,一般认为2~4岁是关闭房间隔缺损的最佳年龄。

2. 治疗方法　目前单纯房间隔缺损的手术方法包括经皮房间隔缺损封堵术、右胸部小切口房间隔缺损封堵术(以上为介入性心导管术,一般用于2岁以上患儿)以及体外循环直视下房间隔缺损修补术。

（二）室间隔缺损

室间隔缺损（ventricular septal defect，VSD）是胚胎期心室间隔发育畸形造成的左右心室间异常通路，在心室水平产生异常血液分流的先天性心脏病，为儿童最常见的先心病，在我国先心病发病率中居第1位，约占50%。室间隔缺损大多单独存在，也可合并其他畸形。缺损直径多为0.3~3.0cm。小于0.5cm者属小型缺损；0.5~1.0cm者属中型缺损；大于1.0cm者属大型缺损。根据缺损部位可分为：膜周部缺损（最常见）、漏斗部缺损和肌部缺损。

【病理生理】

室间隔缺损时左、右心室之间有一异常交通支，由于左心室压力高于右心室，血液自左向右分流，造成肺循环血量增多和体循环血量减少，分流量多少主要取决于缺损面积，还取决于心室间压力差及肺血管阻力。小型室间隔缺损时，心室水平左向右分流量少，血流动力学变化不大，可无症状。大型室间隔缺损时，大量血液由左向右分流使肺循环血流量增加，当超过肺部毛细血管床的容量限度时，可出现容量性肺动脉高压，引起肺小动脉痉挛，血管中层和内膜层增厚，管腔变小、梗阻。随着肺血管病变进行性发展则渐变为不可逆的梗阻性肺动脉高压。当右心室收缩压超过左心室收缩压时，可出现双向分流或右向左分流，临床表现为持续性青紫，即艾森曼格综合征（图9-4）。

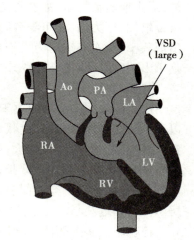

图9-4 室间隔缺损血流动力学改变示意图

【临床表现】

临床表现决定于缺损大小和分流量大小。小型缺损可无明显症状，仅在活动后易感乏力，生长发育一般不受影响。缺损较大时体循环血流量减少，影响生长发育，在新生儿后期及婴儿期即可出现症状，如喂养困难、体重不增，患儿多消瘦、乏力、多汗；因肺循环充血易反复出现肺部感染和心力衰竭；有时因扩张的肺动脉压迫喉返神经，引起声音嘶哑。伴有肺动脉高压的患儿，出现右向左分流时，多表现为活动能力下降、持续性青紫和杵状指，严重者可出现心力衰竭。大型室间隔缺损患儿出生后，肺血管阻力高于正常，左向右分流较少，临床症状较轻；出生数周后肺血管阻力持续下降，左向右分流增加，临床症状明显。

体检：可见心前区隆起，心界向左下增大，胸骨左缘第3、4肋间可闻及Ⅲ~Ⅳ级响亮粗糙的全收缩期杂音，向四周传导，并可在杂音最响处触及收缩期震颤，这是室间隔缺损的特征性体征。肺动脉瓣第二心音增强。缺损很大且伴有肺动脉高压者（多见于儿童或青少年期），右心室压力也显著升高，左向右分流减少，当出现右向左分流时，患儿呈持续青紫，并逐渐加重，此时心脏杂音较轻而肺动脉第二音显著亢进。

室间隔缺损易并发支气管炎、支气管肺炎、充血性心力衰竭、肺水肿和感染性心内膜炎。

【辅助检查】

1. 胸部X线检查 小型缺损胸片可正常。大型缺损心脏有中度或中度以上增大，以左、右心室增大为主，左心房也可增大。肺动脉段膨隆，肺血增多。主动脉影缩小。

2. 心电图 轻者心电图正常，重者心电图提示左心室肥大或左、右心室肥大。

3. 超声心动图 分流量大者，左心房、左心室内径增大，伴肺动脉高压时右心室、右心室流出道和肺动脉也有增宽，主动脉内径缩小。二维超声心动图常可显示缺损的存在。彩色多普勒超声血流显像还可以探明分流的部位、数量、大小及方向。

4. 心导管检查 当辅助检查指标和临床表现不相符或者患儿并发重度肺动脉高压时，

可选择进行心导管检查。右心室血氧含量比右心房增高,说明心室水平由左向右分流。部分病例导管可自右心室经缺损进入左心室。肺动脉及右心室压力有不同程度的增高。

【治疗要点】

缺损小,无明显血流动力学改变的单纯性室间隔缺损无手术指征。这些患儿应定期随访直至缺损自行闭合。

室间隔缺损较大的患儿,应控制心力衰竭,预防发展为肺血管疾病。任何有临床症状的中大型室间隔缺损、生长发育落后、内科治疗不能控制者均为手术适应证。严重肺血管病变即肺动脉高压是手术禁忌证。传统手术方法为体外循环下心脏直视室间隔缺损修补术,即在体外循环和全麻下,选择适宜的手术路径修补缝合室间隔缺损,又称根治性手术。近几年也出现了经胸小切口室间隔缺损封堵术这一新术式。体重较大(体重 12~15kg 以上)且室间隔缺损位置比较易操作的患儿,可以选择经皮室间隔缺损封堵术。以上两种封堵术的核心方法都是通过导管将封堵伞释放于缺损处以关闭缺损。

(三)动脉导管未闭

动脉导管未闭(patent ductus arteriosus,PDA)是各种原因造成婴儿时期动脉导管(肺动脉与主动脉之间的血管连接)仍然开放,主动脉血流进入肺动脉,较常见,约占先心病发病总数的 10%(不包括早产儿的动脉导管未闭)。导管直径多为 0.5~1.0cm,个别可达 2~3cm,长 0.7~1.0cm,形态呈管型、漏斗型、窗型。早产儿由于动脉导管的肌层发育不良,且肌层对氧分压的反应相对较低,因此较成熟儿,其动脉导管未闭的发生率高,约占早产儿的 20%。胎龄越小,体重越低,动脉导管未闭的发生率越高。

【病理生理】

出生后决定动脉导管关闭的主要因素有:动脉导管的肌层丰富,含有大量凹凸不平的螺旋状弹性纤维组织,使其易于收缩闭塞;体循环中氧分压的增高,会强烈刺激动脉导管平滑肌收缩。

动脉导管未闭引起的病理生理学改变主要是通过动脉导管引起的分流。分流量的大小与导管的粗细及主、肺动脉的压差有关。由于主动脉在收缩期和舒张期的压力均超过肺动脉,左向右分流持续不断,使肺循环及左心房、左心室、升主动脉的血流量明显增加,左心负荷加重,导致左心房扩大,左心室肥厚扩大,甚至发生充血性心力衰竭。长期大量血流流向肺循环,形成动力性肺动脉高压,继之导致梗阻性肺动脉高压,此时右心室收缩期负荷过重,右心室肥厚甚至衰竭。当肺动脉压力超过主动脉压时,左向右分流明显减少或停止,产生肺动脉血流逆向分流入主动脉,患儿呈现差异性发绀(differential cyanosis),即下半身青紫,而上半身正常;左上肢有轻度青紫,右上肢正常(图 9-5)。

【临床表现】

临床症状的轻重与分流量有关,分流量的大小取决于动脉导管的粗细、长度以及肺动脉与主动脉的压力差。分流量小的患儿,通常没有症状;分流量大者可有咳嗽、气急,喂养困难,反复呼吸道感染,生长发育落后,严重者婴儿期即有充血性心力衰竭的表现。

体检:患儿多消瘦,响亮的机器样连续性杂音为本病的特点。杂音占据整个收缩期及

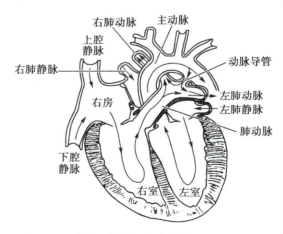

图 9-5　动脉导管未闭血流动力学改变示意图
主动脉一部分血流分流入肺动脉

舒张期,而收缩期更为响亮,在胸骨左缘第 2 肋间最明显,向左上、锁骨下、腋下及背部传导。在杂音最响处可扪及收缩期震颤。若分流量超过肺循环量的 50% 以上,往往在心尖部可听到低频的舒张中期杂音。脉压增大为本病的重要体征(收缩压多正常,舒张压降低,脉压增大≥40mmHg),并可有枪击音、水冲脉及毛细血管搏动。伴有肺动脉高压时,可出现主动脉向肺动脉的分流量减少或停止,甚至出现反向分流,导致差异性青紫。

动脉导管未闭的常见并发症为支气管肺炎、感染性心内膜炎,分流量大者早期并发充血性心力衰竭。

【辅助检查】

1. 胸部 X 线检查　分流量大时,心脏增大,以左心室增大为主,左心房也可增大,肺动脉段膨隆,肺血增多。部分患儿可见升主动脉及主动脉影增宽。若伴有肺动脉高压,则右心室也增大。

2. 心电图　分流量较大的有左心室肥大,电轴左偏。若呈双室肥大或右心室肥大,说明有肺动脉高压。

3. 超声心动图　左心房、左心室有不同程度的增大,二维超声心动图可以直接探查到未关闭的动脉导管。彩色血流显像可显示血流的方向及速度,在动脉导管开口处可探测到典型的收缩期与舒张期连续性湍流频谱。在重度肺动脉高压时,当肺动脉压超过主动脉时,可见蓝色流注自肺动脉经未闭导管进入降主动脉。绝大多数患儿可经此检查确诊。

4. 心导管检查　若患儿临床表现不典型或怀疑合并其他心脏畸形时,可考虑行心导管检查。若肺动脉血氧含量较右心室增高,说明大动脉水平由左向右分流。近半数病例,可将导管通过动脉导管插入降主动脉。

【治疗要点】

已确诊的患者,除有禁忌证以外,原则上均应手术治疗,年龄在学龄前期为佳。体重较小的患儿首选手术结扎。对于体重大于 8kg 的患儿,可根据自身情况选择介入封堵治疗或外科手术治疗。细小的动脉导管可用血管内弹簧圈,中或大的动脉导管用蘑菇伞(Amplatzer);若导管的解剖结构复杂或合并其他畸形,仍需外科手术治疗。导管结扎术简便安全,适用于新生儿紧急闭合。外科手术可采用动脉导管切断缝合术,合并有严重肺动脉高压等特殊情况,可采用体外循环下导管闭合术。早产儿动脉导管未闭可在生后 1 周内可使用布洛芬,吲哚美辛治疗(抑制前列腺素合成,促进导管平滑肌收缩)。

(四)法洛四联症

法洛四联症(tetralogy of Fallot,TOF)是存活婴儿中最常见的青紫型先天性心脏病,其发病率占各类先天性心脏病的 12%。因法国医师法洛(Etienne-Arthur Louis Fallot)首先描述此病的病理特征及临床表现而得名。法洛四联症由以下四种畸形组成:①肺动脉狭窄:多见右心室漏斗部狭窄,其次是瓣膜合并漏斗部狭窄;②室间隔缺损;③主动脉骑跨:主动脉骑跨于室间隔缺损上;④右心室肥厚。以上四种畸形中肺动脉狭窄是病变的关键,对患儿的病理生理和临床表现有重要影响。

【病理生理】

由于肺动脉狭窄,血液进入肺循环受阻,引起右心室代偿性增厚,右心室压力相对较高;肺动脉狭窄的程度影响着室间隔缺损心室水平的血液分流量及方向,狭窄的程度轻则左向右分流,重则右向左分流;又由于室间隔缺损及主动脉跨于两心室之上,使得主动脉除接受左心室血液外,还接受部分右心室的静脉血液,输送到全身各部,因而出现青紫。动脉导管关闭前,肺循环血流减少的程度较轻,青紫可不明显。随着动脉导管关闭和漏斗部狭窄渐加重,肺循环血量减少,氧合血液减少,青紫日益明显。患儿长期处于缺氧环境中,可使指、趾端毛细血管扩张增生,局部软组织和骨组织也增生肥大。因慢性缺氧,刺激骨髓代偿性产生过多的红细胞,使血液黏稠度高,血流缓慢(图9-6)。

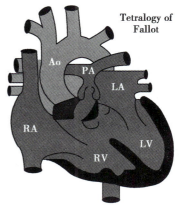

图9-6　法洛四联症血流动力学示意图

【临床表现】

法洛四联症临床症状的严重程度与肺动脉狭窄程度成正比,主要表现为:

1. 青紫　为其主要表现,大多数患儿于半岁内出现青紫,但重症病例生后即可出现青紫,特点是中央性青紫,吸氧不能缓解。见于毛细血管丰富的浅表部位,如唇、指(趾)、甲床、球结膜等。因血氧含量下降,活动耐力差,稍一活动如啼哭、情绪激动、体力劳动、寒冷等,即可出现气急及青紫加重。典型患儿以口唇黏膜和甲床最明显。

2. 蹲踞症状　患儿多有蹲踞症状,于活动后,如行走、游戏时,常主动蹲下片刻;蹲踞时下肢屈曲,静脉回心血量减少,减轻了心脏负荷,同时下肢动脉受压,增加体循环阻力,使右向左分流量减少,缺氧症状暂时得以缓解。不会行走的小婴儿,常喜欢被人抱起,双下肢呈屈曲状。

3. 杵状指(趾)　表现为指(趾)端膨大如鼓槌状,称杵状指(趾)。

ER-9-1

杵状指图片

4. 阵发性缺氧发作　多见于婴儿,发生的诱因为吃奶、哭闹、情绪激动、贫血、感染等,表现为阵发性呼吸困难,严重者可引起突然昏厥、抽搐,甚至死亡。其原因是在肺动脉漏斗部狭窄的基础上,突然发生该处肌部痉挛,使右心室流向肺动脉的血流突然减少或终止,使脑缺氧加重。年长儿常诉头痛、头昏,反复缺氧发作可产生不同程度的大脑损害,如智力受损,重者可发生偏瘫甚至死亡。

此外,还可因缺氧,红细胞代偿性增加,血液黏稠度增高导致脑血栓,若为细菌性血栓,则易形成脑脓肿。

体检:可见患儿生长发育迟缓,重者智能发育也落后。心前区可稍隆起,胸骨左缘第2~4肋间可闻及Ⅱ~Ⅲ级粗糙喷射性收缩期杂音,其响度取决于肺动脉狭窄程度。肺动脉第二音减弱或消失。发绀持续6个月以上可出现杵状指(趾)。

法洛四联症常见并发症为脑血栓形成、脑脓肿及细菌性心内膜炎。

【辅助检查】

1. 外周血象　红细胞计数和血红蛋白浓度明显增高,红细胞可达 $5.0×10^{12}$~$8.0×10^{12}$/L,血红蛋白 170~200g/L,血细胞比容也增高,为 53vol%~80vol%。血小板降低,凝血酶原时间延长。

2. 胸部X线检查　心脏随年龄增长渐增大,典型的心脏外形呈靴形。肺动脉段凹陷,右心室肥大而使心尖圆钝上翘,右心房正常或稍大,心底部主动脉影增宽。有时可见右位主动脉弓。肺血流减少,肺门血管影缩小,肺纹理减少。

ER-9-2

法洛四联症的胸片表现图片

3. 心电图　电轴右偏,右心室肥大,亦可见右心房肥大。

4. 超声心动图　主动脉根部位置前移,骑跨于室间隔上,并可提示骑跨的程度及主动脉根部扩大。彩色多普勒血流显像常可见室间隔缺损处呈双向分流,右心室将血流直接注入骑跨的主动脉。

ER-9-3

法洛四联症的心血管造影视频

5. 心导管检查　右心室压力增高,肺动脉压力降低,右心房压力往往在正常范围内。若导管自右心室直接插进主动脉,即能证明主动脉右移。如导管自右心室插进左心室,则显示室间隔缺损的存在。右心室选择性造影可见造影剂自右心室经室间隔缺损流向左心室。

【治疗要点】

1. 内科治疗　急性缺氧发作应采取的措施为:①膝胸卧位;②吸氧;③给予去氧肾上腺素(新福林)每次 0.05mg/kg 或静脉注射 β-受体阻滞剂如普萘洛尔(心得安)0.05~0.1mg/kg,可减轻右心室流出道痉挛,缓解发作。必要时可皮下注射吗啡,每次 0.1~0.2mg/kg;④静脉应用碳酸氢钠,快速纠正代谢性酸中毒。上述治疗措施无效者,需考虑急症外科手术治疗。

2. 手术治疗　主要进行手术根治,根治术需要修补室间隔缺损,同时疏通狭窄的右心室流出道。轻症患儿可考虑 5~9 岁行一期根治手术,但临床症状明显的患儿可在 6 个月后,争取在 1 岁以内行根治术。严重者在 3 个月内甚至新生儿期即需要治疗。部分患儿由于肺动脉发育差,需先行分流术,姑息治疗,目的是增加肺血流,避免严重缺氧,促进肺动脉发育,待年长后酌情行根治术。

三、先天性心脏病患儿的护理

【护理评估】

1. 健康史　了解母亲妊娠史,特别注意其母亲孕早期是否有感染、接触放射线、主(被)动吸烟、饮酒、用药等情况;母亲有无糖尿病合并妊娠或妊娠糖尿病;家族中是否有先天性心脏病患者等。详细了解患儿有无喂养困难、活动后气促或活动后乏力、多汗、青紫,是否易患反复呼吸道感染、体重不增及生长发育落后等,以及上述症状出现的时间。还要询问有无蹲踞、突然昏厥(缺氧发作)等。

2. 身体状况　体格检查时注意评估患儿精神状态、生长发育、有无特殊面容(提示染色体及遗传代谢性疾病)、有无合并其他畸形。观察患儿体位、呼吸频率、有无发绀(口唇、鼻尖、指或趾端)及有无杵状指(趾)。了解患儿各项辅助检查结果和临床意义。

3. 心理社会状况　先心病患儿的家长通常会有焦虑、恐惧的心理。其一是由于对儿童喂养困难、发育落后、活动受限、易患感染等状况的紧张与焦虑;其二是由于对疾病知识的缺乏,对手术风险及预后的担忧与恐惧等。应评估患儿家长对先心病相关知识的了解情况及焦虑、恐惧的因素。

【护理诊断】

1. 活动无耐力　与先天性心脏病体循环血量减少或血氧饱和度下降有关。

2. 营养失调:低于机体需要量　与喂养困难、食欲低下有关。

3. 有感染的危险　与肺循环血量增多及心内缺损易致心内膜损伤有关。

4. 潜在并发症:心力衰竭、脑血栓、昏厥等。

5. 焦虑/恐惧　与疾病的威胁和家长对手术风险及预后的担忧有关。

【护理措施】

1. 建立合理的生活制度　保持环境安静,安排好患儿的作息时间,保证睡眠、休息,根据病情安排适当活动量,减少心脏负担。应集中护理,减少哭闹,避免引起情绪激动。

2. 合理喂养　保证营养需要,饮食结构合理。营养不良会影响儿童的生长发育,如大动作、认知等能力,同时营养情况也会影响儿童的伤口愈合和免疫力,因此营养支持对于先心病儿童非常重要。在保证营养供应的同时,也要注意其液体量的摄入,过多可能会增加心脏负担。对喂养困难的小婴儿要耐心喂养,少量多餐。对于小婴儿,鼓励母乳喂养。严重缺氧的患儿,可在喂乳前先吸氧,并采取间歇喂乳,避免呛入气道。根据患儿年龄适量添加纤维素较多的食物,以保持大便通畅。

3. 预防感染　做好日常生活护理是预防呼吸系统感染的关键,如随气温变化及时增减衣服、避免着凉,避免接触感染患者等。在接受各种小手术,如拔牙、扁桃体切除术时,应严格执行无菌操作并预防性应用抗生素,防止感染。一旦感染,应积极治疗以预防感染性心内膜炎的发生。除严重心力衰竭者,均需按时进行预防接种。

4. 注意观察病情,防止发生并发症

(1)密切观察病情:如患儿有面色苍白、烦躁不安、呼吸困难、心率增快、鼻翼煽动、端坐呼吸、泡沫痰以及肝大等心力衰竭的表现,立即置患儿于半卧位,给予吸氧,使患儿安静并及时与医生取得联系。法洛四联症患儿血液黏稠度高,当其发热、出汗、吐泻时,指导补充液体预防血栓形成,尤其是脑血栓形成。还应预防患儿因活动、哭闹、便秘等引起的缺氧发作,限制患儿活动量,重症者卧床休息,间歇吸氧,一旦缺氧发作,应将患儿置于胸膝卧位,并与医生合作,给予普萘洛尔等抢救治疗。患儿在游戏或走路出现蹲踞现象,是为缓解缺氧所采取的一种保护性动作,不要强行拉起,让患儿自然蹲踞和起立。

(2)用药护理:洋地黄类药物是治疗心力衰竭的基本药物,应用时必须仔细复核剂量,注意给药方法,密切观察药物疗效及其不良反应。应单独服用,如患儿服药后呕吐,要与医生联系,决定补服或用其他途径给药。洋地黄的毒性反应通常为:食欲减退、恶心、呕吐等消化系统表现;心动过缓或过速、期前收缩、房室传导阻滞等心律失常表现及视力模糊、黄视、嗜睡、昏迷等神经系统表现等。钙剂与洋地黄有协同作用,应避免同时使用。低血钾时可促使洋地黄中毒,应适当补充钾盐。

5. 围手术期护理　心血管外科手术尤其是传统手术,是一个复杂的过程,一般在全麻、低温、体外循环下进行。术前需要完成以上各项准备工作,同时预防感染发生。术后患儿即刻进入监护阶段,需要重点监测患儿病情变化,尤其是循环系统的监护,如血压、心率、末梢皮肤、胸腔引流情况以及出血等;同时注意术后呼吸系统的变化,包括呼吸情况、肺部状态、是否存在反应性肺动脉高压等;神经系统的恢复,如神志状况;泌尿系统,如是否排尿、尿量、肾功能等;消化系统的状况,如胃肠胀气、营养支持等;术后体温监测也是监护重点。

6. 减轻焦虑或恐惧　建立良好的护患关系,取得患儿及家长的理解与配合。根据病情程度安排患儿进行适当的游戏和活动。对家长讲解相关知识,解释病情和检查、治疗经过,特别是心脏外科手术的进展,使家长克服焦虑、紧张、恐惧心理,增强治愈信心,积极配合检查、治疗。

7. 健康指导　指导家长掌握先天性心脏病的日常护理,合理安排患儿的生活,做到劳逸结合,预防各种感染及并发症,定期复查,使患儿安全到达手术年龄。手术后的患儿,出院后1个月内为手术的恢复期,应避免呼吸道感染,必要时进行保护性隔离。术后1个月、3个月、6个月、12个月常规复查。一般术后半年可以开始疫苗接种。

课堂互动

患儿,男,1岁。生后即发现青紫,哭闹时加重。医院就诊发现心脏杂音,进一步超声心动图检查提示:先天性心脏病,法洛四联症。平素易出汗,喂养困难,吃奶有间歇,易患肺炎,生长发育低于同龄儿。睡眠尚可,大小便正常。本次因反复发肺炎入院。患儿入院体检:体温38.3℃,心率130次/min,呼吸38次/min,上肢血压84/53mmHg,体重7.9kg,身长68cm;精神尚可;口唇及指端可见发绀明显;双肺可闻及明显湿啰音;患儿外周血象检查显示白细胞数为13.2×10^9/L,C-反应蛋白30mg/L。胸骨左缘2~4肋间可闻及Ⅲ级粗糙喷射性收缩期杂音。心电图示电轴右偏,右心室肥大;X线可见靴形心;入院三天内,患儿间断高温,最高体温40℃,给予布洛芬混悬液(美林)口服后降至正常,给予头孢曲松钠抗生素等抗感染治疗,同时给予强心、利尿、适当补液等治疗。

请思考：

（1）作为责任护士，你应如何观察患儿病情？

（2）入院第二天，患儿母亲喂奶时，患儿突然口唇青紫加重，呼吸困难，随后晕厥，试想此时发生了什么情况？该如何处理？

（3）入院第4天患儿出现腹泻，大便呈黄色稀水样，无黏液脓血，每日10余次，无发热，该患儿腹泻病因如何考虑？此时护理要点是什么？

第三节　病毒性心肌炎

病毒性心肌炎（viral myocarditis）是指病毒侵犯心脏所引起的以心肌炎性病变为主要表现的疾病，除心肌炎外有时病变也可累及心包或心内膜。儿童期的发病率尚不确切。本病临床表现轻重不一，轻者预后大多良好，重者可发生心力衰竭、心源性休克或严重心律失常，甚至猝死。本病属中医学"风温""心悸""怔忡""胸痹""猝死"等范畴。

【病因和发病机制】

1. 病因　引起儿童心肌炎的常见病毒为柯萨奇病毒（B组和A组）、埃可病毒、腺病毒，还可见于脊髓灰质炎病毒、传染性肝炎病毒、流感和副流感病毒、麻疹病毒、单纯疱疹病毒以及流行性腮腺炎病毒、轮状病毒等。新生儿期柯萨奇病毒B组感染可导致群体流行，病死率可高达50%以上。

2. 发病机制　尚不完全清楚。一般认为病毒性心肌炎发病机制涉及病毒及其毒素对心肌细胞的直接损害以及病毒触发人体自身免疫反应而引起的心肌损害。病毒性心肌炎急性期，柯萨奇病毒和腺病毒侵入心肌细胞，在细胞内复制，并直接损害心肌细胞，导致细胞变性、坏死和溶解。机体激活细胞和体液免疫反应，产生抗心肌抗体、白细胞介素、肿瘤坏死因子及 γ 干扰素等细胞因子，进一步造成细胞的免疫损伤也与发病有关。部分患儿由于慢性病毒感染，病程迁延还可导致扩张性心肌病。

【临床表现】

患儿表现轻重不一，取决于年龄和感染的急性或慢性过程。病前数日或1~3周多有轻重不等的前驱症状，主要为发热、周身不适、咽痛、肌痛、腹泻及皮疹等。某些病毒感染疾病，如麻疹、流行性腮腺炎等，则有其特异性征象（见感染性疾病患儿的护理相应章节）。

轻型患儿一般无明显症状，心肌受累明显时，患儿常诉心前区不适、胸闷、心悸、头晕及乏力等。重症患者可有心力衰竭、晕厥或突然发生心源性休克，表现为烦躁不安、呼吸困难、面色灰白、脉搏细弱、四肢湿冷和末梢发绀、血压下降等，可在数小时或数日内死亡。部分患儿呈慢性进程，病程迁延不愈，最终演变为扩张性心肌病。

体征：心脏轻度扩大，伴心动过速、心律失常、心音低钝及奔马律。一般无明显器质性杂音，伴心包炎者可听到心包摩擦音，反复心力衰竭者，心脏明显扩大。

【辅助检查】

1. 血清心肌酶测定　病程早期血清磷酸激酶（CPK）及其同工酶（CK-MB）多有增高，血清乳酸脱氢酶（SLDH）同工酶增高对心肌炎早期诊断有提示意义。心肌肌钙蛋白（cTnI 或 cTnT）的变化对心肌炎诊断的特异性更强，但敏感度不高。

2. 病毒学诊断　疾病早期可从咽拭子、咽冲洗液、粪便、血液、心包液中分离出病毒。

恢复期血清抗体滴度比急性期有 4 倍以上的增高、病程早期血中特异性 IgM 抗体滴度在 1∶128 以上均有诊断意义。利用聚合酶链反应(PCR)或病毒核酸探针原位杂交法,自患儿血液或心肌组织中查到病毒核酸可作为某一型病毒存在的依据。

3. 心电图检查　可见严重心律失常,包括各种期前收缩,室上性或室性心动过速,心房颤动或心室颤动,二度或三度房室传导阻滞等。心肌受累明显时可见 T 波降低、ST-T 改变。心电图检查无特异性,动态观察临床意义较大。

4. 超声心动图检查　可显示心房、心室的扩大,心室收缩功能受损程度,还可探查有无心包积液以及瓣膜功能的改变。

【治疗要点】

1. 休息　急性期需卧床休息,减轻心脏负荷。

2. 药物治疗

(1) 对于仍处于病毒血症阶段的早期患者,可选用抗病毒治疗。

(2) 改善心肌营养:1,6- 二磷酸果糖可改善心肌能量代谢,促进受损细胞的修复,同时还可选用大剂量维生素 C、维生素 E、复合维生素 B、辅酶 Q_{10} 等。

(3) 大剂量免疫球蛋白:通常用于重症病例,通过免疫调节减轻心肌损害。

(4) 肾上腺皮质激素:通常不主张使用。对重型患者合并心源性休克、致死性心律失常(完全性房室传导阻滞、室性心动过速)、心肌活检证实慢性自身免疫性心肌炎症反应者可考虑应用。多用泼尼松,1~1.5mg/(kg·d)口服,持续 2~3 周,症状好转后减量停药。急症抢救时,可用地塞米松 0.2~0.4mg/kg 静滴。

(5) 中医治疗:可选用生脉饮、黄芪口服液等。

(6) 其他治疗:可根据病情联合应用利尿剂、洋地黄和血管活性药物,应特别注意用洋地黄时饱和量应较常规剂量减少,并注意补充氯化钾,以避免洋地黄中毒。

(7) 心律失常治疗:室上性心律失常可用普罗帕酮治疗,室上性和室性心律失常均可选用胺碘酮,室性心律失常也可用利多卡因。完全性房室传导阻滞需用阿托品或异丙肾上腺素治疗,无效者安装临时起搏器。

【护理评估】

1. 健康史　评估患儿发病前 1~3 周是否有呼吸道或消化道感染史,如发热、咽痛、肌痛、腹泻及皮疹等;评估患儿有无心前区不适、胸闷、心悸、头晕及乏力等。

2. 身体状况　重症患儿有无心动过速、心律失常、心力衰竭,或发生心源性休克(表现为烦躁、呼吸困难、面色灰白、脉搏细弱、四肢湿冷和末梢发绀、血压下降等)。

3. 心理社会状况　评估患儿和家长对疾病的认知程度及护理需求。年长儿可因为疾病对其活动限制感到有压力,还会由于中断了学校学习而产生紧张、焦虑等心理。患儿家长往往对儿童心脏症状表现出紧张和焦虑,特别是对危及患儿生命的并发症产生恐惧。

【护理诊断】

1. 活动无耐力　与心肌收缩力下降、组织供氧不足有关。

2. 潜在并发症:心律失常、心力衰竭、心源性休克等。

【护理措施】

1. 减轻心脏负担,改善心肌功能

(1) 休息:急性期卧床休息,至退热后 3~4 周,有心功能不全或心脏扩大者,更应强调绝对卧床休息,以减轻心脏负荷及减少心肌耗氧量。恢复期仍应限制活动,一般不少于 6 个月。心脏扩大及并发心衰者卧床休息至少 3~6 个月,当心衰控制、心脏情况好转后可逐步开始活动。

（2）饮食：可给予高营养、易消化、低盐的食物，少食多餐，避免进食刺激性食物及暴饮暴食。

2. 严密观察患儿病情，及时发现和处理并发症

（1）观察心律失常的表现：密切观察和记录患儿精神状态、面色、心率、心律、呼吸、体温和血压变化。患儿有明显心律失常者应进行连续心电监护，发现多源性期前收缩、频发室性期前收缩、窦房或房室传导阻滞、心动过速、心动过缓时应立即报告医生，采取紧急处理措施。

（2）观察心力衰竭的表现：如患儿出现胸闷、呼吸困难、烦躁不安等，应使其安静，必要时遵医嘱给予吸氧及镇静剂。注意静脉给药速度，以免加重心脏负担。使用洋地黄时注意观察有无心率过慢，有无出现心律失常和恶心、呕吐等症状。

（3）观察心源性休克的表现：观察患儿有无面色灰白、四肢湿冷和末梢发绀等。使用血管活性药物和扩张血管药时，用输液泵准确控制滴速。

3. 健康教育 向患儿及家长介绍本病的治疗过程和预后，减轻患儿及家长的焦虑和恐惧心理，积极配合治疗和护理。强调休息对病毒性心肌炎恢复的重要性，保护性隔离，积极预防各种感染，告知家长预防呼吸道感染和消化道感染的常识，疾病流行期间尽量避免去公共场所。对于出院后仍需服用抗心律失常药物的患儿，应让家长了解药物的名称、剂量、用药方法及其不良反应，并告知如有不适，及时就诊，出院后 1 个月、3 个月、6 个月以及 1 年定期到门诊复查。

（孟 静）

ER-9-5
学习内容与
学习方法

复习思考题

患儿，男，7 岁。平日活动后气促，哭闹后发绀，反复肺炎，发育明显落后于同年龄儿童，胸骨左缘第二肋间闻及连续性、机器样双期杂音，脉压差大，股动脉有枪击音。试分析

（1）此病为哪种类型的先心病？此类先心病的特点是什么？

（2）该患儿最可能的医疗诊断是什么？

（3）此类疾病患儿该如何护理？

扫一扫，
测一测

第十章

消化系统疾病患儿的护理

学习目标

知识目标

1. 能复述儿童消化系统解剖生理特点。

2. 能列举儿童消化系统常见疾病的病因、护理诊断及护理措施并分析其发病机制。

3. 能比较分析轻型腹泻和重型腹泻、鹅口疮和疱疹性口炎的不同临床表现。

能力目标

能运用护理程序对腹泻患儿开展整体护理和健康教育。

素质目标

1. 形成科学严谨的用药态度,不滥用抗生素,防止发生抗生素相关性腹泻。

2. 树立良好的卫生习惯和健康的饮食习惯。

第一节 儿童消化系统解剖生理特点

一、口腔

足月新生儿出生时已具有较好的吸吮和吞咽功能,早产儿则较差。婴幼儿口腔黏膜薄嫩,血管丰富,唾液分泌少,口腔黏膜干燥,因此易损伤和发生局部感染;3 个月以下婴儿唾液淀粉酶含量不足,故不宜喂淀粉类食物;3~4 个月婴儿唾液分泌开始增多,5~6 个月时明显增多,由于婴儿口底浅不能及时吞咽所分泌的唾液,常发生生理性流涎。

二、食管

婴儿的食管呈漏斗状,腺体缺乏、黏膜薄嫩,弹力组织和肌层不发达,食管下端贲门括约肌发育不成熟,控制力差,易发生胃食管反流;若哺乳时吞咽过多空气则可出现溢乳。

三、胃

婴儿胃略呈水平位,当开始行走后其位置逐渐变为垂直位。贲门和胃底部肌张力低,而幽门括约肌发育较好,故易发生幽门痉挛而出现呕吐。胃容量在新生儿时为 30~60ml,1~3 个月为 90~150ml,1 岁为 250~300ml,5 岁时为 700~850ml。故儿童年龄越小,每次的进食量越少,需要的喂养次数越多。由于哺乳后不久幽门即开放,胃内容物逐渐流入十二指肠,故实际哺乳量常超过上述胃容量。胃分泌的盐酸和各种酶均较成人少且酶活性低,故消化功能较差。胃平滑肌发育尚未完善,因此在充满液体食物后易出现胃扩张。胃排空时间因食物种类不同而异,如水为 1.5~2 小时,母乳 2~3 小时,牛乳 3~4 小时。早产儿胃排空慢,易发生胃潴留。

四、肠

儿童肠管相对比成人长,黏膜血管丰富,小肠绒毛发育较好,利于消化吸收。婴幼儿时期肠黏膜肌层发育差,肠系膜柔软而长,升结肠与后壁固定差,易发生肠扭转和肠套叠。肠乳糖酶活性低,易发生乳糖吸收不良。肠壁薄,通透性高,屏障功能差,故肠内毒素、消化不全产物和变应原易吸收进入体内,引起全身感染和变态反应性疾病。早产儿肠蠕动协调能力差,易发生粪便滞留、胎粪延迟排出,甚至发生功能性肠梗阻。

五、肝

婴幼儿肝脏在右肋下 1~2cm 可触及,6 岁以后则不易触及。婴儿肝脏结缔组织发育较差,血管丰富,肝细胞再生能力强,因此不易发生肝硬化。但肝功能不成熟,故在缺氧、感染、中毒等情况下易发生肝脏病理性改变而致肿大。婴儿胆汁分泌较少,故对脂肪的消化吸收功能较差。

六、胰腺

出生时胰液分泌量少,3~4 个月逐渐增多;6 个月以内胰淀粉酶活性较低,1 岁后才接近成人。婴幼儿胰脂肪酶及胰蛋白酶的活性均较低,故对脂肪和蛋白质的消化吸收能力较差,易发生消化不良。婴幼儿时期胰液及其消化酶的分泌易受炎热天气和疾病的影响而受到抑制,发生消化不良。

七、肠道细菌

胎儿肠道内无细菌,生后数小时细菌自口、鼻、肛门侵入肠道,主要分布在结肠及直肠。肠道菌群种类受食物成分影响而不同,单纯母乳喂养者以双歧杆菌为主;人工喂养和混合喂养者大肠埃希菌、嗜酸杆菌、双歧杆菌和肠球菌所占比例几乎相等。正常菌群对致病菌有拮抗作用,而婴幼儿肠道正常菌群脆弱,易受诸多因素影响而出现菌群失调,导致消化功能紊乱。

八、健康婴儿粪便

1. 胎粪　是由胎儿肠道脱落的上皮细胞、消化液及吞咽的羊水组成。为墨绿色糊状,黏稠,无臭味,多在生后 12 小时内开始排出,2~3 天后逐渐过渡为黄色糊状便。

2. 母乳喂养儿粪便　呈金黄色均匀糊状,偶有细小乳凝块,无臭味,呈酸性反应,每日排便约 2~4 次,一般在添加辅食后次数减少。

3. 人工喂养儿粪便　呈淡黄色,较干稠,臭味较大,呈中性或碱性反应,每日排便 1~2 次,易发生便秘。

4. 混合喂养儿粪便　与人工喂养儿相似,但较软、黄,添加谷类、蛋、肉、蔬菜、水果等辅食后,粪便性状逐渐接近成人,每日排便 1 次左右。

第二节 口　　炎

口炎(stomatitis)是指口腔黏膜由于各种感染引起的炎症,若病变局限于舌、牙龈、口角亦可分别称为舌炎、牙龈炎或口角炎。本病多见于婴幼儿,可单独发病或继发于急性感染、腹泻、营养不良、维生素 B 或 C 缺乏等全身性疾病。感染大多数由病毒、细菌、真菌引起,不注意食具及口腔卫生或各种疾病导致机体抵抗力下降等因素均可导致口炎的发生。

一、鹅口疮

鹅口疮(thrush,oral candidiasis)又称雪口病,为白念珠菌感染所致。多见于新生儿和婴幼儿,营养不良、腹泻、长期使用广谱抗生素或激素的患儿尤易患此症。新生儿多由产道感染或因哺乳时乳头及乳具不洁而感染。

【临床表现】

口腔黏膜表面覆盖白色乳凝块样小点或小片状物,可融合成片,不易拭去,如强行擦拭剥离,会造成局部黏膜潮红、粗糙,可有溢血。患处不痛,不流涎,不影响进食,一般无全身症状。常见于颊黏膜,其次是舌、齿龈、上腭,重症口腔内大部分面积被白色斑膜覆盖,可蔓延到咽、喉、食管、气管、肺等处,出现低热、拒食、吞咽困难、声音嘶哑、呕吐等。取少许白膜于玻片上加一滴 10% 氢氧化钠溶液,显微镜下可见真菌菌丝和孢子。使用抗生素可加重病情,促使其蔓延。

【治疗要点】

1. 保持口腔清洁　可用 2% 碳酸氢钠溶液于哺乳前后清洁口腔。

2. 局部用药　局部涂抹 10 万 ~20 万 U/ml 制霉菌素鱼肝油混悬溶液或制霉菌素水溶液,每日 2~3 次。

3. 其他　停用不必要的抗生素,可同时口服肠道微生态制剂,以纠正肠道菌群失调,抑制真菌生长。加强营养,适当增加维生素 B$_2$ 和维生素 C。

二、疱疹性口腔炎

疱疹性口腔炎(herpetic stomatitis)为单纯疱疹病毒 I 型感染所致。多见于 1~3 岁婴幼儿,传染性强,可在托幼机构引起小流行,发病无明显季节性。

【临床表现】

起病时有发热,体温可达 38~40℃,牙龈红肿,触之易出血,1~2 天后在口腔黏膜上出现单个或成簇的小疱疹,直径约 2mm,周围有红晕,迅速破溃后形成浅表溃疡,表面有黄白色纤维素性分泌物覆盖,多个溃疡可融合成不规则的大溃疡。常见于牙龈、颊黏膜、舌、口唇、口角和唇周皮肤,有时可累及软腭和咽部。由于疼痛可出现拒食、流涎、烦躁,颌下淋巴结肿大,有压痛。病程 1~2 周。

本病应注意与疱疹性咽峡炎相鉴别,后者疱疹主要分布在咽部和软腭,有时可见于舌,但不累及牙龈和颊黏膜。

【治疗要点】

1. 保持口腔清洁　多饮水,进食流质食物或软食,禁用刺激性食物及药物。

2. 抗感染治疗　局部可涂碘苷抑制病毒,亦可进行全身抗病毒治疗。

3. 对症治疗　喷洒西瓜霜和冰硼散可促进溃疡愈合及减轻疼痛;疼痛严重者可在进食

前局部涂抹 2% 利多卡因;为预防继发感染,可涂 2.5%~5% 金霉素鱼肝油。发热时用物理或药物降温。

三、口炎的护理

【护理评估】

1. 健康史　了解患儿有无乳具消毒不严或乳母乳头不洁史;有无营养不良、长期腹泻等全身疾病史;有无长期使用广谱抗生素和糖皮质激素等。询问患儿是否有发热、哭闹、拒乳、流涎等症状。

2. 身体状况　观察患儿口腔黏膜局部表现,注意口炎发生的部位、范围、颜色,有无水疱、溃疡。

3. 心理社会状况　评估患儿是否因口腔疼痛出现拒食、哭闹,评估家长是否因患儿不能顺利进食出现焦虑。

【护理诊断】

1. 口腔黏膜受损　与口腔感染有关。

2. 疼痛　与口腔黏膜糜烂、溃疡有关。

3. 体温过高　与口腔炎症有关。

4. 营养失调:低于机体需要量　与疼痛引起进食障碍有关。

5. 知识缺乏:缺乏对口炎的防护知识。

【护理措施】

1. 口腔护理　鼓励患儿多饮水,进食后漱口,保持口腔黏膜湿润和清洁。可根据病情选择相应的溶液清洁口腔,年长儿可用含漱剂。对流涎者,及时清除分泌物,保持皮肤清洁干燥,以免引起皮肤湿疹和糜烂。

2. 正确涂药　涂药前先将纱布或干棉球放在颊黏膜腮腺管口处或舌系带两侧,以隔断唾液,然后再用干棉球将病变部位表面吸干后涂药。涂药后嘱患儿闭口 10 分钟,然后取出纱布或棉球,注意不可立即漱口、饮水或进食。

3. 饮食护理　供给高热量、高蛋白、高维生素的温凉流质或半流质饮食,避免摄入刺激性食物。对因疼痛影响进食者,可在进食前局部涂抹 2% 利多卡因。对不能进食者,可静脉补充或给予肠道外营养。患儿使用的食具注意消毒。

4. 发热护理　密切观察体温变化,当体温超过 38.5℃时,可松解衣物、温水擦浴、放置冷水袋或冰袋等进行物理降温,必要时给予药物降温。

5. 健康教育　向家长介绍口炎发生的原因及护理方法。哺乳期妇女注意保持乳头清洁,指导食具专用,做好清洁消毒工作。纠正儿童吮指、粗暴擦伤口腔等不良习惯;培养进食后漱口、早晚刷牙等良好的卫生习惯。宣传均衡营养对提高机体抵抗力的重要性,避免偏食、挑食,培养良好的饮食习惯。

第三节　胃食管反流和反流性食管炎

胃食管反流(gastroesophageal reflux,GER)是指胃内容物(包括从十二指肠流入胃的胆盐和胰酶等)反流至食管甚至口咽部而出现的一系列症状,分为生理性和病理性两种。在生理情况下,小婴儿可因食管下端括约肌(lower esophageal sphincter,LES)发育不成熟或神经肌肉协调功能差出现反流,多出现于日间餐时或餐后,又称"溢乳";病理性反流是由于 LES

的功能障碍和 / 或与其功能相关的组织结构异常,导致 LES 压力低下而出现的反流,常发生于睡眠、仰卧位及空腹时,引起一系列临床症状和并发症,即胃食管反流病(GERD)。随着直立体位时间和固体饮食的增多,60% 的患儿到 2 岁时症状可自行缓解,部分患儿症状可持续到 4 岁以后。脑性瘫痪、唐氏综合征以及其他原因所致的发育迟缓患儿,GER 发生率较高。

【病因和发病机制】

1. 抗反流屏障功能低下 ① LES 压力降低:是引起 GER 的主要原因。正常吞咽时 LES 反射性松弛,压力下降,食管通过蠕动推动食物进入胃内,然后压力恢复到正常水平,之后出现一个反应性的压力升高以防止食物反流。当胃内压和腹压升高时,LES 会反应性的主动收缩,使其压力超过升高的胃内压,起到抗反流作用。如因某种因素使上述正常功能发生紊乱时,LES 短暂性松弛即可导致胃内容物反流入食管。② LES 周围组织作用减弱:如缺少腹腔段食管,致使腹内压升高时不能将其传导至 LES,则不能使之收缩达到抗反流的作用;小婴儿食管角(由食管和胃贲门形成的角,即 His 角,正常为 30°~50°)较大;膈肌食管裂孔钳夹作用减弱;膈食管韧带和食管下端黏膜瓣发生病变;以及胃内压、腹内压升高等,均可破坏正常的抗反流作用。

2. 食管廓清能力降低 食管廓清能力是依靠食管的推动性蠕动、唾液的冲洗、对酸的中和作用、食丸的重力和食管黏膜细胞分泌的碳酸氢盐等多种机制完成对反流物的清除,以缩短反流物和食管黏膜的接触时间。当食管蠕动减弱、消失或出现病理性蠕动时,食管清除反流物的能力下降,有害的反流物质在食管内停留时间延长,加重了对黏膜的损伤。

3. 食管黏膜的屏障功能破坏 屏障作用是由黏液层、细胞内的缓冲液、细胞代谢及血液供应共同完成。反流物中的某些物质如胃酸、胃蛋白酶以及从十二指肠反流入胃的胆盐和胰酶,使食管黏膜的屏障功能受损,引起食管黏膜炎症。

4. 胃、十二指肠功能失常 胃排空能力低下使胃内容物及其压力增加,当胃内压升高超过 LES 压力时可使 LES 开放。胃容量增加又导致胃扩张,致使贲门食管段缩短,使其抗反流屏障功能降低。十二指肠病变时,幽门括约肌关闭不全则易导致十二指肠 - 胃 - 食管反流。

【临床表现】

轻重不一,与反流的强度、持续的时间、有无并发症以及患儿年龄有关。

1. 呕吐 婴幼儿以呕吐为主要表现。多数患儿于生后第 1 周即出现呕吐,部分患儿于生后 6 周内出现呕吐。多发生在进食后,有时在夜间或空腹时;呕吐程度轻重不一,可表现为溢乳、反刍或吐泡沫,严重者呈喷射状;呕吐物为胃内容物,有时含少量胆汁。年长儿以反胃、反酸、嗳气等症状多见。

2. 反流性食管炎 常见症状有:①胃灼热:见于有表达能力的年长儿,位于胸骨下段,饮用酸性饮料后可使症状加重,而服用抗酸剂则症状缓解;②咽下疼痛:婴幼儿表现为喂奶困难、拒食、烦躁,年长儿诉吞咽时疼痛,如并发食管狭窄则会出现严重呕吐和持续性咽下困难;③呕血和便血:食管炎严重者可发生糜烂或溃疡,出现呕血或黑便。严重者可发生缺铁性贫血。

3. 巴雷特食管 由于慢性 GER 食管下端的鳞状上皮被增生的柱状上皮代替,抗酸能力增强,但更易发生食管溃疡、狭窄和腺癌。溃疡较深者可发生食管气管瘘。

4. 食管外症状

(1) 呼吸系统疾病:①呼吸道感染:反流物直接或间接引发反复呼吸道感染、吸入性肺炎;②哮喘:反流物刺激食管黏膜感受器反射性地引起支气管痉挛而出现哮喘。发病早、抗哮喘治疗无效,无过敏性疾病家族史的哮喘更可能是由 GERD 引起;③窒息和呼吸暂停:多见于早产儿和小婴儿,为反流所致喉痉挛引起呼吸道梗阻所致。表现为面色青紫或苍白、心动过缓,甚至发生婴儿猝死综合征。

(2) 营养不良:因呕吐及食管炎引起喂食困难而营养摄取不足所致。主要表现为体重不增和生长发育迟缓、贫血。

(3) 其他:如声音嘶哑、中耳炎、鼻窦炎、反复口腔溃疡、龋齿等;部分患儿可出现精神、神经症状,包括:①桑迪弗综合征(Sandifer syndrome):是指 GER 患儿进食后出现类似斜颈样的一种特殊"公鸡头样"的姿势,此为一种保护性动作,以保持气道通畅或减轻胃酸反流所致的疼痛,可同时伴有贫血、杵状指及蛋白丢失性肠病;②婴儿哭吵综合征:表现为易激惹、夜惊、进食时哭闹等。

【辅助检查】

1. 食管钡餐造影　可对食管形态、运动状况、钡剂的反流、食管与胃连接部的组织结构做出判断,并能观察到是否存在食管裂孔疝等先天性疾病,以及严重病例,如食管黏膜炎症的溃疡、狭窄等。

2. 食管 pH 动态监测　经鼻孔将微电极放置在食管括约肌的上方,24 小时连续监测食管下段 pH 值,通过计算机软件分析,可区分生理性或病理性反流,是目前最可靠的诊断方法。

3. 其他检查　如胃 - 食管放射性核素闪烁扫描、食管胆汁反流动态监测、食管动力功能检查、食管内镜检查及黏膜活体组织检查等均有助于诊断。

【治疗要点】

包括体位治疗、饮食治疗、药物治疗和手术治疗,其中体位治疗和饮食治疗参见护理措施部分。

1. 药物治疗　主要作用是降低胃内容物酸度和促进上消化道动力。

(1) 促胃肠动力药:疗程 4 周,有多巴胺受体拮抗剂,如多潘立酮(吗丁啉)。

(2) 抑酸和抗酸药:疗程 8~12 周。①抑酸药:有 H_2 受体拮抗剂,如西咪替丁;质子泵抑制剂,如奥美拉唑(洛赛克)等;②中和胃酸药:有氢氧化铝凝胶,多用于年长儿。

(3) 黏膜保护剂:疗程 4~8 周,可选用硫糖铝、硅酸铝盐、磷酸铝等。

2. 手术治疗　手术指征:①经内科治疗 6~8 周无效,有严重并发症(消化道出血、营养不良、生长发育迟缓);②因先天食管裂孔疝导致反流或有严重食管炎伴溃疡、狭窄等;③有严重的呼吸道并发症,如呼吸道梗阻、反复发作吸入性肺炎或窒息、伴支气管或肺发育不良等;④合并严重神经系统疾病。

【护理评估】

1. 健康史　了解患儿的年龄及病因,询问患儿有无溢乳、呕吐等情况发生及发生的时间、体位,有无喂奶困难、烦躁、拒食。对于年长儿了解有无胃灼热或咽下疼痛,有无呕血或便血。

2. 身体状况　评估患儿生命体征;评估患儿有无"公鸡头"样姿势,有无面色苍白、杵状指,有无声音嘶哑、易激惹、进食时哭闹等表现。

3. 心理社会状况　评估家长的心理状态及对疾病的认知程度,家长是否因患儿喂食困难出现焦虑。了解患儿家庭环境及家庭经济情况。

【护理诊断】

1. 有窒息的危险　与溢奶和呕吐有关。

2. 营养失调:低于机体需要量　与反复呕吐致能量和各种营养素摄入不足有关。

3. 疼痛　与胃内容物反流导致反流性食管炎有关。

4. 知识缺乏：缺乏本病护理的相关知识。

【护理措施】

1. 保持适宜体位　将床头抬高 30°,新生儿和小婴儿的最佳体位为前倾俯卧位,但为防止婴儿猝死综合征的发生,睡眠时宜采取左侧卧位。儿童在清醒状态下最佳体位为直立位和坐位,睡眠时宜采取左侧卧位及上体抬高,以减少反流频率及反流物误吸。

2. 合理喂养　以稠厚饮食为主,少量多餐。母乳喂养儿增加哺乳次数,人工喂养儿可在牛奶中加入淀粉类食物或进食谷类食品。严重反流以及生长发育迟缓者可管饲喂养,以减少呕吐和缓冲胃酸。年长儿以高蛋白低脂肪饮食为主,睡前 2 小时不予进食,保持胃处于非充盈状态,避免食用降低 LES 张力和增加胃酸分泌的食物,如碳酸饮料、高脂饮食、巧克力和辛辣食品。

3. 用药护理　按医嘱给药并观察药物的疗效和副作用,注意用法和剂量,不能吞服时可将药片研碎。多潘立酮应饭前半小时或睡前口服;西咪替丁在进餐时或睡前服用效果好。

4. 手术护理　GER 患儿围手术期护理与其他腹部手术相似。术前配合做好各项检查和支持疗法;术后根据手术方式做好术后护理,如保持胃肠减压,做好引流管护理,注意观察有无腹部切口裂开、穿孔、大出血等并发症。

5. 健康教育　对于小婴儿告知家长长期保持适宜体位及合理喂养的重要性。指导家长观察患儿有无发绀,判断患儿反应状况和喂养是否耐受,新生儿每日监测体重。告知家长药物的服用方法和注意事项,尤其是用药剂量和不良反应。

第四节　先天性肥大性幽门狭窄

先天性肥大性幽门狭窄(congenital hypertrophic pyloric stenosis)是由于幽门环肌增生肥厚,使幽门管腔狭窄而引起的上消化道不完全梗阻性疾病。发病率约为 1/3 000~1/1 000,居先天性消化道畸形第 3 位。以第一胎多见、足月儿多见,男女发病率之比约为 5:1。

【病因和发病机制】

至今尚未完全清楚,一般认为与下列因素有关。

1. 遗传因素　本病为多基因遗传性疾病。

2. 胃肠激素及其他生物活性物质紊乱　研究发现患儿幽门环肌中的脑啡肽、P 物质和血管活性肠肽有不同程度地减少;患儿血清胃泌素、前列腺素水平增高;使用外源性前列腺素 E 维持动脉导管开放时容易发生幽门狭窄。

3. 先天性幽门肌层发育异常　在胚胎 4~6 周幽门发育过程中,肌肉发育过度,导致幽门肌尤其是环肌肥厚而致梗阻。

【临床表现】

典型表现为无胆汁的喷射性呕吐、胃蠕动波和右上腹肿块。

1. 呕吐　为本病的主要症状。一般在出生后 2~4 周发病,少数于生后 1 周或生后 2~3 个月发病。开始为溢乳,逐日加重呈喷射性呕吐,多在哺乳后半小时内乳汁即自口鼻涌出,几乎每次哺乳后均吐。呕吐物为带凝块的乳汁,不含胆汁,少数患儿因呕吐频繁致胃黏膜损伤可吐出含咖啡样物或血液。患儿呕吐后即饥饿欲食,呕吐严重时,由于大部分食物被吐出,致使大便次数和尿量均减少。因反复呕吐使 H^+ 和 Cl^- 大量丢失、营养物质及水摄入不足,导致患儿体重不增或下降,逐渐出现营养不良、脱水、低氯性碱中毒等;晚期脱水加重,可合并代谢性酸中毒、低钾血症。

2. 黄疸　约 2%~8% 的患儿伴有黄疸。以非结合胆红素升高为主,手术后数日即可消失,可能与饥饿和肝功能不成熟、葡糖醛酸基转移酶活性不足、以及大便排出少、胆红素肠肝循环增加有关。

3. 腹部体征　上腹膨隆,下腹平坦柔软。常见胃蠕动波,蠕动波从左肋下向右上腹移动后消失,在哺乳时或呕吐前容易见到,轻拍上腹部常可引出。在右上腹肋缘下腹直肌外缘处轻轻向深部按扪,可触及质地较硬、可移动的橄榄形肿块,为本病特有体征。

【辅助检查】

1. 腹部 B 超检查　为首选的无创检查。可见幽门肥厚肌层为一环形低回声区,相应的黏膜层为高密度回声,如幽门肌厚度≥4mm,幽门管直径≥13mm,幽门管长度≥17mm 即可确诊本病。

2. X 线钡餐检查　透视下可见胃扩张,钡剂通过幽门排出时间延长,胃排空时间延长。幽门管延长向头侧弯曲,幽门胃窦呈鸟嘴状改变,管腔狭窄如线状,十二指肠球部压迹呈"蕈征""双肩征"等为诊断本病特有的 X 线征象。

【治疗要点】

确诊后应及早纠正营养状态,并进行幽门肌切开术,手术方法简便,效果良好。

【护理评估】

1. 健康史　了解患儿呕吐情况,有无吐咖啡样物或血液,有无呕吐后即饥饿欲食,有无家族遗传史。

2. 身体状况　评估患儿是否有喷射性呕吐,腹部有无包块、胃蠕动波,有无黄疸,有无大便次数和尿量减少等。了解患儿辅助检查结果和临床意义。

3. 心理社会状况　评估家长是否因为患儿反复呕吐而出现焦虑,家长是否对手术有恐惧心理。

【护理诊断】

1. 有窒息的危险　与幽门管腔狭窄而致上消化道不完全性梗阻导致呕吐有关。

2. 营养失调:低于生理需要量　与反复呕吐、营养物质摄入不足有关。

3. 潜在并发症:水、电解质和酸碱失衡。

4. 知识缺乏:缺乏本病护理的相关知识。

【护理措施】

1. 合理喂养　呕吐较轻患儿,可少量多次哺乳,哺乳时将患儿放置为头高位,哺乳完毕将患儿抱起,轻拍背部排出胃内气体,置于右侧斜坡卧位。呕吐严重的患儿,入院后即禁食禁水,胃肠减压,右侧斜坡卧位,患儿呕吐时立即将患儿头偏向一侧,及时清理呕吐物防止误吸。可经静脉补充营养并纠正水电解质紊乱,以改善其全身情况。

2. 手术护理

(1) 术前准备:完善各项检查;清洁皮肤;禁食禁水胃肠减压;给患儿家长做好解释工作以取得配合。

(2) 术后护理:密切观察全身情况及切口有无渗血;预防感染;术后禁食,持续胃肠减压;保持呼吸道通畅;术后 12~24 小时试喂葡萄糖水 10~15ml,观察无不良反应逐渐过渡到母乳或配方乳喂养。

3. 健康教育　告知家长合理喂养的重要性,指导家长母乳喂养方法,及时添加辅食,保证能量及营养平衡。患儿呕吐时立即将患儿头偏向一侧,防止误吸引起窒息。出院后 1 个月复查,如出现体重不增频繁呕吐者及时就诊。

第五节 肠 套 叠

肠套叠(intussusception)指部分肠管及其肠系膜套入邻近肠腔所致的一种肠梗阻,是婴幼儿时期常见的急腹症之一。60%的患儿在1岁以内发病,但新生儿罕见,80%的患儿在2岁以内发病,以健康肥胖儿多见,男女发病率约为4∶1,常伴发有胃肠炎和上呼吸道感染。

【病因和发病机制】

肠套叠分为原发性和继发性两种。95%为原发性,多见于婴幼儿,病因尚不完全清楚,一般认为与婴幼儿回盲部系膜尚未完全固定、活动度大等解剖因素有关。约5%为继发性,多见于年长儿,考虑与肠管器质性病变如肠息肉、肠肿瘤等牵拉有关。此外,饮食改变、病毒感染及腹泻等导致肠蠕动节律紊乱,也可诱发肠套叠。

【病理】

肠套叠多为顺行性的,即近端肠管套入远端肠腔内,根据套入部分的不同分为回盲型、回结型、回回结型、小肠型、结肠型和多发型。其中回盲型最常见,多发型为回结肠套叠和小肠套叠合并存在。肠套叠时由于鞘层肠管的持续痉挛,使套入部肠管发生循环障碍,初期静脉回流受阻、组织充血水肿、血性渗液及腺体黏液分泌增加进入肠腔内,产生典型的果酱样血便;随着肠壁水肿、静脉回流障碍加重,使动脉受累供血不足,最终导致肠壁缺血坏死并出现全身中毒症状,严重者可并发肠穿孔和腹膜炎。

【临床表现】

1. 急性肠套叠　2岁以下婴幼儿多为急性发病。

(1)腹痛:患儿突然发作剧烈的阵发性肠绞痛,哭闹不安、屈膝缩腹、面色苍白、拒食、出汗,持续10~20分钟后腹痛缓解,可安静或入睡,间歇5~10分钟或更长时间后又反复发作。

(2)呕吐:早期为反射性呕吐,呕吐物为胃内容物,含乳块或食物残渣,后可含有胆汁,晚期为梗阻性呕吐,可吐出粪便样液体。

(3)血便:为重要症状,约85%病例在发病后6~12小时排出果酱样黏液血便,或作直肠指检时发现血便。

(4)腹部包块:多数病例在右上腹可触及腊肠样肿块,光滑不太软,可稍移动,有轻微触痛。晚期发生肠坏死或腹膜炎时,可出现腹胀、腹腔积液、腹肌紧张和压痛,不易触及肿块。

(5)全身情况:患儿早期一般情况尚好,体温正常,无全身中毒症状。随着病程延长病情加重,并发肠坏死或腹膜炎时,全身情况恶化,常有严重脱水、高热、嗜睡、昏迷及休克等中毒症状。

2. 慢性肠套叠　年龄越大,发病过程越缓慢。以阵发性腹痛为主要表现,腹痛时上腹或脐周可触及肿块,缓解期腹部平坦、柔软、无包块,病程可长达十余日。由于年长儿肠腔较宽阔可无梗阻现象,肠管也不易坏死,呕吐少见,血便发生也较晚。

【辅助检查】

1. 腹部B超检查　在套叠部位横断扫描可见"同心圆"或"靶环状"肿块像,纵断扫描可见"套筒征"。

2. B超监视下水压灌肠　可见靶环状肿块影退至回盲部,"半岛征"由大到小,最后消失,诊断治疗同时完成。

3. 空气灌肠　可见杯口阴影,能清楚看见套叠头的块影,并可同时进行复位治疗。

4. 钡剂灌肠　可见套叠部位充盈缺损和钡剂前端的杯口影,以及钡剂进入鞘部与套入部之间呈现的线条状或弹簧状阴影。只用于慢性肠套叠疑难病例。

【治疗要点】

急性肠套叠是急症,一旦确诊需立即进行复位。

1. 非手术疗法　灌肠疗法适用于病程在 48 小时以内,全身状况较好,无腹胀、明显脱水及电解质紊乱者。包括 B 超监视下水压灌肠、空气灌肠、钡剂灌肠复位三种。首选空气灌肠,钡剂灌肠复位目前已很少用。

2. 手术治疗　用于灌肠不能复位的失败病例、肠套叠超过 48~72 小时、疑有肠坏死或肠穿孔以及小肠型肠套叠的病例。手术方法包括单纯手法复位,肠切除吻合术或肠造瘘术等。

【护理评估】

1. 健康史　了解患儿发病前有无上呼吸道感染,有无腹泻、饮食改变、环境和气候改变等所致的肠蠕动紊乱表现。

2. 身体状况　评估患儿是否有突发性剧烈腹痛、呕吐、果酱样黏液血便,腹部有无包块,有无脱水、高热、嗜睡、昏迷及休克等中毒症状。了解患儿辅助检查结果和临床意义。

3. 心理社会状况　评估家长是否因为患儿腹痛哭闹出现焦虑,家长是否对手术有恐惧心理。

【护理诊断】

1. 急性疼痛　与肠系膜受牵拉和肠管强烈收缩有关。

2. 潜在并发症　腹腔感染、肠瘘。

3. 知识缺乏　缺乏本病护理的相关知识。

【护理措施】

1. 密切观察病情　注意观察腹痛的特点、部位,有无呕吐、果酱样黏液血便,腹部有无包块,有无全身中毒症状。

2. 非手术治疗效果观察　灌肠复位成功的表现:①拔出肛管后排出大量带臭味的黏液血便或黄色粪水;②患儿很快安静入睡,不再哭闹及呕吐;③腹部平软,触不到原有的包块;④灌肠复位后给予 0.5~1g 活性炭口服,6~8 小时后应有炭末排出,表示复位成功。如患儿仍然烦躁不安、哭闹,腹部包块仍在,考虑套叠还未复位或又重新发生,立即通知医生进行处理。

3. 手术护理　术前密切观察生命体征、意识状态,注意有无水电解质紊乱、出血及腹膜炎等征象,做好术前准备;向家长解释病情及选择手术的原因,以便于配合。术后注意维持胃肠减压功能,保持胃肠道通畅,预防感染及吻合口瘘。患儿排气、排便后可拔除胃肠引流管,逐步恢复由口进食。

4. 健康教育　向家长讲解本病的相关知识,指导家长注意观察患儿腹痛的特点及部位,教会家长观察灌肠复位成功的表现,定期复查。

第六节　先天性巨结肠

先天性巨结肠(congenital megacolon)又称肠无神经节细胞症(aganglionosis)或赫什朋病(Hirschsprung disease,HD),是由于直肠或结肠远端的肠管持续痉挛,粪便淤滞在近端结肠,使该段肠管肥厚、扩张。本病是常见的先天性肠道畸形,仅次于先天性直肠肛管畸形,居先天性消化道畸形第 2 位,发病率为 1/5 000~1/2 000,男女之比 4∶1~3∶1,有遗传倾向。

【病因和病理生理】

该病发生是多基因遗传和环境因素共同作用的结果。其基本病理变化是痉挛段肠管肠壁肌间和黏膜下神经丛内缺乏神经节细胞,致使该段肠管收缩狭窄呈持续痉挛状态,痉挛肠管的近端因肠内容物堆积而扩张形成巨结肠。在形态上可分为痉挛段、移行段和扩张段三部分。根据病变肠管痉挛段的长度,本病可分为常见型(约占85%)、短段型(约占10%)、长段型(约占4%)、全结肠型(约占1%)、全胃肠型(罕见)。

【临床表现】

1. 胎粪排出延迟、顽固性便秘和腹胀 患儿生后24~48小时内多无胎粪或仅有少量胎粪排出,可于生后2~3天出现腹胀、拒食、呕吐等低位肠梗阻表现,以后逐渐出现顽固性便秘,3~7天或1~2周才排便一次,甚至不能自行排便,必须用开塞露、扩肛或灌肠。腹胀明显,腹壁皮肤紧张发亮,有静脉扩张,可见肠型和蠕动波,膈肌上升可致呼吸困难。

2. 呕吐、营养不良和发育迟缓 由于功能性肠梗阻,可出现呕吐,量不多,呕吐物含少量胆汁,严重者可见粪液,加上长期腹胀、便秘使患儿食欲下降,影响营养物质吸收致发育迟缓、消瘦、贫血或有低蛋白血症伴水肿。

3. 直肠指检 直肠壶腹部空虚,拔指后由于近端肠管内积存多量粪便,可排出恶臭气体及大便。

4. 并发症 患儿常并发小肠结肠炎、肠穿孔和继发性感染。

【辅助检查】

1. X线检查 有利于确定诊断。腹部立位X线检查常显示低位结肠梗阻,近端结肠扩张,下腹部或盆腔无气体。钡剂灌肠检查可显示痉挛段及其上方的扩张肠管,排钡功能差。

2. 活体组织检查 直肠黏膜活检或直肠肌层活检,多提示无神经节细胞。

【治疗要点】

少部分慢性及轻症患儿可选用口服缓泻剂、润滑剂或使用开塞露、扩肛、灌肠等保守治疗;对于体重在3kg以上、全身情况较好者尽早施行根治术,即切除无神经节细胞肠段和部分扩张结肠;凡合并小肠结肠炎不能控制者,合并营养不良、高热、贫血、腹胀、不能耐受根治术者,或保守治疗无效、腹胀明显影响呼吸者,应及时行结肠造瘘术。

【护理评估】

1. 健康史 评估患儿出生后日龄、有无排胎粪、排胎粪时间及生长发育情况等。评估患儿出现顽固性便秘、呕吐的原因,有无家族史等。

2. 身体状况 评估患儿有无胎粪排出延迟、顽固性便秘和腹胀,呕吐、营养不良和发育迟缓,有无并发小肠结肠炎、肠穿孔和继发性感染等。了解直肠指检情况,了解患儿辅助检查结果和临床意义。

3. 心理社会状况 评估家长有无焦虑,对该病的预后、术后护理等知识的认识程度。了解患儿家庭环境及家庭经济情况。

【护理诊断】

1. 便秘 与远端肠段痉挛、低位性肠梗阻有关。

2. 营养失调:低于机体需要量 与便秘、腹胀引起食欲减退有关。

3. 生长发育迟缓 与腹胀、呕吐、便秘使患儿食欲减退,影响营养物质吸收有关。

4. 知识缺乏 缺乏疾病治疗与护理的相关知识。

【护理措施】

1. 解除便秘 口服缓泻剂或润滑剂帮助排便,使用开塞露或扩肛等刺激括约肌诱发排便;重症患儿可用生理盐水进行清洁灌肠,每日1次,肛管插入深度要超过狭窄段肠管以上,忌用清水灌肠,以免发生水中毒。

2. 改善营养状况 给予高蛋白、高维生素、无渣饮食,提高机体抵抗力,利于肠道准备。对存在营养不良、低蛋白血症者应加强支持疗法。

3. 密切观察病情 特别注意有无小肠结肠炎的征象,如高热、腹泻、排出奇臭粪液,伴腹胀、脱水、电解质紊乱等。

4. 手术护理

(1) 术前准备:清洁肠道,灌肠每天 1~2 次,连续 4~7 天直至粪便排尽;术前 2 天遵医嘱口服抗生素;向家长解释手术的目的以取得配合。

(2) 术后护理:禁食至肠蠕动功能恢复;胃肠减压防止腹胀;预防感染;密切观察病情,如体温升高、大便次数增多、肛门处有脓液流出、直肠指检可扪及吻合口裂隙,考虑为盆腔感染;如术后仍有腹胀且无排便排气,考虑为病变肠段切除不彻底或吻合口狭窄,均应及时报告医生进行处理。

5. 健康教育 向家长讲解本病的相关知识,指导家长术后 2 周左右开始扩肛每日 1 次,长达 3~6 个月,同时训练排便习惯,以改善排便功能,如效果不好及时就诊。定期随诊以排除是否有吻合口狭窄。

第七节 腹 泻 病

腹泻病(diarrhea)是由多病原、多因素引起的以大便次数增多及大便性状改变为特点的消化道综合征,是儿科的常见病、多发病。严重者可引起脱水和电解质紊乱。6 个月 ~2 岁婴幼儿发病率高,1 岁以内者约占半数。一年四季均可发病,以夏秋季节发病率最高。是造成儿童营养不良、生长发育障碍的主要原因之一。

【病因】

1. 易感因素

(1) 消化系统发育不成熟:婴幼儿胃酸和消化酶分泌不足,消化酶活性低,对食物质和量变化的耐受性差。

(2) 生长发育快:婴幼儿所需营养物质较多,消化道负担较重。

(3) 机体防御功能差:婴幼儿胃酸偏低,胃排空较快,对进入胃内细菌的杀灭能力较弱;血清免疫球蛋白及胃肠道分泌型 IgA 较低,对感染的防御能力差。

(4) 肠道菌群失调:新生儿出生后尚未建立正常肠道菌群,改变饮食使肠道内环境改变或因使用抗生素等导致肠道菌群失调,使正常菌群对入侵肠道致病菌的拮抗作用丧失,均可引起肠道感染。

(5) 人工喂养:母乳中含有大量免疫活性物质如 SIgA、乳铁蛋白以及巨噬细胞、粒细胞等。而家畜乳汁中上述免疫活性成分在加热过程中被破坏,且食物和食具极易被污染,故人工喂养儿肠道感染发生率明显高于母乳喂养儿。

2. 感染因素

(1) 肠道内感染:可由病毒、细菌、真菌和寄生虫引起,以病毒和细菌多见。

1) 病毒感染:寒冷季节的婴幼儿腹泻 80% 由病毒感染引起,以轮状病毒最常见,其次为星状病毒、杯状病毒、埃可病毒和柯萨奇病毒等。

2) 细菌感染(不包括法定传染病):以致腹泻大肠埃希菌为多见,分为 5 组,分别为致病性大肠埃希菌、产毒性大肠埃希菌、侵袭性大肠埃希菌、出血性大肠埃希菌和黏附 - 集聚性大肠埃希菌;其次为空肠弯曲菌和耶尔森菌等。

3）真菌感染:婴儿以白念珠菌为多见,其次为曲菌和毛霉菌。

4）寄生虫感染:常见为蓝氏贾第鞭毛虫、阿米巴原虫和隐孢子虫等。

（2）肠道外感染:如中耳炎、上呼吸道感染、肺炎、泌尿系统及皮肤感染时,可由于发热、感染源释放的毒素、直肠局部激惹（膀胱感染、阑尾周围脓肿）以及抗生素治疗等引起腹泻,也可因病原体（主要是病毒）同时感染肠道而发生腹泻。

3. 非感染因素

（1）饮食因素:①喂养不当:如喂养不定时、食物的成分或量不适宜均可引起腹泻。②过敏:如对牛奶或大豆（豆浆）过敏而引起腹泻。③原发性或继发性双糖酶（主要为乳糖酶）缺乏或活性降低,肠道对糖的消化吸收不良而引起腹泻。

（2）气候因素:气候突然变化使腹部受凉肠蠕动增加,天气过热使消化液分泌减少或由于口渴饮奶过多等都可导致消化功能紊乱而发生腹泻。

【发病机制】

腹泻发生的机制包括肠腔内存在大量不能被吸收的具有渗透活性物质的渗透性腹泻、肠腔内电解质分泌过多的分泌性腹泻、炎症所致的液体大量渗出的渗出性腹泻以及肠道运动功能异常的肠道功能异常性腹泻等。但临床上不少腹泻是由多种机制共同作用的结果。

1. 感染性腹泻　病原微生物多通过污染的食物或饮水进入消化道,也可通过污染的手、玩具、日用品或带菌者传播。当机体的防御功能下降、大量的微生物侵袭并产生较强毒力时则可发生腹泻。

（1）病毒性肠炎:病毒侵入肠道后,使小肠绒毛细胞受损,导致小肠黏膜吸收水、电解质能力下降,肠液在肠腔内大量积聚而引起腹泻;同时,发生病变的肠黏膜细胞分泌双糖酶不足且活性低,使糖类消化不全被细菌分解成短链有机酸,进而肠腔的渗透压增高,加重腹泻。

病毒性肠炎的发病机制视频

（2）细菌性肠炎:①肠毒素性肠炎:各种产生肠毒素的细菌可引起分泌性腹泻,如霍乱弧菌、产毒性大肠埃希菌等,主要通过其产生的肠毒素抑制水及电解质的吸收,促进肠腺分泌增加,使小肠液量增多,超过结肠的吸收限度而发生水样腹泻。②侵袭性肠炎:各种侵袭性细菌感染可引起渗出性腹泻,如志贺菌属、沙门菌属、侵袭性大肠埃希菌、空肠弯曲菌、耶尔森菌等可直接侵入小肠或结肠肠壁,使黏膜发生炎性反应,排出含有大量白细胞和红细胞的菌痢样粪便;由于病变的结肠不能充分吸收肠液,而且某些致病菌也可产生肠毒素,故亦可发生水样腹泻。

细菌性肠炎的发病机制视频

（3）抗生素相关性腹泻（antibiotic-associated diarrhea,AAD）:由于肠道外感染大量使用广谱抗生素后,肠道正常菌群失调,使肠道内耐药的金黄色葡萄球菌、变形杆菌、铜绿假单胞菌、难辨梭状芽孢杆菌或白念珠菌等大量繁殖而引起药物较难控制的肠炎。体弱儿、长期应用肾上腺皮质激素和免疫功能低下者多见。

2. 非感染性腹泻　主要是由于饮食不当引起。当摄入食物的成分或量不适宜并超过消化道的承受能力时,食物就不能被充分消化吸收而积滞于小肠上部,使肠腔内酸度减低,导致肠道下部细菌上移和繁殖,食物发酵和腐败分解产生的短链有机酸使肠腔的渗透压升高,并协同腐败性毒性产物刺激肠壁使肠蠕动增加发生腹泻,严重者可发生脱水和电解质紊乱。毒性产物吸收入血,可出现不同程度的中毒症状。另外,食用含高果糖或山梨醇的果汁可产生高渗性腹泻;食物过敏以及原发性或继发性双糖酶缺乏均可导致腹泻。

非感染性腹泻的发病机制视频

知识链接

小 儿 积 食

　　积食，又称食积，是中医的一个病证，是指小儿乳食过量，损伤脾胃，使乳食停滞于中焦所形成的胃肠疾患。积食多发生于婴幼儿，主要表现为发热、嗳气酸腐、腹部胀满、大便干燥或酸臭、矢气臭秽。食积日久，可致小儿营养不良，影响生长发育。

　　西医认为积食是由于儿童消化系统发育不成熟，摄入食物不能被充分消化吸收而积滞于小肠上部，造成肠腔内酸度减低而肠道下部细菌上移和繁殖。由于食物发酵和腐败，毒性产物吸收进入血液，出现不同程度的中毒症状如发热。

【临床表现】

　　不同病因引起的腹泻具有不同的临床特点和病程。临床评估中应该包括病程长短、病情轻重以及可能的病因。腹泻按病程分为：急性腹泻（病程在 2 周以内）、迁延性腹泻（病程在 2 周至 2 个月）、慢性腹泻（病程大于 2 个月）；按病情分为：轻型腹泻、重型腹泻。

　　1. 急性腹泻的共同临床表现

　　（1）轻型腹泻：多为饮食因素或肠道外感染所致。起病可急可缓，以胃肠道症状为主，可出现食欲减退，偶有溢奶或呕吐，大便次数增多，一般每天在 10 次以内，每次量不多，稀薄或带水，呈黄色或黄绿色，有酸味，常见白色或黄白色奶瓣和泡沫，一般无脱水及全身中毒症状，多在数日内痊愈。

　　（2）重型腹泻：多为肠道内感染所致。起病常较急，除有较重的胃肠道症状外，还有明显的水、电解质和酸碱平衡紊乱及全身中毒症状。

　　1）胃肠道症状：腹泻频繁，每日大便 10 余次至数 10 次，多为黄绿色水样或蛋花汤样便，量多，可有少量黏液；常伴有呕吐（严重者可吐咖啡样物）、腹痛、腹胀、食欲低下等。

　　2）水、电解质和酸碱平衡紊乱症状：主要有脱水、代谢性酸中毒、低钾血症及低钙、低镁血症（参见第六章第八节"儿童体液平衡特点和液体疗法"）。

　　3）全身中毒症状：发热，体温可达 40℃，烦躁不安、精神萎靡、嗜睡甚至昏迷、休克等。

　　2. 几种常见类型肠炎的临床特点

　　（1）轮状病毒肠炎：轮状病毒是秋冬季婴幼儿腹泻最常见的病原，又称秋季腹泻。潜伏期 1~3 天，多见于 6 个月至 2 岁的婴幼儿，经粪 - 口传播，也可通过气溶胶形式经呼吸道感染而致病。起病急，常伴有发热和上呼吸道感染症状，无明显全身中毒症状；病初即出现呕吐，大便次数多，量多，呈黄色或淡黄色，水样或蛋花汤样，无腥臭味，常并发脱水、酸中毒及电解质紊乱。本病为自限性疾病，自然病程约 3~8 天。大便镜检偶见白细胞。轮状病毒还可侵犯多个脏器，导致心肌损害、肺部炎症、肝胆损害等。

　　（2）产毒性细菌引起的肠炎：多发生在夏季。潜伏期 1~2 天，起病较急。轻症大便性状改变轻微，仅次数稍增多。重症腹泻频繁，量多，大便呈蛋花汤样或水样，混有黏液，大便镜检无白细胞，常伴呕吐。严重者可可出现发热、脱水、电解质和酸碱平衡紊乱。本病为自限性疾病，自然病程 3~7 天或更长。

　　（3）侵袭性细菌引起的肠炎：全年均可发病，潜伏期长短不等。常引起志贺杆菌性痢疾样病变。起病急，高热甚至可以发生热性惊厥。腹泻频繁，大便呈黏液状，带有脓血，有腥臭味。常伴有恶心、呕吐、腹痛和里急后重，可出现严重的全身中毒症状如高热、意识障碍甚至休克。大便镜检有大量白细胞及数量不等的红细胞，粪便细菌培养可找到相应的致病菌。

其中空肠弯曲菌肠炎多发生在夏季,常侵犯空肠和回肠,有脓血便,腹痛剧烈,易被误诊为阑尾炎;耶尔森菌小肠结肠炎多发生在冬春季节,可引起淋巴结肿大,亦可引起肠系膜淋巴结炎,严重者可产生肠穿孔和腹膜炎,症状可与阑尾炎相似;鼠伤寒沙门菌小肠结肠炎有胃肠炎型和败血症型,新生儿和小婴儿更易感染,新生儿多为败血症型,常引起暴发流行,可排深绿色黏液脓便或白色胶冻样便,有特殊臭味。

(4)出血性大肠埃希菌肠炎:大便次数增多,开始为黄色水样便,后转为血水便,有特殊臭味,常伴有腹痛,大便镜检有大量红细胞,一般无白细胞。

(5)抗生素相关性腹泻:①金黄色葡萄球菌性肠炎:大便为暗绿色似海水样,量多有黏液,少数为血便,伴有全身中毒症状甚至休克,大便镜检有大量脓细胞和成簇的革兰氏染色阳性球菌,培养有葡萄球菌生长,凝固酶阳性。②假膜性小肠结肠炎:由难辨梭状芽孢杆菌引起。主要表现为腹泻,轻症大便每日数次,停用抗生素后很快痊愈;重症频泻,呈黄绿色水样便,可有毒素致肠黏膜坏死所形成的假膜排出,可有大便带血,也可出现脱水、电解质紊乱和酸中毒,伴有腹痛、腹胀和全身中毒症状,甚至发生休克。对可疑病例可进行结肠镜检查;大便厌氧菌培养、组织培养法检测细胞毒素可协助确诊。③真菌性肠炎:2岁以下婴儿多见,多由白念珠菌引起,大便次数增多,呈黄色稀便,泡沫较多带有黏液,有时可见豆腐渣样细块(菌落),常伴鹅口疮,大便镜检有真菌孢子和菌丝。

3.迁延性腹泻和慢性腹泻 病因复杂,多与营养不良和急性期治疗不彻底有关,也可与感染、食物过敏、酶缺陷、免疫缺陷、药物等因素有关。表现为腹泻迁延不愈,病情反复,大便次数和性状不稳定,严重时可出现水电解质紊乱。以人工喂养、营养不良儿为多见,由于营养不良儿患腹泻易迁延不愈,腹泻又加重营养不良,两者互为因果,形成恶性循环,最终引起免疫功能低下继发感染,导致多脏器功能异常。

4.生理性腹泻 多见于6个月以内的婴儿,外观虚胖,常有湿疹,生后不久就出现腹泻,但除大便次数增多外,无其他症状,食欲好,不影响生长发育,添加辅食后大便逐渐转为正常。近年研究发现此类腹泻可能为乳糖不耐受的一种特殊类型。

【辅助检查】

1.外周血象 细菌感染时白细胞计数及中性粒细胞计数增高;病毒感染时白细胞计数不高而淋巴细胞计数可能增高;寄生虫感染或过敏性腹泻时嗜酸性粒细胞增多。

2.大便常规 肉眼检查大便的性状如外观、颜色、有无黏液脓血等;大便镜检有无脂肪球、白细胞、脓细胞、红细胞等;测大便的酸碱度。

3.病原学检查 细菌性肠炎大便培养可检出致病菌;真菌性肠炎大便镜检可见真菌孢子和菌丝;病毒性肠炎可做病毒分离等检查。

4.血液生化 可有血清钾、钙降低,血钠高低根据脱水性质而异;根据血气分析判断酸碱失衡的性质和程度。

5.其他 如小肠吸收功能试验(包括粪脂测定、D-木糖吸收试验、胰功能试验等)、X线检查、B超检查、小肠黏膜活组织检查等。

【治疗要点】

调整饮食,纠正水、电解质紊乱和酸碱平衡紊乱,合理用药,控制感染,预防并发症。

1.调整饮食(参见护理措施部分) 强调继续进食,根据患儿病情、消化吸收功能、平时的饮食习惯等进行合理调整,以满足生理需要,补充疾病消耗,缩短腹泻后的康复时间。

2.纠正水电解质酸碱平衡紊乱(参见第六章第八节"儿童体液平衡特点和液体疗法") 口服补液盐用于腹泻时预防脱水及纠正轻、中度脱水;中、重度脱水、吐泻严重或腹胀的患儿需要静脉补液;重度酸中毒者需补充碱性液体纠正酸中毒;纠正低钾、低钙和低镁血症。

3. 药物治疗

（1）控制感染：水样便腹泻患儿（约占70%）或大便pH<7时，多为病毒及非侵袭性细菌所致，一般不用抗生素，但如伴有明显中毒症状，尤其是重症患儿、小婴儿等应选用抗生素；黏液脓血便患儿（约占30%）或大便pH≥7时（排除大量碱性饮食），多为侵袭性细菌引起，应根据临床特点，针对病原菌先经验性选用抗生素，再根据大便细菌培养和药敏试验结果进行调整。大肠埃希菌、空肠弯曲菌、耶尔森菌、鼠伤寒沙门菌常选用抗革兰氏阴性杆菌的以及大环内酯类抗生素。金黄色葡萄球菌、假膜性肠炎、真菌性肠炎等抗生素诱发性肠炎应立即停用原使用的抗生素，根据症状可选用苯唑西林钠、万古霉素、利福平、甲硝唑或抗真菌药物治疗。

（2）微生态疗法：有助于恢复肠道正常菌群的生态平衡，抵御病原菌侵袭，控制腹泻，常用双歧杆菌、嗜酸乳杆菌、酪酸梭状芽孢杆菌、粪链球菌等制剂。

（3）肠黏膜保护剂：能吸附病原体和毒素，维持肠细胞吸收和分泌功能，与肠道黏液糖蛋白相互作用可增强其屏障功能，抵御病原菌的侵袭，如蒙脱石散。

（4）对症治疗：腹泻避免用止泻剂，因止泻会增加毒素的吸收；分泌性腹泻可应用脑啡肽酶抑制剂消旋卡多曲治疗，该药主要通过加强内源性脑啡肽来抑制肠道水电解质的分泌。腹胀明显者可肌内注射新斯的明或肛管排气，若是由低钾血症引起可静脉补钾；呕吐严重者可针刺足三里等。

（5）补充锌剂：世界卫生组织建议，对于急性腹泻患儿应给予口服元素锌，6个月以上患儿每日20mg，6个月以下患儿每日10mg，疗程10~14天。

4. 中医治疗　婴幼儿腹泻中医又称泄泻，由脾虚湿盛，脾失健运所致，治以运脾化湿。证治分类：湿热泻应清热化湿，方选葛根芩连汤加减；风寒泻应散寒化湿，方选藿香正气散加减；伤食泻应消食导滞，方选保和丸加减；脾虚泻应益气健脾，方选参苓白术散加减；脾肾阳虚泻应补脾温肾、固涩止泻，方选附子理中汤合四神丸加减；气阴两伤应健脾益气、酸甘敛阴，方选人参乌梅汤加减；阴竭阳脱应挽阴回阳、救逆固脱，方选生脉散合参附龙牡救逆汤加减。另外，还可配合推拿、针灸、外治法等进行治疗。

5. 预防并发症　迁延性、慢性腹泻常伴营养不良或其他并发症，必须采取综合治疗措施。积极寻找引起病程迁延的原因，针对病因进行治疗；切忌滥用抗生素，避免引起顽固的菌群失调；营养治疗，补充微量元素和维生素；应用微生态制剂和肠黏膜保护剂；可配合中药、推拿、针灸治疗等。

【护理评估】

1. 健康史　了解腹泻开始时间、大便次数、量、性状、颜色、气味；有无发热、呕吐、腹胀、腹痛、里急后重等不适；婴幼儿若每次大便量少，含黏液脓血，大便前后有哭闹，多提示患儿伴有里急后重；了解患儿喂养史，如喂养方式、人工喂养者哺喂乳品种类、冲调浓度、喂哺次数及量、添加辅食及断乳情况；有无不洁饮食史及食物过敏史；有无腹部受凉或过热致饮水过多；有无上感、肺炎、泌尿系统感染等肠道外感染疾病史；有无长期使用广谱抗生素和糖皮质激素史等。

2. 身体状况　评估患儿生命体征；评估患儿有无眼窝凹陷、皮肤弹性改变、口唇黏膜是否干燥等，评估尿量，判断患儿脱水程度、性质，有无低钾血症、低钙血症或低镁血症，有无代谢性酸中毒；检查肛周皮肤有无发红、破损；了解患儿各项辅助检查结果和临床意义。

3. 心理社会状况　评估家长的心理状态及对疾病的认知程度，是否缺乏儿童喂养及护理知识；评估患儿家庭居住环境、经济状况、家长的卫生习惯等。

【护理诊断】

1. 体液不足　与腹泻、呕吐致体液丢失过多和摄入不足有关。

2. 体温过高　与肠道感染有关。

3. 有皮肤完整性受损的危险　与大便次数增多刺激臀部皮肤有关。

4. 营养失调:低于机体需要量　与腹泻、呕吐丢失过多和摄入不足有关。

5. 潜在并发症:代谢性酸中毒、低钾血症等。

【护理措施】

1. 调整饮食　合理安排饮食,以减轻胃肠道负担,但限制饮食过严或禁食过久易造成营养不良、酸中毒,影响患儿生长发育,故腹泻患儿除严重呕吐者暂禁食 4~6 小时(不禁水)外,均应继续进食。母乳喂养者继续哺乳,可减少喂哺次数和量,暂停辅食;人工喂养者,可给米汤、稀释的牛奶、酸奶或其他代乳品;年长儿可给予半流质食物如粥、面条等,少量多餐;对重症病毒性肠炎应暂停乳类喂养,改为豆制代乳品、发酵奶或去乳糖配方奶粉,随着病情的好转逐渐过渡到正常的营养丰富的饮食。可每日加餐 1 次,共 2 周。

2. 补液方法(参见第六章第八节)

(1) 口服补液:口服补液盐用于腹泻时预防脱水及纠正轻、中度脱水。轻度脱水需 50~80ml/kg,中度脱水需 80~100ml/kg,于 8~12 小时内将累积损失量补足。

(2) 静脉补液:用于中、重度脱水或吐泻严重或腹胀的患儿。遵循补液原则:先盐后糖、先浓后淡、先快后慢、见尿补钾、见惊补钙,根据脱水的程度、性质确定补液总量、补液种类和补液速度,即进行"三定"(定量、定性和定时)。

第一天补液包括累积丢失量、继续损失量和生理需要量;若脱水纠正,则第二天只给予继续损失量和生理需要量,能口服者尽量口服,同时继续补钾。否则根据吐泻及进食情况重新估算。

3. 发热的护理　密切观察体温变化,体温过高时给患儿多饮水、及时更换汗湿的衣服、头枕冰袋等,必要时药物降温。

4. 维持皮肤完整性(尿布皮炎的护理)　选用吸水性强的柔软布类尿布,勤更换,避免使用不透气塑料布或橡胶布;每次便后用温水清洗臀部并擦干,以保持皮肤清洁干燥;局部皮肤发红处涂以 5% 鞣酸软膏或 40% 氧化锌油并按摩片刻,促进局部血液循环;局部皮肤发红有渗出或溃疡者,可采用暴露疗法或灯光照射,保持局部皮肤干燥,促进创面愈合。

5. 病情观察

(1) 观察大便情况:观察并记录大便次数、量、颜色、性状,及时送检,采集标本时注意取有黏液脓血的部分。做好动态比较,为治疗和制订输液方案提供可靠依据。

(2) 监测生命体征:注意有无发热、烦躁、嗜睡及休克等全身中毒症状。

(3) 观察水电解质和酸碱平衡紊乱症状:如脱水的程度和性质、代谢性酸中毒、低钾、低钙血症等表现。

6. 用药护理　黏膜保护剂蒙脱石散应注意配制浓度,搅拌时注意一个方向,以使其颗粒分布均匀,并在空腹时服用以使药物在肠黏膜均匀分布。微生态调节剂应使用 40℃ 以下温开水调服或直接服用,夏季应在冰箱保存以防药效降低。一般来说,微生态制剂不与抗生素、抗菌药、活性炭、鞣酸蛋白、铋剂、氢氧化铝同服;若确需与抗生素同服,前后需要间隔 2 小时以上以免杀灭菌株或减弱药效。指导家长配制口服补液盐及服用方法。

7. 健康教育　指导家长婴儿喂养方法及辅助食品添加时间与方法,防止饮食结构突然变动,强调母乳喂养的重要性。注意饮食卫生,食物要新鲜,食具要定时消毒,培养儿童饭前便后要洗手的卫生习惯。避免滥用抗生素;加强体格锻炼,注意气温变化时增减衣服,防止受凉或过热。

笔记栏

第八节　婴儿胆汁淤积症

婴儿胆汁淤积症（infantile cholestasis）是指 1 岁以内婴儿由于各种原因引起的肝细胞和 / 或毛细胆管分泌功能障碍或胆管病变导致胆汁排泄减少或缺乏。临床主要表现为高结合胆红素血症、粪便颜色改变、胆汁酸增加，可伴肝大、质地异常、肝功能异常；部分患儿还可伴皮肤瘙痒、营养不良等。我国既往曾称其为"婴儿肝炎综合征"。

【病因】

1. 感染　包括肝脏的原发性感染和全身性感染累及肝脏。TORCH 综合征包括了主要的感染病原，即弓形虫、风疹病毒、巨细胞病毒、单纯疱疹病毒，以及嗜肝病毒、EB 病毒、柯萨奇病毒 B 组、埃可病毒、腺病毒等。细菌（如葡萄球菌、大肠埃希菌、沙门菌、厌氧菌、肺炎球菌、链球菌以及一些条件致病菌等）感染往往在全身感染时累及肝脏。近年来梅毒螺旋体以及结核分枝杆菌等引起的肝炎综合征病例数有所增加，人类免疫缺陷病毒（HIV）等新病原体通过母婴传播引起的肝炎综合征亦不容忽视。

2. 先天性代谢异常　先天性代谢异常一般为酶缺陷，使正常代谢途径发生阻滞，常可累及肝脏，只有少数可引起严重的、持续的肝损害。一般来说，代谢性贮积症都伴有显著的肝脏肿大，而有肝损害者多为中等度肝脏肿大。主要如下：

（1）糖代谢障碍：如半乳糖血症、遗传性果糖不耐受症、糖原贮积病 I 、Ⅲ、Ⅳ型等。

（2）氨基酸代谢障碍：如酪氨酸血症等。

（3）脂类代谢障碍：如尼曼 - 皮克病、戈谢病、Wolman 病等。

（4）其他代谢障碍：如胆酸代谢异常和 α_1- 抗胰蛋白酶缺乏症等。

3. 肝胆系统病变　如先天性胆道闭锁、先天性胆管扩张症、先天性肝内胆管扩张症、肝纤维化等。

4. 其他原因　如肝脏内占位性病变及累及肝脏的全身恶性疾病等。部分病例病因不明。

【临床表现】

主要表现为黄疸，往往是在新生儿期生理性黄疸持续不退或退而复现，甚至逐渐加重。黄疸以巩膜、皮肤、尿液发黄为主，大便由黄转为淡黄，或黄白相间，严重者呈白陶土色，可出现食欲减退、呕吐、腹泻、腹胀。体格检查有肝脾肿大，质地一般偏硬或中等硬度。由于肝脏的解毒功能差，患儿抵抗力差，易合并感染如呼吸道感染，且通常不易控制，迁延不愈，严重者可危及生命。胆汁淤积影响脂溶性维生素 A、D 的吸收，肝功能损害又影响维生素 D 在肝内羟化，所以可并发干眼症、低钙抽搐。病情严重者可致肝硬化、肝功能衰竭。可有其他先天性畸形（如脐疝、腹股沟疝、先天性心脏病、幽门肥厚等）、生长发育障碍以及原发疾病的临床表现。

【辅助检查】

1. 外周血象　细菌感染时白细胞和中性粒细胞计数增多并可有核左移；病毒感染时白细胞计数可正常或稍降低，淋巴细胞计数增多，巨细胞病毒感染时，可有单个核细胞增多，血小板、红细胞数减少等。

2. 肝功能　血清结合胆红素和非结合胆红素可有不同程度、不同比例的升高；血清丙氨酸转氨酶升高，与肝细胞损害程度有关；血清 γ- 谷氨酰转肽酶、5′- 核苷酸酶、碱性磷酸酶等，在伴有胆汁淤积时明显升高；甲胎蛋白持续增高则提示肝细胞有破坏，再生增加。当肝细胞损害时凝血因子、纤维蛋白原、人血白蛋白等可能降低。

3. 病原学检查　病毒感染标志物和相应的病毒学、血清学检查,尤其病毒半定量检查有利于病因学诊断及抗病毒治疗效果的监测。血培养和中段尿细菌培养可以提示相应的感染源;弓形虫、梅毒螺旋体可依据特定检查确定相关病原感染。

4. 代谢病筛查　如高度怀疑代谢异常性疾病则进行血糖测定、尿糖层析、尿有机酸、血尿氨基酸、血清 α- 抗胰蛋白酶测定;特定酶学、染色体、基因检查。

5. 影像学检查　肝、胆、脾 B 超,肝脏 CT、磁共振胆管成像(MRCP)或经皮胆管造影等,可显示相应脏器的形态、大小、实质病变或占位病变,可发现相应的畸形。腹腔镜直视下胆管造影,有助于疑难病症的诊断。

6. 其他检查　还可做肝胆核素扫描、胆汁引流及肝活组织病理检查。

【治疗要点】

婴儿胆汁淤积症应尽早明确病因,针对病因采取相应治疗。利胆退黄保肝对症及支持疗法可减少并发症。

1. 病因治疗　病毒感染选用抗病毒药物如更昔洛韦、干扰素等,CMV 肝炎首选更昔洛韦;如为细菌感染,则应选用强有力的抗生素;如为胆道闭锁、胆总管囊肿可手术治疗;如为先天性代谢缺乏病引起如半乳糖血症,则应限制乳品;酪氨酸血症给予低苯丙氨酸、低酪氨酸饮食。

2. 一般治疗

(1) 利胆退黄:利用药物促进肝细胞分泌和排泄胆汁,常用药物有:熊去氧胆酸、考来烯胺、苯巴比妥、S- 腺苷蛋氨酸等。

(2) 改善肝细胞功能:可用促进肝细胞代谢、保护肝细胞的 ATP、辅酶 A,辅以 B 族维生素及维生素 C;也可应用促进肝细胞增生的肝细胞生长因子;保肝解毒的葡醛内酯,促进肝脏解毒与合成功能的还原型谷胱甘肽,降酶作用显著的联苯双酯、甘草酸二胺;亦可采用补充微生态制剂等治疗。

(3) 其他:补充多种维生素尤其是脂溶性维生素 A、D、E、K 等,同时应用钙剂治疗低钙惊厥和佝偻病。凝血因子缺乏时可用维生素 K、凝血酶原复合物或新鲜血液。

3. 支持治疗　①合理喂养,首选母乳喂养,能有效提高患儿机体免疫力;②不能母乳喂养者,婴儿可选用强化中链脂肪酸的配方奶粉;③营养素的供给应均衡,既要满足生长所需,又要注意不宜过多,以免加重肝脏负担;④免疫功能低下反复感染者可选用静脉输注人免疫球蛋白以增强机体抵抗力;低蛋白血症时可应用白蛋白制剂。

4. 中医治疗　本病与中医古籍记载的胎黄、胎疸等病证相似。由于感受湿热或寒湿之邪,肝失疏泄,胆汁外溢而发黄。证治分类:湿热郁蒸治以清热利湿,方选茵陈蒿汤加减;寒湿阻滞治以温中化湿,方选茵陈理中汤加减;气滞血瘀治以化瘀消积,方选血府逐瘀汤加减等。也可用中成药茵栀黄颗粒或注射液。

5. 肝移植　对终末期肝病有条件者可给予肝移植治疗。

【护理评估】

1. 健康史　了解黄疸出现时间、程度、大便颜色变化;仔细询问出现症状开始的时间,一般而言,6 个月以内(尤其 3 个月以内)起病者主要考虑宫内感染或产时感染。了解有无发热、呕吐、腹胀、腹泻等;了解母亲妊娠早期有无病毒感染,或服用药物,或有早产、胎膜早破、胎儿宫内发育迟缓等病史。了解患儿出生后有无各种感染如呼吸道或消化道感染、脐炎、臀炎、皮肤脓疱疹、发热等病史。了解家族史,尤其是家族性遗传疾病史。询问当地流行病史以及患儿预防接种史。

2. 身体状况　评估患儿生命体征;评估患儿黄疸程度、黄疸范围、黄疸性质(阴黄还是

笔记栏

阳黄),有无肝脾肿大、腹壁静脉曲张、小头畸形等;了解患儿各项辅助检查结果和临床意义。

3. 心理社会状况　评估家长对本病的了解程度,是否了解患儿预后及因患儿预后不良产生焦虑恐惧心理。

【护理诊断】

1. 营养失调:低于机体需要量　与感染或代谢异常等导致肝功能受损有关。

2. 潜在并发症:肝硬化、低钙血症、眼干燥症等。

【护理措施】

1. 注意隔离　严格遵守消毒隔离制度,病室内保持空气流通,每天要进行病房空气、病室地面消毒;与肺炎、腹泻等感染性疾病患儿隔离,防止交叉感染。

2. 休息和体位　病房保持安静清洁,湿温度适宜,患儿要卧床休息,避免哭闹,以减少消耗,利于肝功能恢复;应取平卧位,以增加肝、肾血流量,改善肝细胞的营养,提高肾小球滤过率;一切操作应尽量集中进行,避免影响患儿休息;必要时适当给予镇静剂。

3. 饮食护理　加强营养以改善肝功能,延缓病情进展,促进肝脏修复。尽量采用母乳喂养,给予低脂、高蛋白、高维生素饮食,有肝性脑病者应限制蛋白质摄入;不能进食者,可静脉供给营养,禁用对肝脏有损害的药物。CMV感染患儿若其母亲无活动性CMV感染仍应提倡母乳喂养。

4. 病情观察　注意观察黄疸的范围和程度,如巩膜、皮肤、尿液、大便颜色变化,肝脾肿大情况;观察患儿精神神经症状,有无黄疸进行性加重及肝脏进行性增大以及肝性脑病早期症状;观察患儿有无皮肤瘀斑、出血点及便血等出血征象,有无低钙抽搐等,一旦发现,立即通知医生进行处理。密切观察患儿有无肺炎的表现,注意是否合并心衰如有呼吸加快、心音低钝等,由于患儿肝脏肿大,代偿能力差,心衰较难纠正,故应尽早发现。

5. 健康教育　向家长讲解本病的相关知识。宣传妊娠早期注意防止感染,不滥用药物,按时进行孕期检查;生后合理喂养,提倡母乳喂养,预防各种不同病原体的感染;患儿应避免应用肝毒性药物。此病病程较长,患儿喂养难度大,家长要有耐心精心照护患儿。

（郭小兰）

复习思考题

患儿,男,10个月。因间断腹泻3月余就诊。患儿出生后母乳喂养,6月前未规律添加过辅食。3月前因母亲长期外地出差改为牛奶喂养,并间断添加蒸鸡蛋、肝泥、碎菜、水果等,遂出现间断腹泻,每日大便5~10次不等,呈黄色稀水便,含奶瓣或不消化的食物,无黏液、脓血。间断口服思密达、微生态制剂等,腹泻时好时坏。

查体:体温36.5℃,体重7.1kg,营养不良貌,舌淡苔白腻,边有齿痕。前囟1cm×1cm,无明显凹陷,咽无充血,扁桃体不大,心肺未见异常。腹部皮下脂肪0.6cm,肝脾不大,肠鸣音活跃。患儿母亲非常焦虑,担心长期腹泻影响孩子的生长发育。

问题:

(1) 患儿的医疗诊断是什么?

(2) 患儿入院后大便常规检查显示脂肪颗粒、无白细胞、红细胞等。考虑患儿腹泻可能病因,如何治疗?

(3) 患儿母亲抱怨一直吃思密达、微生态制剂,效果不好,如何评估原因和指导用药? 由于前期患儿的治疗效果不好,患儿母亲希望后续通过中医进行调理,中医如何治疗?

(4) 患儿母亲担心长期腹泻影响孩子的生长发育,如何指导饮食管理并疏解其焦虑情绪?

学习内容与
学习方法

扫一扫,
测一测

第十一章

泌尿系统疾病患儿的护理

PPT 课件

学习目标

知识目标

1. 能阐述儿童泌尿系统解剖生理特点。

2. 能比较分析儿童急性肾小球肾炎与肾病综合征发病机制、治疗、临床表现与护理的异同点。

能力目标

1. 能运用护理程序对急性肾小球肾炎患儿和肾病综合征患儿开展整体护理及健康教育。

2. 能准确评估不同性质的水肿并给予相应护理措施。

素质目标

树立全心全意为儿童健康服务的高尚情操,要有强烈的责任感,工作细心、耐心,态度和蔼。

第一节　儿童泌尿系统解剖生理特点

一、解剖特点

1. **肾脏**　儿童年龄越小,肾脏相对越大,位置较低,2岁以内健康儿童腹部触诊时容易扪及。婴儿肾脏表面呈分叶状,至2~4岁时分叶完全消失。

2. **输尿管**　婴幼儿输尿管长而弯曲,管壁肌肉和弹力纤维发育不良,容易受压及扭曲而发生梗阻,导致尿潴留而诱发感染。

3. **膀胱**　婴幼儿膀胱位置相对较高,尿液充盈时其顶部常在耻骨联合之上,腹部触诊容易触及,随着年龄的增长逐渐下降至盆腔内。

4. **尿道**　女婴尿道较短,新生女婴尿道仅为1cm(性成熟期3~5cm),外口暴露且接近肛门,故易受粪便污染发生上行性细菌感染;男婴尿道虽长(5~6cm),但常有包茎,污垢积聚时也易发生上行性细菌感染。

二、生理特点

新生儿出生时肾单位数量已达到成人水平,但其生理功能尚不完善,调节能力弱,储备能力差,一般至1~2岁才接近成人水平。

新生儿及婴幼儿肾脏功能特点：①肾脏浓缩尿液的功能较差，水分摄入量不足时容易发生脱水及急性肾功能不全；②肾小球滤过率较低，故大量水负荷或输液过快时易出现水肿；③酸碱失衡的调节能力较差，易发生酸中毒；④对药物排泄功能差，用药种类及剂量均应慎重选择；⑤胚胎时期肾脏合成促红细胞生成素较多，生后逐渐减少；婴儿血清 $1,25-(OH)_2D_3$ 水平高于儿童期。

三、排尿及尿液特点

1. 排尿次数　约 93% 的新生儿在出生后 24 小时内排尿，99% 在 48 小时内开始排尿。出生后最初几天因摄入少，每日排尿 4~5 次；1 周后因新陈代谢旺盛，摄入量增加且膀胱容量小，每日排尿次数增至 20~25 次；1 岁时每日排尿 15~16 次；学龄前期和学龄期每日 6~7 次。

2. 尿量　儿童尿量个体差异较大，不同年龄阶段儿童尿量参考值见表 11-1。

表 11-1　不同年龄儿童的尿量

年龄分期	正常尿量	少尿	无尿
新生儿期	1~3ml/(kg·h)	<1.0ml/(kg·h)	<0.5ml/(kg·h)
婴儿期	400~500ml/d	<200ml/d	<30~50ml/d
幼儿期	500~600ml/d	<200ml/d	<30~50ml/d
学龄前期	600~800ml/d	<300ml/d	<50ml/d
学龄期	800~1 400ml/d	<400ml/d	<50ml/d

3. 排尿控制　婴儿期排尿由脊髓反射完成，以后逐渐建立脑干 - 大脑皮质控制，一般至 3 岁左右已能控制排尿。在 1.5~3 岁之间，儿童主要通过控制尿道外括约肌和会阴肌而非膀胱逼尿肌来控制排尿；若 3 岁后仍保持这种排尿机制，不能控制膀胱逼尿肌收缩，则出现不稳定膀胱，表现为白天尿频尿急、偶尔尿失禁和夜间遗尿。

4. 尿液特点　正常儿童尿液淡黄透明，pH 在 5~7。新生儿尿渗透压平均为 240mmol/L，比重为 1.006~1.008，1 岁以后接近成人水平。出生后 2~3 天内尿色较深、稍混浊，放置后有红褐色沉淀，为尿酸盐结晶，数日后尿色变淡。婴幼儿尿液在寒冷季节放置后可有盐类结晶析出而变混浊，尿酸盐加热后、磷酸盐加酸后均可溶解，可与脓尿和乳糜尿进行鉴别。

正常儿童尿蛋白定性试验阴性，每日定量≤100mg/m²；随意尿蛋白(mg/dl)/肌酐(mg/dl)≤0.2。若尿蛋白含量 >150mg/d 或 >4mg/(m²·h) 或 >100mg/L、定性检查阳性均为异常。清洁新鲜尿液离心沉渣镜检：红细胞 <3 个 /HP，白细胞 <5 个 /HP，偶见透明管型。12 小时尿细胞计数（Addis count）：红细胞 <50 万个，白细胞 <100 万个，管型 <5 000 个为正常。

第二节　急性肾小球肾炎

急性肾小球肾炎（acute glomerulonephritis，AGN）简称急性肾炎，是一组不同病原体感染后免疫反应引起的急性弥漫性肾小球炎性病变，临床表现为急性起病，多有前驱感染，以血尿为主，可有水肿、高血压，或肾功能不全等特点的肾小球疾病。本病多见于感染之后，其中以急性溶血性链球菌感染为多，称为急性链球菌感染后肾炎（acute post-streptococcal glomerulonephritis，APSGN）；由其他感染引起的称为急性非链球菌感染后肾炎。本病多见于 5~14 岁儿童，小于 2 岁者少见，男女之比为 2：1，是儿童泌尿系统最常见的疾病。

【病因】

本病主要是由 A 组 β 溶血性链球菌感染后引起的免疫复合物性肾小球肾炎,发病前多有感染史,以上呼吸道感染或扁桃体炎最常见,占 51%,脓皮病和皮肤感染者次之,占 25.8%。其他细菌如金黄色葡萄球菌、肺炎链球菌和革兰氏阴性杆菌等;病毒如流感病毒、腮腺炎病毒、麻疹病毒、乙型肝炎病毒等,以及肺炎支原体、白念珠菌、钩端螺旋体、立克次体和疟原虫等感染后也可引起急性肾炎。

【发病机制】

A 组 β 溶血性链球菌致肾炎菌株感染后,机体对链球菌抗原产生抗体,抗原抗体结合形成循环免疫复合物,随血流沉积于肾小球基膜上并激活补体系统,引起免疫和炎症反应,使基膜损伤,血液成分漏出毛细血管,尿中出现蛋白、红细胞、白细胞和各种管型。同时,细胞因子等刺激肾小球内皮和系膜细胞肿胀、增生,使肾小球毛细血管管腔狭窄甚至闭塞,肾小球血流量减少,滤过率下降,水钠潴留,出现水肿、少尿、高血压和严重循环充血。急性链球菌感染后的肾炎发病机制见图 11-1。

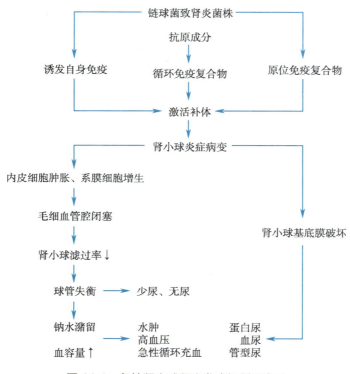

图 11-1　急性肾小球肾炎发病机制示意图

【临床表现】

急性肾炎临床表现轻重悬殊,轻者可无临床症状仅见镜下血尿,重者可呈急进性过程,短期出现肾功能不全。

1. 前驱感染　90% 病例发病前 1~3 周有链球菌的前驱感染史,以呼吸道和皮肤感染为主,咽炎的间歇期为 6~12 天(平均 10 天),皮肤感染的间歇期为 14~28 天(平均 20 天)。

2. 典型表现　主要表现为水肿、少尿、血尿、蛋白尿和高血压。急性期常伴有发热、全身不适、乏力、食欲下降、头痛、头晕、咳嗽、恶心、呕吐、腹痛等症状。

(1)水肿、少尿:70% 患儿有水肿,为最常见和最早出现的症状。初期多为晨起眼睑和颜面水肿,渐波及躯干和四肢,甚至全身,为非凹陷性。水肿时尿量明显减少,于病程 1~2 周内

急性肾小球
肾炎临床表
现图片

随着尿量的增多而逐渐消退。

（2）血尿：轻者仅见镜下血尿，50%~70% 有肉眼血尿，血尿为酸性时呈浓茶色或烟灰水样，血尿为中性或弱碱性时呈洗肉水样。肉眼血尿一般在 1~2 周消失，镜下血尿可持续数月，运动或并发感染时可加重。

（3）蛋白尿：程度不等。约有 20% 患儿可达肾病水平。

（4）高血压：30%~80% 患儿可有高血压，与肾脏滤过率下降、水钠潴留有关。一般认为，学龄前儿童血压 >120/80mmHg，学龄期儿童血压 >130/90mmHg 可考虑血压增高。因血压增高出现剧烈头痛、恶心、呕吐症状者并不多见。血压多在病程 1~2 周内随着尿量的增多而逐渐降至正常。

3. 严重表现　少数患儿在病程 2 周内可出现下列严重症状，如不及早发现进行治疗，可危及生命。

（1）严重循环充血：由于水钠潴留导致血容量增加而出现循环充血，轻者仅有呼吸增快和肺部湿啰音；严重者表现为呼吸困难、端坐呼吸、咳嗽、咳粉红色泡沫痰，两肺布满湿啰音，心脏扩大、心率增快、甚至出现奔马律，肝大而硬、肝颈静脉征阳性，水肿加重者可出现胸腔积液、腹水，危重病例可因突发急性肺水肿于数小时内死亡。

（2）高血压脑病：由于血容量增加使血压急剧增高，超过了脑血管代偿性收缩机制，脑血管痉挛或脑血管扩张而发生脑水肿。常发生在疾病的早期，血压可达 150~160mmHg/100~110mmHg 以上，表现为头痛、呕吐、视物模糊或一过性失明，严重者可出现惊厥和昏迷。

（3）急性肾功能不全：由于肾小球滤过率减少导致少尿、无尿，可出现暂时的氮质血症、电解质紊乱和代谢性酸中毒。一般持续 3~5 天，随着尿量增多而逐渐好转。

【辅助检查】

1. 尿液检查　镜检见大量红细胞，尿蛋白 +~+++，可见透明、颗粒或红细胞管型。

2. 血液检查

（1）外周血象：常有轻度贫血，白细胞数轻度升高或正常。

（2）免疫学检查：血清抗链球菌溶血素 O（ASO）、抗透明质酸酶、抗脱氧核糖核酸酶升高，提示近期有链球菌感染，是诊断链球菌感染后肾炎的依据，于 10~14 天开始升高，3~5 周达高峰，3~6 个月恢复正常；血清总补体（CH50）和补体 C3 下降，多于起病后 6~8 周恢复正常。

（3）红细胞沉降率（血沉）：增快，多于 2~3 个月内恢复正常。

（4）肾功能检查：少尿期可出现血肌酐、尿素氮升高。

【治疗要点】

本病为自限性疾病，无特异性治疗，主要是对症治疗和护理，防治急性期并发症，保护肾功能。大多数病例预后良好，95% 的病例能完全恢复，小于 5% 的病例可有持续尿异常，死亡病例在 1% 以下。

1. 一般治疗　急性期卧床休息，限制水盐的摄入，对于有氮质血症者限制蛋白的摄入。存在感染病灶者应用青霉素 10~14 天，控制链球菌感染，清除体内残存的感染灶。

2. 对症治疗

（1）利尿：经控制水、盐入量仍有水肿、少尿、高血压者给予利尿剂，常用氢氯噻嗪 1~2mg/（kg·d），分 2~3 次口服；无效者使用呋塞米，口服 2~5mg/（kg·d），肌内注射或静脉注射，每次 1~2mg/kg，每日 1~2 次。

（2）降血压：经休息、控制水、盐入量、利尿治疗后血压仍高者给降压药。首选硝苯地平 0.25mg/（kg·d），最大剂量不超过 1mg/（kg·d），分 3 次口服；其次有卡托普利，初始剂量为 0.3~0.5mg/（kg·d），最大剂量 5~6mg/（kg·d），分 3 次口服，与硝苯地平交替使用效果更好。

3. 严重表现的治疗

（1）严重循环充血：限制水、盐入量，用呋塞米迅速利尿。如有肺水肿用硝普钠 5~20mg 加入 5% 葡萄糖 100ml 中，以每分钟 1μg/kg 速度静脉滴注，用药时严密监测血压，根据血压调节滴速，以最大不超过每分钟 8μg/kg 为宜。

（2）高血压脑病：选用降压效力强而迅速的药物，首选硝普钠静脉滴注，用法同上。有惊厥者及时止惊。

（3）肾功能不全：维持水电解质平衡，及时处理水肿、高钾血症和低钠血症，必要时采用透析疗法。

【护理评估】

1. 健康史　询问患儿病前 1~4 周有无上呼吸道或皮肤感染史，了解水肿开始出现的时间、出现部位、发展顺序、持续时间、程度及性质等。有无剧烈头痛、恶心呕吐、烦躁不安、一过性失明等。

2. 身体状况　评估患儿生命体征及体重；观察水肿的部位、程度及性质；有无心脏扩大、心率增快、奔马律、颈静脉怒张及肝脏肿大。了解辅助检查结果及意义。

3. 心理社会状况　评估患儿有无因疾病对活动和饮食的限制、不能上学担心学习成绩下降等产生的焦虑心理。评估家长有无因担心疾病转为慢性而出现焦虑、恐惧等心理。

【护理诊断】

1. 体液过多　与肾小球滤过率下降、水钠潴留有关。

2. 活动无耐力　与水肿、血压升高有关。

3. 潜在并发症：严重循环充血、高血压脑病、急性肾功能不全。

4. 知识缺乏：缺乏本病的护理、预防及预后的知识。

【护理措施】

1. 饮食管理　应予低盐饮食 <1g/d 或 <60mg/（kg·d），严重病例需无盐饮食，水分一般以不显性失水加尿量计算；有氮质血症时，应限制蛋白质的摄入，以 0.5g/（kg·d）为宜。尿量增加、水肿消退、血压正常后可恢复正常饮食，以保证儿童生长发育的需要。

2. 休息指导　①一般发病两周内，应卧床休息；②待水肿消退、血压降至正常、肉眼血尿消失可下床轻微活动或户外散步；③尿常规红细胞减少、血沉正常可上学，但需避免剧烈体育运动；④ Addis 计数正常后恢复正常活动。

3. 病情观察

（1）观察水肿、血压、尿量：注意水肿的程度及部位，每日或隔日测体重 1 次；准确记录 24 小时液体的出入量，每周 2 次尿常规检查；患儿尿量增加，肉眼血尿消失，提示病情好转。

（2）并发症的观察：密切观察生命体征的变化，尤其是血压的变化，若突然出现血压升高、剧烈头痛、呕吐、眼花、一过性失明或惊厥等，提示有高血压脑病的发生；若出现呼吸困难、烦躁不安、心率加快、双肺可闻及湿啰音、肝脏肿大等，提示有严重循环充血的发生，立即配合医生进行救治。

4. 用药护理　注意观察药物的疗效和不良反应。应用利尿剂时，注意尿量、水肿、血压的变化，观察有无水电解质紊乱；应用降压药时，注意监测血压，防止血压过低，用硝普钠时应新鲜配制，避光使用，防止遇光后药物分解，影响疗效，严密监测血压随时调整滴注速度。

5. 健康教育　向患儿及家长讲解本病是一种自限性疾病，预后良好。强调急性期休息及限制活动的重要性。告知患儿及家长，预防链球菌感染是预防的关键。减少呼吸道感染及皮肤感染，对急性扁桃体炎、猩红热及脓疱疹患者应尽早、彻底地用青霉素或其他敏感抗生素治疗。

第三节　肾病综合征

肾病综合征（nephrotic syndrome，NS）简称肾病，是一组由多种病因引起肾小球基底膜通透性增高，导致血浆内大量蛋白质从尿液中丢失引起的一种临床综合征。临床有四大特征：大量蛋白尿、低蛋白血症、高脂血症和明显水肿，以大量蛋白尿、低蛋白血症为必要条件。

肾病综合征按病因可分为先天性、原发性和继发性三大类，原发性肾病病因不明，可分为单纯性肾病和肾炎性肾病，以单纯性肾病为多见；继发性肾病是指继发于某些疾病如过敏性紫癜、系统性红斑狼疮出现肾病的表现；先天性肾病较少见。肾病综合征在儿童肾脏疾病中发病率仅次于肾小球肾炎。发病年龄多为学龄前儿童，3~5岁为发病高峰，男女比例为3.7∶1。儿童时期的肾病综合征90%为原发性肾病综合征。本节主要介绍原发性肾病综合征。

【病因和发病机制】

原发性肾病的病因和发病机制尚不明确，可能与遗传及环境因素有关。研究已证实：

1. 肾小球毛细血管壁结构或电荷的变化可导致蛋白尿。肾病时由于肾小球滤过膜阴离子丢失增多，导致静电屏障破坏，使大量带负电荷的中分子血浆白蛋白滤出，形成选择性蛋白尿；也可因分子滤过屏障损伤，使尿中丢失多种大中分子蛋白，形成非选择性蛋白尿。

2. 非微小病变型常见免疫球蛋白和/或补体成分肾内沉积，局部免疫病理过程使滤过膜屏障受损而发生蛋白尿。

3. 微小病变型肾小球滤过膜静电屏障损伤可能与细胞免疫失调有关。

4. 实验表明T淋巴细胞异常可导致本病的发病。研究发现部分临床表现为激素耐药的肾病综合征或病理表现为局灶性节段性肾小球硬化者中有致病基因。这些基因的编码蛋白大多为肾小球裂孔隔膜蛋白分子、足细胞分子、肾小球基底膜结构分子等。

【病理生理】

1. 大量蛋白尿　是本病关键的病理生理改变，也是导致其他三大临床特点的基础。肾病时由于肾小球滤过膜损伤导致选择性或非选择性蛋白尿，由于长时间持续大量蛋白尿可使肾小球系膜的基质过度积聚而发生硬化和间质病变，导致肾功能不全。

2. 低蛋白血症　大量血浆蛋白从尿中丢失和肾小管对重吸收蛋白的分解是造成低蛋白血症的主要原因；肝脏合成蛋白的速度和蛋白分解代谢率的改变也可使血浆蛋白降低；另外患儿胃肠道也有少量蛋白丢失。

3. 高脂血症　由于低蛋白血症促使肝脏合成蛋白增加，其中大分子脂蛋白不易从肾脏排出而蓄积于体内，导致高脂血症，主要为血清胆固醇和低密度脂蛋白。持续高脂血症可促进肾小球硬化和肾间质纤维化。

4. 水肿　由于低蛋白血症使血浆胶体渗透压降低，当血浆白蛋白低于25g/L时，液体在组织间隙潴留而发生水肿，当血浆白蛋白低于15g/L时则可有腹水或胸腔积液形成；由于血浆胶体渗透压降低使血容量减少，促使抗利尿激素分泌和肾素-血管紧张素-醛固酮系统被激活导致水钠潴留，水肿加重；另外由于低血容量使交感神经兴奋性增高，某些肾内因子改变了肾小管管周体液平衡机制，都可使近端肾小管钠吸收增加。

【临床表现】

1. 单纯性肾病　发病年龄多为2~7岁，男性发病明显高于女性，约为(2~4)∶1，多数起病隐匿，无明显诱因，主要表现为全身高度水肿，始于眼睑、面部，逐渐遍及四肢、全身，呈凹陷性，男患儿常有阴囊水肿，严重者可出现胸腔积液、腹水。可伴有面色苍白、乏力、厌食，水

ER-11-2

肾病综合征
水肿图片

肿严重者可有少尿,一般无血尿及高血压。

2. 肾炎性肾病　发病年龄多在学龄期。一般水肿不严重,除具备肾病四大特征外,还有明显血尿、高血压、血清补体下降和不同程度氮质血症。

3. 并发症

(1) 感染:是本病最常见的并发症和导致死亡的原因。由于患儿蛋白质营养不良、免疫球蛋白从尿液中丢失以及应用皮质激素和免疫抑制剂治疗等,导致其免疫功能下降,易合并各种感染,常见有呼吸道、皮肤、尿路感染和原发性腹膜炎等,其中以上呼吸道感染最常见,感染可使病情加重或反复。肾病患儿的医院内感染不容忽视,以呼吸道感染和尿路感染最多见,致病菌以条件致病菌为主。

(2) 电解质紊乱和低血容量:常见的电解质紊乱有低钠、低钾、低钙血症。患儿不恰当的长期禁盐或使用利尿剂以及感染、腹泻、呕吐等均可导致低钠、低钾血症;由于钙结合蛋白和维生素 D 结合蛋白由尿中丢失,以及激素的影响导致低钙血症。另外由于低蛋白血症使血浆胶体渗透压降低,液体在组织间隙潴留,导致血容量不足,在腹泻、呕吐或不恰当利尿时易出现低血容量性休克。

(3) 血栓形成:肾病综合征高凝状态易致各种动、静脉血栓形成,以肾静脉血栓形成常见,表现为突发腰痛、血尿或血尿加重、少尿甚至发生肾衰竭。不同部位血管血栓形成临床并不少见。下肢深静脉血栓形成可出现两侧肢体水肿程度差别明显,不随体位改变而变化;下肢疼痛伴足背动脉搏动消失等症状及体征时,应考虑下肢动脉血栓形成;不明原因的咳嗽、咯血或呼吸困难而无肺部阳性体征时要警惕肺栓塞,其半数可无临床症状;突发的偏瘫、面瘫、失语或神志改变等神经系统症状在排除高血压脑病、颅内感染后要考虑脑栓塞。血栓缓慢形成者其临床症状多不明显。

(4) 急性肾衰竭:多数为低血容量所致的肾前性肾衰,少数为肾组织的严重增生性病变。

(5) 生长延迟:主要见于频繁复发和长期接受大剂量糖皮质激素治疗的患儿。

案例分析

患儿,男,6 岁,1 周前上呼吸道感染后出现水肿,尿少且尿中泡沫多,每天 300ml。患儿伴有食欲减退、乏力。2 年前诊断为儿童肾病综合征并给予正规激素治疗。体格检查:T 36.2℃,P 88 次 /min,R 20 次分,BP 101 /66mmHg,身高 112cm,体重 27kg。眼睑明显水肿,阴囊重度水肿,腹部移动性浊音阳性。

请问:

(1) 根据患儿生长发育状况判断患儿是否有生长延迟现象?

(2) 患儿此次入院为肾病综合征复发,复发原因是什么?

(3) 患儿入院后给予激素(较入院前加大剂量)及呋塞米(速尿)治疗,治疗第 5 天 24 小时尿量达 2 800ml,为什么? 如果你是责任护士应如何处理?

(4) 患儿入院 20 天后好转出院,如果你是责任护士该如何给予出院指导?

案例分析答案要点

【辅助检查】

1. 尿液检查　尿蛋白定性多为 +++~++++,24 小时尿蛋白定量 >0.05g/kg,可见透明管型和颗粒管型,肾炎性肾病患儿可有镜下血尿。

2. 外周血象　血浆总蛋白低于正常,白蛋白下降更明显 <30g/L(或≤25g/L);白、球比

例倒置;血清胆固醇明显增多 >5.7mmol/L;血沉明显增快;IgG 水平可降低,部分患儿 IgE 和 IgM 可增高;肾炎性肾病患儿可有血清补体降低或不同程度的氮质血症。

3. 高凝状态和血栓形成的检查　多数原发性肾病患儿都存在不同程度的高凝状态, 血小板增多,血小板聚集率增加,血浆纤维蛋白原增加,尿纤维蛋白裂解产物增高。对疑有血栓形成者进行彩色多普勒 B 型超声检查以明确诊断,必要者可进行数字减影血管造影 (DSA)。

4. 经皮肾穿刺组织病理学检查　多数儿童肾病综合征不需要进行诊断性肾活体组织检查。肾病综合征肾活体组织检查的指征:①对糖皮质激素治疗耐药、频繁复发或激素依赖者;②对临床或实验室证据支持肾炎性肾病或继发性肾病综合征者,以明确病理类型,指导治疗,估计预后。

【治疗要点】

1. 一般治疗　除严重水肿和严重高血压外,一般不需要严格限制活动;出现显著水肿和严重高血压时应短期限制水钠摄入,病情缓解后不必继续限制;给予高热量、高维生素及适量优质蛋白;应用糖皮质激素过程中应补充维生素 D 及适量钙剂。发生感染应选择敏感、强效抗生素控制感染。

2. 激素治疗　肾上腺皮质激素为治疗肾病综合征的首选药物。有短程(8 周)、中程(6 个月)及长程(9 个月)疗法,目前多采用中、长程疗法。泼尼松 2mg/(kg·d),最大剂量不超过 60mg/(kg·d),分次口服,尿蛋白转阴后巩固 2 周(一般足量不少于 4 周,不超过 8 周),改为 2mg/kg 隔日清晨顿服,共 4 周,以后每 2~4 周减量 2.5~5mg,直至停药。

3. 免疫抑制剂治疗　适用于糖皮质激素耐药、依赖、频繁复发或出现严重副作用病例, 可选用环磷酰胺、环孢素等。

4. 利尿　对糖皮质激素耐药或未使用糖皮质激素而水肿较重伴尿少者可配合使用利尿剂如氢氯噻嗪、呋塞米等,在严重低白蛋白血症的情况下,可静脉注射白蛋白或低分子右旋糖酐,随后静脉注射呋塞米,其机制为可提高血浆渗透压,有利于组织间隙液体向血管内转移,之后使用利尿剂可明显增强利尿效果。但目前认为反复输注白蛋白会延迟肾病缓解和增加复发的机会。

5. 其他治疗　可使用肝素、尿激酶等抗凝;左旋咪唑调节免疫;血管紧张素转化酶抑制剂可改善肾小球血流,减少尿蛋白,延缓肾小球硬化。

6. 中医治疗　中医学认为儿童原发性肾病综合征发病与外感、水湿、湿热、瘀血、湿浊及肺脾肾功能失调有关,提出"其本在肾,其末在肺""其制在脾"的重要论点。故以益气健脾补肾治本为主,辅以宣肺、利水、清热、化湿、活血化瘀、降浊治其标分证论治。

【预后】

原发性肾病综合征的预后转归与其病理类型及激素的敏感性密切相关。微小病变型(单纯性肾病)绝大多数对激素敏感,预后最好,非微小病变型肾病预后较差。

【护理评估】

1. 健康史　评估患儿起病的缓急,有无感染或劳累等诱因,是首次发病还是复发;了解水肿发生的时间及进展情况;询问患儿 24 小时排尿次数及尿量,尿色,尿中泡沫多少等情况;了解患病后所做检查、诊断是否明确,用药情况、激素治疗情况、治疗效果及不良反应。

2. 身体状况　评估患儿生命体征,注意血压、体重、腹围等,评估患儿水肿的部位、性质及程度,是否为凹陷性等。注意有无呼吸道、皮肤感染征象;有无四肢湿冷、血压下降、神志不清等。了解尿常规、肾功能及电解质等检查结果。

3. 心理社会状况　由于本病病程较长、易复发,家长因担心患儿病情及激素的不良反应会产生焦虑心理。患儿因长期应用糖皮质激素造成形象的改变会产生自卑心理,长期住院治疗不能上学担心学习成绩下降产生紧张、焦虑心理。

【护理诊断】

1. 体液过多 与低蛋白血症等导致的水、钠潴留有关。

2. 营养失调:低于机体需要量 与大量蛋白丢失有关。

3. 有感染的危险 与免疫力低下及激素的使用有关。

4. 有皮肤完整性受损的危险 与高度水肿有关。

5. 潜在并发症:急性肾衰竭、电解质紊乱等。

6. 体像紊乱 与长期使用糖皮质激素及免疫抑制剂有关。

7. 焦虑/恐惧 与疾病反复和病程长有关。

8. 知识缺乏:缺乏疾病预防和治疗相关知识。

【护理措施】

1. 适当休息 除严重水肿和高血压外,一般不需要卧床休息,即使卧床也应经常变换体位,防止血栓的形成。病情缓解后可逐渐增加活动量,但不能过度劳累。

2. 营养管理 一般患儿不需要特别限制饮食,由于消化道黏膜水肿使消化功能减弱,应注意减轻消化道负担,给予优质蛋白(乳类、蛋、鱼、家禽等)、低脂肪、足量碳水化合物及高维生素等易消化的饮食。

(1)水和盐:严重水肿、高血压时适当限制钠的摄入,一般 1~2g/d,病情缓解后一般不必长期过分限盐,因水肿主要是血浆胶体渗透压下降、低蛋白血症所致,限制水钠摄入对减轻水肿的作用不明显,过分限制易造成低钠血症及食欲下降。

(2)蛋白质和脂肪:大量蛋白尿期间蛋白摄入量不宜过多,因蛋白摄入过多易造成肾小球高滤过,使肾小管细胞重吸收蛋白负荷增加,蛋白分解亢进,导致细胞功能受损,故蛋白质摄入量控制在每日 2g/kg 为宜,伴有肾功能不全者控制在每日 0.5g/kg,尿蛋白消失后长期用糖皮质激素治疗期间应多补充蛋白,因糖皮质激素可使机体蛋白质分解代谢增强,出现负氮平衡。为减轻高脂血症应少食动物脂肪,以植物性脂肪为宜,同时增加富含可溶性纤维的饮食如燕麦、米糠及豆类等。

(3)其他:低钙血症及使用糖皮质激素可引起骨质疏松,故应补充维生素 D 400U/d 及钙 10~30mg/(kg·d),酌情给予铁 2~6mg/(kg·d),锌 5~20mg/(kg·d)等微量元素。

3. 预防感染、加强皮肤护理

(1)向患儿及家长说明预防感染的重要性。做好保护性隔离,与感染性疾病患儿分室收治,减少探视,病房每日进行空气消毒,严格执行无菌操作。

(2)加强皮肤护理,注意保持皮肤清洁、干燥,及时更换内衣;保持床铺清洁平整无渣屑,衣服宽松、被褥松软;协助患儿翻身,防止水肿局部受压发生压疮,水肿严重时,臀部和四肢受压部位垫软垫,或用气垫床;阴囊水肿可用棉垫或吊带托起;皮肤破损者可涂碘伏预防感染;严重水肿者尽量避免肌内注射,因水肿严重药物不能吸收,反而从注射部位外渗,导致局部皮肤潮湿、糜烂或感染。

(3)做好会阴部清洁,用 3% 硼酸溶液坐浴每日 1~2 次,以预防尿路感染。

4. 病情观察、防止并发症

(1)观察水肿情况:注意水肿的程度及部位,每日测体重一次;有腹水者每日测腹围一次,了解腹水变化情况;记录 24 小时出入量。

(2)并发症的观察:密切观察生命体征的变化,注意监测体温和检查外周血象,及时发现感染灶并给予抗生素治疗。若有厌食、乏力、嗜睡、血压下降甚至休克等考虑低钠血症;有乏力、肌张力下降、腹胀及心电图表现等考虑低钾血症;有烦躁不安、四肢湿冷、脉搏细数、血压下降等考虑低血容量休克;有突发腰痛、血尿加重或急性肾衰竭等考虑肾静脉血栓形成,及时报告医生积极协助治疗。

5. 用药护理

(1) 糖皮质激素治疗期间注意每日血压、尿量、尿蛋白、血浆蛋白的变化情况。注意观察药物的不良反应,如高血压、库欣综合征(如满月脸、向心性肥胖、多毛、皮肤紫纹等)、糖尿病、骨质疏松、消化道溃疡等,一般无需治疗,停药后可消失。遵医嘱及时补充维生素 D 及钙剂,以免发生骨质疏松及手足搐搦症。

(2) 应用利尿剂时注意观察尿量和血压,防止发生低血容量性休克和静脉血栓;定时查血钾、血钠,防止发生电解质紊乱。

(3) 应用免疫抑制剂如环磷酰胺治疗时,注意药物不良反应如白细胞数下降、胃肠道反应及出血性膀胱炎等,用药期间要多饮水和定期查外周血象。

(4) 应用抗凝和溶栓疗法时注意监测凝血时间及凝血酶原时间。

6. 心理护理　多给患儿心理支持,使其保持良好的情绪,积极配合治疗。由于该病病程较长,易复发,家长易出现焦虑、失望,注意进行心理疏导。

7. 健康教育　向患儿及家长强调激素治疗本病的重要性,使患儿坚持按医嘱服药,不能随意减药或停药;强调预防感染的重要性,并采取有效措施预防感染,教会家长和年长儿使用试纸监测尿蛋白的变化。

第四节　尿　路　感　染

尿路感染(urinary tract infection,UTI)是指病原体直接侵入尿路,在尿路中生长繁殖,并侵犯尿路黏膜或组织而引起的损伤,是儿童泌尿系统常见病之一。女孩发病率高于男孩,但在新生儿或婴幼儿早期男孩发病率稍高。按病原体侵袭的部位可分为尿道炎、膀胱炎和肾盂肾炎。若感染局限于膀胱、尿道称为下尿路感染,而表现为肾盂炎和肾盂肾炎时称为上尿路感染。感染若无任何症状,仅在普查时发现细菌尿,被称为无症状性菌尿。由于儿童时期感染局限在某一部位者较少,且临床上难以定位,故统称为尿路感染。儿童 UTI 与成人比较有许多不同,表现为:①新生儿、婴幼儿泌尿系统症状不显著,全身症状较重;②常合并有泌尿系统异常,如各种先天畸形和膀胱 - 输尿管反流(VUR);③婴幼儿的感染途径可为血源性。

【病因和发病机制】

1. 病原体　任何致病菌均可引起尿路感染,大多数为细菌、真菌和支原体,病毒也可致病但较少见。除血源性感染外,细菌多数为肠道革兰氏阴性杆菌,大肠埃希菌是尿路感染中最常见的致病菌,约占 60%~80%;其次为克雷伯菌、变形杆菌等,少数为肠球菌和葡萄球菌。

2. 易感因素

(1) 儿童泌尿道解剖生理特点:儿童输尿管长而弯曲,管壁弹力纤维发育不全,易扭曲导致尿潴留而易致感染。女孩尿道短,尿道口接近肛门,易被粪便污染;男孩包皮过长,包茎积垢,易致上行性感染。

(2) 泌尿系统结构异常:如肾盂输尿管连接处狭窄,肾盂积水,膀胱 - 输尿管反流等,均可使尿液引流不畅而发生感染,也是导致感染迁延不愈和反复感染的主要原因。

(3) 泌尿道抵抗感染功能缺陷:如营养不良、分泌型 lgA 缺乏等,均可能增加尿路感染的机会。

（4）其他：如新生儿和小婴儿不及时更换尿布；儿童尿道周围菌种的改变及尿液性状的变化可为致病菌的入侵和繁殖创造条件；糖尿病、高钙血症、高血压、慢性肾脏疾病、镰状细胞贫血及长期使用糖皮质激素或免疫抑制剂的患儿，其尿路感染的发病率可增高；行泌尿道器械检查、留置导尿等侵入性操作可增加发病机会。

3. 感染途径

（1）上行感染：是儿童尿路感染的主要途径。致病菌从尿道口上行至膀胱，引起膀胱炎，膀胱内的致病菌在经输尿管移行至肾脏，引起肾盂肾炎。膀胱输尿管反流常是细菌上性感染的直接通道。

（2）血源性感染：经血液途径侵袭尿路的致病菌主要是金黄色葡萄球菌。

（3）淋巴感染和直接感染：结肠内和盆腔的细菌可通过淋巴管直接蔓延引起尿路感染。

【临床表现】

1. 急性尿路感染　病程 6 个月以内，不同年龄组临床表现差异较大。年龄越小全身症状越明显，局部症状较轻；年长儿以局部症状为主。

（1）新生儿：症状不典型，以全身症状为主，多由血行感染引起，症状轻重不一，可有发热或体温不升、体重不增、拒奶、腹泻、黄疸、嗜睡和惊厥等，而局部尿路刺激症状多不明显，30% 患儿血和尿培养出的致病菌一致。

（2）婴幼儿：女孩多见，以全身症状为主，局部症状轻微或缺如，表现为发热、呕吐、腹痛、腹泻等，局部尿路刺激症状不明显，可出现排尿中断、排尿时哭闹、尿布有臭味和顽固性尿布疹等。

（3）儿童：表现与成人相似，上尿路感染多有发热、寒战、腰痛、肾区叩击痛等全身症状；下尿路感染以尿路刺激征如尿急、尿频、尿痛为主，尿液混浊，偶见肉眼血尿。

2. 慢性尿路感染　病程迁延 6 个月以上，可无明显症状，也可表现为反复发作的尿路刺激征、脓尿或菌尿等。可伴有贫血、消瘦、生长迟缓，严重者可出现肾功能不全及高血压。

3. 无症状性菌尿　在常规的尿筛查过程中，可以发现健康儿童中存在着有意义的菌尿，但儿童本人无任何尿路感染的症状。这种现象可见于各个年龄段的儿童，以学龄前女孩最常见。无症状性菌尿患儿常同时伴有尿路畸形和既往有症状的尿路感染史。病原体多为大肠埃希菌。

【辅助检查】

1. 尿常规　清洁中段尿沉渣镜检白细胞≥5 个 / 高倍镜视野，即可怀疑为尿路感染。白细胞管型、中等蛋白尿有助于肾盂肾炎的诊断。

2. 尿涂片找细菌　油镜下如每个视野都能找到一个细菌，表明尿内细菌数 >10^5/ml，有诊断意义。

3. 尿培养细菌学检查　尿细菌培养和菌落计数是诊断尿路感染的主要依据。正常膀胱中虽无菌但排尿时可有污染，健康儿童中段尿培养 60%~70% 可有细菌生长，但菌落较少，因此不能只根据有无细菌生长作为诊断依据，必须同时作菌落计数。通常认为中段尿培养菌落数≥10^5/ml 可确诊，10^4~10^5/ml 为可疑，<10^4/ml 为污染。通过耻骨上膀胱穿刺获取的尿培养，只要发现有细菌生长，即有诊断意义。

4. 影像学检查　包括 B 型超声检查、静脉肾盂造影、肾核素造影和 CT 扫描等。以便了解泌尿系统有无畸形或输尿管反流，肾脏有无瘢痕性损伤。

【治疗要点】

控制感染，缓解症状、去除病因，防止复发。

1. 一般治疗　急性期需卧床休息，鼓励患儿多饮水、勤排尿；女孩注意保持外阴清洁。

给予高热量、高维生素和高蛋白饮食,以增强机体抵抗力。

2. 抗菌治疗 急性尿路感染经合理抗菌治疗,多数于数日内症状消失、治愈。应及早使用抗生素治疗。选用原则:①上尿路感染应选用血浓度高的药物如头孢类抗生素,疗程10~14 天,下尿路感染选择尿浓度高的药物如复方磺胺甲噁唑等,疗程 7~10 天;②根据药敏试验结果结合临床疗效选用抗菌能力强、抗菌谱广、不易使细菌耐药、对肾脏损害小的强效杀菌剂;③无症状性菌尿大多不需治疗,因为抗菌治疗并不能降低再感染的发生率。

3. 对症治疗 有发热、头痛、腰痛者应给予解热镇痛剂缓解症状;对于尿路刺激征明显者,可使用阿托品、山莨菪碱等抗胆碱药物治疗或口服碳酸氢钠碱化尿液,以减轻局部刺激症状。

4. 积极矫治尿路畸形,避免反复尿路感染导致肾功能不全。

【护理评估】

1. 健康史 评估患儿尤其是女孩有无尿路感染史、器械检查史等;有无尿道畸形或其他感染性疾病;男孩有无包皮过长、包皮内有无尿垢等;有无长期使用糖皮质激素及免疫抑制剂等。

2. 身体状况 评估患儿体温、面色、体重及精神状况。了解患儿有无遗尿、发热、排尿哭闹等,年长儿有无腰酸、腰痛、血尿及尿频、尿急、尿痛等尿路刺激征。了解尿常规、尿培养等辅助检查结果。

3. 心理社会状况 患儿因尿痛排尿时哭闹,家长可出现烦躁、焦虑心理。

【护理诊断】

1. 体温过高 与细菌感染有关。

2. 排尿异常 与膀胱、尿道炎症有关。

3. 知识缺乏:缺乏预防疾病发生及复发的相关知识。

【护理措施】

1. 病情观察、维持正常体温 急性期需卧床休息,监测体温变化,高热者给予物理降温或药物降温。注意观察排尿频率、尿量、排尿时的表情及尿液性状,定期取尿标本送检,复查尿常规和进行尿培养。

2. 饮食护理 鼓励患儿大量饮水,通过增加尿量起到冲洗尿路作用,减少细菌在尿路的停留时间,促进细菌毒素排出;多饮水还可以降低肾髓质及乳头部组织的渗透压,不利于细菌生长繁殖。给予高热量、高维生素、高蛋白、清淡易消化饮食,发热者给予流质饮食或半流质饮食。

3. 用药护理 注意使用抗生素后的疗效及不良反应,饭后服用可减轻胃肠道症状;由于磺胺药在尿中易形成结晶,故服药期间应多饮水。

4. 健康教育

(1) 向患儿和家长解释本病护理要点及相关预防知识:如婴儿勤换尿布,幼儿不穿开裆裤,保持会阴部清洁干燥,便后清洗臀部时应从前向后擦洗,单独使用专用洁具,防止肠道细菌污染尿道,引起上行性感染;及时发现男孩包茎、女孩处女膜伞、蛲虫前行尿道等异常情况,并及时处理;及时治疗尿路畸形,防止尿液引流不畅及肾瘢痕形成。

(2) 指导按时服药,定期复查,防止复发与再感染:一般急性感染于疗程结束后每月一次,除尿常规外,还应做中段尿培养,连续 3 个月,如无复发可以认为治愈,复发者每 3~6 个月复查一次,共 2 年或更长时间。

(潘兰霞)

复习思考题

1. 患儿,男,7岁,因水肿、少尿3天入院。20天前曾患急性化脓性扁桃体炎,查体:BP 135/90mmHg,双下肢非凹陷性水肿,心肺无异常,双肾区叩痛。尿常规:RBC++,Pro++。诊断为急性肾小球肾炎。

请回答以下问题:

(1) 该患儿血压是否符合高血压标准,通过哪些措施可以降低患儿血压?

(2) 疾病急性期主要的护理措施。

(3) 患儿母亲听说得了肾脏疾病日后会发展为尿毒症,因此非常焦虑,如何对患儿家长进行健康教育?

2. 患儿,男,3岁,因肾病综合征住院治疗。查体见面色苍白,嗜睡,厌食,全身水肿。请回答以下问题:

(1) 给予激素治疗,与治疗相关的护理干预措施包括哪些?

(2) 请参考有利于患儿康复的营养需求,为他制定一个为期一天的菜单。

(3) 患儿喜欢趴着。当改变他的体位时,他会哭闹,他的母亲反对给他变换体位。对患儿的妈妈应该如何进行疾病教育?

学习内容与
学习方法

扫一扫,
测一测

第十二章

造血系统疾病患儿的护理

学习目标

知识目标

1. 能描述儿童造血特点及不同年龄阶段的血象特点；并能判断儿童贫血的诊断标准、分度与分类，出血性疾病的分类、急性白血病的分类与分型。

2. 能比较分析营养性缺铁性贫血与营养性巨幼细胞贫血的发病机制异同点、能解释免疫性血小板减少症、急性白血病的病因及发病机制。

3. 能复述营养性缺铁性贫血、营养性巨幼细胞贫血、免疫性血小板减少症、急性白血病的临床表现、治疗要点、辅助检查、护理诊断、护理措施。

能力目标

1. 能应用护理程序对造血系统疾病患儿实施整体护理和健康教育。

2. 提升发现问题、分析问题、解决问题能力和临床思维能力。

素质目标

1. 关心爱护患儿，帮助血液病患儿及其家长树立战胜疾病的信心。

2. 养成科学严谨的工作态度。

第一节　儿童造血及血象特点

一、造血特点

儿童造血以新生儿出生为标志分为胚胎期造血和生后造血两个阶段。

（一）胚胎期造血

胚胎期造血始于卵黄囊，然后在肝脏、脾脏、胸腺、淋巴结，最后在骨髓，可以分为以下三个阶段：

1. 中胚叶造血期（mesoblastic hematopoiesis）　约于胚胎第 3 周开始出现卵黄囊造血，之后在中胚叶组织中出现广泛的原始造血成分，主要是原始的有核红细胞。在胚胎第 6 周后，中胚叶造血功能开始退化，至胚胎 12~15 周消失。

2. 肝脾造血期（hepatic and splenic hematopoiesis）　在胚胎第 6~8 周时肝脏出现造血组织，成为胎儿中期主要造血部位，第 4~5 个月时达高峰，6 个月后逐渐减退，约于出生时停止。肝脏造血主要产生有核红细胞，也可产生少量粒细胞和巨核细胞。

约在胚胎第 8 周脾脏开始造血，以生成红细胞为优势，稍后粒系造血也非常活跃，至 12

周时出现淋巴细胞和单核细胞。胎儿 5 个月后脾脏造红细胞和粒细胞的功能逐渐减退,保留造淋巴细胞功能至终生。

约在胚胎第 6~7 周已出现胸腺并开始生成淋巴细胞。此外,胚胎期胸腺还有短暂的生成红细胞和粒细胞功能。胚胎第 11 周淋巴结开始生成淋巴细胞,并成为终生造淋巴细胞和浆细胞的器官。胎儿期淋巴结也有短暂的红系造血功能。

3. 骨髓造血期(medullary hematopoiesis) 胚胎第 6 周开始出现骨髓,但至胚胎第 4 个月时才开始造血活动,并成为胎儿后期主要造血器官,直至出生 2~5 周后成为唯一的造血场所。

(二)生后造血

出生后主要是骨髓造血,生成各种血细胞,淋巴组织产生淋巴细胞,多在病理情况下出现骨髓外造血。

1. 骨髓造血 出生后骨髓是造血的唯一器官。婴幼儿期所有骨髓均为红骨髓,全部参与造血,以满足生长发育的需要。5~7 岁开始,脂肪组织(黄骨髓)逐渐代替长骨中的红骨髓,年长儿和成人红骨髓仅限于颅骨、锁骨、胸骨、肋骨、脊椎、肩胛骨、骨盆,但黄骨髓有潜在造血功能,当造血需要增加时,它可转变为红骨髓而恢复造血能力。儿童在出生后头几年缺少黄骨髓,故造血代偿潜能低,如果需要增加造血,容易出现骨髓外造血。

2. 骨髓外造血(extramedullary hematopoiesis) 在正常情况下,骨髓外造血极少。婴幼儿时期,当发生感染性或溶血性贫血等需要增加造血时,肝、脾和淋巴结恢复到胎儿时的造血状态,表现为肝、脾、淋巴结肿大,同时外周血中可出现有核红细胞和 / 或幼稚中性粒细胞,称为"骨髓外造血"。这是儿童造血器官的一种特殊反应,当感染及贫血纠正后可恢复正常。

二、血象特点

不同年龄儿童的血象有所不同。

(一)红细胞数和血红蛋白量

胎儿期处于相对缺氧状态,红细胞生成素合成增加,故红细胞数和血红蛋白量较高,出生时红细胞数约 5.0×10^{12}~7.0×10^{12}/L,血红蛋白量约 150~220g/L。生后 6~12 小时因不显性失水和进食少,红细胞数和血红蛋白量往往比出生时略高。出生后随着自主呼吸的建立,血氧含量增加,导致红细胞生成素减少,骨髓造血功能暂时性降低,网织红细胞减少;胎儿血红蛋白半衰期短,红细胞寿命相对较短、破坏较多(生理性溶血);婴儿生长发育迅速,循环血量迅速增加,诸上因素造成红细胞数与血红蛋白量逐渐降低,至 2~3 个月时红细胞数降至 3.0×10^{12}/L,血红蛋白量降至 100g/L 左右,出现轻度贫血,称为生理性贫血(physiological anemia)。此现象在早产儿发生较早、程度较重。生理性贫血呈自限性,3 个月后,红细胞数和血红蛋白量又缓慢增加,约 12 岁时达成人水平。此外,初生时外周血中可见到少量有核红细胞,生后 1 周内逐渐消失。

(二)白细胞数与分类

初生时白细胞数为 15×10^9~20×10^9/L,生后 6~12 小时达 21×10^9~28×10^9/L,然后逐渐下降,1 周时平均为 12×10^9/L,婴儿期维持在 10×10^9/L 左右,8 岁后接近于成人水平。

白细胞分类主要是中性粒细胞和淋巴细胞比例的变化。出生时中性粒细胞约占 60%~65%,淋巴细胞约占 30%~35%。出生后随着白细胞总数的下降,中性粒细胞比例也相应下降,生后 4~6 天时两者比例约相等;之后淋巴细胞比例上升,至 1~2 岁时淋巴细胞约占 60%,中性粒细胞约占 35%,至 4~6 岁时两者比例又约相等;此后以中性粒细胞为主,逐渐达成人水平。此外,出生时外周血中可出现少量幼稚中性粒细胞,数天内会逐渐消失。

(三)血小板数

血小板计数约为 $150 \times 10^9 \sim 300 \times 10^9/L$。

(四)血红蛋白种类

胎儿 6 个月时胎儿血红蛋白(HbF)占 90%,而成人血红蛋白(HbA)仅占 5%~10%;以后 HbA 合成逐渐增加。出生时 HbF 占 70%,出生后 HbF 迅速被 HbA 所代替,1 岁时 HbF 不超过 5%,至 2 岁后达成人水平,HbF 不超过 2%。

(五)血容量

儿童血容量相对较成人多,新生儿血容量约占体重的 10%,平均 300ml,儿童约占体重的 8%~10%,成人约占体重的 6%~8%。

第二节 儿童贫血

一、概述

(一)儿童贫血的定义

贫血(anemia)是指外周血中单位容积内的红细胞数(RBC)或血红蛋白量(Hb)低于正常。儿童红细胞数和血红蛋白量随年龄不同而有差异,诊断贫血时必须参照相应年龄的正常值。我国儿童血液会议(1989 年)建议 6 个月以下婴儿贫血诊断标准为血红蛋白在新生儿期 <145g/L,1~4 个月 <90g/L,4~6 个月 <100g/L;6 个月以上儿童贫血标准根据世界卫生组织资料,血红蛋白在 6 个月 ~59 个月 <110g/L,5~11 岁 <115g/L,12~14 岁 <120g/L。海拔每升高 1 000m,血红蛋白上升 4%。

(二)贫血的分类

1. 贫血程度分类　根据外周血血红蛋白含量,儿童贫血分为轻、中、重、极重四种程度(表 12-1)。

表 12-1　贫血的分度

	轻度	中度	重度	极重度
血红蛋白量(儿童)(g/L)	120~90	60~90	30~60	<30
血红蛋白量(新生儿)(g/L)	144~120	120~90	90~60	<60

2. 病因分类　根据造成贫血的原因将其分为以下三类。

(1) 红细胞或血红蛋白生成不足

1) 造血物质缺乏:如铁、维生素 B_{12}、叶酸、维生素 C、维生素 B_6、蛋白质等缺乏所致贫血。

2) 骨髓造血功能障碍:如再生障碍性贫血,单纯红细胞再生障碍性贫血等。

3) 其他:慢性感染性及炎症性贫血、慢性肾病、铅中毒、癌症等引起的贫血。

(2) 溶血性贫血

1) 红细胞内在异常:①红细胞膜结构缺陷:如遗传性球形红细胞增多症、遗传性椭圆形红细胞增多症、棘形红细胞增多症等;②红细胞酶缺乏:如葡萄糖 -6- 磷酸脱氢酶(G-6-PD)缺乏、丙酮酸激酶(PK)缺乏等;③血红蛋白合成或结构异常:如地中海贫血、血红蛋白病等。

2) 红细胞外在因素:①免疫因素:体内存在破坏红细胞的抗体,如新生儿溶血病、自身免疫性溶血性贫血、药物所致的免疫性溶血性贫血等;②非免疫因素:如感染、毒素、物理化学因素、脾功能亢进、弥散性血管内凝血等。

（3）失血性贫血

1）急性失血：如创伤性大出血、出血性疾病等。

2）慢性失血：如溃疡病、钩虫病、特发性肺含铁血黄素沉积症等。

3. 形态分类　根据平均红细胞容积（MCV）、平均红细胞血红蛋白量（MCH）和平均红细胞血红蛋白浓度（MCHC），将贫血分为四类（表 12-2）。

表 12-2　贫血的细胞形态分类

	MCV（fl）	MCH（pg）	MCHC（%）
正常值	80~94	28~32	32~38
大细胞性	>94	>32	32~38
正细胞正色素性	80~94	28~32	32~38
单纯小细胞性	<80	<28	32~38
小细胞低色素性	<80	<28	<32

（三）贫血的临床表现

贫血的临床表现与其病因、贫血程度、发生速度及年龄等因素有关。贫血时，由于机体组织缺氧，全身各系统产生一系列症状。贫血症状的出现及轻重程度由机体缺氧的程度和对缺氧的代偿决定。一般情况下，轻度贫血常无自觉症状。急性贫血如急性大失血、溶血等，虽贫血程度轻，也可引起严重症状甚至休克；慢性贫血，早期机体代偿功能较好，可无症状或症状轻，当代偿不全时才逐渐出现症状。

1. 一般表现　皮肤、黏膜苍白为突出表现，面、耳轮、手掌等部位皮肤及睑结膜、口腔黏膜、甲床呈苍白色；重度贫血时皮肤呈蜡黄色。病程较长的患儿常表现为疲乏、毛发干枯、生长发育迟缓、营养低下等。

2. 髓外造血表现　肝、脾及淋巴结肿大，外周血中可出现有核红细胞、幼稚粒细胞。

3. 其他各系统表现

（1）呼吸和循环系统：呼吸与心率增快、脉搏加强、动脉压增高，有时可见毛细血管搏动。重度贫血失代偿时，出现心脏扩大、心前区收缩期杂音，甚至发生充血性心力衰竭。

（2）消化系统：食欲缺乏、恶心、腹胀或便秘等。有的患儿会出现舌炎、舌乳头萎缩等。

（3）神经系统：精神不振、注意力不集中、易激动等。年长儿可有头晕、耳鸣、眼前有黑点等。

二、营养性缺铁性贫血

缺铁性贫血（iron deficiency anemia，IDA）是由于体内铁缺乏导致血红蛋白合成减少，以小细胞低色素性贫血、血清铁蛋白减少和铁剂治疗有效为临床特点的贫血症。各年龄组均可发病，以 6 个月 ~2 岁发病率最高，是我国重点防治的儿童疾病之一。

【病因】

1. 先天储铁不足　胎儿从母体获得铁，孕后期 3 个月获铁量最多，平均每日约 4mg。足月儿从母体所获得的铁足够其生后 4~5 个月内的需要；早产、双胎或多胎、胎儿失血、孕母严重缺铁等均可使胎儿储存铁减少。

2. 铁摄入量不足　这是营养性缺铁性贫血的主要原因。人乳、牛乳、谷物中含铁量均低，若未及时引入含铁多的转换食物，或年长儿偏食、挑食等均可致铁摄入量不足。

3. 生长发育快　儿童因生长发育，每日需铁量较成人多。成熟儿自生后 4 个月至 3 岁每日约需铁 1mg/kg，早产儿约需 2mg/kg（各年龄儿童每日摄入总量不宜超过 15mg）。婴儿期、青春期的儿童生长发育快,血容量增加快,早产儿生长发育更快,需铁量相对增加,如不及时添加含铁丰富的食物,易导致缺铁。

4. 铁吸收障碍　食物搭配不合理可影响铁的吸收。慢性腹泻、胃肠炎或消化道畸形可引起铁吸收不良。

5. 铁丢失过多　正常婴儿每天排泄铁量相对比成人多。每 1ml 血约含铁 0.5mg,长期慢性失血可导致缺铁,如肠息肉、梅克尔憩室、膈疝、钩虫病等可致慢性失血;用未经加热处理的鲜牛奶喂养的婴儿可因对牛奶过敏而致肠出血,初潮后少女月经过多等均可造成铁丢失过多。

知识链接

儿童缺铁性贫血的筛查

缺铁性贫血是儿童贫血中最常见的类型。2013 年我国颁布人群贫血筛查卫生行业标准并指明血红蛋白和血细胞比容是贫血筛查的常用指标。对于正常婴幼儿推荐 6 月、9 月、12 月时进行贫血筛查,以后每年一次;早产儿建议 3 个月时开始筛查,以后转入正常筛查。WHO 推荐以血清(浆)铁蛋白来判定铁缺乏。2015 年我国颁布了《WS/T 465-2015 人群铁缺乏筛查方法》。目前,通过贫血表征与贮存铁水平来判断缺铁性贫血被广泛接受。

【发病机制】

铁缺乏对机体多种组织器官的功能均有影响。

1. 缺铁对造血系统的影响　铁是合成血红蛋白的原料,缺铁时血红蛋白生成不足,使血红蛋白合成减少,新生的红细胞内血红蛋白含量不足,细胞质减少,细胞变小;而缺铁对细胞的分裂、增殖影响较小,故红细胞数量减少程度不如血红蛋白减少明显,形成小细胞低色素性贫血。

缺铁性贫血是在一个较长时间内逐渐形成的,通常经过三个阶段。早期贮存铁已减少,但红细胞合成所需的铁尚未减少,称为铁减少期;若贮存铁进一步消耗,红细胞生成所需铁不足,但循环中血红蛋白还未减少,为红细胞生成缺铁期;当贮存铁耗竭时,出现小细胞低色素性贫血的表现,为缺铁性贫血期。故缺铁性贫血是缺铁的晚期表现。

2. 缺铁对其他系统的影响　缺铁可影响肌红蛋白的合成,并可降低多种与生物氧化、组织呼吸、神经介质分解与合成有关的含铁酶(如细胞色素 C、单胺氧化酶、核糖核苷酸还原酶、琥珀酸脱氢酶等)的活性,从而造成细胞功能紊乱,产生一系列造血系统以外的表现,如易疲劳、表情淡漠、注意力不集中、智力减低等。缺铁还可引起组织器官异常,如口腔黏膜异常角化、舌炎、胃酸分泌减少、脂肪吸收不良和反甲等。此外,缺铁还可引起细胞免疫功能下降,易患感染性疾病。

【临床表现】

任何年龄均可发病,以 6 个月 ~2 岁婴幼儿多见。发病缓慢,临床表现因病情轻重而有所不同。

1. 一般表现　皮肤黏膜逐渐苍白,以唇、口腔黏膜、甲床最为明显。患儿易疲乏,不爱活动,体重增加缓慢甚或不增。年长儿可诉头晕、眼前发黑、耳鸣等。

2. 髓外造血表现　由于骨髓外造血反应,肝、脾可轻度肿大,年龄越小、病程越长、贫血越重,肝脾肿大越明显,淋巴结肿大较轻。

3. 非造血系统表现

(1) 消化系统:食欲减退,少数有异食癖(如嗜食泥土、墙皮、煤渣等);可有呕吐、腹泻、口腔炎、舌炎或舌乳头萎缩;重者可出现萎缩性胃炎或吸收不良综合征。

(2) 神经系统:精神萎靡或烦躁不安,注意力不集中、记忆力减退、理解力降低,反应迟缓,智能低于同龄儿,学习成绩下降,并可影响心理的正常发育。

(3) 心血管系统:重度贫血时心率增快,心脏扩大,甚至出现心力衰竭。

(4) 其他表现:因细胞免疫功能降低,易合并感染。可因上皮组织异常而出现皮肤干燥、毛发枯黄易脱落、反甲等。

【辅助检查】

1. 外周血象　血红蛋白降低比红细胞数减少明显,呈小细胞低色素性贫血。外周血涂片可见红细胞大小不等,以小细胞为多,中央淡染区扩大。网织红细胞数正常或轻度减少。白细胞、血小板一般无改变。

2. 骨髓象　增生活跃,以中、晚幼红细胞增生为主。各期红细胞均较小,细胞质少,染色偏蓝,胞质成熟度落后于胞核。粒细胞系和巨核细胞系一般正常。

3. 有关铁代谢的检查

(1) 血清铁蛋白(SF):可较敏感地反映体内贮存铁情况,是诊断缺铁 ID 期敏感和特异的指标。SF<12μg/L,提示缺铁。

(2) 红细胞游离原卟啉(FEP):红细胞内缺铁时 FEP 不能完全与铁结合生成血红蛋白,未被利用的原卟啉在红细胞内聚集,当 FEP>0.9μmol/L(500μg/dl)即提示细胞内缺铁。SF 值降低,FEP 值升高而未出现贫血,这是缺铁 IDE 期的典型表现。

(3) 血清铁(SI)、总铁结合力(TIBC)和转铁蛋白饱和度(TS):这三项检查反映血浆中铁含量,在 IDA 期才出现异常。SI<9.0~10.7μmol/L(50~60μg/dl),TIBC>62.7μmol/L(350μg/dl),TS<15% 有诊断意义。

4. 骨髓可染铁　是反映体内贮存铁敏感而可靠的指标。骨髓涂片用普鲁士蓝染色,观察红细胞内的铁粒细胞数。若 <15%,提示贮存铁(细胞内铁)减少。

【治疗要点】

关键的治疗是去除病因和补充铁剂。

1. 去除病因　合理安排饮食,及时添加含铁丰富的食物,纠正不良饮食习惯。积极治疗原发病,如慢性失血性疾病,消化道畸形、钩虫病等。

2. 铁剂治疗　铁剂是治疗缺铁性贫血的特效药,一般采用口服给药。口服铁剂多选用二价铁盐制剂,如硫酸亚铁(含元素铁 20%)、富马酸亚铁(含元素铁 33%)、葡萄糖酸亚铁(含元素铁 12%)、琥珀酸亚铁(含元素铁 35%)等,剂量为元素铁每日 4~6mg/kg,分 3 次口服,每次剂量不超过元素铁 1.5~2mg/kg。近年来研究显示,蛋白琥珀酸铁每天 1 次的疗效和每天 3 次的疗效相当,且患儿依从性增加。若患儿口服铁剂后效果不佳或副作用严重、患有胃肠疾病及胃肠手术等影响铁剂吸收或不能口服铁剂时可采用注射铁剂,如山梨醇枸橼酸铁复合物、右旋糖酐铁复合物、葡萄糖氧化铁。

3. 输注红细胞　一般不必输红细胞。重度贫血,尤其是发生心力衰竭者;合并感染者;急需外科手术者可少量多次输注红细胞。贫血愈重,每次输血量愈小,速度愈慢。

【护理评估】

1. 健康史　评估患儿喂养方法、食物转换情况、饮食习惯及饮食结构是否合理等;询问患儿生长发育状况,有无慢性疾病,如慢性腹泻、肠道寄生虫、反复感染等;婴儿期发生贫血者需评估母亲孕期有无贫血,是否早产、多胎等;青春期少女应评估是否因月经量过多而导致铁丢失过多。

2. 身体评估　观察患儿皮肤黏膜颜色、毛发及指甲情况,了解患儿有无乏力、头晕、烦躁或萎靡、记忆力减退,有无异食癖、口腔炎、舌炎等。评估患儿的贫血程度,贫血重者注意有无心率增快、心脏扩大及心力衰竭表现。评估血象、骨髓象及铁生化检查结果,了解红细胞数或血红蛋白量、红细胞形态及骨髓增生情况等。

3. 心理社会状况　评估患儿及家长的心理状态,患儿及家长对疾病知识的了解程度,对健康的需求及家庭背景等。

【护理诊断】

1. 活动无耐力　与贫血致组织、器官缺氧有关。

2. 营养失调:低于机体需要量 与铁的供应不足,吸收不良,丢失过多或消耗增加有关。

3. 有感染的危险　与机体的免疫功能下降有关。

4. 知识缺乏:缺乏本病的预防及护理知识。

【护理措施】

1. 休息与活动　根据患儿病情与活动耐受力情况制订活动强度、持续时间、休息方式。轻中度贫血患儿可适量活动,避免剧烈运动,活动中或活动后要适当休息。重度贫血患儿应多卧床休息,活动时以不感到疲劳为度。保证充足睡眠。

2. 合理安排饮食

(1) 向家长及年长患儿解释不良饮食习惯是导致本病的主要病因,协助纠正不良的饮食习惯。

(2) 指导合理搭配饮食:告知家长患儿应食用富含铁且易吸收的食物如动物血、肝脏、肉类、鱼类、豆制品等;氨基酸、维生素 C、稀盐酸、果糖等有利于铁的吸收,可与铁剂或含铁食物同食;咖啡、茶、牛奶、蛋类、麦麸、植物纤维、抗酸药物可抑制铁的吸收,应避免与铁剂或含铁食物同食。鲜牛奶必须加热处理后才能喂养婴儿,以减少过敏而导致的肠出血。

(3) 提倡母乳喂养:人乳含铁虽少,但吸收率高达 50%。6 个月以上的婴儿应逐渐减少乳类摄入量,及时引入含铁丰富且吸收率高的转换食物及铁强化食品如铁强化奶、铁强化酱油等。没有母乳喂养的婴儿应采用铁强化配方奶,婴儿期不建议喂养鲜牛奶。

(4) 早产儿、低体重儿需早期补铁,出生后 1~2 个月开始给予铁剂预防,每日不超过 2mg/kg。

3. 正确应用铁剂,观察疗效与不良反应

(1) 口服铁剂:①口服铁剂胃肠道刺激性较大,可导致厌食、恶心、呕吐、腹泻或便秘、胃部不适等症状,故宜从小剂量开始,两餐之间服用;②铁剂可与维生素 C、果汁等同服,利于吸收;忌与抑制铁吸收的食物如牛奶、制酸剂等同服;③液体铁剂可使牙齿染黑,可用吸管或滴管服用;④服用铁剂后,大便会变黑或呈柏油样,停药后可恢复正常,应向家长及年长患儿说明,消除紧张心理;⑤应指导家长及患儿服药,掌握正确的剂量、疗程及相关注意事项。

(2) 注射铁剂:注射铁剂可致局部疼痛、静脉痉挛、静脉炎,若发生外溢可导致剧痛、炎症,故应深部肌内注射,每次更换注射部位,注射前更换针头,注射后勿立即按揉注射部位,以防药液漏入皮下组织。注射铁剂还可引起荨麻疹、发热、呕吐、头痛、关节痛,甚至过敏性休克,应注意观察。

(3) 观察疗效:服用铁剂 12~24 小时后,临床症状好转。36~48 小时后骨髓出现红细胞系统增生现象。2~3 天后网织红细胞开始上升,5~7 日达高峰,2~3 周降至正常。1~2 周后血红蛋白逐渐上升,一般 3~4 周达正常。如治疗 3~4 周仍无效,应积极查找原因。如铁剂治疗有效,血红蛋白正常后继续服用铁剂 6~8 周以增加贮存铁。

4. 预防感染 指导患儿保持个人卫生,做好皮肤和口腔护理。及时发现感染征象,采取相应措施。

5. 健康教育 向家长及患儿讲解本病的有关知识和护理要点。指导合理喂养,提倡母乳喂养,婴幼儿按时引入转换食物,尤其是含铁米粉和蛋黄。纠正不良饮食习惯,正确服用铁剂,预防感染的发生。强调贫血纠正后仍须坚持合理安排患儿饮食,这是预防本病复发及保证正常生长发育的关键。因本病而引起智力减低、成绩下降的患儿,应加强教育与训练,减轻自卑心理。

知识链接

特发性肺含铁血黄素沉积症

特发性肺含铁血黄素沉积症(idiopathic pulmonary hemosiderosis)是一种较少见的铁代谢异常疾病,特点为广泛的肺毛细血管出血,肺泡中有大量的含铁血黄素沉着,并伴有缺铁性贫血。典型表现为发热、咳嗽、咯血及贫血。发病年龄主要在儿童期,初发年龄多数在婴幼儿及学龄前。发病机制可能与自身免疫有关。本病病程长,反复发作,严重者影响肺功能甚至导致肺纤维化,早期诊断和治疗可改善预后。因此,临床对于波动性贫血,"每遇感冒"加重患儿,或肺部体征不明显却出现心衰,应怀疑该病可能。可留取痰液涂片找"含铁血黄素细胞",据此可明确诊断。对婴幼儿要抽取胃液做上述染色。

三、营养性巨幼细胞贫血

营养性巨幼细胞贫血(nutritional megaloblastic anemia,NMA)是由于维生素 B_{12} 和 / 或叶酸缺乏所致的一种大细胞性贫血,主要临床特点是贫血、神经精神症状、红细胞数减少比血红蛋白量减少更明显、红细胞的胞体变大、骨髓中出现巨幼红细胞,维生素 B_{12} 和 / 或叶酸治疗有效。

【病因】

1. 储存不足 胎儿可从母体获得维生素 B_{12},供出生后利用,若孕母缺乏维生素 B_{12},可致婴儿维生素 B_{12} 储存不足。

2. 维生素 B_{12} 和 / 或叶酸摄入量不足 婴幼儿单纯母乳喂养未及时添加富含维生素 B_{12} 的辅食,单纯羊乳喂养,以及年长儿偏食和素食致使缺乏肉类、动物肝、肾、蔬菜摄入等均可致维生素 B_{12} 和叶酸缺乏。

3. 吸收和代谢障碍 慢性腹泻、吸收不良综合征、胃肠疾病等均可致维生素 B_{12}、叶酸的肠吸收障碍,以及叶酸转运功能障碍等先天性叶酸代谢障碍也可导致叶酸缺乏。

4. 需要量增加 婴儿生长发育快,对维生素 B_{12} 和叶酸的需要量增加,严重感染者维生素 B_{12} 的消耗量增加,需求量也相应增加。

5. 药物作用 长期使用广谱抗生素、抗叶酸代谢药物(甲氨蝶呤、巯嘌呤等)、长期服用抗癫痫药(苯妥英钠、苯巴比妥等)等均可引起叶酸缺乏。

【发病机制】

体内叶酸经叶酸还原酶的还原作用和维生素 B_{12} 的催化作用变成四氢叶酸,后者是

DNA 合成过程中必需的酶。故维生素 B_{12} 或叶酸缺乏都可致 DNA 合成减少,使幼稚红细胞分裂和增殖时间延长,细胞核发育落后于胞质(血红蛋白的合成不受影响)发育,引起红细胞的胞体变大,形成巨幼红细胞。由于红细胞生成速度变慢,巨幼红细胞在骨髓内易被破坏,进入血液循环的成熟红细胞寿命较短,从而出现贫血。

DNA 不足也可致粒细胞核成熟障碍,胞体增大,出现巨大幼稚粒细胞和中性粒细胞分叶过多现象;还可使骨髓中巨核细胞的核发育障碍而致巨大血小板,引起外周血血小板减少。

维生素 B_{12} 还与神经髓鞘中脂蛋白的形成有关,它能保持有髓鞘神经纤维的功能完整性,维生素 B_{12} 缺乏时可致中枢和外周神经髓鞘受损,出现神经精神症状;还可使中性粒细胞和巨噬细胞杀灭细菌作用减弱,利于结核杆菌生长而致结核感染。叶酸缺乏主要引起情感改变,偶见深感觉障碍,其机制不明。

【临床表现】

以 6 个月 ~2 岁婴幼儿多见,起病缓慢。

1. 一般表现　颜面轻度水肿或虚胖,毛发黄细、稀疏。严重者皮肤有出血点或瘀斑。

2. 贫血表现　皮肤常呈现蜡黄色,睑结膜、口唇、指甲等处苍白,疲乏,常伴有肝、脾肿大。

3. 神经精神症状　患儿可表现为烦躁不安、易怒等。维生素 B_{12} 缺乏者表现为表情呆滞、目光发直、反应迟钝、嗜睡、少哭不笑,智力、动作发育落后甚至倒退;重者可出现不规则性震颤,手足无意识运动,甚至抽搐、感觉异常、共济失调、踝阵挛和 Babinski 征阳性等。叶酸缺乏不发生神经系统症状,但可导致神经精神异常。

4. 消化系统症状　常出现较早,如厌食、恶心、呕吐、腹泻、舌炎、口腔溃疡等。

【辅助检查】

1. 外周血象　呈大细胞性贫血,红细胞数减少较血红蛋白降低更明显;血涂片可见红细胞大小不等,大细胞多见;还可见巨幼样变的有核红细胞,中性粒细胞分叶过多现象。网织红细胞、白细胞、血小板计数常减少。

2. 骨髓象　增生明显活跃,以红细胞系增生为主,粒系、红系均出现巨幼变,核质发育不一,胞体变大,中性粒细胞胞质空泡形成,核分叶过多。巨核细胞核分叶过多,巨大血小板。

3. 血清维生素 B_{12} 和叶酸测定　血清维生素 B_{12}<100ng/L(正常值为 200~800ng/L),叶酸水平 <3μg/L(正常值为 5~6μg/L)。

【治疗要点】

1. 一般治疗　注意营养,及时添加转换食物,加强护理,防止感染。

2. 去除病因　查找并去除引起维生素 B_{12} 和叶酸缺乏的原因。

3. 维生素 B_{12} 和叶酸治疗　据血清维生素 B_{12} 和叶酸缺乏程度进行针对性治疗。有神经精神症状者,给予维生素 B_{12} 肌内注射,每次 100μg,每周 2~3 次,连用数周,直至临床症状好转,血象恢复正常;或 500~1 000μg 一次肌内注射。如单用叶酸,则可能加重症状。有神经系统受累表现时,给予每日肌内注射 1mg,连续 2 周;维生素 B_{12} 吸收缺陷者可每月肌内注射 1mg,长期应用。

叶酸口服每次 5mg,每日 3 次,连用数周,直至临床症状好转,血象恢复正常为止。因用抗叶酸代谢药物致病者,可用亚叶酸钙治疗。先天性叶酸吸收障碍者,口服叶酸剂量增加至每日 15~50mg。

4. 补充钾和铁剂　治疗初期,应预防性补钾,以免因大量新生红细胞使细胞外钾转移至细胞内,造成低血钾导致患儿突然死亡。恢复期适当加服铁剂,以供造血细胞所需。

【护理评估】

1. 健康史　了解患儿的喂养方法、饮食习惯,有无羊奶喂养史;出生时情况及生长发育状况,有无慢性营养性疾病;近期是否使用过影响维生素 B_{12} 和叶酸代谢的药物。

2. 身体状况　观察患儿的一般情况,如面色、毛发、精神及智力等状况,有无厌食、腹泻、呕吐、震颤等,生长发育是否与该年龄阶段儿童相符,了解血象及骨髓象改变情况。

3. 心理社会状况　评估家长对本病的病因及防护知识的了解程度,健康需求状况、家庭背景等,了解家长和患儿的心理状态。

【护理诊断】

1. 活动无耐力　与贫血致组织缺氧有关。

2. 营养失调:低于机体需要量　与维生素 B_{12} 和/或叶酸摄入不足,吸收不良等有关。

3. 有发育迟缓的危险　与营养不足、贫血及维生素 B_{12} 缺乏影响生长发育有关。

【护理措施】

1. 合理安排休息和活动　根据患儿的病情与活动的耐受情况合理安排作息。一般不需卧床休息,重度贫血者适当限制活动。烦躁、震颤、抽搐者遵医嘱使用镇静剂,防止发生外伤。

2. 指导饮食,加强营养　改善乳母的营养,婴儿及时引入转换食物,年长儿纠正不良的饮食习惯,给予维生素 B_{12} 和叶酸丰富的食物,注意饮食均衡,合理搭配。

3. 监测生长发育　评估患儿的体格、智力、运动发育情况,及早发现异常,对发育落后者尽早加强护理和训练。

4. 指导用药,观察疗效　用维生素 B_{12} 治疗后 2~4 天,一般精神症状好转,网织红细胞开始增加(6~7 天达高峰,2 周后降至正常),神经精神症状恢复较慢。服用叶酸时可同时服用维生素 C 助其吸收。服用叶酸 1~2 天后食欲好转,骨髓中巨幼红细胞转为正常;2~4 天网织红细胞增加,4~7 天达高峰;2~6 周红细胞和血红蛋白恢复正常。

5. 健康教育　向家长及患儿讲解本病的有关知识和护理要点,强调预防的重要性。指导合理喂养、合理用药。积极治疗和去除影响维生素 B_{12} 和/或叶酸吸收的因素,如肠道疾病等。对智力落后甚至倒退的患儿,应指导家长耐心教育和训练。

ER-12-1

知识链接 -
营养性混
合性贫血

第三节　出血性疾病

一、概述

出血性疾病是指由于正常止血功能障碍所引起的自发性或轻微损伤后出血不止或反复出血的一组疾病。

根据发病机制出血性疾病分为三大类:

1. 血管结构和功能异常 如遗传性毛细血管扩张症、维生素 C 缺乏症、过敏性紫癜等。

2. 血小板异常性疾病

(1) 血小板数量异常:血小板减少性紫癜(原发性、继发性)。

(2) 血小板功能异常:血小板病,血小板无力症等。

3. 凝血功能障碍性疾病

(1) 凝血因子缺乏:如血友病甲、乙、丙,新生儿出血症,低纤维蛋白血症等。

(2) 抗凝血物质增多症:儿童中少见,如先天性高肝素血症。

二、免疫性血小板减少症

免疫性血小板减少症（immune thrombocytopenia，ITP）既往又称特发性血小板减少性紫癜，其主要临床特点是为皮肤、黏膜自发性出血，血小板减少，出血时间延长、血块收缩不良和束臂试验阳性，是儿童最常见的出血性疾病。

【病因和发病机制】

ITP 按病因可分为原发性和继发性。继发性 ITP 常见于疫苗接种、感染、药物、免疫缺陷病、系统性红斑狼疮、淋巴增殖性疾病、骨髓移植的副反应等。

患儿发病前常有病毒感染史。病毒感染后，机体产生血小板相关抗体，这类抗体可与血小板膜发生交叉反应，使血小板被单核 - 巨噬细胞系统清除。此外，感染后体内生成的抗原 - 抗体复合物附着于血小板表面，使血小板易被单核 - 巨噬细胞系统吞噬和破坏，血小板寿命缩短，数量减少。骨髓中的巨核细胞和血小板有共同抗原性，抗血小板抗体可导致骨髓中巨核细胞成熟障碍，使血小板进一步减少。

【临床表现】

本病见于各年龄阶段儿童，多见于 1~5 岁，男女发病数无差异，冬春季高发。发病前 1~3 周常有急性病毒感染史，如上呼吸道感染、水痘、风疹、流行性腮腺炎、麻疹、传染性单核细胞增多症等，偶见于免疫接种后。多数患儿出疹前可无任何症状，部分患儿可有发热。

以自发性皮肤和黏膜出血为突出表现，多为针尖大小的皮内或皮下出血点，或为瘀斑、紫癜，分布不均，以四肢较多，尤其是易被碰撞的部位。常伴有鼻出血或牙龈出血，胃肠道大出血少见，偶见肉眼血尿。青春期女性患者可有月经过多。少数可有结膜下和视网膜出血。颅内出血少见，一旦发生，预后不良。出血严重者可有贫血，肝脾偶见轻度肿大，无淋巴结肿大。部分患儿可没有任何出血表现。

80%~90% 的患儿于发病后 1~6 个月内缓解或痊愈，10%~20% 的患儿呈慢性病程，以大龄儿童尤其是青少年多见。病死率为 0.5%~1%，主要死因为颅内出血。

【辅助检查】

1. 外周血象　血小板计数 $<100 \times 10^9/L$，出血轻重与血小板数量有关。血小板计数 $<50 \times 10^9/L$ 时可发生自发性出血，$<20 \times 10^9/L$ 时出血明显，$<10 \times 10^9/L$ 时出血严重。失血较多时可出现贫血，白细胞数正常。

2. 骨髓象　骨髓巨核细胞数增多或正常。幼稚巨核细胞增多，核分叶减少；产生血小板的巨核细胞明显减少，细胞质中有空泡形成、颗粒减少等现象。

3. 血小板抗体测定　血小板表面 IgG（PAIgG）增高，但非 ITP 特异性改变。若同时检测抗血小板抗体（PAIgG、PAIgA、PAIgM），以及结合血小板表面糖蛋白、血小板特异性自身抗体（GPⅡb/Ⅲa 和 GPⅠb/Ⅸ）等可提高临床诊断的敏感性和特异性。

4. 其他　出血时间延长，凝血时间正常，血块收缩不良。血清凝血酶原消耗不良。血小板存活时间缩短，束臂试验阳性，血小板黏附及聚集功能异常等。

【治疗要点】

ITP 多呈自限性，治疗多取决于出血症状。无出血或轻微出血的患儿一般进行密切观察，不予治疗。若有活动性出血表现，血小板 $<30 \times 10^9/L$ 时需用药物治疗。

1. 一般治疗　急性出血期间减少活动，避免外伤，明显出血时卧床休息。积极预防及控制感染，避免服用影响血小板功能的药物（如阿司匹林等）。

2. 糖皮质激素　可降低毛细血管通透性，抑制血小板抗体生成，抑制单核 - 巨噬细胞系统破坏有抗体吸附血小板。常用泼尼松，剂量为每日 1.5~2mg/kg，分 3 次口服，血小板正常后缓慢减量、停药。出血严重者可用冲击疗法,常用地塞米松,每日 0.5~2mg/kg,或甲泼尼龙每日 20~30mg/kg,静脉滴注,连用 3 天,症状缓解后改口服泼尼松。血小板回升至接近正常水平即可逐渐减量,疗程一般不超过 4 周。停药后如有复发,可再用泼尼松治疗。

3. 大剂量丙种球蛋白 主要作用如下:①封闭巨噬细胞受体,抑制巨噬细胞对血小板的结合、吞噬;②抑制自身免疫反应,减少抗血小板抗体;③在血小板上形成保护膜抑制血浆中免疫复合物或抗体与血小板结合,从而使血小板免受吞噬细胞破坏。常用剂量为每日 0.4~0.5g/kg,连续 5 天,静脉滴注;或每次 1g/kg 静脉滴注,必要时次日可再用一次;以后每 3~4 周一次。

4. 输注血小板 患儿血循环中有大量抗血小板抗体,输入的血小板会很快被破坏,故通常不予输血小板,只有发生严重出血危及生命时才输注血小板,并需同时给予大剂量肾上腺皮质激素,以减少输入血小板的破坏。

5. 脾切除 病程 1 年以上,血小板持续 $<50 \times 10^9/L$(尤其是 $20 \times 10^9/L$),有严重出血症状,内科治疗效果不佳者进行脾切除术。手术宜在 6 岁以后进行,10 岁以内发病的患儿 5 年自然缓解机会较大,尽可能不做脾切除。

6. 其他 利妥昔单抗、血小板生成素(thrombopoietin,TPO)及其受体激动剂可用于治疗难治性 ITP;环孢素、长春新碱、环磷酰胺等免疫抑制剂可用于治疗慢性 ITP。达那唑对部分病例有效。

【护理评估】

1. 健康史 询问患儿发病前有无病毒感染史、近期疫苗接种史以及药物和食物过敏史,既往有无出血情况;了解患儿既往有无系统性红斑狼疮、淋巴增殖性疾病等。

2. 身体状况 评估患儿皮肤出血点颜色、范围,检查黏膜出血情况,观察有无鼻腔、齿龈、消化道等活动性出血;观察有无颅内出血相关症状;了解血象、骨髓象检查结果,血小板降低程度、出血时间延长情况等。

3. 心理社会状况 评估患儿及家长对本病知识、药物副作用等的了解程度,评估患儿及家长的心理状态,有无恐惧和焦虑等。

【护理诊断】

1. 皮肤黏膜完整性受损 与血小板减少致皮肤黏膜出血有关。

2. 潜在并发症:颅内出血、消化道出血等。

3. 有感染的危险 与糖皮质激素、免疫抑制剂应用致免疫功能下降有关。

4. 恐惧 与严重出血有关。

【护理措施】

1. 预防皮肤黏膜损伤

(1)活动与休息:提供安全的生活环境,室内家具的尖角用软垫包裹,避免玩锐利的玩具,限制剧烈运动,防止碰伤出血。急性期应减少活动,多休息;严重出血或血小板 $<30 \times 10^9/L$ 者,须卧床休息。

(2)饮食护理:选用易消化的软食或半流质食物,禁食坚硬、有刺的食物,细嚼慢咽,以防口腔黏膜及牙龈出血。保持大便通畅,防止便秘,避免用力排便致腹压增高诱发颅内出血。

(3)皮肤黏膜护理:患儿勤剪指甲,勿抓挠皮肤,沐浴时避免水温过高及用力擦洗;软毛刷刷牙,忌用牙签剔牙;不要用力擤鼻,避免抠鼻。

(4)护理操作动作轻柔:尽量避免肌内注射、皮下注射等,减少穿刺次数,必要时延长压迫时间,防止发生深部血肿。

2. **止血护理**　口、鼻黏膜出血可用浸有 1% 麻黄碱或 0.1% 肾上腺素的棉球、纱条或吸收性明胶海绵局部压迫止血。无效者,应请耳鼻喉科医生会诊,以油纱条填塞,2~3 天后更换。出血严重者遵医嘱给予止血药、输同型血小板。

3. **预防感染**　严格无菌技术操作。病室定期通风消毒,避免与感染患儿同室居住。做好个人卫生,保持出血部位清洁。

4. **密切观察病情**

(1) 观察皮肤瘀点、瘀斑变化,监测血小板数量变化,并注意有无其他出血症状,记录出血情况。

(2) 观察神志、面色,监测生命体征,若面色苍白加重、呼吸及脉搏增快、血压下降提示可能有失血性休克;若患儿烦躁、嗜睡、头痛、呕吐,甚至惊厥、昏迷等提示可能发生颅内出血,应及时报告医生;若呼吸变慢或不规则,双侧瞳孔不等大,对光反射迟钝或消失提示可能合并脑疝,应做好急救准备;若伴有腹痛、便血,应注意消化道出血;伴有血尿、腰痛需注意有无肾出血。

5. **消除恐惧心理**　出血及止血技术操作可使患儿产生恐惧心理,应安慰患儿,给予心理支持,取得合作。

6. **健康教育**

(1) 指导预防损伤:不玩锐利的玩具或物品,不参与有对抗性的、剧烈的运动,常剪指甲,不抠鼻,选用软毛牙刷等。

(2) 指导自我保护:忌服阿司匹林类或含阿司匹林的药物;服药期间进行保护性隔离,去公共场所戴口罩;注意保暖,避免感冒;以防病情加重或复发。

(3) 教会家长识别出血征象和学会初步止血的方法,一旦发现出血,应立即止血,必要时送医院治疗。

(4) 脾切除术患儿易发生感染,术后 2 年内应定期随诊,并遵医嘱应用抗生素或丙种球蛋白,以增强抗感染能力。

第四节　急性白血病

案例分析

患儿,男,5 岁,因发热、面色苍白、乏力 1 周入院。该患儿于 1 周前出现不明原因的发热,体温 37.6℃ ~38.5℃,无咳嗽、流涕,精神较差,面色苍白。食欲尚可,既往生长发育正常,无遗传病等家族史。

体格检查:T 38.2℃,P 120 次 /min,R 25 次 /min,面色苍白,双下肢皮肤有瘀斑,浅表淋巴结肿大。胸骨有压痛,肝肋下 2.5cm。

辅助检查:外周血象结果显示 RBC 2.5 × 10^{12}/L,Hb 80g/L,WBC 50 × 10^9/L,PLT 20 × 10^9/L,血涂片显示幼稚淋巴细胞,骨髓象示原始细胞和幼稚淋巴细胞极度增生,以小细胞为主。

问题:

(1) 该患儿最可能的医疗诊断是什么?

(2) 该患儿在接受治疗前还需要做什么检查?

（3）患儿在经历骨髓穿刺等医疗护理操作时表现出明显的恐惧感和疼痛，护士该如何进行相关护理？

（4）护士遵医嘱实施长春新碱（VCR）、柔红霉素（DNR）、门冬酰胺酶（L-ASP）和泼尼松（Pred）（VDLP 方案）治疗时，如何正确给药？

白血病（leukemia）是造血组织中某一血细胞系统过度增生并浸润到各组织和器官，从而引起一系列临床表现的恶性血液病，是我国儿童最常见的恶性肿瘤。任何年龄均可发病，以学龄前期多见，男性发病率高于女性。急性白血病多见，占 90%~95%。

【病因和发病机制】

尚未完全清楚，可能与以下因素有关。

1. 病毒感染　属于核糖核酸（RNA）病毒的反转录病毒可引起人类 T 淋巴细胞白血病。

2. 理化因素　电离辐射、放射、核辐射等可使白血病发生率增高。苯及其衍生物、氯霉素、乙双吗啉、保泰松和细胞毒药物等均可诱发急性白血病。

3. 遗传因素　患有某些遗传性疾病如唐氏综合征、精曲小管发育不全症及严重联合免疫缺陷病等，其白血病的发病率明显高于一般儿童。同卵孪生儿中一个患急性白血病，另一个患白血病的概率为 20%，比双卵孪生儿发病率高 12 倍。

白血病的发病机制尚未完全明确。以上致癌因素可促发原癌基因发生突变、染色体重排或基因扩增，转化为肿瘤基因或者抑癌基因变异，失去抑癌活性造成肿瘤细胞异常增多，从而导致发生白血病。此外，细胞凋亡受抑制也在其发病中起重要作用。

【分类与分型】

根据增生的白血病种类不同，可分为急性淋巴细胞白血病（acute lymphoblastic leukemia，ALL，简称急淋）和急性非淋巴细胞白血病（acute nonlymphoblastic leukemia，ANLL，简称急非淋）两大类，儿童以前者多见，占 70%~85%。

目前，常采用形态学（M）、免疫学（I）、细胞遗传学（C）和分子生物学（M），即 MICM 综合分型（表 12-3），以指导治疗和判断预后。

表 12-3　急性白血病分型

分型方法	急性淋巴细胞白血病	急性非淋巴细胞白血病
形态学分型（FAB 分型）	L_1 型：占 80% 以上，以小淋巴细胞为主	原粒细胞微分化型（M_0）：骨髓中原始细胞 ≥ 90%，无 Auer 小体
	L_2 型：以大淋巴细胞为主，大小不一	原粒细胞未分化型（M_1）：骨髓中原始细胞 ≥90%，可见 Auer 小体
	L_3 型：占 4% 以下，以大淋巴细胞为主，细胞大小一致	原粒细胞白血病部分分化型（M_2）：骨髓中原粒和早幼粒细胞共占 50% 以上
		颗粒增多的早幼粒细胞白血病（M_3）：骨髓中颗粒增多的异常早幼粒细胞占 30% 以上
		粒 - 单核细胞白血病（M_4）：骨髓中幼稚粒细胞和单核细胞同时增生
		单核细胞白血病（M_5）：骨髓中以原始、幼稚单核细胞为主
		红白血病（M_6）：骨髓中有核红细胞 >50%，原粒及早幼粒细胞 >30%
		急性巨核细胞白血病（M_7）：骨髓中原始巨核细胞 >30%

续表

分型方法	急性淋巴细胞白血病	急性非淋巴细胞白血病
免疫学分型	T 系 ALL（T-ALL）：占 ALL 的 10%~15%	M_1~M_5 型可有髓系标志中的一项或多项阳性；M_6 可见血型糖蛋白 A 阳性，M_7 可见血小板膜抗原Ⅱb/Ⅲa 阳性和 / 或 CD41、CD68 阳性
	B 系 ALL（B-ALL）：占 ALL 的 80%~90%	
	伴有髓系标志的 ALL（My⁺-ALL）	
细胞遗传学改变	染色体数目异常	染色体数目异常
	染色体核型异常	染色体核型改变
分子生物学改变	免疫球蛋白重链基因重排	
	特异性基因	融合基因
临床分型	标危型（SR-ALL）	标危型（SR-ANLL）
	中危型（IR-ALL）	高危型（HR-ANLL）
	高危型（HR-ALL）	

【临床表现】

各型急性白血病的临床表现基本相同,主要表现如下。

1. 起病　大多较急,早期可有面色苍白、精神不振、乏力、食欲低下、鼻出血和 / 或齿龈出血等;少数患儿以发热和类似风湿热的骨关节痛为首发症状。

2. 发热　多数患儿起病时有发热,热型不定,一般不伴有寒战。发热一种原因是白血病性发热,多为低热且抗生素治疗无效。发热另一原因是感染,多为高热。

3. 贫血　出现较早,随病情发展逐渐加重,表现为苍白、乏力、活动后气促等。贫血主要是骨髓造血干细胞受抑制所致。

4. 出血　以皮肤、黏膜出血多见,表现为紫癜、瘀斑、鼻出血、齿龈出血、消化道出血和血尿。偶有颅内出血,是死亡的重要原因之一。出血主要原因是白血病细胞浸润骨髓,巨核细胞受抑制,使得血小板的生成减少、功能不足;浸润肝脏,使其功能受损,纤维蛋白原、凝血酶原、因子Ⅴ等生成不足;白细胞浸润和感染导致毛细血管受损,血管通透性增加;并发弥散性血管内凝血。

5. 白血病细胞浸润引起的症状和体征

(1)肝、脾、淋巴结肿大:可有压痛。全身浅表淋巴结轻度肿大,纵隔淋巴结肿大可发生呛咳、呼吸困难和静脉回流受阻等。

(2)骨、关节浸润:约 25% 患儿为首发症状,部分患儿呈游走性关节痛,局部红肿多不明显,并常伴有胸骨压痛。多见于急性淋巴细胞白血病。骨痛主要与骨髓腔内白血病细胞大量增生、压迫和破坏临近骨质及浸润骨膜有关。

(3)中枢神经系统浸润:白血病细胞浸润侵犯脑实质和 / 或脑膜时引起中枢神经系统白血病(central nervous system leukemia,CNSL),是急性白血病复发的主要原因。常出现头痛、呕吐、嗜睡、视神经盘水肿等颅内压增高症状;也可出现惊厥、昏迷。浸润脑膜可出现脑膜刺激征;浸润脑神经核或神经根可引起脑神经麻痹;浸润骨髓可致截瘫。脑脊液检查可发现白血病细胞。

(4)其他器官浸润:浸润睾丸时引起睾丸白血病,表现为局部肿大、触痛,阴囊皮肤呈红黑色,是导致白血病复发的另一重要原因。少数患儿有皮肤、心脏、消化系统、肾脏、齿龈和口腔黏膜等组织器官浸润,出现相应的症状、体征。

(5)绿色瘤:是急性粒细胞白血病的一种特殊类型。白血病细胞浸润眶骨、颅骨、胸骨、肋骨或肝、肾、肌肉等,在局部形成绿色瘤。该瘤切面呈绿色,暴露于空气中绿色迅速消退。

【辅助检查】

1. 外周血象　红细胞、血红蛋白均减少,大多呈正细胞正色素性贫血。网织红细胞数大多较低,偶见有核红细胞。白细胞数增高者约占 50% 以上,白细胞分类以原始细胞和幼稚细胞为主。血小板数降低。

2. 骨髓象　骨髓检查是确立诊断和判断疗效的重要依据。典型的骨髓象为该类型白血病原始细胞和幼稚细胞极度增生,幼红细胞和巨核细胞减少。少数患儿骨髓象表现为增生低下。

3. 其他检查　如组织化学染色、溶菌酶检查、肝肾功能检查等。

【治疗要点】

采用化疗为主的综合治疗。原则是早诊断、早治疗;严格分型,按照类型选用不同的化疗方案和相应药物剂量。采用早期连续适度化疗和分阶段长期规范治疗的方针。同时要防治中枢神经系统白血病和睾丸白血病。重视支持治疗。持续完全缓解 2~3 年者方可停止治疗。

1. 化学药物治疗(化疗)　目的是杀灭白血病细胞,解除白血病细胞浸润引起的症状,使病情缓解并巩固治疗效果,减少耐药进而治愈。儿童急性白血病常用化疗药物见表 12-4。

表 12-4　急性白血病常用化疗药物

种类	药名	缩写	主要不良反应
抗代谢药	阿糖胞苷	Ara-C	骨髓抑制、脱发、恶心、呕吐、肝损害
	甲氨蝶呤	MTX	骨髓抑制、口腔、胃肠道黏膜炎症、肝损害
	6-巯嘌呤	6-MP	骨髓抑制、消化道反应、肝损害
烷化剂	环磷酰胺	CTX	骨髓抑制、脱发、口腔溃疡、出血性膀胱炎、肝损害
植物类	长春新碱	VCR	末梢神经炎、脱发
	三尖杉碱	H	骨髓抑制、心脏损害、胃肠道反应
	依托泊苷	VP16	骨髓抑制、胃肠道反应、肝损害
	替尼泊苷	VM26	同上
蒽环类抗生素	柔红霉素	DNR	骨髓抑制、胃肠道反应、心脏损害
	去甲氧柔红霉素	IDA	同上
	阿霉素	ADM	同上
激素类	泼尼松	Pred	库欣综合征、高血压、骨质疏松、易感染
	地塞米松	Dex	同上
酶类	门冬酰胺酶	ASP	肝损害、过敏反应、高尿酸血症、高血糖、胰腺炎、氮质血症
细胞分化诱导剂	全反式维 A 酸	ATRT	皮肤黏膜干燥、消化道反应、口角破裂、消化道反应、头晕、关节痛、肝损害
	三氧化二砷	ATO	疲劳、转氨酶异常、可逆性高血糖
酪氨酸激酶抑制剂	伊马替尼	IM	骨髓抑制、消化道反应、肌肉骨骼痛、水肿、头痛、头晕、肌痉挛

ALL 均需首先经过诱导缓解治疗,联合数种化疗药物,最大限度杀灭白血病细胞,从而尽快达到完全缓解,这是患儿能否长期无病生存的关键。达到完全缓解后实施巩固治疗,以杀灭微小残留病变。还需有效防治中枢神经系统白血病和睾丸白血病,减少骨髓复发和治疗失败,这是白血病尤其是急性淋巴细胞白血病患儿获得长期生存的关键措施之一。ANLL 患儿治疗也分为诱导和缓解后治疗两个阶段。

常用的化疗方案:在诱导缓解期,ALL 常用 VDLP 方案,即 VCR+DNR+L-ASP+Pred;除 M_3 外,各型 ANLL 多采用 DA 方案或 DEA 方案;M_3 型选用 ATRA+DNR+Ara-C 方案或 ATRA+ATO 方案。在巩固治疗期,ALL 常用 CAM 方案;ANLL 常选用有效的原诱导方案治疗 1~2 个疗程的巩固治疗,或使用含中大剂量 Ara-C 的化疗方案或造血干细胞移植的根治性强化治疗。防治髓外白血病常用 MTX+Ara-C+Dex 三种药物联合鞘内注射法,大剂量甲氨蝶呤 - 四氢叶酸钙(HDMTX-CF)疗法或颅脑放射治疗等。

2. 支持治疗 包括防治感染和高尿酸血症、成分输血、营养支持及卧床休息、骨髓抑制明显者给予集落刺激因子等。

3. 造血干细胞移植 造血干细胞移植联合化疗是目前根治大多数 ALL 和 ANLL 的首选方法,但需要严格掌握造血干细胞移植的适应证。

4. 分子靶向治疗 这是今后发展热点,即针对已经明确的致癌位点设计相应药物,使之进入体内后特异选择致癌位点结合来发挥作用,引起肿瘤细胞特异性死亡。如伊马替尼治疗 BCR/ABL 阳性的急性白血病,维 A 酸和砷剂治疗 PML/RARA 基因阳性的 M_3 白血病等。

【预后】

随着治疗白血病新药物的涌现、治疗方法和化疗方案地不断改进,急性淋巴细胞白血病 5 年无病生存率达 70%~85%;急性非淋巴细胞白血病化疗联合异基因造血干细胞移植的 5 年无病生存率可达 60%~65%。

【护理评估】

1. 健康史 评估患儿本次发病情况、主要症状及体征。了解患儿有无辐射、放射线、含苯物质等接触史,有无遗传性疾病及其用药史、家族史等。

2. 身体状况 评估患儿生命体征,观察贫血状况,有无皮肤、黏膜等部位出血,肝、脾、淋巴结肿大情况,有无骨、关节疼痛等。了解外周血象、骨髓象检查的结果。

3. 心理社会状况 评估患儿及其家长心理状态、对病情的认识程度及其对疾病的应对能力等。评估家庭经济状况及其支持系统。

【护理诊断】

1. 有受伤的危险:出血 与白血病浸润、血小板减少有关。

2. 有感染的危险 与机体免疫力下降、化疗药物使用等有关。

3. 活动无耐力 与贫血、化疗、白血病引起代谢增高等有关。

4. 营养失调:低于机体需要量 与疾病过程消耗、抗肿瘤治疗等有关。

5. 体温过高 与白血病细胞导致代谢增高和 / 或感染有关。

6. 疼痛 与白血病细胞浸润骨、关节有关。

7. 潜在并发症:化疗药物副作用。

8. 悲伤 与药物疗效差、预后不良等有关。

【护理措施】

1. 预防出血 护理措施见本章免疫性血小板减少症。

2. 预防感染

(1) 保护性隔离:保持室内空气新鲜,室内定期消毒,注意保暖,防止受凉发生上呼吸道感染。尽量减少探视以避免交叉感染,粒细胞数较低者宜住消毒隔离病房或无菌层流病房。严格执行各项无菌技术操作,接触患儿前应洗手或消毒手。

(2) 个人卫生护理:加强患儿口腔清洁,进食前后用漱口液漱口,防止发生口腔溃疡。保持皮肤清洁、勤沐浴、及时更换衣物和床上用品,勤剪指甲,避免抓伤皮肤,减少皮肤感染。注意会阴部清洁卫生,保持大便通畅,便后清洁肛周,防止发生肛周感染。

(3) 预防接种:化疗期间暂缓接种所有疫苗。化疗结束 6 个月后可接种灭活疫苗;化疗结束 12 个月后经过评估患儿发病风险和机体免疫功能后可考虑接种减毒活疫苗。

(4) 观察感染早期征象:监测体温变化,观察有无咽痛、咳嗽、尿路刺激征、皮肤红肿等感染症状和体征。若发现感染征象,配合医生做好实验室检查的标本采集工作,并遵医嘱使用抗生素或集落刺激因子,注意观察药物疗效及不良反应。

3. 休息 保证充足的休息和睡眠,适当活动,避免劳累,长期卧床者需预防发生压疮。

4. 饮食护理 加强营养,以高热量、高蛋白质、高维生素、清淡、易消化的半流质饮食为主,少量多餐。多饮水,多食蔬菜、水果以保持大便通畅。鼓励患儿进食,必要时遵医嘱静脉补充营养以满足机体需求。餐具定期消毒。

5. 维持体温正常 密切观察患儿体温热度和热型。遵医嘱使用退热剂,观察降温效果,防止发生虚脱。

6. 减轻疼痛 监测患儿生命体征,观察患儿有无烦躁、易激惹等症状,及时评估镇痛需求。提高诊疗技术操作水平,减少因治疗操作给患儿带来的痛苦。必要时遵医嘱给予止痛剂,并评估止痛效果。

7. 化疗药物的护理

(1) 正确使用化疗药物:熟悉化疗药物的药理作用及性质,了解化疗方案及给药方法。①化疗药物多经静脉给药,药液外渗可引起局部红肿、疼痛,甚至发生坏死。因此药液输入前应先确认静脉通道通畅,输入刺激性药物前后用生理盐水冲管,先输注刺激性小的药物,再输注刺激性大的药物,减少药物对血管的刺激。输注过程中,观察有无渗液,一旦发生渗液立即停止输液,并进行局部处理。②使用 ASP 等化疗药物前应询问患儿的用药史和过敏史,用药过程中注意观察有无发生过敏反应。③静脉滴注 VP16、VM26 时应避光,防止药物分解。④鞘内注射化疗药物时,缓慢推注,拔针后嘱患儿平卧 4~6 小时。

(2) 合理选择静脉:有计划地选择静脉,可以采用静脉留置针、经外周穿刺中心静脉留置、置入静脉输液港等静脉给药技术以减少穿刺次数,减少对血管的损伤,保护血管。

(3) 观察及处理化疗药物不良反应:①骨髓抑制:定期监测血象和骨髓象,加强贫血、感染、出血的观察和护理;②口腔溃疡:加强口腔护理,指导患儿使用漱口液及促进溃疡面愈合的药物;③恶心、呕吐等消化道反应:提供舒适的休息和进餐环境,给予饮食指导,必要时遵医嘱在化疗前 1~2 小时给予止吐药;④出血性膀胱炎:注意观察尿液颜色,鼓励患儿多喝水;⑤心脏毒性:用药前后监测患儿心率、心律及血压,缓慢静脉滴注并注意观察患儿心率和面色;⑥脱发:向患儿及家长说明化疗可能引起脱发,但化疗结束后头发会再生,使之做好心理准备。

8. 心理护理和情感支持

(1) 心理护理:向患儿及其家长说明目前白血病的预后已明显改善,应树立战胜疾病的信心。评估患儿不同心理反应,提供针对性的护理。为患儿建立一个舒适、愉悦的环境,使之保持良好的心理状态,利于疾病康复。

(2) 建立社会支持网络平台:为患儿及其家长搭建交流和互助平台,成立病友联谊会,定期召开座谈会,让患儿及家长及时了解本病的治疗进展、护理经验,缓解他们的心理压力,并增强战胜疾病的信心,积极应对疾病。

9. 健康教育　向患儿及其家长讲解白血病相关知识,教会他们识别感染和出血征象,预防感染的发生。指导他们理解化疗的重要性,使之积极配合治疗。鼓励患儿适当参与锻炼,提高机体免疫力。定期随访,监测治疗效果。重视患儿心理状况,给予正确引导,促使心理正常发展。

思政元素

白血病儿童的家庭服务及社会救助

急性白血病是儿童最常见的恶性肿瘤。急性白血病患儿是一个需要接受长期照顾的群体,疾病给家庭经济、情感支持、社会角色等带来严重冲击。目前,北京、上海等多个城市已逐步开展了儿童医务社会工作模式以帮助急性白血病患儿及其家庭应对疾病。医务社会工作者通过不断调研患儿及其家庭新需求,积极探索服务白血病患儿家庭的模式,如通过医务人员、医务社会工作者、志愿者、社会组织相互联动,为急性白血病患儿及其家庭提供情感支持、资源申请、小组互助、志愿关怀等专业服务。目前,我国针对急性白血病患儿的社会支持类型包括医疗保险、商业保险、慈善救助基金、相关组织机构募捐等。其中,医疗保险和慈善救助是客观社会支持的主要来源。针对贫困家庭的急性白血病患儿慈善救助基金,如中国红十字会的小天使基金,爱佑慈善基金、慈善协会等,成为急性白血病患儿治疗保驾护航的重要力量,很大程度上降低了疾病给家庭带来的经济负担。

（赵文晓）

复习思考题

患儿,女,9个月,因面色苍白、食欲缺乏、精神萎靡入院。2个月前家长发现该患儿面色苍白,但活动如常,无发热,皮肤黏膜无黄染,无出血点。患儿系足月顺产,出生体重2 900g,母乳喂养,未引入转换食物,计划免疫按期进行,无过敏史,无特殊家族史。

体格检查:T 36.5℃,P 120次/min,R 32次/min,体重7kg,身长65cm。精神烦躁,面色、口唇苍白,皮肤黏膜无黄染、无皮疹,毛发黄,未触及浅表淋巴结,肝肋下1.5cm,质软。心肺检查阴性,神经系统检查阴性。

辅助检查:WBC 9.8×10^9/L,RBC 2.9×10^{12}/L,Hb 65g/L,MCV 68fl,MCH 16.5pg,MCHC 25g/L。

问题:

(1) 该患儿的外周血象有什么特点? 贫血属于什么类型?

(2) 该患儿发生贫血的主要原因是什么?

(3) 该患儿目前主要的护理诊断有哪些?

(4) 请针对患儿年龄、身体状况及营养需求,帮助家长制定一份饮食干预计划。

学习内容与学习方法

扫一扫,测一测

第十三章

神经系统疾病患儿的护理

笔记栏

PPT 课件

学习目标

知识目标

1. 能分析儿童神经系统疾病化脓性脑膜炎、病毒性脑膜炎、脑性瘫痪发病机制并列举其病因、辅助检查、治疗要点、临床表现、护理诊断及护理措施。

2. 能比较化脓性脑膜炎和病毒性脑膜炎临床特点的异同。

能力目标

1. 能进行儿童神经系统体格检查并对其结果进行初步分析评价。

2. 能应用护理程序对化脓性脑膜炎、病毒性脑膜炎、脑性瘫痪患儿实施整体护理和健康教育。

素质目标

1. 体格检查中遵循科学、严谨、全面的原则。

2. 尊重、关爱神经系统疾病患儿,耐心、细致护理患病儿童。

第一节　儿童神经系统检查

在儿童生长发育过程中,神经系统发育最早,速度最快,其结构和功能在生长发育过程中逐步分化和完善。不同年龄阶段儿童的神经系统在解剖、生理方面存在较大个体差异,年龄越小,差异越大。因此检查和评估时应结合年龄特点进行综合分析,注意个体差异。

(一) 评估的注意事项

儿童神经系统评估的主要内容与成人大致相同,但评估方法与结果判断与成人有所不同,注意事项如下:①检查时儿童多不能很好地配合,检查顺序应灵活掌握,不能机械地按体格检查的顺序来完成,应从对儿童影响最小的检查开始;②婴幼儿,尤其是新生儿,检查结果与检查的时机和环境有关,应选择在其觉醒状态、四肢活动而又不哭闹时为宜,一般在进食前 1~1.5 小时左右最佳,室内环境保持安静,光线充足,但要避免阳光直接照射到婴幼儿脸上;③新生儿及婴儿神经系统检查有其特定的方法和内容,例如,新生儿神经行为测定(NBNA)评分法、各种原始反射等,这些检查对健康状态评估、疾病的早期诊断和预后判断有很大帮助;④评估时还需要重视儿童的心理和生理特征,结合年龄及神经心理发育特点动态综合判断,对婴幼儿的检查宜通过游戏来完成;⑤应将儿童的动作、行为特征与体格检查和辅助检查有机结合,以便早期发现一些先天性畸形,如脑积水、小头畸形、脑性瘫痪及遗传代谢性疾病等。

笔记栏

（二）健康史采集

询问患儿或家长疾病的症状及发展、诊治经过；评估患儿是否有前驱感染史；了解母亲怀孕、分娩情况；评估患儿神经系统发育史，出生时有无发育异常、严重窒息、产伤、颅内出血等；了解患儿神经系统疾病家族史、传染病接触史及相关的临床症状。

（三）身体状况评估

1. 一般检查　根据儿童对声、光、言语、疼痛等刺激的反应来判断意识水平。观察精神行为状态，注意有无烦躁不安、激惹、谵妄、迟钝、抑郁、幻觉及定向力障碍等。

2. 头颅　观察头颅外形、大小，测量头围、前后囟大小及观察颅缝有无增宽，注意观察囟门有无膨隆，张力是否增高。头围过大见于脑积水、硬膜下血肿等；头围过小警惕脑发育停滞或脑萎缩；囟门过小或早闭见于头小畸形；囟门晚闭或过大见于佝偻病、脑积水等；矢状缝早闭可见"舟状颅"；冠状缝早闭可见"扁头畸形"；颅缝早闭可见"塔头畸形"；前囟隆起有波动感提示颅内压增高；前囟凹陷见于脱水等；注意检查头皮静脉是否怒张，头部有无肿物及瘢痕。怀疑颅内积液时可作头颅透照试验。颅内压增高可使颅缝裂开，叩诊颅骨时可有"破壶音"。

3. 皮肤和脊柱　检查皮肤是否有异常改变。先天性神经系统疾病常合并皮肤异常，如斯德奇 - 韦伯综合征（脑面血管瘤病），在一侧面部三叉神经分布区可见红色血管瘤；神经纤维瘤病可见浅棕色的皮肤"咖啡牛奶斑"；毛细血管扩张性共济失调综合征（ataxia telangiectasia）可见球结膜及面部毛细血管扩张。检查脊柱有无畸形、异常弯曲、强直、叩击痛等。若背部正中线皮肤有凹陷、毛发增生或窦道，则该处可能存在隐性脊柱裂。

4. 运动功能　①观察有无肌肉萎缩或假性肥大，观察自然活动时坐、立、站、走姿势，观察四肢活动是否对称；②检查肌张力（指安静状态下的肌肉紧张度）：触摸肌肉硬度并做被动运动以感觉肌紧张度与阻力，肌张力增高多见于上运动神经元损害和锥体外系病变，但注意半岁内健康婴儿肌张力也可稍增高，下运动神经元或肌肉疾病时肌张力降低；③检查肌力（指肌肉做主动收缩时的力量）：观察儿童力所能及的粗大和精细运动，以判断各部位肌群的肌力，一般分为 0~5 级；④共济运动：观察儿童持物、玩耍、行走时动作是否协调、准确，年长儿可做指鼻试验、跟膝胫试验等；⑤姿势和步态：姿势和步态与肌力、肌张力、深感觉、小脑以及前庭功能都有密切关系，主要观察卧、坐、立、走等姿势是否正常，注意有无摇晃不稳或蹒跚步态、痉挛性步态、剪刀式步态、"鸭步"等。

5. 感觉功能　学龄前儿童尤其是婴幼儿很难获得充分合作，对刺激的观察只能通过其表情来判断。具体检查方法和成人基本相同，包括浅感觉、深感觉、皮质感觉等。与成人相比，儿童时期累及感觉系统的疾患较为少见，如需检查，可根据患儿对刺激的反应做初步评估。

6. 反射检查　儿童的神经反射检查可分为两大类：第一类为终身存在的反射，即浅反射（如腹壁反射、提睾反射）及腱反射；第二类为暂时性反射，或称原始反射（primitive reflexes）。

（1）出生时存在、以后永不消失的反射：包括角膜反射、结膜反射、瞳孔反射、咽反射、吞咽反射等，这些反射减弱或消失提示神经系统有病变。

（2）出生时不存在、以后逐渐出现永不消失的反射：支撑反射、降落伞反射、腹壁反射、提睾反射等和各种腱反射。正常儿童 5~7 个月出现支撑反射，9~10 个月出现降落伞反射。腹壁反射要到 1 岁以后才比较容易引出，提睾反射要到出生后 1~6 个月后才明显。这些反射如不能按时出现或减弱，则提示有脑瘫或发育迟缓的可能性。新生儿期可引出肱二头肌反射、膝反射和踝反射。腱反射减弱或消失提示神经、肌肉、神经肌肉接头处或小脑疾病。

左侧图标说明：

ER-13-1
前囟饱满
视频

ER-13-2
脑面神经
瘤病图片

ER-13-3
共济失调
视频

（3）出生时存在、以后逐渐消失的反射：觅食反射、吸吮反射、拥抱反射、握持反射、颈肢反射、迈步反射、颈拨正反射等。当暂时性反射在该出现的时期不出现，或该消失的时期不消失，或两侧持续不对称均提示神经系统异常。

表 13-1　正常儿童暂时性反射的出现和消失年龄

反射	出现年龄	消失年龄
觅食反射和吸吮反射	初生	4~7 个月
拥抱反射	初生	3~6 个月
握持反射	初生	3~4 个月
颈肢反射	2 个月	6 个月
迈步反射	初生	2 个月
颈拨正反射	初生	6 个月

7. 病理反射　包括 Babinski 征、Chaddock 征、Gordon 征和 Oppenheim 征等，检查和判断方法同成人。正常 18 个月以下婴儿可呈现双侧 Babinski 征阳性，若该反射恒定不对称或 18 个月后继续阳性时，提示锥体束损害。

8. 脑膜刺激征　包括颈强直、Kernig 征和 Brudzinski 征。检查和判断方法基本同成人。但 3~4 个月婴儿肌张力高，Kernig 征可为阳性。婴儿由于颅骨骨缝和前囟未完全闭合，可在一定程度上缓解增高的颅内压而使脑膜刺激征不明显或出现较晚。故检查时应同时注意头围、头颅形状、前囟是否闭合及其张力等。

（四）神经系统疾病常用的辅助检查

1. 脑脊液检查　腰椎穿刺取脑脊液（cerebralspinal fluid，CSF）检查，是诊断颅内感染和蛛网膜下腔出血的重要方法。CSF 检查主要包括外观、压力、常规、生化和病原学检查等。儿童脊髓下端位置较成人低，为避免损伤脊髓，婴幼儿时期行腰椎穿刺时应以第 4~5 腰椎间隙为宜，4 岁以后应以第 3~4 腰椎间隙为宜。对严重颅内压增高的患儿，在未有效降低颅内压之前，腰椎穿刺有诱发脑疝的危险，应谨慎处置。另外，患有出血性疾病的儿童不宜行腰椎穿刺。颅内几种常见感染性疾病的 CSF 改变特征见表 13-2。

表 13-2　颅内常见感染性疾病的脑脊液特点

	压力(kPa)	常规分析			生化分析			其他
		外观	潘氏试验	白细胞(×10⁶/L)	蛋白(g/L)	糖(mmol/L)	氯化物(mmol/L)	
正常	0.69~1.96（新生儿：0.29~0.78）	清亮透明	–	0~10 婴儿：0~20 新生儿：0~34	0.2~0.4 新生儿：0.2~1.2	2.8~4.5 婴儿：3.9~5.0	117~127 婴儿：110~122	
化脓性脑膜炎	不同程度增高	米汤样浑浊	+~+++	数百~数千，多核为主	增高或明显增高	明显降低	多数降低	涂片革兰氏染色和培养可发现致病菌
病毒性脑膜炎	不同程度增高	清亮，个别微浊	–~+	正常~数百，淋巴为主	正常或轻度增高	正常	正常	特异性抗体阳性，病毒培养可能阳性

笔记栏
ER-13-4

觅食反射视频
ER-13-5

吸吮反射视频
ER-13-6

拥抱反射视频
ER-13-7

握持反射视频
ER-13-8

颈强直视频
ER-13-9

Kernig 征的检查方法视频
ER-13-10

Brudzinski 征的检查方法
ER-13-11

Brudzinski 征阳性图片

续表

	压力(kPa)	常规分析			生化分析			其他
		外观	潘氏试验	白细胞(×10⁶/L)	蛋白(g/L)	糖(mmol/L)	氯化物(mmol/L)	
结核性脑膜炎	不同程度增高	微浑,毛玻璃样	+~+++	数十~数百,淋巴为主	增高或明显增高	明显降低	多数降低	薄膜涂片抗酸染色及培养可发现抗酸杆菌
隐球菌性脑膜炎	高或很高	微浑,毛玻璃样	+~+++	数十~数百,淋巴为主	增高或明显增高	明显降低	多数降低	涂片墨汁染色和培养可发现致病菌

2. 脑电图(EEG)　包括常规 EEG、动态 EEG(AEEG)、视频 EEG(VEEG)检查,是正确诊断癫痫、分型与合理选药的重要实验室依据。儿童不同年龄期的大脑成熟度不同,脑电波背景不同,正常儿童中有 5%~7% 可以出现脑电图轻度异常,且脑电图异常程度与疾病严重程度不完全一致,故脑电图正常或异常的判断标准与成人不同,需要结合临床情况慎重考虑。

3. 诱发电位　分别经听觉、视觉和躯体感觉通路,刺激中枢神经诱发相应传导通路的反应电位,如脑干听觉诱发电位(BAEP),以耳机声刺激诱发,因不受镇静剂、睡眠和意识障碍等因素的影响,可用于包括新生儿在内任何不合作儿童的听力筛测,以及昏迷患儿脑干功能评价。

4. 计算机体层成像(computed tomography,CT)　又称电子计算机断层扫描。CT 可显示不同层面脑组织、脑室系统、脑池和颅骨等结构形态。能较好显示病变中较明显的钙化影和出血灶,但对脑组织分辨率不如 MRI 高,且对颅后窝、脊髓病变因受骨影干扰难以清楚辨认。必要时注入造影剂以增强扫描提高分辨率。

5. 磁共振成像(magnetic resonance imaging,MRI)　MRI 无放射线,对脑组织和脑室系统分辨率较 CT 高,能清楚显示灰、白质和基底核等脑实质结构。MRI 在儿科临床已广泛应用,如在评价癫痫患儿是否适合外科手术时常规做 MRI 检查;应用 MRI 全身扩散加权成像探查儿童恶性肿瘤原发及转移灶;应用 MRI 扩散张量成像/扩散张量纤维束示踪成像(DTI/DTT)进行儿童脑性瘫痪早期诊断及康复评价等。其主要缺点是费用较 CT 高,成像速度较慢,对不合作者需用镇静剂使之在睡眠中检查,对钙化影的显示较 CT 差。

6. 其他　如磁共振血管成像(MRA)、数字减影血管成像(DSA)、经颅超声多普勒(transcranial Doppler,TCD)用于脑血管疾病诊断。单光子发射断层扫描(SPECT)和正电子发射断层扫描(PET)均属于功能影像学,发作间期的 PET 和发作期的 SPECT 在癫痫病灶的定位诊断中有重要意义。目前各种成像技术的融合技术发展迅速,如 MRI-PET 融合可更清楚、准确地发现脑结构异常及其功能影响,已广泛用于定位癫痫病灶。

第二节　化脓性脑膜炎

化脓性脑膜炎(purulent meningitis,PM)简称化脑,是儿童,尤其是婴幼儿时期常见的由各种化脓性细菌引起的以脑膜炎症为主的中枢神经系统感染性疾病,临床表现以急性发热、惊厥、意识障碍、颅内压增高和脑膜刺激征以及脑脊液脓性改变为特征。如不及时治疗可遗留各种神经系统后遗症。

【病因】

多数化脓性细菌都能引起本病。2/3 以上患儿是由脑膜炎球菌、肺炎链球菌和流感嗜血杆菌引起。2 个月以下幼婴、新生儿以及原发性或继发性免疫缺陷病患儿,易发生肠道革兰氏阴性杆菌和金黄色葡萄球菌脑膜炎,前者以大肠埃希菌最多见,其次为变形杆菌、铜绿假单胞菌或产气杆菌等。脑膜炎球菌引起的脑膜炎呈流行性。

【发病机制及其病理】

1. 入侵途径 致病菌可通过多种途径侵入脑膜。

(1)最常见的途径是通过血流,即由菌血症发展而来。当儿童免疫功能降低时,细菌穿过血 - 脑屏障到达脑膜。致病菌大多由上呼吸道入侵血流,新生儿的皮肤、胃肠道黏膜或脐部也常是感染的入侵门户。

(2)邻近组织器官感染,如中耳炎、乳突炎等,扩散波及脑膜。

(3)与颅腔存在直接通道,如颅骨骨折、皮肤窦道或脑脊髓膜膨出,细菌可由此直接进入蛛网膜下腔。

2. 机体的免疫功能状态 细菌是否侵入中枢神经系统与机体免疫功能状态、细菌的数量、毒力等因素有关。儿童机体免疫功能相对较弱,婴幼儿血 - 脑屏障发育不完善,故该年龄阶段化脓性脑膜炎的发病率高。原发性或继发性免疫缺陷病患儿更易感染,病原菌可为致病菌或条件致病菌,如表皮葡萄球菌、铜绿假单胞菌等。

当细菌通过多种途径侵入脑膜或蛛网膜下腔后,迅速繁殖,引起软脑膜、蛛网膜和表层脑组织为主的炎性反应,表现为广泛性血管充血、大量中性粒细胞浸润和纤维蛋白渗出,伴有脑水肿。

【临床表现】

5 岁以下儿童多见,1 岁以下是高发年龄,流感嗜血杆菌引起的化脑集中在 2 个月 ~2 岁儿童。一年四季均可发生。肺炎链球菌引起的化脑以冬、春季多见,而脑膜炎球菌和流感嗜血杆菌引起的化脑分别以春、秋季发病多。多数急性起病,部分患儿有上呼吸道或胃肠道感染病史。

1. 典型表现

(1)感染中毒及急性脑功能障碍症状:发热、头痛、烦躁不安和意识改变。随病情加重,患儿逐渐从精神萎靡、嗜睡、昏睡、浅度昏迷到深度昏迷。部分患儿有反复的全身或局限性惊厥发作。脑膜炎双球菌感染的患儿常有皮肤瘀点、瘀斑和休克。

(2)颅内压增高表现:年长儿表现持续性头痛、频繁呕吐、畏光等,婴儿表现易激惹(摇晃和抱着时更严重)、尖声哭叫、有前囟饱满与张力增高、头围增大等。合并脑疝时,则有呼吸不规则、突然意识障碍加重或瞳孔不等大、瞳孔对光反射减弱或消失等征象。

(3)脑膜刺激征:颈项强直,Kernig 征、Brudzinski 征阳性。

2. 非典型表现 小于 3 个月的婴儿尤其是新生儿的临床表现多不典型:①体温可高可低,或不发热,甚至体温不升;②颅内压增高表现可不明显。婴儿不会诉头痛,可能仅表现为吐奶、尖叫或颅缝开裂;③惊厥可不典型,仅见面部、肢体局灶或多灶性抽动、局部或全身性肌阵挛或各种不显性发作。

【并发症和后遗症】

1. 硬脑膜下积液 发生率为 30%~60%,多见于 1 岁以下、患肺炎链球菌和流感嗜血杆菌脑膜炎的婴儿。若经 48~72 小时治疗后,患儿发热不退或退后复升,意识改变、颅内压增高等临床表现不见好转或逐渐好转后病情又出现反复,并伴随进行性前囟饱满,颅缝分离,

ER-13-12

皮肤瘀点、瘀斑照片

则应首先考虑并发硬脑膜下积液。头颅透光检查或 CT 扫描可协助诊断。确诊需行硬膜下穿刺,积液量 >2.0ml、蛋白质 >0.4g/L 以下即可以确诊。

2. 脑室管膜炎　多见于革兰氏阴性杆菌感染且延误治疗的婴儿。表现为在有效抗生素治疗下出现高热不退、前囟饱满、惊厥频繁、呼吸衰竭等病情加重的症状。行 CT 检查可见脑室扩大,脑室穿刺检查脑室液白细胞数量≥$50×10^6$/L、糖 <1.6mmol/L 或蛋白质 >0.4g/L 即可以确诊。脑脊液检查始终异常,病死率和致残率较高。

3. 脑性低钠血症　也称为抗利尿激素异常分泌综合征,其发生主要与炎症刺激垂体后叶,引起抗利尿激素分泌过多导致水潴留有关。水潴留引起低钠血症和血浆低渗透压,可加剧脑水肿,致惊厥和意识障碍加重。

4. 脑积水　由于炎症导致脑脊液流出通道所致。表现为患儿头颅呈进行性增大,颅缝裂开,头皮静脉扩张,患儿额大面小,眼呈“落日状”,前囟扩大饱满、头颅有“破壶”音。持续的颅内压增高可造成大脑皮质退行性萎缩,患儿出现进行性智力减退和其他神经功能倒退。

5. 各种神经功能障碍　如神经性耳聋、视力障碍、智力障碍、脑性瘫痪、行为异常以及癫痫等。

【辅助检查】

1. 脑脊液检查　脑脊液检查是确诊本病的重要依据(见表 13-2)。典型病例表现为脑脊液压力增高、外观浑浊似米汤样、白细胞数多在 $1\,000×10^6$/L 以上,以中性粒细胞为主,糖含量明显降低,蛋白显著增高。脑脊液涂片细菌培养有利于确定病原菌。还可采用对流免疫电泳法、乳胶颗粒凝集法对脑脊液进行病原学检测。

2. 外周血象　白细胞总数大多明显增高,中性粒细胞为主。但感染严重或不规则治疗的患儿可出现白细胞总数减少。

3. 血清前降钙素(PCT)　是鉴别无菌性脑膜炎和细菌性脑膜炎的特异和敏感的检测指标之一,血清前降钙素 >0.5ng/ml 提示细菌感染。

4. 血培养　早期或未用抗生素治疗的患儿可得到阳性结果。对所有疑似化脑的患儿均应做血培养,寻找致病菌。

5. 皮肤瘀点、瘀斑涂片找菌　是发现脑膜炎双球菌重要而简便的方法。

6. 影像学检查　对疑有并发症的患儿,应尽早进行颅脑 CT 及 MRI 检查。前囟未闭者可行 B 超检查,可发现脑水肿、脑室扩大等。

【治疗要点】

1. 抗生素治疗

(1) 用药原则:早期、合理使用有效抗生素是影响化脑预后的关键因素。应力求用药 24 小时内杀灭脑脊液中的致病菌,故应选择病原菌敏感且能较高浓度透过血 - 脑屏障的药物。急性期要静脉用药,做到早用药、足剂量和足疗程。

(2) 抗生素选择:在病原菌未明确时,目前主张选择能快速在患儿脑脊液中达到有效灭菌浓度的第三代头孢菌素,包括头孢曲松 100mg/(kg·d),或头孢噻肟 200mg/(kg·d),分次静脉滴注。病原菌明确后,根据不同的致病菌选用敏感的抗生素。

1) 肺炎链球菌:由于目前半数以上的肺炎球菌对青霉素耐药,故应继续按上述病原菌未明确方案选药。仅当药物敏感试验提示致病菌对青霉素敏感,可改用青霉素 20 万 ~40 万 U(kg·d)。

2) 脑膜炎球菌:与肺炎链球菌不同,目前该菌大多数对青霉素依然敏感故首先选用,剂量同前。少数耐青霉素者需选用上述第三代头孢菌素。

3）流感嗜血杆菌：对敏感菌株可换用氨苄西林 200mg/（kg·d）。耐药者使用上述第三代头孢菌素联合美罗培南 120mg/（kg·d），或选用氯霉素。

4）其他：致病菌为金黄色葡萄球菌者应参照药物敏感试验选用萘夫西林 200mg/（kg·d）、万古霉素或利福平 10~20mg/（kg·d）等。革兰氏阴性杆菌者除上述第三代头孢菌素外，可加用氨苄西林或美罗培南。

（3）抗生素疗程：对肺炎链球菌和流感嗜血杆菌脑膜炎，应静脉滴注有效抗生素 10~14天，脑膜炎球菌感染者应用 7 天，金黄色葡萄球菌和革兰氏阴性杆菌脑膜炎应用 21 天以上。若有并发症或经过不规则治疗的患儿，还应适当延长。

2. 肾上腺皮质激素治疗　肾上腺皮质激素对多种炎性因子的产生有抑制作用，同时还可降低血管通透性，减轻脑水肿和降低颅内高压。常用地塞米松 0.2~0.6mg/（kg·d），分 4 次静脉给药，一般连续使用 2~3 天。

3. 并发症治疗

（1）硬膜下积液：少量积液无需处理，当积液量较大引起颅内压增高症状时，应做硬膜下穿刺放出积液，每日或隔日 1 次，每次、每侧放液量不超过 15ml。如硬膜下积脓，可行局部冲洗，根据病原菌注入相应抗生素及地塞米松，必要时外科处理。

（2）脑室管膜炎：可做侧脑室穿刺引流以缓解症状，并可在脑室内注入抗生素。

（3）脑性低钠血症：确诊后限制液体入量，对低钠血症症状严重者用 3% 盐水 6ml/kg 缓慢静脉滴注，未纠正者可再给予 3~6ml/kg。

（4）脑积水：主要依赖手术治疗，包括正中孔粘连松解、导水管扩张、脑脊液分流术等。

4. 对症和支持治疗

（1）维持水、电解质、血浆渗透压和酸碱平衡；

（2）处理高热、惊厥和休克；

（3）降低颅内高压（静脉注射 20% 甘露醇、地塞米松等）；

（4）静脉输注免疫球蛋白等。

【护理评估】

1. 健康史　评估患儿有无呼吸道、消化道或皮肤感染史。若是新生儿，应询问生产史以及有无脐带感染史等。

2. 身体状况　测量患儿的体温、脉搏、呼吸，评估患儿有无发热、头痛、呕吐、惊厥、嗜睡及昏迷。注意患儿的精神状态、面色，检查患儿囟门有无隆起或张力增高，有无脑膜刺激征。分析患儿的血液、脑脊液检查结果。

3. 心理社会状况　评估家长及患儿（尤其是意识清楚的年长儿）是否存在焦虑、恐惧等情绪，对疾病康复的期望值，对疾病及其治疗、护理等相关知识的掌握程度。评估患儿家庭对治疗及护理的经济承受能力和社会支持水平。

【护理诊断】

1. 体温过高　与细菌感染及全身中毒症状有关。

2. 潜在并发症：颅内压增高、脑疝。

3. 营养失调：低于机体需要量　与摄入不足、机体消耗增多有关。

4. 有受伤的危险　与惊厥发作有关。

5. 焦虑 / 恐惧　与担心疾病的预后不良有关。

6. 知识缺乏：缺乏疾病知识。

【护理措施】

1. 维持正常的体温　保持病室安静、空气新鲜。高热患儿需卧床休息。每 2~4 小时测体温 1 次,并观察热型及伴随症状。酌情给予物理降温或药物降温,并记录降温效果。鼓励患儿多饮水,必要时给予静脉补液。遵医嘱给予抗生素治疗。

2. 病情观察,防治并发症

(1) 监测生命体征:密切监测体温、脉搏、呼吸、血压等生命体征,观察意识状态、面色、神志、瞳孔、囟门等变化并详细记录,以便早期发现病情变化。若患儿出现意识障碍、囟门及瞳孔改变、躁动不安、频繁呕吐、肢体肌张力增高等惊厥先兆,提示有脑水肿可能。若呼吸节律不规则、瞳孔忽大忽小或两侧不等大、对光反应迟钝、血压升高,提示脑疝及呼吸衰竭,应及时报告医生并配合抢救。

(2) 并发症的观察:患儿若出现并发症,则预示疾病预后不良。若婴儿经过 48~72 小时治疗,发热不退或退后复升,病情无缓解或病情反复,则可能并发硬脑膜下积液。若出现高热不退,反复惊厥发作,前囟饱满,颅缝裂开,频发呕吐,出现“落日眼”现象则提示脑积水,发生上述情况,应立即报告医生,做好氧气、吸引器、呼吸机、硬脑膜下穿刺包及侧脑室引流包等各种急救物品的准备工作,配合急救处理。

3. 用药护理　遵医嘱及时准确给予足量有效抗生素治疗。颅内压增高者定时静脉推注脱水剂,烦躁不安者适当给镇静剂。了解各种药的使用要求及不良反应。静脉输液速度不宜太快,以免加重脑水肿;记录 24 小时出入量。

4. 饮食与营养护理　根据患儿体重及营养状况评估,提供患儿机体需要的热卡,给予高热量高蛋白、高维生素、易消化的清淡流质或半流质饮食,如蛋黄、牛奶、鱼类、水果、蔬菜等。根据病情程度恰当选择补充营养的方式。对频繁呕吐者,应注意观察呕吐情况,给予耐心的喂养,少量多餐,防止呕吐发生,必要时给予鼻饲或静脉输液,维持水电解质平衡;对神志清醒者,鼓励患儿多饮水;对意识障碍者,给予静脉高营养或鼻饲,静脉补液,维持水、电解质平衡。定期测量患儿体重,了解营养状态恢复情况。

5. 安全护理、防止意外

(1) 环境和体位:保持环境安静,护理操作动作轻柔、集中进行,修剪患儿指甲,以免抓伤皮肤,专人守护和陪伴患儿。给予舒适卧位,颅内压增高者抬高头部 15°~30°,保持中位线,避免扭曲颈部。有脑疝发生时,选择平卧位。呕吐时须将头侧向一边,防止窒息。呕吐频繁的患儿,应将其头偏于一侧,呕吐后及时清理呕吐物,保持呼吸道畅通,防止误吸和窒息。

(2) 惊厥的护理:惊厥发作时,使患儿头偏向一侧,给予口腔保护,防止舌咬伤,拉好床挡,防止坠床;适当约束患儿,在床栏处放置棉垫,防止患儿抽搐时受伤。

(3) 加强基础护理,保持皮肤完整:协助患儿洗漱、进食、大小便及个人卫生等生活护理。做好口腔护理,呕吐后帮助患儿漱口,保持口腔清洁,及时清除呕吐物,减少不良刺激。做好皮肤护理,每 2 小时翻身 1 次,及时清理大小便,保持臀部干燥,必要时使用预防压疮的薄膜敷料、水胶体敷料、泡沫类敷料保护皮肤,预防压疮的发生。

6. 心理护理　对患儿及家长给予安慰、关心和爱护,使其接受疾病的事实,树立及增强战胜疾病的信心。根据患儿及家长的接受程度,及时介绍病情,讲解治疗护理方法,使其主动配合。

7. 健康教育　利用各种方式宣传化脓性脑膜炎的预防知识,积极预防上呼吸道感染、消化道等感染性疾病,预防皮肤外伤和脐部感染。采用脑膜炎双球菌荚膜多糖疫苗在流行地区实施预防接种。对恢复期和有神经系统后遗症的患儿,应进行功能训练,指导家长根据不同情况给予相应护理,促使病情尽可能地康复。

EB-13-16
案例分析
答案要点

案例分析

患儿,男,9个月。3天前出现发热,体温最高40.2℃,家长自服口服退热剂有效,热退4~6小时后体温再次升高。于儿科门诊就诊,考虑"上呼吸道感染",给予抗生素治疗无好转。1天前出现烦躁不安,呕吐2次,为胃内容物,非喷射状,为进一步治疗收入院。

入院前1小时患儿突然出现抽搐、意识丧失、双眼上翻、四肢抽动、口唇略发绀,持续2分钟。体格检查:体温39.2℃,脉搏154次/min,呼吸32次/min,血压80/50mmHg,精神萎靡,嗜睡。前囟1.5cm×1.5cm,饱满,张力高。双侧瞳孔等大等圆,直径3.5mm,对光反射灵敏。双侧膝腱反射对称引出,双侧Babinski征(-)。颈有抵抗。

辅助检查:头颅CT未见异常;脑脊液示压力180mmH$_2$O,透明白雾状混浊,WBC 1 204×10^9/L,单核30%,多核70%;葡萄糖2.28mmol/L,蛋白质1.04g/L,氯化物106.3mmol/L。

问题:

(1)患儿的医疗诊断是什么?你认为支持此医疗诊断的依据是什么?

(2)作为护理人员,将患儿的护理诊断罗列出来,入院后最应首先采取哪些措施?

(3)患儿住院治疗后5天,体温降至正常,病情一度好转后又出现发热、喷射性呕吐,前囟复又膨隆,请问患儿最有可能是发生了什么临床情况?该如何护理?

第三节 病毒性脑炎

病毒性脑炎(viral encephalitis)指多种病毒引起的颅内脑实质炎症。若病变主要累及脑实质则称为病毒性脑炎;若病变主要累及脑膜则称为病毒性脑膜炎;若脑膜和脑实质同时受累,则为病毒性脑膜脑炎。大多数患儿病程呈自限性,危重者可发生后遗症及死亡。

【病因】

目前仅能在1/4~1/3的中枢神经病毒感染病例中确定其致病病毒,其中,80%为肠道病毒(如柯萨奇病毒、埃可病毒),其次为虫媒病毒(如流行性乙型脑炎病毒)、腺病毒、单纯疱疹病毒、腮腺炎病毒和其他病毒等。

【发病机制及其病理】

病毒自呼吸道(如腺病毒)和胃肠道(如肠道病毒)进入淋巴系统繁殖,然后经血流(虫媒病毒直接进入血流)感染某些脏器,此时患者可有发热等全身症状。若病毒在定居脏器内进一步繁殖,即可能通过血-脑屏障侵犯脑实质或脑膜组织,出现中枢神经系统损害的症状。此外病毒亦可经嗅神经或其他周围神经到达中枢神经系统。中枢神经系统的病理改变主要是病毒直接入侵和破坏脑组织,但有部分患儿对病毒抗原发生强烈免疫反应,出现脱髓鞘、血管与周围脑组织损害。

【临床表现】

病情轻重差异较大,主要取决于病变累及脑膜或脑实质的相对程度。一般情况下,病毒性脑炎的临床经过较脑膜炎严重,尤其重症脑炎易发生急性期死亡或后遗症。

1. 病毒性脑膜炎 急性起病,发病前可患有上呼吸道感染或前驱传染性疾病。主要表现为发热、恶心、呕吐、精神差、嗜睡。年长儿会诉头痛,婴儿则烦躁不安,易激惹。一般较少有严重意识障碍、惊厥。可出现颈项强直等脑膜刺激征。病程大多在 1~2 周内。

2. 病毒性脑炎　起病急,临床表现因脑实质部位的病理变化、范围和严重程度而有所不同。

(1)前驱症状:急性全身感染征象,发热、头痛、呕吐、腹泻等。

(2)中枢神经系统症状:

1)惊厥:大多呈全身性,但也可局灶性发作,严重者可见惊厥持续状态;

2)意识改变:可有嗜睡、昏睡、昏迷甚至去皮层状态等不同程度的意识改变;

3)若呼吸节律不规则或瞳孔不等大,则应考虑颅内压增高并发脑疝的可能性;

4)部分患儿可有偏瘫或肢体瘫痪的表现;其他还有以偏瘫、单瘫、四肢瘫或各种不自主运动为主要表现者。

5)若病变累及额叶底部、颞叶边缘系统时,患儿则主要表现为精神情绪异常,如:躁狂、幻觉、失语及定向力、计算力与记忆障碍等。

(3)病程:病毒性脑炎病程大多 2~3 周。多数完全恢复,但少数可遗留癫痫、肢体瘫痪、智能发育迟缓等后遗症。

【辅助检查】

1. 脑脊液检查　外观清亮,压力正常或增高,白细胞总数正常或轻度增多,病初以中性粒细胞增多为主,逐渐转为以淋巴细胞增多为主;蛋白质含量大多正常或轻度增高,糖和氯化物含量一般正常。

2. 病毒学检查　病毒分离和血清学检查是明确病因的基本方法。部分患儿急性期脑脊液病毒分离及血清 IgM 特异性抗体检测阳性;恢复期血清 IgG 特异性抗体滴度高于急性期 4 倍以上有诊断价值。

3. 脑电图(EEG)检查　以弥漫性或局限性异常慢波背景活动为特征,少数伴有棘波、棘 - 慢复合波。慢波背景活动只能提示异常脑功能,不能证实病毒感染性质。某些患儿脑电图也可正常。

4. 影像学检查　CT 和 MRI 均可发现病变的部位、范围及性质,MRI 对显示病变更有优势。可见弥漫性脑水肿,皮质、基底核、脑桥、小脑的局灶性异常。

【治疗要点】

本病病程呈自限性,缺乏特异性治疗。急性期合理的支持与对症治疗,是保证病情顺利恢复、降低病死率和致残率的关键。主要治疗原则包括:

1. 维持水、电解质平衡与合理营养供给　应用脱水剂时注意液体补充,但无需过多,以防加重脑水肿,对营养不良者给予静脉营养或白蛋白。

2. 控制脑水肿和颅内压增高　(1)限制液体入量;(2)酌情过度通气,将 $PaCO_2$ 控制在 20~25kPa;(3)静脉注射脱水剂如甘露醇、呋塞米等。

3. 控制惊厥发作　给予止惊剂如地西泮、苯巴比妥等。

4. 肾上腺皮质激素的应用　对重症、急性期的患儿,应考虑用肾上腺皮质激素,但一般不超过 5 天。

5. 抗病毒药物　对于疱疹类病毒感染,可选用阿昔洛韦、更昔洛韦等,对其他病毒感染可酌情选用干扰素、利巴韦林、静脉注射用人免疫球蛋白等。

6. 抗生素的应用　对于合并细菌继发感染者,应适当给予抗生素。

7. 康复治疗　对于重症恢复期患儿或留有后遗症者,应进行康复治疗。可给予功能训练、针灸、按摩、高压氧等康复治疗。

ER-13-17
清亮脑脊液图片

ER-13-18
病毒性脑炎脑电图图片

【护理诊断】

1. 体温过高　与病毒血症有关。

2. 有受伤的危险　与惊厥发作有关。

3. 急性意识障碍　与脑实质炎症有关。

4. 躯体活动障碍　与昏迷、瘫痪有关。

5. 营养失调：低于机体需要量　与摄入不足有关。

6. 潜在并发症：颅内压增高、脑疝。

【护理措施】

1. 维持正常体温　监测体温，观察热型及伴随症状，出汗后及时更换衣物。体温>38.5℃时给予物理降温或遵医嘱药物降温、静脉补液。评估患儿有无脱水症状，保证摄入足够的液体量。

2. 注意患儿安全　需要专人看护，惊厥发作时防止舌咬伤、坠床等（可参考第二节化脓性脑膜炎中的安全护理）。昏迷患儿的护理：保持昏迷患儿侧卧位，定时翻身按摩，以促进血液循环，防止出现压疮。轻拍患儿背部，促进痰液排出，避免坠积性肺炎。

3. 积极促进机体功能康复

（1）积极促进脑功能恢复：去除影响患儿情绪的不良因素，创造良好的环境；针对患儿存在的幻觉、定向力错误的现象采取适当纠正措施，如：通过耐心的反复告知或在常用物品上贴标签等；提供保护性照顾。

（2）促进肢体功能的恢复：保持瘫痪肢体于功能位置。病情稳定后，及早督促患儿进行肢体的被动或主动功能锻炼，活动时要循序渐进，加强保护措施，防止受伤。在每次改变锻炼方式时给予指导、帮助和鼓励。

4. 注意病情观察、保证营养供应

（1）严密观察患儿生命体征变化、神经系统症状、前囟张力等情况。

（2）观察瞳孔及呼吸改变，如发现呼吸节律不规则，瞳孔不等大，对光反应迟钝，提示脑疝及呼吸衰竭可能，需尽快与医生联系，配合医生展开急救。遵医嘱定时应用脱水剂。注意避免因移动体位致脑疝形成和呼吸骤停。

（3）保持呼吸道通畅、必要时给氧，如有痰液堵塞，立即清理呼吸道，呼吸衰竭者必要时做气管切开或使用人工呼吸机。

（4）出现惊厥，立即通知医生，遵医嘱使用止惊药。保持安静，以免躁动引起或加重脑缺氧。

（5）输注能量合剂营养脑细胞，促进脑功能恢复。

（6）对昏迷或吞咽困难的患儿，应尽早给予鼻饲，保证能量供应。做好口腔护理，每日2~3次。

（7）加强基础护理，协助患儿洗漱、进食、大小便及个人卫生等护理。

5. 心理护理与健康教育

（1）根据情况向患儿及家长介绍病情，做好心理护理，增强患儿自我照顾的能力和信心，减少其焦虑与不安。

（2）腰穿是诊断该疾病必不可少的检查，做好术前准备，解除患儿及家长对穿刺的顾虑，腰穿后告知患儿及其家长应去枕平卧4~6小时、禁食2小时。

（3）向家长提供保护性看护和日常生活护理的有关知识。指导家长做好智力训练和瘫痪肢体功能训练。有继发癫痫者应指导长期、正规服用抗癫痫药物。患儿出院后应定期随访。

第四节 脑 性 瘫 痪

脑性瘫痪(cerebral palsy,CP)简称脑瘫,是各种原因所致发育期胎儿或婴幼儿脑部的非进行性损伤,临床主要表现为中枢性运动障碍及姿势异常、活动受限。脑性瘫痪的运动障碍可伴随感觉、知觉、行为等异常,癫痫发作以及继发性骨骼肌肉系统异常。发达国家患病率为1‰~3.6‰,我国患病率为2‰左右,男孩多于女孩(1.45:1)。

【病因】

许多围生期危险因素被认为与脑瘫的发生有关,如早产与低出生体重、脑缺氧缺血、产伤、先天性脑发育异常、胆红素脑病和先天性感染等。这些因素可能共存,并相互作用。但约有1/4的患儿在实际临床诊断中很难明确具体病因。

【临床表现】

脑瘫临床表现复杂多样,由于类型、受损部位的不同表现形式也有所不同。运动障碍症状随患儿发育而出现变化是脑性瘫痪的基本特征,但脑内病变静止。

1. 基本表现 以出生后非进行性运动发育异常为特征,一般都有以下4种基本表现。

(1)运动发育落后和瘫痪肢体运动障碍:患儿不能完成相同年龄正常儿童应有的运动发育进程,包括大运动,以及手指的精细动作。如正常3个月俯卧下抬头、6~7个月独坐等,脑瘫患儿一般不能达到此类运动水平。

(2)肌张力异常:是脑瘫患儿的特征之一。痉挛型脑性瘫痪在新生儿时期除个别严重的可表现为肌张力增高外,大多数表现为肌张力低下,随月龄增长而肌张力逐渐增高,关节活动范围减少;肌张力低下型则表现为瘫痪肢体肌肉松软,但仍可引出腱反射;而不随意运动型在1岁以内往往无肌张力增高,随年龄增长而表现出齿轮状或铅管状肌张力增高。

(3)姿势异常:在脑瘫患儿表现非常突出。受异常肌张力和原始反射消失不同情况影响,患儿可出现多种肢体异常姿势,并因此影响其正常运动功能的发挥。

(4)反射异常:多种原始反射消失延迟。痉挛型脑瘫患儿腱反射活跃或亢进,可引出踝阵挛和Babinski征。还常表现为原始反射延缓消失、保护性反射减弱或延缓出现。例如,脑性瘫痪患儿握持反射持续时间延长,手经常呈握拳状。

2. 临床类型

(1)按运动障碍性质分类

1)痉挛型:最常见,占全部病例的60%~70%。主要因锥体系受累,患儿肌张力增高,肢体活动受限。上肢常表现为肩关节内收,上肢肘、腕关节及指尖关节屈曲,拇指内收,手紧握拳状。下肢大腿内收肌张力增高,外展困难,踝关节跖屈。站立位时足尖着地,行走时多呈踮足、剪刀样步态。

痉挛型脑性瘫痪视频

2)手足徐动型:约占20%,主要病变在锥体外系,表现为不随意运动增多,例如手足徐动、舞蹈样动作、肌张力不全、震颤等。在进行有意识运动时,不自主、不协调及无效运动增多,紧张时不自主运动增多,安静时减少,入睡后消失。由于颜面肌肉、舌肌及发音器官肌肉运动受累,说话时口齿不清,速度、节律不协调,说长句时不恰当的停顿。

3)肌张力低下型:瘫痪肢体松软但腱反射存在。本型往往是其他类型的过渡形式,以后多转为痉挛型或不随意运动型。

4)强直型:此型少见,全身肌张力显著增高,身体异常僵硬,活动减少。

5)共济失调型:小脑性共济失调。表现为步态不稳,摇晃,行走时脚尖间距宽,随意动作不协调。

6）震颤型：多为锥体外系相关的静止性震颤。

7）混合型：同时具有上述两种或两种以上类型的表现，其中痉挛型和不随意运动型常同时存在。

（2）按瘫痪累及部位分类：可分为四肢瘫（四肢和躯干均受累，受累程度相似）、双瘫（也是四肢瘫，但双下肢相对较重）、截瘫（双下肢受累，上肢躯干正常）、偏瘫（半侧肢体受累）、三肢瘫和单瘫（单个肢体受累）等。

3. 伴随症状和疾病　脑性瘫痪患儿除有运动障碍外，常合并其他功能异常。一半以上的患儿可能合并智力障碍、听力和语言发育障碍，45% 的患儿伴有癫痫，其他如视力障碍、过度激惹、小头畸形等；有的伴随症状，如流涎、关节脱位则与脑瘫自身的运动功能障碍相关。

【辅助检查】

1. 运动、认知功能评估：常用格塞尔发育量表、韦氏学前 / 学龄儿童智力量表、粗大运动功能评估量表、精细运动功能评估量表等进行认知和运动功能评估。

2. 影像学检查：1/2~2/3 的患儿可有头颅 CT、MRI 异常（如脑室周围白质软化），CT 和 MRI 可了解颅内结构的异常，对脑瘫的病因及预后判断有帮助，但不能肯定或否定诊断。

3. 神经电生理检查：视觉、听觉诱发电位可了解有无合并视听觉损伤，脑电图可以了解是否合并癫痫，脑性瘫痪患儿脑电图可能正常，也可表现为异常背景活动，伴有痫性放电波者应注意合并癫痫的可能性。

4. 遗传学检查：基因检查有助于寻找与遗传相关的脑瘫的病因，对产前诊断也具有一定的指导作用。

【治疗要点】

1. 治疗原则

（1）早期发现，早期治疗：脑瘫的"黄金治疗期"界定为 0~6 个月，该阶段脑的发育迅速，未成熟脑受损伤后在结构和功能上都有很强的适应和重组能力，可塑性最强。若在该阶段进行早期干预治疗，则大脑能以新生的细胞重建受损害部分或替代已经死亡的细胞，使大脑能有效实行改组或重组，使脑功能得到良好的代偿。

（2）促进正常运动发育，抑制异常运动和姿势。

（3）综合治疗：采取多种手段对患儿进行全面多样化的综合治疗，针对运动障碍、语言障碍、智力低下、癫痫、行为异常进行干预，还要培养患儿对日常生活、社会交往及将来从事某种职业的能力。

（4）家庭训练和医生指导相结合：脑瘫的康复是个长期过程，家长和医护人员需密切配合，共同制订训练计划，并指导家长按阶段顺利完成计划。

2. 功能训练

（1）躯体训练（physical therapy，PT）：主要训练粗大运动，利用机械的、物理的手段，改善残存的运动功能，抑制不正常的姿势反射，诱导正常运动。常用的有 Vojta、Bobath 等方法，国内还采用上田法。

（2）技能训练：重点是训练上肢和手的功能，提高日常生活能力并为以后职业培训工作能力奠定基础。

（3）语言训练：包括听力、发音训练，语言和咀嚼吞咽功能训练等。

3. 矫形器的应用　功能训练中，配合使用一些支具或辅助器械帮助完成训练、矫正异常姿势及抑制异常反射。

4. 手术治疗　主要用于痉挛型，可矫正畸形，改善肌张力。如跟腱延长术、选择性脊神经后根切除术等。

5. 中医治疗　对瘫痪及挛缩的肌肉可进行理疗、针灸、推拿等。

6. 药物治疗　目前还没有治疗脑性瘫痪的特效药,为缓解不随意运动型的多动,可使用小量盐酸苯海索,改善肌张力。合并癫痫者可应用抗癫痫药物。

7. 其他　如高压氧舱、水疗、电疗等,对功能训练起辅助作用。

知识链接

脑瘫的 Bobath 疗法

　　Bobath 疗法是 Berta Bobath 和其丈夫 Karel Bobath 经过长期的临床实践总结发展而成,又称神经发育学疗法。该疗法的基本观点是:脑瘫常见的运动功能障碍,主要是由于大脑高级中枢对低级中枢失去控制,低级中枢原始的反射失去抑制所致,表现为张力、姿势、协调、运动模式和功能行为的异常。患者的主要问题是运动控制障碍,而不是直接的肌力问题。正常的运动模式是不可能建立在异常运动模式的基础上的,只有抑制异常的运动模式,才有可能诱导正常的运动模式。因此治疗的重点在于改变患者的异常姿势和异常运动模式,根据脑性瘫痪的不同类型和临床表现采取不同的手技。Bobath 疗法的目标是:1. 采用抑制技术如关键点控制、反射抑制模式、肢体恰当摆动等减少上运动神经元损伤症状;2. 采用刺激本体感受器和体表感受器手技,促进肢体正常感觉及协调运动模式。

【护理评估】

1. 健康史　评估患儿出生前有无发育异常,了解孕妇妊娠、分娩情况。出生时有无早产、窒息、产伤、颅内出血等,出生后是否发生呼吸暂停、严重感染及外伤等。新生儿期是否有喂养困难等。了解有无癫痫发作。

2. 身体状况　评估患儿的运动发育进程,检查患儿是否瘫痪及其程度,肌张力有无改变,观察患儿的姿势有无异常,有无合并癫痫发生,评估脑瘫的类型。了解患儿有无头颅CT、MRI、脑电图异常等。

3. 心理社会状况　了解家长对本病的认识及接受疾病程度,如患儿因日常生活不能自理是否存在心理、精神发育障碍,是否掌握正确的护理技能并做好家庭护理,能否配合医护人员完成康复训练计划。

【护理诊断】

1. 生长发育迟缓　与脑损伤有关。

2. 有废用综合征的危险　与长期肢体痉挛性瘫痪有关。

3. 营养失调:低于机体需要量　与脑性瘫痪导致进食困难有关。

4. 有皮肤完整性受损的危险　与躯体瘫痪长期不能活动有关。

【护理措施】

1. 积极预防　做好围生期保健,在妊娠早期预防感染性疾病,如风疹、弓形虫等感染。避免产伤和难产,预防胎儿受损。避免早产,因为体重过低是脑性瘫痪的一个重要因素。做好新生儿期的预防,预防新生儿呼吸暂停、低血糖、胆红素脑病及颅内感染等疾病。

2. 早期发现,早期康复　密切监测儿童运动发育情况,检查儿童是否瘫痪及其程度,肌张力有无改变,观察儿童的姿势有无异常,尤其是具有脑瘫高危因素的婴幼儿。瘫痪患儿大脑病损是静止的,但所造成的神经功能缺陷并非永远固定不变,婴幼儿运动系统正处于发育阶段,早期发现运动异常,尽早加以纠正,更易取得较好效果。因此患儿一经确诊,应立即开始功能锻炼,包括躯体、技能、语言等。对瘫痪的肢体应保持功能位,协助患儿进行被动或主动运动,促进肌肉、关节活动和改善肌张力;功能训练要从简单到复杂、从被动到主动的肢体锻炼,以促进肌肉、关节活动和改善肌张力。同时配合针刺、理疗、按摩、推拿和必要的矫形器等,纠正异常姿势,抑制异常反射。

3. 促进成长,培养自理能力　脑瘫患儿常有发育异常,往往存在多方面的能力缺陷。应指导家长根据患儿年龄进行日常生活动作的训练。

(1) 穿脱衣训练:①帮助患儿认识衣、裤、鞋、袜;②为患儿选择穿脱方便的衣服,如带魔术贴的鞋子、衣物等,衣物宜宽松;③更衣时注意选择正确体位,肌紧张的患儿选择俯卧位或坐位穿脱衣物,以避免仰卧位时肌肉的僵硬;④注意穿脱衣物顺序,一般病重侧肢体先穿后脱;⑤鼓励患儿按步骤自主穿脱衣物,注意动作的平衡和协调性,耐心教导,患儿完成困难时给予必要帮助,避免责骂,帮助患儿建立信心。

(2) 进食训练:①选择适宜餐具,如有把手、勺表面浅平、勺柄长的餐具,鼓励患儿自主进食;②食物种类的选择应遵循从流质、半流质到固体食物的原则;③保证正确的进食姿势,使患儿脊柱伸直,头肩稍前倾,收下颌使其贴近胸部;④桌椅高度要合适,使患儿双足能够着地,增加稳定性,尽量抑制异常姿势;⑤用冰块冷刺激口、唇、舌,进行口唇闭合锻炼,提高下颌随意运动,减少流涎的发生;⑥定时做舌的上下左右运动,促进闭合动作,以减少不随意运动,逐渐形成自我控制;⑦饭前先用手在患儿面部两侧咬肌处轻轻按摩或热敷,帮助咀嚼肌松弛便于进食,进食过程中也可以用示指和拇指置于上唇和下颌以帮助患儿上下咬合、咀嚼;⑧耐心进行进食训练,防止异物吸入及牙齿紧咬时强行喂食而损伤牙齿;⑨饭后注意清洁口腔。

(3) 洗漱及如厕训练,刷牙、洗脸、坐便训练。教会患儿示意排便,养成定时大小便习惯,学会使用手纸等。

(4) 语言训练:对伴有听力、语言障碍的患儿,应按儿童语言发育规律进行训练,给患儿丰富的语言刺激,鼓励患儿发声,纠正发声异常,并持之以恒。

(5) 借助社会、学校、社区康复机构的力量,构建"医院 - 社区 - 家庭"三位一体的康复模式,全面提高患儿的运动、认知、语言等功能,使患儿能够更好地回归社会和家庭。

4. 保证营养供给　鼓励母乳喂养,婴幼儿应注意辅食添加。为患儿提供高热量、高蛋白及富含维生素、容易消化的食物。对独立进食困难的患儿应进行饮食训练,必要时可鼻饲或静脉补给。

5. 做好皮肤护理　病情严重和不能保持坐位的患儿往往长时间卧床,应注意保持床单清洁,帮助患儿翻身拍背,防止发生压疮及坠积性肺炎等。

6. 安全管理　保证环境安全,做到专人护理,必要时使用头部护具和保护垫,防止患儿损伤。

7. 心理护理　向家长及患儿提供心理支持,积极纠正患儿自卑、任性、孤独等心理,循序渐进、由易到难地进行康复训练。

8. 健康教育

(1) 疾病知识指导:向家长介绍脑瘫是一种非进行性脑损伤疾病,目前尚无特效治疗,主要是坚持功能训练。协助家长制订正确的康复计划,寻求社会支持系统。

(2) 做好脑瘫患儿的特殊教育:针对家长的接受能力讲解脑瘫的预防及护理知识与技能,告知家长在住院康复治疗训练后应坚持进行家庭康复训练,教会其功能训练的方式及方

笔记栏

法。告知家长注意给予患儿更多地关爱与照顾,防止发生自卑、孤独心理。年长儿积极进行职业训练,培养其克服困难的信心。

思政元素

被爱包围——脑瘫患儿在融合教育里重获"新生"

小松涛(化名)出生后不久身体就表现出异样。奶奶说:"他总是站不稳,吃饭也得大人喂……"后来,他被确诊为脑性瘫痪,从此辗转于各家医院和康复机构。除了站不住、走不了,他握笔也十分吃力,一度遇到无学可上的困境。

2018 年,哈尔滨市积极开展融合教育,为基本具备接受正常教育的特殊孩子开辟"绿色通道",小松涛有幸成一名小学生,和正常的孩子一起上学,随班就读,从此既能参加康复训练,又能正常读书。这些孩子们在老师、同学们的帮助下努力成长,也用坚韧感染着身边健全的孩子。同学们在帮助他们的过程中,也学会了坚强、助人为乐,明白了奉献的价值。

融合教育(inclusive education)最早于 1994 年提出,关注所有有特殊需求的学生,包括残障、天才、疾病者等各种群体,通过一体化的教育满足其需求。

2017 年,融合教育写进我国《残疾人教育条例》,我国在普通学校就读的残疾学生人数由 2013 年的 19.1 万人,增加到 2018 年的 33.2 万人,残疾学生在普通学校就读的比例超过 50%。

融合教育的实行是在我国管理体制与治理模式下采取的切实可行的促使特殊儿童融入社会、参与共享的策略,是促进社会公平正义、增进人民福祉的创新社会治理的体现。

(杨　静　霍光研)

复习思考题

学习内容与
学习方法

扫一扫,
测一测

患儿,女,22 个月,发现双下肢痉挛性瘫痪 10 个月。生长发育落后,4 个月还不能抬头,5 个月握持反射尚未消失,双手常呈握拳状,四肢伸直,11 个月扶站时发现脚尖着地,14 个月学步呈剪刀步;语言发育迟缓,目前还不会发"ma"音。10 个月时突发全身骨骼肌强直性收缩,继而出现肢体阵挛,伴意识丧失,持续数十秒钟后缓解。此后每 2~3 个月发作 1 次。患儿为孕 35 周早产,出生时有窒息,诊断为"缺氧缺血性脑病"。体格检查:营养状况差,眼球活动不灵活,表情呆滞,四肢肌张力增强,双膝反射、跟腱反射亢进,扶走呈剪刀样步态。辅助检查:脑电图示广泛中度异常,MRI 示双侧脑室扩大,脑室旁白质软化,额颞叶蛛网膜下腔间隙增宽,大脑萎缩。家长身心疲惫,焦虑、无助,担心预后,不知如何进行康复训练。

问题:

(1) 患儿可能的临床诊断是什么? 其诊断依据是什么?

(2) 患儿及其家长存在哪些护理诊断?

(3) 护士应采取哪些护理措施?

第十四章

遗传代谢性疾病患儿的护理

学习目标

知识目标
1. 能复述遗传性疾病的概念及分类。
2. 能分析唐氏综合征、苯丙酮尿症和糖原贮积病的发病机制并列举其病因、临床表现、辅助检查、护理诊断、护理措施。
3. 能概括唐氏综合征、苯丙酮尿症和糖原贮积病的临床表现。

能力目标
1. 能应用护理程序对唐氏综合征、苯丙酮尿症和糖原贮积病患儿实施整体护理和健康教育。
2. 能应用科学的方法在社区开展遗传病预防知识宣教。

素质目标
1. 临床护理操作中认真负责,精益求精。
2. 关爱患儿,保持良好的职业素质。

第一节 概 述

遗传性疾病(inherited disease)简称遗传病,是指由遗传物质发生改变而引起的或者是由致病基因所控制的疾病,具有先天性、终身性和家族性的特征。人体细胞的遗传信息几乎全部都编码在组成染色体的 DNA 分子长链上。DNA 分子是由两条多核苷酸链依靠核苷酸碱基之间的氢键相连接而成的双螺旋结构。基因的表达是将 DNA 分子储存的遗传信息经过转录,形成信使核糖核酸(mRNA),释放入细胞质作为合成蛋白质的模板,由转移核糖核酸(tRNA)按照密码子选择相应的氨基酸,在核蛋白体上合成蛋白质。基因突变是分子中的碱基顺序发生变异,必然导致组成蛋白质的氨基酸发生改变,遗传表型亦因此不同,临床上就可能出现遗传性疾病。

一、遗传病的分类

染色体(chromosome,CS)是由一条线性的、完整的双螺旋脱氧核糖核酸(DNA)分子和围绕其中的组蛋白和非组蛋白构成的,位于细胞核内。正常人体细胞有 23 对(46 条)染色体,每对染色体中一条来自父亲,另一条来自母亲。其中 22 对为常染色体(autosome),男女相同,另一对为决定性别的性染色体(sex chromosome)。正常女性染色体核型为 46,XX,男性为

46,XY。遗传信息相对稳定的基础是染色体数目和形态的相对稳定。

基因(gene)是成对地位于相对应的染色体上的、呈线状排列的、有功能的DNA序列。人体每个细胞中包含有2万~2.5万个基因,可分为结构基因和调控基因两类。前者编码多肽链,经加工、修饰和形成各种高级结构,包括结构蛋白、酶、受体及各种转运蛋白等,执行各种蛋白质的功能;调控基因只起调控基因表达的作用,包括启动子、增强子和沉默子等,不作为合成蛋白质的模板。基因表达是DNA分子贮存的遗传信息经过转录,形成mRNA,释放入细胞质作为合成蛋白质的模板,由tRNA按照密码子选择相应的氨基酸,在核蛋白体上合成蛋白质的过程。

基因突变(gene mutation)是指DNA序列中的碱基改变。大多数突变可以自发性修复,一些突变导致了疾病的发生,一些突变未发现与疾病有关,而是构成了人类基因的多态性。

根据遗传物质的结构和功能改变的不同,遗传病可分为五大类:

1. 单基因遗传病(monogenic disease)　指一对主基因突变导致的疾病。由于基因是位于染色体上,而染色体有常染色体和性染色体之分,基因也有显性基因与隐性基因之别,故位于不同染色体上的致病基因,其遗传方式是不同的,常见的单基因病有短指症、β-地中海贫血、亨廷顿病性痴呆(慢性进行性舞蹈)病、白化病、苯丙酮尿症、色盲等。

2. 多基因遗传病(polygenic disease)　是在遗传因素和环境因素双重作用下发病,其中遗传因素所占的比重称为遗传度,遗传度越高表示遗传因素起的作用越大,完全由遗传因素决定的非常罕见。常见的多基因遗传病有高血压、冠心病、糖尿病以及先天畸形(唇腭裂、脊柱裂、无脑儿等)。

3. 染色体病(chromosomal disease)　由于染色体异常或发育不全产生的疾病,如唐氏综合征、特纳综合征。目前已确认染色体病综合征100余种,智力低下和生长发育迟滞是染色体病的共同特征。

4. 线粒体病(mitochondrial disorders)　是遗传缺损引起线粒体代谢酶缺陷,致使ATP合成障碍、能量来源不足导致的一组异质性病变。如线粒体肌病、线粒体脑病等。

5. 基因印记(genetic imprinting)　指个体的同源染色体(或相应的一对等位基因)因分别来自其父方或母方,而表现出功能上的差异,因此当它们其一发生改变时,所形成的表型也有不同,这种现象又称为遗传印记或亲代印记。

遗传病的基因诊断(genetic diagnosis)是以DNA和RNA为诊断材料,应用分子生物学技术,通过检查基因的结构或表达来诊断遗传性疾病的方法和过程。基因治疗(gene therapy)是指运用重组技术设法恢复或构建患者细胞中有缺陷的基因,使细胞恢复正常功能而达到治疗疾病或赋予机体新的抗病功能的目的。然而由于多数遗传病的治疗仍颇为艰难或费用昂贵,从而难以普遍实施。因此为减少遗传病的发生,广泛开展预防工作就显得格外重要。

二、遗传病的诊断和治疗

遗传病的诊断是开展遗传咨询和进行防治的基础,应广泛收集临床资料和实验室数据,以提供诊断依据。

(一)病史和临床特征

新生儿期若出现持续黄疸、腹泻、持续呕吐、肝大、反复惊厥、低血糖、酸中毒、高氨血症、电解质异常或特殊体味等,应做进一步检查,以明确是否有遗传代谢性疾病;对有先天性畸形、特殊面容、生长发育障碍、智力发育落后、性发育异常或有遗传病家族史者,应做详细的家系调查和分析;了解妊娠史、孕期用药史及疾病史等有无异常。

(二)体格检查

①观察头面部外观特点,有无小头、大头、舟状头、方颅、窄前额、面中部发育不良等,观察发际高低等;②观察眼部特征,有无眼距宽、眼球内陷或突出、内眦赘皮、小眼球、角膜环、蓝巩膜等表现;③观察耳部外形,有无低位耳、小耳、大耳、耳廓畸形等;④观察鼻部,有无鼻梁低平、鼻根宽大、鼻孔前倾等;⑤观察颈部,有无颈短、颈蹼等;⑥测量身体上部量与下部量比例、手指长度,观察指距及指纹、外生殖器、脊柱、四肢及关节有无异常;⑦有无异常的汗味或尿味等。

(三)实验室诊断技术

1. 用于染色体畸变、缺失或重复突变的细胞和细胞分子遗传学方法 ①染色体核型分析:该方法能检出染色体数目和大片段结构异常,是诊断染色体畸变的重要手段。其方法是取患儿外周血进行淋巴细胞培养制备染色体进行分析,也可采用骨髓细胞或皮肤成纤维细胞进行培养分析;②荧光原位杂交技术(fluorescence in situ hybridization,FISH):FISH 是用荧光素标记的特定 DNA 作为探针进行原位杂交来检测患者样本中目的 DNA 序列,该技术主要用于染色体上的微小缺失检测。通过荧光显微镜对样品进行观察,能够实时看到探针信号的有无及在染色体上的位置;③基因芯片技术:是一种高分辨率、高通量的新技术,可以通过一次实验对样本的整个基因组进行检测。用于诊断各类染色体微缺失和微重复,以及进行单核苷酸多态性分析等。

2. 常用分子学诊断方法 包括聚合酶链反应(Polymerase chain reaction,PCR)技术、限制性内切酶、印记杂交、DNA 测序等方法,进行各种基因病变的检测。

3. 其他检查 包括生化检查、酶活性检测、免疫学检查、影像学检查、神经电生理检查等,可以为相关疾病的诊断提供依据。

(四)遗传病的治疗

近年来,遗传病的治疗有了较大进展,一方面可通过饮食、药物、手术、脏器移植等方法改善患儿内、外环境以纠正代谢紊乱,改善症状;另一方面可改造和修补有缺陷的基因,来达到治疗目的。主要的治疗方法包括:①饮食及药物疗法:包括补充缺乏物质(如维生素、电解质和氨基酸等),避免摄入有害物质(如乳糖类、苯丙氨酸、蚕豆等),排除过多有害物质(如铜、尿酸)等;②酶疗法:通过酶诱导、酶补充等补充必须的酶,纠正代谢缺陷;③外科治疗:通过脏器移植、干细胞移植和矫形手术等,修复或替换丧失功能的组织和器官,矫正畸形和恢复机能;④基因治疗:基因治疗是指运用 DNA 重组技术设法修复或构建患者细胞中有缺陷的基因,使细胞恢复正常功能而达到治疗疾病或赋予机体新的抗病功能。基因治疗的目标,一是治疗体细胞中的基因缺陷,使患者的症状消失或得到缓解;二是治疗生殖细胞中的基因缺陷,使其有害基因终止在人群中的散布。

(五)遗传病的预防

遗传病严重危害患儿身心健康,不仅给家庭及社会带来沉重的负担,而且危及子孙后代,直接影响人口素质的提高,因此遗传病的预防极其重要。

1. 携带者的检出 遗传携带者(genetic carrier)是指带有隐性致病基因(杂合子)或平衡易位染色体,且能传递给子代的外表正常的个体。及时检出携带者,并在检出后积极进行婚育指导或产前诊断,对预防和减少遗传病患儿的出生具有重要意义。

2. 医学遗传咨询 遗传咨询是由医学遗传咨询者针对遗传病患者及其家属,就某种遗传病的疾病信息、疾病后果、再发风险和防治的相关问题进行讨论和交流,以帮助患者理解遗传因素对疾病的作用以及和适应遗传病对医学、心理和家庭影响的一个过程。主要咨询对象为:①已确诊或疑有遗传病的患者及其亲属;②连续发生不明原因疾病的;③疑与遗传有关的先天畸形、原发性低智者;④易位染色体或致病基因携带者;⑤不明原因的反复流产、死胎、死产及不孕(育)夫妇;⑥性发育异常者;⑦孕早期接触放射线、化学毒物、致畸药物或病原微生物感染者;⑧有遗传病家族史并拟结婚或生育者。

3. 产前诊断　产前诊断是在遗传咨询的基础上,通过直接或间接的方法对孕期胚胎或胎儿进行生长和生长标志物的检测,以明确诊断,减少遗传病患儿的出生。目前采用的方法有通过超声、胎儿镜检查来观察胎儿的形态特征,以及通过染色体检查(细胞遗传学技术)、基因分析或其表达产物(酶和生化)的测定进行诊断。

4. 出生缺陷监测和预防　出生缺陷是指胚胎发育紊乱所致的形态、结构、功能、代谢、精神、行为等方面的异常,亦称先天异常。出生缺陷检测是指对出生时发现的新生儿在结构和功能方面异常的检测。通过对一定数量的婴儿进行定期的、系统的动态检测,可及时掌握人群中出生缺陷的分布、频率和顺位,总结和分析原因并采取相应的干预措施,消除不利因素的影响,减少出生缺陷,达到健康生育的目的。

5. 发病前的预防　对某些需要有诱发因素的遗传病,尽量在日常生活中避免接触相关物质,以减少疾病的发生。如 6- 磷酸葡萄糖脱氢酶缺乏症患者,应避免进食蚕豆、解热镇痛药等。

6. 环境保护　环境污染可导致基因突变、染色体畸变等。胚胎在发育的早期对致畸因素高度敏感,应特别注意避免接触致畸剂、诱变剂(如亚硝酸盐、着色剂等)、超剂量电离辐射等物质。

第二节　唐氏综合征

唐氏综合征(down syndrome)又称 21- 三体综合征(trisomy 21 syndrome),是儿童最为常见的由常染色体异常所导致的出生缺陷类疾病。我国活产婴儿中发生率约为 0.5‰~0.6‰。主要临床特征为智能障碍、体格发育迟缓、特殊面容,并可伴有多发畸形。

【病因】

尚未完全明确,认为与下列因素有关:

1. 高龄孕妇或多胎妊娠　可能与母亲卵子老化有关,35 岁时约 0.3%,40 岁时约 1%,大于 40 岁高达 2%~5%。单卵双生子或三生子 100% 同时患病,而双卵双生子或三生子仅 3% 同时患病。

2. 放射线、化学物质理化因素　孕母期接受 X 线放射线和电离辐射后,其子代染色体易畸变风险增高,许多化学药物、抗代谢药物和毒物都可导致染色体易畸变。

3. 病毒感染　孕母病毒感染(如风疹病毒、肝炎病毒等)都可致染色体断裂,畸变。

4. 遗传因素　染色体异常的父母可将畸变的染色体遗传给下一代。

【发病机制】

细胞遗传学特征是第 21 号染色体呈三体征(trisomy 21),其发生主要是由于亲代之一的生殖细胞在减数分裂形成配子时,或受精卵在有丝分裂时,21 号染色体发生不分离,胚胎体细胞内存在一条额外的 21 号染色体。

按照核型分析可分为三型,其中标准型和易位型在临床上不易区别,嵌合型的临床表现差异悬殊,视正常细胞株所占的百分比而定,可以从接近正常到典型表型。

1. 标准型　此型占全部患儿的 95% 左右,患儿体细胞染色体为 47 条,其核型为 47,XX(或 XY),+21,其发生机制系因亲代(多数为母方)的生殖细胞染色体在减数分裂时不分离所致,使受精后的合子多一条 21 号染色体。双亲外周血淋巴细胞核型都正常,无家族史。

2. 易位型　占 2.5%~5%。染色体数目正常(46 条),其中一条是额外的 21 号染色体的长臂与一条近端着丝粒染色体长臂形成的易位染色体,称罗伯逊易位(Robertsonian translocation),亦称着丝粒融合。易位染色体以 13 号与 14 号染色体最为常见,核型:46,XX(或 XY)–14,+t(14q21q)。

3. 嵌合体型　占本症的 2%~4%。患儿体内有两种以上细胞株(以两种为多见),一株正常,另一株为 21-三体细胞,本型是因受精卵在早期分裂过程中染色体不分离所引起,只是部分而不是所有的细胞存在缺陷。

【临床表现】

本病的主要特征为特殊面容、智能低下和生长发育落后。

1. 特殊面容　患儿出生时即有特殊(图 14-1)。面容圆而扁平,双眼距宽,两眼外角上斜,内眦赘皮,耳位低,鼻梁低,舌体宽厚,口常半张或舌伸出口外,舌面沟裂深而多,耳小而圆,耳垂小,外耳道小。颈短而宽,常呈嗜睡状。

2. 智能障碍　为本病最常见、最严重的临床表现。患儿多表现有不同程度的智力发育障碍,随年龄的增长日益明显。不同类型的患者智力低下的程度可不同,一般来说,三体型者最严重,易位者次之。

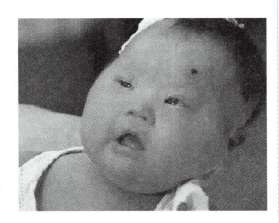

图 14-1　唐氏综合征患儿的面容

3. 生长发育迟缓　身材矮小,头围小于正常,大多数呈短头畸形。前后囟及前额缝宽,闭合迟,常出现第三囟(后囟上方的矢状缝增宽)。本病患儿出生后几天睡眠较深,吸吮、吞咽十分缓慢,甚至完全不能,故弄醒和喂养十分困难。出牙延迟且常错位。80% 的患儿肌张力普遍低下,骨龄常落后于年龄,四肢短,其运动功能与正常同龄儿相比,随年龄增长差异增大。性发育落后。

4. 皮肤纹理　40% 的患儿掌纹只有一条,单手或双手掌纹出现猿线(俗称通贯手),轴三角的 atd 角一般大于 45°(图 14-2),第 4、5 指桡箕增多,示指尺侧箕纹增多,拇指球区胫侧弓形纹;第一与第二足趾间距大。

5. 伴发畸形　约 50% 的患儿并发先天性心脏病,其次是消化道畸形。部分男性可有隐睾,女性无月经,成年后仅少数可有生育能力。因免疫功能低下,患各种感染,先天性甲状腺功能减退症和急性淋巴细胞白血病的发生率明显高于正常人群。如存活至成人期,则常在

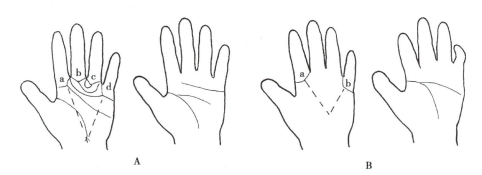

图 14-2　正常人和唐氏综合征患儿的皮纹比较

30 岁以后出现阿尔茨海默病症状。

【辅助检查】

1. 细胞遗传学检查　一般在妊娠 14~16 周对羊水细胞或出生后对外周血淋巴细胞进行染色体核型检查,可发现患儿第 21 号染色体多了一条。

2. 分子细胞遗传学检查　用荧光素标记的 21 号染色体的相应片段序列的探针,与外周血中的淋巴细胞或羊水细胞进行原位杂交,患儿的细胞中呈现三个 21 号染色体的荧光信号。

【治疗要点】

目前尚无有效的治疗方法,采用综合措施,包括医疗和社会服务,以进行长期耐心的教育和训练为主,如伴有畸形,可手术纠正。补充适量的微量元素,能起到稳定肌力和促进智力的作用。

【护理评估】

1. 健康史　了解是否有家族遗传病史,父母是否近亲结婚,母亲妊娠年龄,孕期是否患病毒感染,是否接触过放射线、化学物质,患儿的智力及发育情况,患儿有无发育较同龄儿落后等。

2. 身体状况　观察患儿是否有特殊面容及皮纹,测量身高,体重,头围大小,检查心脏是否有杂音,分析染色体核型检查结果,明确患儿病变类型。

3. 心理社会状况　患儿的父母通常有明显的内疚、焦虑心理,所以针对家长的心理护理尤为重要,评估家庭经济及环境状况,了解家长的心理需要并给予支持,指导父母掌握有关遗传病的知识及养育患儿的技能。

【护理诊断】

1. 自理缺陷　与智能障碍,生长发育迟缓有关。

2. 焦虑 / 恐惧　与担心患儿疾病预后有关。

3. 有感染的危险　与患儿自身免疫功能低下有关。

4. 知识缺乏:缺乏照顾和养育患儿的相关知识和技能。

【护理措施】

1. 做好生活护理,培养自理能力,防止意外伤害

(1) 照顾患儿的日常生活,如洗澡、穿衣及吃饭等。患儿肌张力低下,吸吮无力,喂养时注意吞咽能力,防止意外事故的发生,注意及时擦干净口涎,保持下颌及颈部皮肤的干燥、清洁。用护肤油保持皮肤的润滑,以免皮肤糜烂。

ER-14-1

思政元素 -
特殊儿童
俱乐部

(2) 帮助家长制订教育及训练计划,耐心教养,逐步培养患儿的生活自理能力,长大后能从事简单劳动,并具备基本的安全意识,提高自己的生活质量。

(3) 建议父母积极寻求社会支持,如带领患儿参加"特殊儿童俱乐部 / 学校"让患儿接受适当教育和一定的工作技能培训,帮助患儿创造开放的学习和生活环境,有利于锻炼患儿的社会适应能力和自理能力。

2. 预防感染　保持居所清洁、空气清新;注意个人卫生;注意保护性隔离,避免接触感染者。

3. 关注患儿及其父母的心理状况,做好心理护理

(1) 患儿父母得知病情时,通常难以接受,有沉重的心理负担,表现出自责和焦虑,医护人员应以理解的态度耐心解答他们提出的问题,并结合需要提供有关患儿养育、照顾的医疗知识和支持机构,帮助他们面对现实,树立信心,尽快适应疾病对家庭的影响。

(2) 引导患儿父母做好患儿的心理护理,尤其是伴随着患儿的成长过程,易产生孤独、自

卑等心理问题,需要及时发现和疏导,更需要父母与他人"爱"的关注与真诚接纳。

4. 健康教育

(1) 指导家长如何照顾患儿的生活,如何教育和训练患儿的自理能力。

(2) 做好遗传咨询,注意孕期防护:孕期(尤其是妊娠早期)避免接受X线照射,勿滥用化学药物,接触毒物及放射线,预防病毒感染。针对35岁以上高龄妊娠妇女推荐做羊水检查。

第三节　苯丙酮尿症

苯丙酮尿症(phenylketonuria,PKU)是一种常染色体隐性遗传病,为先天性氨基酸代谢障碍中最常见的一种。由于体内苯丙氨酸(PA)代谢途径中的酶缺陷,使得苯丙氨酸不能转变成为酪氨酸,导致苯丙氨酸及其酮酸蓄积,并从尿中大量排出。主要临床特征为智力低下、皮肤、毛发色素脱失、鼠尿臭味等。发病有地域和种族差异,发病率约为1:11 000。

【病因和发病机制】

苯丙氨酸(Phe)参与构成各种蛋白质成分,在人体内不能合成,必须从饮食中摄取,因而是一种人体必需氨基酸。正常情况下,人体摄入的Phe一部分用于合成各种成分的蛋白质,另一部分在苯丙氨酸羟化酶(PAH)的作用下转变为酪氨酸,后者再通过不同酶的作用可产生黑色素、甲状腺素和乙酰乙酸。苯丙氨酸羟化酶是复合酶系统,除羟化酶本身外,还包括二氢蝶呤还原酶及辅酶四氢生物蝶呤(BH_4),如果苯丙氨酸羟化酶缺乏或活性降低,则苯丙氨酸被代谢为苯丙酮酸,在体内堆积使神经系统受到损害,血中苯丙氨酸超过肾阈而大量排出,产生苯丙氨基酸尿。根据生化缺陷的不同可分为典型PKU和BH_4缺乏型两类,绝大多数为典型PKU,10%~15%为BH_4缺乏型。

1. 典型PKU 由于患儿肝细胞缺乏PAH,不能将苯丙氨酸转化为酪氨酸,因此苯丙氨酸在血、脑脊液、各种组织和尿液中的浓度极度增高,同时经旁路代谢产生大量的苯丙酮酸、苯乙酸等,并从尿中排出。由于酪氨酸生成减少,致使甲状腺素、肾上腺素和黑色素等合成不足,而蓄积的高浓度的苯丙氨酸及其旁路代谢产物导致细胞受损。

2. BH_4缺乏型 BH_4是苯丙氨酸、酪氨酸等芳香氨基酸在羟化过程中所必需的辅酶,BH_4缺乏时,不仅苯丙氨酸不能转变成酪氨酸,而且造成多巴胺、5-羟色胺等重要的神经递质合成受阻,可加重神经系统的损害。故BH_4缺乏型的临床症状更重,治疗更困难。

【临床表现】

新生儿出生时虽然存在高苯丙氨酸血症,但因未进食,故血中苯丙氨酸及其有害的代谢产物浓度不高,所以无临床症状。一般3~6个月时出现症状,1岁时症状明显。

1. 神经系统 智力发育落后最为突出,早期表现可有神经行为异常,如兴奋不安、多动或嗜睡、萎靡,可有癫痫小发作,少数呈现肌张力增高和腱反射亢进。BH_4缺乏型PKU神经系统症状出现较早且较严重。

2. 外观 由于酪氨酸酶受抑,使黑色素合成减少,患儿表现为毛发颜色变淡,皮肤白皙、干燥,易有湿疹。

3. 特殊体味 由于尿及汗液中排出较多苯乙酸,有明显的鼠尿样臭味。

4. 其他 身体生长发育迟缓,尿及汗液有鼠尿样气味。

【辅助检查】

1. 新生儿疾病筛查 新生儿哺乳3~7天,足跟采集外周血滴于滤纸晾干进行苯丙氨酸浓度测定。如苯丙氨酸浓度大于切割值,需进一步进行检查和确诊。

2. 苯丙氨酸浓度测定　正常浓度 <120μmol/L(2mg/dl)，轻度 HPA 为 120~360μmol/L，中度 PKU 为 360~1 200μmol/L，典型 PKU>1200μmol/L。

3. 尿蝶呤图谱分析　采用高压液相(HPLC)分析尿中新蝶呤(N)和生物蝶呤(B)，主要进行 BH₄ 缺乏症的鉴别诊断，尿蝶呤图谱分析显示异常者需进一步确诊。

4. DHPR 活动测定　二氢生物蝶啶还原酶缺乏症时该酶活性明显降低。

5. 脱氧核糖核酸分析　可应用此方法分析相关基因缺陷，进行产前诊断、基因诊断及基因突变检测。

【治疗要点】

苯丙酮尿症是可治疗的遗传代谢性病之一，如果早期诊断，及早治疗，可以使患儿免遭智力损伤，能像正常人一样生活。

1. 低苯丙氨酸饮食治疗

(1) 治疗原则：①开始治疗的年龄越小，预后越好；②一般应保持血苯丙氨酸浓度在 120~360μmol/L 较为理想。过度治疗将导致苯丙氨酸缺乏，出现嗜睡、厌食、贫血、腹泻，甚至死亡；③应根据患儿具体情况调整食谱，治疗至少持续到 8~12 岁；④家长的合作是饮食治疗成功的关键因素之一；⑤成年女性患者在怀孕前应开始饮食控制，直到分娩，以免高苯丙氨酸血症影响胎儿。

(2) 苯丙氨酸奶方治疗：国产低苯丙氨酸奶方华夏 2 号及同类产品，喂养剂量按每公斤体重需要的蛋白质计算。治疗开始 1 周内，每天服此特殊奶方后 2h 采血 1 次，测定血苯丙氨酸浓度。待血苯丙氨酸将至理想状态，可逐渐少量添加天然饮食，以低蛋白、低苯丙氨酸食物为原则，其中首选母乳，较大婴儿及儿童可添加入牛奶、粥、面、蛋等，其量和次数随血苯丙氨酸浓度而定。每次添加天然饮食或更换食谱后 3 天，需再复查血苯丙氨酸浓度。

2. 生物蝶呤(biopterin，BH₄)　用于治疗对低苯丙氨酸饮食无反应的变异型。单独使用 BH₄ 的优点是不需要价格昂贵的特殊饮食治疗，每天仅需服药 1 次，不足之处是并非对每一例本型 PKU 患儿都具有特殊的治疗效果。故多数患儿仍需合并应用低苯丙氨酸饮食、左旋多巴、5- 羟色胺治疗。

【护理评估】

1. 健康史　了解是否有家族史，父母是否近亲结婚，患儿有无智力低下和体格发育落后，了解喂养情况、饮食结构等。

2. 身体状况　观察患儿皮肤毛发颜色，身体气味，测身高、体重、头围，检查有无肌张力的改变，分析实验室结果，明确患儿疾病程度。

3. 心理社会状况　了解患儿家长是否掌握该病的相关知识，特别是饮食治疗方法，家庭经济和环境情况，家长有无心理焦虑，是否具备照顾患儿和配合治疗的能力。

【护理诊断】

1. 有发育迟缓的危险　与高浓度的苯丙氨酸血症导致神经细胞受损有关。

2. 营养失调　低于机体需求量　与饮食治疗限制食品种类有关。

3. 有皮肤完整性受损的危险　与汗液及尿液的排泄刺激有关。

4. 焦虑 / 恐惧　与担心患儿疾病及预后有关。

5. 知识缺乏　缺乏本病的治疗及护理等相关知识。

【护理措施】

1. 饮食护理

(1) 低苯丙氨酸饮食：6 个月内患儿应选用低苯丙氨酸奶加适量母乳，6 个月后添加辅食时选择淀粉类、蔬菜等苯丙氨酸含量低的食物为主，忌用或少用乳、蛋、肉、豆等蛋白质含量高的食物。较大婴儿及儿童可加入牛奶、粥、面、蛋等，添加的食物应以低蛋白、低苯丙氨酸为原则，根据血苯丙氨酸浓度而调整其量和次数，常用食物的苯丙氨酸含量（见表14-1）。成年女性患者在怀孕前应重新开始饮食控制，将血苯丙氨酸浓度控制在120~360μmol/L，直至分娩，避免高苯丙氨酸血症影响胎儿。

表 14-1　常用食物的苯丙氨酸含量（每 100g 食物）

食物	蛋白质（g）	苯丙氨酸（mg）	食物	蛋白质（g）	苯丙氨酸（mg）
人奶	1.3	36	藕粉或麦淀粉	0.8	4
牛奶	2.9	113	北豆腐	10.2	507
籼米	7.0	352	南豆腐	5.5	266
小麦粉	10.9	514	豆腐干	15.8	691
小米	9.3	510	瘦猪肉	17.3	805
白薯	1.0	51	瘦牛肉	19.0	700
土豆	2.1	70	鸡蛋	14.7	715
胡萝卜	0.9	17	水果	1.0	-

摘自中国预防医学科学院营养食品卫生研究所编著：食物成分表，1991

（2）注意观察体格发育和智力发育的全过程，需要时给予"低苯丙氨酸水解蛋白"以保证蛋白质供给。同时，注意补充各种维生素、矿物质及微量元素。

2. 加强皮肤护理　勤换尿布，保持皮肤干燥、清洁，尤其是颈部、腋窝、腹股沟等皮肤皱褶处，有湿疹则应及时处理。

3. 家庭支持　主动询问患儿家长的想法，倾听他们的需要，主动告知有关本病的发生及相关治疗、预后情况。从而减轻他们的焦虑，获得对治疗的配合。

4. 健康教育　强调饮食治疗是保证患儿智力和体格正常发育的关键，家长合作是治疗成功的重要因素之一。协助家长制订饮食治疗方案，指导家长观察饮食治疗效果，生长发育情况，并积极与医护治疗团队建立联系，获得帮助等。

案例分析

　　患儿，男，13 个月。母乳喂养，生后 4 个月开始出现反复抽搐，喂养困难，头发由黑变黄，并有间歇性呕吐，尿液出现难闻臭味，智力发育落后于同龄儿。查体：神清，表情呆滞，皮肤白，面部湿疹，头发浅褐色，体重 8.0kg，身长 68cm，头围 45cm，营养发育差，尿有鼠尿臭味。

　　问题：

　　（1）父母均是黑头发，患儿妈妈疑惑患儿头发为什么会变浅褐色，如何向患儿妈妈解释？

　　（2）如何做好该患儿的饮食管理？

案例分析
答案要点

笔记栏

第四节 糖原贮积病

糖原贮积病（glycogen storage disease，GSD）是一组由于先天性酶缺陷所造成的代谢障碍性疾病。该类疾病的共同特征是糖原分解或合成过程中各种酶缺乏，以致结构正常或异常的糖原累积在肝脏、肌肉、心脏、肾脏等组织而出现一系列的临床症状。根据受累器官和临床表现，分为肝糖原贮积病和肌糖原贮积病。GSD 依据其所缺陷的酶可分为 12 型，I 型糖原累积症最为多见，约占 25%。除 GSD IX a 型为 X 连锁隐性遗传外，其余都是常染色体隐性遗传。发病率约为 1/20 000~1/25 000。

【病因和发病机制】

该病的病因不清楚。I 型糖原贮积病是由于肝、肾组织中葡萄糖 -6- 磷酸酶系统活力缺陷造成的。正常情况下，葡萄糖 -6- 磷酸酶分解糖原为葡萄糖，在维持血糖稳定方面起重要作用。该酶编码基因位于第 17 号染色体上，由于遗传因素导致的该酶系统活力受损，即造成 I 型糖原贮积病。

由于葡萄糖 -6- 磷酸酶系统的缺陷，6- 磷酸葡萄糖不能进一步水解成葡萄糖，而造成机体低血糖。由于低血糖刺激分泌的胰高血糖素不仅不能提高血糖浓度，反而使大量糖原分解产生的部分 6- 磷酸葡萄糖进入糖酵解途径。同时由于 6- 磷酸葡萄糖的累积，大部分 1- 磷酸葡萄糖又重新再合成糖原。而低血糖又不断导致组织蛋白分解，向肝脏输送糖异生原料。这些异常代谢都加速了肝糖原的合成。糖代谢异常同时还造成脂肪代谢紊乱，亢进的糖异生和糖酵解过程不但使血中丙酮酸和乳酸含量增高导致酸中毒，还产生大量乙酰辅酶 A，为脂肪和胆固醇的合成提供原料，同时还产生合成脂肪和胆固醇所必需的辅酶。这些代谢改变最终造成脂质合成旺盛，引起高脂血症和肝脂肪变性。

【临床表现】

患儿表现轻重不一，大多数起病隐匿，婴儿期除肝大外，无其他典型表现。重症者在新生儿即发病，表现为严重低血糖（血糖可低至 0.5mmol/L）、酸中毒、呼吸困难和肝大等。主要的临床表现有：

1. 生长发育落后　由于糖代谢紊乱、慢性酸中毒以及肝脏受损，患儿身材矮小，骨龄落后，骨质疏松，但身体各部分比例正常。

2. 腹部膨隆　肝脏体积增大而质地变实，表面光滑无触痛，不伴黄疸或脾大。

3. 饥饿性低血糖　患儿常有低血糖和腹泻发生，严重者可因低血糖伴发惊厥。随年龄增长，低血糖发作次数减少。

4. 其他表现　可有肌肉松弛，四肢伸侧皮下常可见黄色瘤。患儿常有鼻衄等出血倾向。青春期延迟，视网膜黄斑周围病变等。

【辅助检查】

1. 血生化检查　血糖降低，血乳酸、血脂及尿素升高，肝功能可有异常。

2. 口服葡萄糖耐量试验　空腹测定血糖和血乳酸，口服葡萄糖 2g/kg 后 30 分钟、60 分钟、90 分钟、120 分钟、180 分钟测定血糖和血乳酸。正常时血乳酸升高不超过 20%，明显下降提示 GSD I a 型。

3. 胰高血糖素刺激试验　空腹和餐后 2 小时，肌内注射胰高血糖素 100μg/kg 后 15 分钟、30 分钟、45 分钟、60 分钟测定血糖。患者血糖无明显升高，或升高低于正常。

4. 外周血白细胞脱氧核糖核酸分析　基因突变分析是分型最可靠的依据。

笔记栏

【治疗要点】

治疗目的主要是维持正常血糖,抑制低血糖所继发的代谢紊乱,延缓并发症的出现。

1. 饮食治疗　是治疗的重要手段,可采用日间少量多次喂服碳水化合物食物和夜间使用鼻饲管持续点滴葡萄糖的治疗方案,以维持血糖水平在 4~5mmol/L。为避免长期鼻饲的困难,1 岁以后可用每 4~6 小时口服生玉米淀粉混悬液的替代方法(每次幼儿 1.0~1.5g/kg,儿童 1.5~2.0g/kg)。饮食治疗需注意补充各种微量元素和矿物质。

2. 严重低血糖时可静脉补充葡萄糖 0.5g/(kg·h)。

3. 其他　肝移植或骨髓移植等。

【护理评估】

1. 健康史　了解患儿精神食欲及体格发育情况,有无生长发育落后的表现,生活条件及居住环境等。了解家族成员中是否有类似疾病发生,母亲妊娠史有无异常,既往健康状况。

2. 身体状况　评估患儿有无身材矮小,骨龄落后,骨质疏松等表现,有无腹部膨隆等体征,有无低血糖和腹泻等表现。了解血生化检查、口服葡萄糖耐量试验、胰高血糖素刺激试验结果。

3. 心理社会状况　评估家长有无焦虑,对该病的预后、疾病的护理方法、低血糖的预防等知识的认识程度。了解患儿家庭环境及家庭经济情况,既往有无住院的经历。

【常见护理诊断 / 问题】

1. 活动无耐力　与酶缺乏致低血糖有关。

2. 生长发育迟缓　与糖代谢障碍有关。

3. 有感染的危险　与免疫力低下有关。

4. 有受伤的危险　与骨质疏松和血小板功能不良有关。

【护理措施】

1. 合理饮食,防止低血糖　给予患儿高蛋白、低脂肪、丰富的维生素和无机盐、总热量适宜的饮食。乳类应根据年龄和病情灵活掌握;各种谷类、瘦肉、蛋、鱼、蔬菜等为常选食物;忌选糖果、甜点等含糖量高的食品。少量多餐,两餐之间和夜间应加 1~2 次淀粉类食物,根据不同年龄和血糖浓度及时调整食物种类,保证必需营养物质供给。避免剧烈运动,防止低血糖。

2. 预防酸中毒　低脂肪饮食可减少酮体与血脂的产生,防止酸中毒发生。因患儿有高乳酸血症,故常用碳酸氢钠纠正酸中毒,禁用乳酸钠。

3. 预防感染　患儿可进行适度锻炼,增强体质,避免与感染者接触。一旦发现患儿有感染征象时,应及时治疗,以免诱发低血糖和酸中毒。

4. 心理护理　增强患儿心理承受力,帮助其树立正确的态度对待生长发育的改变。注意安全　应注意环境的安全,避免跌倒、坠床和各种损伤的发生。

(沙丽艳)

ER-14-3

学习内容与学习方法

复习思考题

患儿,男,10 个月。生后体格及智力发育落后,少哭少动,现仍不会坐,不会站,不会笑,不会用手抓东西。查体:眼距宽,两眼外眦上斜,鼻梁低平,张口伸舌,肌张力低下,指(趾)粗短,通贯手,小指仅一条指褶纹。

(1) 考虑该患儿最有可能的医疗诊断是什么? 为明确诊断,应做何种检查?

(2) 患儿家长目前心理焦虑,如何进行健康指导?

扫一扫,测一测

PPT 课件

◆◆◆ 第十五章 ◆◆◆

内分泌系统疾病患儿的护理

学习目标

知识目标

1. 能分析先天性甲状腺功能减退症、生长激素缺乏症、性早熟、儿童糖尿病的病因和发病机制。

2. 能列举先天性甲状腺功能减退症、生长激素缺乏症、性早熟、儿童糖尿病的临床表现、辅助检查、治疗要点、护理诊断、护理措施。

能力目标

能应用护理程序对先天性甲状腺功能减退症、生长激素缺乏症、性早熟、糖尿病患儿开展整体护理和健康教育。

素质目标

1. 树立尊重、爱护患儿的责任感和价值观。

2. 能为患儿及家长提供情感支持。

第一节 概　　述

内分泌学(Endocrinology)是研究激素及其相关物质对生命活动(包括生长、发育、性成熟和生殖等)进行联系和调控的生物医学。内分泌系统是人体内分泌腺及某些脏器中内分泌组织所组成的一个体液调节系统。随着现代医学研究的飞速发展,内分泌系统与神经系统、免疫系统的联系日益紧密,三者构成神经、内分泌、免疫网络调控体系以维持机体代谢稳定,脏器功能协调,促进人体生长发育、性成熟和生殖等。在正常生理状态时,各种激素在下丘脑 - 垂体 - 靶腺轴的各种反馈机制及相互之间的调节作用下处于动态平衡状态。

任何引起内分泌激素结构和功能异常的因素均可造成内分泌系统疾病。主要病因归纳为:①环境因素:长期接触塑料制品燃烧的二噁英可诱发性早熟;父母关系不睦可增加儿童心理压力,进而引起性早熟;生态环境中碘缺乏导致的地方性甲状腺肿及甲状腺功能减退症。②遗传因素:包括单基因和多基因异常等。③母体因素:母体接受放射性碘治疗或孕期患有自身免疫性甲状腺疾病,并且接受抗甲状腺药物治疗,均可导致患儿出现先天性甲状腺功能减退症。④生活习惯:如高热量饮食导致的肥胖症等可进一步诱发乙型糖尿病。⑤感染因素:如病毒感染亦可诱发糖尿病、甲状腺亢进症等疾病的发生。综上所述,多数内分泌疾病是多种因素共同作用所致,如糖尿病是遗传因素和环境因素共同作用的结果。胚胎期的环境因素和遗传因素在内分泌疾病的发生中的作用更为突出。

内分泌功能与生长发育是密切相关的,儿童时期是一个不断生长发育的过程,其内分泌功能紊乱不仅影响儿童的代谢活动,同时还能影响其生长发育和组织分化,造成机体形态、功能的改变以及性分化异常,严重者导致残疾或死亡。尽早关注、早期发现、早期诊断、合理治疗、加强优质护理是改善患儿疾病结局的关键。

第二节　先天性甲状腺功能减退症

甲状腺功能减退症(hypothyroidism)简称甲减,系甲状腺激素合成与分泌不足,或甲状腺激素生理效应不好而致的全身性疾病。若功能减退始于胎儿或新生儿期,称为克汀病;始于性发育前儿童称幼年型甲减;始于成人称成年型甲减。按病变涉及的位置可分为:①原发性甲减:由于甲状腺本身疾病所致;②继发性甲减:其病变位于垂体或下丘脑,又称为中枢性甲减,多数与其他下丘脑-垂体-靶腺轴功能缺陷同时存在。儿童绝大多数为原发性甲减,依其发病机制和起病年龄的不同可分为先天性和获得性两类,儿童获得性甲减主要由慢性淋巴细胞性甲状腺炎,即桥本甲状腺炎(Hashimoto thyroiditis)所引起。本节主要介绍先天性甲减。

先天性甲状腺功能减退症(congenital hypothyroidism)简称先天性甲减,是由于甲状腺先天性缺陷或因孕母在孕期饮食中缺碘所致,前者称散发性甲状腺功能减退症,后者称地方性甲状腺功能减退症。其主要临床表现为智力迟钝、生长发育迟缓及基础代谢低下。是儿童常见的内分泌疾病,也是儿童时期常见的致残性疾病。早期无明显表现,一旦出现症状,是不可逆的,又称呆小病。发病率大约为1/5 000。

【甲状腺激素的合成、释放和作用】

1. 甲状腺激素的合成与释放　甲状腺的主要功能是合成甲状腺素(T_4)和三碘甲腺原氨酸(T_3)。血液循环中的无机碘被摄取到甲状腺滤泡上皮细胞内,经过甲状腺过氧化物酶的作用氧化为活性碘,经碘化酶作用并与酪氨酸结合成一碘酪氨酸(MIT)和二碘酪氨酸(DIT),两者在缩合酶的作用下分别合成具有生物活性的T_3和T_4。甲状腺滤泡上皮细胞通过摄粒作用将甲状腺球蛋白(TG)形成的胶质小滴摄入胞内,由溶酶体吞噬后将TG水解,释放出T_3和T_4。

2. 甲状腺激素合成和释放的调节　甲状腺激素的合成和释放受下丘脑分泌的促甲状腺激素释放激素(TRH)和垂体分泌的促甲状腺激素(TSH)的调控,下丘脑分泌TRH,可兴奋腺垂体,使其分泌产生TSH,TSH刺激甲状腺分泌T_3、T_4。而血清T_4则可通过负反馈作用降低垂体对TRH的反应性、减少TSH的分泌。T_3、T_4释放入血循环后,约70%与甲状腺结合蛋白(TBG)相结合,少量与甲状腺结合前白蛋白和白蛋白结合,仅0.03%的T_4和0.3%的T_3呈游离状态而发挥其生理作用。正常情况下,T_4的分泌率较T_3高8~10倍;T_3的代谢活性为T_4的3~4倍;机体所需的T_3约80%在周围组织由T_4转化而成,TSH可促进这一过程。

3. 甲状腺素的主要作用　①产热:甲状腺素能加速体内细胞氧化反应的速度,从而释放热量;②促进生长发育及组织分化:甲状腺素促进细胞组织的生长发育和成熟;促进钙、磷在骨质中的合成代谢和骨、软骨的生长;③对代谢的影响:促进蛋白质合成,增加酶的活力;促进糖的吸收、糖原分解和组织对糖的利用;促进脂肪分解和利用;④对中枢神经系统的影响:甲状腺素对神经系统的发育及功能调节十分重要,尤其在胎儿期和婴儿期,甲状腺素不足会严重影响脑的发育、分化和成熟,造成不可逆损伤;⑤对维生素代谢的作用:甲状腺素参与各种代谢,使维生素B_1、B_2、B_3的需要量增加。同时,促进胡萝卜素转变成维生素A及维

甲状腺激素
合成的调节
视频

生素 A 生成视黄醇;⑥对消化系统的影响:甲状腺素分泌过多时,食欲亢进,肠蠕动增加,大便次数多,但性状正常;分泌不足时,常有食欲缺乏,腹胀、便秘等;⑦对肌肉的影响:甲状腺激素过多时,可引起肌肉神经应激性增高,出现震颤;⑧对血液循环系统的影响:甲状腺素能增强 β- 肾上腺素能受体对儿茶酚胺的敏感性,使得心跳加快、心排出量增加等。

【病因】

1. 散发性先天性甲减(sporadic congenital hypothyroidism)

(1)甲状腺不发育、发育不全或异位:是造成先天性甲减最主要的原因,约占 90%,亦称原发性甲减。多见于女孩,男女之比为 2∶1,其中 1/3 病例为甲状腺完全缺如,其余为发育不全或在下移过程中停留在其他部位形成异位甲状腺,部分或完全丧失其功能。造成甲状腺发育异常的原因尚未阐明,现认为可能与遗传和免疫介导机制有关。

(2)甲状腺激素合成障碍:亦称家族性甲状腺激素合成障碍,是引起先天性甲状腺功能减退的第二位常见原因。多见于甲状腺激素合成和分泌过程中酶(过氧化物酶、偶联酶、脱碘酶及甲状腺球蛋白合成酶等)的缺陷,造成甲状腺激素不足。多为常染色体隐性遗传性疾病。

(3)促甲状腺激素释放激素 / 垂体分泌的促甲状腺激素缺乏:亦称下丘脑 - 垂体性甲减或中枢性甲减,是因垂体分泌 TSH 障碍而引起,常见于特发性垂体功能低下或下丘脑、垂体发育缺陷,其中因下丘脑 TRH 不足所致者较多见。TSH 单一缺乏者很少见,常与其他垂体激素如生长激素、催乳素、黄体生成素缺乏并存,临床上称为多种垂体激素缺乏综合征(MPHD)。

(4)甲状腺或靶器官反应低下:较罕见。前者是甲状腺细胞膜上的 GSα 蛋白缺陷,使 cAMP 生成障碍而对 TSH 无反应;后者是末梢组织 β- 甲状腺受体缺陷,对 T3、T4 不反应。

(5)母亲因素:母亲妊娠期服用抗甲状腺药物或母亲患自身免疫性疾病,其体内存在抗 TSH 受体抗体,可通过胎盘进入胎儿体内,影响胎儿,造成甲减,亦称暂时性甲减,通常在 3 个月后好转。

2. 地方性先天性甲减(endemic congenital hypothyroidism) 多因孕妇饮食缺碘,致使胎儿在胚胎期即因碘缺乏而导致甲状腺功能减退。

【临床表现】

本病症状出现早晚及轻重程度与残留甲状腺组织的多少及甲状腺功能减退的程度有关。先天性无甲状腺或酶缺陷患儿在婴儿早期即可出现症状,甲状腺发育不良者常在生后 3~6 个月时出现症状,偶有数年之后才出现症状。

1. 早期表现(新生儿期) 症状和体征缺乏特异性,极易被误诊为其他疾病。患儿常为过期产儿、大于胎龄儿,出生体重常大于第 90 百分位数。身长和头围可正常,前囟、后囟大;胎粪排出延迟,生后常有腹胀、便秘、脐疝,易被误诊为先天性巨结肠;生理性黄疸持续时间长(>2 周)。患儿常处于睡眠状态,对外界反应低下,肌张力低,吸吮力差,呼吸慢,心率缓慢,心音低钝。哭声低且少,体温低(常 <35℃),四肢冷,末梢循环差,皮肤出现斑纹或硬肿等。

2. 典型症状 多数先天性甲状腺功能减退症患儿常在出生半年后出现典型症状。

(1)特殊面容和体态:患儿身材矮小,躯干长而四肢短小,上部量 / 下部量 >1.5;头大,颈短,皮肤粗糙、干燥,面色苍黄,毛发稀疏、干枯、无光泽,面部黏液性水肿,眼睑水肿,眼距宽,鼻梁低平,唇厚,舌大而宽厚、常伸出口外。腹部膨隆,常有脐疝。

(2)神经系统症状:主要表现为智能低下及运动发育障碍;表情呆板、淡漠,神经反射迟钝;患儿大动作发育如翻身、坐、立、走的时间均延迟。部分患儿可伴有听力减退、感觉迟钝、嗜睡,昏迷等。

(3)生理功能低下:患儿精神差,安静少动,对周围事物反应迟钝,嗜睡,食欲缺乏,声音低哑,体温低且怕冷,脉搏、呼吸缓慢;患儿肌张力低,肠蠕动慢,伴腹胀、便秘。心音低钝,可伴心包积液,心电图呈低电压、P-R 间期延长、T 波平坦等改变。

3. 地方性甲状腺功能减退症 因在胎儿期碘缺乏而不能合成足量甲状腺激素,影响中枢神经系统发育。临床表现为两种不同的类型,但亦可两种特征重叠出现。

(1)"神经性"综合征:临床以共济失调、痉挛性瘫痪、聋哑、智能低下为主要特征,但身材正常,甲状腺功能正常或轻度减低。

(2)"黏液水肿性"综合征:约25%患儿有甲状腺肿大,有显著的生长发育和性发育落后、智力低下、黏液性水肿等临床特征。血清 T_4 降低、TSH 增高。

4. TSH/TRH 分泌不足 患儿临床症状较轻,常保留部分甲状腺激素分泌功能,可伴有其他垂体激素缺乏的症状,如低血糖(促肾上腺皮质激素缺乏)、小阴茎(生长激素缺乏)、尿崩症(血管升压素缺乏)等。

【辅助检查】

1. 新生儿筛查 目前多采用出生后 2~3 天的新生儿干血滴纸片检测 TSH 浓度作为初筛,结果大于 15~20mU/L 时,再检测血清 T_4、TSH 以确诊。为了防止新生儿筛查结果假阴性,重症早产儿、低出生体重儿或者极低出生体重儿在出生后 2~4 周或体重 >2 500g 时,重新采血进行甲状腺功能测定。

2. 血清 T_4、T_3、TSH 测定 T_4 降低,TSH 明显升高即可确诊。血清 T_3 浓度可降低或正常。

3. TRH 刺激试验 若未出现高峰,应考虑垂体病变;若 TSH 峰值出现时间延长,则提示下丘脑病变。

4. X 线检查 摄左手腕部和膝关节 X 线片,评定患儿的骨龄。先天性甲减患儿骨龄常明显落后于实际年龄。

5. 核素检查 采用静脉注射 ^{99m}Tc 后以单光子发射计算机层摄影术(SPECT)检测甲状腺发育情况及甲状腺的大小、形状和位置。

【治疗要点】

1. 治疗原则 早期确诊,早期治疗,一旦诊断确立,终生用药,应从小剂量开始逐渐增加至足量,定期复查,维持甲状腺正常功能。饮食中应富含蛋白质、维生素及矿物质。

2. 药物治疗 甲状腺激素是治疗先天甲减最有效的药物。常用左甲状腺素钠。用药量根据甲状腺功能和临床表现适时调整,可根据甲减的病因和严重程度在一定范围内进行个体化用药。

【护理评估】

1. 健康史 了解家族中是否有类似疾病;患儿及其母亲是否有甲状腺肿流行地区生活史;评估母亲孕期饮食习惯及是否服用过抗甲状腺药物;了解患儿的生长发育情况,是否存在智力低下及体格发育延迟;评估患儿精神、食欲、活动情况及养育情况。

2. 身体状况 观察患儿有无特殊面容,测量身高、体重、头围、骨龄及上部量和下部量,分析血清 T_4、T_3、TSH,手腕、膝关节 X 线片,甲状腺扫描,基础代谢率等检查结果。

3. 心理社会状况 评估患儿父母的悲观、焦虑等心理状态,喂养、药物治疗、康复训练等方面的知识,以及家庭经济及环境因素。

【护理诊断】

1. 体温过低 与新陈代谢低有关。

2. 营养失调:低于机体需要量 与喂养困难、食欲差有关。

3. 便秘 与肠蠕动减慢、活动量减少有关。

4. 有发育迟缓的危险 与甲状腺功能减退有关。

5. 知识缺乏：缺乏相关疾病及照护方面的知识。

【护理措施】

1. 注意保暖，预防感染　注意保持室内温、湿度适宜，环境清洁卫生；适时增减衣服，避免受凉；加强皮肤护理，防止皮肤感染。加强日常生活护理，防止意外伤害发生。

2. 保证营养　指导家长掌握正确喂养患儿。给予高蛋白、高维生素、富含钙及铁的易消化食物。对吸吮困难、吞咽缓慢者要耐心喂养，延长喂哺时间，必要时用滴管喂奶或鼻饲，以保证患儿热量及营养的供给。

3. 保持大便通畅　向家长解释预防和处理便秘的必要措施。多进食水果、蔬菜，早餐前喝温开水，保证患儿每日液体入量；适当增加活动量并养成定时排便习惯，教会家长每日顺着肠蠕动方向按摩腹部数次，促进肠蠕动，必要时使用大便软化剂、缓泻剂或灌肠。

4. 坚持服药，加强康复训练

(1) 用药护理：使家长和患儿了解终生服药的重要性，指导家长掌握药物服用方法及疗效观察。甲状腺制剂起效慢，用药 1 周左右方达最佳效果，故服药后要密切观察患儿食欲、活动量及排便情况，定期测体温、脉搏、体重及身高。用药量小疗效不佳，用药过量则可导致甲状腺功能亢进，出现消耗过多，造成发热、多汗、体重减轻、烦躁、神经兴奋性增高，甚至发生呕吐、腹泻、脉速等。一旦发生这些情况，应报告医生及时停药或减量。因此，在治疗过程中应注意随访，治疗开始时每 2 周随访一次，血清 TSH 和 T_4 正常后每 3 个月一次，服药 1~2 年后每 6 个月一次，在随访时要注意患儿服药的依从性。左甲状腺素钠不应与大豆蛋白配方奶、钙、铁剂同服，因所含成分可与 T_4 结合并抑制其吸收。

(2) 康复训练：应取得患儿父母配合，对患儿多鼓励，通过各种方法（如游戏、讲故事等）加强智力、体力及行为训练，早期的康复训练可以促进患儿的智能发育，促进生长发育，帮助患儿掌握基本生活自理能力，提高日常生活能力。

5. 健康教育

(1) 甲减是儿童期发生率最高的内分泌代谢性疾病，早期诊断至关重要，因而应大力宣传新生儿筛查的重要性。若早期确诊，在出生后 1~2 月即开始治疗者，可避免遗留神经系统功能损害。延误诊断、起始治疗时未能迅速纠正低 T_4 血症、治疗不足以及治疗的前 2~3 年治疗依从性差都将导致不同程度的脑损害。

(2) 向患儿及家长讲解本病的相关知识，告知家长患儿坚持康复训练的意义，并提供必要的康复训练指导。

第三节　生长激素缺乏症

生长激素缺乏症（growth hormone deficiency，GHD）是由于腺垂体合成和分泌生长激素（GH）部分或完全缺乏，或由于生长激素分子结构异常等所致的生长发育障碍性疾病。发病率约为 20/10 万 ~25/10 万，患儿身高处在同年龄、同性别和同地区正常健康儿童生长曲线第三百分位数以下或低于平均身高减两个标准差，符合矮身材标准，智力发育正常。

【生长激素的合成、分泌和功能】

1. 生长激素的合成与分泌　GH 是由腺垂体嗜碱性粒细胞合成和分泌。生长激素的释放受下丘脑分泌的两种神经激素的调节，即生长激素释放激素（GHRH）和生长激素释放抑制激素（GHIH）的调节。GHRH 促进垂体合成分泌 GH；GHIH 对 GH 的合成和分泌有抑制作用。中枢神经系统通过多巴胺、5-羟色胺和去甲肾上腺素等神经递质调控着下丘脑 GHRH 和 GHIH 的分泌。垂体在 GHRH 和 GHIH 这两种多肽的作用下以脉冲方式释放 GH，每 2~3 小时出现一个峰值，夜间入睡后分泌量高，且与睡眠深度有关，在 III 或 IV 期睡眠相对达到高峰；白天空腹时和运动后偶见高峰。血清 GH 浓度在出生后 2~3 周开始下降，生后 2 个月出现分泌节律。儿童期每日 GH 分泌量超过成人，在青春发育期更明显。

2. 生长激素的功能　GH 是促进生长，同时也是体内代谢途径的重要调节因子，调节多种物质代谢。①促生长效应：促进人体各种组织细胞增大和增殖，使骨骼、肌肉和各系统器官生长发育。②促代谢效应：GH 促生长作用的基础是促合成代谢，可促进蛋白质的合成和氨基酸的转运和摄取；促进肝糖原分解，减少对葡萄糖的利用，降低细胞对胰岛素的敏感性，使血糖升高；促进脂肪组织分解和游离脂肪酸的氧化生酮过程；促进骨骺软骨细胞增殖并合成含有胶原和硫酸黏多糖的基质。

【病因】

由于下丘脑 - 垂体功能障碍或靶细胞对 GH 无应答反应等均会造成生长落后，导致 GHD。根据病因可分为特发性（原发性）、器质性（继发性）和暂时性三类。

1. 原发性　是最常见的 GHD 类型。下丘脑、垂体无明显病灶，但 GH 分泌功能不足，其原因不明。分为如下几类：①下丘脑 - 垂体功能障碍：垂体发育异常可引起生长激素合成及分泌障碍，因下丘脑功能缺陷所导致的生长激素缺乏症较垂体功能不足导致的多；②遗传性生长激素缺乏（HGHD）：约有 5% 左右的 GHD 患儿由遗传因素造成，称为家族性单纯性生长激素缺乏症；由于 GH$_1$ 基因缺乏所致者称为单纯性生长激素缺乏症（isolated growth hormone deficiency，IGHD）；由垂体 Pit-1 转录因子缺陷所致者，称为联合垂体激素缺乏症（joint pituitary hormone deficiency，JPHD）；此外，GH 分子结构异常、GH 受体缺陷、IGF 受体缺陷也可导致儿童身材矮小。

2. 继发性　大多为器质性，继发于下丘脑、垂体或其他颅内肿瘤、感染、细胞浸润、放射性损伤和头颅创伤等，其中产伤是国内继发性 GHD 的主要病因。

3. 暂时性　体质性青春期生长延迟、社会心理性生长抑制、原发性甲状腺功能减退等均可造成暂时性 GH 分泌功能低下，在外界不良因素消除或原发疾病治疗后即可恢复正常。

【临床表现】

1. 特发性生长激素缺乏症　多见于男性，男女比例约为 3：1。头颅圆形，面容幼稚（娃娃脸）、身体各部比例匀称为本症典型表现。出生时身高和体重均可正常，1 岁以后出现生长速度减慢，身高年增长速率小于 5cm。身高落后比体重低下更为严重。出牙延迟，囟门闭合延迟；因骨化中心发育迟缓，骨龄较实际年龄小 2 岁以上。智能发育正常，学习成绩与同年龄者无差别，但年长后常因身材矮小而郁郁寡欢、不合群，有自卑感。部分患儿同时伴有一种或多种其他垂体激素缺乏，除生长迟缓外，尚有其他伴随症状：如伴有促肾上腺皮质激素（ACTH）缺乏者容易发生低血糖；伴促甲状腺激素（TSH）缺乏者可有食欲缺乏、不爱活动等轻度甲状腺功能不足的症状；伴有促性腺激素缺乏者性腺发育不全，出现小阴茎（即拉直的阴茎长度小于 2.5cm），到青春期仍无性器官和第二性征发育等。

2. 器质性生长激素缺乏症　可发生于任何年龄，其中由围生期异常情况导致者，常伴有尿崩症状。颅内肿瘤引起的生长激素缺乏，患儿多有头痛、呕吐、视野缺损等颅内压增高和视神经受压迫的症状和体征。

青春期延迟、原发性甲状腺功能减退症以及社会心理因素引起的生长抑制等均可造成暂时性生长激素分泌功能低下，在外界不良因素消除或疾病治疗后即可恢复正常。

【辅助检查】

1. 生长激素刺激实验　怀疑 GHD 儿童必须做 GH 刺激试验，判断垂体分泌 GH 的功能。

结果判断：① GH 峰值 >10μg/L 为分泌功能正常；② GH 峰值 <5μg/L,为 GH 完全缺乏；③ GH 峰值 5~10μg/L,为 GH 部分缺乏。因为每一种 GH 刺激试验都存在一定的局限性,为了可以对生长激素缺乏症进行确诊,必须是两种以上药物刺激试验得到的结果均不正常。多选用左旋多巴或者是胰岛素加可乐定试验。

2. 血 GH 的 24 小时分泌谱测定 能较准确反映体内 GH 分泌情况,尤其是对 GHND 患儿,其 GH 分泌功能在药物刺激试验可为正常,但其 24 小时分泌量则不足,夜晚睡眠时的 GH 峰值亦低。该种检测方法繁琐,且需多次采血,患者不易接受。

3. 胰岛素样生长因子 1（IGF-1）和 IGFBP-3 的测定 IGF-1 在血液循环中主要以蛋白结合（IGFBPs）的形式存在,其中 IGFBP-3 在 95% 以上。IGF-1 和 IGFBP-3 一般可作为 5 岁到青春发育期前儿童 GHD 的筛查指标,但是该指标存在一定局限性。

4. 影像学检查

(1) X 线检查：常用左手腕、掌、指骨片测定骨龄,GHD 患儿骨龄落后于实际年龄 2 岁或 2 岁以上。

(2) MRI 检查：已确诊为 GHD 的患儿,需要 MRI 检查,以了解下丘脑 - 垂体有无发育异常或器质性病变,特别是对检测肿瘤有重要意义。

5. 染色体、基因检测 根据临床表现选择其他相关内分泌检查,怀疑染色体疾病的可行染色体核型分析。随着基因技术的临床应用,基因检测在诊断矮身材过程中的作用越来越重要。

【治疗要点】

1. 生长激素替代治疗 重组人生长激素（recombinant human growth hormone,rhGH）替代治疗已被广泛应用,目前大都采用每日 0.1U/kg,晚上临睡前皮下注射一次,或每周的总剂量分为 6~7 次进行注射的方案,治疗应持续至骨骺闭合为止。治疗过程中应密切监测血清 IGF-1 和 IGFBP-3 水平,超过正常参照值 2SD 者宜暂时停用。对恶性肿瘤、潜在肿瘤恶变患儿以及严重的糖尿病患儿不建议使用 rhGH 治疗。

2. 性激素 对伴有性腺轴功能障碍的 GHD 患儿,骨龄达 12 岁时可开始用性激素治疗,男性可注射长效庚酸睾酮；女性可用炔雌醇,用药同时需监测骨龄。

【护理评估】

1. 健康史 询问家族史,家族中有无类似疾病；了解有无头痛、头颅创伤等疾病史；询问患儿出生时情况,有无宫内窒迫、难产史、新生儿窒息史等；评估患儿喂养情况,生长发育情况,以及出牙及囟门闭合的时间等。

2. 身体状况 测量体重、身高,身体各部比例,判断其生长曲线在同年龄、同性别健康儿童的百分位数；观察患儿的面容、体态；了解各项辅助检查的结果。

3. 心理社会状况 评估家长及患儿对疾病的认识程度,对配合治疗的态度,有无对疾病的负性心理感受（悲观、自卑等）,对疾病预后的心理期望等。

【护理诊断】

1. 有发育迟缓的危险 与生长激素缺乏有关。

2. 自我形象紊乱 与生长发育迟缓、形象幼稚有关。

【护理措施】

1. 用药护理 为患儿及其家长提供有关激素替代治疗的信息和相关教育资料,明确生长激素替代疗法在骨骺愈合以前均有效,强调治疗应至骨骺愈合方可停药。教会家长掌握正确的药物剂量及注射方法,睡前 30 分钟至 1 小时进行注射,效果更好。每次注射应更换注射点,避免短期内重复注射引起皮下组织变性。同时观察药物的不良反应,如注射部位红肿、暂时性视盘水肿等,应及时发现;需定期复查肝功能,严密观察骨龄发育情况。用药有效之后,患儿食欲增加、生长发育加速、脂肪减少、肌肉容量增加、认知能力有所改善。

2. 心理护理 ①增进与患儿沟通,鼓励患儿表达自己的情感和想法,帮助患儿逐渐接受自己的形象改变。②与患儿父母沟通,告知营造自然接纳的家庭氛围,是患儿健康成长的基础。父母应主动创造与他人及社会交往的机会,陪伴患儿参与社会活动,帮助患儿在活动中正确地认识自己。③将治疗效果好的案例分享给家长,并帮助彼此建立信息交流。

3. 饮食护理 保证患儿摄入充足的蛋白质,尤其是动物性蛋白,蛋白质摄入不足会影响身高增长。同时注意碳水化合物和维生素的摄入,特别是钙、磷及维生素 D,对骨骼的生长发育更为重要。

4. 健康教育 要明确告知家长,生长激素替代疗法需要坚持规律的遵医嘱用药。向家长强调定期随访的重要性,告知家长每 3 个月为患儿测量体重、身高一次,记录并制作患儿生长发育曲线。治疗后 1~2 年,身高增长很快,以后减速。鼓励患儿坚持进行体格锻炼,每天进行适量的有氧运动,注意劳逸结合。患儿治疗后是否可以达到正常成人的身高,与治疗开始的年龄有关。

第四节 性 早 熟

性早熟(precocious puberty)是指女性在 8 岁以前、男性在 9 岁以前出现第二性征。本病女孩多见,男女之比约为 1∶4。

【病因和分类】

性早熟的病因很多,依据下丘脑 - 垂体 - 性腺轴功能是否提前发动分为中枢性性早熟和外周性性早熟两类。

1. 中枢性性早熟(central precocious puberty,CPP) 亦称真性性早熟。由于下丘脑 - 垂体 - 性腺轴功能过早启动,GnRH 脉冲分泌增强,患儿除有第二性征的发育外,还有卵巢或睾丸的发育。性发育的过程和正常青春期发育的顺序一致,具有一定生育能力。主要包括:

(1)特发性性早熟:又称体质性性早熟,是由于下丘脑对性激素的负反馈的敏感性下降,使促性腺素释放激素过早分泌所致。约占性 CPP 的 80% 以上,而男性则仅为 40% 左右,是中枢性性早熟最常见病因。

(2)继发性性早熟:多见于中枢神经系统异常。包括:①肿瘤或占位性病变,如下丘脑错构瘤、囊肿、肉芽肿;②中枢神经系统感染;③获得性损伤:外伤、术后、放疗或化疗;④先天发育异常脑积水、视中隔发育不全等。

(3)其他疾病:少数未经治疗的原发性甲状腺功能减退症可出现 CPP。

2. 外周性性早熟 亦称假性性早熟,是非受控于下丘脑 - 垂体 - 性腺功能所引起的性早熟,有第二性征发育和性激素水平升高,但下丘脑 - 垂体 - 性腺轴不成熟,无性腺的发育。常见病因有性腺肿瘤,肾上腺疾病,服含雌激素的药物(避孕药等)、化妆品、食物等。

3. 部分性性早熟 有单纯性乳房早发育、单纯性阴毛早发育、单纯性早初潮等。

【发病机制】

人体生殖系统的发育和功能维持受下丘脑 - 垂体 - 性腺轴(HPGA)的控制。下丘脑以脉冲形式分泌促性腺激素释放激素(GnRH),刺激腺垂体分泌促性腺激素(Gn),即黄体生成素(LH)和促卵泡激素(FSH),促进卵巢和睾丸发育,并分泌雌二醇和睾酮。

由于某些原因可使下丘脑神经抑制性因子与兴奋性因子间的平衡失调,造成人体正

笔记栏

促性腺激素释放激素类似物（GnRHa）作用机制视频

常青春发育启动的自稳调控机制紊乱,导致下丘脑-垂体-性腺轴功能提前兴奋,GnRH脉冲释放明显增强而导致中枢性性早熟。另外,中枢神经系统的器质性病变也会直接扰乱GnRH脉冲发生器的调控机制而致病。除遗传因素以外,性早熟的发生还涉及环境地理因素(包括社会、经济、营养等),所谓"环境激素污染"问题也可能与此相关,即一些并非甾类激素样物质影响相关激素受体的敏感性,由此干扰性腺的功能。

【临床表现】

正常人体青春发育进程可分为5期(Tanner分期法):I期是青春发育前期,II、III和IV期分别为青春发育早期、中期和晚期,V期则是成人期。中枢性性早熟的临床特征是提前出现的性征发育与正常青春发育程序相似,但临床变异较大,症状发展快慢不一。

1. 女孩首先表现为乳房发育,皮下脂肪增多,出现女性体型;约在乳房发育后一年长出阴毛,腋毛较迟,常在初潮后出现;大、小阴唇增大,色素沉着,阴道出现白色分泌物;并可有成熟性排卵月经。

2. 男性首先表现为睾丸增大,阴茎增长增粗;阴毛、腋毛、胡须生长;声音变低沉;肌肉容量增加,皮下脂肪减少。此外,由于过早发育引起患儿近期身高和体重的快速增长,骨骼生长加速,骨龄提前,可造成最终身高滞后。

若睾丸容积≥4ml,提示中枢性性早熟;如果睾丸未增大,但男性化特征进行性发展,则提示外周性性早熟。颅内肿瘤者在病程早期常仅呈现性早熟表现,后期出现颅内压增高、视野缺损等定位征象。

【辅助检查】

1. 血浆促性腺激素释放激素(GnRH)刺激试验　亦称黄体生成素释放激素(LHRH)刺激试验。当LH峰值>12U/L(女)或>25U/L(男)(放免方法测定),当LH峰值>5U/L(免疫化学发光法测定)或LH/FSH峰值>0.6~1.0,认为其性腺轴功能已经启动。对中枢性和外周性性早熟的鉴别具有重要意义。

2. 骨龄测定　骨龄超过实际年龄1岁以上一般可以视为骨骼发育超前,性早熟患儿一般骨龄超过实际年龄。

3. B超检查　检查女性患儿卵巢、子宫的发育情况;男性患儿注意睾丸、肾上腺皮质等部位。

4. CT或MRI检查　进行脑部或是腹部扫描,排除颅内肿瘤及肾上腺疾病。

5. 其他检查　甲状腺功能减退,可测定T3、T4、TSH;性腺肿瘤,睾酮和雌二醇浓度增高。

【治疗要点】

本病治疗依病因而定,中枢性性早熟的治疗目的:①抑制或减慢第二性征发育,延迟性成熟过程;②抑制骨骼成熟,改善成人期最终身高;③预防由于性早熟造成的相关社会心理问题。

1. 病因治疗　①肿瘤治疗;②甲状腺功能减退给予甲状腺制剂;③先天性肾上腺皮质增生症患儿可给予肾上腺皮质醇激素。

2. 药物治疗　目前可采用促性腺激素释放激素类似物(GnRHa)治疗,该药可使性发育及身高增长、骨龄成熟均得以控制,其作用为可逆性,若能尽早治疗本药可延缓骨骺闭合,改善成人期最终身高。目前应用的药物主要有曲普瑞林和亮丙瑞林,建议用药至患儿骨龄11.5岁(女性)~12.5岁(男性)。

【护理评估】

1. 健康史　主要评估家族史,有无类似情况发生;有无感染、肿瘤、甲减等其他疾病;了解患儿的饮食情况,有无特殊保健品、化妆品应用史等。

2. 身体状况 评估患儿第二性征发育情况、身高等,了解促性腺激素释放激素(GnRH)兴奋试验、骨龄测定、B超检查、CT或MRI检查等结果。

3. 心理社会状况 评估家长和患儿对本病相关知识的了解程度。了解家长有无因此带来的焦虑和自责;了解患儿有无因自己体型、外表的改变而产生自卑、恐惧和不安。

【护理诊断】

1. 有发育迟缓的危险 与下丘脑-垂体-性腺轴功能失调有关。

2. 自我概念紊乱 与性早熟有关。

【护理措施】

1. 用药护理 促性腺激素释放激素类似物治疗可延缓骨骺愈合,应尽早使用,注意掌握药物使用剂量、方法及副作用。药物在使用过程中应注意,在药物注射之前轻轻摇动药瓶,注意抽吸药物时不要丢失药液。注射药物时,选用较大的针头,要经常更换注射部位,药液现用现配。在治疗期间,应每2~3个月监测血IGF-1水平和身高的变化,每6~12个月复查骨龄及子宫、卵巢B超情况。

2. 心理护理 引导患儿家长多与患儿沟通,鼓励其表达自己的感受,倾听其因身心变化而产生的困惑和不适,用患儿能够理解的语言进行交流,告知患儿疾病发生的原因,帮助其正确的认识和面对。

3. 健康指导

(1) 指导患儿及其父母积极配合疾病诊断和治疗,同时,根据患儿所处的年龄阶段、文化教育程度,进行适时、恰当的性教育,让患儿对自身变化有正确的认识,了解相应的保健知识。指导并鼓励家长与患儿一同学习性教育知识,指导患儿正确面对、处理及应对早恋,要教会女童正确应对性骚扰、性侵害的方法。

(2) 根据需要适当控制和调整饮食结构,减少环境中的不良刺激因素,祛除引起性早熟的保健品、化妆品。避免给患儿使用含有激素的保健药,减少反季节水果、蔬菜,不过多摄入人工养殖虾,尽量避免给予患儿油炸类食物,特别是炸薯条、炸薯片等。

第五节 儿童糖尿病

糖尿病(diabetes mellitus,DM)是由于胰岛素分泌绝对或相对缺乏引起的糖、脂肪、蛋白质代谢紊乱,导致血糖增高、尿糖增多的一种慢性代谢性疾病。糖尿病分为原发性和继发性两类,原发性又可分为:①1型糖尿病,即胰岛素依赖型糖尿病(insulin-dependent diabetes mellitus,IDDM),由于胰岛β细胞破坏所致,胰岛素分泌绝对不足造成,需用胰岛素治疗;②2型糖尿病,即非胰岛素依赖型糖尿病(non-insulin-dependent diabetes mellitus,NIDDM),由于胰岛素不足或靶细胞对胰岛素不敏感所致;③其他类型:包括成熟的青年发病型糖尿病(maturity-onset diabetes of the young,MODY),是一种罕见的遗传性β细胞缺陷症。继发性糖尿病大多由一些遗传综合征和内分泌疾病所引起。98%的儿童糖尿病为1型糖尿病,2型糖尿病甚少,但随儿童肥胖症的增多而有增加趋势。在我国的儿童糖尿病发病率为5.6/10万,较西欧和美国低,随着我国生活方式及社会经济发展的变化,儿童糖尿病的发病率呈逐年增高的趋势。儿童糖尿病在北方较多见,可发生于任何年龄,高峰在学龄前期和青春期,婴幼儿期较少。本节主要介绍1型糖尿病。

【病因和发病机制】

1型糖尿病的确切病因及机制尚未完全阐明。目前认为是在遗传易感基因的基础上及外界环境因素的作用下,引起自身免疫反应,导致胰岛 β 细胞的损伤和破坏,当胰岛素分泌减少至正常的 10% 时即出现临床症状。

1. 遗传易感性　多数 1 型糖尿病是一种与 HLA 基因连锁的多基因性疾病,人类白细胞抗原(HLA)的 HLA-DR 和 DQ 等位基因是最主要的决定因素;胰岛基因的多态性占第二位,因而遗传易感基因在不同种族之间有一定的差别;第三位的是淋巴细胞特异性磷脂酶(PTPN22)基因以及其他如 CT-LA-4 等许多基因均涉及发病,但对预测糖尿病发生风险的作用较小。

2. 环境因素　1 型糖尿病的发病与多种病毒的感染有关(如风疹病毒、腮腺炎病毒、柯萨奇病毒等),化学毒物(如链尿菌素、四氧嘧啶等)、食物中的某些成分(如牛乳蛋白等)都可能对带有易感性基因者产生 β 细胞毒性作用,激发体内免疫功能的变化,最终导致 1 型糖尿病的发生。

3. 自身免疫　近年来的研究证明,约 90% 的 1 型糖尿病患儿血中存在多种自身抗体(胰岛细胞自身抗体、胰岛 β 细胞膜抗体、胰岛素自身抗体等),并证实这些抗体在补体和 T 淋巴细胞的协同作用下具有对胰岛细胞的毒性作用。细胞免疫异常在 1 型糖尿病的发病中起着重要作用,各种免疫细胞的活化,炎性介质的释放,最终导致胰岛 β 细胞的破坏。

【病理生理】

1. 胰岛 β 细胞被破坏,分泌胰岛素减少,而分泌胰高血糖素的 α 细胞和其他细胞则相对增生,即引起代谢紊乱。正常情况下,胰岛素能促进细胞内葡萄糖的转运,使葡萄糖直接供给能量并转化为糖原,促进脂肪合成,抑制肝糖原和脂肪的分解。胰岛素还能促进蛋白质的合成。当胰岛素分泌不足或缺如时,葡萄糖的利用减少,组织不能利用葡萄糖,能量不足而产生饥饿感,引起多食,同时反调节激素如胰高血糖素、肾上腺素、皮质醇和生长激素的增多可加重代谢的紊乱。反调节激素使肝糖原分解和糖原异生增加,蛋白质和脂肪的分解加速,使血糖和细胞外液渗透压增高,细胞内液向细胞外转移。当血糖浓度超过肾阈值(10mmol/L 或 180mg/dl)时即引起糖尿,自尿中排出的葡萄糖可达到 200g/d~300g/d,导致渗透性利尿(多尿),造成电解质紊乱和慢性脱水,由于机体代偿,出现口渴、多饮。蛋白质合成减少,使生长发育延迟和抵抗力降低,易继发感染。由于脂肪的分解使机体明显消瘦,脂肪代谢障碍,使乙酰乙酸、β- 羟丁酸和丙酮酸等酮体在血中堆积,形成酮症酸中毒。

2. 酮症酸中毒时氧利用减低,大脑功能受损,逐渐出现嗜睡、意识障碍甚至昏迷,酸中毒严重时 CO_2 潴留,为了排出较多的 CO_2,呼吸中枢兴奋而出现不规则的呼吸深快,呼气中的丙酮产生特异的气味(烂水果味)。

【临床表现】

1 型糖尿病一般起病较急,多数患儿有感染、饮食不当等诱因,典型临床表现为"三多一少",即多饮、多尿、多食、消瘦。婴幼儿多饮多尿不易发现,并很快发展为脱水和酸中毒。学龄儿童亦有因夜间遗尿而就诊者。年长儿表现突出的为体重减轻或消瘦,疲乏无力,精神萎靡等症状。多食并非患儿必然出现的症状,部分儿童食欲正常,体格检查时除见有体重减轻、消瘦外,一般无阳性体征,有时出现相应并发症的体征。

1. 糖尿病常见并发症

(1)急性并发症:①糖尿病酮症酸中毒:约 40% 的患儿就诊时处于糖尿病酮症酸中毒状态,表现为不规则深长呼吸、有酮体味,突然发生恶心、呕吐、厌食或腹痛、腿痛等症状,严重者出现神志改变;②低血糖:糖尿病患儿的血糖 <3.9mmol/L 时,需要进行临床干预;当血糖 <3.0mmol/L 时,可能出现中枢神经系统以及认知功能的障碍。表现为心悸、出汗、饥饿感、头晕或震颤等,严重者可致昏迷、惊厥,若不及时抢救可致死亡;③感染:各种感染、咳嗽、阴道

瘙痒或结核病等常与糖尿病共存,严重感染可发生中毒性休克。

(2)中期并发症:中期并发症若持续时间不长则为可逆性的。①骨骼和关节异常:表现为关节活动受限;②生长障碍:典型者称糖尿病侏儒(Mauriac综合征),表现为面色苍白、皮肤增厚、腹部膨隆、肝大,可有库欣样面容;③性成熟延迟;④智力发育受损:1型糖尿病患儿(尤其在5岁前发病者)神经心理发育可有一定程度受损;⑤白内障等。

(3)慢性并发症:①糖尿病视网膜病:是糖尿病微血管病变最常见的并发症,90%患者最终将出现此并发症,造成视力障碍,甚至失明;②糖尿病肾病:发病率为25%~40%,表现为水肿、蛋白尿等,最后致肾衰竭,是引起儿童期糖尿病死亡的原因之一;③糖尿病神经病变:主要为周围神经病变,较少出现中枢神经病变。周围神经病变起病隐匿,初起表现为"袜子和手套"式感觉丧失。

2. 儿童糖尿病自然病程

(1)急性代谢紊乱期:从出现症状至临床诊断,时间多在1个月以内,此期有各种症状,如约20%的患儿表现为糖尿病酮症酸中毒;20%~40%为糖尿病酮症,无酸中毒,其余仅为高血糖、糖尿和酮尿。

(2)暂时缓解期:约75%的患儿经胰岛素治疗后,临床症状消失,血糖下降,尿糖减少或转阴,即进入缓解期。此时胰岛素需要量减少,少数患儿甚至可以完全不用胰岛素。历时数周至半年以上。此期应定期监测血糖、尿糖水平。

(3)强化期:经过缓解期后,患儿出现血糖增高和尿糖不易控制的现象,胰岛素用量逐渐增多或突然增多,称为强化期。

(4)永久糖尿病期:青春期过后胰岛素需要量有所减少,病情又趋稳定。胰岛素用量比较稳定,称为永久糖尿病期。

【辅助检查】

1. 尿液检查

(1)尿糖:尿糖定性一般阳性,在治疗过程中检测尿糖,可判断胰岛素用量是否恰当,有助于对胰岛素剂量的调整。

(2)尿酮体:糖尿病酮症或酮症酸中毒时尿酮体阳性。

(3)尿蛋白:尿蛋白阳性提示肾脏可能有损害。

2. 血液检查

(1)血糖测定:①随意血糖≥11.1mmol/L(200mg/dl)。"随意"是指一天内任何时间,无论进食与否;②空腹血糖≥7.0mmol/L(126mg/dl),"空腹"是指至少8小时未进食(未摄入热量);③葡萄糖耐量试验:口服葡萄糖耐量试验(OGTT)用于无明显临床症状,空腹血糖正常或正常高限,餐后血糖高于正常而尿糖偶尔阳性的患儿。正常人0分钟(口服葡萄糖前)血糖<6.7mmol/L,口服葡萄糖后60和120分钟后血糖分别低于10.0mmol/L和7.8mmol/L;糖尿病患儿120分钟血糖值>11.1mmol/L。试验前应避免剧烈运动、精神紧张,停服氢氯噻嗪、水杨酸等影响糖代谢的药物。

(2)血脂:血清胆固醇、甘油三酯和游离脂肪酸明显增加。

(3)血气分析:血pH<7.30,HCO_3^-<15mmol/L时,即有代谢性酸中毒存在。

(4)糖化血红蛋白(HbA1c):正常人HbA1c<7%。糖尿病患者未治疗前多增高一倍,常在12%以上,治疗后的1型糖尿病患儿最好能<9%,若>9%则表示血糖控制不理想。因此,HbA1c可作为患儿近期(2~3个月)病情是否得到满意控制的指标。

【治疗要点】

儿童糖尿病多数需要终身治疗,应该采取综合治疗措施,包括胰岛素治疗、饮食管理、运

笔记样

动及精神心理治疗。

治疗目的主要是：①消除高血糖引起的临床症状，积极预防并及时纠正酮症酸中毒；②纠正代谢紊乱，避免低血糖的发生，力求病情稳定；③促进患儿正常生长发育，指导患儿及家长学会自我管理，保证其正常的生活活动及合理的学习能力；④预防并早期诊断并发症。

1. 胰岛素的治疗 胰岛素是 1 型糖尿病治疗的主要药物，也是治疗 1 型糖尿病能否成功的关键。根据胰岛素作用快慢及持续时间分为速效（RI）、中效（NPH）和长效（PZI）三类。治疗过程分 3 个阶段，①初始阶段：开始治疗一般选用短效胰岛素（RI）；②调整阶段：根据血糖、尿糖及患儿对胰岛素敏感性调整剂量；③维持阶段：可用中效、短效或长效、短效胰岛素混合，目前多主张多次、多成分皮下注射胰岛素（强化胰岛素治疗）。根据前一日血糖检测结果调整胰岛素的剂量，每次调整的剂量应在原剂量的 10%~15% 以下（即不超过 2U）。胰岛素泵是按照人体需要的剂量将胰岛素持续地推注到使用者的皮下，保持全天血糖稳定，以达到控制糖尿病的目的，是目前强化胰岛素治疗的较好手段。

2. 饮食治疗 糖尿病的饮食管理是进行计划饮食而不是限制饮食，其目的是维持正常血糖和保持理想体重。根据患儿年龄和饮食习惯制订每日总热卡需要量、食物的成分和比例，满足患儿生长发育的需要，并同时控制患儿的血糖及血脂水平。

3. 运动治疗 运动时肌肉对胰岛素的敏感性增高，从而增加葡萄糖的利用，有利于血糖的控制。

4. 糖尿病酮症酸中毒的治疗 包括脱水、酸中毒、电解质紊乱的纠正。

（1）液体疗法：糖尿病酮症酸中毒时出现的脱水一般均属等渗性脱水。按中度脱水计算输液量（80~100ml/kg），再加继续损失量为 24 小时的总液量。开始先给生理盐水 20ml/kg 快速静脉输入，以纠正血容量，改善肾功能，以后根据血钠浓度决定给 1/2 张或 1/3 张不含糖的液体。同时见排尿后即加入氯化钾 2~3mmol/kg。输液及给予胰岛素后酮体经代谢可产生 HCO_3^-，当血 pH<7.1，HCO_3^-<12mmol/L 时则必须用等张 1.4% $NaHCO_3$ 溶液纠正酸中毒。

（2）胰岛素的应用：糖尿病酮症酸中毒时最好用小剂量胰岛素持续静脉滴注，按每小时 0.1U/kg 体重计算胰岛素用量。为了防止因血糖下降过快，以及血清的渗透压下降过快出现脑水肿，应每小时进行血糖检测一次。

【护理评估】

1. 健康史 了解患儿的家族史，特别是父母中有无糖尿病患者；既往身体状况，有无多尿、多饮、多食和消瘦病史；询问患儿发病前是否有病毒感染，如感冒、发热等。评估疾病诊断治疗史、用药史。

2. 身体状况 注意患儿体重，观察患儿是否有合并感染、脱水、休克及昏迷等体征。了解血糖、尿糖、尿酮体、血气分析等检查结果。

3. 心理社会状况 糖尿病是终身性疾病，评估患儿及家长对疾病诊断、胰岛素治疗及饮食、运动管理等相关知识的认知情况；了解其心理感受和需要；评估可利用的家庭及社会资源等。

【护理诊断】

1. 营养失调：低于机体需要量 与胰岛素缺乏致代谢紊乱有关。

2. 有感染的危险 与抵抗力下降有关。

3. 潜在并发症：酮症酸中毒、低血糖。

4. 知识缺乏：缺乏糖尿病自我管理的有关知识。

【护理措施】

1. 饮食管理 合理饮食是糖尿病患儿综合治疗中的一项重要内容。应协助医生计算患儿每日所需热量,每日所需热量(卡)=1 000+ 年龄 ×(80~100),对年幼患儿宜稍偏高,饮食的选择应该根据患儿的年龄、体重、食量以及运动量等因素综合考虑。每日热量的分配为碳水化合物 50%~55%,蛋白质 15%~20%,脂肪 30%。3 岁以下儿童饮食中的蛋白质可稍多,一半以上应选用动物蛋白。全日热量的分配为,早餐 1/5、中餐 2/5、晚餐 2/5,每餐留少量(5%)食物作为餐间点心。当患儿游戏增多时可给少量加餐或适当减少胰岛素的用量,以既能满足患儿生长发育及活动需要,又能维持正常血糖水平为原则。食物应选用高蛋白、富含纤维素的碳水化合物,限制纯糖和饱和脂肪酸;选用含糖少的蔬菜、水果。每日进食应定时,定量,勿吃额外食品。饮食控制以能保持正常体重,减少血糖波动,维持血脂正常为原则。

2. 胰岛素应用相关护理

(1)胰岛素的注射:讲解胰岛素的注射技术及注意事项,选择胰岛素专用笔、无针喷射装置、胰岛素泵(如果家庭经济条件允许)等。不建议儿童使用动物源性胰岛素或是预混胰岛素,我国推荐使用基因重组胰岛素。

混合胰岛素时应先抽取 RI,后抽取 NPH 或 PZI,每次尽量使用同一型号注射器以保证剂量的绝对准确。注射部位可选用大腿、腹壁、上臂外侧、股前部、臀部,应按顺序、成排轮换注射,每次注射须更换部位,1 个月内不要在同一部位注射 2 次,注射点至少相隔 2cm,以防局部皮下脂肪萎缩硬化。严格无菌操作,皮下注射时切忌注入皮内,以免组织坏死。

(2)血糖、尿糖监测:在保证饮食和运动量相对固定的基础上,根据用药日的血糖或尿糖结果调整次日的胰岛素用量,每 2~3 天调整胰岛素剂量一次,直至尿糖不超过"++"。指导家长及患儿独立进行血糖和尿糖的监测,教会其使用血糖测量仪检测末梢血糖值。

(3)注意事项

1)低血糖反应:①胰岛素应用过程中由于用量过大、运动量增加、饮食摄入不足等因素,均可引起低血糖反应。发生低血糖时,应立即平卧,饮糖水或吃糖块,必要时静脉注射 50% 葡萄糖 30~50ml。患儿清醒后再进食,防止再度昏迷;②由于患儿大脑对低血糖特别敏感,更易受到损伤,应尽量避免发生;③应让家长掌握低血糖的临床表现、处理方法及预防。如注射后要及时进食;随身携带饼干、糖果等以备低血糖发生时食用,严重者须去医院及时就诊。

2)低 - 高血糖反应:由于胰岛素过量,在午夜至凌晨时发生低血糖,在反调节激素(如肾上腺素、去甲肾上腺素、胰高血糖素等)作用下使血糖升高,清晨出现高血糖,此时需减少胰岛素用量。

3)黎明现象(dawn phenomenon):由于晚间胰岛素不足引起。清晨 5~9 时发生血糖和尿糖升高,可加大晚间注射剂量或将 NPH 注射时间稍往后移即可。

3. 预防感染　维持良好的血糖水平,注意个人卫生,保持皮肤清洁,避免皮肤破损,坚持定期身体检查,特别是口腔、牙齿的检查,一旦发生感染,需积极治疗。

4. 观察病情,防治并发症　①定时检测血和尿液中糖和酮体的变化以及血气分析结果;②密切观察病情变化,若出现恶心、呕吐、皮肤黏膜干燥、呼吸深快、脉搏细数、昏迷、血糖增高、尿酮体阳性和代谢性酸中毒等,提示发生了酮症酸中毒;③一旦发生酮症酸中毒,应立即建立两条静脉通路,一条为纠正脱水、酸中毒快速输液用,另一条静脉通路为输入小剂量胰岛素降低血糖用,缓慢输入,并遵医嘱给予碱性溶液与补钾。

5. 适当运动　运动应遵循个体化和循序渐进的原则,强度要适当,应根据年龄和运动能力进行安排,注意运动时间以进餐 1 小时后,2~3 小时内为宜,不在空腹时运动,运动后有低血糖症状时可加餐。

6. 健康教育　由于糖尿病是慢性终生疾病,全面有效的健康教育和疾病管理对患儿的预后非常重要,内容包括:①糖尿病的性质与危害;②糖尿病治疗目的和原则;③胰岛素注射技术;④如何调整胰岛素剂量;⑤饮食治疗的重要性和如何制订食谱;⑥运动疗法的选择及注意事项;⑦如何监测血糖、尿糖、尿酮体和记录要求;⑧低血糖症、酮症酸中毒的识别、预防和治疗;⑨足、皮肤、口腔的保健和护理;⑩糖尿病患者及其家庭成员的心理治疗。护士要给予患儿及家长关怀和同情,鼓励他们树立信心,积极主动配合治疗及护理。指导患儿及其家属,患儿应将糖块和卡片,卡片上记录患儿姓名、家庭住址、疾病名称、胰岛素注射剂量、饮食治疗量、负责医生名字以及医院的名字,方便发生并发症时可以立即得到救治。指导他们建立科学的生活方式,定期随访复查。

案例分析
答案要点

案例分析

患儿,女,4 岁,因呕吐、腹痛 2 天入院。患儿近 1 个多月饮水多,尿频,体重不增,精神差。近 2 天出现发热、呕吐、腹痛,腹痛为脐周阵发性疼痛,每次持续 10 分钟左右。

体格检查:T36.2℃,R34 次 /min,P126 次 /min,体重 11kg。神志清,呼吸深快,口唇樱红,皮肤弹性差、黏膜干燥,心肺未见异常。腹软,无压痛反跳痛。

实验室检查:血糖:14mmol/L,HCO_3^-:10mmol/L。尿常规检查显示,尿糖 ++,尿酮体 ++。入院后诊断为糖尿病酮症酸中毒。

问题:

1. 作为护理人员,应如何为该患儿实施饮食护理?

2. 入院 3 天,患儿午饭后与同病房小朋友在病房内玩耍,突然出现面色苍白,心跳加快,多汗,四肢无力。此时应为该患儿实施哪些护理?

3. 该如何进行健康教育?

学习内容与
学习方法

（崔　淼）

复习思考题

患者,男,12 岁 6 个月,因身材矮小住院。出生时即手足指短,6 岁时发现身高较同龄儿矮,生长速度每年不足 4cm,智力正常,无慢性疾病史;无家族遗传病史。请问:

（1）作为责任护士,对该患儿护理评估的主要内容。

（2）针对该患儿,制订适宜的护理措施。

扫一扫,
测一测

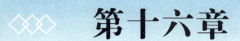

第十六章

免疫性疾病患儿的护理

PPT 课件

◣ 学习目标

知识目标

1. 能描述儿童免疫系统发育特点及儿童 HIV 感染的传播方式。

2. 能分析原发性免疫缺陷病、幼年特发性关节炎、儿童 HIV、风湿热、过敏性紫癜发病机制并能列举其病因、临床表现、治疗要点、护理诊断及护理措施。

能力目标

能应用护理程序对原发性免疫缺陷病、幼年特发性关节炎、儿童 HIV、风湿热、过敏性紫癜患儿实施整体护理和健康教育。

素质目标

关爱原发性免疫缺陷病患儿,并有强烈的保护意识。

免疫(immunity)是机体的一种生理性保护反应,其作用主要是免疫防御、免疫稳定和免疫监视。免疫功能失调或紊乱时,机体会出现异常的免疫反应。若免疫反应过强,可出现各种变态反应或自身免疫性疾病;免疫反应过弱,则表现为机体的抵抗力下降或出现免疫缺陷病,从而容易发生感染性疾病或肿瘤。与成人相比,儿童时期疾病的特殊性与儿童时期免疫状况与成人不同有关。出生后尤其是婴儿期免疫器官与免疫细胞基本发育成熟,免疫功能低下可能与其免疫细胞尚未接触多种抗原,未建立免疫记忆有关。

第一节　儿童免疫系统发育特点

人类免疫反应分为非特异性免疫反应和特异性免疫反应两大类,后者又分为特异性细胞免疫和特异性体液免疫。

一、非特异性免疫

非特异性免疫又称天然免疫或固有免疫,是生物体在长期的种系发育和进化过程中与各种病原体相互斗争而逐步建立起来的一系列防御功能。主要包括:屏障防御机制、细胞吞噬系统、补体系统和其他免疫分子作用。这些免疫功能相对较稳定,作用较广泛,对外来抗原应答迅速,担负着机体的"第一道防线"。

(一)屏障防御机制

主要由皮肤 - 黏膜屏障、血 - 脑脊液屏障、血 - 胎盘屏障、淋巴结过滤作用等构成的物理屏障和由溶菌酶、胃酸等构成的生化屏障组成。儿童皮肤角质层薄嫩,容易破损,因此屏障作用差,对外界刺激的抵抗力弱,易受机械或物理损伤而继发感染;此外,新生儿皮肤较成人偏碱性,易发生细菌或真菌的增殖;肠道通透性高,胃酸较少,杀菌力弱;血 - 脑脊液屏障、淋巴结功能未发育成熟,以及呼吸道纤毛细胞发育不完善等,均导致新生儿和婴幼儿的非特异性免疫功能较差,易发生感染性疾病。

(二)细胞吞噬系统

血液中具有吞噬功能的细胞主要是单核 / 巨噬细胞和中性粒细胞。在胎龄第 9 周前后,末梢血中开始出现中性粒细胞。在胎龄 34 周,中性粒细胞趋化、吞噬和细胞内杀菌功能已趋成熟。但新生儿的各种吞噬细胞功能可呈暂时性低下,这与新生儿时期缺乏血清补体、调理素、趋化因子等有关。

(三)补体系统和其他免疫分子

由于母体的补体不能转输给胎儿,故新生儿血清补体含量很低。新生儿补体经典途径成分(CH_{50}、C_3、C_4、C_5)活性是其母亲的 50%~60%,生后 3~6 个月达到成人水平;旁路途径的各种成分发育更为落后。未成熟儿补体经典和旁路途径均低于成熟儿。

二、特异性免疫

特异性免疫应答是生物个体出生后,在生活过程中与抗原接触后产生的,属于后天获得性免疫。特异性免疫只对引发免疫应答的特定抗原起作用,其免疫应答主要由多种免疫细胞以及他们相互作用后产生的特异性免疫效应物质介导,包括 T 细胞介导的细胞免疫和 B 细胞介导的体液免疫。

(一)细胞免疫

细胞免疫是由 T 淋巴细胞介导产生的免疫反应。儿童 T 淋巴细胞及细胞因子的特点为:

1. 外周血淋巴细胞及其比例　成熟 T 细胞占外周血淋巴细胞的 80%,因此外周血淋巴细胞计数可反映 T 细胞数量。出生时淋巴细胞数目较少,6~7 个月时超过中性粒细胞的百分率,6~7 岁时两者相当,以后逐渐降至成人水平。

2. T 细胞表型和功能　绝大多数脐血 T 细胞(97%)为 CD45RA⁺ "初始" T 细胞(成人外周血为 50%),而 CD45RA⁺ 记忆性 T 细胞极少。新生儿 T 细胞表达 CD25 和 CD40 配体较成人弱,辅助 B 细胞合成和转换 Ig、促进吞噬细胞和 CTL 的能力差。

3. TH 亚群　新生儿 TH_2 细胞功能较 TH_1 细胞占优势,有利于避免母子免疫排斥反应。

4. 细胞因子　新生儿 T 细胞产生 TNF 和 GM-CSF 仅为成人的 50%,IFN-γ、IL-10、IL-4 为成人的 10%~20%。随抗原反复刺激,各种细胞因子水平逐渐升高。如 IFN-γ 于生后 175 天即达到成人水平。

5. NK 和 ADCC　NK 与抗肿瘤、抗病毒感染和免疫调节有关,而且在某些情况下参与超敏反应和自身免疫性疾病的发生。出生时 NK 的表面标记 CD56 几乎不表达,整个新生儿期也很低,NK 活性于生后 1~5 个月时达成人水平。ADCC 功能仅为成人的 50%,于 1 岁时达到成人水平。

(二)体液免疫

体液免疫是指 B 淋巴细胞在抗原刺激下转化成浆细胞并产生抗体(即免疫球蛋白),特异性地与相应抗原在体内结合而引起免疫反应。

1. B 细胞　B 细胞功能在胚胎早期即已成熟,但因缺乏抗体及 T 细胞多种信号的辅助刺激,新生儿 B 细胞产生抗体的能力低下,出生后随着年龄增长特异性体液免疫才逐步完善。胎儿和新生儿时期 B 细胞对抗原刺激可产生相应的 IgM 类抗体,而有效的 IgG 类抗体应答需在生后 3 个月才出现,直到 2 岁时分泌 IgG 的 B 细胞才发育达成人水平,而分泌 IgA

的 B 细胞到 5 岁时才达成人水平。

2. 免疫球蛋白（immunoglobulin，Ig）　具有抗体活性的球蛋白称为免疫球蛋白，存在于血管内外的体液中和 B 细胞膜上，分为 IgG、IgA、IgM、IgD 和 IgE 五类。

（1）IgG：是血清中含量最高、唯一能通过胎盘的免疫球蛋白。大量 IgG 通过胎盘发生在妊娠后期。新生儿自身合成的 IgG 比 IgM 慢，生后 3 个月血清中 IgG 降至最低点，至 10~12 个月时体内 IgG 均为自身产生，8~10 岁时达成人水平。

（2）IgM：在胚胎 12 周时已能合成 IgM，但由于无抗原刺激，IgM 抗体又不能通过胎盘，故胎儿期血液中含量很低。脐血中 IgM 增高尤其是特异性 IgM 的增高提示宫内感染。出生后 IgM 增长较快，男性于 3 岁时、女性于 6 岁时达到成人血清水平。

（3）IgA：是血清中增加较慢的一类免疫球蛋白，至 12 岁时才达到成人水平，分为血清型和分泌型 2 种。分泌型 IgA 于新生儿期不能测出，2~4 岁达成人水平。分泌型 IgA 水平低下是新生儿和婴幼儿易患胃肠道和呼吸道感染的重要原因。

（4）IgD：不能通过胎盘，故 IgD 在新生儿血中含量甚微，5 岁时才达成人水平的 20%，其功能目前尚不清楚。

（5）IgE：不能通过胎盘，IgE 是血清含量最低的一种，约 7 岁达到成人水平，参与 I 型变态反应，与过敏性疾病有关。婴幼儿合成 IgE 能力不弱，患过敏性疾病时血清 IgE 水平可显著升高。

第二节　原发性免疫缺陷病

免疫缺陷病（immunodeficiency disease，IDD）是由于免疫细胞（淋巴细胞、吞噬细胞和中性粒细胞）和免疫分子（可溶性因子、如白细胞介素、补体、免疫球蛋白和细胞膜表面分子）发生缺陷引起的机体抗感染免疫功能低下的一组临床综合征。免疫缺陷病可为遗传性，即由不同基因缺陷导致免疫系统功能损害的疾病，称为原发性免疫缺陷病（primary immunodeficiency disease，PID）；也可为出生后环境因素影响免疫系统，如感染、营养紊乱和某些疾病状态所致，称为继发性免疫缺陷病（secondary immunodeficiency disease，SID），相对而言，其程度较轻，又称为免疫功能低下。原发性免疫缺陷病多发生于婴幼儿，临床上以反复发生严重感染、自身免疫性疾病甚至恶性肿瘤为特征。

【病因与分类】
原发性免疫缺陷病的病因尚不清楚，可能与以下因素有关：①遗传因素：和遗传性疾病一样，原发性免疫缺陷病也是由于基因复制或基因突变过程中出现异常而引起；②宫内因素：疱疹病毒、巨细胞病毒、风疹病毒等感染胎儿后可引起免疫系统发育障碍。

由于原发性免疫缺陷病病因复杂，尚无统一的分类，按照国际免疫协会 PID 专家委员会以分子学发病机制为基础的分类原则，目前共分为八大类，即 T 细胞和 B 细胞联合免疫缺陷、以抗体为主的免疫缺陷、其他已明确定义（基因表型）的免疫缺陷综合征、免疫调节失衡性疾病、先天性吞噬细胞数量和/或功能缺陷、天然免疫缺陷、自身炎症反应性疾病和补体缺陷。

【临床表现】
1. 共同表现　PID 的临床表现由于病因不同而极为复杂，但其共同的临床表现却非常一致，即反复感染、易患肿瘤和自身免疫性疾病。多数患儿有明确的家族史。

（1）反复和慢性感染：感染是免疫缺陷病最常见的表现，多为严重、持续发生的感染，且病情迁延，反复发作。感染源多为不常见的，致病力低的细菌。许多患儿需要持续使用抗菌药物预防感染。

1）感染的年龄：1 岁以内占 40%，1~5 岁占 40%，6~16 岁占 15%，仅 5% 在成人时发病。T 细胞缺陷和联合免疫缺陷病患儿于出生后不久发病，以抗体缺陷为主者，因有母体自胎盘传递的抗体，常在生后 6~12 个月发生感染。

2）感染的部位：以呼吸道感染最多见，如复发性或慢性中耳炎、鼻窦炎、结膜炎、支气管炎或肺炎；其次是胃肠道感染，如慢性肠炎；皮肤感染可为脓疱、脓肿或肉芽肿；也可为全身性感染，如败血症、脓毒血症、脑膜炎和骨关节炎。

3）感染的病原体：常见的有化脓性细菌、病毒、结核杆菌、沙门菌属、真菌和原虫感染。发生感染的病原菌毒力并不很强，多为机会性感染。

4）感染的过程：常反复发作或迁延不愈，治疗效果欠佳，尤其是抑菌剂疗效更差，必须使用杀菌剂，剂量偏大、疗程较长方可有效。

（2）自身免疫性疾病和肿瘤：患儿随年龄的增长易发生自身免疫性疾病和肿瘤，尤其是淋巴系统肿瘤。其发生率较正常人群高数 10 倍乃至 100 倍以上。

2. 特殊表现　除反复感染外，不同的免疫缺陷病可有不同的临床特征。如胸腺发育不全表现为难以控制的低钙惊厥、先天性心脏病和面部畸形（人中短、眼距宽、下颌发育不良、耳廓低位并有切迹等）；威斯科特 - 奥尔德里奇综合征（Wiskott-Aldrich syndrome，WAS）伴有湿疹和血小板减少；毛细血管扩张性共济失调综合征（ataxia telangiectasia syndrome，ATS）以皮肤毛细血管扩张和进行性小脑共济失调为特征。

【辅助检查】

1. 实验室检查　PID 的确诊依靠实验室免疫学监测和基因分型结果。反复不明原因的感染和阳性家族史提示原发性免疫缺陷病的可能。但免疫缺陷病病因复杂，检查内容甚多，但确诊困难。一般实验室检查分为三个层次：①初筛试验：如血清免疫球蛋白含量测定判断体液免疫功能，皮肤迟发型超敏试验和淋巴细胞转化试验测定细胞免疫功能，CH50 活性、C3、C4 水平检验补体有无缺陷；②进一步检查：如 B 细胞计数、T 细胞亚群计数等；③特殊或研究性实验；如淋巴结活检、进一步 T 细胞表型分析等。其中初筛试验在疾病的初期筛查过程中尤为重要。

2. 血清免疫球蛋白含量的测定　以判断体液免疫功能。

3. 基因突变分析　基因测定能提高诊断准确率，以及提供遗传咨询、产前诊断。

4. 影像学检查　婴儿期胸部 X 线片缺乏胸腺影，提示 T 细胞功能缺陷。

【治疗要点】

1. 一般治疗　对患儿实施保护性隔离，使用抗生素清除或预防细菌、真菌等感染。糖皮质激素类药物应慎用。T 细胞缺陷患儿不宜输血或新鲜血制品，以防发生移植物抗宿主反应。患儿最好不做扁桃体和淋巴结切除术，脾切除术视为禁忌。必须作脾切除者，应长期给予抗菌药物预防感染。若患儿尚有一定抗体合成能力，可接种灭活疫苗。严重抗体和细胞免疫缺陷患儿，禁用减毒活疫苗，以防发生疫苗感染。有明确家族史者应接受遗传学咨询并做产前检查。

2. 替代治疗　可暂时性缓解临床症状。静脉注射免疫球蛋白、免疫活性细胞、免疫活性物质等进行替代治疗。血浆含有免疫球蛋白、补体等多种免疫活性成分，但应注意做严格生物学污染过筛试验。

3. 免疫重建和基因治疗　通过骨髓移植、胎儿胸腺移植、脐血干细胞移植、胎肝移植等方案重建免疫功能；基因治疗可通过将正常的目的基因片段整合到患儿干细胞基因组内。目前基因治疗尚处于探索和临床验证阶段。

【护理评估】

1. 健康史　应对患儿家族进行家系调查；评估母亲孕期有无宫内感染史以及患儿出生

后的感染史。

2. 身体状况　评估患儿有无贫血,肝脾、淋巴结肿大情况;有无扁桃体和淋巴结变小或缺如(B 细胞缺陷者);患儿是否存在呼吸道感染、肠炎、皮肤疖肿和鹅口疮等感染证据;评估有无特殊面部畸形、湿疹、皮肤毛细血管扩张等(胸腺发育不全、WAS 和 ATS 等疾病)。评估患儿辅助检查结果。

3. 心理社会状况　年长儿因反复感染、自幼多病,易产生焦虑、沮丧、孤独及恐惧心理,了解患儿心理活动,评估家长对疾病的认知程度。

【护理诊断】

1. 有感染的危险　与免疫功能缺陷有关。

2. 焦虑 / 恐惧　与反复感染、活动受限、预后较差有关。

3. 知识缺乏:缺乏疾病相关的预防、护理知识。

【护理措施】

本病的特征是反复感染,护理的重点是采用多种措施预防感染。

1. 隔离患儿　给予保护性隔离,避免与感染性疾病患儿接触。病室定期消毒,经常通风换气,保持室内空气新鲜,避免患儿着凉、感冒。医护人员在进行各项操作前严格执行消毒隔离制度,防止医源性感染,禁止呼吸道感染或皮肤感染人员进入隔离区。做好患儿口腔护理和皮肤护理。

2. 合理喂养　选择富含营养、易消化、有足够能量、维生素和蛋白质的食物;婴儿应尽量采用母乳喂养,适时添加辅食,食具应定期消毒。

3. 病情观察　密切观察患儿有无感染迹象,若合并感染,按医嘱给予抗生素;输注免疫球蛋白患儿偶可发生过敏反应,使用中应密切观察患儿病情变化,防止发生意外。有 T 细胞免疫缺陷的患儿不宜输新鲜血制品,以防发生移植物抗宿主反应。细胞免疫缺陷患儿应禁止接种活疫苗或菌苗,以防发生严重感染。对免疫缺陷患儿,脾切除术为禁忌,糖皮质激素类药物应慎用,一般不做淋巴结和扁桃体切除术。

4. 特殊治疗前的准备　免疫重建前要做好环境准备、患儿的身体准备和心理准备,尤其要严格执行消毒隔离预防感染的发生。护士应掌握基因治疗对象的用药途径、剂量及方法、副作用观察与处理措施。

5. 心理护理　患儿因反复感染,自幼多病,易产生焦虑、沮丧、孤独、恐惧心理,应经常和患儿及家长沟通,一方面生活中要为患儿创造一个独立的居住空间以减少感染的机会;另一方面应注意呵护有度,鼓励其与健康儿童一起玩耍和上学,以免出现情志障碍。

6. 健康教育　向患儿及家长介绍预防感染的卫生知识,强调预防感染的重要性;指导合理喂养,以提高患儿机体抵抗力;鼓励患儿以相对正常的方式生活,与其他健康儿童一起玩耍;对于家族成员中有遗传免疫缺陷患者的家庭,建议进行遗传学咨询;对曾生育过免疫缺陷患儿的孕妇,指导其早期进行基因诊断。

第三节　继发性免疫缺陷病

一、概述

继发性免疫缺陷病(secondary immunodeficiency diseases,SID)是出生后由于某些疾病或某些理化因素所致的免疫系统暂时的或持续的障碍,原发疾病治愈或致病因素消除后,免疫功能可恢复正常。在人的一生中,在某一特定的时期或环境下大多数人都可能发生过 SID。SID 的发病率远高于 PID,及早确诊和去除诱因对 SID 的治疗尤为重要。

【病因】

1. 营养紊乱　是儿童时期最常见的 SID 的病因。包括蛋白质 - 热能营养不良、亚临床微量元素锌、镁和铁缺乏,以及亚临床维生素 A、维生素 B 族和维生素 D 缺乏,脂肪、糖类摄入过多等营养障碍都是引起 SID 的原因。

2. 感染　是免疫缺陷的临床表现之一,也是导致 SID 的原因。人类免疫缺陷病毒(HIV)感染致获得性免疫缺陷综合征便是感染引起 SID 的典型例子。事实上任何一次感染都可能在不同的程度上引起暂时性免疫损伤。

3. 其他　使用免疫抑制剂(如糖皮质激素、环孢素),遗传病(如染色体异常、血红蛋白病),肿瘤和血液病等都是可能引起 SID 的原因。

【临床表现】

最常见的临床表现为反复呼吸道感染,包括反复上呼吸道感染、支气管炎和肺炎,亦有胃肠道感染者,一般症状较轻,但反复发作。反复感染尤其是胃肠道感染可引起更严重的营养吸收障碍,从而加重营养不良;感染本身也可直接引起免疫功能进一步恶化。如此,形成功能进一步 - 免疫功能下降 - 感染 - 加重营养不良"的恶性循环,构成了儿童时期重要的疾病谱。

【治疗要点】

1. 积极防治原发性疾病,去除导致免疫损伤的诱发因素。

2. 药物治疗　对于体液免疫缺陷者,每月肌内注射丙种球蛋白 1 次。对于蛋白质 - 热能营养不良或补体缺损者,输注新鲜或冷藏血浆。对于 T 细胞功能受损、粒细胞功能缺陷者,口服左旋咪唑,注射转移因子、胸腺肽等。

二、获得性免疫缺陷综合征

获得性免疫缺陷综合征(acquired immunodeficiency syndrome,AIDS)即艾滋病,由人类免疫缺陷病毒(human immunodeficiency virus,HIV)引起,是一种传播迅速且病死率极高的感染性疾病。

【病因】

HIV 属 RNA 反转录病毒,直径 100~200nm。该病毒对热敏感,56℃下 30 分钟能被灭活,应用 50% 乙醇、0.3% 过氧化氢、0.2% 次氯酸钠及 10% 漂白粉,经 10 分钟能够灭活病毒,但 HIV 对甲醛溶液、紫外线和 γ 射线不敏感。

【流行病学】

1. 传染源　本病的传染源是患者和无症状病毒携带者,特别是后者。HIV 主要存在于血液、精子、子宫和阴道分泌物中。其他体液如眼泪、唾液和乳汁亦含有病毒,均具有传染性。

2. 儿童 HIV 感染者的传播方式

(1)母婴传播:儿童感染的主要途径。感染本病的孕妇可以通过胎盘、产程中及产后出血性分泌物或喂奶等方式将疾病传播给婴儿。

(2)血源传播:如注射、输血、器官移植等。

(3)其他途径:如性传播,人工授精。目前尚未证实昆虫、空气、水及食物或与 AIDS 患者的一般接触,如公共游泳、握手、被褥等能造成感染,亦未见到偶然接触发病的报告。

【发病机制】

HIV 产生的逆向转录酶以病毒 RNA 为模板,使逆向转录而产生互补脱氧核糖核酸

(cDNA),然后整入宿主细胞 DNA 链中,随着宿主细胞 DNA 的复制而得以繁殖。病毒感染靶细胞后 1~2 周内芽生脱落而离开原细胞侵入新靶细胞,使得人体 CD_4^+T 淋巴细胞遭受破坏。近年研究发现,HIV 侵入 CD_4^+T 淋巴细胞时,必须借助融合素,使 CD_4^+T 淋巴细胞融合在一起,致未受 HIV 侵犯的 CD_4^+T 淋巴细胞与受害的 CD_4^+T 淋巴细胞融合而直接遭受破坏。由于 CD_4^+T 淋巴细胞被大量破坏,丧失辅助 B 淋巴细胞分化的能力,使体液免疫功能亦出现异常,表现为高免疫球蛋白血症、出现自身抗体和对新抗原反应性降低。抗体反应缺陷,使患儿易患严重化脓性病变;细胞免疫功能低或衰竭,引起各种机会性感染,如结核菌、卡氏肺孢菌、李斯特菌、巨细胞病毒等感染,常是致死原因。

【临床表现】

儿童 HIV 感染临床表现差异很大,出生前即感染者发病较早,发展较快。而出生后感染者,发病较晚且发展较慢。

1. 潜伏期　约 2~10 年,平均 5 年。胎内感染者多在一年内发病,此期没有任何临床表现。

2. 发病后的临床表现

(1) 一般表现:常见的有:①发热、厌食、多汗、疲乏无力和体重减轻;②口腔真菌感染,上呼吸道感染或中耳炎;③全身浅表淋巴结肿大,肝脾大;④慢性腹泻;⑤生长发育障碍。

(2) 突出表现:主要为感染。可发生反复或持续的病毒、真菌、细菌或寄生虫的感染,尤其是机会性感染。最常见的机会性感染为肺孢子菌肺炎(pneumocystis carinii pneumonia,PCP),典型表现为发热,呼吸困难,缺氧,肺部 X 线片可见间质浸润或弥漫性肺泡病灶,结节状或大叶浸润等,可导致死亡。

3. 先天性 HIV 感染　出生时感染 HIV 的婴儿,通常为小样儿,可表现淋巴结肿大,其余表现则不明显,通常在出生后 9 个月左右才能确诊。

4. 其他表现

(1) HIV 脑病:较为常见,表现为:①生长发育滞后或倒退,智力倒退;②脑发育受损;③后天性系统性运动功能障碍:瘫痪、病理性反射征、共济失调和敏捷运动失调,具有其中 2 项者。

(2) 淋巴细胞性间质性肺炎(lymphocytic interstitial pneumonia,LIP):在气管、支气管上皮有结节性淋巴结增殖,呈慢性间质性过程,常会导致肺泡破裂,患儿出现发作性呼吸困难、缺氧、肺泡可闻及啰音等。

(3) 肿瘤:约有 2% 的 AIDS 患儿可合并恶性病变,如非霍奇金淋巴癌,多发性软组织瘤,中枢神经系统淋巴瘤等。

【辅助检查】

1. 病毒抗体检测　是初筛实验的主要手段,包括:

(1) 初筛实验:血清或尿的酶联免疫吸附试验,血快速实验。

(2) 确认实验:蛋白印迹实验或免疫荧光检测试验。病原抗体检查对小于 18 个月婴幼儿的诊断存在局限性。

2. 抗原检测　主要是检测病毒核心抗原 P_{24},一般在感染后 1~2 周内即可检出。

3. 病毒核酸检测　利用聚合酶链反应(PCR)或连接酶链反应(LCR)技术,可检出微量病毒核酸。

4. 血淋巴细胞亚群分析　CD_4^+/CD_8^+ 倒置,自然杀伤细胞活性降低,皮肤迟发型变态反应减退或消失,抗淋巴细胞抗体或抗精子抗体,抗核抗体阳性。β_2 微球蛋白增高,尿中新蝶呤升高。

5. 病毒分离　目前常采用的方法是将受检者周围血单个核细胞与经支取血凝素既活泼 3 天的正常人周围血单个核细胞共同培养。3 周后观察细胞病变,检测逆转录酶或 P24 抗原或病毒核酸,确定有无 HIV。目前只用于实验研究不作为诊断指标。

【治疗要点】

1. 抗病毒治疗

(1) 核苷类反转录酶抑制剂:如齐多夫定、二脱氧肌苷、拉米夫定和司坦夫定。

(2) 非核苷类反转录酶抑制剂:如奈韦拉平、地拉韦啶,其主要作用于 HIV 反转录酶的某个位点,使其失去活性,从而抑制 HIV 复制。

(3) 蛋白酶抑制剂:如沙奎那、茚地那韦、奈非那韦和利托那韦。单用一种药物治疗效果差,目前提倡两种以上药物联合使用,但药物最佳搭配尚无定论。已确诊的 AIDS 患儿需转入指定医院接受治疗。

2. 免疫学治疗　抗病毒药物与基因重组 IL-2 同时应用对改善免疫功能是有益的。

3. 支持及对症治疗　包括输血和营养支持疗法,补充维生素尤其是维生素 B_{12} 和叶酸。

4. 抗感染和抗肿瘤治疗　患儿若发生感染和肿瘤,应给予相应的治疗。

【预后】

15%~25% 围生期 HIV 感染的婴儿在数月内发病,并迅速发展为 AIDS,并于 1~5 岁死亡,少数存活到 9 岁或更长。最初临床表现的年龄和 CD_4 细胞数为影响预后的主要因素。症状轻,相对稳定在较高水平 CD_4 细胞数的患儿相对较好,而淋巴细胞减少的患儿在 1 岁前表现为 AIDS 性感染者则预后较差。总的来说,有效的抗病毒治疗,预防机会感染以及良好的护理能够延长患儿生命和提高生活质量。

思政元素

"四免一关怀"政策

我国于 2003 年开始实施"四免一关怀"政策:①"一免":对农村居民和城镇未参加基本医疗保险的经济困难人员中的艾滋病患者,免费提供抗病毒治疗;②"二免":所有自愿接受艾滋病咨询检测的人员都可得到免费咨询和检测;③"三免":为感染艾滋病病毒的孕妇提供免费母婴阻断药物及婴儿检测试剂;④"四免":对艾滋病遗孤免收上学费用;⑤"一关怀":国家对生活困难的艾滋病患者给予必要的生活救济,积极扶持有生产能力的艾滋病感染者开展生产活动,不能歧视艾滋病感染者和患者。

我国自实施该政策以来,艾滋病患儿的生存状况得到很大改善,病情有效控制,遏制了艾滋病地蔓延,体现了党和政府对艾滋病患儿的人文关怀。用关怀凝聚力量,应对艾滋病是每个人的责任,将党、政府及社会的力量凝聚起来,共同为艾滋病患儿营造温暖的环境。作为未来的临床护理人员,需响应国家号召,不应歧视艾滋病患儿,应不断努力,扛起普及艾滋病科普知识的大旗,在艾滋病检测发现、随访管理和关怀救治中做出贡献。

【护理评估】

1. 健康史　评估患儿的发病原因,有无感染的发生等。

2. 身体状况　评估是否有发热、厌食、多汗、疲乏无力等症状,评估是否有全身浅表淋巴结肿大,肝脾肿大等体征,评估是否有 HIV 脑病、淋巴细胞间质性肺炎及肿瘤等表现。了解病毒抗体检测、抗原检测、病毒核酸检测结果。

3. 心理社会状况　评估家长心理状况,评估其对疾病治疗、护理方法及预后知识的认识情况,评估其家庭经济及环境状况。

【护理诊断】

1. 有感染的危险　与机体免疫功能缺陷有关。

2. 营养失调:低于机体需要量　与疾病消耗和感染有关。

3. 恐惧　与 AIDS 病情重,治疗效果差,预后不良及担心受歧视有关。

4. 社交孤立　与 AIDS 不易被社会接受有关。

【护理措施】

1. 生活护理

(1) 休息与活动:如病情允许,可以进行户外活动,病情重或伴有严重并发症时,应限制患儿活动或卧床休息。指导患儿有效咳嗽,必要时吸痰,以保持呼吸道通畅。保持患儿皮肤清洁干燥,及时翻身以防止压疮的发生。患儿出现意识障碍时,应加床挡防止坠床,做好安全护理。

(2) 饮食:给予患儿含锌、铁和维生素丰富的清淡易消化食物,少量多餐;每日 2 次口腔护理,保持口腔清洁增加食欲;不能进食者经静脉补充液体及营养。

2. 预防和控制机会性感染　由于目前 AIDS 无特效药物治疗,因此预防和控制机会性感染是减轻患儿痛苦、缓解病情和延长患儿生命的重要措施。

(1) 对患儿采取保护性隔离,以减少机会性感染,同时注意观察患儿有无真菌感染或继发性病毒感染。

(2) 每月 2 次输注免疫球蛋白以减少感染机会。

(3) 对于腹泻患儿要注意认真观察患儿肛门周围是否有表皮脱落或发炎。排便后及时用清水清洗肛门周围的皮肤,用软布吸干并涂抹凡士林以防止发生糜烂。腹泻频繁者遵医嘱给予止泻剂。

(4) 对于卡氏肺孢菌感染的患儿,应注意保持呼吸道通畅,给予吸氧,并协助患儿排痰,安抚患儿并让其学会放松的技巧、以减少氧消耗。严密观察患儿呼吸频率和深度的变化,并遵医嘱使用磺胺甲噁唑控制感染。

3. 监测病情　每周测量患儿体重,每日监测生命体征 2~4 次,观察有无感染迹象;观察患儿的一般情况,如精神状态,有无疲乏、消瘦、盗汗等;观察皮肤、口腔和生殖道黏膜的病损情况,如口腔黏膜白斑、溃疡、皮肤的斑丘疹、疱疹、瘀点、瘀斑和结节病变的存在与演变情况;观察患儿有无头痛、呕吐、意识障碍、痴呆、抽搐等神经系统症状;观察患儿有无咳嗽、咳痰、胸痛及呼吸困难等呼吸道症状;了解患儿有无腹泻以及排便的次数、量和性状,并做好粪便标本的留取。

4. 用药护理　抗病毒药物齐多夫定临床应用较多,能控制 HIV 的逆向转录过程,对本病有一定的治疗作用。但因其毒性副作用较强,约有 30% 的患儿不能耐受药物反应,故使用中要注意骨髓抑制、头痛、恶心等副作用。使用 IL-2、干扰素、胸腺刺激素、抗胸腺素 α-1、细菌性死疫苗可以改善免疫功能,但要注意观察药物疗效及副作用。

5. 心理护理　在严格执行血液、体液隔离措施的前提下,多巡视患儿,不可歧视、孤立患儿,尊重患儿的人格,多与患儿及家长交谈,解除其恐惧感及压抑、沮丧的不良心理状态,鼓励其面对现实,树立恢复正常生活的信心;若患儿是由于母婴传播引起的,母亲常有罪恶感,应给予母亲心理支持,多与之沟通,倾听其叙述,使不良情绪得以宣泄,缓解其心理压力。

6. 健康教育　儿童 AIDS 的预防应特别注意以下几点:

（1）普及艾滋知识,减少育龄期女性感染 HIV。

（2）HIV 感染者应该避免妊娠,HIV 感染或 AIDS 孕妇应规劝其终止妊娠或尽量进行剖宫产。

（3）严格禁止高危人群献血,严格血源管理,合理、安全使用的血液制品,控制 HIV 的血源传播。注射、手术、拔牙等均应严格无菌操作,对精液及组织器官提供者严格筛查,防止医源性感染。

（4）HIV 抗体阳性母亲应服用齐多夫定,以降低母婴传播的概率。

（5）患儿常由于免疫功能低下死于机会性感染,应向患儿及家长介绍预防和减少感染的措施、感染时的症状及体征、常见的危急症状,以及必要时采取的紧急措施和护理。

第四节　风　湿　热

风湿热（rheumatic fever）是一种与 A 族乙型（β）溶血性链球菌感染密切相关的免疫炎性疾病。主要表现为发热,多伴有关节炎、心脏炎,较少出现环形红斑和皮下结节或风湿性舞蹈症。本病发作呈自限性,急性发作通常以关节炎较为明显,急性发作后常遗留轻重不等的心脏损害,如风湿性心瓣膜病。发病年龄以 6~15 岁多见,一年四季均可发病,以冬春季节多见,性别差异不明显。

【病因和发病机制】

风湿热与 A 族乙型溶血性链球菌感染后的异常免疫反应相关。发病机制与 A 族乙型溶血性链球菌的特殊结构成分和细胞外产物有关。

1. 链球菌抗原的分子模拟　有多种 A 族乙型溶血性链球菌的抗原与发病有关;其荚膜透明质酸与人体关节、滑膜有共同抗原;其细胞壁外层蛋白质中的某些成分与人体心肌、心瓣膜糖蛋白有共同抗原;其细胞膜的脂蛋白与人体心肌肌纤维有共同抗原。当链球菌感染后,机体产生抗链球菌抗体,一方面清除链球菌起保护作用,另一方面由于链球菌抗原的分子模拟,该抗体也可与人体组织产生免疫交叉反应导致器官损害。

2. 免疫复合物致病　链球菌抗原与抗链球菌抗体可形成循环免疫复合物,沉积于人体关节滑膜、心肌、心瓣膜后激活补体成分,产生炎性病变。

3. 其他　细胞免疫反应也参与风湿热的发病机制;近年来研究提示该病还可能与遗传背景如人类白细胞抗原 HLA 及细菌毒素等有关。

【临床表现】

急性风湿热发病前 1~5 周常有链球菌咽峡炎病史,多急性起病,亦可为隐匿性进程。如不预防,可周期性反复发作。临床主要表现为发热、心脏炎、关节炎、风湿性舞蹈症、环形红斑和皮下结节。

1. 一般表现　发热,热型不规则,有面色苍白、食欲差、多汗、疲倦、腹痛等症状。

2. 心脏炎　是本病最严重表现,约占了风湿热患儿的 40%~50%,以心肌炎及心内膜炎多见,亦可发生全心炎。轻者不明显,重者可致心力衰竭,甚至死亡。

（1）心肌炎:轻者可无症状,重者可伴有不同程度的心力衰竭。常见心率增快与体温升高不成比例,心界扩大,心尖区第一心音减弱,可出现期前收缩、心动过速等心律失常,心尖部可闻及收缩期杂音,心电图示 P-R 间期延长、ST 段下移、T 波改变等。

（2）心内膜炎:主要侵犯二尖瓣,其次为主动脉瓣。二尖瓣关闭不全表现为:心尖部全收缩期杂音,向腋下传导,有时可闻及二尖瓣相对狭窄所致舒张期杂音;主动脉瓣关闭不全时在胸骨左缘第 3 肋间可闻及舒张期叹息样杂音。多次复发可使心瓣膜形成永久性瘢痕,导致风湿性心瓣膜病。

(3) 心包炎:表现为心前区疼痛、心动过速、呼吸困难,部分患儿心底部可闻及心包摩擦音。少数患儿积液量较多时心前区搏动消失,心音遥远,有颈静脉怒张、肝脏肿大等心脏压塞表现。临床表现有心包炎者提示心脏炎严重,易发生心力衰竭。

3. 关节炎　约占风湿热患儿的 50%~60%,以游走性和多发性为特点,常累及膝、踝、肘、腕等大关节,局部出现红、肿、热、痛,活动受限,治疗后关节不留强直或畸形,但此起彼伏,可延续 3~4 周。

4. 风湿性舞蹈症　约占风湿热患儿的 3%~10%,也称小舞蹈症。女童多见,表现为面部和四肢肌肉不自主、无目的的快速运动,如皱眉、挤眼、努嘴、伸舌、耸肩、缩颈、书写困难、语言障碍、细微动作不协调等,在兴奋或注意力集中时加剧,入睡后消失,可单独存在或与其他症状并存,约 40% 伴心脏损害,伴关节炎者罕见。风湿性舞蹈症病程 1~3 个月,个别病例在 1~2 年内反复发作。少数患儿遗留性格改变、偏头痛、细微运动不协调等神经精神后遗症。

5. 皮肤症状

(1) 皮下小结:见于 5%~10% 患儿,好发于肘、腕、膝、踝等关节伸侧,圆形、质硬、无痛、可活动,粟粒或豌豆大小,经 2~4 周自然消失。

(2) 环形红斑:见于 2%~5% 患儿,呈环形或半环形边界清楚的淡色红斑,大小不等,中心苍白,边缘可轻度隆起,分布于躯干及四肢屈侧,可反复出现,不留痕迹(图 16-1)。

【辅助检查】

1. 抗链球菌抗体测定　80% 的患儿抗链球菌溶血素 O(ASO)滴度升高,同时测定抗脱氧核糖核酸酶 B(Anti-DNase B)、抗链激酶(ASK)和抗透明质酸酶(AH)阳性率可提高到 95%。

2. 风湿热活动指标　白细胞计数和中性粒细胞增高、血沉增快、C 反应蛋白(CRP)阳性、α_2 球蛋白和黏蛋白增高为风湿活动的重要标志,但对诊断本病无特异性。

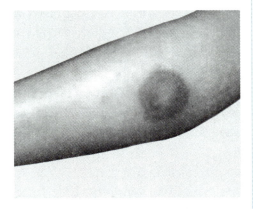

图 16-1　皮肤症状之环形红斑

【诊断】

Jones 诊断标准:风湿热的诊断有赖于临床表现和实验室检查的综合分析。1992 年修改的 Jones 诊断标准包括三个部分:①主要指标;②次要指标;③链球菌感染的证据。在确定链球菌感染的证据的前提下,有两项主要表现或一项主要表现伴两项次要表现即可做出诊断(表 16-1)。由于近年风湿热不典型和轻症病例增多,如果强行按照 Jones 标准,易造成诊断失误。因此,应进行综合判断,必要时需追踪观察,方能提高确诊率。确诊风湿热后,应尽可能明确发病类型,特别应了解是否存在心脏损害。以往有风湿热病史者,应明确是否有风湿热活动。

表 16-1　风湿热的诊断标准

主要表现	次要表现	链球菌感染证据
心脏炎	既往风湿热病史	近期患过猩红热
多关节炎	关节痛	ASO 或抗链球菌抗体滴度高

续表

主要表现	次要表现	链球菌感染证据
风湿性舞蹈症	发热	咽拭子培养链球菌阳性
环形红斑		CRP 阳性、血沉增快、白细胞增多、贫血
皮下小结		心电图 P-R 间期延长,QT 间期延长

注:主要表现为关节痛,关节痛不再作为次要表现,主要表现为心脏炎者,心电图不再作为次要表现。在有链球菌感染证据的前提下,存在以下 3 项之一者亦考虑风湿热:①排除其他原因的风湿性舞蹈症;②无其他原因可解释的隐匿性心脏炎;③以往已确诊为风湿热,存在一项主要表现,或有发热和关节痛,或急性期反应物质增高,提示风湿热复发。

【治疗要点】

1. 一般治疗　卧床休息,其时间取决于心脏受累程度和心功能状态。在休息的基础上应加强营养,酌情补充维生素、微量元素等。

2. 控制链球菌感染　大剂量青霉素静脉滴注,持续 2~3 周。青霉素过敏者改用红霉素。

3. 抗风湿热治疗　心脏炎者早期用糖皮质激素治疗,总疗程 8~12 周;无心脏炎者可用非甾体抗炎药如阿司匹林,总疗程 4~8 周。

4. 对症治疗　有充血性心力衰竭时应视为心脏炎复发,及时给予大剂量注射糖皮质激素,如氢化可的松或甲泼尼龙,多数情况在用药后 2~3 天即可控制心力衰竭,应慎用或不用洋地黄制剂,以免发生洋地黄中毒。必要时给予利尿剂和血管扩张剂。风湿性舞蹈症时可用苯巴比妥、氯丙嗪等镇静剂,关节肿痛时应制动。

【护理评估】

1. 健康史　询问患儿发病前有无上呼吸道感染的表现,有无发热、关节疼痛;是否伴有皮疹等,有无精神异常或不自主的动作表现;既往有无心脏病或关节炎病史;家族成员中有无类似的疾病。

2. 身体状况　测量生命体征,注意心率增快与体温升高是否成比例,听诊有无心音减弱、奔马律及心脏杂音;检查四肢的大、小关节有无红、肿、热、痛表现,有无活动受限;有无皮疹,尤其躯干和关节伸侧。同时了解心电图、心脏超声心动图、链球菌感染证据、风湿活动指标等辅助检查结果。

3. 心理社会状况　应注意评估家长有无焦虑,对该病的预后、疾病的护理方法、药物的不良反应、复发的预防等知识的认识程度,对年长儿还需注意有无因长期休学带来的担忧,是否存在由于舞蹈症带来的自卑感等。了解患儿家庭环境及家庭经济情况,既往有无住院的经历。

【护理诊断】

1. 心输出量减少　与心脏受损有关。

2. 疼痛　与关节受损有关。

3. 体温过高　与感染有关。

4. 焦虑/恐惧　与发生心脏损害有关。

【护理措施】

1. 防止发生严重的心功能损害

(1) 限制活动:无心脏炎者卧床休息 2 周,有心脏炎者绝对卧床 4 周,重者 6~12 周,伴心力衰竭者待心功能恢复后再卧床 3~4 周,血沉接近正常时可逐渐下床活动。根据心率、心音、呼吸、有无疲劳而调节活动量。一般恢复至正常活动量所需时间是:无心脏受累者 1 个月,轻度心脏受累者 2~3 个月,严重心脏炎伴心力衰竭者 6 个月。

（2）观察病情：注意患儿面色、心率、心律、心音及呼吸的变化，有无烦躁不安、面色苍白、多汗、气急等心力衰竭表现，并详细记录，及时处理。

（3）饮食护理：给予易消化、高蛋白、高维生素饮食，少量多餐。有心力衰竭者适当地限制盐和水，详细记录出入水量，并保持大便通畅。

（4）遵医嘱给予抗风湿治疗，有心力衰竭者加用洋地黄制剂，同时吸氧、利尿、维持水电解质平衡等治疗，同时严格控制输液速度。

2. 减轻关节疼痛　评估患儿疼痛程度，保持舒适的体位，避免痛肢受压，移动肢体时动作轻柔；用热水袋热敷局部关节，并分散注意力，以减轻疼痛。活动受限时，予以适当保护和固定。舞蹈症者应做好安全防护，防止受伤，必要时适当约束。同时做好皮肤护理。

3. 用药护理

（1）阿司匹林：可引起胃肠道反应、肝功能损害和出血。宜在饭后服用或同时服用氢氧化铝可减少对胃的刺激；加用维生素 K 可防止出血；服药后易出汗，应及时更换衣服以防受凉；注意观察患儿的食欲、大便性质及有无胃痛、呕吐等。

（2）泼尼松：可引起满月脸、肥胖、消化道溃疡、骨质疏松、肾上腺皮质功能不全、精神症状、血压增高、电解质紊乱、免疫抑制等。故在服药过程中应注意在饭后服用，减少消化道不良反应；预防感染，做好口腔、皮肤护理；注意补充钙剂及维生素 D，防止骨质疏松和骨折；按时按量服用，不能擅自减量或停药。

（3）洋地黄制剂：心肌炎时对洋地黄敏感且易出现中毒，剂量应为一般剂量的 1/3~1/2。每次服用前要测量脉搏或心率。婴儿脉率 <90 次 /min、年长儿 <70 次 /min 时应暂停给药；按时按量单独服用，保证洋地黄剂量准确；注意观察患儿，若出现恶心、呕吐、心律不齐、心动过缓等表现，应立即通知医生，及时停用洋地黄。

4. 心理护理　主动关心爱护患儿，耐心解释各项检查、治疗、护理措施的意义，争取家长及患儿的合作；及时解除患儿的各种不适感，如发热、出汗、疼痛等，增强其战胜疾病的信心。

5. 健康教育

（1）向家长及患儿讲解疾病的有关知识和护理方法。教会家长及年长儿学会观察病情，合理安排日常生活及安全防护措施。根据天气气候，注意添加衣服，防止受寒和感冒。改善居住环境，避免潮湿、寒冷。加强体育锻炼，增强抵抗力，但应避免剧烈运动，适当限制活动量。

（2）告知家长及年长儿预防复发的重要性和具体措施，强调预防复发的重要性。预防药物首选长效青霉素 120 万单位肌内注射，每月一次，至少 5 年，最好持续至 25 岁；有风湿性心脏病者，宜进行终身药物预防。

案例分析

　　患儿，女，8 岁，因低热 4 周，因持续性发热 15 日，游走性关节肿痛 3 周入院。体温波动于 38~39℃，上午发热为主。伴有精神不振、食欲差、乏力。半月前曾患化脓性扁桃体炎。

　　体格检查：神清，面色苍白，T38.1℃，躯干、四肢可见环形红色斑丘疹，咽充血，扁桃体Ⅱ度，未见脓性渗出物。两肺无异常，心率 140 次 /min，心尖部可闻及Ⅱ级收缩期杂音，主动脉瓣区间及Ⅱ级舒张期杂音，肝脾肋下未触及。膝、肘、腕关节红肿。辅助检查：外周血象：TBC 12×10^9/L，ASO 800u，血沉 29mm/h，CRP（+），心电图 P-R 间期延长。

问题：
1. 患儿诊断为风湿热,作为儿科护士应重点进行哪些护理评估?
2. 患儿及家属因疾病出现焦虑、恐惧,如何进行心理护理?
3. 根据患儿病情,进行哪些健康指导?

第五节　幼年特发性关节炎

幼年特发性关节炎(juvenile idiopathic arthritis,JRA)是一种以慢性关节滑膜炎为特征的自身免疫性疾病。表现为长期不规则发热及关节肿痛,伴皮疹、肝脾及淋巴结肿大,若反复发作可致关节畸形和功能丧失。年龄越小,全身症状越重,年长儿以关节症状为主。

【病因和发病机制】

病因不明,可能与感染、免疫、遗传等因素有关。①感染因素:据报道细菌、病毒、支原体和衣原体的感染与本病有关,但不能证实是引起本病的直接原因;②免疫学因素:多数研究证实 JRA 为自身免疫性疾病;③遗传因素:有资料证明 JRA 有遗传学背景,研究最多的是人类白细胞抗原 HLA 与发病的关系;④其他:寒冷、潮湿、疲劳、营养不良、外伤、精神因素等可成为本病诱因。

在感染及环境因素的影响下,细菌、病毒的特殊成分,以超抗原机制作用于具有遗传学背景的人群,通过 T 细胞受体激活 T 细胞,使其活化增殖和分泌大量炎性细胞因子,引起免疫损伤。自身组织变性成分(内源性抗原)引发针对自身组织成分的免疫反应,进一步加重免疫损伤。

【临床表现】

1. 全身型(systemic JIA)　约占 20%,任何年龄皆可发病,但大部分起病于 5 岁以前。

(1) 发热呈弛张热,每天体温波动在 36~40℃之间,每次发热至少 2 周以上。95% 的患儿出现皮疹,皮疹特点为随体温升降而出现或消退,呈淡红色斑点或环形红斑,见于身体任何部位。

(2) 关节症状:主要是关节痛或关节炎,发生率在 80% 以上,为多关节炎或少关节炎,常在发热时加剧,热退后减轻或缓解。关节症状既可首发,又可在急性发病数月或数年后才出现,25% 的患儿最终发展成慢性多关节炎。

(3) 其他:约 85% 的患儿有肝、脾及淋巴结肿大,肝功能轻度损害;胸膜、心包或心肌也可损害;部分偶有神经系统症状,表现为惊厥、行为异常和脑电图异常。

2. 多关节型(polyarticular JIA)　占 30%~40%,本型任何年龄都可起病,但起病有两个高峰,即 1~3 岁和 8~10 岁,女孩多见。受累关节 ≥5 个,多为对称性,大小关节均可受累,表现为关节肿痛,而不发红;早晨起床时关节僵硬(晨僵)为本型特点。反复发作可导致关节强直变形,颞颌关节受累时可致张口困难,小颌畸形。约有 10%~15% 患儿最终出现严重关节炎。本型可有全身症状,但不及全身型的严重,体格检查可发现轻度肝脾和淋巴结肿大。

3. 少关节型(oligoarticular JIA)　发病最初 6 个月有 1~4 个关节受累。本型又分两个亚型:①持续型少关节型 JIA:整个疾病过程中受累关节均在 4 个以下;②扩展型少关节型 JIA:在疾病发病后 6 个月发展成关节受累 ≥5 个,约 20% 的患儿有此情况。本型女孩多见,起病多在 5 岁以前,以膝、踝、肘或腕等大关节为好发部位,常为非对称性。虽然关节炎反复发作,但很少致残。20%~30% 患儿发生慢性虹膜睫状体炎而造成视力障碍、甚至失明。

4. 与附着点炎症相关的关节炎　男性多见。关节炎和 / 或附着点炎症,伴有骶髂关节压痛或炎症性腰骶部及脊柱疼痛。多于 8 岁以上起病,多有家族史。四肢关节炎常为首发症状,但以下肢大关节如髋、膝、踝关节受累为多见,表现为肿痛和活动受限。患儿还可有反复发作的急性虹膜睫状体炎和足跟疼痛。

5. 银屑病性关节炎　本型儿童时期罕见,以女性占多数,40% 有银屑病家族史。表现为 1 个或几个关节受累,常为不对称性。约半数以上患儿有远端指间关节受累及指甲凹陷。关节炎可发生于银屑病发病之前或数月、数年之后。

【辅助检查】

任何实验室检查只能帮助了解疾病的程度和除外其他疾病,很难作为确诊依据。

1. 血液检查　活动期可有轻至中度贫血,多数患儿白细胞数增高,以中性粒细胞增高为主;血沉加快、C 反应蛋白阳性,IL-1 和 IL-6 增高。

2. 自身抗体检测　部分患儿类风湿因子(RF)和抗核抗体可为阳性。

3. 影像学检查　早期 X 线检查仅显示关节附近软组织肿胀、骨质疏松、骨膜炎改变。随病情进展,可见关节面破坏、软骨间隙变窄、关节面融合强直、骨膜反应和关节半脱位。

【治疗要点】

治疗原则为:控制病变的活动度,减轻或消除关节疼痛和肿胀;预防感染和关节炎症的加重;预防关节功能不全和残疾,恢复关节功能和生活与劳动能力。

1. 一般治疗　除急性发热外,不主张过多的卧床休息,应适当运动,尽可能像正常儿童一样生活。采用体育疗法、理疗、热敷、红外线照射、按摩等减轻关节强直和软组织挛缩。必要时作矫形手术。定期进行裂隙灯检查以发现虹膜睫状体炎。

2. 药物治疗

(1) 非甾体抗炎药(NSAID):以肠溶阿司匹林(ASP)为代表,1~4 周内见效,病情缓解后逐渐减量,最后以最低临床有效剂量维持,可持续数月至数年。不良反应包括胃肠道反应、肝、肾功能损害,过敏反应等。近年由于发现 ASP 的不良反应较多,其他 NSAID 的使用逐渐增多,如萘普生、布洛芬、双氯芬酸钠或尼美舒利(nimesulide)等。

(2) 缓解病情抗风湿药:即二线药物,因为应用这类药物至出现临床疗效之间所需时间较长,故又称慢作用抗风湿药。近年来认为,在患者尚未发生骨侵蚀或关节破坏时及早使用本组药物,可以控制病情加重。常用药包括羟氯喹、柳氮磺吡啶及青霉胺等。

(3) 肾上腺皮质激素:虽可减轻 JIA 关节炎症状,但不能阻止关节破坏,长期使用不良反应太大,而一旦停药将会严重复发。因此,糖皮质激素不作为首选或单独使用的药物,应严格掌握指征。

(4) 免疫抑制剂:甲氨蝶呤、环孢素、环磷酰胺、来氟米特和硫唑嘌呤等,使用过程中注意胃肠道反应、骨髓抑制等副反应。

(5) 生物免疫治疗:依那西普、阿达木单抗、阿那白滞素等生物制剂的使用可减少慢性后遗症,但副反应较大。

3. 物理治疗　对保持关节活动、肌力强度极为重要。应尽早开始保护关节活动及维持肌肉强度的锻炼,可根据具体情况选择锻炼方式或夹板固定等手段,有利于防止发生或纠正关节残疾。如清晨热浴、中药热浴都可能减轻病情及晨僵。眼科治疗对 JIA 患儿尤其是少关节型应每季度做一次裂隙灯检查,发现虹膜睫状体炎应及时治疗,局部使用皮质激素和阿托品可以有效控制眼部炎症。

【护理评估】

1. 健康史　询问与本病有关的病因、诱因以及家族史,如有无病毒感染、是否生活在阴冷潮湿环境以及亲属中是否有类似疾病或其他免疫性疾病。

2. 身体状况　测量生命体征,注意体温变化及热型;观察皮疹的颜色、形态、分布,记录出现和消退时间;观察关节受累的数量,是否对称,有无疼痛、肿胀、热感、晨僵、畸形等表现;有无视力障碍;同时了解血液检查、免疫学检测、胸部 X 线检查结果。

3. 心理社会状况　注意评估家长有无焦虑,对该病的预后、疾病的护理方法、药物的不良反应、复发的预防等知识的认识程度;患儿有无因慢性疾病或残疾带来的自卑感等,了解患儿家庭环境和经济情况。

【护理诊断】

1. 体温过高　与非化脓性炎症有关。

2. 疼痛　与关节肿胀及炎症有关。

3. 躯体活动障碍　与关节疼痛、畸形有关。

4. 潜在并发症:药物副作用。

5. 焦虑 / 恐惧　与病程较长、预后不良有关。

6. 知识缺乏:相关知识缺乏。

【护理措施】

1. 降低体温　密切监测体温变化,注意热型。观察有无皮疹、眼部受损及心功能不全的表现。高热时物理降温(有皮疹者忌用乙醇擦浴),及时擦干汗液,更换衣服,以保持皮肤清洁,防止受凉。保证患儿摄入充足水分及能量,给予高热量、高蛋白、高维生素、易消化饮食。

2. 减轻关节疼痛,维护关节功能　①急性期卧床休息,保证充足的睡眠。高热、关节肿痛缓解后,应鼓励患儿进行适当的活动,以避免因较长时间不活动造成骨质疏松、肌肉萎缩、关节挛缩、关节强直等不良情况的出现。②可利用夹板、沙袋固定患肢于功能位置或用支架保护患肢不受压等以减轻疼痛。也可教给患儿用放松、分散注意力的方法控制疼痛或局部湿热敷止痛。③指导家长帮助患儿做关节的被动运动和按摩,同时选择一些有助于肌肉发育和保持儿童健康的玩具,如游泳、抛球、骑车、踢球、捻黏土等,以恢复关节功能,防止畸形。若运动后关节疼痛肿胀加重可暂时停止运动。鼓励患儿在日常生活中尽量独立,并提供帮助独立的设备。④对关节畸形的患儿,注意防止外伤。

3. 用药护理　非甾体抗炎药常见不良反应有胃肠道反应,对凝血功能、肝、肾和中枢神经系统也有影响。故长期用药的患儿应每 2~3 个月检查血象和肝、肾功能;使用免疫抑制剂应注意观察药物副作用,如骨髓抑制等。

4. 心理护理　关心患儿,多与患儿及家长沟通,了解患儿及其家长的心理感受,并及时给予情感支持。介绍本病的治疗进展和有关康复的信息,以提高他们战胜疾病的信心。

5. 健康教育　指导患儿及家长做好受损关节的功能锻炼,帮助患儿克服因慢性病或残疾造成的自卑心理。指导父母不要过度保护患儿,多让患儿接触社会,并且多尝试一些新的活动,对其独立性进行奖赏。鼓励患儿参加正常的活动和学习,促进其身心健康的发展。

第六节　过敏性紫癜

过敏性紫癜(anaphylactoid purpura),又称自限性急性出血症,是以小血管炎为主要病变的系统性血管炎。临床特点为非血小板减少性紫癜,伴关节肿痛、腹痛、便血、蛋白尿和血尿等。主要见于学龄儿,男性多于女性,四季均可发病,但春、秋季多见。

【病因和发病机制】

病因尚不清楚,虽然食物过敏(蛋类、乳类、豆类等)、药物(阿司匹林、抗生素等)、微生物(细菌、病毒、寄生虫等)、疫苗接种、麻醉、恶性病变等与过敏性紫癜发病有关,但均无确切证据。研究发现部分患儿起病前有溶血性链球菌引起的上呼吸道感染,尤其是 A 组溶血性链球菌抗原在病患肾脏的沉积提示该菌株可能是诱发过敏性紫癜的重要原因。

发病机制可能是:各种刺激因子如病原体(细菌、病毒、寄生虫等)、过敏原等作用于具有遗传背景的个体,激发 B 细胞克隆扩增,分泌大量 IgA、IgE,导致 IgA 介导的系统性血管炎。

【临床表现】

多为急性起病,各种症状出现先后不一,可一种或多种。病前 1~3 周常有呼吸道感染史。可伴有低热、乏力、精神萎靡、食欲缺乏等全身症状。

1. 皮肤紫癜　常为首发症状,多见于四肢和臀部,分批出现,伸侧较多,对称分布,躯干和面部少见。起初为紫红色斑丘疹,高出皮肤,压之不褪色,此后颜色加深呈暗紫色,最后呈棕褐色而消退。可伴有荨麻疹和血管性神经性水肿。少数重症患儿紫癜可大片融合形成大疱伴出血性坏死。皮肤紫癜一般在 4~6 周后消退,部分患儿间隔数周、数月后又复发(图 16-2、图 16-3)。

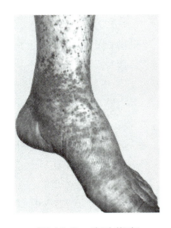
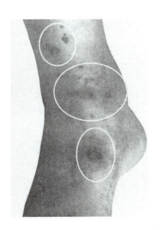

图 16-2　皮肤紫癜　　　　图 16-3　紫癜融合形成大疱伴出血性坏死

2. 胃肠道症状　约见于 2/3 病例,一般以阵发性剧烈腹部疼痛为主,常位于脐周或下腹部,可伴有恶心、呕吐或便血。偶可发生肠套叠,肠梗阻,肠穿孔及出血坏死性小肠炎。由血管炎引起的肠壁水肿、出血坏死或穿孔是其主要原因。

3. 关节症状　约 1/3 患儿出现膝、踝、肘、腕等大关节肿痛,活动受限。关节腔有浆液性积液,但一般无出血,多在数日内消失而不遗留关节畸形。

4. 肾脏症状　30%~60% 的患儿有肾脏损害的临床表现。多发生于起病 1 个月内,症状轻重不一,与肾外症状的严重程度无一致性关系。多数患儿出现血尿,蛋白尿及管型尿,伴血压增高和水肿,称为紫癜性肾炎;少数患儿呈肾病综合征表现。一般患儿肾损害较轻,大多数都能完全恢复,少数发展为慢性肾炎,死于慢性肾衰竭。

5. 其他　偶因颅内出血导致失语、瘫痪、昏迷、惊厥。部分患儿有鼻出血、牙龈出血、咯血、睾丸出血等。偶尔累及循环系统发生心肌炎和心包炎,累及呼吸系统发生喉头水肿、哮喘、肺出血等。

【辅助检查】

1. 外周血象　白细胞数正常或轻度增高,中性和嗜酸性粒细胞计数可增高。血小板计数正常甚至升高,出血和凝血时间正常,血块退缩试验正常,部分患儿毛细血管脆性试验阳性。除严重出血外,一般无贫血。

2. 尿常规　肾脏受损患儿可有血尿、蛋白尿、管型尿。

3. 大便潜血试验　有消化道症状者多阳性。

4. 免疫学检查　血沉轻度增快,血清 IgA 浓度往往升高,IgG、IgM 升高或正常;C3、C4 正常或升高;抗核抗体及类风湿因子阴性;重症血浆黏度增高。

5. 腹部超声检查　有利于早期诊断肠套叠,头颅 MRI 对有中枢神经系统症状患儿可确诊,肾脏症状较重和迁延者可行肾穿刺以了解病情给予相应治疗。

【治疗要点】

本病尚无特效疗法,主要采取支持或对症治疗。

1. 一般治疗　卧床休息,积极寻找和去除致病因素,如控制感染,补充维生素。有荨麻疹或血管神经性水肿时,用抗组胺药和钙剂;腹痛时用解痉剂;消化道出血时禁食,静脉滴注西咪替丁,必要时输血。

2. 糖皮质激素和免疫抑制剂　急性期使用糖皮质激素可缓解腹痛和关节疼痛,但不能预防肾脏损害的发生,亦不能影响预后。重症可加用免疫抑制剂,如环磷酰胺、硫唑嘌呤或雷公藤总苷片。

3. 抗凝治疗　应用阿司匹林、双嘧达莫等阻止血小板凝集和血栓形成。

4. 其他　钙通道拮抗剂如硝苯地平;非甾体抗炎药,如吲哚美辛,均有利于血管炎的恢复。中成药如贞芪扶正冲剂、复方丹参片,可补肾益气和活血化瘀。

【护理评估】

1. 健康史　详细询问患儿生活环境和接触史,评估是否有存在环境污染、药物、动物皮毛、花粉等与过敏相关的因素。

2. 身体状况　注意评估皮肤紫癜出现的时间、部位、颜色;有无大关节活动受限或关节腔积液;了解患儿有无腹痛、呕吐、黑便、血便等胃肠道症状;有无血尿、蛋白尿、管型尿,并伴有血压增高及水肿等症状;了解血象、尿常规、大便常规、血沉、腹部 B 超等检查结果。

3. 心理社会状况　该病起病较急,病情易反复,不易彻底治愈,了解患儿家长是否有紧张、焦虑、恐惧等心理反应;同时应了解患儿的饮食、家庭经济和环境状况。

【护理诊断】

1. 皮肤完整性受损　与血管炎有关。

2. 疼痛　与关节肿痛、肠道变态反应性炎症有关。

3. 潜在并发症:消化道出血、紫癜性肾炎、颅内出血等。

4. 焦虑 / 恐惧　与疾病反复、迁延及肾脏损害有关。

5. 知识缺乏:缺乏本病相关的知识。

【护理措施】

1. 恢复皮肤的正常形态和功能　①观察皮疹的形态、颜色、数量、分布和有无反复出现等,每日详细记录皮疹变化情况;②保持皮肤清洁,防擦伤和儿童抓伤,如有破溃及时处理,防止出血和感染;③患儿衣着应宽松、柔软,保持清洁、干燥;④避免接触各种可能的致敏原,同时按医嘱使用止血药、脱敏药等。

2. 减轻或消除关节肿痛与腹痛　观察患儿关节肿胀及疼痛情况,保持关节的功能位置。据病情选择合理的理疗方法,教会患儿利用放松,娱乐等方法减轻疼痛。患儿腹痛时应卧床休息,尽量在床边守护,并做好日常生活护理。并按医嘱使用肾上腺皮质激素,以缓解关节疼痛和解除痉挛性腹痛。

3. 监测病情　①观察有无腹痛、便血等情况,同时注意腹部体征,出现异常表现及时报告和处理。有消化道出血时,应卧床休息,限制饮食,给予无渣流食,出血量多时禁食,经静脉补充营养;②观察尿色、尿量,定时做尿常规检查,若有血尿和蛋白尿,提示紫癜性肾炎,按肾炎护理;③若患儿出现烦躁、嗜睡、头痛、呕吐甚至惊厥、昏迷等,提示颅内出血,要立即抢救。

4. 健康教育　过敏性紫癜可反复发作或并发肾脏损害,给患儿和家长带来不安和痛苦,故应针对具体情况予以解释,帮助其树立战胜疾病的信心。教会家长和患儿观察病情,合理调配饮食;指导其尽量避免接触各种可能的变应原;指导患儿定期来院复查。

第七节　川　崎　病

皮肤黏膜淋巴结综合征(mucocutaneous lymph node syndrome,MCLS)又称川崎病(Kawasaki disease),由日本川崎富作于1967年首先报告,是一种以全身中、小动脉炎为主要病变的急性发热出疹性疾病。表现为急性发热、皮肤黏膜病损和淋巴结肿大。15%~20% 未经治疗的患儿可发生冠状动脉损害,是影响远期预后的关键。以亚裔人群发病率为高,5岁以下者发病多见,男性多于女性。

【病因和发病机制】

病因不明,可能与立克次体、丙酸杆菌、葡萄球菌、链球菌、反转录病毒、支原体感染等有关,但均未得到证实;目前认为川崎病可能是易患宿主对多种感染病原触发的一种免疫介导的全身性血管炎。本病病理变化为全身性血管炎,好发于冠状动脉。

【临床表现】

1. 主要表现

(1)发热:38~40℃,呈稽留热或弛张热,持续1~2周,抗生素治疗无效。

(2)球结膜充血:于起病3~4天出现,但无脓性分泌物,热退后消散。

(3)唇和口腔表现:口唇红肿、皲裂或出血,舌乳头突起、充血呈草莓舌。

(4)手足症状:急性期手足硬性水肿,掌跖红斑,恢复期指、趾端甲下和皮肤交界处出现膜状脱皮,指、趾甲有横沟,重者指、趾甲亦可脱落(图16-4)。

(5)皮肤表现:皮疹在发热或发热后出现,呈向心性、多形性,常见为斑丘疹、多形红斑样或猩红热样皮疹;肛周皮肤发红、脱皮。婴幼儿原卡介苗接种处出现红肿,有早期诊断价值(图16-5)。

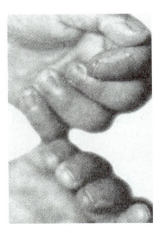
图 16-4　指端膜状脱皮

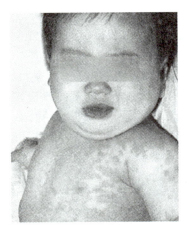
图 16-5　皮疹

（6）颈淋巴结肿大：单侧或双侧，质硬有触痛，表面不红，无化脓，热退后消散。

2. 心脏表现　病后 1~6 周可出现心肌炎、心包炎、心内膜炎和心律失常；发生冠状动脉瘤或狭窄者，可无临床表现，少数可有心肌梗死的症状。冠状动脉损害多发生在疾病的第 2~4 周，心肌梗死和冠状动脉瘤破裂可导致心源性休克甚至猝死。

3. 其他　可有间质性肺炎、无菌性脑膜炎、消化系统症状（呕吐、腹痛、腹泻、肝脏肿大、黄疸等）、关节疼痛或肿胀。

【辅助检查】

1. 外周血象　轻度贫血，白细胞计数升高，以中性粒细胞增高为主，伴核左移。血沉增快、C 反应蛋白（CRP）增高，血浆纤维蛋白原和血浆黏滞度增高，血清转氨酶升高。

2. 免疫学检查　血清 IgG、IgM、IgA、IgE 和血循环免疫复合物均增高；Th2 类细胞因子如 IL-6 明显增高，总补体和 C3 正常或增高。

3. 心电图　早期示非特异性 ST 段和 T 波改变；心包炎时可有广泛 ST 段抬高和低电压；心肌梗死时 ST 段明显抬高、T 波倒置及异常 Q 波。

4. 超声心动图　急性期可见心包积液，左室内径增大，二尖瓣、主动脉瓣或三尖瓣反流；可有冠状动脉异常，如冠状动脉扩张、冠状动脉瘤或冠状动脉狭窄。

5. 冠状动脉造影　超声检查有多发性冠状动脉瘤，或心电图有心肌缺血表现者，应进行冠状动脉造影，以观察冠状动脉病变程度，指导治疗。

6. 胸部 X 线检查　可显示肺部纹理增多、模糊或有片状阴影，心影可扩大。

【治疗要点】

1. 控制炎症

（1）阿司匹林：为首选药物，30~50mg/kg，分 2~3 次服用，热退后 3 天逐渐减量，维持 6~8 周。如有冠状动脉病变时，应延长用药时间，直至冠状动脉恢复正常。

（2）丙种球蛋白（IVIG）：静脉注射 IVIG 可迅速退热，预防冠状动脉病变的发生，宜于发病早期（10 天内）使用。剂量 1~2g/kg，于 8~12 小时静脉缓慢输入。

（3）糖皮质激素：静脉注射丙种球蛋白无效时可使用糖皮质激素，可与阿司匹林和双嘧达莫合并使用。醋酸泼尼松剂量为每日 2mg/kg，使用 2~4 周。

2. 抗血小板聚集　使用阿司匹林和双嘧达莫。

3. 其他治疗　根据病情给予对症及支持疗法，如补液、保护肝脏、控制心衰、纠正心律失常等。巨大冠状动脉瘤在服用阿司匹林同时加用华法林，有心肌梗死及时进行溶栓治疗，严重的冠状动脉病变需行冠状动脉成形术或搭桥术。

【护理评估】

1. 健康史　询问患儿发病前有无上呼吸道感染的表现；询问近期有无麻疹、猩红热等传染病接触史。

2. 身体状况　测量生命体征，观察热型及伴随症状，如有无寒战及惊厥、肢端温度改变等；注意球结膜有无充血、口咽部的改变、四肢末端变化、皮疹的类型、颈部淋巴结肿是否肿大；有无心脏受累的表现；有无呕吐、腹痛、腹泻等胃肠道症状；大、小关节有无关节炎表现。同时了解心电图、胸部 X 线、超声心动图及实验室检查结果。

3. 心理社会状况　因产生心脏损害，并发心血管疾病而导致死亡，所以应注意评估家长有无焦虑、恐惧；评估家长对该病的预后、疾病的护理方法、药物的不良反应及疾病复发的预防等相关知识的认识程度。

【护理诊断】

1. 体温过高　与感染、免疫反应等因素有关。

2. 皮肤黏膜完整性受损 与小血管炎有关。

3. 潜在并发症:心脏受损。

4. 知识缺乏:缺乏本病相关的护理知识。

5. 焦虑/恐惧 与对该病的治疗过程、预后情况陌生有关。

【护理措施】

1. 降低体温 急性期患儿多为持续性高热,应绝对卧床休息,定期监测体温,嘱患儿多饮水,必要时采取降温措施。密切观察患儿有无高热惊厥及脱水征象,一旦出现应及时处理。按医嘱用药,并注意应用阿司匹林有否出血倾向和静脉注射用人免疫球蛋白有无过敏反应。

2. 皮肤护理 患儿皮肤出现广泛硬性水肿、红斑时,应协助家属做好患儿的生活护理,修剪指甲,告之勿搔抓皮肤,每日清洁皮肤,每次便后温水洗净并擦干,衣裤应柔软,每日更换,保持床单清洁平整。恢复期指(趾)端等处出现膜样蜕皮时,告诫患儿及家属不要强力撕拉,让其自然脱落,防止继发感染。

3. 口腔和眼部黏膜护理 所有患儿均有不同程度的口腔咽部黏膜充血,严重者口腔黏膜糜烂,小溃疡,唇皲裂,每日口腔护理2~3次,动作轻柔;漱口液选用1%~2%碳酸氢钠溶液、生理盐水、3%硼酸溶液;鼓励多饮水,保持口腔清洁湿润,增加食欲,防止继发感染;唇干裂者可涂消毒液状石蜡;禁食生、辛辣、硬的食物。每日用生理盐水洗眼1~2次,也可涂眼膏,以保持眼的清洁,预防感染。

4. 密切观察病情 急性期患儿绝对卧床休息,密切监测生命体征,注意心律、心率、心音改变、有无心包摩擦音及心电图异常等,观察患儿有无乏力、心悸、胸闷、头晕、出汗或烦躁不安等症状,做好观察记录,发现异常及时与医生联系。年长儿诉说心前区疼痛并有恐惧感应怀疑心肌梗死的可能,如同时伴神志障碍、四肢湿冷、心率增快、血压下降,则提示心源性休克,应立即通知医生给予积极抢救。

5. 心理护理 家长因患儿心血管受损及可能发生猝死而产生心理负担,应及时向家长讲解病情,给予心理支持;根据病情患儿需定期做心电图、超声心动图等,应结合患儿年龄进行解释,以取得配合。

6. 健康教育 及时向家长讲解病情,川崎病预后取决于有无心脏后遗症。超声心动图示冠状动脉未受到累及或冠状动脉轻微扩张者发病后6周可完全恢复,而冠状动脉持续扩张或有动脉瘤的患儿容易发生冠状动脉狭窄或血栓形成,应坚持服药,长期密切随访;无冠状动脉病变的患儿,于出院后1个月、3个月、6个月及一年全面检查一次。使用丙种球蛋白治疗的患儿11个月内不宜接种麻疹、腮腺炎、风疹和水痘疫苗,以免丙种球蛋白中含有的特异性抗病毒抗体干扰活病毒疫苗的免疫应答。

（沙丽艳）

ER-16-2
学习内容与学习方法

复习思考题

患儿,男,1岁。发热1周,体温38.5~40℃,无寒战,使用退热药无效。2天以来出现荨麻疹样皮疹。体格检查T 39.5℃,P 134次/min,R 42次/min。左颈旁可触及数个肿大淋巴结,如花生米大小。双眼球结膜充血。心率134次/min,四肢活动尚好,手足弥漫性红肿,手指、脚趾肿胀,拒触,触之有发硬的感觉。辅助检查:白细胞总数15.0×10^9/L,中性粒细胞70%,淋巴细胞30%。该患儿的初步诊断是川崎病。

（1）患儿口唇干裂,可见血痂,口腔黏膜潮红,舌乳头突起呈杨梅舌,如何进行口腔护理?

（2）该患儿入院后体温39.5℃,皮肤可见斑丘疹,躯干部多见,如何降温及做好皮肤护理?

扫一扫,
测一测

第十七章

传染性疾病患儿的护理

学习目标

知识目标

1. 能阐述儿童常见传染性疾病的病原学、流行病学、临床表现、治疗要点、护理诊断及护理措施。

2. 能分析儿童常见传染性疾病的发病机制与病理改变。

能力目标

1. 能应用护理程序对传染性疾病患儿开展整体护理和健康教育。

2. 能在社区开展预防儿童传染性疾病健康宣教。

素质目标

1. 遵守伦理道德规范,严格执行消毒隔离制度。

2. 提升人文素养和职业道德,关心、爱护传染性疾病患儿。

第一节 麻 疹

麻疹(measles)是由麻疹病毒引起的一种具有高度传染性的疾病。以发热、上呼吸道炎、结膜炎、口腔麻疹黏膜斑(又称科氏斑,Koplik spots)、全身斑丘疹及疹退后遗留色素沉着伴糠麸样脱屑为主要临床表现。病后大多可获得终身免疫。

【病原学】

麻疹病毒属副黏液病毒科,只有一个血清型,抗原性稳定。人是唯一宿主。病毒不耐热,在低温环境中能长期存活。对紫外线和消毒剂均敏感。

【流行病学】

1. **传染源** 麻疹患者是唯一的传染源。

2. **传播途径** 在前驱期和出疹期,患者口、鼻、咽、气管及眼部的分泌物中均含有麻疹病毒,主要通过喷嚏、咳嗽等产生的飞沫传播。密切接触者亦可经被病毒污染的手传播,通过第三者或衣物间接传播甚少见。麻疹患儿自出疹前 5 天至出疹后 5 天均具有传染性,如合并肺炎等并发症,传染性可延长至出疹后 10 天。

3. **易感人群** 本病传染性极强,易感者接触后 90% 以上均可发病。多见于 6 个月 ~5 岁儿童。

4. **流行特征** 以冬春季发病较多。

【发病机制】

麻疹病毒侵入呼吸道黏膜、眼结膜及局部淋巴结时,在其局部繁殖,并在感染后 2~3 天有少量病毒侵入血液形成第一次病毒血症;此后病毒在全身单核-巨噬细胞系统复制、繁殖,于感染后 5~7 天,大量病毒再次进入血液,引起第二次病毒血症,导致全身广泛性损害而出现一系列临床表现如高热和出疹。可抑制免疫系统而继发细菌感染,也可导致结核病复燃。

【病理】

病理改变可累及多个系统,病理特征可见多核巨细胞,主要分布在皮肤、淋巴组织、呼吸道、肠道黏膜与眼结膜处。病毒或免疫损伤导致皮肤浅表血管内皮细胞肿胀、增生、渗出,真皮淋巴细胞浸润、充血水肿,引起皮疹和麻疹黏膜斑。疹退后,表皮细胞坏死及退行性变而形成脱屑。由于皮疹处红细胞裂解,疹退后遗留棕色色素沉着。

【临床表现】

1. 典型麻疹

(1) 潜伏期:6~18 天(平均 10 天左右)。曾接受过被动或主动免疫者可延长至 3~4 周。潜伏期末可有低热、精神萎靡、全身不适等中毒症状。

(2) 前驱期:一般 3~4 天。主要表现为:①发热:见于所有病例,多为中度以上;②卡他症状:咳嗽、喷嚏、流涕、咽部充血等,眼结合膜充血、畏光、流泪及眼睑水肿是本病特点;③口腔麻疹黏膜斑:一般在出疹前 24~48 小时出现,于下颌第二磨牙相对的颊黏膜上出现直径约 0.5~1.0mm 灰白色小点,周围有红晕,为麻疹前驱期的特征性表现,初起时仅数个,常在 1~2 天内迅速增多,可蔓延到整个颊黏膜及唇内侧,部分可融合,在出疹后 1~2 天迅速消退,可遗留暗红色小点;④其他:可有一些非特异症状,如全身不适、食欲减退、呕吐、腹泻等。

(3) 出疹期:多在发热 3~4 天后出现典型皮疹。皮疹从耳后、发际,渐及额、面部、颈部,迅速蔓延到上肢、胸、腹、背及下肢,最后到手掌与足底,2~3 天遍及全身。皮疹初为玫瑰色斑丘疹,继而色加深呈暗红,直径约 2~5mm,压之褪色,不伴痒感,疹间皮肤正常,可相互融合成片。此时全身中毒症状加重,体温可达 40℃,咳嗽加剧,伴有嗜睡或烦躁、呕吐、腹泻等。此期易出现肺炎、喉炎等并发症。

(4) 恢复期:出疹 3~4 天后,体温下降,全身症状明显减轻,皮疹按出疹顺序依次消退,疹退处遗留棕褐色色素沉着伴米糠样脱屑,经 1~2 周后消失。整个病程约 2 周。

2. 非典型麻疹

(1) 轻型麻疹:多见于 8 个月以下婴儿或潜伏期接受过被动免疫或曾接种过麻疹疫苗的患儿。潜伏期长、前驱期短、临床症状轻为其特点。常无麻疹黏膜斑,疹退后无色素沉着或脱屑等,无并发症,病程约 1 周。

(2) 重型麻疹:多见于严重继发感染、重度营养不良等免疫力低下者。持续高热 40~41℃,中毒症状重,可伴有惊厥、昏迷,皮疹或密集融合,颜色深重;或稀少不齐,颜色暗淡。分为中毒性、休克性、出血性和疱疹性麻疹四种类型。此型病情危重,病死率高。

【并发症】

1. 肺炎 最常见,多见于 5 岁以下患儿,麻疹病毒引起的间质性肺炎,多不严重,随皮疹消退、体温下降其症状随之消失。而继发细菌或其他病毒感染引起的肺炎病情重,是麻疹患儿死亡的主要原因之一。

2. 喉炎 麻疹患儿常有轻度喉炎表现,随皮疹消退、体温下降其症状随之消失。但继发细菌感染所致的喉炎症状重,严重者可因喉梗阻窒息死亡。

3. 心肌炎 麻疹并发心肌炎并非少见,轻者仅有心音低钝、心率增快、一过性心电图改变,重者可出现心力衰竭、心源性休克。

麻疹患儿应注意与其他出疹性疾病鉴别见表 17-1。

表 17-1　儿童出疹性疾病的鉴别要点

病名	麻疹	风疹	猩红热	幼儿急疹
病原	麻疹病毒	风疹病毒	乙型溶血性链球菌	人疱疹病毒 6 型
潜伏期	6~18 天	14~21 天	2~5 天	1~2 周
前驱期	3~4 天	1~2 天	约 1 天	3~4 天
全身症状	重,高热	轻,低热	明显,高热	轻,高热
伴随症状	卡他症状重	轻	咽痛较严重	轻
口腔黏膜	麻疹黏膜斑	软腭、咽部有红色斑点	杨梅舌	软腭可见红色小斑点
淋巴结	浅表淋巴结肿大不明显	颈、枕部、耳后淋巴结肿大	颌下、颈部淋巴结肿大	颈、枕部、耳后淋巴结肿大
出疹与发热的关系	发热 3~4 天出疹,出疹时是发热极期	发热 1-2 天后出疹	发热 1~2 天出疹	热退疹出
皮疹特点	红色斑丘疹,疹间皮肤正常,疹退有色素沉着及细小脱屑	淡红色斑丘疹,疹退无色素沉着和脱屑	在普遍充血的皮肤上弥漫密集针尖大小丘疹,3~5 天退疹,1 周后可有大片状脱皮	淡红色斑疹或斑丘疹,1 天出齐,次日消退
病程	10~14 天	2~3 天	1~2 周	4~5 天

【辅助检查】

1. 外周血象　白细胞总数减少,淋巴细胞相对增多。淋巴细胞严重减少提示预后不佳。白细胞总数增加,提示继发细菌感染。

2. 血清学检查　采用酶联免疫吸附试验(ELISA 法)进行麻疹病毒特异性 IgM 抗体检测,可作为早期诊断依据。

3. 病原学检测　从早期患儿呼吸道分泌物中检测或分离出麻疹病毒,可作出特异性诊断。

【治疗要点】

治疗原则:对症治疗、加强护理及预防并发症。

1. 一般治疗　卧床休息,保持室内温湿度适宜,空气流通。维持水、电解质和酸碱平衡。

2. 对症治疗　高热时给予小量退热剂,但应避免急骤退热,尤其是在出疹期;烦躁不安时可给予镇静剂;剧咳时用非麻醉镇咳剂或超声雾化吸入;继发细菌感染者给予相应的抗生素。注意补充维生素,尤其是维生素 A 和 D。世界卫生组织推荐给予大剂量维生素 A 20 万~40 万单位,每日 1 次口服,连服 2 周。

3. 中医治疗　对典型麻疹无并发症者,应以中医辨证治疗为主,遵循以透为顺,以清为要之原则,可应用中成药小儿回春丹。此外,外治透疹法,如麻黄、浮萍、芫荽各 15g,黄酒 60g,加水适量煮沸,使蒸汽充于室内,再用药液温擦皮肤可帮助透疹。对重症麻疹或有并发症者,应积极采取中西医结合治疗。

【护理评估】

1. 健康史　了解患儿的起病经过,询问有无麻疹接触史,患儿平素的体质,既往有无麻疹或其他急慢性疾病史。详细询问麻疹疫苗的初种、复种时间。评估有无发热、流涕、流泪等症状;近期有无接受过主动或被动免疫,如注射人免疫球蛋白、胎盘球蛋白等。

2. 身体状况　评估口腔有无麻疹黏膜斑,注意皮疹的性质、分布、颜色及疹间皮肤是否正常,评估出疹顺序及发热与出疹的关系;评估有无上呼吸道卡他症状,有无肺炎、喉炎、脑炎等并发症表现。了解有无检测到麻疹病毒特异性 IgM 抗体或分离出麻疹病毒。

3. 心理社会状况 评估患儿和家长的心理状态以及对本病的认识程度,评估家长的护理能力。

【护理诊断】

1. 体温过高 与病毒血症或继发感染有关。

2. 皮肤完整性受损 与病毒血症有关。

3. 有感染的危险 与免疫功能下降有关。

4. 营养失调 低于机体需要量 与高热消耗增多、病毒感染使消化吸收功能下降有关。

5. 潜在并发症:肺炎、喉炎、心肌炎。

【护理措施】

1. 维持正常体温

(1) 卧床休息:至皮疹完全消退、体温正常为止。保持室内空气新鲜,每日通风 2 次,保持室内温度在 18~22℃,湿度 50%~60%,避免对流风。休息期间采取呼吸道隔离。

(2) 监测体温:处理麻疹高热时需兼顾透疹,不宜强行降温,禁用冷敷和乙醇擦浴,以免体温骤降引起末梢循环障碍影响透疹。体温达到 40℃可酌情用小剂量退热剂,使体温稍降以免发生惊厥。

2. 保持皮肤黏膜完整性

(1) 保持皮肤的清洁卫生:出疹期每天用温水擦浴(忌用肥皂),保持衣被整洁干燥。勤剪指甲,防止抓伤皮肤引起继发感染,腹泻患儿应注意保持臀部清洁。可用鲜芫荽煎服或外用,帮助透疹。

(2) 眼、耳、口部的护理:眼部炎性分泌物多而形成眼痂者,应用生理盐水清洗双眼,使用抗生素滴眼液或眼膏,操作时动作轻柔,同时服用维生素 A 预防干眼症,室内光线宜柔和。小婴儿防止泪水或呕吐物流入外耳道发生中耳炎。加强口腔护理,嘱患儿多饮水,年长儿可用生理盐水漱口或 2% 硼酸溶液漱口,保持口腔清洁、舒适。及时清除鼻腔分泌物,以保持鼻腔通畅。

3. 观察病情 由于麻疹并发症多且重,尤其是出疹期透疹不畅时,易并发肺炎、喉炎、心肌炎、脑炎等,应密切观察病情变化,力求早发现、早处理。

4. 供给充足营养 发热期间给予易消化的清淡流质或半流质饮食,少量多餐。出疹期患儿可多喝热汤和温开水,有利于退热、排毒、透疹。恢复期添加高维生素与高蛋白饮食,切勿盲目忌口。

5. 预防感染传播

(1) 管理传染源:对一般患儿呼吸道隔离至出疹后 5 天,并发肺炎者应延长至出疹后 10 天。接触过患儿的易感儿应隔离观察 3 周,并输注人免疫球蛋白。

(2) 切断传播途径:做好消毒隔离工作,定期进行空气和物品的消毒,减少探视。无并发症的患儿可在家中隔离,减少传播及避免医院内继发感染。流行期间避免出入公共场所或探亲访友,出入应戴口罩。托幼机构不宜接纳新生。

(3) 保护易感儿童

1) 主动免疫:接种麻疹减毒活疫苗是预防麻疹的重要措施,国内计划免疫规定 8 个月以上未患过麻疹儿童均应初次接种麻疹减毒活疫苗,7 岁时复种。在流行期间可应急接种,防止传染病扩散。

2) 被动免疫：易感儿在接触患者后 5 天内肌内注射人免疫球蛋白可防止发病，5 天后注射可减轻症状。

6. 健康指导　由于麻疹传染性强，为控制疾病的流行，应指导患儿家长家庭常采用的消毒隔离措施，予以病情观察及皮肤黏膜的护理，供给充足的营养等；强调预防的重要性及其主要措施。

第二节　水　　痘

水痘（chickenpox，varicella）是由水痘 - 带状疱疹病毒（varicella-zoster virus，VZV）引起的传染性极强的急性出疹性传染病，临床以皮肤黏膜斑疹、丘疹、疱疹及结痂同时存在为特征。感染后可获得持久的免疫力，但以后可以发生带状疱疹。

【病原学】
病原体为水痘 - 带状疱疹病毒，为双链 DNA 病毒，仅一个血清型，该病毒在外界环境中生活能力弱，不耐热、不耐酸，在痂皮中不能存活，对紫外线和消毒剂均敏感。人是唯一宿主。儿童初次感染该病毒表现为水痘，恢复后该病毒可长期潜伏在脊髓后根神经节或脑神经的感觉神经节内，在青春期或成年后，病毒可被激活，再次发病时表现为带状疱疹。

【流行病学】
1. 传染源　水痘患者是唯一的传染源，从出疹前 1~2 天至疱疹结痂均有传染性。
2. 传播途径　病毒通过飞沫传播或直接接触传播。
3. 易感人群　任何年龄均可发病，以婴幼儿和学龄前儿童多见。病后可获持久免疫，以后可发生带状疱疹。
4. 流行特征　四季均可发病，以冬春季多发，常呈流行性。

【发病机制】
病毒经口、鼻侵入人体，首先在呼吸道黏膜细胞内增殖，2~3 天后进入血液，形成第一次病毒血症，病毒可在单核吞噬细胞系统内增殖后再次入血引起第二次病毒血症，并至全身，引起各器官病变。主要损害部位在皮肤和黏膜，偶可累及内脏。皮疹分批出现与病毒间歇性侵入血液有关。皮疹出现 1~4 天后，产生特异性细胞免疫和抗体，病毒血症消失，症状随之缓解。

【病理】
病变主要在表皮棘状细胞层，呈退行性变和水肿。由于细胞裂解和组织液渗入，形成水痘疱疹，内含大量病毒。黏膜病变与皮疹相似。如有继发感染，可形成脓疱。最后上皮细胞再生、结痂、脱落，一般不留瘢痕。

【临床表现】
1. 典型水痘　潜伏期多为 2 周左右。前驱期约 1 天左右，有低热、全身不适、食欲减退等，当日或次日出现皮疹。皮疹特点为：①首发于头、面和躯干，继而扩展到四肢，末端稀少，呈向心性分布；②最初皮疹为红色斑疹或丘疹，周围有红晕，壁薄易破，疹液透明，后变混浊，常伴瘙痒。2~3 天后迅速结痂，红晕消失；③皮疹陆续分批出现，在疾病高峰期同一部位可见斑疹、丘疹、疱疹和结痂不同形态的皮疹同时存在，这是水痘皮疹的重要特征之一；④黏膜皮疹可出现在口腔、结膜、生殖器等处，易破溃形成浅溃疡，疼痛明显。水痘多为自限性疾病，10 天左右可自愈，儿童症状和皮疹均较轻，成人症状较重，易并发水痘肺炎。皮疹结痂脱落后多不留瘢痕。

2. 重症水痘　多发生在白血病、淋巴瘤等恶性疾病或免疫功能受损患儿。高热及全身中毒症状较重。出疹 1 周后体温仍可高达 40~41℃,患儿皮疹融合成大疱型疱疹或出血性皮疹,常伴血小板减少而发生暴发性紫癜。

3. 先天性水痘　孕妇患水痘可累及胎儿。若妊娠早期感染可致胎儿多发性畸形;如在产前数天内患水痘,可致新生儿水痘,病死率达 25%~30%。

【并发症】

常见继发性皮肤细菌感染如脓疱疮、丹毒、蜂窝织炎等,可导致败血症;继发性血小板减少可致皮肤黏膜甚至内脏出血;水痘肺炎儿童不常见;神经系统可见水痘后脑炎、吉兰 - 巴雷综合征、瑞氏综合征等;其他少数病例可发生心肌炎、肝炎、肾炎、关节炎及睾丸炎等。

【辅助检查】

1. 外周血象　白细胞总数正常或稍低,淋巴细胞增高。

2. 疱疹刮片检查　刮取新鲜疱疹基底组织涂片,用瑞特或吉姆萨染色可发现多核巨细胞,快速诊断可用苏木素 - 伊红染色查核内包涵体,直接荧光抗体染色查病毒抗原。

3. 血清学检查　常用酶联免疫吸附法和补体结合试验检测特异性抗体。

4. 核酸检测　用聚合酶链反应(PCR)检测患儿呼吸道上皮细胞和外周血白细胞中的特异性病毒 DNA,是敏感、快捷的早期诊断方法。

【治疗要点】

1. 一般治疗　加强护理,以对症治疗为主,可使用止痒、镇静剂。

2. 抗病毒治疗　遵医嘱早期应用抗病毒药,首选阿昔洛韦(无环鸟苷),一般应在皮疹出现后 48 小时内开始用药。早期使用 α- 干扰素能较快抑制皮疹发展,加速病情恢复。

3. 防治并发症　继发细菌感染时给予抗生素治疗。因脑炎出现脑水肿颅内压增高者应脱水治疗。避免使用肾上腺皮质激素,因其他疾病已使用激素者,尽快减量或停用。

4. 中医治疗　以清热解毒利湿为基本原则,可口服银翘散或板蓝根冲剂。高热烦躁者可用清营汤合白虎汤加减,或清开灵注射剂静脉滴注等。

【护理评估】

1. 健康史　了解患儿有无低热、头痛、乏力等前驱症状,询问有无水痘接触史、是否应用过糖皮质激素和免疫抑制剂等药物,有无接种水痘疫苗或近期接种人免疫球蛋白、胎盘球蛋白等生物制剂。

2. 身体状况　评估有无发热,注意皮疹的性质、分布、颜色及疹间皮肤是否正常,是否同时出现各期皮疹等。

3. 心理社会状况　评估患儿和家长的心理状态以及对疾病的认识程度,评估家长的护理能力。

【护理诊断】

1. 皮肤完整性受损　与水痘皮疹、继发感染有关。

2. 体温过高　与病毒血症有关。

3. 有感染的危险　与免疫力低下有关。

【护理措施】

1. 皮肤护理

(1) 减轻皮肤损害,恢复皮肤完整性:保持适宜室温,衣被不宜过厚,以免增加皮肤痒感。剪短患儿指甲或戴连指手套以防抓伤。勤换内衣,保持皮肤清洁防止继发感染。

(2) 减轻皮疹瘙痒:温水洗浴,疱疹无破溃的可涂抹炉甘石洗剂或 5% 碳酸氢钠溶液。可用中药止痒:地肤子 30g,白鲜皮 15g,蝉蜕 6g,僵蚕 15g,芥穗 15g,茵陈 15g,败酱草 15g,

白矾 9g,白芷 9g,煎水,搽于患处,每日 2~3 次。有破溃时可用莫匹罗星涂抹,有继发感染者可局部用抗生素软膏。

2. 病情观察 患儿多有中、低度发热,不必使用降温药物,可控制室温、多饮水、卧床休息。忌用阿司匹林以免引起瑞氏综合征。给予易消化的饮食,保证营养供给,做好口腔护理,注意观察及早发现并发症。

3. 预防感染传播

(1)管理传染源:大多数患儿在家中隔离治疗至疱疹全部结痂或出疹后 7 日为止,对已接触的易感儿,应检疫 3 周。若有并发症应住院观察。

(2)切断传播途径:消毒患者呼吸道分泌物和污染物品。保持室内空气新鲜,托幼机构宜采用紫外线消毒。流行期间水痘易感儿童尽量避免出入公共场所。

(3)保护易感人群:对高危人群接触水痘患者 72 小时内肌内注射人免疫球蛋白或带状疱疹免疫球蛋白,可有预防或减轻症状的作用。国外已开始使用减毒活疫苗,接触水痘患儿后立即应用,其保护率可达 85%~95%,并可持续 10 年以上。

4. 健康教育 重点加强预防思想教育,流行期间避免易感儿去公共场合,介绍水痘患儿隔离期限,指导消毒、隔离的方法,介绍皮肤护理的方法,防止搔破皮疹引起继发感染或留下瘢痕。

第三节 流行性腮腺炎

流行性腮腺炎(mumps,epidemic parotitis)是由腮腺炎病毒(mumps virus)引起的儿童常见的急性呼吸道传染病。以腮腺非化脓性肿痛为特征,可累及全身多个腺体及器官。中医学称为"疗腮"。

【病原学】

腮腺炎病毒系 RNA 病毒,仅一个血清型,对物理及化学因素敏感,加热至 56℃ 20 分钟可灭活,甲醛溶液或紫外线均能将其杀灭,耐低温。人是病毒的唯一宿主。病毒存在于患儿及健康带病毒者的唾液、血液、尿及脑脊液中。

【流行病学】

1. 传染源 腮腺炎患者和健康带病毒者是本病的传染源。自腮腺肿大前 1 天到消肿后 3 天均有传染性。

2. 传播途径 主要通过飞沫、唾液污染食具和玩具等途径传播。

3. 人群易感性 人群对本病普遍易感,5~15 岁多见。感染后具有持久免疫力。

4. 流行特征 四季均有发病,以冬春季为高峰。

【发病机制】

腮腺炎病毒经口、鼻侵入人体后,在上呼吸道黏膜上皮细胞中繁殖,引起局部炎症和免疫反应,然后进入血液引起病毒血症,进而播散至腮腺及全身各器官,使多种腺体(腮腺、舌下腺、颌下腺、胰腺、生殖腺等)发生炎性病变,也可侵犯神经系统。在这些器官中病毒再度繁殖,并再次侵入血循环,侵犯第一次病毒血症未曾累及的器官,引起炎症,临床呈现不同器官相继出现病变的症状。

【病理】

病理变化特征是受侵犯的腺体出现非化脓性炎症,包括间质水肿、点状出血、淋巴细胞浸润和腺泡坏死等。腺管水肿,管腔内脱落的坏死上皮细胞堆积,使腺体分泌排出受阻,唾液淀粉酶经淋巴系统进入血液而使血、尿淀粉酶增高。

【临床表现】

本病潜伏期 14~25 天,大多无前驱症状,少数患儿起病较急,可有轻微发热、头痛、乏力、食欲缺乏等。通常以腮腺肿大和疼痛为首发症状。通常一侧腮腺肿大 2~3 天后波及对侧;也有两侧同时肿大或始终限于一侧者。腮腺肿大以耳垂为中心,向前、后、下发展,边缘不清,表面发热但多不红,触痛,张口咀嚼或吃酸性食物促使唾液分泌时疼痛加剧。上颌第二磨牙相对颊黏膜(腮腺管口)可见红肿。腮腺肿大约 3~5 天达高峰,一周左右消退。腮腺肿胀时,常波及颌下腺和舌下腺,并出现吞咽困难。不典型病例可无腮腺肿胀而表现为单纯睾丸炎或脑膜脑炎的症状。

【并发症】

流行性腮腺炎是全身性感染,其病毒有嗜腺体和嗜神经性,故病毒常侵入中枢神经系统、其他腺体或器官而引起下列并发症。

1. 脑膜脑炎　较常见,可出现在腮腺肿大前、后或同时,部分有中枢神经系统症状,表现为发热、头痛、嗜睡、呕吐,神经系统体征可阳性,脑脊液改变与其他病毒性脑炎相似。预后大多良好,多无后遗症。

2. 睾丸炎或卵巢炎　发病率及症状轻重与发病年龄有关,发病年龄越大,越易发生,症状亦越重。睾丸炎是男性最常见的并发症,多为单侧,睾丸明显肿胀且有压痛,约半数病例可发生萎缩,双侧萎缩者可导致不育症。7% 青春期后女性患者可并发卵巢炎,出现下腹疼痛及压痛,较少见。

3. 胰腺炎　严重的急性胰腺炎较少见,轻型或亚临床型感染多见。常于腮腺肿大数日后发生,出现中上腹疼痛和压痛,伴恶心、呕吐、发热、腹胀、腹泻或便秘等。

4. 其他　可有心肌炎、乳腺炎、甲状腺炎、肾炎、肝炎等。

【辅助检查】

1. 外周血象　白细胞总数正常或稍低,淋巴细胞相对增多,有并发症时白细胞总数及中性粒细胞可增高。

2. 血清和尿淀粉酶测定　90% 患儿血清及尿中淀粉酶增高,其增高的程度与腮腺肿胀程度成正比,在 2 周左右恢复正常,血脂肪酶增高有助于胰腺炎的诊断。

3. 血清学检查　特异性 IgM 抗体阳性可提示近期感染。

4. 病毒分离　患儿唾液、脑脊液、尿液或血液中分离出病毒,可明确诊断。

5. 脑脊液检查　有腮腺炎而无脑膜炎表现的患儿,约半数脑脊液中白细胞计数轻度升高,且能从脑脊液中分离出腮腺炎病毒。

【治疗要点】

1. 一般治疗　急性期避免刺激性食物;多饮水,保持口腔卫生;高热者给予退热剂或物理降温;严重头痛和并发睾丸炎者可给解热止痛药,重症患儿可短期使用肾上腺皮质激素治疗。脑膜脑炎颅内高压者,可用 20% 甘露醇降颅压。

2. 抗病毒治疗　可选用利巴韦林、α- 干扰素等。

3. 中医治疗　普济消毒饮或柴胡葛根汤加减内服。局部选用紫金锭、青黛散或如意金黄散外敷以减轻腮腺肿胀。

【护理评估】

1. 健康史　仔细询问有无腮腺炎接触史,是否接种过腮腺炎疫苗,询问患儿有无头痛、呕吐、抽搐及意识改变,有无腹痛等。近期有无接受过主动或被动免疫,如注射人免疫球蛋白、胎盘球蛋白等。

2. **身体状况**　评估患儿腮腺肿大及疼痛的特点,检查其他腺体有无肿大;检查有无脑膜刺激征、腹部疼痛、睾丸肿胀等。评估外周血象、血清和尿淀粉酶及特异性抗体的检查结果。

3. **心理社会状况**　评估患儿及其父母的心理状况、对疾病的应对方式;了解家庭及社区居民对疾病的认识程度、防治态度。

【护理诊断】

1. **疼痛**　与腮腺非化脓性炎症有关。

2. **体温过高**　与病毒感染有关。

3. **潜在并发症**:脑膜脑炎、睾丸炎、胰腺炎等。

【护理措施】

1. **减轻疼痛**

(1) 保持口腔清洁:常用温盐水漱口,多饮水,减少口腔残留食物,防止继发感染。给予清淡的半流质饮食或软食,忌酸辣干硬等刺激性食物,以免因咀嚼和唾液分泌加剧疼痛。

(2) 局部冷敷或中药外敷:局部肿胀处可给予冷敷,减轻炎症充血和疼痛,也可采用软坚散结类中药如金黄散或青黛散食醋调匀敷于患处。

(3) 氦氖激光照射:氦氖激光局部照射治疗流行性腮腺炎,对止痛、消肿有一定效果。

(4) 睾丸炎护理:如有睾丸炎,可用丁字带托起阴囊,局部间歇冷敷减轻疼痛,疼痛剧烈时可用 2% 普鲁卡因做精索封闭。

2. **监测体温**　高热者给予物理或药物降温,鼓励患儿多饮水。

3. **病情观察**　注意有无脑膜脑炎、睾丸炎、胰腺炎等临床征象并予以相应治疗、护理。

4. **预防感染传播**

(1) 管理传染源:隔离患者至腮腺肿胀完全消退为止,有接触史的易感儿应检疫 3 周。

(2) 切断传播途径:采取呼吸道隔离。流行期间避免去公共场所或人员聚集的地方,出入应戴口罩。居室空气应流通,对患儿口鼻分泌物及污染用品进行消毒处理。

(3) 保护易感人群:主动免疫制剂目前已有单价腮腺炎减毒活疫苗和麻疹 - 风疹 - 腮腺炎三联疫苗;易感儿可接种减毒腮腺炎活疫苗或给予人免疫球蛋白被动免疫。

5. **健康教育**　无并发症的患儿可在家隔离治疗,指导家长做好隔离、降温、饮食护理及口腔护理。指导家长进行病情观察,及时发现并发症并及时就医。介绍减轻疼痛的方法,使患儿配合治疗。

第四节　手足口病

手足口病(hand-foot-mouth disease,HFMD)是由肠道病毒引起的常见传染病,大多数患儿临床表现为发热和手、足、口腔等部位的斑丘疹、疱疹,少数病例可出现中枢神经系统、呼吸系统损害,引发无菌性脑膜炎、脑炎、急性弛缓性麻痹、神经源性肺水肿和心肌炎等,致死原因主要是神经源性肺水肿和重症脑干脑炎。手足口病是由肠道病毒引起的传染病,多发生于婴幼儿。临床特征是发热、口腔黏膜溃疡和皮肤疱疹。

【病原学】

以肠道病毒 71 型(EV71)、柯萨奇 A 组 16 型(CoxA16)多见,属小 RNA 病毒,喜湿、热,对乙醚、去氧胆酸盐不敏感,75% 乙醇和 5% 甲酚不能将其灭活,但对紫外线及干燥敏感。各种氧化剂(高锰酸钾、含氯石灰)、甲醛、碘酒都能将其灭活。50℃能将其迅速灭活,在 4℃

能存活 1 年,在 -20℃可长期保存。

【流行病学】

手足口病是全球性传染病,世界大部分地区均有此病流行的报道。多发生于学龄前儿童,特别是 3 岁以下的儿童。肠道病毒传染性强,隐性感染比例大,传播途径复杂,传播速度快,控制难度大,容易出现暴发流行和大流行,无明显地区性,全年均可发生,5~7 月为发病高峰,流行呈逐年增加趋势。

1. 传染源　手足口病的传染源是患者和隐性感染者。患者是流行期间的主要传染源。

2. 传播途径　本病传播途径复杂,主要是通过人群的密切接触传播。病毒主要经粪 - 口途径或空气飞沫传播,并常造成流行。亦可经唾液、疱疹液污染的手及物品传播。

3. 易感人群　人群普遍易感。感染后可获得持久免疫力,不同病原型别感染后无交叉免疫。各年龄组均可发病,成人大多已通过隐性感染获得相应的抗体,患者主要为学龄前儿童,以 3 岁以下年龄组发病率最高。流行期间,托幼机构易发生集体感染,亦可出现家庭聚集现象。

【发病机制】

手足口病的发病机制目前尚不明确。病毒经呼吸道或消化道侵入机体后,主要在局部黏膜上皮细胞和周围淋巴细胞中停留和增殖,由此进入血液循环导致病毒血症,并经血流播散至脑膜、脊髓、心脏、皮肤、黏膜等靶组织继续复制,引发炎症性病变并出现相应的临床表现。大多数患者由于自身的防御机制而控制感染成为隐性感染。少数患者因病毒在靶器官广泛复制而成为重症感染。

【临床表现】

潜伏期多为 2~10 天,平均 3~5 天。

1. 普通病例　急性起病,初期表现为低热、咳嗽、流涕、咽喉痛、食欲下降等症状。口腔黏膜出现散在疱疹,手、足、口、臀部皮肤可出现斑丘疹、疱疹,皮疹具有不痛、不痒、不结痂、不结疤的“四不”特征。疱疹周围可有炎性红晕,疱内液体较少,质地稍硬,2~3 天自行吸收,不留痂。部分病例仅表现为皮疹或疱疹性咽峡炎。皮疹多在 1 周内消退,预后良好。部分病例皮疹表现不典型。

2. 重症病例　少数病例(尤其是小于 3 岁者)病情进展迅速,极少数病例,特别是 EV71 感染患儿,病情凶险,可致死亡,存活病例可留有后遗症。

(1) 神经系统表现:表现为阵挛、呕吐、共济失调、眼球震颤及情感淡漠等。

(2) 呼吸系统表现:呼吸浅促、困难,口唇发绀,咳嗽,咳白色、粉红色泡沫样痰液,肺部可闻及湿啰音或痰鸣音。

(3) 循环系统表现:脉搏浅快或减弱甚至消失,面色苍白,指(趾)发绀,四肢发凉,血压升高或下降。

【辅助检查】

1. 外周血象　白细胞计数正常或降低,病情危重者白细胞计数可明显升高。

2. 脑脊液检查　神经系统受累时脑脊液可表现为外观清亮,压力增高,白细胞计数增多,多以单核细胞为主,蛋白正常或轻度增多,糖和氯化物正常。

3. 胸部 X 线检查　可表现为双肺纹理增多,网格状、斑片状阴影,部分病例以单侧为著。

4. 病原学检查　EV71、CoxA16 等肠道病毒特异性核酸阳性或分离到肠道病毒。咽、气道分泌物、疱疹液、脑脊液、粪便阳性率较高。

5. 血清学检查　特异性 IgM 抗体阳性,或急性期与恢复期血清 IgG 抗体有 4 倍以上升高。

【治疗要点】

1. 普通病例

（1）一般治疗：注意隔离，避免交叉感染。适当休息，清淡饮食，做好口腔和皮肤护理。

（2）对症治疗：发热等症状采用中西医结合治疗。

（3）病因治疗：选用阿昔洛韦、利巴韦林等。可用中成药紫雪丹或新雪丹等口服，热毒宁注射液、喜炎平注射液、丹参注射液等静脉滴注。

2. 重症病例

（1）神经系统受累治疗

1）控制颅内压增高：限制入量，积极给予甘露醇降颅压治疗，每次0.5~1.0g/kg，每4~8小时一次，20~30分钟快速静脉注射。根据病情调整给药间隔时间及剂量。必要时加用呋塞米。

2）酌情应用糖皮质激素治疗，参考剂量：甲泼尼龙1~2mg/（kg·d），氢化可的松3~5mg/（kg·d），地塞米松0.2~0.5mg/（kg·d），病情稳定后，尽早减量或停用。个别病例进展快、病情凶险者应考虑加大剂量，可在2~3天内给予甲泼尼龙10~20mg/（kg·d）（单次最大剂量不超过1g）或地塞米松0.5~1.0mg/（kg·d）。

3）酌情静脉注射人免疫球蛋白，总量2g/kg，分2~5天给予。

4）其他对症治疗：降温、镇静、止惊。严密观察病情变化，密切监护。

（2）呼吸、循环衰竭治疗：保持呼吸道通畅，确保两条静脉通道通畅，监测呼吸、心率、血压和血氧饱和度；呼吸功能衰竭时，及时气管插管使用正压机械通气，根据血气、胸部X线结果随时调整呼吸机参数。

3. 中医治疗 急性期以清热解毒凉血为主，可选用中成药蓝芩口服液、小儿豉翘清热颗粒、抗病毒口服液等口服，或静脉滴注热毒宁注射液、喜炎平注射液、丹参注射液等。恢复期以健脾助运为主。

【护理评估】

1. 健康史 仔细询问有无手足口病患者的接触史，患儿平素的体质、营养状况及既往疾病史，近期有无接受过主动或被动免疫。

2. 身体状况 评估有无发热，注意手足臀等部位是否有皮疹，口腔是否有疱疹或溃疡，是否有脑炎、肺炎等并发症表现。了解辅助检查结果及临床意义。

3. 心理社会状况 评估患儿及其父母的心理状况、对疾病的应对方式；了解家庭及社区居民对疾病的认识程度、防治态度。

【护理诊断】

1. 体温过高 与感染有关。

2. 皮肤完整性受损 与疾病所致皮疹有关。

3. 舒适的改变 与口腔黏膜溃疡引起疼痛有关。

4. 潜在并发症：神经源性肺水肿、脑膜炎、呼吸衰竭、心力衰竭。

【护理措施】

1. 维持正常体温 儿童手足口病一般为低热或中等发热，无需特殊处理，可让患儿多饮水。重症病例可出现高热，遵医嘱给予物理或药物降温，并加强巡视，观察降温效果，及时更换内衣，同时注意营养及液体补充。

2. 注意休息与饮食 患儿1周内应卧床休息，进高蛋白、高维生素、清淡、易消化的温凉流质或半流质食物，禁止冰冷、辛辣、过咸的食物，避免饮用牛奶、豆浆等不易消化且加重肠胀气的食物。严重吐泻时应暂停进食。对于因拒食、少饮而造成脱水、酸中毒者，应积极补液,及时纠正水、电解质、酸碱平衡紊乱。

3. 口腔护理 保持口腔清洁,加强口腔护理,预防感染。每次餐后用温水漱口,并用思密达糊状或维生素 B$_2$ 粉剂直接涂于口腔溃疡处。

4. 皮肤护理 患儿皮肤可出现多发甚至泛发的炎性丘疹、疱疹,皮疹可因患儿搔抓而继发感染,疱浆渗出会引起病毒的传播。手足部疱疹易受压破溃而导致细菌感染,故需保持皮肤、衣服、被褥清洁,疱疹破裂者局部可涂 0.5% 聚维酮碘。

5. 病情观察 严密观察患儿的病情变化,及时发现有无呼吸急促、胸闷、头痛、昏睡、恶心、呕吐、脑膜刺激征等病情加重的表现,定时测量生命体征,及时发现病情变化。

6. 预防感染传播

(1) 管理传染源:对患者、隐性感染者进行消化道、呼吸道、接触隔离,直至体温正常 3 天,皮疹基本消失方能解除隔离。

(2) 切断传播途径:养成良好的个人卫生习惯,餐前便后洗手,不食生冷、不洁食物,外出需戴口罩。

(3) 保护易感人群:本病尚无特异性预防方法。加强监测,提高免疫力是控制本病流行的关键。流行期间避免出入拥挤的公共场所。在伴有严重并发症的手足口病流行地区,密切接触患者的体弱婴幼儿可肌注人血丙种球蛋白。

7. 心理护理 根据患儿的性格特征,做好心理护理,护士应态度温和,爱护体贴患儿,消除患儿的陌生感和恐惧感,保持情绪稳定,避免哭闹。护士应向家长做好耐心细致的解释工作以取得合作,争取早日康复。

8. 健康教育 由于此病近年来有暴发流行,宣传预防知识,指导家长做好婴幼儿卫生保健显得尤为重要。告知家长本病是婴幼儿常见的传染病,不是终身免疫性疾病,可再次感染而发病。该病传染性强,潜伏期短,主要为密切接触传播,应引起家长重视。指导家长培养患儿良好的卫生习惯,勤洗手。流行期间不宜到人群聚集、空气流通差的公共场所。

第五节 结 核 病

一、概述

结核病(tuberculosis)是由结核杆菌引起的慢性感染性疾病。全身各个器官均可受累,以肺结核最常见。近年来,结核病的发病有上升的趋势,多药耐药性结核菌株(MDR-TB)和人免疫缺陷病毒流行已成为防治结核病的关键问题。

【病原学】

结核杆菌属于分枝杆菌,为需氧菌,革兰氏染色阳性,染色过程中呈抗酸性。分裂繁殖缓慢,可分为人型、牛型、鸟型和鼠型。对人有致病力的主要为人型,其次为牛型,结核杆菌对酸、碱和乙醇等有较强的抵抗力,湿热对它的杀菌力较强。在 65℃ 30 分钟,70℃ 10 分钟,80℃ 5 分钟,煮沸 1 分钟即可杀灭。干热 100℃需 20 分钟以上才能杀灭,痰液中的结核杆菌用 5% 苯酚或 20% 含氯石灰经 24 小时处理才被杀灭。

【流行病学】

1. 传染源 儿童结核病的传染源主要是开放性肺结核患者,尤其是家庭内传染极为重要。

2. 传播途径 呼吸道为主要传播途径,健康儿吸入带菌的飞沫或尘埃后可引起感染,产生肺部原发病灶。少数通过消化道传播,多因饮用未消毒的污染牛型结核杆菌的牛奶或污染人型结核杆菌的其他食物而感染,多产生咽部或肠道原发病灶。经皮肤传染极少见。

3. 易感人群 生活贫困、营养不良、居住拥挤、社会经济落后等是人群结核病高发的原因。新生儿对结核杆菌非常易感。遗传因素与本病的发生有一定关系。

【发病机制】

结核杆菌感染的病理变化和表现主要取决于人体免疫反应。结核菌是一种细胞内寄生菌,结核病的免疫主要是细胞免疫,儿童感染结核后是否发病不仅取决于结核菌的毒力、数量,更重要的是与机体抵抗力尤其是细胞免疫有关。结核杆菌初次侵入机体后,在肺泡内和无活性的巨噬细胞中短暂生长繁殖,4~8 周后产生细胞免疫,使 T 淋巴细胞致敏。致敏的 T 淋巴细胞可产生两种反应:①介导机体产生免疫反应:使巨噬细胞吞噬、消化结核杆菌,并将特异性的抗原传递给辅助 T 淋巴细胞(CD4$^+$T 细胞),巨噬细胞分泌 IL-12,诱导 CD4$^+$T 细胞向 Th1 细胞转化,分泌释放 IFN-γ,增强细胞毒性和杀伤细胞的活性,上述免疫反应可使机体吞噬包裹结核杆菌,形成淋巴细胞、巨噬细胞及成纤维细胞组成的肉芽肿,亦可导致组织细胞破坏,形成干酪样坏死,当免疫反应不足时,结核杆菌可经过淋巴管扩散;②迟发型变态反应:是宿主对结核菌及其产物的超常免疫反应,以巨噬细胞为效应细胞,引起局部细胞坏死及干酪样改变,甚至形成空洞。

【辅助检查】

1. 结核菌素试验 结核菌素试验属于迟发型变态反应。儿童在感染 4~8 周后,结核菌素试验即呈阳性反应。其发生机制主要是由于致敏淋巴细胞和巨噬细胞积聚在真皮的血管周围,分泌 Th1 类细胞因子 IFN-γ,诱发炎症反应血管通透性增高,在注射局部形成硬结。

(1) 试验方法:常用的结核菌素皮内试验为皮内注射 0.1ml 含 5 个结核菌素单位的纯蛋白衍化物(protein purified derivative,PPD)。一般在左前臂掌侧面中下 1/3 交界处行皮内注射,形成直径为 6~10mm 的皮丘,之后 48~72 小时观测反应结果,测定局部硬结的直径,取纵、横两者的平均直径来判断其反应强度。硬结平均直径 <5mm 为阴性(−);5~9mm 为阳性(+),10~19mm 为中度阳性(++),≥20mm 为强阳性(+++);局部除硬结外,出现水疱、破溃、淋巴管炎或双圈反应等为极强阳性反应(++++)。

若患儿结核变态反应强烈,如患疱疹性结膜炎、结节性红斑或一过性多发性结核过敏性关节炎等,宜用 1 个结核菌素单位的 PPD 试验,防止局部的过度反应及可能的病灶反应。

(2) 临床意义:结核菌素试验的结果应根据试验目的进行分析,硬结大小的阳性意义与流行病学因素有关。

1) 阳性反应见于:①接种卡介苗后;②年长儿无明显临床症状仅表现出一般阳性反应,表示曾感染过结核杆菌;③婴幼儿尤其是未接种过卡介苗者,阳性反应多表示体内有新的结核病灶。年龄愈小,活动性结核可能性愈大;④强阳性和极强阳性反应者,多表明体内有活动性结核病;⑤由阴性反应转为阳性反应,或反应强度由原来小于 10mm 增至大于 10mm,且增幅超过 6mm 时,表明新近有结核感染。

由于广泛推行卡介苗接种,结核菌素试验的诊断价值受到一定限制。接种卡介苗后与自然感染阳性反应的主要区别见表 17-2。此外,非结核分枝杆菌感染也可致 PPD 皮试阳性。

表 17-2 接种卡介苗与自然感染阳性反应的主要区别

	接种卡介苗后	自然感染
硬结直径	多为 5~9mm	多为 10~15mm
硬结颜色	浅红	深红

续表

	接种卡介苗后	自然感染
硬结质地	较软、边缘不整	较硬、边缘清楚
阳性反应持续时间	较短,2~3 天即消失	较长,可达 7~10 天以上
阳性反应的变化	有较明显的逐年减弱倾向,一般于 3~5 年内逐渐消失	短时间内反应无减弱倾向可持续若干年,甚至终生

2)阴性反应见于:①未感染过结核;②结核迟发性变态反应前期(初次感染后 4~8 周内);③假阴性反应,由于机体免疫功能低下或受抑制所致,如部分危重结核病;急性感染性疾病如麻疹、水痘、风疹、百日咳等;体质极度衰弱者如重度营养不良,重度脱水,重度水肿等,应用糖皮质激素或其他免疫抑制剂治疗时;原发或继发免疫缺陷病;④技术误差或结核菌素失效。

2. 实验室检查

(1)结核杆菌检查:从痰液、胃液(婴幼儿可抽取空腹胃液)、脑脊液、浆膜腔液中找到结核杆菌是重要的确诊手段。采用厚涂片法或荧光染色法检查结核杆菌的阳性率较高。

(2)免疫学诊断及分子生物学诊断:聚合酶链反应(PCR)、DNA 探针能快速检测结核杆菌;酶联免疫电泳技术(ELIEP)用于检测结核患者血清、浆膜腔液、脑脊液等的抗结核杆菌抗体等。

(3)血沉检查:多增快,是结核病的活动性指标之一,但无特异性。

3. 影像学检查

(1)X 线检查:胸部 X 线检查是筛查儿童结核病不可缺少的重要手段,可检出结核病灶的范围、性质、类型、活动或进展情况。

(2)计算机断层扫描(CT):必要时做胸部 CT 或高分辨率 CT 扫描。

(3)磁共振影像(MRI):主要用作结核病与非结核病的鉴别诊断。

4. 其他辅助检查 如纤维支气管镜检查、周围淋巴结穿刺液涂片检查、肺穿刺活检或胸腔镜取肺活检等。

【预防】

1. 管理传染源 结核菌涂片阳性患者是儿童结核病的主要传染源,早期发现及合理治疗结核菌涂片阳性患者,是预防儿童结核病的根本措施。

2. 普及卡介苗接种 卡介苗接种是预防儿童结核病的有效措施。目前我国计划免疫要求在全国城乡普及新生儿卡介苗接种。但下列情况禁止接种卡介苗:①先天性胸腺发育不全症或严重联合免疫缺陷患者;②急性传染病恢复期;③注射局部有湿疹或患全身性皮肤病;④结核菌素试验阳性。

3. 预防性化疗

(1)目的:预防儿童活动性肺结核;预防肺外结核病发生;预防青春期结核病复燃。

(2)适应证:①密切接触家庭内开放性肺结核者;②3 岁以下未接种过卡介苗而结核菌素试验中度阳性者;③结核菌素试验新近由阴性转为阳性者;④结核菌素试验阳性伴结核中毒症状者;⑤结核菌素试验阳性,新患麻疹、百日咳等急性传染病者;⑥结核菌素试验阳性患儿需长期使用糖皮质激素或其他免疫抑制剂者。

(3)方法:异烟肼(INH)每日 10mg/kg(≤300mg/d),疗程 6~9 个月。或 INH 每日 10mg/kg(≤300mg/d)联合利福平(RFP)每日 10mg/kg(≤300mg/d),疗程 3 个月。

【治疗要点】

1. 一般治疗 注意营养,选用富含蛋白质和维生素的食物。有明显结核中毒症状及高度衰弱者应卧床休息。居住环境应阳光充足,空气流通。预防麻疹、百日咳等疾病。一般原发型结核病可在门诊治疗,但要填报疫情,治疗过程中应定期复查随诊。

2. 抗结核药物治疗

(1) 治疗目的:①杀灭病灶中的结核菌;②防止血行播散。

(2) 治疗原则:①早期治疗;②剂量适宜;③联合用药;④规律用药;⑤坚持全程;⑥分段治疗。

(3) 目前常用的抗结核药物见表 17-3。

表 17-3 儿童抗结核药物

药物	剂量[mg/(kg·d)]	给药途径	主要不良反应
异烟肼(INH 或 H)	10(≤300mg/d)	口服(可肌内注射、静脉滴注)	肝毒性、末梢神经炎、过敏、皮疹和发热
利福平(RFP 或 R)	10(≤450mg/d)	口服	肝毒性、恶心、呕吐和流感样症状
链霉素(SM 或 S)	20~30(≤0.75g/d)	肌内注射	Ⅷ脑神经损害、肾毒性、过敏、皮疹和发热
吡嗪酰胺(PZA 或 Z)	20~30(≤0.75g/d)	口服	肝毒性、高尿酸血症、关节痛、过敏和发热
乙胺丁醇(EMB 或 E)	15~25	口服	皮疹、视神经炎

1) 杀菌药物:①全杀菌药:如异烟肼(INH)和利福平(RFP)。对细胞内外处于生长繁殖期的细菌及干酪病灶内代谢缓慢的细菌均有杀灭作用,且在酸性和碱性环境中均能发挥作用;②半杀菌药:如链霉素(SM)和吡嗪酰胺(PZA)。SM 能杀灭在碱性环境中生长、分裂、繁殖活跃的细胞外的结核菌;PZA 能杀灭在酸性环境中细胞内结核菌及干酪病灶内代谢缓慢的结核菌。

2) 抑菌药物:常用者有乙胺丁醇(EMB)及乙硫异烟胺(ETH)。

(4) 针对耐药菌株的几种新型抗结核药:①老药的复合剂型:如利福平异烟肼胶囊(内含 INH 和 RFP)、异福酰胺片(内含 INH,RFP 和 PZA)等;②老药的衍生物:如利福喷汀,是一种长效利福霉素的衍生物,对利福霉素以外的耐药结核分枝杆菌有较强的杀菌作用;③新的化学制剂:如帕司烟肼(pasiniazid),是一种独立合成的新抗结核药,是耐受性较好的 INH 类制品,可延迟 INH 的抗药性。

3. 化疗方案

(1) 标准疗法:一般用于无明显自觉症状的原发型肺结核。每日服用 INH、RFP 和 / 或 EMB,疗程 9~12 个月。

(2) 两阶段疗法:用于活动性原发型肺结核、急性粟粒性结核病及结核性脑膜炎。

1) 强化治疗阶段:联用 3~4 种杀菌药物。目的在于迅速杀灭敏感菌及生长繁殖活跃的细菌与代谢低下的细菌,防止或减少耐药菌株的产生,为化疗的关键阶段。在长程化疗时,此阶段一般需 3~4 个月。短程疗法时一般为 2 个月。

2) 巩固治疗阶段:联用 2 种抗结核药物,目的在于杀灭持续存在的细菌以巩固疗效,防止复发,在长程疗法时,此阶段可长达 12~18 个月;短程疗法时,一般为 4 个月。

(3) 短程疗法:为结核病现代疗法的重大进展,直接监督下服药与短程化疗是世界卫生组织治愈结核患者的重要策略。短程化疗的作用机制是快速杀灭机体内处于不同繁殖速度的细胞内、外结核菌,使痰菌早期转阴并持久阴性,且病变吸收消散快,远期复发少。可选用以下几种 6 个月短程化疗方案:①2HRZ/4HR(数字为月数,以下同);②2SHRZ/4HR;③2EHRZ/4HR。若无 PZA 则将疗程延长至 9 个月。

笔记栏

二、原发性肺结核

原发性肺结核（primary pulmonary tuberculosis）是原发性结核病中最常见者，为结核杆菌初次侵入肺部后发生的原发感染，是儿童肺结核的主要类型。原发性肺结核包括原发复合征（primary complex）和支气管淋巴结结核（tuberculosis of tracheobronchial lymphnodes）。前者由肺原发病灶、局部淋巴结病变和两者相连的淋巴管炎组成，后者以胸腔内肿大淋巴结为主。两者除 X 线表现不同外，临床表现难以区分，故常将两者并为一型，即原发型肺结核。

【病理】

肺部原发病灶多位于右肺上叶底部和下叶的上部，近胸膜处。基本病变为渗出、增殖、坏死。典型的原发复合征呈"双极"样病变，即一端为原发病灶，一端为肿大的肺门淋巴结，中间为两者相连的淋巴管炎。

原发性肺结核的病理转归：①吸收好转：原发病灶完全吸收，钙化或硬结（隐伏或痊愈），此种转归最常见，出现钙化表示病变至少已有 6~12 个月；②进展：原发病灶扩大形成空洞；支气管淋巴结周围炎，可致淋巴结支气管瘘，导致支气管内膜结核或干酪性肺炎；支气管淋巴结肿大，导致肺不张或阻塞性肺气肿；结核性胸膜炎；③恶化：血行播散，导致急性粟粒性肺结核或全身性粟粒性结核病。

【临床表现】

症状轻重不一，轻者可无症状。一般起病缓慢，可有低热、食欲缺乏、疲乏、盗汗等结核中毒症状，多见于年龄较大儿童。婴幼儿及症状较重者可急性起病，高热可达 39~40℃，但一般情况尚好，与发热不相称，持续 2~3 周后转为低热，并伴结核中毒症状，干咳和轻度呼吸困难是最常见的症状。婴儿可表现为体重不增或生长发育障碍。部分高度过敏状态患儿可出现眼疱疹性结膜炎，皮肤结节性红斑和 / 或多发性一过性关节炎。当胸内淋巴结高度肿大时，可产生一系列压迫症状：压迫气管分叉处可出现类似百日咳样痉挛性咳嗽；压迫支气管使其部分阻塞时可引起喘鸣；压迫喉返神经可致声嘶；压迫静脉可致胸部静脉怒张。

体格检查可见周围淋巴结不同程度肿大。肺部体征可不明显，与肺内病变不一致。胸片呈中到重度肺结核病变者，50% 以上可无体征。如原发病灶较大，叩诊呈浊音，听诊呼吸音减低或有少许干湿啰音。婴儿可伴肝脏肿大。

【辅助检查】

1. 结核菌素试验　呈强阳性或由阴性转为阳性者，需做进一步检查。

2. 胸部 X 线检查　对确定肺结核病灶的性质、部位、范围及其发展情况和决定治疗方案等具有重要作用，是诊断儿童肺结核的重要方法之一。原发复合征肺内原发病灶大小不一。局部炎性淋巴结相对较大而肺部的感染病灶相对较小是原发性肺结核的特征。表现为"双极"或"哑铃状"病变的典型的原发复合征，目前已少见。支气管淋巴结结核是儿童原发型肺结核 X 线胸片最为常见的表现。

3. CT 扫描　对疑诊原发复合征但胸部 X 线检查"正常"病例有助于诊断。

4. 纤维支气管镜检查　结核病变蔓延至支气管内造成支气管结核时可见病变。

5. 实验室检查　见本节概述部分。

【护理评估】

1. 健康史　仔细询问有无结核中毒症状，卡介苗接种史、开放性肺结核患者的接触史，发病前有无感染其他急性传染病如百日咳、麻疹等病史。

2. 身体状况　注意评估体温、体重、皮肤关节等情况，有无营养不良、结节性红斑、疱疹性结膜炎等，检查患儿有无卡介苗接种瘢痕，检查浅表淋巴结有无肿大（尤其颈部），了解

PPD 试验、痰菌及胸部 X 线等检查结果。

3. 心理社会状况　评估患儿及其父母的心理状况,评估患儿及家长对疾病的认知程度及应对方式;评估家庭居住环境、经济状况等。

【护理诊断】

1. 营养失调:低于机体需要量　与食欲缺乏、疾病消耗增多有关。

2. 活动无耐力　与结核菌感染、机体消耗增加有关。

3. 知识缺乏:缺乏结核病防治的相关知识。

4. 潜在并发症:抗结核药物副作用。

【护理措施】

1. 保证营养供应　结核病是慢性消耗性疾病,应加强营养,给予高热量、高蛋白、高维生素、富含钙质的食物,如鸡蛋、牛奶、鱼、瘦肉、新鲜蔬菜、水果等,以增强机体抵抗力,促进机体修复能力和病灶愈合。指导家长合理搭配每天的食物种类和量,尽量根据患儿的喜好制作食物,以增进食欲。指导家长注意观察患儿服药后食欲的变化,食欲不佳时应鼓励进食。

2. 休息　保证室内空气新鲜,阳光充足。建立合理的生活制度,注意休息,保证睡眠充足,适当进行户外活动。

3. 用药护理　注意观察药物不良反应,出现胃肠道反应、耳鸣耳聋、眩晕、视力减退、肝功损害等,应及时报告医生,调整治疗方案。

4. 预防感染传播　对开放性结核患儿应实行呼吸道隔离,并对患儿的呼吸道分泌物、痰杯、餐具等进行消毒处理。避免与其他急性传染病如麻疹、百日咳等接触,以免加重病情。

5. 健康教育　向患儿及家长介绍结核病病因、传播途径及消毒隔离措施;指导家长观察患儿病情变化,监测体温;指导观察药物疗效及副作用,发现不良反应及时就诊;指导日常生活及饮食护理,注意定期复查;告知坚持化疗是治愈肺结核的关键,告知坚持全程规律服药的意义;积极防治各种急性传染病、营养不良、佝偻病等,以免加重病情。

三、结核性脑膜炎

结核性脑膜炎(tuberculous meningitis)简称结脑,为结核菌侵犯脑膜引起的炎症,是儿童结核病中最严重的类型。病死率及后遗症发生率较高。常在结核原发感染后 1 年内发生,尤其在初染结核 3~6 个月内最易发生,婴幼儿多见。四季均可发生,以冬春季多见。

【发病机制】

1. 血行播散　结脑常为全身性粟粒性结核病的一部分,通过血行播散而来。婴幼儿中枢神经系统发育不成熟、血-脑屏障功能不完善、免疫功能低下与本病的发生密切相关。

2. 结核病灶破溃　结脑亦可由脑实质或脑膜的结核病灶破溃,结核菌进入蛛网膜下腔及脑脊液中所致。

3. 病灶蔓延　偶见脊椎、颅骨或中耳与乳突的结核灶直接蔓延侵犯脑膜。

【病理】

软脑膜弥漫性充血、水肿、渗出,结核结节形成,尤以脑底部病变最为明显,大量炎性渗出物积聚,包围挤压脑神经引起脑神经损害。脑血管早期主要表现为急性动脉内膜炎。病程越长则脑血管增生性病变越明显,可见闭塞性动脉内膜炎,有炎性渗出、内皮细胞增生,使管腔狭窄,终致脑实质软化或出血;病变从脑膜蔓延到脑实质导致脑实质炎性病变,可致结核性脑膜脑炎,少数病例在脑实质内有结核瘤。由于脑膜炎症粘连,使脑脊液回吸收功能障碍可致脑积水。

【临床表现】

典型结脑起病多较缓慢。根据临床表现,病程大致可分为 3 期。

1. 早期(前驱期) 1~2 周,主要症状为性格改变,如少言、懒动、易倦、烦躁、易怒等。可有发热、食欲缺乏、盗汗、消瘦、呕吐、便秘(婴儿可为腹泻)等。年长儿可自诉头痛,婴儿则表现为蹙眉皱额,或凝视、嗜睡等。

2. 中期(脑膜刺激期) 1~2 周,因颅内压增高致剧烈头痛、喷射性呕吐、体温升高、嗜睡、烦躁不安或惊厥等。出现明显脑膜刺激征,颈项强直,Kernig 征、Brudzinski 征阳性。婴儿则表现为前囟膨隆、颅缝裂开。此期可出现脑神经麻痹,最常见者为面神经瘫痪,其次为动眼神经和展神经瘫痪。部分患儿出现脑炎体征,如定向障碍、运动障碍或语言障碍。眼底检查可见视盘水肿、视神经炎或脉络膜粟粒状结核结节。

3. 晚期(昏迷期) 1~3 周,以上症状逐渐加重,由意识模糊,半昏迷继而昏迷。阵挛性或强直性惊厥频繁发作。患儿极度消瘦,呈舟状腹,常出现水、电解质代谢紊乱。最终可因颅内压急剧升高发生脑疝而死亡。

【辅助检查】

1. 脑脊液检查 脑脊液压力增高,外观无色透明或呈毛玻璃样,如蛛网膜下腔阻塞时,可呈黄色。脑脊液静置 12~24 小时后,表面可有蜘蛛网状薄膜形成,取之涂片行抗酸染色,检出结核分枝杆菌的阳性率较高。脑脊液常规检查白细胞数多为 $(50 \sim 500) \times 10^6/L$,分类以淋巴细胞为主,蛋白含量增高,糖和氯化物均降低为结脑的典型改变。脑脊液结核菌培养阳性可确诊。

2. 胸部 X 线检查 约 85% 结核性脑膜炎患儿的胸片有结核病改变,其中 90% 为活动性病变,胸片证明有血行播散性结核病对确诊结脑很有意义。

3. 结核菌素试验 阳性对诊断有帮助,但约 50% 的患儿可呈阴性反应。

4. 其他检查 结核菌抗原检测、抗结核抗体测定、腺苷脱氨酶(ADA)活性测定、聚合酶链反应(PCR)等。

【治疗要点】

1. 一般疗法 应卧床休息,细心护理,对昏迷患儿可予鼻饲或胃肠外营养,以保证足够热量,应经常变换体位,以防止压疮和坠积性肺炎的发生。做好眼睛、口腔、皮肤的清洁护理。

2. 抗结核治疗采用联合用药,分段治疗。

(1) 强化治疗阶段:联合使用 INH、RFP、PZA 及 SM。强化阶段共 3~4 个月。

(2) 巩固治疗阶段:继续用 INH,RFP 或 EMB。RFP 或 EMB 9~12 个月。

总疗程不少于 12 个月,或在脑脊液恢复正常后继续治疗 6 个月。早期患者儿可采用 9 个月短程治疗方案(3HRZS/6HR)有效。

3. 降低颅内压

(1) 脱水:常用 20% 甘露醇,作用机制为使脑脊液渗入静脉而降低颅内压。

(2) 减少脑脊液分泌:乙酰唑胺(acetazolamide)每日 20~40mg/kg,分 2~3 次口服,一般于停用甘露醇前 1~2 天加用该药。该药系碳酸酐酶抑制剂,可减少脑脊液的产生而降低颅内压。

(3) 其他:根据病情选择侧脑室穿刺引流、腰穿减压鞘内注药、分流手术等。

4. 糖皮质激素 能抑制炎症渗出从而降低颅内压,可减轻中毒症状及脑膜刺激症状,有利于脑脊液循环,减少粘连,从而减轻或防止脑积水的发生。一般使用泼尼松,每日 1.5~2mg/kg(<45mg/d),4~6 周后逐渐减量。

5. 对症治疗 惊厥患儿给予止惊,若病程中发生稀释性低钠血症、脑性失盐综合征、低钾血症等,应酌情处理,纠正水、电解质紊乱。

6. 随访观察 复发病例几乎全部发生在停药后 4 年内,绝大多数在 2~3 年内。停药后随访观察至少 3~5 年。

【护理评估】

1. 健康史 询问患儿的预防接种史、结核病接触史、既往结核病史和近期有无患急性传染病史。

2. 身体状况 评估患儿有无结核中毒症状,有无早期性格改变、呕吐、消瘦等;评估生命体征、神志、前囟张力、四肢肌张力等;有无脑膜刺激征阳性(颈项强直、Kernig 征及 Brudzinski 征阳性)以及有无脑神经受损表现如眼睑下垂、眼外斜、鼻唇沟消失等。了解脑脊液等检查结果。

3. 心理社会状况 评估家长对本病病情、治疗预后相关知识的了解程度。了解父母的文化知识水平、家庭环境及经济状况如何。有无因患儿预后而产生焦虑等情绪。

【护理诊断】

1. 潜在并发症:颅内压增高。

2. 营养失调:低于机体需要量 与摄入不足、消耗增多有关。

3. 有皮肤完整性受损的危险 与长期卧床、排泄物刺激有关。

4. 焦虑/恐惧 与病情重、预后差有关。

【护理措施】

1. 密切观察病情变化,维持正常生命体征。

(1) 观察体温、脉搏、呼吸、血压、神志、瞳孔及尿量等变化,早期发现颅内压增高,及时采取措施。

(2) 患儿应卧床休息,保持室内安静,护理操作尽量集中进行,减少对患儿的刺激。

(3) 保证患儿安全,在惊厥发生时应置牙垫,防舌咬伤、防跌伤。

(4) 保持患儿呼吸道通畅,遵医嘱使用糖皮质激素、脱水剂、利尿剂和呼吸兴奋剂,必要时配合医生进行腰穿或侧脑室引流以降低颅内压,做好术后护理。

(5) 遵医嘱合理使用抗结核药物,注意药物不良反应。

2. 保证营养供给 维持水电解质平衡,评估患儿的进食及营养状况,为患儿提供足够的热量、蛋白质及维生素食物。进食宜少量多餐,耐心喂养,对昏迷不能吞咽者,可鼻饲和/或静脉补液。

3. 维持皮肤黏膜的完整性 大小便后及时清洗臀部,更换尿布,呕吐后及时清除颈部、耳部残留的物质,保持床单干燥整洁,防止压疮和继发感染。对已经昏迷及瘫痪的患儿每 2 小时翻身、拍背一次,骨突处垫气垫或软垫,避免发生压疮和坠积性肺炎;眼睑不能闭合者,可涂眼膏或用纱布覆盖,保护角膜;每日清洁口腔 2~3 次。

4. 消毒隔离 结核病活动期应进行呼吸道隔离,对患儿呼吸道分泌物、痰杯、餐具等进行消毒处理。

5. 心理护理 结核性脑膜炎病情重、病程长,医护人员应和蔼可亲,关怀体贴,及时解除患儿不适。对家长解释病情及预后给予心理上的支持,使其积极配合治疗。

6. 健康教育 病情好转出院后,应给予家庭护理指导,做好长期治疗的思想准备,坚持全程、合理用药;观察病情、药物疗效及不良反应,定期门诊复查;制订良好的生活制度,保证足够的休息时间和适当的户外活动;供给充足营养;部分留有后遗症的患儿,鼓励家长坚持对患儿进行康复治疗。

(崔 洁)

复习思考题

1. 患儿,女性,3岁。因"发热3天,皮疹2天"入院。患儿3天前无明显诱因出现发热,体温37.5℃,1天后发现其手足臀部出现红色斑丘疹,不痒,无咳嗽、流涕、气促等症状,未予重视。今日体温升至39.2℃,遂来就诊。入院查体:T 38.2℃,P 120次/min,R 32次/min,BP 90/60mmHg。神志清楚,精神尚可;手足臀部可见散在红色斑丘疹、疱疹,疱疹周围有红晕,疱疹液较少。患儿所在地有"手足口病"病例。

辅助检查外周血象:白细胞 8.4×10^9/L,中性粒细胞29%,血红蛋白120g/L,血小板 435×10^9/L;大小便常规正常;肝功能正常;血糖4.4mmol/L。

问题:

(1) 患儿目前主要的护理问题有哪些?

(2) 该患儿病情观察要点有哪些?

2. 患儿,男,1岁。因"发热、不愿进食、呕吐、嗜睡、醒后常哭闹10天"入院。患儿于入院前10天左右出现发热、偶有咳嗽、不愿进食、易呕吐、熟睡后出汗多、易惊、无故哭闹、嗜睡。入院查体:T38.1℃,身高75cm,体重8.1kg,精神差、呼吸稍快、两眼凝视、碰触头部即哭闹不止。患儿爷爷为开放性肺结核患者,患儿出生后一直由爷爷、奶奶照看。

辅助检查:胸部X线检查显示为活动性结核病变。

问题:

(1) 确定患儿的临床诊断还需做哪些检查?

(2) 本病早期病情观察要点有哪些?

(3) 如何做好患儿的家庭护理指导?

学习内容与
学习方法

扫一扫,
测一测

第十八章

危重症患儿的护理

学习目标

知识目标

1. 能描述 PICU 常用监护仪器与诊疗护理技术。
2. 能分析儿科常见危重症的发病机制。
3. 能列举儿科常见危重症的病因、临床表现、辅助检查治疗要点、护理诊断及护理措施。

能力目标

1. 能运用护理程序对危重症患儿实施整体护理和健康教育。
2. 能准确进行心肺复苏等急救技术操作。

素质目标

1. 提升急救意识和能力,争分夺秒抢救生命。
2. 科学宣传普及急救知识。

第一节 儿科危重病学概述

儿科危重病学(pediatric critical care medicine)是对儿科危重症进行诊治和研究的一门学科,它涉及生理、病理、药理、诊断和治疗技术等多个学科及专业领域。我国从 20 世纪 80 年代起各地陆续建立儿科重症监护治疗病房(pediatric intensive care unit,PICU)和新生儿重症监护治疗病房(neonatal intensive care unit,NICU)。重症监护病房的设置目标是为儿科危重病提供最佳的监护和治疗,它的出现对提高儿科危重病的抢救质量和护理水平,降低病死率、避免并发症和后遗症等方面发挥了很大的作用。

一、PICU 设置及管理

(一) PICU 的特点

1. PICU 应具备较强的人员配置　要求各级医护人员应受过严格的专业训练,技术娴熟,经验丰富,有独立抢救应急能力,责任心强。PICU 中护士与患儿之比一般为(2~3):1,在恢复期患儿的中间监护(intermediate care),每位护士可护理 4~5 名患儿。

2. PICU 应配备精良的医疗设备　除训练有素的医护人员对患儿直接观察监护外,还应配有各种先进监护仪器和设备,对患儿生命体征、体内生化状态、血氧、二氧化碳等进行动态监护,并应集中现代化精密仪器以便及时采取针对性的治疗措施,尽快使患儿转危为安或防止突然死亡。

3. PICU具有对危重儿的转运能力 区域性PICU应承担危重儿的转运工作,并接纳危重患儿;对所属地区Ⅰ、Ⅱ级医院进行业务指导,负责协调所属地区儿科医疗及护理的会诊工作,开展儿童急救的理论与实践培训。

(二) PICU患儿的转入或转出标准

1. PICU患儿的转入标准

(1) 患儿出现下列征象:呼吸功能障碍或衰竭;心血管系统功能障碍,如休克、高血压危象等;急性神经系统病变,如昏迷、惊厥持续状态、颅内压增高等;急性肾衰竭需行血液透析等治疗;经大量输血无效的出血性疾病;各类中毒等。

(2) 患儿需进行有创监测:如中心静脉压、有创血压、肺动脉压、颅内压和心输出量等监测。

2. PICU患儿的转出标准

(1) 患儿病情已趋平稳,不再需要在加强监护的环境中进行诊治。

(2) 患儿不需再进行有创监测。

(3) 患儿能自行保持气道通畅时(有咳嗽和恶心反射)。

(4) 患儿的血流动力学稳定。

二、PICU的常见危重症

随着环境、医疗和生活条件的改变,危重症的疾病谱也发生了变化,目前PICU收住的常见危重症如下:①中枢神经系统疾病:如昏迷、惊厥持续状态、运动障碍、中枢神经系统感染、出血、创伤等;②呼吸系统疾病:各种原因引起的急性呼吸衰竭,包括重症肺炎、急性呼吸窘迫综合征、气管异物、哮喘持续状态、气胸、上呼吸道梗阻等;③各类休克和多脏器功能不全综合征;④大出血:如上消化道出血、颅内出血、肺出血等;⑤严重的肾脏疾病:如急性肾衰竭需进行透析或接受连续静脉血滤治疗;⑥各类中毒:包括有机磷、鼠药、药物、食物、一氧化碳等中毒;⑦心血管系统疾病:如心搏骤停、严重的心律失常、心力衰竭等;⑧严重的代谢紊乱:如糖尿病酮症酸中毒、甲状腺危象等;⑨创伤意外:包括溺水、交通事故、高处坠落伤、烧伤等。

三、PICU常用的监护仪器及诊疗护理技术

近年来,随着电子技术的发展,PICU的监护仪器种类及功能有了较大的提高,危重症的诊疗护理技术也不断提高,使危重症患儿的监护更精确可靠,治疗更为及时、有效。PICU中常用的监护电子设备及诊疗护理技术如下。

(一) 生命体征监护设备

1. 心率呼吸监护仪 是PICU最基本的无创性监护设备,可持续监护心率、心律及呼吸频率、节律、幅度等。使用时可根据年龄及病情设置报警值,心动过缓或过速、心搏骤停、呼吸过快或过慢、呼吸暂停时,均可在数秒内报警。根据心电波形尚可粗略识别心律失常类型。监护时应注意仪器测量到的是瞬间而不是平均的心率、呼吸。目前临床上常使用多功能监护仪,可同时监测心率、呼吸、血压、血氧饱和度、体温、呼出气二氧化碳等。

2. 血压监护 分无创和有创血压监测。目前多采用电子血压计无创测压,可同时监测收缩压、舒张压、平均动脉压及脉率。

3. 体温监测 可持续测定中心体温(直肠、鼻咽部、鼓膜等的温度)和体表温度(皮肤、腋下)。监护仪上的体温监测模块用热敏电阻作为传感器来测量体温,通常具有T_1、T_2两个

笔记栏

插孔,分别监测中心温度与平均皮肤温度,以显示温差,该指标便于了解外周循环灌注情况。正常情况下,温度差应小于2℃。

(二) 肺氧合或通气状态的评估设备

可通过脉率及血氧饱和度仪、氧浓度分析仪、经皮氧分压($TcPO_2$)测定仪和经皮二氧化碳分压($TcPCO_2$)测定仪完成。

(三) 其他 PICU 常用监护设备

其他 PICU 常用监护设备还包括中心静脉压(CVP)监测、脉波指示连续心输出量测定(PiCCO)、胃黏膜 pH 测定、创伤性或无创性颅内压监测、体液及生化监护、呼吸末二氧化碳监测仪、肺力学监护、监护仪的中央工作站等。

(四) 监护室常用诊断设备

监护室常用诊断设备包括 X 线摄片机、床边超声诊断仪、纤维支气管镜、透光灯、食管 pH 监护仪等。

(五) 生命支持的诊疗护理技术

1. 机械通气　是 PICU 中最常用的生命支持手段,包括常频机械通气、高频通气、部分液体通气、无创正压机械通气、体外膜氧合等。

2. 其他常用技术　如儿童心肺复苏、复苏皮囊的使用、气管插管术、心脏起搏、心律转复与除颤、脐血管插管术、换血疗法、氧化亚氮吸入、连续静脉血滤(CVVH)/腹膜透析、骨髓腔穿刺输液、氧气疗法、变温毯的使用等。

(六) 其他常用诊疗设备及耗材

其他常用诊疗设备及耗材包括氧气源、空气源、负压吸引装置、温湿化吸氧装置、空氧混合器、变温毯、冰帽、血糖仪、转运床、喉镜、复苏皮囊、除颤仪等。NICU 还需备开放式远红外辐射床、保温箱、蓝光箱等。常用耗材有鼻导管,面罩,胃管,吸痰管,口咽通气道,气管内插管,喉罩,周围动、静脉内插管,脐动、静脉插管,中心静脉留置导管和 PICC 管等。

📖 **知识链接**

血管途径建立新技术——骨髓腔途径

急救时,如静脉途径无法快速建立,骨髓腔可作为快速、安全地输注晶体、胶体和血制品的可靠途径。骨髓腔内置管可提供进入骨内未塌陷静脉丛的通路,且整个操作过程可在 30~60 秒内完成。适用于从早产儿到成人的所有年龄段人群。生长板下的胫骨近端是幼儿最常用的穿刺部位,穿刺点约在胫骨粗隆下 1~2 指,骨隆突内侧的胫骨平坦区域。任何可通过静脉给予的药物均可经骨髓腔途径使用,包括血管活性药物(如肾上腺素)。但骨髓腔途径仅限于短期使用,一般不超过 24 小时。

第二节　儿童惊厥

惊厥(convulsions)是痫性发作的常见形式,主要表现为强直或阵挛等骨骼肌运动性发作,常伴意识障碍。惊厥发作可在儿童许多急性疾病过程中出现,病因复杂。惊厥是儿科临床常见急症,儿童期发生率为 4%~6%,以婴幼儿多见,较成人高 10~15 倍,年龄愈小发生率愈高。反复发作可引起脑组织缺氧性损害。

惊厥属于中医"惊风"范畴,中医将惊风分为急惊风、慢惊风两大类。凡起病急暴、属阳实者,称为急惊风;凡病久中虚、属阴属虚者,称为慢惊风;慢惊风中若出现纯阴无阳的危重证候,称为慢脾风。

【病因和发病机制】

1. 感染性疾病

（1）颅内感染:各种病原体的感染如细菌、病毒、寄生虫、真菌等引起的脑膜炎或脑炎。

（2）颅外感染:呼吸道、消化道感染引起的多见,如高热惊厥,败血症、重症肺炎、细菌性痢疾、百日咳等非颅内感染性疾病引起的惊厥发作。

2. 非感染性疾病

（1）颅内疾病

1）颅内出血:①蛛网膜下腔出血,颅内畸形血管或动脉瘤破裂、晚发性维生素 K 缺乏症等致颅内出血;②血液病如血小板减少性紫癜、白血病等引起颅内出血。

2）颅内器质性病变:①占位性病变:如迅速发展的脑肿瘤、颅内血肿、颅内寄生虫病（如脑囊虫病）等;②先天发育畸形:如颅脑发育异常、脑积水、脑血管畸形等。

（2）颅外疾病

1）缺氧缺血性疾病:如新生儿生后窒息引起的缺氧缺血性脑病、呼吸衰竭、窒息、溺水、休克以及心肺严重疾病等;

2）中毒及代谢性疾病:①全身疾病引起代谢异常如糖尿病酮症酸中毒,水电解质紊乱（如重度脱水、水中毒、低血钙、低血镁、低血钠、高血钠、低血糖）,肝肾衰竭和瑞氏综合征;②急性或慢性中毒如一氧化碳中毒,杀鼠药、苦杏仁、农药中毒等;③遗传代谢性疾病:如苯丙酮尿症、半乳糖血症。

【临床表现】

1. 惊厥

（1）典型表现:发作时意识突然丧失,面部及四肢肌肉呈强直性或阵挛性抽动,可伴有双眼上翻、口周青紫、口吐白沫、大小便失禁等。发作大多在数秒钟或几分钟内自行停止,严重者可持续数十分钟或反复发作,抽搐停止后多入睡。

（2）局限性抽搐:多见于新生儿或小婴儿。惊厥发作不典型,多为微小发作,如表现为面部、肢体局灶或多灶性抽动、局部或全身性肌阵挛,或表现为突发瞪眼、咀嚼、呼吸暂停、青紫等不显性发作,一般神志清楚。如抽搐部位局限而固定,常有定位意义。

2. 惊厥持续状态　惊厥发作持续 30 分钟以上,或两次发作间歇期意识不能完全恢复者称惊厥持续状态（status convulsion）,为惊厥危重型。多见于癫痫大发作、严重的颅内感染、中毒、脑瘤等。

3. 热性惊厥　是儿科最常见的急性惊厥。首次发作年龄多于生后 6 个月至 3 岁间,6 个月以下小婴儿很少发生,绝大多数 5 岁后不再发作。患儿常有热性惊厥家族史。多发生于热性疾病的初期,体温骤然升高,一般在 38℃ 以上时;70% 以上与上呼吸道感染有关,其他伴发于出疹性疾病、中耳炎、下呼吸道感染等疾病,但一般不包括颅内感染和各种颅脑病变引起的急性惊厥。根据发作特点和预后分为两型:

（1）单纯型热性惊厥（又称典型热性惊厥）:其临床特点为:①多呈全身强直 - 阵挛性发作,持续数秒至 10 分钟,可伴有发作后短暂嗜睡;②发作后,除原发病的表现外,一切恢复如常,不留任何神经系统体征;③在一次热性疾病中,大多只发作一次;④约 50% 的患儿会在今后发热时再次或多次发作,且大多数（3/4）发生在首次发作后 1 年内。

ER-18-1

痉挛发作
视频

（2）复杂型热性惊厥：其临床特点为：①局灶性发作，或全身性发作，发作后伴有神经系统的异常；②一次惊厥发作持续10分钟以上；③24小时内发作≥2次；④反复频繁的发作，累计发作总数≥5次；⑤发作后神经系统可遗留不同程度异常体征。

若干因素使热性惊厥患儿发生癫痫的危险性增高，称为癫痫危险因素，主要包括：①复杂性高热惊厥；②有癫痫家族史；③首次热性惊厥前已有神经系统发育延迟或异常体征。

本病预后与原发病及惊厥发作持续时间有关。颅外疾病引起或发作时间短者预后较好。颅内疾病或发作时间长者预后差，脑或皮质发育异常者预后极差。

【辅助检查】

根据病情需要做血、尿、粪常规检查、血生化检查（血糖、血钠、血钙、尿素氮等）、脑脊液检查。必要时可做眼底检查、脑电图、颅脑B超、CT、MRI等。

【治疗要点】

控制惊厥发作，对症处理，寻找和治疗病因，预防惊厥复发。

1. 一般治疗　保持呼吸道通畅、吸氧，监测生命体征，建立静脉输液通路以备用药。

2. 镇静止惊

（1）地西泮（安定）：为首选药物，作用快，1~3分钟内生效。缓慢静脉推注，0.3~0.5mg/kg，推注时注意速度要慢，避免呼吸抑制。

（2）苯巴比妥钠：静脉或肌内注射。

（3）10%水合氯醛：每次0.5ml/kg，一次最大剂量不超过10ml，可由胃管给药或保留灌肠。

（4）苯妥英钠：适用于癫痫持续状态（地西泮无效时），可按每次15~20mg/kg静脉注射，速度每分钟不超过0.5~1.0mg/kg，12小时后给予5mg/kg维持量。使用时需监测血压和心电图。

3. 对症治疗　高热者给予物理降温或药物降温。脑水肿者限制液体入量，静脉应用甘露醇、呋塞米或肾上腺皮质激素，必要时给予氧气吸入。

4. 病因治疗　查出病因后，及时治疗。尤其在新生儿和婴儿期，病因治疗常比抗惊厥药物的使用更为重要。

5. 针灸治疗　惊厥取穴水沟、合谷、内关、太冲、涌泉、百会、印堂，高热取穴曲池、大椎、十宣放血，痰鸣取穴丰隆，牙关紧闭取穴下关、颊车。均采用中强刺激手法，快进快出，不留针。耳针取穴神门、皮质下。耳穴压籽，中强刺激。

【护理评估】

1. 健康史　了解发病情况，有无明显的病因及诱因，患儿是否有发热、低钙、中毒、外伤等情况；有无惊厥史及家族史，既往发作的频率及时间等；出生时有无产伤及窒息史；对已确诊为癫痫的患儿，应了解其抗癫痫药物的使用情况。

2. 身体状况　评估患儿意识、体温，观察惊厥发作的类型、持续时间及伴随症状；检查呼吸和循环情况，尤其要注意呼吸的节律是否规则；观察瞳孔变化及肢体运动，有无神经系统阳性体征；检查有无机体受伤。了解辅助检查结果。

3. 心理社会状况　由于年龄及致病原因不同，患儿可产生不同的心理反应，年长的癫痫患儿在醒来后可产生自卑、恐惧等心理，年幼儿心理改变不明显。家长的恐惧及焦虑比较突出。应注意评估家长及患儿对本病的认识、了解程度、患儿及家属的情感状态。

【护理诊断】

1. 急性意识障碍　与惊厥发作有关。

2. 有窒息的危险　与惊厥发作、咳嗽和呕吐反射减弱导致误吸有关。

3. 有受伤的危险　与惊厥时意识丧失,易发生跌倒或舌咬伤有关。

4. 体温过高　与感染或惊厥持续状态有关。

【护理措施】

1. 急救处理

(1) 保持安静,就地抢救:发作时禁止一切不必要的刺激,切勿大声喊叫或摇晃患儿。

(2) 保持呼吸道通畅:立即让患儿平卧,头偏向一侧,松解衣扣,清除患儿口鼻腔分泌物、呕吐物等,保证气道通畅。备好急救用品,如开口器、吸痰器、气管插管用具等。有发绀者给氧。

(3) 遵医嘱应用止惊药物:如地西泮、水合氯醛等,观察并记录患儿用药后的反应。

(4) 防止受伤:床边设置防护床栏,防止坠床。在床栏杆处放置棉垫,防止患儿抽搐时碰到栏杆,并将床上一切硬物移开。切勿强行按压或牵拉患儿肢体,以免骨折或脱臼。专人守护,以防发作时受伤。患儿倒地发作时,给予皮肤保护、防止皮肤摩擦受损;发作时勿强硬地往患儿口内塞物品;牙关紧闭时,勿用力撬开,以免损伤牙齿。

2. 观察病情变化　注意患儿意识、瞳孔、生命体征变化及惊厥发作的类型。高热时及时降温。若惊厥持续时间长、频繁发作,应警惕脑水肿、颅内压增高的发生。如发现患儿收缩压升高、脉搏减慢、呼吸慢而节律不规则、两侧瞳孔扩大,则提示颅内压增高,应及时报告医生处理。

3. 健康教育　向家长详细解释惊厥的有关知识,指导家长掌握惊厥的预防、急救措施及后遗症的观察。如介绍在高热时可采取的降温方法;惊厥发作时切忌喂食物,以免呛入呼吸道;切勿强行制止,以免骨折。保持镇静,发作缓解后迅速将患儿送往医院。惊厥抽搐时切忌喂食物,以免呛入呼吸道。原有癫痫患儿应按时服药,药物调整遵从医嘱,不能随便减药停药。有反复出现的高热惊厥患儿,在发热初起时,除应及时降温,还可酌情服用镇静止惊药物以预防发作。同时强调定期门诊随访的重要性,根据病情及时调整药物。

第三节　急性颅内压增高

急性颅内压增高(acute intracranial hypertension)是指脑实质液体增加引起的脑实质和颅内液体量增加所致的一种临床综合征。重者可迅速发展成脑疝而危及生命。

【病因和发病机制】

多种疾病均可致颅内压增高,最常见原因是感染、脑缺氧、颅内出血、颅内占位病变等。

引起颅内压增高的机制有以下几个方面:①脑脊液循环障碍导致脑积水和脑脊液量增加,可使颅内压增高;②颅内占位病变使颅腔内容物体积增加,可致颅内压增高;③缺氧、感染、中毒等可使脑血管通透性增加,脑组织体积增大和颅内压增高;④颅内压持续上升,使脑血流下降造成脑损伤,严重时形成脑疝,常见的有小脑幕切迹疝和枕骨大孔疝。

【临床表现】

症状与体征及其严重程度与发病原因、病变部位及病情变化速度密切相关。

1. 头痛　因颅内压增高时硬脑膜、血管及神经受挤压或炎症刺激所致。前额和双颞侧为主,发病时多呈阵发性,逐渐发展为持续性,可因咳嗽、用力大便、头部位置改变或大量输液而加重。婴幼儿常表现为烦躁不安、尖叫、拍打头部。新生儿则表现为睁眼不睡及尖叫。

2. 呕吐　由于延髓呕吐中枢受刺激所致,在剧烈头痛时发生,与进食无关,常不伴恶心,以喷射性多见。

3. 眼部体征　急性颅内压增高时,视神经盘水肿很少见。严重颅内压增高时,可有眼球突出、复视、球结膜水肿、眼睑下垂、落日眼和视野缺损等。意识障碍、瞳孔扩大及血压增高并伴缓脉称 Cushing 三联征。

4. 意识障碍　早期出现表情淡漠,反应迟钝、嗜睡或躁动,以后可发生昏迷。

5. 头部体征　婴儿可见前囟隆起,失去正常搏动,晚期可出现颅缝裂开、头颅增大、头皮静脉怒张等。

6. 生命体征改变　在颅内压急剧增高时可出现血压先升高,脉搏变慢,呼吸变慢且不规则。如不能及时治疗,可发生脑疝。体温调节中枢受累可出现高热。

7. 惊厥和四肢肌张力增高　颅内压增高刺激大脑皮质运动区可出现惊厥。脑干网状结构受刺激时出现肌张力增高。

8. 脑疝　小脑幕切迹疝时,表现为意识障碍加深,因动眼神经核受压,患侧瞳孔先缩小,继而扩大,对光反射迟钝或消失,双侧瞳孔不等大,病侧眼睑下垂;脑干受压,出现中枢性呼吸衰竭、意识障碍加深,继而心率、血压不稳定。枕骨大孔疝时因延髓受压,患儿昏迷迅速加深,两侧瞳孔散大,对光反射消失,眼球固定,常因中枢性呼吸衰竭而出现呼吸骤停。

【辅助检查】

1. 腰椎穿刺　是诊断颅内压增高比较确切的方法,用以确定炎症、出血、肿瘤或颅内其他病变。疑有颅内压增高者,腰穿应慎重,以免诱发脑疝。如需进行腰穿以明确诊断者,应术前给予甘露醇降颅压,术中控制脑脊液的滴速和排放量。脑脊液除常规检查外应做细胞学检查以排除肿瘤。

2. 影像学检查　CT、MRI 有助于颅内占位性病变的诊断;脑血管造影有助于确诊脑血管畸形。

3. 眼底检查　可见视神经盘水肿、视网膜水肿、视神经萎缩等改变。

4. 血、尿、便常规检查及肝、肾功能等检查,以确定相应的病因。

【治疗要点】

1. 降低颅内压　首选 20% 甘露醇 0.5~1g/kg,根据病情需要每 4~8 小时重复一次。重症者可加用利尿剂,如呋塞米(速尿)每次 0.5~1mg/kg 静脉注射,每日 2~4 次。也可给予肾上腺皮质激素如地塞米松 0.2~0.4mg/kg,每日 2~3 次,连用 2~3 天。

2. 对症治疗　如吸氧、止惊、降温、纠正水电解质及酸碱平衡紊乱等。补液时注意液体的出入量,防治补液过量加重脑水肿。

3. 病因治疗　如抗感染、纠正休克、缺氧、改善通气状况、消除颅内占位性病变等。对躁动或惊厥者,给予地西泮。

4. 其他　过度通气疗法、头部低温疗法以减少惊厥对脑细胞的继续损害、控制性脑脊液引流等,可根据(患儿)病情酌情选用。

【护理评估】

1. 健康史　了解患儿的原发病史及其表现,如感染史、脑缺氧史、颅内出血及颅内占位性病变史等;询问患儿既往史及喂养情况。

2. 身体状况　评估患儿有无头痛、呕吐,及其程度和性质。询问其头痛是否在晨起时严重,当腹压增加或改变头位时头痛是否加重;新生儿有无睁眼不睡、尖叫等表现,婴幼儿有无烦躁不安、尖叫或拍打头部等表现。评估患儿有无意识障碍及惊厥等表现,有无出现两侧瞳孔不等大、对光反射消失、昏迷加重、呼吸节律不规则甚至骤停等脑疝的表现。评估脑脊液及影像学检查结果。

3. 心理社会状况　评估患儿是否因疾病的不舒适、陌生的住院环境而哭闹、恐惧、焦虑;评估家庭环境及经济条件;评估家长是否因缺乏疾病相关知识,担心疾病的预后而产生不良情绪。

【护理诊断】

1. 疼痛　与颅内压增高有关。

2. 有急性意识障碍的危险　与颅内压增高有关。

3. 有窒息的危险　与意识障碍、惊厥、呕吐物吸入有关。

4. 潜在并发症:脑疝、呼吸衰竭等。

【护理措施】

1. 避免加重颅内压增高的因素　患儿须安静卧床,头部抬高30°左右,有利于颅内血液回流。若临床怀疑可能有脑疝发生时,则以平卧位为宜,保持绝对安静,避免躁动、剧烈咳嗽及咳痰不畅。做检查或治疗时不可使患儿猛力转头、翻身或按压其腹部。

2. 气道的护理　根据病情选择不同方式供氧,保持呼吸道通畅,及时清除呼吸道分泌物,以保持血氧分压维持在正常范围内;做好气管插管等急救准备。

3. 密切观察病情　注意神志、瞳孔、肌张力、生命体征变化。记录液体出入量。监测血气、电解质等,避免加重脑水肿的因素,如体温过高、缺氧、二氧化碳潴留、酸中毒等。如有脑疝征象,立即通知医生,并配合抢救。

4. 并发症的护理　对昏迷患儿应注意眼、耳、口、鼻及皮肤护理,防止暴露性角膜炎、中耳炎、口腔炎、吸入性肺炎及压疮等并发症的发生。

5. 用药护理　甘露醇使用时应在15~30分钟内快速静脉滴入或推注,避免漏出血管外引起组织坏死;使用呋塞米时应注意该药可引起水电解质紊乱;注意观察药物的疗效及不良反应。

6. 健康教育　根据家长文化程度和接受能力,选择适当方式介绍患儿的病情及预后,帮助他们树立信心,使其积极配合治疗。解释保持安静的重要性及头肩抬高的意义。根据原发病的特点,做好相应的健康指导。

第四节　急性肾衰竭

急性肾衰竭(acute renal failure,ARF),简称肾衰,是指由于多种原因引起的肾生理功能在短期内急剧下降或丧失的临床综合征。临床主要表现为氮质血症、水及电解质紊乱和代谢性酸中毒等。

【病因和发病机制】

急性肾衰竭常见的病因可分为肾前性、肾性和肾后性三类。

1. 肾前性肾衰竭　任何原因引起有效循环血容量减少,导致肾血流量不足,肾小球滤过率显著降低所致。常见原因包括呕吐、腹泻、创伤出血、大面积烧伤等引起的绝对血容量不足;休克、低蛋白血症、严重心律失常、心脏压塞和心力衰竭等原因导致的相对血容量不足。

2. 肾实质性肾衰竭　亦称肾性肾衰竭,由各种肾实质病变引起,或由于肾前性肾衰竭的病因未能及时去除、病情进一步发展所致。常见的原因包括急性肾小管坏死、急性肾小球肾炎、肾血管病变(血管炎、血管栓塞、弥漫性血管内栓塞)等在某些诱因刺激下的肾功能急剧衰退。

3. 肾后性肾衰竭　各种原因引起的泌尿道梗阻引起的急性肾衰竭,如肾结石、先天性尿路畸形、肿瘤压迫、血块堵塞等。

关于急性肾衰竭的发病机制尚不十分清楚,目前有肾血流减少学说、肾小管损伤学说、缺血再灌注损伤学说等解释。

【临床表现】

根据尿量减少与否,急性肾衰竭可分为少尿型和非少尿型,临床以前者多见。

1. 少尿型急性肾衰竭 临床过程分为少尿期、利尿期(多尿期)、恢复期三期。

(1) 少尿期:少尿一般持续1~2周,长者可达4~6周。持续时间越长,肾损害越重。持续少尿大于15天,或无尿大于10天者,预后不良。

少尿期的系统症状有:①水钠潴留:全身水肿、高血压、肺水肿、脑水肿和心力衰竭,有时可因水潴留而出现稀释性低钠血症。②电解质紊乱:常见高钾、低钠、低钙、高镁、高磷和低氯血症,其中以高钾血症最多见。③代谢性酸中毒:表现为精神萎靡、乏力、嗜睡、呼吸深快、面色发灰、口唇樱桃红色,甚至昏迷。④尿毒症:因肾排泄障碍,使各种毒性物质在体内积聚所致。表现为食欲缺乏、恶心、呕吐、腹泻等消化系统症状;也可出现高血压、心力衰竭等症状及意识障碍如躁动、谵语、抽搐、昏迷以及多汗、皮肤干燥等自主神经功能紊乱征象。部分患儿可出现意识、行为、记忆、感觉、情感等多功能障碍。血液系统主要表现为贫血、出血倾向;白细胞总数在急性肾衰早期常增高,中性粒细胞比例亦增高。⑤感染:最为常见的并发症,以呼吸道和尿路感染多见,常见致病菌为金黄色葡萄球菌和革兰氏阴性杆菌。

(2) 利尿期:尿量逐渐增多,多尿持续时间不等,一般持续1~2周,长者可达1月。此期由于大量排尿,可发生脱水、低钠和低钾血症。早期氮质血症仍可持续甚至加重,后期肾功能才逐渐恢复。此期患儿抵抗力低,易并发感染,感染是多尿期患儿死亡的主要原因。

(3) 恢复期:多尿期后,肾功能逐渐改善,血尿素氮及肌酐逐渐恢复正常,而肾浓缩功能需数月才能恢复正常,少数患儿遗留不可逆的肾功能损害。此期患儿主要表现为虚弱无力、消瘦、营养不良、贫血和免疫功能低下等。

2. 非少尿型急性肾衰竭 主要指血尿素氮、血肌酐迅速升高,而不伴有少尿或无尿。但由于肾功能受损,使尿内的溶质排出受限,使血尿素氮迅速升高。药物所致的急性肾小管坏死多为非少尿型肾衰竭。与少尿型急性肾衰竭相比,症状较轻,并发症少,病死率低。

【辅助检查】

1. 尿液检查 尿液检查的某些指标,如尿沉渣、尿比重、尿渗透压、尿钠等,有助于鉴别肾前性急性肾衰竭和肾性急性肾衰竭。

2. 血生化检查 动态监测血电解质、血肌酐和尿素氮的变化以利于判断肾功能恢复情况。

3. 肾影像学检查 多采用腹部X线检查、超声波、CT、磁共振成像等检查,可了解肾脏的大小、形态,以及输尿管、膀胱有无梗阻,也可了解肾血流量、肾小球和肾小管的功能。但使用造影剂可能会加重肾损害,须慎用。

4. 肾活检 对原因不明的急性肾衰竭,肾活检是可靠的诊断方法,可帮助诊断和评估预后。

【治疗要点】

治疗原则是去除病因,积极治疗原发病,减轻症状,改善肾功能,防止并发症的发生。

1. 少尿期的治疗

(1) 去除病因和治疗原发病:肾前性急性肾衰竭应及时纠正全身循环血流动力学障碍,包括补液、输注血浆和白蛋白、抗感染和使用洋地黄类药物等;避免接触肾毒性物质,严格掌握肾毒性抗生素的应用指征等。

（2）饮食和营养：应选择高糖、低蛋白、富含维生素的食物，保证能量的供给。每日供给热量 210~250kJ（50~60kcal）/kg，蛋白质 0.5g/kg 为宜，脂肪占总热量 30%~40%。

（3）严格控制水、钠摄入：坚持"量出为入"的原则，有透析治疗者可适当放宽液体入量。每日液量 = 尿量 + 不显性失水 + 显性失水（呕吐、大便、引流量）- 内生水。无发热患儿每日不显性失水，按 300ml/（m²·d）计算，体温每升高 1℃增加 75ml/（m²·d）。内生水在非高分解代谢状态为 250~350ml/m²。所用液体均为非电解质液。

（4）纠正代谢性酸中毒：轻症多不需治疗。当血浆 HCO_3^- <12mmol/L 或动脉血 pH<7.2 时，可给予 5% 碳酸氢钠纠酸。

（5）纠正电解质紊乱：包括高钾血症、低钠血症、低钙血症和高磷血症的处理。

（6）透析治疗：如上述保守治疗无效者，应尽早行透析治疗。

2. 利尿期的治疗　应注意监测尿量、电解质和血压的变化，及时纠正水、电解质紊乱。当血肌酐接近正常水平时，应增加饮食中蛋白质摄入量。

3. 恢复期的治疗　此期肾功能日趋恢复正常，但可遗留营养不良、贫血和免疫力低下，应注意休息和加强营养，防治感染。

随着血液透析的广泛开展，急性肾衰竭的病死率已有明显下降。因病因而异，肾前性肾衰如恰当治疗多可恢复；肾性肾衰患儿中以急性肾小球肾炎预后最好。非少尿型急性肾衰竭预后较少尿或无尿型好；年龄越小预后越差，尤其是合并泌尿系统畸形或先天性心脏病者；学龄期儿童以急进性肾炎预后最差。

【护理评估】

1. 健康史　了解患儿既往有无肾脏疾病史、少尿、血尿史及外伤史；发病前有无体液丢失史、尿路梗阻情况；使用肾毒性药物史、毒物中毒史。

2. 身体状况　评估患儿的精神状态，有无恶心、呕吐、厌食等；有无尿量减少、是否无尿；有无水肿，水肿的部位、性质和程度；血压是否正常。了解辅助检查结果。

3. 心理社会状况　评估患儿及家长的心理状况，对本病的了解程度、家庭经济状况及对治疗护理的特殊需求。

【护理诊断】

1. 体液过多　与肾功能下降排尿减少致水潴留有关。

2. 营养失调：低于机体需要量　与氮质血症引起食欲减退、恶心、呕吐及饮食限制有关。

3. 有感染危险　与免疫力低下有关。

4. 恐惧　与肾功能急剧恶化、害怕危重病情有关。

【护理措施】

1. 密切观察病情　注意生命体征、心率、心律、尿量、尿常规、肾功能等变化。急性肾衰竭患儿常死于心力衰竭、心律失常、感染、水电解质紊乱等，应及时发现其早期表现，配合医生进行处理。

2. 维持体液平衡　准确记录 24 小时出入量，包括口服或静脉进入的液量、尿量、呕吐物、胃肠引流液及粪便内水分等。小婴儿用尿袋收集尿液，尿布过磅秤称量。每日同一时间同一磅秤测体重，以观察水肿情况。按医嘱控制液体入量。

3. 休息与饮食　患儿卧床时间视病情而定，一般少尿期、多尿期均应卧床休息，恢复期逐渐增加活动。饮食可给予低蛋白、低盐、低钾和低磷食物，以优质蛋白为宜。不能进食者可给予静脉营养。透析治疗时因丢失大量蛋白质，所以不需要限制蛋白质的摄入，长期透析时可输血浆、水解蛋白、氨基酸等。尿少患儿可选食西瓜、冬瓜等利水之品，也可用薏苡仁、大枣、扁豆、莲子煮粥食用,以健脾利湿。

4. 预防感染　保持环境洁净,采取保护性隔离措施。行透析治疗的患儿应严格无菌操作。保持口腔、皮肤清洁,定时翻身,防止水肿皮肤长时间受压。帮助并鼓励卧床患儿进行深呼吸及有效咳嗽。避免受凉感冒和接触感染患者,限制病室探访人次和时间。

5. 心理支持　应耐心向家长解释疾病的相关知识,告知病情及采取的治疗方案,并给予患儿和家长精神支持,稳定其情绪,以取得他们的支持和配合。

6. 健康教育　告诉患儿家长肾衰竭早期透析的重要性,以取得他们的理解。指导家长在恢复期给患儿加强营养,注意休息,适当活动,避免劳累。坚持服药,不得自行减量,避免使用对肾功能有损害的药物,如氨基糖苷类药物。注意个人卫生,预防上呼吸道、泌尿系统及消化道感染。

7. 中医护理　腹胀时可使用热水袋或艾条灸神阙、关元等穴位。配合为患儿行捏脊疗法,或按摩足三里、内关、中脘等穴,以增强脾胃功能。

知识链接

连续动静脉血液滤过

连续性动 - 静脉血液滤过(continuous arterio-venous hemofiltration,CAVH)是血液滤过的一种新方法。CAVH 技术和设备简单,是利用动、静脉之间(如股动、静脉或前臂动、静脉)的正常血压梯度,连续性地使血液通过小型滤过器,以达到血液滤过的作用,很适合循环不稳定的患者,可直接在床旁实施。CAVH 对清除水分、肌酐、尿素氮和维持电解质平衡非常有效,但对小分子物质清除能力较差。由于 CAVH 对可滤过物质无选择性,因此,必须从另外静脉途径补充滤液中丧失的电解质等有用物质。

第五节　急性呼吸衰竭

急性呼吸衰竭(acute respiratory failure,ARF),简称呼衰,是指由于各种原因导致呼吸生理功能障碍,使动脉血氧分压降低和 / 或二氧化碳分压增加,并由此引起一系列生理功能和代谢紊乱的临床综合征。是儿科危重症抢救的主要问题。

【病因和病理生理】

急性呼吸衰竭根据原发病因可分为中枢性呼吸衰竭和周围性呼吸衰竭。前者由呼吸的驱动障碍所致,而呼吸器官本身可正常,如颅内感染、颅内出血、脑损伤、肿瘤、中毒、窒息、神经肌肉疾病等;后者由呼吸器官本身疾病引起,包括原发于气道、肺、胸廓、肺循环等病变,如急性喉炎、异物梗阻、肺炎、哮喘持续状态、气胸等。

儿童呼吸衰竭的病因除以上两种主要情况外,还随着年龄不同有较大差异。如新生儿常与呼吸窘迫综合征、新生儿窒息、吸入性肺炎有关;小于 2 岁儿童常与支气管肺炎、哮喘持续状态、喉炎、先天性心脏病、气道异物、先天性气道畸形、较大的腺样体或扁桃体所致的鼻咽梗阻有关;2 岁以上儿童常与哮喘持续状态、多发性神经根炎、中毒、溺水、脑炎及损伤有关。

呼吸衰竭的基本病理生理变化为通气或换气功能障碍导致的低氧血症和高碳酸血症,

并由此引起机体代谢紊乱和重要脏器功能障碍。

1. 低氧血症和高碳酸血症

（1）通气障碍：许多疾病可通过下列四种机制造成通气障碍：①呼吸中枢功能障碍导致呼吸运动减弱；②无效腔通气量增加；③胸廓和肺扩张受限；④气道阻力增加。通气障碍使肺泡有效通气量减少，CO_2 排出受阻，肺泡内气氧分压降低，故出现低氧血症和高碳酸血症。此时低氧血症较易通过吸氧得到纠正。

（2）换气障碍：任何原因引起的通气/血流比率失调、气体弥散障碍或肺内动静脉分流，均可引起换气功能障碍。临床上以低氧血症的表现为主，且不易通过吸氧纠正。

2. 低氧血症和高碳酸血症对机体的影响　严重缺氧时糖原无氧酵解增加造成乳酸堆积，引起代谢性酸中毒。同时，能量代谢障碍使钠泵失活，导致电解质平衡紊乱。急性 CO_2 潴留，使血中碳酸增加，动脉 pH 值降低，导致呼吸性酸中毒。在急性呼吸衰竭失代偿期，往往呼吸性和代谢性酸中毒同时并存。

【临床表现】

1. 原发疾病的临床表现　如肺炎、脑炎等症状和体征。

2. 呼吸系统的临床表现

（1）中枢性呼吸衰竭：主要表现为呼吸节律不齐。早期多出现潮式呼吸，晚期为抽吸样呼吸、叹息、呼吸暂停和下颌式呼吸等。

（2）周围性呼吸衰竭：主要表现为呼吸困难。呼吸增快是婴儿呼吸衰竭的最早表现。呼吸费力的征象是胸壁凹陷及鼻翼扇动。早期呼吸多浅速，但节律齐，之后出现呼吸无力及缓慢。新生儿和小婴儿可出现呼气性呻吟，是由于呼气时声门部分关闭以增加呼气末正压的保护性反应。

3. 低氧血症的临床表现

（1）发绀：一般血氧饱和度（SaO_2）<80% 时出现发绀。严重贫血时虽缺氧严重，发绀可不明显。休克时由于末梢血液循环不良，SaO_2 即使高于 80% 也可有发绀。

（2）神经系统：烦躁不安、意识模糊，甚至出现昏迷、惊厥。

（3）循环系统：早期可有血压升高、心率增快、心输出量增加；严重时可有心音低钝、心率减慢、心律不齐、心输出量减少，且有血压下降，并有可能引起休克。

（4）泌尿系统：出现少尿或无尿，尿中可有蛋白、红细胞、白细胞、管型，因严重缺氧引起肾小管坏死，可导致肾衰竭。

（5）消化系统：可有食欲减退、恶心等胃肠道反应，严重时可出现消化道出血、肝功能受损等症状。

4. 高碳酸血症的临床表现　随着二氧化碳分压（$PaCO_2$）升高，患儿可有头痛、烦躁、摇头、多汗、心率增快，心输出量增加，血压上升。进而出现淡漠、嗜睡、昏迷、颅内压增高、心率减慢、血压降低。因毛细血管扩张可有四肢湿、皮肤潮红、唇红、眼结膜充血及水肿。

【急性呼吸衰竭的评估】

动脉血气分析指标是诊断和评估急性呼吸衰竭的常规方法。血气分析测定动脉氧分压（PaO_2）、二氧化碳分压（$PaCO_2$）、血氧饱和度（SaO_2）等。根据血气分析的结果可作为呼吸衰竭的诊断标准，急性呼吸衰竭可分为以下两型：

Ⅰ型：即低氧血症型呼吸衰竭。PaO_2<60mmHg（7.98kPa），$PaCO_2$ 正常。主要因肺实质病变引起。

Ⅱ型：即高碳酸血症型呼吸衰竭。PaO_2<60mmHg（7.98kPa），$PaCO_2$>50mmHg（6.65kPa）。可由肺内原因（呼吸道梗阻、生理性无效腔增大）或肺外原因（呼吸中枢，呼吸肌或胸廓异常）

笔记栏

引起。

【治疗要点】

呼吸衰竭的治疗目标是恢复正常的气体交换,同时使并发症减少到最小程度。治疗的关键在于呼吸支持,以改善呼吸功能,维持血气接近正常,争取救治时间。

1. 治疗原发疾病 在抢救的同时对其原发疾病和并发症进行有效治疗,维持重要脏器的功能。如伴发严重心力衰竭时,可给予强心剂、利尿剂及血管活性药物;有脑水肿者,可用渗透性利尿剂如 20% 的甘露醇降颅压。

2. 氧疗与呼吸支持 ①给予氧气吸入;②气道温湿化、雾化、排痰、拍背,解除支气管痉挛和水肿,保持呼吸道通畅;③呼吸道通畅而呼吸不规则或浅表者使用呼吸兴奋剂;④严重的呼吸衰竭常常需要机械通气。目前机械通气已成为呼吸衰竭治疗的主要手段。

3. 特殊的呼吸支持 体外膜氧合(ECMO)、液体通气、高频通气的应用,一氧化氮(NO)、氦气的吸入治疗以及肺泡表面活性物质的应用等。

🔍 知识链接

"救命神器"ECMO

席卷全球的新型冠状病毒疫情,让"救命神器"ECMO 声名远播。ECMO(Extracorporeal Membrane Oxygenation),中文名"体外膜氧合",即膜肺,是真正能取代肺呼吸功能的顶级呼吸支持神器。它最核心的部分是膜肺和血泵,适用于心肺功能出现问题的危急重症患者,如呼吸衰竭、急性心源性休克、心搏骤停等。ECMO 的工作原理是将静脉血引出体外,通过膜氧合器进行氧合,再泵回患者体内。根据血液回输路径不同,ECMO 分为静脉到静脉(VV)和静脉到动脉(VA)两种模式。前者辅助呼吸,而后者将血液氧合后输回动脉,绕过心脏和肺脏,从而辅助呼吸与血液循环,因此,ECMO 也被称为生命支持技术。在新冠疫情中,部分患者病情进展快,肺快速丧失换氧的功能,正是 ECMO 起到人工肺的作用,为患者自身肺功能的恢复赢得时间。目前在儿童重症疾病如严重呼吸衰竭、爆发性心肌炎、新生儿胎粪吸入综合征、新生儿持续肺动脉高压等疾病中逐渐得到应用。

【护理评估】

1. 健康史 详细询问患儿近期内有无呼吸道感染病史尤其有无声音嘶哑、犬吠样咳嗽等急性喉炎病史、有无异物吸入史;有无颅内感染、中毒等病史。有无外伤导致颅内出血病史;既往有无先天性心脏病、先天性肺发育异常等疾患。新生儿重点评估有无早产、出生时有无窒息等。

2. 身体状况 快速评估患儿的通气状态,包括呼吸频率、节律和幅度,有无发绀及上呼吸道梗阻;有无呼吸节律不齐、快慢深浅不匀和异常呼吸,如潮式呼吸、叹息样呼吸、双吸气及下颌式呼吸等中枢性呼吸衰竭的表现;评估低氧血症和高碳酸血症的程度;有无心血管、神经、消化系统等重要脏器的功能异常。了解辅助检查结果。

3. 心理社会状况 评估患儿及家长的应对状态,有无焦虑、恐惧或其他不良情绪;评估其对本病的了解程度,家庭经济状况等。

【护理诊断】

1. 低效型呼吸型态 与急性呼吸衰竭有关。

2. 清理呼吸道无效　与呼吸道分泌物黏稠积聚、咳痰无力、呼吸功能受损有关。

3. 有感染的危险　与呼吸机的应用有关。

4. 焦虑／恐惧　与害怕危重病情有关。

【护理措施】

1. 合理氧疗　维持患儿的 PaO_2 在 65~85mmHg(8.67~11.33kPa) 为宜。常用给氧方法有：①鼻导管给氧：儿童氧流量 1~2L/min，婴幼儿 0.5~1L/min，新生儿 0.3~0.5L/min，氧浓度约 30%~40%；②面罩给氧：儿童氧流量为 3~5L/min，婴幼儿 2~4L/min，新生儿 1~2L/min，氧浓度约 40%~60%；③头罩给氧：可根据需要调节氧浓度，氧流量通常为 4~6L/min，氧浓度约 40%~50%；④持续气道正压给氧（continuous positive airway pressure，CPAP）：新生儿和体重 <8kg 婴儿可采取经鼻 CPAP 给氧。小婴儿使用 CPAP 时，氧浓度不宜超过 60%，高浓度(>60%)吸氧时间不应超过 24 小时，以防氧中毒。

2. 保持呼吸道通畅　①将患儿置于舒适的体位，对于重症呼吸衰竭需呼吸支持者，采取俯卧位可能对通气及患儿预后更为有利。②指导并鼓励、清醒患儿用力咳痰，对咳痰无力或不会咳痰的患儿，可根据病情定时给予翻身，并轻拍胸背部，使痰易于排出。③雾化吸入：雾化所产生的直径 1~10μm 大小的雾粒可进入呼吸道深部。通常使用以高压气体为动力的喷射式雾化器，雾化液中可同时加入解痉、化痰和抗感染药物，以利排痰和通气。一般每日 3~4 次，每次 15 分钟左右。④吸痰：必要时（如咳嗽无力、昏迷、气管插管或切开等）用吸痰器吸痰。对于气管插管患儿吸痰前应充分给氧 30~60 秒，氧浓度儿童为 100%，婴儿应给予高于基线的 10%~20% 的氧气吸入。吸痰时严格无菌操作，动作要轻柔，吸引负压儿童 <40kPa，新生儿 <13.3kPa，吸引时间应 <15 秒，以防损伤气道黏膜。吸痰前后做肺部听诊，观察吸痰效果。如出现痰液阻塞气道引起肺不张时，可用注射器向气管内滴入无菌生理盐水 1~3ml，用空心拳拍击患儿两侧胸上部、腋下、肩胛下和肩胛间，用力中度，每个部位 1~2 分钟，使痰液松动，易于吸出；⑤按医嘱使用支气管扩张剂和地塞米松等缓解支气管痉挛和减轻气道黏膜水肿。

3. 机械通气的护理

（1）护理人员应明确机械通气的指征，合理解释以获得患儿及其家属的配合。

（2）专人监护：使用呼吸机的过程中，应每半小时巡查各项参数是否符合要求；观察患儿面色、胸廓起伏、末梢循环等，防止通气不足（常表现为自主呼吸与呼吸机不同步）或通气过度（可引起血压下降、抽搐等呼吸性碱中毒表现）；注意有无导管脱落、堵塞及气胸等情况的发生。

（3）防止继发感染：定期更换呼吸机管道、湿化器、气管内套管等物品，每日更换加温湿化器滤纸及湿化液。加强口鼻腔护理。

（4）停用呼吸机的指征：①患儿病情改善，呼吸循环系统功能稳定；②能持续自主呼吸 2~3 小时以上无异常改变；③吸入氧气浓度 <40% 时，PaO_2>50~60mmHg(6.7~8kPa)；④在间歇指令通气，间歇性强制换气法等辅助通气下，能以较低的通气条件维持血气正常。

撤机前需对患儿进行自主呼吸锻炼，即逐渐减少机械通气的次数或降低压力水平，或每日停用呼吸机数次，并逐渐延长停用时间，若患儿脱离呼吸机 2~3 小时无异常，则可安全撤机。

4. 病情观察　密切观察意识、面色、呼吸频率及节律、心率、心律、血压、皮肤颜色、末梢循环情况等。监测血气分析和电解质。加强并发症的观察，如心力衰竭、脑水肿、感染等。

5. 营养支持　根据病情选择营养丰富饮食，少量多餐。危重患儿给予鼻饲，必要时遵医嘱给予静脉营养，以满足患儿热能的需求。

6. 用药护理　遵医嘱用洋地黄类药、血管活性药、脱水药、利尿药等,密切观察药物的疗效及不良反应。

7. 心理支持　机械通气的患儿不能说话,恐惧感较强,可让其最亲近的人陪伴或探视。采用手势、卡片、书写板等非语言方式进行交流,酌情抚摸患儿的身体,以减轻其恐惧感。

第六节　充血性心力衰竭

充血性心力衰竭(congestive heart failure)简称心衰,是指心脏工作能力(心肌收缩或舒张功能)下降,即心输出量绝对或相对不足,不能满足全身组织代谢需要的病理状态。心衰是儿童时期常见的危重症之一。

【病因和病理生理】

儿童时期心衰以 1 岁以内发病率最高,其中先天性心脏病引起者最多见。其他如病毒性心肌炎、川崎病、心肌病、心内膜弹力纤维增生症、心瓣膜狭窄、主动脉狭窄、肥厚型心肌病等均可使心肌收缩障碍或使心脏的负荷增加而导致心衰的发生。

儿童时期以风湿性心脏病和急性肾炎导致的心衰最常见。此外,贫血、严重感染、营养不良、电解质紊乱、心律失常和心脏负荷过重等是心衰发生的诱因。

心功能从正常发展到心力衰竭,要经过一段无临床症状的代偿期。此期心脏出现心肌肥厚,心脏扩大和心率增快,使心输出量增多以满足机体需要。如原发病因持续存在,心功能进一步减退,以上代偿机制不能维持足够的心输出量,而出现静脉回流受阻、组织间液过多、脏器淤血等,即发展为充血性心力衰竭。

【临床表现】

年长儿心衰的症状与成人类似,临床表现为:①心输出量不足:乏力、劳累后气急、食欲减退、心率增快、呼吸浅快等;②体循环淤血:颈静脉怒张,肝肿大有压痛,肝颈静脉反流征阳性,尿少和水肿;③肺循环淤血:呼吸困难、咳嗽,病情较重者可出现端坐呼吸,肺底部可闻及湿啰音。心脏听诊常可听到心尖区第一心音减低和奔马律。

婴幼儿心衰的临床表现有其特点,主要表现为:①安静时心率增快,婴儿 >180 次 /min,幼儿 >160 次 /min,不能用发热或缺氧解释;②呼吸困难,发绀突然加重,安静时呼吸 >60 次 /min;③肝脏增大,超过肋缘下 3cm 以上;④心音明显低钝或出现奔马律;⑤突然烦躁不安,面色苍白或发灰;⑥尿少及下肢水肿。婴幼儿心衰时,颈静脉怒张和肺部湿啰音等体征不明显。

【辅助检查】

1. 胸部 X 线检查　心影多呈普遍性扩大,心脏搏动减弱,肺纹理增多,肺淤血。

2. 心电图检查　不能确定有无心衰,但有助于病因诊断和指导洋地黄类药物的应用。

3. 超声心动图检查　可见心房和心室腔扩大,M 型超声显示心室收缩时间间期延长,射血分数降低。

【治疗要点】

针对病因治疗,改善心功能,消除水、钠潴留,降低氧耗和纠正代谢紊乱。

1. 一般治疗　卧床休息以减轻心脏负担,避免患儿烦躁、哭闹,必要时可适当给予苯巴比妥等镇静剂。减少饮食中钠盐的摄入。呼吸困难者及时给予吸氧。

2. 洋地黄类药物　洋地黄类药具有正性肌力、负性传导、负性心率等作用,是儿科临床上广泛使用的强心药物之一。儿科以地高辛为首选的洋地黄制剂,口服及静脉注射均可,作用时间和排泄速度均较快。地高辛酏剂口服吸收更好。此外,还可应用毛花苷丙(西地兰)

等药物。注意用药的个体化。

3. 利尿剂 利尿剂能促使潴留的水、钠排出,减轻心脏前负荷,改善心功能。如使用洋地黄类药物而心衰仍未得到完全控制或伴有显著水肿者,宜加用利尿剂。

4. 血管扩张剂 小动脉扩张使心脏后负荷降低,从而可能增加心输出量。静脉的扩张使前负荷降低,心室充盈压下降,肺充血的症状可得到缓解。该类主要药物如血管紧张素转换酶抑制剂、硝普钠以及酚妥拉明。

5. 其他药物治疗 心力衰竭伴有血压下降时可应用多巴胺,有助于增加心输出量,使血压升高。

【护理评估】

1. 健康史 了解患儿的原发病史及发病经过(诱因,症状出现的时间、程度等)。

2. 身体状况 评估患儿面色、心率、呼吸、肺部体征、尿量、肝脏大小等情况,判断患儿左右心衰的程度。

3. 心理社会状况 评估家长及年长儿对疾病的认知程度及心理状态,有无焦虑、恐惧或其他不良情绪,评估其家庭经济状况及社会关系。

【护理诊断】

1. 心输出量减少 与心肌收缩力降低有关。

2. 体液过多 与心功能下降、循环淤血有关。

3. 低效型呼吸型态 与肺循环淤血有关。

4. 潜在并发症:洋地黄类等药物的毒副作用。

【护理措施】

1. 休息 病室应安静、舒适,减少刺激。集中进行护理,避免引起婴幼儿哭闹,鼓励年长儿保持情绪稳定,协助其翻身,将常用物品及玩具置于患儿伸手可取的位置。有明显左心衰竭时,取半卧位或坐位,双腿下垂,以减少回心血量,减轻心脏负荷。

2. 氧疗 患儿有呼吸困难和发绀时应及时给予氧气吸入,以缓解组织缺氧状况。

3. 用药护理

(1)应用洋地黄制剂:洋地黄的治疗量和中毒量接近,故应注意给药方法、剂量,密切观察有无洋地黄中毒症状。①每次应用洋地黄前应测量脉搏,必要时听心率。如婴儿脉率<90次/min,年长儿<70次/min应暂停给药,并通知医生;②严格按时按量服药。如洋地黄注射用药量<0.5ml时,应先用生理盐水稀释后用1ml注射器抽取,以保证剂量准确,静脉注射速度要慢(不少于5分钟)。口服药则应单独服用,如患儿服药后呕吐,立即通知医生,决定是否补服或经其他途径给药;③如出现心脏反应(心律失常)、消化道反应(恶心呕吐、食欲减退、腹痛、腹泻等)、神经系统反应(黄绿视、视物模糊、嗜睡、头晕等)等洋地黄毒性反应时,应立刻停用洋地黄和利尿剂,及时补充钾盐,并报告医生采取相应措施。

(2)应用利尿剂:尽量在清晨或上午给药,以免患儿夜间多次排尿影响睡眠。鼓励患儿进食含钾丰富的食物,如口蘑、香蕉、柑橘、豆类、鲤鱼等,因利尿剂的使用可使钾的丢失增多,低钾血症可增加洋地黄的毒性反应。密切观察低血钾的表现,如出现四肢无力、腹胀、心音低钝、心律失常等,应及时处理。

(3)应用血管扩张剂:用硝普钠时应新鲜配制,输液系统需全程遮光,以免药液失效。应用多巴胺时应精确调整每分钟输入剂量。给药时避免药液外渗,以防局部组织坏死。用药过程中需密切观察心率和血压的变化,随时调节输液速度,避免血压过度下降。

4. 密切观察病情 注意观察生命体征、尿量、肢端温度及精神状态等变化,脉搏必须观察1分钟,必要时监测心率;详细记录出入量,定时测量体重,了解水肿的变化。

5. 控制水盐摄入　一般给予低盐饮食,应少量多餐,防止过饱。婴儿喂奶所用奶头开孔宜稍大,以免吸吮费力,但需注意防止呛咳。吸吮困难者采用滴管,必要时可用鼻饲。水肿严重时应限制入量,输液速度宜慢,以每小时不超过 5ml/kg 为宜。

6. 保持大便通畅　鼓励患儿进食含纤维素较多的蔬菜、水果,必要时用开塞露通便。避免用力排便。

7. 健康教育　用通俗易懂的语言向家长介绍心力衰竭的病因、诱因、防治措施及预后。应特别强调避免让患儿用力及过度兴奋,以免加重心脏负担。教会年长儿自我检测脉搏的方法。指导家长做好预防,说明心衰常见的诱因如感染、劳累及情绪激动等,要避免诱因的作用。出院时针对原发病对家长进行健康指导。

8. 中医护理　根据患儿不同症状,采用拇指指腹按压相关穴位,每穴 3~5 分钟,以缓解症状。左心功能不全者,可按压患儿的大陵穴及内关穴等穴位;右心衰竭以及全心衰竭者,可按压患儿的肾俞穴及足三里穴等穴位;严重的心功能衰竭者,可按压患儿的足三里穴及关元穴等。

第七节　儿童急性中毒

中毒(poisoning)是指因毒性物质接触或进入人体而产生的一系列影响健康或危及生命的病理过程和临床表现。儿童中毒好发年龄为婴幼儿至学龄前期。婴幼儿时期常发生误服药物中毒,学龄前期主要为有毒物质中毒。

儿童中毒与成人不同。成人的中毒多为与职业有关的慢性中毒,儿童中毒与外界环境密切相关,常为急性中毒(acute poisoning),是儿童时期常见的急症之一。儿童日常接触的各方面,如食物、有毒动、植物,工农业的化学药品,医用药物、消毒防腐剂、去污剂和杀虫剂等,都可能导致中毒或意外事故。造成儿童中毒的主要原因是年幼无知,缺乏生活经验,不能辨别有毒或无毒物质。婴儿时期喜好将东西放入口中,幼儿时期常将药片误认为糖丸吞服,使儿童中毒的机会增多。因此,儿童中毒的早期诊断和急救处理显得十分重要。

【中毒途径】

1. 消化道吸收　最常见,高达 90% 以上。毒物可通过口腔和胃肠道黏膜吸收,但主要经小肠吸收。常见的中毒原因有误服药物、食物中毒、灭鼠药中毒、灌肠时药物过量等。

2. 皮肤接触　儿童皮肤薄,表面脂质较多,接触脂溶性毒物后容易吸收;毒物也可经毛孔、皮脂腺、汗腺吸收进入血液。常见有穿着被农药污染的衣服、蜂刺、虫咬、动物咬伤等。

3. 呼吸道吸入　为气体或挥发性毒物中毒的主要途径。因肺泡表面积大、吸收快,多为急性中毒。常见有一氧化碳中毒、有机磷农药吸入中毒等。

4. 注射吸收　误注药物最为多见。如毒物或药物经静脉注入体内,吸收速度最快。

5. 经创口或创面吸收　大面积创伤的患儿,如创面用药不当,可导致吸收中毒。

【中毒机制】

常见的中毒机制包括:①干扰酶系统:通过抑制酶活性而产生毒性作用;②抑制血红蛋白的携氧功能;③直接化学性损伤;④作用于核酸:如烷化剂可使 DNA 烷化,产生 DNA 链内和链间的交叉连接,干扰转录和复制;⑤变态反应:由抗原抗体作用在体内触发各种异常的免疫反应;⑥麻醉作用;⑦干扰细胞膜或细胞器的生理功能。

【临床表现】

儿童急性中毒的表现常无特异性,首发症状常见为腹痛、腹泻、呕吐、惊厥或昏迷,严重者可导致多脏器功能衰竭。体检时应注意有诊断意义的中毒特征,如呼气、呕吐物有特殊气味,流涎、大汗、瞳孔缩小、口唇和面颊樱桃红色、皮肤紫蓝色而无相应呼吸困难,以及肌肉震颤、抽动等。

【毒源调查和检查】

现场需检查患儿衣服、皮肤、口袋和周围环境中是否留有毒物,如有可疑的食物、餐具、药瓶、药片等,应尽可能保留以备鉴定。仔细查找呕吐物、胃液或粪便中是否有毒物残渣;若患儿症状符合某种中毒,而中毒史不明确时,可用该种中毒的特效解毒药进行诊断性治疗。有条件时,应采集患儿呕吐物、血、尿、粪便或可疑物品进行毒物鉴定,这是明确中毒诊断的最可靠方法。

【治疗要点】

急性中毒的治疗要点是:抢救分秒必争,在毒物性质未明确前,积极进行一般急救处理,尽快清除未被吸收的毒物,促进已吸收毒物的排泄,做好对症治疗。一旦明确诊断,尽快使用特效解毒剂。

【护理评估】

1. 健康史 详细了解患儿的发病经过、病前饮食、生活情况、活动场所、家属职业、周围环境有无有毒物品,尤其是杀虫剂、毒鼠药,家中常备药情况,日常接触人群,是否有同伴一起患病等。

2. 身体状况 评估患儿神志、瞳孔、面色、心率、呼吸、皮肤颜色、肌张力等情况,注意观察特征性的中毒症状和体征。

3. 心理社会状况 评估家长及年长儿对疾病的认知程度及心理状态,有无焦虑、恐惧或其他不良情绪,评估其家庭经济状况及社会关系。

【护理诊断】

1. 意识障碍 与毒物抑制脑细胞的功能等有关。

2. 气体交换受损 与毒物抑制血红蛋白携氧功能、呼吸道分泌物过多有关。

3. 低效型呼吸型态 与毒物致肺水肿、呼吸中枢抑制等有关。

4. 体液不足 与中毒致严重呕吐、腹泻等有关

【护理措施】

1. 急救处理 保持呼吸道通畅,维持有效的呼吸和循环功能。注意监测生命体征和血氧饱和度,建立静脉通道。对呼吸抑制或气道堵塞的患儿,应给予气管插管、人工呼吸机辅助通气。

2. 清除未被吸收的毒物

(1)催吐:催吐是口服中毒者排出胃内毒物的最简便方法,适用于神志清醒、能配合的患儿,一般在服入毒物后 4~6 小时内进行,可用手指、筷子、笔杆、压舌板等刺激咽部引起呕吐。但强酸、强碱中毒,服入汽油、煤油(催吐时易导致吸入性肺炎),严重心脏病、食管静脉曲张、昏迷、持续惊厥的患儿,以及 6 个月以内婴儿,均不宜采用催吐方法。

(2)洗胃:洗胃最适用于流质、水溶性毒物中毒,目的是及时清除尚在胃内的毒物,洗出液可进行毒物鉴定。应尽量在摄入毒物后 1 小时内进行,否则毒物进入肠道,效果不理想。洗胃方法是经鼻或口腔插入胃管后,用 50ml 注射器抽吸清洗,直至洗出液清澈无味为止,首次抽出的胃内容物送毒物鉴定。常用的洗胃液有:生理盐水、2%~5% 碳酸氢钠、1∶10 000 高锰酸钾、温水、0.45% 氯化钠溶液等;禁忌洗胃的腐蚀性毒物中毒可服用牛奶、豆浆等中和毒物,起到保护胃肠黏膜、延缓吸收的作用。在洗胃后,可将活性炭加水后注入或吞服,有助于迅速吸附毒物。

（3）导泻：毒物进入肠道后，应使用泻剂促使毒物尽快排出。临床常用硫酸钠或硫酸镁，可口服或经胃管灌入。硫酸钠较硫酸镁安全，无高血镁等副作用；中枢抑制药（如巴比妥类）中毒时不宜用硫酸镁导泻，以免加重中枢抑制。年龄小的儿童，导泻后应警惕脱水和电解质紊乱的发生。

（4）灌肠：毒物摄入超过 4 小时后，大多存留在小肠或大肠，需进行灌肠以清除毒物。对于吸收缓慢的毒物如铁中毒等较为有效。常用"Y"形管以大量液体进行高位连续灌洗，儿童用量约 1 500~3 000ml，直至洗出液变清澈为止。灌肠液常用 1% 温盐水、清水，可加入活性炭。护理上应记录出入量，保持水、电解质平衡。服用腐蚀性毒物或极度虚弱的患儿，禁止导泻及灌肠。

（5）皮肤黏膜的毒物清除：接触中毒的患儿，应立即脱去污染的衣服，用清水冲洗毒物接触过的皮肤。也可用中和法，即用弱酸、弱碱分别中和腐蚀性碱、腐蚀性酸；如用清水冲洗酸、碱等毒物，应至少持续 10 分钟。

（6）吸入中毒的处理：应立即将患儿移离现场，呼吸新鲜空气，解开衣领，保持呼吸道通畅，及时吸氧。

（7）止血带的应用：对皮下、肌内注射中毒或有毒动物咬伤者，在肢体近心端用止血带结扎，以阻止毒物经静脉或淋巴管扩散。止血带应每 15 分钟放松 1 分钟。

3. 促进已吸收毒物的排泄

（1）利尿：毒物吸收后，多经肾脏随尿排出，因此可以通过利尿排毒。临床上常静脉输注 5%~10% 葡萄糖溶液，以增加尿量。病情较轻或无法静脉点滴时，可嘱患儿大量饮水。但如有脱水症状，应先给予纠正。可应用利尿药，静脉注射呋塞米、甘露醇、山梨醇等都有利尿作用。护理上应监测尿量、液体出入量、血电解质等。保持尿量在每小时 6~9ml/kg 为宜。待患儿苏醒、中毒症状减轻或血药浓度低于中毒水平时，则可停止利尿。

（2）碱化或酸化尿：毒物肾脏的清除率与尿液的酸碱度有关。尿液碱化后可使弱酸如水杨酸和苯巴妥等清除率增加，可采用碳酸氢钠溶液 1~2mmol/kg 静脉滴注 1~2 小时。乙酰唑胺在利尿的同时，也有使尿碱化作用。酸化尿液适用于安非他命、士的宁等中毒，可将维生素 C 1~2g 加入 500ml 液体中静脉滴注以获得酸性尿。

（3）血液净化方法：①透析疗法：对于危重的中毒患儿，可使用透析疗法促进毒物排出。常用的方法有：腹膜透析、血液透析和连续性肾脏替代治疗（CRRT）；②血液灌流法：目前常用的中毒救治方法，是将患儿血液通过体外循环，用吸附剂吸附毒物后再输回体内，该方法的适应证与血液透析类似；③血浆置换：用于清除与血浆蛋白结合的毒物，如部分抗生素、降压药、降糖药等；④换血疗法：在中毒时间不久，血中毒物浓度极高时使用。但此法仅暂时去除部分的血中毒物，且需血量极多，临床较少使用。

（4）高压氧疗法：适用于各种中毒导致的严重组织缺氧，如一氧化碳中毒时，可用高压氧治疗，以促使一氧化碳与血红蛋白分离。

4. 特异性解毒剂的应用　某些毒物中毒可采用特效解毒剂予以解毒治疗。如亚硝酸盐中毒引起高铁血红蛋白血症，可应用亚甲蓝或维生素 C 治疗；氢氰酸及氰酸化合物中毒可应用亚硝酸钠、硫代硫酸钠、亚硝酸异戊酯等；有机磷中毒可予以解磷定、阿托品治疗；氟乙酰胺类鼠药中毒者可予以乙酰胺肌内注射；吗啡、可待因等阿片类药物中毒，可应用纳洛酮进行拮抗。苯二氮草类（安定类）中毒可用氟马西尼静脉注射解毒。

5. 其他对症处理　及时协助医生处理可危及生命的严重症状，如惊厥、呼吸困难、循环衰竭等，尤其是在中毒原因不明或无特效解毒剂治疗时，应积极对症治疗，支持患儿度过危险期。

6. **健康教育**　指导家长做好儿童急性中毒的预防工作。儿童药物中毒的常见原因是药品过量、用法有误或存放不当。家长应做好药品管理,不可擅自给儿童用药,或将成人药品随意给孩子服用。外用药和内服药物应分开放置,避免混淆。家中药物应妥善放置在儿童接触不到的地方,尤其是灭虫、灭蚊、灭鼠等剧毒药,避免儿童误服。普及有毒植物识别的相关知识,教育儿童不可随意摘食野生植物。禁止玩耍含有毒物质的器具,如装敌敌畏的小玻璃瓶、灭鼠用具等。

(陈红涛　应立英)

复习思考题

患儿,女,9个月,因咳喘3天,呼吸困难3小时入院。

患儿在入院前3天出现咳嗽,呈单声咳,伴有气喘,哭闹时较著,伴有发热,体温最高时为39℃。曾到当地医院就诊,以"支气管肺炎"给予"头孢唑林、利巴韦林"(剂量不详)治疗2天,体温降至正常,仍有咳喘,且进行性加重。3小时前患儿突然出现呼吸困难,烦躁不安,出汗多,急来我院。

入院查体:体温37℃,心率168次/min,呼吸60次/min,血压90/50mmHg。呼吸不规则,烦躁多汗,口周青紫,鼻翼扇动,三凹征(+),两肺呼吸音粗,可闻及细小湿啰音。血气分析:PaO_2 45mmHg;$PaCO_2$ 55mmHg;胸部X线检查示:双肺纹理增粗,可见斑片状阴影。

问题:

(1) 该患儿可能的医疗诊断是什么? 入院后护理人员应最先采取哪些措施?

(2) 患儿入院后半小时出现意识不清,抽搐1次,表现为双眼上翻,颈后仰,口唇青紫,口吐白沫,四肢抽动。请分析原因并提出处理措施。

(3) 患儿经处理后,约4~5分钟后抽搐缓解,但意识仍不清,且出现呼吸困难加重,面色苍白,测心率206次/min,心音低钝,呼吸70次/min,肝肋下3.5cm,质软,脾肋下未及,入院后无尿。该患儿发生了什么情况? 应如何处理?

(4) 患儿入院2小时,测血气分析示:PaO_2 50mmHg,$PaCO_2$ 60mmHg,予气管插管、机械通气。应如何做好呼吸机应用护理?

ER-18-2

学习内容和
学习方法

扫一扫,
测一测

PPT 课件

第十九章

精神障碍疾病患儿的护理

学习目标

知识目标

1. 能比较孤独症谱系障碍、注意缺陷多动障碍、抽动障碍临床表现的差异。
2. 能列举孤独症谱系障碍、注意缺陷多动障碍、抽动障碍的病因和治疗原则。

能力目标

能应用护理程序对孤独症谱系障碍、注意缺陷多动障碍、抽动障碍患儿开展以家庭为中心的整体护理。

素质目标

1. 在情感和态度上理解精神障碍疾病患儿。
2. 树立尊重、爱护精神障碍疾病患儿的责任感和价值观。

第一节 概 述

儿童和青少年的精神健康关系到他们正常的成长发育、学习生活和社交功能。世界卫生组织的数据显示,全球约 20% 的儿童和青少年患有精神障碍,其中只有 1/5 得到了合适的诊断和治疗。我国在 20 世纪 50 年代到 90 年代开展的多项大规模流行病学调查结果显示,儿童和青少年精神障碍患病率为 7.03%~14.89%。在儿童和青少年阶段,随年龄增长,精神障碍的患病率增高。学龄期行为障碍的男性患儿多于女性患儿;青少年期女性情绪障碍(特别是抑郁障碍)患病率增加,女性患者多于男性患者。不同种族、经济条件,患病率也有差异。一般认为父母处于贫穷和低社会经济阶层的儿童和青少年患病率高;父母患精神障碍、物质滥用、家庭不和睦、家庭暴力及家庭解体等是儿童和青少年精神障碍的高危因素。

儿童和青少年精神障碍的预后不好,约 50% 的患儿在成年期患类似精神障碍。如与注意缺陷多动障碍(attention deficit hyperactivity disorder, ADHD),相关的行为问题将持续到青少年和成年期,主要表现为品行障碍、青少年违法行为、反社会人格、物质滥用、成年犯罪、婚姻问题、人际关系问题等。目前,青少年犯罪已成为国际性的严重社会问题,与吸毒贩毒、环境污染并称为当今世界三大公害。同时,儿童作为弱势群体,需要得到更多的关爱。我国正处于社会转型期,竞争压力大、工作节奏快、生活方式改变、计划生育政策、留守儿童和流动儿童等问题,都对儿童青少年的心理健康产生重要影响,因此,儿童青少年精神障碍需要预防和早期干预。

知识链接

科学儿童心理学的诞生

科学儿童心理学诞生于 19 世纪后半期。德国生理学家和实验心理学家普莱尔（W. T. Preyer）是儿童心理学的创始人。他对自己的孩子从出生到 3 岁每天进行系统观察，有时也进行一些实验性的观察，并把这些观察记录整理成一部有名的著作《儿童心理》，于 1882 年出版。这本书被公认是第一部科学的、系统的儿童心理学著作，包括三部分：儿童感知的发展，儿童意志（或动作）的发展，儿童理智（或言语）的发展。在《儿童心理》一书中，普莱尔肯定了儿童心理研究的可能性，并系统地研究了儿童的心理发展；他比较正确地阐述了遗传、环境与教育在儿童心理发展上的作用，并旗帜鲜明地反对当时盛行的"白板说"；他运用系统观察和传记的方法，开展了比较研究，对比了儿童与动物的异同点，对比了儿童智力与成人特别是有缺陷的成人智力的异同点，为比较心理学乃至发展心理学作出了不可磨灭的贡献。从影响上看，《儿童心理》一问世，就受到国际心理学界的重视，各国心理学家都把它看成是儿童心理学的经典著作，并先后译成十几种文字出版，向全世界推广，于是儿童心理学研究也随之蓬勃地开展起来。

一、儿童青少年精神障碍疾病的病因

（一）生物学因素

1. **遗传倾向**　注意缺陷多动障碍（ADHD）具有家族聚集现象，患儿双亲患病率 20%，一级亲属患病率 10.9%，家庭其他成员患 ADHD 的风险比一般人高 5 倍；同卵双生子同病率为 51%~64%，异卵双生子为 33%，但后者仍比一般人群高 6~10 倍；有精神障碍的父母寄养出去的子女患 ADHD 的风险高于正常父母亲寄养出去的子女。多巴胺 D4 受体基因与 ADHD 有较多关联，该基因与人类寻求新奇行为有关。孤独症谱系障碍（autism spectrum disorder，ASD）也是高度可遗传的，患儿的同胞同病患病率为 50%，同卵双生子和异卵双生子的同病患病率分别为 96% 和 27%；同胞和其他家庭成员同病患病率比普通人群高出 10~20 倍。2 号和 7 号常染色体有孤独症谱系障碍的相关基因，约 15% 患儿有基因突变。其中位于第 7 号染色体 7q22/3132 的 Wnt2 和 HoxAl 基因在调控胎儿早期大脑发育或细胞分化过程中起至关重要的作用。抽动障碍（tic disorders）患儿存在阳性家族史占 10%~60%，同卵双生子的同病率（75%~90%）明显高于异卵双生子（20%）。

2. **神经递质**　与儿童和青少年精神障碍有关的神经递质主要是多巴胺（dopamine，DA）、去甲肾上腺素（norepinephrine，NE）、5- 羟色胺（5-hydroxytryptamine，5-HT）。神经递质功能不足或失衡会导致儿童和青少年精神障碍。5-HT 神经递质和 γ- 氨基丁酸抑制系统异常会导致孤独症谱系障。NE 系统过度活跃与焦虑、警觉性增高有关；NE 功能低下则与注意缺陷、记忆降低、疲劳、信息处理减慢有关。ADHD 患儿中枢神经系统 DA 和 NE 神经递质的功能低下，5-HT 功能亢进。

3. **神经影像学**　磁共振成像（magnetic resonance imaging，MRI）发现 ADHD 患儿额叶发育异常，尾状核和胼胝体体积减小，ADHD 患儿在执行持续注意、冲动控制任务时前额皮质、纹状体等部位激活不足。研究经常与父母发生争执和对抗的青少年的大脑活动，发现这些青少年杏仁核体积增大，活动增强，而前额叶皮质发育状况却不佳，两者之间发育不平衡可能是导致亲子冲突的原因。不同年龄段的孤独症谱系障碍患儿脑体积与正常儿有差异，功能磁共振成像研究发现孤独症谱系障碍患儿与社会认知、情绪性推理、语言加工等活动有关的脑区存在功能活动异常，还存在额叶皮层、中颞叶、小脑以及边缘系统如海马和杏仁核（在记忆功能中起重要作用）等结构异常。

（二）环境因素

1. 家庭　家庭是对儿童影响最早、影响时间最长的环境。儿童和青少年在家庭中度过发展最快、最具可塑性的时期。大量儿童和青少年行为问题研究显示，家庭矛盾冲突多、情感交流差、单亲家庭、破裂家庭以及父母教育程度低、社会经济阶层低是危险因素。

（1）依恋：依恋是一个个体对另一个体形成强烈情感联系的一种倾向。它是幼儿出生后最早形成的人际关系，是成人后形成的人际关系的雏形，对儿童心理的发展具有重要的影响。依恋通常可划分为以下三种类型：

1）安全依恋：儿童在陌生环境中，把母亲作为"安全基地"，去探究周围环境。母亲在场时，主动去探究；母亲离开时，产生分离焦虑，探究活动明显减少。忧伤时容易被陌生人安慰，但母亲的安慰更有效。母亲返回后，以积极的情感表达依恋并主动寻求安慰，然后继续探究和游戏。

2）不安全依恋回避型：儿童在陌生情境中，母亲是否在场对他们的探究行为没有影响。母亲离开时，儿童不表现出明显的分离焦虑；母亲返回时，也不主动寻求接触，而且母亲接近时反而转过身去，回避母亲的亲密行为。在忧伤时，陌生人的安慰效果与母亲差不多，不表现出明显的陌生焦虑。

3）不安全依恋矛盾型：儿童在陌生情境中，难以主动地探究周围环境，而且探究活动很少，表现出明显的陌生焦虑。母亲离开时相当忧伤，但重逢时又难以安慰。他们的行为表现出一种愤怒的矛盾心理，对母亲缺乏信心，不能把母亲当作"安全基地"。

4）不安全依恋混乱型：儿童在陌生情境中与母亲分离或重聚时，情绪和行为表现杂乱无章、不规律、难以监控和预测，表现出最大程度的不安全感，对抚养者表现出恐惧或过分任性。

多数纵向研究结果显示，形成安全型依恋的儿童出现内化性障碍或外化性障碍的比率远低于不安全型依恋的儿童。

（2）教养方式：教养方式是父母或家庭中其他年长者在养育、培养、教育儿童青少年的过程中表现出来的、具有一定的内部一致性和稳定性的看法、态度和方式。父母教养方式对儿童青少年的心理行为甚至罹患精神疾病有影响。在情感表达差、亲密度匮乏、家庭角色混乱、无稳定规则的家庭，容易出现儿童青少年离家出走和心理行为异常等问题。亲子关系不良、受虐待是儿童青少年攻击性行为的危险因素。教养方式通常可分为以下四类：

1）权威型父母：对孩子有较好的响应和要求，对孩子成长表现出关注和爱，鼓励孩子参与家庭决策。这种教养方式下成长的孩子社会能力和认知能力都比较出色，具有较好的自控能力，并且有积极乐观的心境，具备一定的社会责任感和成就倾向。

2）专制型父母：对孩子的要求很严厉，很少对孩子表现出感情，忽视和抑制儿童自己的想法和独立性。这种抚养方式中成长的学前儿童表现出较多的焦虑、退缩行为；在青少年期缺乏独立性，人际关系方面可能有较多困难，缺乏竞争意识和社会责任感。

3）溺爱型家长：盲目满足孩子的任何要求，过度保护孩子，却较少对孩子提出要求或施加任何控制。这种抚养方式下成长起来的孩子表现得任性不成熟，缺乏自我控制和辨别是非的能力。对于父母表现出很强的依赖和无尽的索取，而在任务面前缺乏毅力和恒心。

4）忽视型家长：对孩子的成长表现出漠不关心的态度，仅提供食品和衣物，而不努力为孩子提供更好的成长和生活条件。在这种教养方式中成长的孩子，容易出现适应障碍。他们一般学习成绩和自控能力较差，并且在成人后易出现犯罪倾向。

（3）家庭结构：家庭结构是指家庭中成员的构成及其相互作用、相互影响的状态，以及由这种状态形成的相对稳定的联系模式。不同家庭结构的家庭成员间相互作用、相互影响对儿童和青少年的成长影响是长久和深远的。严重不和睦的家庭，矛盾冲突多，父母拒绝多，虐待多，情感交流和表达缺乏，家庭成员之间相互支持少，孩子长期生活在充满敌意、缺乏安全感的环境中，易于出现情绪和行为障碍。紊乱的家庭环境中子女抑郁症的患病风险更高。家庭结构主要可分为以下三类：

1）核心家庭：核心家庭由夫妻双方及其未婚孩子组成。简单的家庭关系有效地减少家庭生活中的矛盾，有益于家庭中的平等关系和民主氛围的形成，同时也有益于培养儿童和青少年的独立意识。但巨大的社会、生活压力会导致夫妻双方工作、生活不能兼顾，教育孩子的时间和精力会受到一定制约，造成部分孩子在成长过程中个性滞后或个性偏差。

2）主干家庭：主干家庭是由两代或两代以上夫妻构成，每代最多不超过一对夫妻，中间无断代。多代同堂家庭的孩子能够受到更多的成人教育和爱抚，但容易出现隔代溺爱，以及父辈与祖辈在教育孩子的观念和方法上可能存在不一致，导致孩子无所适从，形成自私、任性、以自我为中心或焦虑、不安、恐惧等不良的心理特征。

3）单亲家庭：单亲家庭是由父亲或母亲单独与儿童和青少年一起生活的家庭。由于缺失来自父亲或母亲的情感陪伴，缺乏安全感和家庭自豪感，儿童和青少年易存在较高的焦虑、孤僻、自责和冲动倾向。

2. 学校与同伴　学校教育在促进儿童青少年认知发展和社会化方面起着至关重要的作用。学校制度和纪律的规范、集体活动对个体的要求，使儿童和青少年逐渐懂得如何融入社会；入学、转学、升学的改变，使他们学会适应不同的环境，并学会与不同的人相处。父母老师的期望、考试的压力、升学的竞争都给儿童和青少年带来了不同程度的紧张、刺激和心理压力，使儿童和青少年学会应对挫折。老师的态度和教育理念对儿童和青少年成长具有重要的意义，高效能感的老师传递积极的期望和信念给学生，能增强学生的自尊自信，在学校中获得全方位的发展；低效能感的老师可能使儿童和青少年的产生无能感、习得性无助反应等。巨大的学习压力会使儿童和青少年长期处于紧张、压抑甚至恐惧。

青少年期与同伴相处的时间超过了家庭以及其他社会关系。团体作为伙伴互动的社会背景，对青少年行为和价值观的影响甚至超过父母，成为他们价值观的重要来源。缺少社交技能、同伴关系差的儿童和青少年会感到孤独，更易于导致不良结局。高攻击性的儿童经常将同伴的普通行为视为敌意，不能很好地控制自己的情绪，行为比较冲动，经常与同伴发生冲突。退缩的儿童性格软弱，朋友较少，容易成为被同伴欺侮的对象。由于被同伴们拒绝，他们会采取更加敌对或退缩的行为方式，加剧社交障碍，形成恶性循环，甚至出现学习成绩差、厌学逃学及各种精神障碍。

（三）心理社会因素

1. 应激　儿童期遭受严重应激问题对个体的成长有长久持续地影响。儿童和青少年常见的负性生活事件包括亲人死亡、父母离异、遭到虐待或伤害、患病、迁居等。儿童和青少年抑郁与生活事件，如父母离婚、丧亲、目睹自杀、缺乏支持等之间有显著的相关性。父母离异对儿童和青少年是重大应激事件，他们可能出现心理调适方面的障碍，会在一些不良伙伴中寻求慰藉而出现旷课、逃学、离家出走、过早性行为等，甚至违法犯罪。有研究表明，经历儿童期虐待的青少年更容易出现品行障碍、高攻击性及反社会性行为问题。

2. 媒体网络　随着社会的城市化、工业化的飞速发展，电视、网络等成为个体成长过程中不可或缺的社会文化因素。目前，中国网民规模达 7.51 亿，其中儿童和青少年占 22.5%。儿童和青少年沉迷网络已成为日益关注的焦点问题。接触暴力电子游戏会增加儿童和青少年的攻击性行为，减少亲社会行为。影视、游戏中的暴力情节对儿童和青少年既有短期影响，也有长期影响。高攻击性儿童和青少年表现为特别偏爱暴力节目,且倾向于使用暴力方式解决问题。

二、儿童青少年精神障碍疾病的特殊性

儿童不是成人的简单雏形,所患精神障碍疾病在病因、就诊、症状、治疗等方面有其特殊性。但是,儿童和青少年精神科与成人精神科联系非常紧密,大部分儿童和青少年精神障碍会发展到成年,成年人的精神障碍也可以看到儿童和青少年时期精神障碍的影子。

1. 病因方面　由于精神现象的复杂性、认识的局限性和方法学的问题,目前还很难确定导致儿童和青少年精神障碍的确切病因。儿童早期根据其起病年龄及伴有智力发育落后,多数学者认为生物学因素为主要的病因,如孤独症谱系障碍起病于出生后至 30 个月内。随着年龄地增长,儿童越来越多受到环境的影响,尽管他们吸收知识的能力较强,但判断分析能力较差,更容易受到心理社会因素的影响,儿童和青少年情绪障碍和行为障碍的发病率也愈来愈高。可见,精神疾病发生的不同年龄阶段,生物学因素和心理社会因素所占的权重有所不同,但不少儿童和青少年精神障碍则是两者共同作用的结果。

2. 就诊特点　儿童和青少年很少主动求医,大多数由其监护人(主要是父母)带来就诊,而且只是在监护人觉得或怀疑孩子有异常时才来就诊。这种异常地判定,很大程度上取决于父母对孩子行为本质的认识及父母对孩子这些"异常行为"的容忍性,有时健康的儿童和青少年可能被过分焦虑的父母送来就诊,反之,对严重行为紊乱的儿童和青少年,父母也有可能不认为有问题,听之任之。

3. 症状特点　有时儿童的某些"异常表现"只不过是对不正常环境的"正常"反应而已。如父母经常争吵或有严重精神障碍,孩子就容易内向、畏缩,如果能改换环境,就可以转为正常;又如两岁左右幼儿养成控制小便的习惯后,尚不稳定,一旦受到惊吓或精神紧张时,会再次出现遗尿,但当刺激因素消失后,小便控制就很快恢复正常。无目的多动在成人是不正常的,但是在儿童期可能是正常的,有学者甚至认为这是儿童发育过程中的"症状"。儿童精神障碍多以情绪和行为异常为突出表现,常首先表现出情感和行为方面的异常,如孤僻退缩,对亲人缺乏依恋、冲动、怪异行为,常常给人一种不听话的感觉。儿童思维方面也与成人有所不同,常以形象思维为主,如病理性幻想常见于儿童精神分裂症,在成人则很少出现。感知障碍在幼小儿童以幻视、幻触和幻嗅等较常见,内容较为简单而原始;年龄较大者则以幻听为主,内容由简单至复杂。这是不同年龄阶段神经系统成熟程度不同的特征性表现。

4. 治疗特点　婴幼儿期是大脑发育较快的时期,此时神经细胞十分脆弱,极易损伤,但未成熟脑组织的代偿性很高。儿童期各种精神疾病发现越早,治疗效果越好。反之,则代偿功能已大大减低,治疗效果就很差。如婴幼儿期脑对缺氧特别敏感,易遭损害;但若得到及时治疗和良好护理,常因代偿性高而使损害减轻。儿童和青少年的行为问题和不良习惯,因性格尚未定型,有较大的可塑性而容易矫正。儿童和青少年精神障碍的病因常是生物学因素和心理社会因素共同作用的结果,这些因素在病因中虽有主次之分,但治疗以生物、心理和社会等方面地综合治疗为宜。因此,应重视心理治疗、训练和教育、家庭和环境治疗等。治疗者既要激发患儿的治疗动机,还要照顾到家长的关心和期待,得到家长地配合,才能使治疗顺利进行。与成人比较,儿童的药物治疗占较次要地位,心理社会环境的调整常常起到更为关键的作用。另外,药物对处于高速发育中的脑是否安全还缺乏充分的研究,因此对 12 岁以下儿童用药须慎重,以小量短期为原则。

三、儿童青少年精神障碍的发展趋势

随着我国社会城市化进程地发展,生活节奏的加快,社会竞争的日趋激烈,学习的压力、

父母老师的期望及复杂多变的社会环境都给儿童和青少年带来了不同程度的紧张、刺激和心理压力。儿童和青少年精神障碍的患病率呈逐年上升态势,越来越成为重要的社会问题和公共卫生研究课题,儿童和青少年精神病学的发展将会越来越受到关注。越来越多的研究证实,儿童和青少年地健康成长与成才的主要因素中,心理健康至关重要。儿童和青少年的心理健康,特别是独生子女及三孩政策开放后的同胞竞争问题、留守儿童与流动儿童问题、网络成瘾问题、艾滋病感染儿童、青少年自伤自杀和犯罪防范等将是医学、经济学、社会学等多学科共同关注的问题。

儿童和青少年心理问题的早期预警指征和心理保健量化评估技术正在从国家层面推广到全国,儿童和青少年心理状况地评估和干预将惠及每个儿童和青少年。由于儿童对药物的安全性要求较高,利用基因药理学研发适合儿童使用的安全有效的药物是未来的发展方向。除了进一步优化抗精神病药的结构和剂型,功能型食品的研究将快速发展。同时,由于儿童和青少年精神障碍受家庭和环境影响较大,因此开展家庭心理治疗和适合儿童和青少年心理特点的行为治疗仍然是未来研究的重点。

第二节　孤独症谱系障碍

孤独症谱系障碍(autism spectrum disorder,ASD)主要以社会交往障碍、语言交流障碍、兴趣狭窄和行为方式刻板为特征,多起病于婴幼儿期。男性发病率高于女性,男女患病比例为(2.3~6.5):1。大部分患儿伴有明显的精神发育迟滞和智力低下,少部分患儿智力在某一方面相对正常水平高。

【病因和发病机制】

孤独症谱系障碍的病因尚不明确,可与多方面因素相关。遗传因素、环境因素、神经递质、脑部结构或功能异常、免疫系统缺陷等均为相关因素。其中,遗传因素对孤独症谱系障碍的作用已经被广泛研究,常染色体2号和7号上有其相关基因,且15%患儿存在基因突变。环境因素包括生物环境因素和社会环境因素。生物环境因素如母亲为高龄妇产、感染病毒、服用相关药物、长期接触重金属等。社会环境因素如缺乏关爱的留守儿童和青少年、孤儿院的儿童和青少年患病的概率高。

【临床表现】

1. 社会交往障碍　患儿不能与他人建立正常的人际交往方式。主要表现为:

(1) 情感互动存在缺陷:不能和家长建立亲密依恋关系;不主动与父母进行情感分享和交流;不主动寻求父母的帮助和安慰;不能分清人与人之间的亲疏关系,对待亲人和非亲人同样态度。

(2) 姿势和眼神异常:缺少目光对视,表情贫乏;不会对他人做出期待性姿势反应,会通过操作他人的手来进行交流。

(3) 发展、维持和理解社交关系存在缺陷:不能和同伴建立正常的伙伴关系;对同伴缺乏兴趣;不主动接触他人,也不主动参与到集体活动中。

2. 语言交流障碍　语言发育明显落后于同龄儿,这是多数患儿就诊的原因。患儿2~3岁时还不能说出有意义的词和句,4~5岁时说话仍不会在表达中使用正确的代词。说话语句单调平淡缺乏感情,常有模仿语言、刻板语言或重复询问相同的问题。

3. 兴趣狭窄　异常强烈或集中,但高度限制、固定的兴趣,如只痴迷于玩车轮或者圆形的东西,可以持续数十分钟,甚至数小时不厌烦。

笔记栏

4. 行为方式刻板　刻板古怪的行为构成患儿日常生活的一部分,也可能在烦躁或兴奋时表现出来。主要表现为:

(1) 固执的生活习惯和生活方式:常固执地要求环境一成不变,以同一种方式做某件事情,如只吃固定的食物,坐固定的位置,在固定的时间和地方解大小便等。

(2) 强迫性行为:重复刻板地拍手、捶胸、转圈等动作;反复重复模仿别人的某一句话,反复问同一个问题;上学走同一路线。如果这些行为活动程序被改变,患儿会出现焦虑、哭闹、反抗行为。

5. 智能发育障碍　75%~80%的患儿伴有不同程度的智能发育障碍。患儿的智能障碍模式具有特征性,表现为智能的各方面发展较大程度不均衡,如操作智商高于语言智商,或具有特殊的最佳能力,如机械记忆能力。患儿的最佳能力和最差能力之间差距巨大,但多数患儿的最佳能力低于正常儿童。

6. 其他　多数患儿具有注意缺陷和多动症状,还可能出现其他个体化的表现,如强迫行为、自伤行为、攻击和破坏行为、违拗、拔毛发行为、进食问题、焦虑、恐惧、睡眠障碍等。部分患儿出现脑电图异常,部分患儿伴有癫痫发作。

【治疗要点】

目前孤独症谱系障碍尚无特殊治疗,但在全面评估和诊断的基础上实施综合治疗对多数患儿有帮助,其中少数可获得明显好转。

1. 康复训练和教育　康复训练和教育是改善孤独症谱系障碍患儿核心症状、提高患儿社会适应能力和生活质量的最有效方法。早期可接受行为和教育的一对一强化训练;学龄期患儿语言和社交能力有所提高后,部分患儿可与正常同龄儿一样接受学校教育,但部分患儿仍需要继续特殊教育。主要康复训练和教育方法包括:父母介导的早期干预、自然发展行为干预、语言治疗、基于感觉统合的治疗、应用行为分析法、具有结构化教育特点的治疗和教育课程、人际关系发展干预法等,以促进患儿语言发育,掌握基本生活技能和学习技能。

2. 心理治疗　心理治疗多通过行为治疗强化已经形成的良好行为和习惯,矫正异常行为,如刻板行为、攻击性行为、自伤行为等。

3. 药物治疗　目前无特异性治疗药物,仅在患儿出现明显的情绪和行为症状时通过药物干预。药物治疗要遵循小剂量、短疗程的原则。

多数患儿在3岁前缓慢起病,如及时干预,通过一定的训练,伴随年龄增长,多数患儿症状逐渐减轻。智力水平是患儿预后的重要相关因素,智力正常者预后良好,伴有智力底下则预后较差。但大部分远期预后不理想,患儿有明显社会适应不良的情况,独立生活能力基本缺失。尽早接受良好的教育和康复训练有助于改善预后。

【护理评估】

1. 健康史　询问患儿母亲妊娠分娩史,患儿既往健康状况。

2. 身体状况　评估患儿生长发育状况,如患儿各项发育指标是否达同龄儿正常水平;评估患儿运动功能发育水平、精细程度以及运动协调性等。

3. 心理社会状况

(1) 认知功能:全面评估患儿认知功能,如感知觉有无异常、痛觉是否反应迟钝、言语发育水平、智力水平等。

(2) 情感活动:有无焦虑、抑郁、恐惧、情绪不稳、易激惹或情感淡漠等异常情绪。

(3) 行为活动:观察患儿有无对特殊非玩具的物品感兴趣,是否对某些物品特别依恋;患儿是否有某一方面的特殊爱好、兴趣和能力,如沉溺于看某个电视节目,或对数字、地名等有不寻常的记忆力;有无刻板的生活习惯,如每天吃同样的饭菜、上学走固定路线等。患儿是否多动、有无冲动攻击、固执违拗等行为。

知识链接

孤独症谱系障碍患儿社会交往和沟通能力评估工具

1. 常用筛查量表

（1）孤独症谱系障碍行为量表（autism behavior checklist，ABC）：该量表总分≥53分提示存在可疑孤独症样症状，总分≥67分提示存在孤独症样症状，适用于8~28岁的人群。

（2）克氏孤独症谱系障碍行为量表（clancy autism behavior scale，CABS）：该量表总分≥14分提示可疑存在孤独症问题。该量表针对2~15岁的人群，适用于快速筛查。

2. 常用诊断量表

（1）孤独症诊断观察量表（autism diagnostic observation scale，ADOS）和孤独症诊断访谈量表修订版（autism diagnostic interview-revised，ADI-R）：在欧美国家被视为孤独症的"金标准"诊断工具。

（2）儿童孤独症评定量表（childhood autism rating scale，CARS）：是常用的诊断工具，适用于2岁以上的人群。由15项内容组成，每项按1~4级评分，由有经验的医师根据总分进行评估。

（4）社会交往与学习：了解患儿的生长环境；观察患儿是否依恋父母，对父母有无分离性情绪和反应；观察患儿是否能分辨陌生人；了解患儿是否主动与小朋友玩耍；是否有接受新知识的兴趣，评估其学习知识的能力。

（5）语言交流和非语言交流：评估患儿语言发育情况。是否一直不说话，或很少说话，或在2~3岁以前语言发育正常但之后却逐渐减少。与患儿交流，观察患儿是否愿意与人交谈，交流持续时间，交流中能否正确使用代词，说话时的语音、语调、语速等有无异常，有无重复、刻板和模仿语言等。患儿是否常以发脾气、尖叫或其他姿势表达他们的不适或需要；有无体态语言等。

（6）生活自理能力：患儿是否具备同龄儿正常水平的生活自理能力，如自己进食、穿衣、如厕等。

【护理诊断】

1. 营养失调：低于机体需要量　与自理缺陷、行为刻板有关。

2. 社会交往障碍　与社交功能缺陷有关。

3. 生活自理缺陷　与智力低下、认知功能障碍有关。

4. 语言沟通障碍　与语言发育障碍有关。

5. 有自伤的危险　与认知功能障碍有关。

6. 有对他人/自己施行暴力行为的危险　与情绪不稳有关。

7. 家庭运作过程失常　与疾病知识缺乏有关。

【护理措施】

1. 生活护理　通过密切观察患儿的进食情况、睡眠情况、大小便次数、性状及量是否正常等来判断患儿正常的生活需求是否获得满足，如发现问题及时进行干预，保证患儿生活质量。通过晨晚间护理、定期洗澡、更衣、理发、修剪指（趾）甲等措施，保持患儿的清洁卫生，保证患儿有良好的生活环境以及个人卫生状况。

2. 安全护理　由于部分患儿可能出现自伤行为、暴力行为，护理人员要密切观察患儿的活动内容及情绪变化,及时发现不安全因素,及时干预。必要时专人护理,控制活动区域,避免其接触危险物品。若患儿情绪激动、兴奋,将其安置在安静安全的环境中,通过转移注意力等方式缓解情绪。如患儿出现不可避免的自伤行为和暴力行为时,要及时给予保护,避免进一步伤害自身及他人。应及时了解引起兴奋冲动的原因,避免不良刺激再次出现。护理人员要保持耐心,态度和蔼,避免激惹患儿。

3. 康复训练与教育　康复训练与教育不仅需要专业人员的执行,更需要家长的支持以及参与。要让家长明确康复训练的重要性,明确需要家长科学的全程参与到患儿的训练中,并长期坚持训练。所有的训练都需要注意对患儿及时反馈和鼓励,要对训练过程中患儿的每一个微小的进步,通过言语、行动、表情及物质奖励等多种方式进行反馈,以提高患儿信心和训练兴趣。训练时一定要有耐心,不能急于求成,步骤由简单到复杂,方法应形象、具体、直观、生动。

(1) 生活自理能力训练:通过对患儿的全面评估之后,为患儿制订出具体明确的生活能力训练计划,提高患儿生活能力。应将每一种需要训练的生活技能分解成若干个小动作,由简单到复杂。每个训练应体现具体训练的各个步骤,每天训练量根据患儿接受和掌握的程度而定。对患儿接受训练的情况进行实时记录,并注意反复强化训练以提高训练效果。鼓励患儿持续不断地完成每一项训练内容,直到患儿掌握并形成肌肉记忆。

(2) 语言能力训练:语言能力训练将影响患儿的社会适应能力,非常重要。由于患儿个体差异较大,所处的家庭及社会环境不同,训练方案应个体化。从简单的音节到完整的句子,从复述到表述,逐步递进。日常生活中锻炼患儿用语言表达自己的需要,当达到一定程度时,让其参加语言交流的游戏。此外,应经常带患儿与外界接触,在其感知事物时,利用一切机会应用患儿能听懂的语言进行语言功能的强化。

(3) 社会交往训练:可改善患儿对社会的适应能力,帮助患儿自立,训练可从以下方面入手。

1) 注意力训练:训练患儿在"一对一"情况下,能注意对方的存在,能够与其目光接触,能关注对方语言等。如通过游戏的方式,要求患儿正视说话人的脸和眼睛,并训练患儿逐渐延长注视时间,反复多次,并及时给予强化。

2) 模仿训练:包括让患儿模仿动作,模仿姿势性语言、表情动作等,让患儿注意到他人存在,进而强化患儿对姿势性语言和表情动作的学习和理解。

3) 利用游戏改善交往能力的训练:逐步扩大患儿交往范围,待患儿能参加集体游戏时,通过角色扮演等方式,让患儿逐渐掌握日常活动中各种角色的行为方式,学习各种社会规范。

(4) 行为矫正训练:行为矫正训练的目的在于减少病态行为,如攻击行为、自伤、刻板行为等,增加社会化行为。

1) 发脾气和尖叫行为的矫正:尽快找出原因,做出正确的揣测,用合适的方法处理。①当原因是患儿没有语言可用来表达想要的东西时,可用消退法。在保证患儿安全的前提下,可不予理睬,也可把患儿带到单独房间,坚持到患儿平静为止。待患儿平息后,立即安抚患儿,对其自主停止发脾气或尖叫给予表扬和称赞;②当原因是患儿对某种东西或环境产生恐惧或烦恼时,则带患儿离开原环境。

2) 刻板、强迫或不良习惯的矫正:①拒绝配合患儿刻板僵硬的行为,把生活安排的有秩序、有模式,并使患儿感到舒适、安全;②有意识地在生活的每一天安排一些方面有一点小变化;③培养患儿正常兴趣,积极从事一些建设性的活动,有助于改善其刻板和强迫行为。

3) 自伤、自残行为矫正:①对严重的自伤行为,如抠眼、撞头行为,应立即采取行动制止,并采取必要的防护措施,如戴手套、头盔等,只有患儿不自伤时才给予表扬和注意;②对无危险的自伤行为,采用"漠视法",多次矫正无效时,可采用一些积极的处理方法,如拥抱、让患儿把手放在膝盖上等;③要多给予安抚和看护,仔细分析原因,有计划给予帮助,使之逐渐减少乃至消失自伤行为。

4. 药物治疗的护理　耐心劝导患儿按时服药,保证剂量的准确性。服药后要检查口腔,确保药物服下。服药后应注意观察患儿的反应,若出现不良反应,要安抚患儿避免其过分紧张,同时立即汇报医生,及时处理。

5. 健康教育　帮助家长及主要照顾者正确认识疾病的性质,讲解疾病的可能原因以及预后,正视现实,冷静和理智地面对疾病,要树立信心,积极配合和参与康复训练。另外,对患儿的训练需要长期不懈地进行,要做到及时反馈和鼓励,多给患儿与外界接触的机会。家长还应注意调整期待值,不可操之过急。

第三节　注意缺陷多动障碍

注意缺陷多动障碍(attention deficit hyperactivity disorder,ADHD)发生于儿童时期,主要临床表现为明显的注意力集中困难和注意时间短暂,活动过多和冲动,伴有学习困难和人际交往困难。

ADHD 患儿智力正常或接近正常。病情呈慢性、持续性特点,儿童有 70% 症状可持续到青春期,30%~50% 的患儿症状可持续终身。ADHD 常共患对立违抗障碍、品行障碍、情绪障碍、学习障碍、抽动障碍以及适应障碍等,对患儿的学业、职业和社会生活等方面产生广泛而消极地影响。ADHD 患病率一般报道为 3%~5%,男女比例为(4~9):1。在学龄期患病率最高,9 岁时最为突出,青春期患病率下降。家庭功能不良、低社会经济阶层、父母婚姻不和谐、家庭教育不一致、儿童有发育性损害和慢性身体疾病者患病率增加。65% 以上的患儿共患一种或多种其他精神障碍,导致患儿社会功能受损、临床疗效和预后不佳。

【病因和发病机制】

ADHD 的病因复杂,至今未明,目前认为是多种因素相互作用所致。可能与遗传、神经递质功能异常、神经解剖和神经生理异常、神经发育异常、孕产期的有害因素、铅暴露、不良的社会环境、家庭环境、教育方式不当等有关。

【临床表现】

1. 注意障碍　注意障碍是 ADHD 的最主要症状,其特点是注意的集中性、稳定性和选择性等方面存在异常。患儿的注意力很容易受环境的影响而分散,因而注意力集中时间短暂。他们对来自各方的刺激几乎都起反应,无法滤过无关刺激,所以注意力难以集中。表现为患儿上课不专心,做作业时不能全神贯注;做事往往难以持久,常常半途而废;经常在活动中不能注意到细节,因为粗心发生错误;做事丢三落四,经常丢失书本、铅笔、文具等学习用品或生活用品。

2. 活动过度　活动过度大多开始于幼儿早期,进入小学后因学校规则等各种限制,表现得更为显著。患儿表现为明显的活动增多,喜欢打打闹闹,上课时坐不住,小动作不停,在座位上扭动,把书本涂画得乱七八糟,凡是能碰到的东西都要碰一下。因喜欢招惹同学,常与同学争吵或打架。在任何场合都话多,在别人讲话时插嘴或打断别人的谈话,在老师问题尚未说完便迫不及待地抢先回答。常干扰大人活动,易引起大人厌烦。此类儿童身上好像装了一个"发动机",在吃饭、看电视时也不能安静坐着,整天精力过剩,动个不停。进入青春期后,小动作会减少,表现为不安宁、烦躁和坐立不安。

3. 情绪不稳、冲动任性　患儿由于缺乏控制能力,常对一些不愉快刺激做出过度反应,以至于在冲动之下破坏东西或伤人。患儿常情绪不稳,极易冲动,易激惹,情绪易受外界因素的影响,常因一些小事与同伴发生打斗或纠纷,造成不良后果。耐心差,不能等待,他们要什么,就要立刻满足,否则就苦恼、发脾气。在集体游戏或比赛中不能遵照游戏规则,强行加入或打断他人的活动,不能等待按顺序轮流进行。

4. 学习困难 部分患儿存在知觉活动障碍,精细动作、协调运动、空间位置觉等发育较差。虽然患儿智力正常或接近正常,但由于注意力不集中、情绪不稳、活动过度和认知障碍而造成学习困难,学业成绩不佳。部分患儿还有诵读、拼音、书写或语言表达等方面的困难,常未经认真思考就回答问题,认识不够完整,也是造成学习困难的原因之一。

5. 神经和精神发育异常 患儿精细动作、空间位置觉和协调运动发育较差。如对指运动、系鞋带、翻手等不灵活,左右分辨困难。少数患儿伴有语言发育延迟等问题。部分患儿智商偏低,注意集中分量表得分较低,语言智商高于操作智商。

6. 共病现象 研究报道至少 2/3 的 ADHD 共患其他精神障碍,其中约 40% 共患品行障碍,31% 共患焦虑障碍,11% 共患抽动障碍,4% 共患心境障碍。共患障碍使患儿的病情更为复杂,需要更多的治疗干预,对预后也有不同程度的负面影响。

【治疗要点】

ADHD 应遵循综合治疗的原则,根据患儿的主要症状、病情严重程度、社会功能损害程度和具体需要,合理选择并综合运用药物治疗、心理治疗、父母管理训练或学校干预等方法,对患儿进行全面干预,最大程度地改善患儿主要症状、社会功能和预后。

1. 药物治疗 药物能改善注意缺陷,减轻活动过多症状,在一定程度上提高学习成绩,改善不良人际关系。目前常用药物:①中枢神经兴奋剂,如哌甲酯或右哌甲酯,主要阻断多巴胺转运体,提高前额叶皮层和纹状体突触间隙内儿茶酚胺递质的浓度,增强突触后膜受体的作用;②选择性去甲肾上腺素再摄取抑制剂,如托莫西汀,可用于治疗 7 岁以上儿童及成人 ADHD,疗效与哌甲酯相当,特别是对共患抽动障碍的 ADHD 患儿。

2. 心理治疗 主要采用行为治疗和认知行为治疗。①行为治疗主要有阳性强化法、暂时隔离法、示范法和消退法。循证医学研究显示,行为治疗与兴奋剂同属一线治疗方法。通过行为治疗,强化患儿良好的行为,矫正不良行为,增加课堂任务的完成,改善学业和行为操作,训练冲突解决的技能,问题解决和时间管理策略等;②认知行为治疗主要解决患儿的冲动性问题,内容包括:让患儿学习如何解决问题,预先估计自己行为带来的后果,克制自己的冲动行为,识别自己的行为是否恰当,选择恰当的行为方式。

3. 父母管理训练 核心是通过循序渐进的方法培训父母如何在家庭环境中管理患儿的行为,以改善 ADHD 患儿的注意障碍、多动和冲动等主要症状。通过家长培训,提高家长对 ADHD 的疾病的认识,理解患儿行为问题出现与持续存在的原因、促进家长对行为矫正原则的理解,增加患儿的依从性,从而最终提高治疗的效果。父母管理训练的优点是可以在日常生活中持续使用,易维持效果。

4. 学校干预 学校干预是应用行为治疗和学习技能训练对 ADHD 患儿进行治疗,首要目标是最大限度地改善患儿的症状,提高社会功能。通过行为控制的管理、集中注意和遵守规则纪律等方面的训练,让患儿减少破坏性行为发生,学会和保持适当的行为,提高自我照顾能力和家庭作业的独立性。医务人员需要与家长、老师和其他学校工作人员及时沟通,以监测患儿疾病的进展和治疗的有效性。

ADHD 的病程具有连续性。在学龄中期和青春期,常共病其他行为问题和情绪障碍。大多数患儿的症状到青少年期后逐渐减轻或缓解,但仍约有 30% 的患儿症状持续到成年,且更容易共患其他精神障碍,如双相障碍、抑郁障碍、焦虑障碍、反社会人格障碍和酒精或物质依赖等。ADHD 预后良好的相关因素包括患儿智商较高、家庭有良好的支持系统、人际关系好、被同学接纳、老师的关心和鼓励。预后不良的主要因素包括:共患品行障碍,对立违抗障碍,情绪障碍如抑郁、焦虑,智力偏低,学习困难和家庭功能不良,有遗传病史。

【护理评估】

1. 健康史 通过向家属询问患儿既往的身体健康状况,评估患儿家族遗传史,患儿围生期健康情况。

2. 身体状况 与正常的同龄儿相比,有无躯体发育指标的异常;有无躯体功能障碍、躯体畸形;有无饮食障碍、营养失调;有无睡眠障碍;有无受伤的危险;有无生理功能下降。

3. 心理社会状况

(1) 认知功能:①注意力:患儿在上课过程中有无注意力无法集中且易受外界因素影响;做作业时,是否会不断地变换作业的内容,或者边玩边做,使作业时间明显延长;②有无记忆力和智力障碍。

(2) 意志行为:日常活动量是否明显多于同龄儿;在安静场合是否无法安静下来;是否存在较多小动作,且喜欢招惹其他人;当从事感兴趣的游戏活动时是否能较长时间集中注意力;患儿的自我控制力是否很差;当受到外界刺激时,是否容易激动;是否经常存在冲动行为;是否做事不计后果,且常常喜欢冒险行为;是否有品行问题,如撒谎、偷窃、逃学等;是否有较好的伙伴关系;有无自尊低下和自卑等心理特征。

(3) 情绪状态:日常生活中,是否有焦虑、抑郁、恐惧、情绪不稳、易激惹等异常的情绪。

(4) 生活自理能力:能否自己完成穿衣、吃饭、洗澡、大小便等日常活动。

(5) 环境适应能力:①学习能力:目前的学习状况是否有现存或潜在的学习困难;②语言能力:有无言语沟通障碍;③自我控制与自我保护能力:自我控制力和自我防卫能力是否都有所下降;④社交活动:人际交往是否存在一定障碍,在班级中是否可以合群,能否与同伴一起玩耍或游戏。

(6) 家庭状况:家庭养育方式是否存在不当、父母是否称职;家长对疾病的认知是否正确;是否有现存或潜在的家庭矛盾和危机;家庭能否正常实施既定的治疗方案等。

【护理诊断】

1. 社会交往障碍 与注意力缺陷、多动有关。

2. 生活自理缺陷 与注意力缺陷、活动过度有关。

3. 营养失调:低于机体需要量 与日常活动过度有关。

4. 有自伤的危险 与日常情绪不稳定、活动障碍有关。

5. 有对自己/他人施行暴力行为的危险 与日常情绪不稳定有关。

【护理措施】

1. 生活护理 对患儿的饮食、睡眠和大小便情况进行密切观察,并根据现存问题进行护理干预。给予高热量、高维生素的食物,保障每日的饮水量,培养患儿按时进食和独立大小便的习惯。对于自理能力较差和年龄较小的患儿,要做好日常基础护理,如注意卫生和冷暖情况,合理安排作息时间,保障良好且充足的睡眠,要特别注意加强培养患儿良好、规律的生活习惯。

2. 安全护理 要利用多种护理方法来保障患儿的情绪稳定和安全。专人看护,对患儿的活动区域进行控制,防止其接触危险物品,密切观察情绪变化,以便对其进行及时控制。当患儿出现情绪激动的情况时,要避免激惹,耐心说服,引导其用正当的方式疏泄不良情绪;必要时应告知医生,给予保护性约束,以保障患儿的安全。当患儿要求进行竞争性强或冒险的游戏时应阻止,并耐心向其讲解活动中潜在的危险性。

3. 教育训练

(1) 注意力的训练:采用游戏等形式对患儿的注意力进行训练,以延长其注意力的时间,

笔记栏

使注意障碍得到改善。如指导患儿按照提供的图片进行玩具组装时,要求其按部就班,大声说出每个动作,加强自我控制,提高注意力。还应该对患儿的听觉注意和视觉注意方面进行培训。听觉训练是要求患儿认真听一段人物和细节较多的故事后,对故事内容进行复述。视觉训练是让患儿观看一段视频后,由其对视频内容进行复述。同时,根据行为强化原则,当患儿注意力增强时,给予其喜欢的食品、玩具进行强化。

（2）生活自理能力的训练:护理人员应耐心对患儿的日常生活自理能力给予训练和指导。如要求患儿严格遵守作息时间,做好平时个人卫生,培养其晨晚间自觉洗漱,饭前、饭后、便后常洗手的良好习惯。

4. 药物治疗的护理　对需要进行药物治疗的患儿,遵医嘱指导其用药,并密切观察服药后的情况。

5. 健康教育　告知家长和老师患儿的疾病情况,避免出现歧视、虐待和打骂患儿等情况。向家属宣教:日常生活中要对患儿设立简单规矩,培养其良好习惯,如专心吃饭、写作业时禁止玩耍等。告知在训练中有一定难度,一定要有耐心,适当地给予强化鼓励。加强与学校的沟通,共同教育。

课堂互动

　　小明（化名）,男,9岁。因"上课坐不住,经常招惹同学,不听话4年",由父母陪同就诊。小明从5岁上学前班起经常坐不住,招惹同学,课堂上常讲话、插话。上小学后,在课堂上依然不能保持安静,即使把座位调整到第一排,依然我行我素。有时公然挑战老师,挑错或与老师狡辩,被批评时常常显得义愤填膺,拒绝道歉还强烈要求老师给自己道歉。严重影响老师上课秩序,被所在小学劝退。转入新的小学后,老师也多次找家长反映小明各种行为问题:上课时不学习,注意力不集中,小动作特别多,一点动静就能影响到他;课间精力充沛,身体像上了马达,停不下来,时常发生追逐打闹事件。与同学交往差,经常和同学打架,吓唬别人,做鬼脸,傻笑,随便翻别人书包。同学向老师告状后,遭到老师多次批评,但屡教不改。家长也发现,小明学习用品经常丢失,经常忘记老师布置的作业,也不愿意做作业。学校为此要求家长陪读。家长经常为小明的学习和行为问题打骂患儿,但收效甚微。患儿系第一胎,足月平产,幼时言语与运动发育正常。既往无重大病史。1岁会说话、走路。躯体和神经系统检查无异常。精神检查:神志清,接触好,在诊室内十分活跃,多动,话多,随便拿诊室桌上的笔、纸等东西玩。检查时注意力不集中,易受外界的影响。智力测验检查:智商100,脑电地形图检查:轻度异常。

　　问题:

（1）根据小明情况,给出护理诊断。

（2）请为小明制定护理方案。

ER-19-1

课堂互动
答案要点

第四节　抽动障碍

抽动障碍（tic disorders）是一种以单一或多部位运动肌肉和发声肌肉抽动为主要临床表现的一种综合征。根据发病年龄、病程和临床表现分为短暂性抽动障碍、慢性运动或发声抽动障碍、发声和多种运动联合抽动障碍三种临床类型。多数起病于学龄期，运动抽动常发病在7岁前，发声抽动多起病在11岁前。国外报道学龄儿抽动障碍患病率为3%~16%。学龄儿中曾有短暂性抽动障碍病史者占5%~24%。国内报道8~12岁人群中抽动障碍患病率为2.42‰。学龄儿童中男性患病危险性最高，男女患病比率为(2~4)：1。有报道儿童抽动障碍患病率是成人的5~12倍。

【病因和发病机制】

抽动障碍病因和发病机制较为复杂，尚未完全阐明，可能与遗传因素、中枢神经系统损伤及病理改变、心理社会因素、自身免疫及药物使用等因素有关。

【临床表现】

1. 基本症状　抽动主要症状是运动抽动和发声抽动，可发生于单个部位或多个部位。抽动为随意肌不自主收缩产生的动作，如眨眼、侧视、翻眼、耸鼻、噘嘴、张嘴、咧嘴、做鬼脸、点头、摇头、耸肩、上肢地突然抖动、腹肌地抽动、踢腿、蹦跳、跑跳和拍打自己等。发声抽动表现为清理喉咙、吼叫、嗤鼻子、犬叫声、重复语言、模仿语言、秽语（骂脏话）等。部分患儿在出现抽动前，会出现抽动部位的局部不适感，如痒感、紧迫感等，唯有抽动方可缓解。抽动症状是一种突发、快速、不随意、反复出现、无明显目的、非节律性地运动或发声，在短时间内可受意志控制暂时不发生抽动症状，但不能较长时间控制自己不发生抽动症状。所有形式的抽动都可因应激、焦虑、疲劳、兴奋、感冒发热而发作频繁，可因放松、全身心投入某事而减轻，睡眠时减轻或消失。某些药物或食物，如中枢兴奋剂哌甲酯、咖啡、茶等可能诱发或加重抽动。

2. 临床类型

(1) 短暂性抽动障碍(transient tic disorder)：为抽动障碍中最为常见、损害较轻的亚型。多起病学龄早期，其中4~7岁为最常见，男性为多。主要临床表现为简单运动抽动，通常局限于颜面部、头、颈和上肢，如眨眼、耸鼻、皱额、摇头、斜颈和耸肩等。少数可出现简单发声抽动，如清嗓、咳嗽、吼叫、嗤鼻、犬叫或"啊""呀"等单调的声音。也可见多个部位的复杂运动抽动，如蹦跳和拍打自己等。部分患儿地抽动始终固定在某一部位，部分患儿则抽动部位变化不定。抽动症状在一天内可多次发生，持续2周以上，但不超过1年。

(2) 慢性运动或发声抽动障碍(chronic motor or vocal tic disorder)：是抽动障碍中较为常见、损害较短暂性抽动障碍严重的亚型。主要临床表现为一种或多种运动抽动或发声抽动，但运动抽动和发声抽动并不同时存在。抽动部位除头面部、颈部和肩部肌群外，也常发生于上下肢或躯干肌群，且症状表现形式一般持久不变。部分患儿运动抽动和发声抽动在病程中交替出现。抽动可每天出现，也可断续出现，但发作间隙少于2个月。持续至少一年以上，部分患儿症状可持续数年甚至终身。

(3) 发声和多种运动联合抽动障碍(combined vocal and multiple motor tic disorder)：又称抽动秽语综合征(Gilles de la Tourette syndrome)，是抽动障碍中损害最为严重的亚型。以进行性发展的多部位运动抽动和发声抽动为主要特征。症状一般起始于颜面部单一运动抽动，呈间断性，以后逐渐发展到颈部、肩部、肢体、躯干抽动，并持续存在。抽动形式也从简单到复杂，发生频度也增加，其中约30%出现秽语症或猥亵行为，部分患儿伴有重复语言和重复动作、模仿语言和模仿动作。患儿中80%~90%存在一种共患病，50%以上存在两种共患病。50%~60%共患ADHD，40%~60%共患强迫症，13%~76%共患心境障碍，30%~40%共患其他焦虑障碍，20%~45%共患睡眠障碍，20%~30%共患学习困难。共患病可以起病于抽动症状出现之前。该亚型症状累及部位多，发作次数频繁。部分患儿的抽动会导致自伤。共患病多，对患儿情绪、自尊影响较大，对患儿功能损害明显，并有可能导致残疾。病程持续迁延，多数患儿抽动持续终生。

【治疗要点】

根据临床类型和严重程度选用治疗方法。对短暂性抽动障碍或症状较轻的慢性抽动障碍采用心理治疗。对症状较重的慢性抽动障碍和抽动秽语综合征,严重影响了患儿的日常生活和学习时,以药物治疗为主,结合心理治疗。

1. 心理治疗 可选用支持性心理治疗、行为治疗、认知治疗、家庭治疗等方法,调整家庭系统,消除环境中不利因素对患儿的影响,改变患儿认知,改善患儿情绪,增强患儿处理问题能力,增强患儿自信。对患儿家长进行健康教育,使他们理解抽动障碍疾病的相关知识、掌握恰当的教养方式和技巧有助于减轻患儿的症状。

2. 药物治疗

(1)针对抽动的药物治疗:①硫必利:有效率为76%~87%,对锥体外系不良反应较小,适用于7岁以上患儿。主要不良反应有嗜睡、无力、头昏、胃肠道不适、失眠等;②氟哌啶醇:有效率为60%~90%,小剂量治疗有效,能消除不自主地运动,又能减轻和消除伴存的精神症状。不良反应多见锥体外系反应;③可乐定:有效率为50%~86%,有口服和贴片两种治疗剂型。该药可治疗注意缺陷多动障碍,特别适用于抽动障碍共患注意缺陷多动障碍的患儿。不良反应有皮疹、嗜睡、低血压、头昏、头痛、失眠、白细胞减少、血小板减少、心电图异常等。在使用药物过程中应定期监测血压和心电图;④非典型抗精神病药物:如阿立哌唑、利培酮等,从小剂量开始,逐步增减剂量。使用药物期间注意观察处理不良反应。

(2)针对共患病的药物治疗:对于抽动障碍患儿共患注意缺陷与多动障碍,首选托莫西汀进行治疗,也可选用可乐定或胍法辛,也可选用抗抑郁药。对于共患强迫障碍地抽动障碍患儿,可合并使用舍曲林或氟伏沙明等药物予以治疗。无论选择何种药物治疗抽动障碍患儿的共患病,应尽可能选择药物间相互作用少、不良反应小的药物,并监测和及时处理各种药物不良反应。

3. 其他治疗 对于严重的、难治性抽动秽语综合征,可以考虑使用深部脑刺激(deep brain stimulation,DBS)进行治疗。

抽动障碍一般起病于4~6岁,10~12岁症状最明显。病程中症状时轻时重,有时症状完全缓解。短暂性抽动障碍患儿预后良好,症状在一年内逐渐减轻和消失。慢性运动或发声抽动障碍症状迁延一年以上,多数患儿症状在青春期缓解,对日常生活、学习和人际交往等社会功能影响较小。抽动秽语综合征的多数患儿在青少年后期症状逐渐减轻或消失,少数患儿症状可持续到成年,甚至终身。部分抽动秽语综合征预后较差,特别是合并ADHD、惊恐障碍、品行障碍、抑郁症和阅读困难等问题时,需较长时间服药治疗才能控制症状,但停药后症状易加重或复发,对患儿社会功能损害较大,并有可能导致残疾。

【护理评估】

1. 健康史 通过询问家属了解患儿既往的健康状况,有无家族遗传史,围生期有无并发症,有无使用中枢兴奋剂和某些抗精神病药物史。

2. 身体状况 评估患儿有无自伤性抽动,抽动出现的频率、自伤的部位和皮肤情况。与同龄儿童相比,躯体发育指标是否异常;有无饮食障碍(贪食或食欲减退)、营养失调及睡眠障碍;有无受伤(跌倒、摔伤)的危险;有无易感染等生理功能下降的表现。

3. 心理社会状况

(1)情绪状态:患儿是否存在紧张、焦虑、恐惧、抑郁、易激惹等异常情绪。

(2)认知功能:患儿有无重复语言、刻板语言、秽语、注意力难以集中,学习困难等。

(3)意志行为活动:患儿有无随意肌不自主收缩(眨眼、耸肩、踢腿、做鬼脸等)、突然无意义发声(吸鼻、清嗓、咳嗽、尖叫等)、秽语、猥亵等表现。与同龄儿相比,患儿的活动量和小动

笔记栏

作是否明显增多;有无兴奋冲动、攻击他人等行为;有无强迫动作、模仿动作等问题。

(4) 社会功能 评估患儿的社会交往能力;家庭教养方式是否恰当;父母与患儿之间的沟通和情感交流情况如何;有无现存的或潜在的家庭矛盾和危机;家长和教师对疾病的认识程度,能否正确实施既定的治疗方案等。

【护理诊断】

1. 情绪障碍(自卑、焦虑、抑郁) 与患儿对抽动的认知和疾病的演变有关。

2. 生活自理缺陷 与抽动行为、注意缺陷有关。

3. 注意障碍 与抽动行为有关。

4. 社会交往障碍 与抽动秽语、学习困难、社交技能不足有关。

5. 言语沟通障碍 与神经、心理发育不良有关。

6. 营养失调:低于机体需要量 与抽动行为、注意障碍有关。

7. 有自伤/他伤的危险 与抽动、秽语、猥亵有关。

8. 家庭功能改变 与患儿抽动、需要照顾增多有关。

【护理措施】

1. 治疗过程的护理 严格执行各项医嘱,积极协助医生开展各项心理行为治疗。监测患儿的躯体情况、抽动频率,防止损伤。对采用药物治疗的患儿,应指导遵医嘱按时按量服药,还应密切观察患儿服药情况及服药后的表现,提高治疗依从性。

2. 创造良好的环境 积极与学校联系,了解患儿是否存在学习困难、害怕考试等问题,取得校方的理解,努力为其营造一个良好的学习环境,尽可能减轻患儿精神压力,促进其自尊心和自信心的建立。尽量消除环境中的不利因素,对环境中有可能发生的变化应提前告知患儿,防止过多的环境变迁与刺激对患儿造成影响。

3. 生活护理 应密切观察患儿的进食、睡眠、大小便等自理情况,及时发现问题并进行护理干预。对于年龄较小或生活自理能力较差的患儿,应做好日常生活护理(注意保暖、保证良好的卫生状况、定期洗澡、修剪指甲等)。应给予患儿高热量、高维生素的食物,保证每日水的摄入量,同时培养患儿按时进食的习惯。合理安排患儿的作息时间,保证充足的睡眠,培养良好的生活习惯及规律,避免过度疲劳和紧张导致抽动加重。

4. 心理护理 与患儿接触时,应态度温和,耐心倾听患儿诉说内心体验,对他们的痛苦表示同情和理解,努力取得患儿的信任,建立良好的护患关系。同时指导患儿适应环境,增强其克服抽动障碍的信心。鼓励患儿参加集体活动,尤其是患儿感兴趣的、韵律强、需集中注意力的游戏,转移注意力,减少抽动行为的发生。

5. 健康教育 针对患儿存在的问题,及时向患儿及其家长进行系统的健康教育。①了解抽动障碍及其影响因素,消除误解和病耻感,合理安排患儿的生活,合理要求学习成绩;②选择适合于患儿的治疗方案,并积极配合治疗;③遵医嘱按时按量服用药物,密切观察药物的不良反应;④避免歧视、粗暴对待、打骂患儿,不要在他人面前训斥孩子,以免增加患儿的情绪障碍;⑤妥善安排患儿的作息时间,避免饮用咖啡及浓茶;⑥避免应激、焦虑、兴奋、劳累、感冒发热等不良刺激。

(葛 莉 徐秀瑛 于红虹)

ER-19-2

学习内容与
学习方法

复习思考题

1. 请叙述孤独症谱系障碍患儿的行为社会交往训练方法。

2. 请简述注意缺陷多动障碍患儿的护理措施。

扫一扫,
测一测

2015 年中国九市儿童体格发育测量值

附表 1　2015 年九市 3 岁以下儿童体格发育测量值（$\bar{x} \pm s$）

	年龄 （月龄）	体重（kg）		身长（cm）		头围（cm）	
		男	女	男	女	男	女
城区	初生	3.4 ± 0.4	3.3 ± 0.4	50.4 ± 1.6	49.8 ± 1.6	34.0 ± 1.4	33.7 ± 1.3
	1~<2	5.0 ± 0.6	4.6 ± 0.6	56.3 ± 2.1	55.2 ± 2.0	37.7 ± 1.2	37.0 ± 1.2
	2~<3	6.2 ± 0.7	5.7 ± 0.6	60.2 ± 2.2	58.9 ± 2.1	39.5 ± 1.1	38.6 ± 1.1
	3~<4	7.1 ± 0.8	6.5 ± 0.7	63.4 ± 2.1	61.9 ± 2.2	40.9 ± 1.3	39.9 ± 1.2
	4~<5	7.8 ± 0.9	7.1 ± 0.8	65.8 ± 2.2	64.1 ± 2.1	41.9 ± 1.3	40.9 ± 1.2
	5~<6	8.3 ± 0.9	7.6 ± 0.9	67.7 ± 2.3	66.1 ± 2.3	42.9 ± 1.3	41.8 ± 1.3
	6~<8	8.7 ± 0.9	8.0 ± 0.9	69.5 ± 2.3	67.9 ± 2.3	43.8 ± 1.3	42.6 ± 1.2
	8~<10	9.4 ± 1.0	8.7 ± 1.0	72.5 ± 2.4	70.9 ± 2.6	45.0 ± 1.3	43.9 ± 1.3
	10~<12	9.9 ± 1.1	9.2 ± 1.1	75.1 ± 2.6	73.7 ± 2.7	45.7 ± 1.4	44.7 ± 1.3
	12~<15	10.3 ± 1.1	9.7 ± 1.1	77.6 ± 2.7	76.2 ± 2.7	46.3 ± 1.3	45.3 ± 1.3
	15~<18	11.1 ± 1.2	10.5 ± 1.2	81.4 ± 3.0	80.1 ± 3.0	47.0 ± 1.3	46.1 ± 1.3
	18~<21	11.5 ± 1.3	10.9 ± 1.2	84.0 ± 3.0	82.8 ± 3.0	47.6 ± 1.3	46.6 ± 1.3
	21~<24	12.4 ± 1.4	11.7 ± 1.3	87.3 ± 3.1	86.1 ± 3.1	48.1 ± 1.3	47.1 ± 1.3
	24~<30	13.0 ± 1.5	12.4 ± 1.4	90.6 ± 3.6	89.3 ± 3.6	48.5 ± 1.4	47.5 ± 1.4
	30~<36	14.3 ± 1.7	13.6 ± 1.7	95.6 ± 3.8	94.2 ± 3.8	49.1 ± 1.4	48.2 ± 1.4
郊区	初生	－	－	－	－	－	－
	1~<2	5.0 ± 0.6	4.7 ± 0.6	56.3 ± 2.2	55.3 ± 2.1	37.8 ± 1.2	37.1 ± 1.2
	2~<3	6.3 ± 0.8	5.8 ± 0.7	60.5 ± 2.3	59.0 ± 2.2	39.7 ± 1.3	38.8 ± 1.2
	3~<4	7.1 ± 0.8	6.5 ± 0.7	63.3 ± 2.3	61.8 ± 2.2	41.0 ± 1.3	39.9 ± 1.2
	4~<5	7.8 ± 0.9	7.1 ± 0.9	65.6 ± 2.3	64.0 ± 2.2	42.1 ± 1.3	41.0 ± 1.3
	5~<6	8.2 ± 1.0	7.6 ± 0.9	67.5 ± 2.3	65.9 ± 2.3	43.0 ± 1.3	41.9 ± 1.3
	6~<8	8.7 ± 1.1	8.1 ± 1.0	69.4 ± 2.6	67.8 ± 2.5	43.8 ± 1.3	42.8 ± 1.3
	8~<10	9.2 ± 1.1	8.6 ± 1.0	72.2 ± 2.6	70.7 ± 2.5	44.9 ± 1.3	43.8 ± 1.3
	10~<12	9.8 ± 1.1	9.1 ± 1.1	74.8 ± 2.7	73.3 ± 2.6	45.7 ± 1.3	44.6 ± 1.3
	12~<15	10.3 ± 1.2	9.7 ± 1.1	77.5 ± 2.8	76.1 ± 2.7	46.3 ± 1.3	45.2 ± 1.3
	15~<18	10.9 ± 1.2	10.3 ± 1.2	81.1 ± 2.8	79.7 ± 3.0	46.9 ± 1.3	45.9 ± 1.3
	18~<21	11.5 ± 1.3	10.8 ± 1.3	83.6 ± 3.2	82.3 ± 3.1	47.4 ± 1.3	46.4 ± 1.3
	21~<24	12.3 ± 1.4	11.7 ± 1.3	86.7 ± 3.3	85.5 ± 3.2	48.0 ± 1.3	47.0 ± 1.3
	24~<30	13.0 ± 1.5	12.3 ± 1.5	90.6 ± 3.6	89.1 ± 3.5	48.4 ± 1.4	47.4 ± 1.4
	30~<36	14.1 ± 1.7	13.6 ± 1.6	95.1 ± 3.8	94.1 ± 3.7	49.0 ± 1.4	48.1 ± 1.4

注：－ 为未测量；初生指出生 0~3 天

附表 2　2015 年九市 3~<7 岁儿童体格发育测量值（x̄±s）

年龄（岁）		体重（kg）		身高（cm）		坐高（cm）		胸围（cm）		腰围（cm）		BMI	
		男	女	男	女	男	女	男	女	男	女	男	女
城区	3.0~<3.5	15.5±2.0	14.9±1.8	99±4	98±4	58.0±2.5	57.0±2.4	51.1±2.7	50.0±2.5	48.4±3.3	47.6±3.0	15.58±1.35	15.34±1.28
	3.5~<4.0	16.6±2.2	16.0±2.0	103±4	102±4	59.6±2.5	58.7±2.4	52.4±2.7	51.0±2.6	49.7±3.4	48.6±3.2	15.57±1.33	15.29±1.30
	4.0~4.5	17.8±2.5	16.9±2.2	107±4	105±4	61.1±2.5	60.1±2.4	53.4±3.0	51.8±2.7	50.7±3.8	49.3±3.3	15.56±1.51	15.18±1.34
	4.5~<5.0	19.0±2.8	18.1±2.5	110±5	109±4	62.6±2.6	61.8±2.6	54.6±3.2	52.8±3.1	51.7±4.1	50.0±3.7	15.63±1.57	15.26±1.50
	5.0~<5.5	20.4±3.1	19.5±2.9	114±5	113±5	64.2±2.6	63.4±2.5	55.6±3.5	54.0±3.3	52.3±4.3	51.0±4.1	15.57±1.66	15.25±1.62
	5.5~<6.0	21.7±3.5	20.7±3.2	117±5	116±5	65.5±2.7	64.8±2.5	56.7±3.8	55.0±3.7	53.4±4.7	51.6±4.4	15.77±1.85	15.35±1.69
	6.0~<7.0	23.7±4.0	22.3±3.6	122±5	120±5	67.4±2.8	66.5±2.7	58.3±4.3	56.1±3.9	54.7±5.3	52.5±4.7	15.91±1.98	15.39±1.81
郊区	3.0~<3.5	15.4±1.9	14.8±1.9	99±4	98±4	57.8±2.5	56.9±2.5	51.2±2.6	49.9±2.5	48.5±3.3	47.7±3.3	15.68±1.30	15.41±1.30
	3.5~<4.0	16.5±2.1	15.8±2.0	103±4	102±4	59.4±2.5	58.5±2.4	52.3±2.6	50.9±2.7	49.4±3.3	48.4±3.3	15.58±1.30	15.32±1.30
	4.0~4.5	17.6±2.4	16.9±2.3	106±4	105±4	61.0±2.5	60.0±2.5	53.2±2.9	51.8±2.9	50.4±3.7	49.2±3.6	15.51±1.38	15.27±1.40
	4.5~<5.0	18.7±2.8	17.9±2.3	109±5	109±4	62.4±2.6	61.6±2.4	54.2±3.2	52.6±2.8	51.0±4.1	49.7±3.6	15.55±1.52	15.18±1.37
	5.0~<5.5	20.0±3.1	19.1±2.7	113±5	112±5	63.8±2.7	63.1±2.5	55.2±3.5	53.5±3.2	51.9±4.6	50.5±4.0	15.58±1.70	15.17±1.52
	5.5~<6.0	21.3±3.3	20.3±3.2	116±5	115±5	65.3±2.6	64.4±2.7	56.3±3.6	54.4±3.6	52.8±4.8	51.1±4.5	15.68±1.75	15.25±1.72
	6.0~<7.0	23.3±4.0	22.0±3.5	121±5	120±5	67.2±2.8	66.4±2.7	57.9±4.1	55.8±3.7	54.2±5.4	52.0±4.7	15.80±1.96	15.24±1.74

注：摘自中华儿科杂志,2018,56(3):192-199

中英文名词对照索引

主要参考书目

1. 江载芳,申昆玲,沈颖.诸福棠实用儿科学[M].8版.北京:人民卫生出版社,2015.
2. 孙锟,母得志.儿童疾病与生长发育[M].北京:人民卫生出版社,2015.
3. 黎海芪.实用儿童保健学[M].北京:人民卫生出版社,2016.
4. 崔焱,仰曙芬.儿科护理学[M].6版.北京:人民卫生出版社,2017.
5. 王卫平,孙锟,常立文.儿科学[M].9版.北京:人民卫生出版社,2018.
6. 韩新民,熊磊.中医儿科学[M].3版.北京:人民卫生出版社,2016.
7. 周芸.临床营养学[M].4版.北京:人民卫生出版社,2017.
8. 金星明.发育行为学分册[M].北京:人民卫生出版社,2017.
9. 金汉珍,黄德珉,宫希吉.实用新生儿学[M].2版.北京:人民卫生出版社,2000.
10. 段红梅.儿科护理学[M].2版.北京:人民卫生出版社,2016.
11. 罗小平,方峰.新型冠状病毒肺炎儿科防护手册[M].北京:人民卫生出版社,2020.
12. 王旭.阜外小儿心脏围手术期重症监护手册[M].北京:人民军医出版社,2011.
13. 中华医学会儿科学分会.儿科内分泌与代谢性疾病诊疗规范[M].北京:人民卫生出版社,2016.
14. 李兰娟,任红.传染病学[M].9版.北京:人民卫生出版社,2018.
15. 郭兰婷,郑毅.儿童少年精神病学[M].2版.北京:人民卫生出版社,2016.
16. 刘哲宁,杨芳宇.精神科护理学[M].4版.北京:人民卫生出版社,2017.

 儿科临床
护理查房
(实景)

 复习思考题
答案要点

 模拟试卷